근대한국 국제정치관 자료집

제 2 권

제국-식민지기

서울대학교 규장각한국학연구원 한국학자료총서 16-2
근대한국 국제정치관 자료집 제2권 제국-식민지기

초판 1쇄 발행 2014년 12월 30일
초판 2쇄 발행 2018년 10월 30일

엮은이 장인성 김태진 이경미
펴낸이 성낙인
펴낸곳 서울대학교출판문화원

출판등록 제15-3호

주소 08826 서울 관악구 관악로 1
대표전화 02-880-5252 **팩스** 02-888-4148
홍보마케팅팀(주문상담) 02-889-4424, 02-880-7995
이메일 snubook@snu.ac.kr
홈페이지 www.snupress.com

ISBN 978-89-521-1118-0 94340
978-89-521-1026-8(세트)

서울대학교 규장각한국학연구원 한국학자료총서 16-2

근대한국 국제정치관 자료집

제2권

제국-식민지기

장인성 김태진 이경미 엮음

서울대학교출판문화원

Selected Documents Relating to Modern Koreans' Ideas and Perceptions of International Relations

Edited by

Jang In-Sung

Kim Taejin

Lee Kyungmi

Seoul National University Press

머리말

한국의 국제정치학은 많은 발전을 이룩했지만, 아직도 서구이론을 수용하고 적용하는 수준을 넘지 못하고 있다. 국제정치학의 한국적 정체성을 모색해야 한다고 말들 하지만 정작 한국의 국제정치적 경험과 삶을 반영한 한국 국제정치학을 구축하려는 노력은 미미했다. 미국 국제정치학의 이론적 관점과 방법론이 오히려 강해지는 추세다. 그런데 국제정치학의 보편적 이론과 해석은 세계정치를 주도하는 강대국의 이익과 관점을 반영하는 경우가 많다. 하지만 초(超)장소적인 보편적 이론이나 해석은 한국의 정치현상과 국제관계를 규정하는 조건으로서 마땅히 알아야 하지만, 한국의 특수성을 설명해 주기는 어렵다.

개항 이래 한국인들은 정치적 삶뿐 아니라 거의 모든 영역의 삶에서 국제정치 내지 세계정치의 영향을 받아 왔다. 한국 외교사에서 보듯이 한국인의 정치적 삶은 일정 부분 동아시아 국제정치와 세계정치에 규정될 수밖에 없는 숙명을 안고 있다. 이러한 숙명 때문에 한국의 국제정치 연구와 교육이 주변열강의 외교정책을 중시하는 것은 자연스런 일이다. 한국 국제정치학의 실용주의와 정책지향성은 여기서 비롯될 것이다.

우리는 세계정치와 열강의 외교정책을 알아야만 한다. 하지만 국제정치와 한반도 국제관계를 보는, 혹은 한국의 외교정책을 규정하는 우리들 자신의 사고방식과 행동양식을 알지 못한다면 그러한 이해는 제한적일 수밖에 없다. 한국의 국제관계와 대외정책은 역사적 사실뿐 아니라 역사를 영위하는 인간의 심성을 알아야만 제대로 이해될 수 있다. 타자를 알기만 해서는 안 되고 자기의 존재양식을 제대로 알아야만 반성적 성찰과 합리적인 대응이 가능해진다. 기왕에는 외교사적 접근을 통해 한국의 국제정치와 외교정책의 사실 관계를 밝히려는 작업은 있었지만, 외교정책을 산출하고 국제관계를 이해하는 한국인들의 심성을 읽어 내려는 노력은 부족했다.

한국인들의 국제정치적 심성을 파악하려면 무엇보다 한국의 국제정치적 경험과 삶을 읽어 내는 자료의 정리가 선행되어야 한다. 본 『근대한국 국제정치관 자료집』은 개항 이후 구한말 및 식민지 시대의 한국인 관료와 지식인들의 국제정치관과 국제인식에 관한 자료들을 시대별,

주제별로 정리한 것이다. 서구의 국제정치 관념과 제도의 수용을 경험했던 근대 한국인들의 국제정치관은 당대뿐 아니라 현대 한국의 국제관계와 외교정책을 이해하는 데도 중요한 의미를 가질 것이다.

본 자료집은 두 권으로 되어 있다. 제1권은 개항 전후부터 한일합병 때까지의 시기를 다루고, 제2권은 제국-식민지 시기의 자료를 수록하였다. 본 자료집은 학생들에게는 근대한국의 국제관념을 이해하는 표준 텍스트로 이용될 수 있도록 하고, 연구자들에게는 한국의 국제정치 관념 내지 사상을 분석하는 기초자료로 쓰일 수 있도록 편찬되었다. 해독의 편의를 위해 원문을 가공하였다. 국문 자료는 말투를 살리되 가능한 한 현대 철자법으로 고쳤고, 한문 자료는 현대 한국어로 번역하되 원문을 함께 수록했다. 또한 독자의 편의를 위해 각 텍스트에 해제와 주석을 달았다. 각 권의 권말에는 수록된 자료를 중심으로 분석한 해제논문을 실었다.

본 자료집 편찬 작업은 서울대학교 규장각한국학연구원 한국학장기기초연구사업의 연구비 지원을 받아 이루어졌다. 규장각한국학연구원에 감사드린다. 김현철 박사는 편찬 구상과 자료 수집에서 도움을 주었다. 옥창준 군은 자료정리에 노고가 많았다. 이들에게 감사드린다. 자료의 입력과 교정 과정에서 많은 도움을 준 최정훈 군을 비롯한 서울대학교 정치외교학부 대학원생들에게도 고마운 마음을 전한다. 자료의 선별에 신중을 기했지만 완벽한 자료집이 되지는 못했다. 오류도 있지 않을까 저어된다. 언젠가 보완된 자료집을 낼 수 있길 기대해 본다.

2014년 12월

관악산 연구실에서 장인성

차례

■ 일러두기 ■

○본 자료집은 두 권으로 구성된다. 제1권은 개항 전후부터 한일합병까지의 시기를, 제2권은 제국-식민지 시기를 다룬다.
○국한문 혼용체는 현대 철자법으로 고치거나 현대어로 번역하였다. 일본문은 현대 한국어로 번역했고 원문은 생략했다. 한자는 한글로 바꾸었고, 필요한 경우 한자를 병기하였다.
○고유명사의 한글 표기는 현재의 한글 표기방식으로 고쳤다. 다만 외국어 고유명사의 당시 한자명을 병기한 경우도 있다.
○제목이 없는 경우는 임의로 문서명을 붙였다.
○기존에 한글 번역문이 있는 글은 번역문을 이용하거나 참고하였지만, 원문에 의거하여 다시 번역하거나 본 자료집의 편집 방침에 의거 수정하였다.

제1부

일본제국과 식민지한국의 국제정치관

Ⅰ. 한일합방과 권력정치

1. 박은식, 『한국통사』 서언

■ 상해임시정부에서 국무총리와 대통령을 역임한 박은식이 1915년 상해의 대동편역국(大同編譯局)에서 간행한 『한국통사』의 서언. 『한국통사』는 1864년부터 1911년까지 일제침략사를 서술하여 일본의 주권침탈을 비판한 글로 국내에 밀반입되어 널리 읽혔다. "나라는 형체요 사기는 정신"임을 강조한 글로 원문은 한문. 출전은 『백암박은식전집』 제1권(동방미디어, 2002), 87-89쪽.

'대륙의 원기는 동쪽 바다로 달려 백두산에서 극에 달해, 북으로는 요야(遼野)*를 열고, 남으로는 한반도를 이루었다. 한국은 당요(唐堯)* 시대에 건국해 인문이 일찍이 열렸고 그 백성은 윤리가 돈독하여 천하가 군자의 나라로 지칭했으며, 역사는 면면히 이어져 4천3백여 년이 되었다. 오호라! 옛날의 문화가 극동 삼도(三島)*에 파급되어 음식, 의복, 궁실이 우리로부터 나왔고, 종고와 학술도 우리로부터 나온 까닭으로 저들은 일찍이 우리를 스승으로 삼아 왔는데, 이제는 이를 노예로 삼는가.

나는 정사년[1857, 丁巳] 9월에 태어나 나라 망할 때를 당하여 죽고자 하되 죽지 못하고 경술년[1910, 庚戌] 모월 모일 아침에 한양을 하직하고 저녁에 압록강을 건너 다시 북안(北岸)을 거슬러 위례성*을 바라보며 머물렀다. 고금을 살펴보니 이상한 느낌이 들어 고개를 숙인 채 거닐며 연연하여 오랫동안 떠날 수 없었다. 이역 땅에 망명하자 다른 사람을 대하기가 더욱 부끄러우니 가동(街童)과 시졸(市卒)이 모두 나를 망국노라 욕하는 것만 같다. 천지가 비록 크다고 하나 이러한 욕을 짊어지고 어디로 돌아가리오. 때에 혼하(渾河)*의 가을은 저물어 쑥은 꺾어지고 풀은 마르고 원숭이는 슬퍼하고 부엉이는 울어댄다.* 내가 고향을 하직할 때 슬퍼하던 눈물이 아직 마르지도 않았는데, 이러한 정경을 보니 더욱 서글퍼져 견딜 수가 없구나. 고국을 바라보니 구름과 연기가 서린 듯 아득하기만 하구나.

아름다운 산천에서는 우리 조상들이 살았고, 울창한 삼림은 우리 조상이 심었으며, 기름지고 넓은 옥토는 우리 조상이 경작했고, 금, 은, 동, 철도 우리 조상이 채취했고, 가축, 천어(川漁)도 우리 조상이 길러 왔다. 궁실로 비바람을 피

遼野 요동 평야.
唐堯 중국의 요임금을 달리 이르는 말로 요임금이 당(唐)이라는 곳에서 봉(封)함을 받은 데서 유래. 단군이 내려온 것이 당요시대의 무진년에 있었다고 기록이 전해지고 있다.
三島 일본을 뜻하는 말.
위례성 백제의 위례성이 아니라 고구려의 옛 수도를 이르는 말.
渾河 만주에 있는 강. 랴오허(遼河)의 지류로 변외에서 시작하여 선양 남방을 지나 랴오허로 흐름.
원숭이는 슬퍼하고 부엉이는 울어댄다 두보(杜甫, 712~770)의 「登高」에서 '원숭이 휘파람 소리 애달파'와 「北征」에서 언급되는 부엉이와 연결되는 구절. 나라 잃은 망명객의 슬픔을 드러내는 표현이다.

하였으며, 의관으로 금수와 구별하였고, 기명(器皿)으로 생활을 도왔으며, 예악형정(禮樂刑政)으로 문명을 창조한 것이 모두 우리 조상의 손으로 이룩된 것이다. 대저 우리 조상은 그 무한한 두뇌와 피와 땀을 다하여 우리 자손에게 생산과 교육의 기구를 물려주어 갖추게 하였다. 이로써 대대로 전수하여 우리의 생활이 후하게 되었고, 우리의 덕이 바르게 되어 개제(愷悌)*함이 길이 전하였거늘 어찌하여 하루아침에 다른 민족에게 호탈(豪奪)당하여 사방에서 호구(糊口)하며 전패유리(顚沛流離)*하여 그 고통을 견디지 못하고 또한 장차 멸절의 환란으로 빠지려는가.

愷悌 용모와 기상이 화락하고 단아함.

顚沛流離 사방으로 흩어져 살다.

대저 세상의 강포(强暴)한 자는 날로 약국을 침탄(侵呑)하고 약한 종족을 도태하는 것을 능사로 삼으니 그 참독(慘毒)을 받는 자가 많기는 하나 우리 한민족만 함이 없다. 고금의 망국으로써 비교하면 예를 들면, 스웨덴[瑞典]이 노르웨이[那威]와, 오스트리아[奧太利]가 헝가리[匈牙利]와 모두 합방했다고 하나 그 민족의 대우는 등급의 차이가 없었는데, 한인은 어찌 이렇단 말인가. 터키[土耳其]가 이집트[埃及]를 병합하였으나 아직도 그 왕을 존속시켜 봉사(奉祀)*하는 것을 쉬지 않게 하였으나 한국의 황제는 일본의 왕작(王爵)이 되었다. 영국[英吉利]이 캐나다[坎拿大] 등지에서 헌법을 갖는 것을 허락하여 보장해 주며 의회를 세워 그것을 유지토록 하고 타국과 체결한 조약을 모두 하나하나 보존토록 하는데, 한국인은 이것을 획득할 수 있었는가. 저들이 한국에 대한 시정(施政)은 대만에서 베푸는 것과 똑같이 차이 나는 것이 없게 했는데, 대만은 나라도 아닌데 동등하게 하고 있으니 이것은 망국으로 더욱 낮은 대우를 받는 것이다. 또한 대저 사람은 사신곡복(絲身穀腹)*하니 흙을 집어 먹고 샘물을 마시는 벌레와는 같지 아니하므로 삶을 돕게 하는 것은 오직 산업이다. 저 영국이 인도와 이집트에서, 프랑스가 베트남[安南]에서, 미국이 필리핀[呂宋]에서, 비록 강한 힘으로 그 국권을 점유하였으나 백성의 재산은 진실로 스스로 보존토록 맡겼는데, 일본은 가난한 나라로서 궁한 백성이 많아 재정이 날로 쪼들리게 되고 부채가 날로 늘어났다. 그러므로 가혹한 세금과 지나친 수렴[苛稅暴斂]을 한국민에게 가함에 그 조목이 번거롭다. 그리고 궁민(窮民)으로서 적수(赤手)*로 한국에 건너오는 자들이 벌떼같이 몰려오는데 우리 국민의 재산을 빼앗지 않고는 생로(生路)를 타개할 수 없다. 그 정부는 식민하는 데 급하여 관대한 정치를 베풀어 생맥(生脈)을 보존케 하려 한다 해도 형세가 할 수 없게 되어 있다. 이로써 보건대 고금 망국의 처참함이 한민족보다 더 심한 것이 어디에서 찾아볼 수 있겠는가. 궁양(穹壤)*이 망망(茫茫)하고 쇠잔한 숨길은 경경(耿耿)*하여 아픔을 울부짖고 원통함을 호소하는 것을 스스로 그칠 수가 없구나.

奉祀 조상의 제사를 받듦.

絲身穀腹 배를 채우는 곡식과 몸을 가리는 실이라는 뜻으로, 먹는 것과 입는 것을 이름. 穀腹絲身.

赤手 맨손으로.

穹壤 하늘과 땅.

耿耿 등의 불빛이 깜빡거리다.

옛사람이 이르기를 나라는 멸할 수가 있으나 역사는 멸할 수가 없다 『고려사』 서문에 등장하는 표현. 원래의 뜻은 현재의 국가가 과거의 국가를 멸망시킬 수는 있어도 그 역사는 없앨 수 없기에, 이를 후대에 편찬해야 한다는 말.

옛사람이 이르기를 나라는 멸할 수가 있으나 역사는 멸할 수가 없다[國可滅史不可滅]*고 하였으니, 그것은 나라는 형(形)이고 역사는 신(神)이기 때문이다[國形也史神也]. 이제 한국의 형은 허물어졌으나 신만이 독존할 수는 없는 것인가. 이것이 통사(痛史)를 저작하는 까닭이다. 신이 보존되어 결하지 아니하면 형은 부활할 시기가 있을 것이다. 그러나 이 한국통사는 갑자년[1864] 이후 50년사에 불과할 뿐이니 어찌 족히 우리 4천 년 역사 전부의 정신을 전할 수가 있으리오. 그것은 우리 민족이 우리 조상을 생각하며 잊지 않는 데 있을 것이다. 대저 예루살렘[耶路撒冷]이 비록 망하여 유태인들이 다른 나라를 유리(流離)하나 다른 민족에게 동화되지 아니하고 이제 2천 년에 이르기까지 유태족의 칭호를 잃지 않았던 것은 그들 조상의 가르침을 보존할 수 있었기 때문이다. 인도가 비록 망하였으나 바라문이 능히 그 조상의 가르침을 굳게 지키고 부흥을 기다리고 있다. 멕시코[墨西哥]가 스페인[西班牙]에 망하자 교화와 문자가 모두 멸하여 이제 인종은 비록 존재하나 외우는 바가 다 스페인의 글이고 행하는 바가 스페인의 교화이며 흠모하는 바가 모두 스페인 사람의 호걸이고 보면 멕시코 인종의 형은 비록 존재하나 신은 이미 전멸하였다. 오늘날 우리 민족 모두가 우리 조상의 피로써 골육을 삼고 우리 조상의 혼으로 영각(靈覺)*을 삼고 있으니 우리 조상은 신성한 교화가 있고 신성한 정법(政法)이 있고, 신성한 문사(文事)와 무공(武功)이 있으니 우리 민족이 그 다른 것에서 구함이 옳겠는가. 무릇 우리 형제는 염념불망(念念不忘)하며 형과 신을 전멸시키지 말 것을 구구(區區)히 바란다. 이러한 점은 본 책자 이외에 우리 민족이 융성하던 시대의 역사에서 구하는 것이 옳다고 생각한다.

靈覺 영혼.

2. 이상천, 새 도덕론

■ 『학지광』 5호(1915년 5월 4일)에 수록된 글. 새도덕론은 도덕 역시 시대를 따라 변해 가는 것으로 오래된 도덕을 버리고 새로운 도덕을 요청하고 있다. 이때 새로운 도덕이란 생물생존의 법칙에 따르는 것으로, 자기의 생명을 유지해야 함을 강조한다. 나아가 필자는 이러한 새로운 도덕 하에서 같은 민족, 동포형제끼리 서로 구제하며 서로 북돋을 것을 요청한다.

(전략)

1. 오랜 도덕의 뜻

사물을 이해·비판하는 힘이 없는 자는 한 교전(敎典)을 들고 종교라는 것은 여사(如斯)하니라, 한 법전을 들고 법률이라는 것은 여사하니라 하나니, 바로 이 사람과 같이 한 도덕서류(道德書類)를 들고 도덕이라는 것은 여사하니라 하면 이이(而已)어니와 혹 호리(毫里)라도 사물의 추이 변천하는 이법을 지각하는 자는 어찌 이를 긍수(肯首)*할 수 있으리오. 색동동옷은 장자(長者)의 옷이 아니고 홍목당혜(紅目唐鞋)*는 장자의 신이 아니라. 사람이 비상(飛翔)하지 못한다

함은 금일의 진실이 아니며 공기가 암석을 파쇄하지 못한다 함은 금일의 진실 아닌 바 아니뇨. 천만사가 다 이와 같이 각각한 찰나(刹那)에 대해서만 의미가 있고 가치가 있거늘 어찌 도덕만 유독 그 영세적 성질을 보지(保支)할 수 있으리오. 고로 작일의 선은 금일의 악이 될 수 있으며 금일의 선은 내일의 악이 될 수 있으리로다. 당여사(當如斯)거늘 이와 같은 우리의 도덕은 기백 년 기천 년간을 조금도 변천 없이 동일한 규법(規法)으로써 우리를 지도하려 하니 이것이 어찌 금일 우리의 생활에 필요한 바를 만족시킬 수 있으리오. 그러므로 지금 우리의 도덕과 같이 독폐악점(毒弊惡點)과 패려모순(悖戾矛盾)으로써 (원문 확인 불가)로다.

금일 사회의 상태를 보라. 입을 열면 "옳은 일을 하여라. 너의 기거동작(起居動作)이 모두 도덕에 합치되게 하여라" 하여 과거 수천 년간을 선진(先進)이 후진(後進)에게 이와 같이 지도하였으며 나도 또한 이러한 지도를 받은 지가 기십 년이로다. 그러나 나는 단언하오. "우리의 사회가 있는 이후로 여사한 지도를 준행(遵行)한 자는 일인도 없었으리라"고. 뿐만 아니라 "지도하는 바의 의미도 이를 오히려 완전히 해득한 자가 극히 희한(稀罕)하리라"고. "주야(晝夜)를 통곡(痛哭)하되 어느 마누라의 상사(喪事)인지 몰랐다"*더니 이는 참 금일 우리 사회의 도덕을 풍자함이 아닌가 하노라. 왈 "자기가 원하는 바로 남에게 행하며 자기가 원치 않는 일을 남에게 행하지 말라"*하여 이로써 도덕의 표준을 삼으려 하나 이것이 시시각각으로 모여드는 모든 모순과 당착의 원천이 되는도다.

보시오. 살(殺)치 말라면서 살육기(殺戮機)를 제조함에 분망(奔忙)하지 아니하며 도(盜)치 말라면서 도적대를 양성함에 골몰하지 아니한가. 이러한 모순의 기원은 다 어디 있느뇨 하니 이는 도덕의 근본을 오해하여 도덕을 위하여 살라 하고 살기를 위하여 도덕을 하려 하지 아니함에 있도다. 고로 그 도덕의 관념을 보건대 "도덕은 사회와 분립하여서는 있을 수 없다. 사회가 없는 곳에는 도덕은 무의미한 자라" 하여 도덕의 근본적 관념을 사회, 환언하면 대상에 두는도다. 이것이 금일 우리의 도덕의 일반적 관념이요, 우리의 사회를 도독(荼毒)*하는 최대의 물건이라 할지로다. 이에 나는 재래(在來)한 오랜 도덕 즉 가도덕(假道德)을 타파하고 새도덕 즉 진도덕(眞道德)을 세우려 하노라.

2. 새 도덕의 뜻

새 도덕을 말하려고 하면 먼저 도덕이 무엇이냐 함을 말하여야 하고, 도덕을 말하려고 하면 도덕의 근본이 되는 선악시비를 말하여야 하고, 선악시비를 말하려 하면 우리 인간의 인식판단력을 말하여야 하고, 인식판단력을 말하려 하

肯首 다른 사람의 주장이나 언행이 옳다고 인정함.

紅目唐鞋 푸른 바탕에 붉은 눈을 수놓은 가죽신으로, 젊은 여자나 어린아이들이 주로 신음.

晝夜를 痛哭하되 어느 마누라의 喪事인지 몰랐다 '終日痛哭에 不知 何 마누라 喪事'라는 한문투 속담으로 쓰이기도 하며 밤새 통곡해도 어느 마누라 초상인지도 모른다는 비꼬는 의미.

자기가 원하는 대로 남에게 행하며 자기가 원치 않는 일을 남에게 행하지 말라 원문은 "己所欲施於人하며 己所不欲勿施於人이라"로, '己所不欲勿施於人'이라는 말은 『論語』「衛靈公篇」에 나오는 말.

荼毒 씀바귀의 독이라는 뜻으로 심하게 해로운 독.

면 우리 인간이 무엇이냐 함을 말하지 아니할 수 없도다. 이를 설명함에 나는 그와 같은 번다함을 피하야 깊이 천착함을 중지하고 다만 "우리 인간은 생물의 한 분자니라" 말하노라. 그럼으로 인간은 생물생존의 법칙을 떨어져서는 결코 생활하기 불능하리니, 우리의 시비정사(是非正邪)는 이 법칙을 중심 삼아 표시되고, 우리의 도덕은 이 법칙에 의지하여 실현되리라. 환언하면 우리는 여하한 곤란과 고통이 있을지라도 이 법칙을 준행하여 우리가 이상으로 생각하는 바의 생활을 하는 것 같이 신성하고 완미(完美)한 도덕은 없으리로다.

문득 우리는 여하하여 생물이 되었나 또는 우리로 하여금 일개 생물로 현출(顯出)되게 한 행위의 선악시비는 물론하고 여하간 세포가 분열한 결과로 일개 생명을 지유(持有)하게 된 이상에는 자기는 자기의 생경을 어떠한 경우와 조건 하에서도 이를 보지(保支)하여만 하는 최대의 의무와 권리를 가졌도다. 이 의무는 자기가 반드시 행하여야만 하고 이 권리는 어느 사람이든지 이를 능히 방해하며 침략하지 못할 자이니 우리가 일단 땅 위에 떨어져서 땅 위에서 살아야만 하는 운명을 가지게 된 이상에는 우리는 지구의 표면상 어느 부분에서든지 기동(基棟) 네 개를 박을 만한 땅은 점령하야만 하겠도다. 16세기경에 있던 예수회*의 서문(誓文)은 아니지만은 우리는 우리의 생명을 보존하려 하는 데는 수단을 가릴 것이 없다 할지로다. 만일 우리의 생명을 보존함에 필요만 있으면 전쟁도 좋소, 평화도 좋소, 평화적 무장도 좋소, 무장적 평화도 좋도다. 다만 그 생물생존의 법칙에 대한 필요유무의 정도여하에 의하여 수시로 진퇴굴신(進退屈伸)할 바이지 거기 무슨 영세불변하는 시비정사가 있으리오. 이것이 생물의 천부적 성질이요 근본적 도덕이니, 나는 이와 같은 합리적 도덕을 새 도덕이라 명칭하려 하노라.

예수회 16세기 성 이그나티우스 로욜라가 세운 로마 가톨릭 수도회. 원문은 예스 컴패니.

시이(是以)로 살육이 반드시 악행이 아니며 구제가 반드시 선행이 아니로다. 사(死)를 필요로 하면 사하고 생(生)을 필요로 하면 생하리라. 혹 이와 같이 말하면 사(死)는 인생의 최고 도덕 즉 우리의 일상 요구하는 바의 생과 모순되는 것같이 보이나 실상은 불연(不然)하도다. 지나인 맹가(孟軻)*의 말에 "사는 것이 내가 하고자 하는 바이지만은 만일 사는 것보다 더욱 하고자 하는 바가 있으면 나는 더욱 하고자 하는 바를 취하리라"* 하는 바와 같이 생은 물론 우리에게 필요하지만 사가 생보다 더욱 필요한 때에는 사생취사(捨生取死) 즉, 사적(死的) 생을 사(捨)하고 생적(生的) 사를 취함이니 참 우리의 도덕에 합치된 것이라 할지로다. 보시오 반오천 년 전에 테르모필레에 세운 "행인이여 스파르타에 전하라 우리들은 조국을 위하야 죽는다고" 하는 이 광채 있는 레오니다스*의 혈비(血碑)는 혁혁하고 찬란도 하지 아니하뇨.

孟軻 맹자(BC 372-BC 289).

사는 것이 내가 하고자 하는 바이지만은 만일 사는 것보다 더욱 하고자 하는 바가 있으면 나는 더욱 하고자 하는 바를 취하리라 『孟子』「滕文公篇」에 나오는 말로 원문은 生亦我所慾 所慾有甚於生者 故不爲苟得也. 전체 문장은 "생(生)도 또한 내가 바라는 바요, 의(義) 또한 내가 바라는 바이지만, 이 두 가지를 다 겸할 수 없다면, 생을 버리고 의를 취하리라. 생 또한 내가 바라는 바이 도덕을 간접으로 행하는 행위 즉 예를 들어 말하면 사적 생을 사(捨)하고 생적 사를 취하며 또는 동류 간에는 환언하면 동민족 간에는 자기의 도덕 즉 생존욕을 충만시키는 데 당하여 가급적 온근(穩懃)한 수단을 취하는 행위는 그 목적이 후일에 그 효과를 배가시키려 하는 수단에 있음이니 실상은 도덕에 위반함이 아니요, 참된 도덕을 더욱이 선수(善守)하려 하는 바이로다. 나는 이를 신 도덕의 소극적 방면이라 칭하고 이에 상대되는 바를 신 도덕의 적극적 방면이라 칭하려 하노니 이지(理智)적 금욕주의는 후일 그 효과의 배가 수단 즉 전자에 속하고 현대법률의 대외성은 실력에 비례한 강탈기관 즉 후자에 속하는 자이라 할지로다.

이지만, 원하는 바가 생보다 절실하기 때문에, 구차하게 얻는 짓을 하지 않을 것이다. 사(死) 또한 내가 싫어하는 바이지만, 싫어하는 바가 사보다 절실하기 때문에, 환난을 피하지 않는 일이 있는 것이다"[生亦我所慾也 義亦我所慾也 二者不可得兼 舍生而取義者也 生亦我所慾 所慾有甚魚生者 故不爲苟得也 死亦我所惡 所惡有甚魚死者 故患有所不辟也].

레오니다스 스파르타의 왕(재위 BC 487~BC 480)으로, 페르시아군이 침입하였을 때 스파르타군과 테스피스인으로 테르모필레를 사수하다 전원이 전사함.

이상 논술한 바에 의하여 새 도덕의 의의는 개략(槪略) 명료할 듯하나 만일 이에 대하여 정의를 내리면 "도덕이라는 것은 자기의 진정한 의사에 감각된 필요를 행하는 일이라" 함이 가장 적당하다고 생각하노라. 다시 이 정의의 어구를 간약(簡約)히 규명하면 자기(自己) 2자는 "인(人)은 생물이라 고로 생물생존의 법칙 즉 자연의 법칙의 힘을 불가불 받으리라" 하는 의미를 포함하였고 진정한 의사(意思)라 하는 어구는 "인생의 참된 의사는 이 자연의 이법(理法)과 분리하여서는 있을 수 없다. 환언하면 이 이법과 분리된 의사는 인생의 진정한 의사가 아니라" 함을 포함하였도다. 그럼으로 위의 정의를 다시 "도덕이라는 것은 자연의 이법과 합치한 의사에 감각된 필요를 행하는 일이라"고 환언할 수 있으리니 이것이 참된 합리적 도덕이라 할 수 있도다. 이에 적합한 행위는 선이요 이에 괴려(乖戾)*한 행위는 악이니 대저 선행이라 하는 자는 찰나 찰나에 대한 진정한 자연의 이법을 요지(了知)함에 비례하여 있으리라 운(云) 할지로다.

乖戾 사리에 어그러져 온당하지 않다.

전술한 바와 같이 오랜 도덕과 새 도덕은 근본적으로 상이한 자이니 구도덕은 사람이 둘 이상 있는 때에는 필요하되 자기와 상대되는 인격자가 없는 로빈슨 크루소와 같은 고도(孤島)의 단독한 생활에는 무의미한 자이라 하나, 신도덕은 이와 전연 그 입각점을 달리 하여서 사회의 유무를 불문함으로 비록 로빈슨 크루소와 같은 생활에도 오히려 도덕의 존재를 의미함이로다. 환언하면 로빈슨 크루소도 또한 부절(不絶)한 분투로써 자기의 생명을 최선의 방법으로 보지(保支)할 의무를 가지지 아니하였느뇨. 이 의무를 행함이 선행이요 도덕이니 참 개성을 중심 삼아 나아 온 진정한 도덕이라 할지로다.

고로 이 반면에는 이 도덕을 행치 아니하고 또는 이를 가장 잘 행하는 법을 모르는 자는 최대한 죄악을 범하는 자라 할지로다. 이 아름답고 신성한 도덕을 준수하지 아니하고, 생물의 가장 큰 죄를 범한 자는 멸망함을 면치 못하리니 기이(旣已)이* 죄악을 지은 자는 멸망하였고 현금(現今)이 죄악을 범하는 자는

旣已이 이미.

方將 이제 곧.

타스마니아 족 오스트레일리아 원주민으로 거칠고 간소한 뗀석기와 목제품만 가지고 있었으며 1876년 사멸.

마리아 족 인도의 소수 종족으로, 화전 농업을 주로 하며, 현재는 14만 정도 살고 있다고 알려짐.

방장(方將)* 멸망하는 중에 있도다. 타스마니아 족,* 마리아 족,* 타이지안 족들은 벌써 전자를 증시(證示)하였고 현금 도처에 보이는 약자의 지위에 있는 민족들은 후자를 표명하는도다. 우리가 항언(恒言)하는 바 죄악을 지으면 천벌을 받으리라 하는 경구는 이에 비로소 볼 수 있으리니 이는 모두 자연의 이법을 거스른 응보로다. 희(噫)라. 반도남녀 너는 어느 바를 취하려 하느뇨. 인간의 최대 죄악을 범하여 멸망하려 하느뇨 최고 도덕을 지켜서 흥왕(興旺)하려 하느뇨.

3. 도덕은 처지와 경우를 따라서 다름

갑(甲)의 도덕은 을(乙)의 도덕이 아니며 병(丙)의 도덕은 정(丁)의 드덕이 아니로다. 그럼으로 그 사정과 처지를 같이한 자는 서로 합하여 경제상 약자 노동군(勞働軍)은 부자를 타파하려 하며 정치상 약자 망국민(亡國民)은 대적(對敵)을 멸살하려 하여서 동류 사이에는 서로 사랑하며 서로 불쌍히 여기더서 가급적 온화한 수단을 이용하여 자기의 도덕을 지키려 하되 대적에게는 포학(暴虐)하고 잔인한 수단이라도 이를 오히려 이용하나니 이는 금일 사회의 무수한 대소 단결이 서로 대치하여 암투와 살육을 마음대로 하는 상태라 할지로다.

거금(距今) 수백 년 혹은 수천 년 전의 일은 고사하고 작년 일 년 사이에 각종 이민족 간에 발생한 학살과 늑탈(勒奪)*의 처참하고 횡포(橫暴)한 행위만 대강 열거할지라도 참 무엇이라 형언할 수 없도다. 보시오 아일랜드 문제,* 발칸반도 문제,* 멕시코 문제,* 찌오지아 사건,* 알자스 로렌 사건,* 나탈 사건,* 밴쿠버 상륙사건,* 요세부 암살 사건,* 동아서구의 단드도새(斷頭睹賽)들은 착이거*를 증례함이 아니뇨.

勒奪 강탈.

아일랜드 문제 영국 의회가 1886년과 1893년 아일랜드 자치법안을 상정하였으나 성립시키지 못하고 1914년에 와서야 통과시켰다. 그렇지만 영국계 신교도가 많은 아일랜드의 얼스터 지방 주민의 반대로 자치가 실현되지 못한 채 1차 대전을 맞이함.

발칸 반도 문제 1912년과 1913년 2회에 걸쳐 발칸전쟁이 발발하였다. 게르만, 슬라브, 아시아계 등 여러 민족이 뒤섞여 살고 있어 민족 간 분쟁이 빈번했으며 오스트리아와 러시아의 대립, 발칸동맹 내부의 대립이 심화되어 유럽 내 불안정이 심화되었음.

멕시코 문제 1910년부터 1929년 사이 계속되었던 멕시코 혁명을 가리킴.

찌오지아 사건 조지아(Georgia)를 가리키는 듯 보이나 불분명함.

알자스 로렌 사건 프로이센과 프랑스의 전쟁 후 프로이센에 병합된 알자스 지방의 차베른에서 일어난 군대와 주민들 간의 충돌 사건. 1913년 11월 시위운동으로

오호라 사정과 처지를 같이한 자는 서로 사랑하며 서로 도와야만 하거늘 만일 그렇지 아니하여 동족이 상쟁하고 남북이 분열하야 촌촌(村村)이 서로 나뉘고 가가(家家)가 서로 나뉘면 자초한 죄는 누가 받으리오. 필경에는 멸망함을 면치 못하리니 각성하라. 슬프다 각성하라. 참으로 너의 경우를 슬퍼하며 참으로 너의 처지를 깨달았으면 초면이나 구면이나 남북이나 동서이나 같은 민족이면 동향친구요 같은 자손이면 일시동인(一視同仁)이지 거기 무슨 계급이 있으며 거기 무슨 차이가 있으리오. 들어보아라 들어보아라. 코주전(圭傳)*의 곁방살이하는 이놈들아 애달프고도 속터진다. 여기 구박 저기 구박 천지가 넓지만은 오척단신 둘 곳 업고 식물(食物)이 많지만은 하루 한 때 못 먹어서 구걸구걸하는 너의 모양을 그래도 모르느냐 그래도 모르느냐. 아이고 슬프다, 나는 수동적으로는 진화의 법칙을 증명하기는 싫다. 깨달으라 깨달으라. 총구와 창단(創端)이 세지만은 밖으로 향한 때에 비로소 의미가 있음을 깨달으라.

저반(這般)* 구주 전쟁에 각국 사회주의자가 각기 조국을 위하여 탄우(彈雨) 중에 돌진함을 보고 예언자들은 실색을 하였으되 조금도 괴이한 바가 없고 뿐만 아니라 여사히 하지 아니하면 아니 될 지로다. 이것이 자연의 법칙이요, 천도의 당연이라. 자기와 역사를 같이하고, 자기와 언어를 같이하고, 자기와 주거를 같이하고, 자기와 사정을 같이하고, 자기와 골육(骨肉)을 같이한 동포형제의 위급한 경우를 자기가 구제하지 아니하면 누가 구제하리요. 비록 빈부간의 알력(軋礫)은 있을지라도 이는 이 여러 가지의 조건을 몰각(沒却)하기 너무 무력하고, 사회주의자 간에 공명은 있을지라도 이는 동일한 민족 간의 교질(膠質)*을 타파하기 너무 박약하였도다. 고로 동족을 사랑하는 마음이 심(甚)한 민족은 배타적 사상이 격렬하고 동족을 사랑하는 마음이 소(少)한 민족은 배타적 사상이 희박하니라. 이와 같이 처지와 사정을 같이한 동류 간에는 차마 하지 못하는 정의(精誼)가 있으니 이는 동물의 본성이라. 마땅히 이러하지 아니하면 아니 되거늘 만일 그 본성을 위반하면 그 결과는 여하(如何)할꼬.

전쟁을 야기한 자는 모(某)지방 사람이라 자기로 하여금 오늘날 이러한 지경에 빠지게 한 자는 모지방 사람이라 하여 그 책임을 질책함도 가(可)요, 수죄(數罪)*함도 가(可)라. 뿐만 아니라 나는 당시 정치상 혹은 경제상 약자의 지위에 있던 자가 금일 자기 목전의 사정과 경우에 대하여는 조처방침을 알지 못하고 지금도 오히려 비분통한함을 이기지 못하여 어쩔 줄을 모르는 지경에 이르도록 하게한, 환언하면 전연 그 비판력을 망실함에 이르도록 하게 한 그때의 강자의 지위에 있던 자의 죄를 징벌하지 아니할 수 없는 동시에 곤란한 경우에 빠져서 신삽(辛澁)*하던 약자에게 대하여 말할 수 없는 동정을 표하며 적심(赤心)*으로 나오는 열루(熱淚)*를 뿌리노라. 그러하나 시대가 시대요, 필요가 필요라 일에는 선후가 있나니 금일 현상에 임하여 죄를 질책징계함이 최급한 선무요 또는 그 행동이 최대한 원인을 지었으면 물론 이로부터 착수하겠지마는 어느 점으로 관찰할지라도 이것이 최급 선무도 아니며 또는 인과의 관계는 전부에 있는 바와 같이 이것이 최대의 원인도 아니 되였음도 분명하다. 이 박약한 필요와 미소(微少)한 이유로써 목전의 최급 문제되는 현상 구제의 방침을 방기하고 동족이 상쟁하며 가내가 반목하면 이로부터 오는 바의 그 과보는 누가 받으리오. 길러라, 옹호하여라, 좋은 싹이 나오거든 서로 북돋아라. 2가 1보다 대(大)하고 4가 2보다 대함은 우주의 정리(正理)가 아니냐.

강자의 필요는 약자의 필요가 아니며 갑 민족의 필요는 을 민족의 필요가 아니라. 고로 강자의 도덕은 약자의 도덕이 아니며 갑 민족의 도덕은 을 민족의 도덕이 아님으로 강자의 법을 약자가 준수함도 죄악이요, 갑 민족의 법을

시작되어 계엄령이 실시되고 주민들을 감금한 사건.

나탈 사건 남아프리카 공화국 나탈 지방에서의 인종 차별 사건.

밴쿠버 상륙사건 일명 코마가타 마루(Komagata Maru) 사건. 코마가타 마루는 1914년 376명의 인도인 이민자들을 태우고 밴쿠버로 왔던 증기선으로, 당시 영국령 주민이었던 이들 중 24명을 제외하고는 캐나다에서 받아들여지지 않았던 사건으로, 캐나다의 이민제도가 아시아인들만을 차별한 사건.

요세부 암살 사건 1914년 6월 오스트리아 황태자와 황태자비가 사라예보에서 두 명의 세르비아 청년에게 암살된 사건.

착이거 의미 불명.

코主傳 의미불명.

這般 저번, 지난번.

膠質 물질의 끈끈한 성질.

數罪 죄를 저지른 행위를 들추어 열거함.

辛澁 맵고 떫은.

赤心 정성스럽고 참된 마음.

熱淚 마음속 깊이 사무쳐 흐르는 뜨거운 눈물.

을 민족이 준수함도 죄악이라 할지로다. 예컨대 목축업자의 행위와 같이 갑 민족이 자기를 위하여 한 행위가 비록 예외 혹은 방편적으로 을 민족에게까지 호(好)영향이 미치게 하였을지라도 이는 갑이 을을 위하여 한 행위가 아님은 물론이거니와 이 성질이 본시 을에게 맹목적으로도 오히려 환희칭송을 받을 자격은 영(零)에만 불시(不啻)*라. 도리어 곤봉치하를 받을 것이 아니뇨. (후략)

不啻 뿐만 아니라.

3. 현상윤, 강력주의와 조선청년

■ 『학지광』 6호(1915)에 발표된 현상윤의 글. 현상윤은 현세문명의 공통된 구호는 "약한 놈이 되지 마라"라는 것으로, 조선청년에게 강력주의를 가질 것을 요청하고 있다. 이 세상에는 오직 강력주의밖에 없으며 그동안 조선에서는 강력해지는 방법에 대한 방침이 부족했음을 지적, 첫째, 무용적 정신, 둘째, 과학보편, 셋째, 산업혁명이 필요함을 말하고 있다.
■ 玄相允(1893~1950) 일제 강점기 및 해방 시기의 교육자. 해방 직후 고려대학교 초대 총장직을 역임하다 한국전쟁 시기 납북됨.

여하히 하면 우리가 다시 살고 여하히 하면 조선이 다시 새로워질까? 우리의 생각하는 바가 이 한 마디 말에 지나지 아니하고 우리의 문제가 이 일사(一事)에 벗어나지* 않는구나. 그러므로 지금은 벌써 눈물로 한숨으로 이파(已破)의 증(甑)*을 고석(顧惜)*할 시대가 아니오, 오직 무엇으로든지 우리의 소신을 끝까지 관철할 금일이니. 환언하면 우리 눈앞의 해결하라는 수수께끼는 "어떻게 여사(如斯)히 되었는가"가 아니오, "어찌하면 할꼬" 하는 한 가지 일이로다.

그런데 "어찌하면 할꼬" 하는 말에는 논자의 의론이 한두 가지가 아니나, 나는 감히 대담스럽게 이에 대하여 절규코자 하노니 오직 강력주의가 있을 뿐이라고. 한 번 보아라. 머물렀던 우마(牛馬)가 전진하려는 편타(鞭打)*를 받을 때에 반드시 어깨를 내어밀고 강대한 힘을 착출(搾出)치 아니하며, 일시 하강하였던 비행기가 고쳐 비승(飛昇)코자 할 때에는 반드시 타수(舵首)를 위로 향하고 수배의 강한 중력을 작가(作加)치 아니하는가. 세상의 사물은 비록 만 가지로 다르나 그 이치는 하나이니*, 무엇이나 하루아침 전복(顚覆)되었던 것이 다시 진흥코자 할 때에 어찌 강한 힘이 아니고 능히 진흥할 수 있으며, 한 번 없게 되었던 것이 다시 있으려 할 시에 어찌 또한 강한 힘이 아니고 능히 있을 수 있으리오. 그럼으로 힘이 하시(何時)인들 필요치 않으리오마는 더욱 우리 같은 민멸(泯滅)*한 사람들에게 필요하고, 힘이 어디서나 감사치 않으련마는 더욱 조선같이 암흑한 땅에서 그 감사한 것을 알 수 있나니, 일조(一條)의 두발(頭髮)을 끊는 데는 그 강한 것을 별다르게 칭찬할 것도 없고, 삼척(三尺)의 소아를 대적하는 데는 그 용(勇)을 별로 과장할 것도 못된이 아닌가.

슬프다. 우리에게는 오직 강한 힘이 있을 뿐이오. 오직 큰 motive power(원동력)가 있을 뿐이니, 먼저 우리가 생활권을 세계에 구하고 다음에 우리가 빛있는 역사를 영구에 보전하는 것도 모두 다 강한 힘, 큰 원동력에 있지 아니한

벗어나지 원문은 '밧하지'.
已破의 甑 이미 깨진 시루.
顧惜 되돌아 슬퍼하다.
鞭打 채찍질.
세상의 사물은 비록 만 가지로 다르나 그 이치는 하나이니 이일분수(理一分殊) 혹은 이일만수(理一萬殊)는 성리학의 핵심 명제로서, "그 나뉨은 다양하지만 이치는 하나"라는 뜻.
泯滅 자취나 흔적이 아주 없어짐.

가. 눈물과 한숨이라도 강한 힘이라야 구제(驅除)하겠고, 웃음과 춤이라도 강한 힘이라야 오게 하겠도다. 그런고로 니이치에*는 이 점에서 권력만능을 주장하였고, 몬데스큐*는 이 점에서 강권의 절대가치를 창도(唱道)하였으니, 세계의 논란이 아무리 분운(紛紜)하더라도 나는 이 두 사람의 말을 어디까지든지 준봉(遵奉)하고 확신코자 하노라.

니이치에 프리드리히 니체, 독일의 철학자.
몬데스큐 몽테스키외. 프랑스의 정치사상가.

그럼으로 나는 역중(力中)에도 오직 강한 역(力)을 구가(謳歌)하고 원동력 가운데도 오직 대(大)한 원동력을 찬미하려 하노니, 역(力) 그 자체에는 야만성이 포재(包在)하였다 하는 설도 있지 아님은 아니나 그러나 나는 적어도 금일의 조선인에 있어서는 힘만 있으면 야만이 역하(亦何)라 하노니. (그런데 여차히 설거(說去)하면 역을 완력뿐으로만 해석하는 듯하나, 그러나 나의 소위 강력이라 하는 것은 일층 광의적 해석에 속한 자니, 이에는 물질적과 정신적 의미를 겸유한 것이라 이를 수 있도다) 무엇인고 하면* 강한 힘은 벌써 힘 그 자체가 불가범성(不可犯性)을 의미한 것이니, 남이 임의 야만으로써 나를 정복하였거든 내가 어찌 또한 야만으로써 이를 저항치 않으리오.

무엇인고 하면 원문은 '何者오한면'이나 오기인 듯 보임.

아아, 애달프구나. 세상에 약자처럼 서러운 것이 다시 어디 있으리오! 여하(如何)한 이유가 있고 여하한 고통이 있을지라도 강자의 구복(口腹)과 권력의 요구를 만족하게 하기 위해서는 자기이익상에 인위(忍爲)치 못할 일이라도 참아 행하게 되고, 여하한 학대와 여하한 수욕(羞辱)이라도 강자의 앞이나 권력의 앞에는 이를 능히 피할 수 없나니, 이는 근일의 백이의(白耳義)* 사람만을 보아도 역역히 이 이치를 해득할 것이 아닌가. 아무리 아니 주려 하고 아무리 남의 동정을 얻고자 하나, 무리로 와서 빼앗는 것을 어찌하며, 남이 와서 구조치 못하는 것을 어찌하리오. 나는 오직, 그 사람들에게 향하여 약한 자여 너의 이름은 계집*이라 한 것같이, 약한 자여 너의 이름은 백이의 사람이라 하고 싶도다. 백이의 사람이 아무리 국제공법을 명석하게 해설하고, 알베트 황제*가 아무리 세계의 동정을 일신(一身)에 취집(聚集)하였다 할지라도, 퉁하고 터지는 무심한 독일의 대포에는 조금도 이불리(理不理)를 논할 수가 없고 "앞으로!" 하는 카이제르*의 철적(鐵笛) 같은 호령에는 조금도 무슨 효력이 없지 아니한가?! 아아 약자여 무엇을 노노(呶呶)하게* 이야기하지 말고, 세상을 이러니저러니 망평(妄評)치 말아라. 너의 원망이 조금도 강자의 형세를 어찌하지 못하고, 너의 주저가 조금도 힘 있는 자의 권위를 건드리지 못하나니, 차라리 약자로 생겨난 너의 운명을 한탄할망정 몽매간(夢寐間)에라도 약자의 힘이나 억세(抑勢)를 시의(猜疑)하고 차원(嗟怨)치 말을지로다. 이로 인하여 이 세상에는 오직 강력이 있을 뿐이니, 강력 이외에 다시 무엇이 있으리오. 시험하여 보아라. 영국 사람의 제

白耳義 벨기에.

약한 자여 너의 이름은 계집 Frailty, thy name is woman. 셰익스피어의 『햄릿』에 나오는 대사.
알베트 황제 벨기에의 황제.

카이제르 독일의 황제.

呶呶하게 여러 말을 길게 늘어놓음.

국주의에서 강한 힘을 빼고 보면 그네들에게 과연 무슨 신통한 특장(特長)을 볼 수 있으며, 독일 사람의 세계정책에서 강한 힘을 빼고 보면 또한 그네들에게 무슨 웅대한 이상을 볼 수 있느냐. 그럼으로 현대의 구미제국을 칭호(稱呼)하는 대명사는 서양에 있어 Powers(힘 있다는 의미)며, 동양에 있어 열강이라 하게 됨이니, 아메리카합중국의 부(富)도 강(强)이라 칭하고 독일의 학문도 강(强)이라 명명하게 되지 않았는가. 강한 힘이 있는 곳에라야 팽창도 있으며 저항도 있으니, 중심에 뻗치는 힘이 없고서 어찌 표면으로 확(擴)하며 장(張)할 수 있으며, 족하에 철옹성 같은 근거가 없고서 어찌 외부로 오는 적을 방어하며 지킬 수 있으리오.

그러기에 현세문명의 공통한 구호는 "The weak that's not What you are to become!"(약한 놈이 되지 마라)함에 있고 근대생활의 제일의는 우주의 생명을 강력(强力)으로 표현함에 있으니, 자연과학을 연구하며 정신문제를 음미하는 것도 결국은 저반(這般) 소식을 전함이며, 검극(劍戟)을 두르며 포연을 날리는 것도 필경은 개중(箇中)의 진취(眞趣)를 의미함이리로다. 아아 슬프구나 약하고서 어찌 '자아'를 실현할 수 있으며, 굳세지 못하고서 어찌 '생'을 충실히 할 수 있으리오. 그럼으로 나는 세상에 무엇하여도 약한 놈에서 더 불행한 것이 없고, 무엇하여도 굳세지 못함에서 더 비참한 것이 없다 하노니 이것을 읽으며 비평하는 제군은 이로서 여하(如何)하다 생각할런가

張本 어떤 일이 크게 벌어지게 되는 근원.

吾儕 우리네.

이를 개략적으로 말하면 약한 것은 만사(萬死)의 장본(張本)*이오, 백패(百敗)의 조징(兆徵)이라 할 수 있으니 암흑도 이를 따라서 나타나고 고통도 이로 인하여 온다. 오제(吾儕)*가 맞이한 금일도 그 원인은 우리가 약한 것에 있었고, 반도문명이 이같이 침체한 것도 그 까닭은 반도가 이같이 굳세지 못함에 있지 않았는가. 그러면 나는 다시금 절규코자 하노니 우리가 천부(天賦)의 생활권을 스스로 포기하고 영구히 존재의 가치를 몰각(沒却)하고 말면 모르거니와, 진실로 인간의 생활을 의식하고 확충하여 적어도 남과 같이 의미 있는 행복의 일배주(一盃酒)를 분음(分飮)코져 할진대, 하루바삐 약자의 탈을 벗고 광명 있고 영화 있는 강한 사람의 면류관을 구하야 쓰지 않을 수 없다고.

그러면 강력이란 여하한 것이며 굳센 사람이 됨에는 여하한 계단과 노정이 있나뇨? 이를 간단히 말하면 강력이란 것은 인간천부의 생활을 가장 독립적으로 가장 행복적으로 십분완전하게 향유하는 권능의 총량이니, 이를 요구하여 이를 보지함에는 정신상 혹은 물질상으로 각 방면의 시대문명에 향하여 최선의 노력과 최선의 분투를 다함에 있다 할 수 있도다. 그럼으로 구하여 얻고자 하는 분투가 무(無)한 곳에는 이 강력이 생기지 아니하고, 이 강력이 없는 곳에는 완

전한 생활이 오지 않나니, 만일 구미사람에게 분투가 무하였던들 저렇듯 구미사람의 강력이 무하였던들 금일과 같은 구미사람의 생활이 없었을 것이로다. 이를 다시 역사적으로 말하면 인쇄술개량(발명은 조선이 하였으나)이 저들에게 한 강력을 주었고, 그 후 신대륙 발견이 저들에게 한 강력을 더 주었으며, 수증기와 전기발명이 저들에게 또 한 개 강력을 허하였고, 대포군함의 발달과 비행기 잠항정의 제작이 저들에게 다른 한 개 강력을 또 허하였으니, 이것이 생긴 원인은 저들의 분투로 좇아왔고, 이것의 생긴 결과는 저들에게 생활을 풍부하며 충실케 하였도다.

그런데 금일 조선반도에 강한 힘이 무엇보다 필요한 것은 다시 번거(煩擧)치 않아도 벌써 일반이 지실(知悉)*하였을 바이어니와, 그 힘을 양성함에는 과연 여하한 방침이 있을까 함에 대하여 잠깐 누견(陋見)*을 진술하려 하노라. 대저 이 강력을 축적함에는 여러 가지 방법이 유다(有多)하나, 목하(目下) 오배(吾輩)에게 있어서는 경우도 다르고 시대도 부동(不同)하여, 남이 행하는 것은 그대로 효행(傚行)치 못할 점이 적지 않거니와 나는 이에 가강지법(可强之法)이 3건이 있다 하노니, 1에 무용적 정신, 2에 과학보편, 그리고 3에 산업혁명이 이것이로다.

무용적 정신은 역(力)의 symbol(상징)이니, 사람이 존재의 가치를 스스로 몰각하려면 모르거니와 진실로 조금이라도 의미 있는 생활을 영위함에는 불가결 불가폐할 유일의 요소라 위(謂)할 수 있도다. "무부족이안민(武不足以安民)이오 반가이장민(反可以戕民)"*이라는 논란과 같은 것은 상고의 덕치 시대에서나 가설(可說)할 말이오, 결코 금일과 같은 경쟁시대에서는 감히 개구(開口)도 못할 논법이니, 17억에 근(近)하게 번식한 인구가 일조(一朝)에 5억이나 6억으로 감하거나 육주(六洲)에 한한 지구가 가분작이* 10주나 20주로 증가하기 전까지는 무용적 정신을 조금도 결치 못할지며, 적어도 금이후(今以後)의 인류사회(현금도 그런 것은 물론)에는 무로써 민을 안케 하고 무로써 생활을 행복되게 할 날이 영구히 부절하리로다. 내가 일본에 와서 깊이 놀란 것은 무적 정신의 왕성이니, 죽기를 경(輕)히 여기는 이 사람들에게 가적(可敵)할 자 누구며, 사람 죽일 공부를 이렇게 면려(勉勵)하는 백성에게 소득이 어찌 없으리오. 슬프다, 조선도 고구려 전성의 시대에는 천하의 막강으로 무운의 혁혁(赫赫)을 남부럽지 않게 과장(誇張)하였더니 분하구나. 이렇듯 한 대한조선인의 세계적 사명은 그만 백년지견(百年之見)이 멸여(蔑如)*한 취취(脆脆)* 유자배(孺子輩)*에게 오롱(誤弄)한 바 되고 말았도다. 이를 생각할 때마다 분한 눈물이 한갓 옷깃을 적시거니와 우리 민족의 현재와 장래를 종으로 보고 횡으로 볼 때에 나는 다시금 무용적

知悉 형편이나 사정 등을 자세히 알다.
陋見 자기 의견이나 견해를 겸손히 낮춰 부르는 말.

武不足以安民이오 反可以戕民 무력은 백성을 편안히 하기에는 부족하지만, 백성을 죽이기에는 가하다라는 뜻.

가분작이 원문은 '가분쟉이'. '可分作이'인 듯하나, '갑자기'라는 뜻으로 쓰인 용례가 보이기도 함.

蔑如 멸시.
脆脆 무르다, 약하다 의미로 쓰임.
孺子輩 풋내기. 나이 어린 남자.

정신의 부활을 일반동포에게 대성질호(大聲疾呼)코저 하노니 이 가강지술(可强之術)의 하나이며.

과학보급은 특별히 자연과학의 교육을 의미함이니, 혹 벽견(僻見)이라는 논평이 유(有)할런지 부지(不知)커니와, 금일의 조선국면에 있어서는, 정신상 학문보다도 특히 긴하고 급한 것은 오직 자연과학의 발달이라 할 수 있도다. 무엇인가 하면 현대문명의 특질이 얼핏 보면 철학에 있고 논리학에 있는 듯 하나, 기실상은 수증기에 있으며 전기에 있음을 보았음으로서니, 초자판(硝子板)*이 지창(紙窓)을 대신하고 전기등이 유등(油燈)을 대신하여 각종의 문명적 이기가 우리의 생활을 풍부케 하기 전에는 형이상적 토론이 별로 긴치 아니하고, 예술이며 연애(전연히 없을 수는 없으나)의 로만스가 그렇게 합리적이다고는 말할 수 없지 않을까 하노라. 그럼으로 나는 10인의 칸트와 100인의 로세티*(전자는 유명한 철학자, 후자는 유명한 서가)보다 1인의 마르코니*(무선전신 발명가)와 2인의 에치펠닌(비행선발명가)이 하루바삐 반도 안에 생기기를 간절히 바라는 바며, 조선이 파리같이 고화 많고 조각품 많기로 세계의 예술 중심이라 말을 듣는 것보다 백림(白林)*같이 발명가 많고 물리학가·화학자 많기로 세계의 학문중심이란 말을 하루바삐 듣게 되기를 중심으로 갈망하는 바로다. 이런 견지에 서서 기자는 과학교육의 급무를 논하노니 이 가강지술(可强之術)의 둘이며.

산업혁명은 목하 조선에 있어 시대성(時代聲) 중의 시대성이니 과학교육이 보급되기 전에는 이를 도저히 실현키 어려운 것은 물론이어니와 급하고 필요한 것은 날로 더하여가고 달로 간절하야 가는도다. 슬프다. 지금은 벌써 반도에도 생존경쟁의 참혹한 활극이 도처에 연출되어, 화화(火花)가 터지는 곳마다 소진(燒盡)되고 파멸되는 것은 모두 다 오제(吾儕)의 일이니, 백로지(白鷺紙)*·린촌(燐寸)*·양철다관(洋鐵茶罐)·도자기가 한번 시장에 들어옴에 조선지·유황성냥·구리 다관·조선도자기는 비참하게도 그 형적(形跡)을 거두어 구축의 최후를 당치 않았는가. 보아라 산업계의 이런 결과는 일국경제 상에 여하한 영향을 급케 하였는가고—다액(多額)의 수입초과는 연일연 증가하여 무역장부상 대차평균으로 생(生)하는 불소(不少)의 부족액은 조선(祖先) 전래의 전토가(田土價)로 전보(塡補)하게 되나니, 여차하고도 민족이 멸망치 않기를 어찌 보증하겠느냐—일국의 부동재산을 타인에게 영구히 매여(賣與)하고 거기서 득한 대가로 일일이 사치품매입에 소비한다는 나라가*, 조선을 버리고 다시 세계상 어느 곳에나 있을런가. 그런데 정부가 돌보지 아니하고 사회가 방비책을 강구치 않을 때에, 우리 각 개인이 스스로 나아가 이 화(禍)와 이 급(急)을 구(救)치 않으면 다시 누가 이를 능히 하리오. 이에 대하여 소극적으로 외래의 대세를 무리로 막으려

硝子板 유리판.

Dante Gabriel Rossetti(1828~82) 영국의 화가 겸 시인.
Guglielmo Marcóni(1874~1937) 이탈리아의 무선전신 발명가.

白林 베를린.

白鷺紙 갱지.
燐寸 성냥.

소비한다는 나라가 원문은 '소비한다는나리이'로 되어 있으나 의미상 '소비한다는 나라가'로 옮김.

는 것은 물론 불철저한 의론이어니와, 우리는 일층 나아가 적극적으로 이 폐상(弊狀)을 구증(救拯)*치 않으면 아니 되리로다. 이에는 오직 산업혁명이 유할 뿐이니, 만백 년을 간다 해도 증기방적기계가 손으로 짜는 베틀을 대(代)하여, 발동기 사용하는 철공장이 손으로 망치 두드리는 대장장이를 내여밀기 전에는, 문명의 서광은 조금도 비칠 수 없고 생활의 곤궁은 조금도 덜 수 없을지니, 이 금일에 재하여 산업혁명의 가강지술(可强之術)의 셋이라 하는 바이로다.

이 세 가지 강령이 실행된 후라야 비로소 오제의 힘이 강하여지며, 이 3건사(件事)가 체현된 후라야 비로소 오제의 "어떻게 할까" 하는 문제가 해결되리니, 그때가 진실로 조선은 조선사람의 조선이라는 소리를 지를 때오, 그날이 진실로 세계는 공유물이니 너만 가질 것이 아니라는 말을 우리 입으로 토하게 될 날이라 하노라. 제군아 부활을 함부로 부르지 말고 강한 세력을 쓸데없이 말치 말아라. 힘없는 곳에 살기는 어찌 살며 힘 있기를 도모치 않는 곳에 세력이 강하여 질 리는 어디 있나뇨. 슬프다, 자강이란 말이 반도에 제창되기는 십수 년 이전의 일이나, 이를 철저하게 실현치 못하고 이를 끝 있게 실천치 못한 것은 과연 무슨 까닭이더뇨? 나는 이에 대하여 말하노니, 그 원인은 그 때 이 말을 제창하던 이에게 스스로 강하여야 될 줄은 조금 알았으나, 어떻게 강하여 할 것과 이 강을 치(致)할 만한 정성 있는 인물이 없었던 것에 있지 않았던가 하노라. 그럼으로 역(力)이 유하여야 될 것은 지(知)할지라도 역을 여하히 양(養)할까 함을 부지하여도 불가하겠고, 역을 여하히 양할 바를 지할지라도 이를 실행할 만한 인물이 또한 무(無)치 못할지니, 이가 내가 여기에서 필(筆)을 정(停)하고 경(頸)을 연(延)하여* 만천하 청년동포에게 여차한 고정(苦情)을 한 번 소규(訴叫)하려 하는 까닭이로라.

아아 청년아 피가 있거든 생각하여 보고 눈물이 있거든 살펴보라. 산하재(山河在)*의 탄식을 우리 입으로 부르게 된지가 벌써 몇 춘추이런고. 광음은 이같이 사람을 기다리지 않는데 우리는 그동안에 과연 무엇을 하였는고 — 생각이 이에 이름에 실로 흉억(胸臆)*이 자색(自塞)함을 금키 어렵도다. 제군아, 우리의 호(好)모범을 멀리도 구할 것 없이 유신시대의 일본청년을 취하여 보라. 어떻게 저들이 당년에 국가사를 위하여 애를 쓰고 힘을 다 하였던가라고. 화란(和蘭)*이 일박(一迫)에 피등(彼等)은 일각성(一覺醒)을 득하며 노인(露人)이 일협(一脅)에 피등은 일분기(一奮起)를 수(遂)하야, 음침(飮寢)을 폐하며 수화(水火)를 망(忘)하였던 것이 저들의 당시 의기가 아니었는가. 그런데 이금(而今) 조선청년은 무엇을 하고 있나뇨, 볼지어다 일변에서는 쓸데없는 허영에 기다(幾多)의 청년이 남의 일(官吏)*만을 하여 주지 않으며, 일변에서는 비열한 공리심에 불

救拯 구원.

頸을 延하여 목을 늘여.

山河在 두보의 「春望」이라는 시 중에 '國破山河在[나라는 망해도 산과 강은 남아 있네]'라는 구절이 있음.

胸臆 가슴.

和蘭 네덜란드.

官吏 원문에 괄호로 삽입되어 있음.

兒戱 아이들의 장난.

對手 적수.

攫取 휙 후리쳐 빼앗아 가짐.

소(不少)의 지사(志士)가 가소(可笑)한 아희(兒戱)*를 감작(甘作)할 뿐이 아닌가. 아아 청년이여 우리의 대수(對手)*되는 사람들의 매서운 생식력을 보지 못하며, 우리를 확취(攫取)*한 두려운 손목이 나날이 긴괄(緊括)하는 것을 감(感)치 못하는가? 이에 나는 다시금 강력의 필요를 말하고 다시금 강력주의의 선전을 포고하는 바로니, 제군이여 제군은 여하타 생각하느뇨?

4. 정충원, 아아 형제여

■ 『학지광』 6호(1915년 7월)에 발표된 정충원의 글. 기존 도덕의 무용성을 논하면서, 새로운 시대를 열기 위해서는 강자가 되어야 함을 촉구하고 있다. 특히 개인적 차원에서 생을 유지하기 위해서도 힘이 필요하며 민족적 차원에서도 힘의 쟁투는 기본적 원리라고 보고 있는 점에 주목을 요한다.

■ 鄭忠源(1896~1977) 일제 강점기 경찰 겸 관료. 대구 출신으로 1918년 일본 니혼대학 법학과 졸업. 중일전쟁 이후 일본에 적극 협력한 공로를 인정받아 일제의 훈장을 받음.

六合 천지와 사방을 합쳐 이르는 말.

叩頭 공경하는 뜻으로 머리를 조아림.

동공여명(東空黎明)하에 원원(圓圓)한 광명이 용출(湧出)하였으니, 아아 형제여 보는가 못보는가?

추월춘풍에 세색(歲色)이 변환하고 인사가 상변(上變)하였다 하나 오직 우리의 소망은 차일내일이 역시 금일이니 슬프도다. 우리는 장차 구엇으로써 이 광명의 빛을 받고자 하는가.

육합(六合)*을 보라. 시대의 조류는 강자를 상쟁(相爭)하는도다. 도덕이 무엇이냐? 우리는 도덕이 무용물임을 강자를 통해 배웠으며 문명의 이용을 역시 강자에게서 보았도다. 영성의 안식을 얻기 위해서는 종교에 의탁할 것이 아니라 강자가 되어야 한다. 우리는 들었다. 강자는 절대요 무상권위(無上權威)로다. 강(强)은 신이요 천재(天才)의 창조자니 모든 것을 발전시키는 유일존칭은 참으로 '강'이라 하겠도다! “Before the necessity all laws are useless and powerless.” 필요 앞에는 일체규칙이 무력무용지물이니, 이는 진실로 강자의 임의적 방언(放言)이 아닌가. 아아 약자는 강자의 앞에 고두(叩頭)*하여 함구(緘口)할 뿐이라.

현재의 모든 문제는 강하려고 싸우며, 강하기 위해 다투고, 강하기 위해 먹고, 강하려고 노동함에 있지 아니한가. 아아 형제여! 인간생활은 자연계의 생활과는 상이하였지만 그러나 금일 자연과학의 발전과 상반하야 물질적 문명이 진보함에 따라 우리는 다시 인간생활에서 자연법칙을 발견하게 되었으니 왈 강자의 세상이요 약자의 사총(死塚)이라 하노라. 한 번 볼 지어다. 동린서가(東隣西家)가 경쟁의 장에서 어떻게 경과(經過)하는가를.

정의도 강자의 앞에는 무가치의 장물이며 인도도 강자의 앞에는 오문(嗚聞)이 없는 것은 구구 췌언(贅言)을 요하지 않는다. 산상(山上)의 청천(晴天)과 산록청해(山麓淸海) 화려대지(華麗大地)에 주인공 됨도 강(强)이 아니고는 어찌할 수 없는 것이로다.

또한 인간이 본능상 추구하여 그치지 않는 행복의 길에 들어가야 수언(數言)이 필요하지 않을 수 없나니. 대개 인간이란 이상적 동물이라 그 생래의 목적은 '생'을 완전 원만히 유지한다 할지라도 본래의 진생(眞生)은 아니요 허위적 가생(假生)에 불과하니 현실에 생을 집착하야 이를 실현하려면 먼저 강한 자기를 발견하지 않으면 불가한 것이라.

다시 나아가 생을 유지하는 것이 선이라 하면 생을 유지하기 위한 수단인 강해지는 것이 선임은 물론이며 동시에 강은 인류의 최고이상이 아니라고는 못할 것이다. 혹은 자기를 살게 하기 위하여 타인을 망하게 하는 것은 비인도적 비도덕적 반윤리적 행동이라 아니치 못할지니 무슨 까닭인가. 인류가 상부상조하여 공동생활을 영위하는 것이 인류의 이상이며 선이기 때문이라고 한다. 그러나 나는 대담적 주아(大膽的主我)의 태도로 이 말에 답하고자 하니 왈 형의 말이 이상에 맞을지는 모르나 그대[君]는 우선 그대의 주아(主我)의 정로(正路)를 버리고 타아(他我)의 곡로(曲路)를 취하려 하느냐. 묵사(默思)하라 그대여 자기의 마음속 생각하는 바가 과연 무엇이냐고. 반드시 자기의 생활 전부를 화려한 공상적 세계에 행(幸)의 길로 가려는 것일지니, 그러면 인생의 본능적 모순되는 것을 가지고 널리* 인도적 도덕적인 가설을 취함은 우리의 정당(正當)을 얻은 것이라 말할 수 없도다.

널리 원문은 '廣의로히'로 되어 있으나 의미상 널리로 옮김.

인도 도덕이라 하면 과연 어떤 것인가? 약자가 강자에 대하여 고식적 생활의 유지를 요구하는 허명이 아니고 무엇이리요.

자기의 생을 발전하기 위해서는 다수 타인의 생까지라도 희생하여야 할 것이니 '너의 적을 사랑하라'하는 허위적 망언은 생존경쟁 폭열탄(爆烈彈)에 한 점의 연기도 없이 파괴되었던 것이로다.

자기가 자기의 생을 발전하기 위해서는 전적으로 타의 생까지라도 희생하여야 할 것은 자연적 부동의 원칙이니 [이를] 따라 인류로 하여금 영구적 진생명(眞生命)의 활천(活泉)으로 가게 하는 것이라 단언하겠다.

제군의 의운(疑雲)*을 풀기 위하여 일언을 다시 붙이노라. 개인과 개인, 민족과 민족의 관계는 그간에 조금[稍稍] 상이한 것이 있는 것이라. 대개 단독적 개인은 아무리 하여도 완전한 생을 향수(享受)할 수 없음은 목장의 소양(小羊)의 무리를 보아도 알 수 있을 것이라. 단독으로는 도저히 중적(衆敵)을 대할 수 없으며 또 적의 내공(來攻)을 대비할 수 없으므로 각인은 호상단체하여 그 사이에서 강적 충돌(强的 衝突)이 완화되어 사회학에서 말하는 제2차 충돌이 일어날 뿐이지만 민족 대 민족의 사이에 이르면 강적주의—자연적 법칙이 노골적으로 발휘되는 것이라. 하여간 생은 본질상 참으로 이기려 하는 본능적 유일의

疑雲 의심스러운 점이나 사건을 비유적으로 이르는 말.

선이니 이에 민족적 강을 도달코자 할진대 선을 행하는 개인의 강을 요구할지어다. 개인의 약강은 즉 군중의 약강을 의미하기 때문이라.

오호라 동천에 서광이 비치도다. 우리가 바라는 개적 강(個的 强)이 하루바삐 오대양의 파도 수(數)와 같이 됨을 바라노라. 오인이 말하는 강은 자적 초월과 개성의 전적 발전을 의미하는 것이니.

한산고종(寒山古鐘)은 향명(響鳴)을 그치지 않는데 등신(冬神)이 이미 지나고 자유화락의 여신이 장차 오려 하니 제군도 강하게 되라 나도 강하기를 바라노라.

아아 사랑하는 형제여!

생존경쟁의 자연도태, 강적주의라야 영육일치의 완전한 생을 영위하며 시인의 공상적 세계를 현실적으로 되게 할 수 있으리라.

아아 사랑하는 형과 아우들아,

강적주의(强的主義)로다. 하나도 그것이요 둘도 그것이요 셋도 역시 강적주의(强的主義)로다! 전부(全部)의 강(强)을 요하는 것보다 개적 강(個的 强)을 요할 지니, 그리하면 전적 강(全的 强)이 되어 전적 생을 형수하며 모든 것이 전적으로 새로운 춘풍세계 창조의 향미가 다시 돌아오리로다.

형제여, 아아 사랑하는 형제여!

5. 신한혁명당, 대동단결선언

■ 1917년 상해에서 신규식 등이 독립운동의 활로와 이론의 정립을 모색하고자 임시정부 수립에 관한 민족대회의 소집을 제의한 문서. 조소앙이 기초한 것으로 알려져 있다. 주권불멸론과 순종 황제의 주권포기론을 근거로 국민주권설을 주장하고 있다. 출전은 한국사데이터베이스 (http://db.history.go.kr).

무릇 합치면 서고, 나눠지면 무너지는 것은 천도의 원리요, 나눠진 지 오래면 합하고자 하는 것은 인정의 율려(律呂)*라. 무념(撫念)하건대 오래로는 삼백 년 유자(儒者)의 당론(黨論)이 이조(李朝) 멸망사의 태반을 점령하였고, 가까이에 이르러는 13도 지사(志士)의 장혁(墻鬩)*이 신건설의 중심을 교란하는도다. 여사(如斯)한 삼분 오열의 비극을 목도하고 분문입호(分門立戶)의 고통을 비상(備嘗)*한 오인(吾人)은 정률(情律)에 의지하여 대합동을 요구함이 자연의 의무요, 또 도리에 의거하여 총단결을 주장함이 당연의 권리로다. 비단 오인의 주론(主論)이 이 같을 뿐만 아니라 일반 동포의 성(聲)이요, 시대의 명(命)이니 만천하 상심(傷心) 지사(志士)에 누가 홀로 동감치 않으리오.

그러나 총단결의 문제는 유래가 오래되었도다. 들음에 귀가 시고럽고, 말함에 이가 시리도다. 사람들이 모두 합동 합동 말하여도, 그 실행에 관하여는 혹 힘이 미치지 못함에 죄를 돌리고, 혹 땅이 불편함에 책임을 돌리며, 혹 경쟁이 무해하다고 화제를 돌리어 이리저리 핑계를 대며, 임염(荏苒)* 세월이 망국 만

律呂 국악에서 음악이나 음성의 가락을 이르는 말.
墻鬩 집안싸움.
備嘗 여러 가지 어려움을 두루 맛보아 겪음.

荏苒 차츰차츰 세월이 지나거나 일이 되어 감.

8년에 이르도록 내외지사의 규격(睽隔)*이 여전하여 일치 단결의 희망이 묘연하도다. 오히려 구연맹성(懼然猛醒)*의 모양이 없고, 활연고식(恬然姑息)의 계책을 도모하면 이는 궁견(弓甄)*의 미몽(迷夢)이오, 화마(華瑪)*의 적성(赤誠)*은 아니라. 연래(年來)에 러시아에 의지하자[據俄], 일본에 의지하자[據日], 중국에 의지하자[據中], 미국에 의지하자[據美]하는 선비와 문(文)이다, 무(武)다, 남(南)이다, 북(北)이다 하는 의론이 분운착잡(紛紜錯雜)*하여 세세하게는 우의를 무시, 거칠게는 인도를 몰각한 실증이 현저하니, 오호라 10년 분투에 소득이 무엇이뇨? 관정지수(灌頂之水)는 필류우지(必流于趾)*니 불쌍한 우리 자손에 유습(遺習)이 세전(世傳)하여 당동벌이(黨同伐異)*의 중독(中毒)이 전심(轉深)하면 오인의 전도(前途)는 영겁에 추태만 복연(複演)하리니 생각이 이에 미치매 오내(五內)*가 찢어지며 구곡(九曲)이 끊어지는도다.

한번 내지 현상을 보건대 경술(庚戌, 1910년) 이후로 마정(魔政)의 사학(肆虐)이 여산(餘算)을 불유(不遺)하여 그 걸음이 정신합병(精神合倂)에 이른지라. 반일(半日), 반한(半韓)의 괴물이 일증(日增)하고 비승(匪僧) 비속(匪俗)의 요얼(妖孼)이 배출(輩出)하여 혹 교(敎)를 빌려 동화 선봉(先鋒)을 이루며 혹 정(政)을 칭송하여 자치(自治) 전제(前提)를 열더니 필경에 저 대수술이 이천만 호흡기관을 파열하며 사천 년 대동맥을 단절하는도다. 무엇을 가리킴인고 하니 한어생(韓語生)의 가벌(苛罰)과 한사사(韓史師)의 출퇴(黜退)가 이것이라. 만일 이 세(勢)로 직왕(直往)하면 몇 년 내에 섬오랑캐[島夷] 문자는 부자통신(父子通信)에 전용(轉用)하고, 한대(韓代) 의관은 상혼(喪婚) 예식에도 한견(罕見)하리니, 명의(名義)의 망함에 눈물을 흩뿌린 자, 사실(事實)의 망함에 피를 토하리로다.

저 필리핀[菲律賓]의 애국가와 베트남[安南]의 전문대학과 인도의 과반수의 군대와 핀란드[芬蘭]의 입법 기관은 오히려 여맥(餘脈)*이 아닌가. 동서 만국에 비교가 없는 아한(我韓) 현상은 실로 참혹하니 어찌 인언(忍言)하리오. 그러나 내지 동포는 해외 동지에 대하여 한 올의 여망(餘望)을 매어 날로 부활의 복을 바라는도다.

이에 대하여 재외 동지의 각오가 하여한고. 과연 그 요구에 응할 준비와 그 기대에 버금갈 활동이 분명한가. 한밤중 홀로 생각함에 한 움큼 열정의 눈물이 멈추지 않으리로다. 이는 다름이 아니라. 지리(支離)한 사투(私鬪)로 국가 상속(相續)의 대의를 불고(不顧)함이니 어떤 연유이오.

융희 황제*가 삼보(三寶)*를 포기한 8월 29일*은 즉 오인(吾人) 동지가 삼보를 계승한 8월 29일이니 그간에 순간도 정식(停息)이 없음이라. 오인 동지는 완전한 상속자니 저 제권(帝權) 소멸의 때가 즉 민권 발생의 때요, 구한(舊韓)

睽隔 반목하고 거리를 둠.
懼然猛醒 놀라 두려워 각성함.
弓甄 궁예와 견훤의 의미로 생각됨.
華瑪 무슨 뜻인지 명확하지 않음.
赤誠 마음에서 우러나오는 참된 정성.
紛紜錯雜 분운은 여러 사람의 의논이 일치하지 아니하고 이러니 저러니 하여 시끄럽고 떠들썩함. 착잡은 갈피를 잡을 수 없이 뒤섞여 어수선함을 의미.
灌頂之水는 必流于趾 정수리에 부은 물은 반드시 발꿈치로 흐른다는 속담으로 윗사람이 한 일은 그대로 아래 사람들이 따라하게 된다는 뜻.
黨同伐異 옳고 그름에 상관없이 한 무리에 속한 사람들이 다른 무리의 사람들을 무조건 배격하는 것을 이르는 말.
五內 오장(五臟).

餘脈 세력이 점점 줄어져 겨우 허울만 유지하는 일.

隆熙皇帝(재위 1907~1910) 고종과 명성황후의 아들이며, 고종의 장성한 자녀 중 유일한 적자이다. 일제 강점기에는 이왕으로 불렸다.

三寶 세 가지의 보배라는 뜻. 토지와 백성과 정치.

8월 29일 한일합병조약이 발효된 경술국치일을 이름.

최종의 일일(一日)은 즉 신한 최초의 일일(一日)이니 어떤 이유인고. 아한(我韓)은 무시(無始) 이래로 한인(韓人)의 한(韓)이오, 비한인(非韓人)의 한(韓)이 아니라. 한인 간의 주권 수수는 역사상 불문법의 국헌(國憲)이오, 비한인에게 주권 양여는 근본적 무효요, 한국 민성(民性)의 절대 불허하는 바라. 고로 경술년 융희황제의 주권 포기는 즉 우리 국민 동지에 대한 묵시적 선위(禪位)니 우리 동지는 당연히 삼보를 계승하여 통치할 특권이 있고 또 대통(大統)을 상속할 의무가 있도다. 고로 2천만의 생령(生靈)과 3천 리의 구강(舊疆)과 4천 년의 주권은 오인 동지가 상속하였고, 상속하는 중이요, 상속할 터이니 오인 동지는 이에 대하여 불가분의 무한 책임이 중대하도다.

이와 같이 무시겁래(無始劫來)로 계계승승(繼繼承承)하던 삼보를 상속한 자는 완전한 통일 조직을 기다려 비로소 그 권리 의무의 행사가 가능할지니 소명(小名) 소리(小利)에 골몰하여 백년대계를 방해하면 이는 고아가 조율(棗栗)로 상(喪)을 잊어버림인저.

今玆 금년, 올해.

금자(今玆)* 오인 동지는 내외정세에 감한 바 이 심절(深切)하여 법리상 정신상으로 국가 상속의 대의를 선포하여 해외 동지의 총단결을 주장하며 국가적 행동의 진급적(進級的) 활동을 표방하며, 겸하여 내면으로 실질 문제에 들어가 대동단결의 이익을 논하노니, 첫째 재정, 둘째 인물, 셋째 신용의 문제가 이것이라.

濟濟多士 원문은 濟齊多士로 되어 있으나 오기인 듯함. 제제다사는 수많은 훌륭한 인재를 뜻함.

區區小資 작은 규모의 자본.

고금(顧今)강외(疆外)에 학정을 피하여 생활 근거를 세운 자 무려 백만이니 빈부 평균하여 일인(一人) 반원(半圓)의 수징(收徵)은 절대 무망(無望)이 아니니, 만일 총단결의 명분이 정대하고 기치가 선명하여 완전한 계통적 활동을 시도하면 50만 원의 연년 수입으로 족히 제제다사(濟濟多士)*를 망라하여 능히 계속 사업의 기초를 공고케 하려니와, 이에 반하여 동서 대치(對峙)에 구구소자(區區小資)*로 백반(百般) 영위(營爲)를 각기 도모하면 비유컨대 소자(小資)의 잡화상류(雜貨商類)라. 명목이 많음에 품질이 비속하고 현판이 높음에 내용이 빈약하여 도저히 문명 인사의 환영과 순량(純良) 동포의 신망을 얻기 어려우리니, 저 신지케이트*, 알니안스*의 유행이 합중력(合衆力)의 효용을 선각(先覺) 실행함이라. 상사(商事)와 국제(國際)에 상연(尙然)하거든 하물며 오인(吾人)이 패망 여국(餘局)을 수습하여 의당히 후말(煦沫)*로 상자(相滋)하며 여택(麗澤)*으로 상자(相資)하여 일대 유기체를 조성하여 대법인의 원기를 충실히 함양할 것이니 이는 경제로 동결(同結)의 요(要)를 말함이라.

신지케이트 syndicate, 동일 시장 내의 여러 기업이 출자하여 공동판매회사를 설립, 일원적으로 판매하는 조직.

알니안스 alliance, 동맹. 조약에 의해서 상호원조의 의무를 약속하는 국가 간의 일시적 결합.

煦沫 곤란한 상황 속에서 서로 도움을 줌. 『莊子』「大宗師篇」에 나오는 말로 원문은 "웅덩이의 물이 마르면 그 속에 있던 물고기는 살기 위해 서로 팔딱거리며 땅위에 서로 달라붙어서 서로 촉촉한

무릇 인재로 논하건대 사람은 만능의 재주가 적고, 일은 분직(分職)의 이익이 많거늘 현금 각처의 진행 상황은 분무(分務)의 법규가 적고 겸대(兼帶)*의 기풍이 많으니 표류(漂流) 여생(餘生)이라. 어느 틈에 책비(責備)하리오마는 개

량의 여지가 있는 범위는 즉 책임의 여지가 전무하도다. 저 향곡(鄕曲)* 사숙(私塾)을 보건대 촌촌입숙(村村入塾) 가가독사(家家獨師)의 유풍(遺風)이 미거(未袪)하여 통일 개량의 의(議)가 그의 양심을 건드리나 그의 완습(頑習)을 타파하기 어려워 오인자제(誤人子弟)*의 고태(古態)를 반복하나니 해외 현정(現情)이 또한 이와 같은지라. 인물 양성의 주체가 매우 많으나 인물 양성의 객체가 매우 적고 겸문(兼文) 겸무(兼武)의 착수(着手)가 극번(極繁)하나 일사(一事) 일능(一能)의 성공이 극난(極難)하니 우(盱)라 교룡(鮫龍)이 각지(各池)에 대인(大人)을 난견(難見)이로다. 종금이왕(從今以往)으로 총단체 대의 하에 천하 영재를 무람(撫攬)하여 무상(無上) 법인의 대표를 선정하여 범(凡) 백유사(百有司)를 간현(簡賢) 임능(任能)하면 재주가 날로 남고, 사업이 날로 나아가리니 인물 운용으로 합동의 요(要)를 말함이라.

위와 같이 재물을 합하고 사람을 모아 대의명분에 의거하여 총기관이 성립하면 완연(宛然) 제1급의 국가적 권위가 현현(現顯)하여 규모는 방대하고, 직권은 분명하고, 실력은 충족하여 대내 대외의 신용이 확립하고 임기응변의 기능이 민활(敏活)하여 족히 대법인(大法人)의 이상적 작용을 목도하리니 선통(宣統)*은 동맹회의 통일연락을 대우하여 대청제국을 부여하고 러시아 황제는 폴란드[波蘭]인의 재외 동맹단과 유태인의 무토국(無土國)을 대우하여 자치독립의 복음을 선전하였나니 합력합심(合力合心)의 효용이 이와 같도다.

동서 정형(情形)에 비추어 보건대 제1차의 통일 기관은 제2차 통일 국가의 연원이 되고, 제2차 국가적 의제는 구경(究竟) 원만한 국가의 전신이라. 기회의 심지(心地)가 공평하여 준비자의 소원을 물각(勿却)하리니, 금일 오인 안전(眼前)에 횡와(橫臥)한 행운의 기회가 언제를 기다리는고. 각일각(刻一刻)*으로 오인의 유기적 통일을 기다리는도다. 저 슬라브의 혁명은 반한(半韓)의 복이니 핀란드[芬蘭], 유태, 폴란드[波蘭]는 그 선진(先進)이오, 연합국의 산환(散渙)은 전세(全世)의 복이니, 만약 아일랜드[愛爾蘭], 트리폴리[特里波利], 모로코[摩洛哥], 인도, 티벳[西藏], 고려(高麗)는 그 부활의 소리가 일고(日高)하고 그 해방의 뜻이 일견(日緊)하도다. 이에만 그칠 뿐이 아니라 민권연합회는 강권 타파와 민권 신장의 대운동에 착수하여 국계(國界) 종별(種別)이 없고 만국 사회당은 계절(繼絶)* 존망의 대의를 선포하여 인류 화복을 재정(裁定)하는 현상이니 이 날이 복일(福日)이라. 지옥 타파의 소리와 성국(聖國) 건립의 운이 대국의 궤도를 타고 공전(公轉)함이 굳세니 오인 동지가 이로서 자강회일(自彊會一)할 가을이라. 동린(東鄰)은 살우(殺牛)하나 여일(餘日)이 많지 않고* 밀운(密雲)은 불우(不雨)하나 자아서교(自我西郊)*라. 광겁(曠刦)의 광명이 금강(金

물기를 끼얹어 주고 물거품으로 적셔 준다"[泉涸 魚相與處於陸 相呴以濕 相濡以沫].

麗澤 풀이 잇닿아 있는 두 못의 물이 서로 어울려 풍부하다는 뜻으로, 글벗이 피차 학문과 덕을 쌓음을 이름. 『周易』「兌卦」에 "麗澤兌 君子以朋友講習"이라는 말이 나옴.

兼帶 두 가지 이상의 직무를 겸하여 봄.

鄕曲 시골구석.

誤人子弟 재능이나 책임감이 없어 남의 집 자제나 학생들을 허비하게 만듦. 출전은 청대 이여진(李汝珍)의 『鏡花綠』.

宣統 청나라 마지막 황제인 선통제(宣統帝)로 이름은 푸이(溥儀, 1906~1967). 1908년 3살의 나이로 청의 12대 황제가 되었지만 1912년 신해혁명으로 퇴위하였다. 1934년 일본에 의해 만주국의 황제가 되었으나 일본의 패전으로 소련에 체포되었다가 중국으로 송환되었다.

刻一刻 시간이 지나감에 따라 더욱더.

繼絶 끊어진 것을 다시 이음.

東鄰은 殺牛하나 餘日이 많지 않고 동린살우(東鄰殺牛)는 『周易』「水火旣濟卦」에 나오는 말로, 동쪽 이웃의 소를 잡음이 서쪽 이웃의 간단한 제사만 못하다는 말로 천명과 민심이 다했음을 의미.
密雲不雨 自我西郊 『周易』 「小畜卦」에 나오는 말로, 구름은 잔뜩 끼었지만 비 오지 않으니 나 스스로 서쪽교외로 나간다는 뜻으로 형통함을 의미.
不世優曇이 隨綠 亂墮하니 무슨 뜻인지 명확하지 않음.
栴檀香風에 衆心이 歡悅이라 전단향풍 열가중심(栴檀香風 悅可衆心). 『法華經』에 나오는 말로 전단향 나무의 바람이 부니 대중들의 마음을 기쁘게 한다는 뜻.
顧忌 뒷일을 염려하고 꺼림.
情願 진정으로 바람.

剛) 구토(舊土)를 원조(遠照)하며 불세우담(不世優曇)이 수록난타(隨綠亂墮)하니* 전단향풍(栴檀香風)에 중심(衆心)이 환열(歡悅)이라*. 이 날은 복일(福日)이니 장엄 신성한 무상(無上) 법인이 일대사를 위하여 출현할 서징(瑞徵)이 아닌가.

이로서 냉혈이 유동(猶動)하고 장면(長眠)이 초성(初醒)이라. 일절 함령(含靈)이 활기를 지니며 고고(枯苦) 중생이 복음을 기다리나니, 이에 즈음하여 애국의 성(誠)과 합군(合群)의 원(願)이 피차 일반이니, 어찌 선후우열(先後優劣)이 그 사이에 있으리오마는, 혹 자중(自重)을 표방하며 혹 구책(仇嘖)을 고기(顧忌)*하며 혹 겸덕(謙德)을 숭상하며 혹 일부를 각모(各謀)하므로 연러에 공식적 선언으로 대중에 대한 정원(情願)*은 상고망극(相顧忘卻)하였도다. 아아 동인(同人)이 금일에 이르러 사위조류(四圍潮流)의 구충(驅衝)과 일편(一片) 적충(赤衷)의 격발(激發)로 인무가인(忍無可忍)에 주저할 틈이 없어 이에 주권상속의 대의와 대동단결의 문제를 제거(提擧)하여 먼저 각계 명달(明達) 제공(諸公)의 찬동(贊同)을 구하며, 이어 일반 국민의 경성(警醒)을 재촉하며, 겉으르는 세계의 공론을 환기코자 하노니 일치단결은 신한(新韓)의 광명이요, 진리요, 생명이라. 이를 떠나면 오인(吾人)의 전도(前途)는 암흑이요, 허위요, 사망이니 고로 분합(分合) 문제는 즉 살활(殺活)의 기점이요, 시비의 공언(空言)이 아니라. 오인(吾人)의 단결이 하루가 빠르면 신한(新韓)의 부활은 하루가 빠르고, 오인(吾人)의 단결이 하루가 늦으면 신한(新韓)의 건립은 하루가 늦으리니 이는 천리 인정에 비추어 지공무사한 의논이라. 이로써 만천하 동지 제공(諸公) 앞에 선포제의 하노니 하늘이 그 명하심인저! 사람이 그 응할진저!

제의(提議)의 강령

1. 해외 각지에 현존한 단체의 대소은현(大小隱現)을 막론하고 규합 통일하여 유일무이의 최고기관을 조직할 것.
2. 중앙총본부를 상당한 지점(地點)에 설치하여 일체 한족(韓族)을 통합하며 각 지지부로 관할구역을 명정(明定)할 것.
3. 대헌(大憲)을 제정하여 민정(民情)에 합한 법치를 실행할 것.
4. 독립평등의 성권(聖權)을 주장하여 동화의 마력(魔力)과 자치의 열근(劣根)을 방제(防除)할 것.
5. 국정(國情)을 세계에 공개하여 국민외교를 실행할 것.
6. 영구히 통일적 유기체의 존립을 확고키 위하여 동지간의 애정을 수양할 것.
7. 위의 실행방법은 기성(旣成)한 각 단체의 대표와 덕망이 있는 개인의 회의로

결정할 것.

단제(檀帝) 기원 4250년 7월 일

신정(申檉) 조용은(趙鏞殷) 신헌민(申獻民) 박용만(朴容萬) 한진(韓震) 홍위(洪煒) 박은식(朴殷植) 신채호(申采浩) 윤세복(尹世復) 조욱(曹煜) 박기준(朴基駿) 신빈(申斌) 김성(金成) 이일(李逸) 안창호(安昌浩)

☞ [참고] 한국병합에 관한 조약

조약 제4호

짐(朕)은 추밀원 고문의 자순(諮詢)을 거친 한국병합에 관한 조약을 재가하고 여기에 이를 공포한다.

무쓰히토(睦仁) (인)

메이지 43[1910]년 8월 29일

내각총리대신 후작 가쓰라 다로(桂太郎)*

외무대신 백작 고무라 주타로(小村壽太郎)*

일본국 황제폐하 및 한국 황제폐하는 양국 간의 특수하고도 친밀한 관계를 돌이켜봄에 서로의 행복을 증진하여 동양의 평화를 영구히 확보하기를 바라며, 이 목적을 달성하기 위해서는 한국을 일본제국에 병합시키지 아니할 수 없음을 확신하여 여기에 양국 간에 병합조약을 체결할 것을 결정하였다. 이를 위해 일본 황제폐하는 통감 자작 데라우치 마사타케(寺內正毅)를, 한국 황제폐하는 내각총리대신 이완용(李完用)을 각각 전권위원으로 임명하였다. 이로써 전권위원은 회동·협의 끝에 다음 조항을 협정하였다.

제1조 한국 황제폐하는 한국 전부에 관한 모든 통치권을 완전 및 영구히 일본 황제폐하에게 증여한다.

제2조 일본 황제폐하는 위의 조항에 제시한 증여를 수락하는 동시에 한국을 전연(全然) 일본제국에 병합할 것을 승낙한다.

제3조 일본국 황제폐하는 한국 황제폐하·태황제(太皇帝)폐하·황태자전하 및 그 후비와 후예로 하여금 각각 그 지위에 상응한 상당한 존칭, 위엄 및 명예를

■ 1910년 8월 22일 조선과 일본국 사이에 체결된 병합조약. 조약은 8월 29일 공포되었다. 원문은 일본어. 출전은 출처는 아시아역사자료센터(www.jacar.go.jp). 国立公文書館 内閣 御署名原本 明治43年 条約 第4号 韓國併合ニ関スル条約.

桂太郎 가쓰라 다로(1843~1913) 도쿠가와 막부를 무너뜨리고 메이지 유신에 기여한 일본의 군인이자 정치가. 2대 타이완 총독, 육군대신 등을 역임했으며 3차 내각에서는 몇 달 총리직에 있지 못하고 퇴진하였음.

小村壽太郎 고무라 주타로(1855~1911) 메이지 시대의 외교관으로 1910년 한일병합조약을 추진하는 데 주도적 역할을 담당. 1901년 내각 외무대신에 취임, 영일동맹을 맺고 대러시아 개전외교를 추진. 1908년 2차 가쓰라 내각 외무대신으로 재임용되어 영일동맹 개정, 불평등조약 폐지에 역할을 함.

寺內正毅 데라우치 마사타케(1852~1919) 1898년 초대 교육총감에 임명되었고, 이어 참모본부 차장, 육군대학 총장을 역임. 1901년 제1차 가쓰라 다로(桂太郎) 내각 이래 10년간 육군대신을 지냈다. 1910년 조선통감을 겸임하였고, 이완용 친일내각으로부터 경찰권을 이양받아 한국의 국권을 빼앗았다. 초대 조선총독으로서 무단 식민정책을 폈다. 1916년 일본수상이 됨.

향유하게 하는 동시에 이를 보지(保持)하기에 충분한 세비를 공급할 것을 약속한다.

제4조 일본국 황제폐하는 위의 조항 이외의 한국 황족 및 그 후예에 대해 각각 상당한 명예 및 대우를 향유하게 하는 동시에 이를 유지하기에 필요한 자금을 공여할 것을 약속한다.

제5조 일본국 황제폐하는 훈공이 있는 한인으로, 특히 표창을 받기에 적당하다고 인정된 자에 대해 영작을 수여하고 은금을 하사한다.

제6조 일본국정부는 전기한 병합의 결과로서 전연 한국의 시정을 담당하고 동지(同地)에 시행하는 법규를 준수하는 한인의 신체 및 재산에 대해 충분한 보호를 주고 그 복리의 증진을 도모해야 한다.

제7조 일본국정부는 성의충실하게 신제도를 존중하는 한인으로, 상당한 자격이 있는 자를 사정이 허락하는 한 한국의 제국관리에 등용해야 한다.

제8조 본 조약은 일본국 황제폐하 및 한국 황제폐하의 재가를 거친 것으로, 공포된 날부터 이를 시행한다.

이상 증거로서 양 전권위원은 본 조약에 기명 조인한다.

메이지 43[1910]년 8월 22일
통감 자작 데라우치 마사타케(寺內正毅)
융희 4[1910]년 8월 22일
내각총리대신 이완용(李完用)

☞ [참고] 한국병합에 관한 천황 조서

■ 한국병합을 대내적으로 공포하는 천황의 조서. 출처는 아시아역사자료센터(www.jacar.go.jp). 国立公文書館 内閣 御署名原本 明治 43年 詔書 8月 29日 韓國併合ニ関スル詔書.

짐은 동양의 평화를 영원히 유지하고 제국의 안전을 앞날에 보장할 필요를 느낀다. 또한 한국이 항상 화란의 염원이 되는 것을 보고 앞서 정부로 하여금 한국정부와 협정을 갖게 하고 한국을 제국의 보호 하에 두었으며 화근을 두절(杜絶)하고 평화를 확보할 것을 기하였다.

이래 4년 남짓 지나는 동안 짐의 정부는 예의(銳意) 한국시정의 개선에 노력하였고 그 성적 또한 볼 만한 것이 있었으나 한국의 현 체제는 여전히 치안의 보지(保持)를 완전히 하기에 부족하다. 이를 의구하는 마음이 국내에 차고 넘쳐 민중이 안도하지 못하고 있다. 공공의 안녕을 유지하고 민중의 복리를 증진시키기 위해서는 현 체제에 혁신을 가하는 일이 불가피함이 요연(瞭然)해졌다.

짐은 한국 황제폐하와 함께 이 사태를 봄에, 한국을 모조리 일본제국에 병합시킴으로써 시세의 요구에 응답하지 않을 수 없음을 알고, 여기에 영구히 한국을 제국에 병합하기로 하였다.

한국 황제폐하 및 그 황실 각 인원은 병합 후에도 상당한 우우(優遇)*를 받을 것이며, 민중은 직접 짐의 수무(綏撫)* 아래 서서 그 강복(康福)을 증진할 것이며, 산업 및 무역은 치평(治平) 아래 현저한 발달을 보기에 이를 것이다. 그리하여 동양의 평화는 이에 의해 더욱더 그 기초를 공고히 할 것을 짐은 믿어 의심치 않는 바이다.

優遇 후하게 대접함.

綏撫 편안하게 하고 어루만져 달램.

짐은 특히 조선총독을 두고 이로 하여금 짐의 명령을 받아 육해군을 통솔하고 제반의 정무를 총할(總轄)하게 한다. 백관유사(百官有司)는 짐의 뜻을 잘 명심하여 일에 종사하고 시설의 완급(緩急)을 적절하게 하고 이로써 중서(衆庶)로 하여금 영원히 치평의 경복에 의지하도록 기약하라.

무쓰히토(睦仁) (인)

메이지 43[1910]년 8월 29일

내각총리대신 겸 대장대신 후작 가쓰라 다로(桂太郎)
육군대신 자작 데라우치 마사타케(寺內正毅)
외무대신 백작 고무라 주타로(小村壽太郎)
해군대신 남작 사이토 마코토(齋藤實)
내무대신 법학박사 남작 히라타 도우스케(平田東助)
체신대신 남작 고토 신페이(後藤新平)
문부대신 겸 농상무대신 고마쓰바라 에이타로(小松原英太郎)
사법대신 자작 오카베 나가모토(岡部長職)

☞ [참고] 일선융화론

모일국(某一國)이 타국을 공략한 전례와 자국 내에서 혁명이 일어나 그 승자가 전조(前朝)의 신민을 박해 위압한 전례는 조선이 역사가 있은 이래로 대대로

■ 조선총독부 기관지 『매일신보』 1915년 2월 18일자 사설. 한일병합이 식민주의나 민족 우

열 관념에서 나온 것이 아니라 문명의 혜택을 함께 받고 동양 평화 유지와 서세동점 방지를 위한 것이었음을 강조하고 있다. 또한 일본과 조선이 역사적으로 문화적으로 '융화'해 왔고 '일시동인' 하에서 같은 형제임을 역설하고 있다.

綿遠 세대가 이어져 내려온 시간이 오램.

贅論 쓸데없는 군더더기 말.

伍班 우리.

覬覦 분수에 넘치는 것을 바람. 또는 아랫사람으로서 바라서는 아니 될 일을 바람.

成痼 고질을 이룸.

施措 조치.

一視同仁 모든 사람을 평등하게 보아 똑같이 사랑하는 말로 출전은 한유(韓愈)가 지은 시 「原人」. 원문은 "하늘은 해, 달, 별들의 주인이다. 땅은 풀, 나무, 산, 냇물 등의 주인이다. 사람은 이적과 금수의 주인이다. 이 주인이 사납게 굴면 그 도를 지키지 못하게 된다. 이런 까닭에 성인은 하나로 보고 똑같이 사랑하며, 가까운 것은 돈

없지 않았으니 위만조선의 말에 한무제의 침략을 받아 사군(四郡)의 치하에 있음이 오십여 년인즉 이는 전자의 예를 조선이 자당(自當)함이오, 신라가 쇠미함에 이르러 조선의 전토는 사분오열하였다가 왕씨가 이를 통일하고 또 이씨가 왕씨를 대신함은 후자의 전례를 조선이 또한 자당함이라. 그런즉 조선은 타국의 공략이나 자국의 혁명으로 인하여 일성(一姓)의 계통이 면원(綿遠)*치 못하고 전란과 쟁탈이 상계(相繼)하여 민생의 안도(安堵)한 날이 거의 없었음은 수많은 예증이 있은 즉 우리가 이제 다시 췌론(贅論)*할 필요가 없거니와 금후라도 조선을 조선대로 방임하면 이 같은 예증이 속출할런지 또한 알 수 없도다. 그러나 세운(世運)의 추이와 문화의 일벽(日闢)은 이 같은 예증으로 하여금 일시도 존재함을 불허하여, 약자가 능히 강자의 오반(伍班)*에 끼지 못하고 열자(劣者)가 능히 우자(優者)를 추급치 못하여 약자, 열자가 필경 강자, 우자의 의뢰부호(依賴扶護)를 당하는 경우에 이르나니, 이는 자력으로 자신을 보장치 못하는 까닭이요, 일보를 더 나아가 말하면 자신을 보장하기 불능한 동시에 그 누(累)가 강자, 우자에게 연급(延及)하여 반대로 강자, 우자까지 약하게 하고, 열등케 하는 경향이 생기는도다. 고로 강대국과 약소국 간에 피보호 및 병합 등의 필요가 생기나니 이 필요는 강대국이 강대함을 믿고 약소국의 토지와 인민을 원함이 아니요, 약소국의 이권과 재원을 기유(覬覦)*함이 아니라, 우승열패의 세계적 변국과 순망치한(脣亡齒寒)의 지리상 형세를 고찰하다가 그 국토의 방위상 그 민족의 보호 상에 부득이 행함이니 마치 일한병합 등이 이것이라. 그런즉 일본제국이 조선을 병합함은 그 토지와 인민을 원하고 그 이권과 재원을 기유하여 공략복멸(攻略覆滅)함이 아니요, 또는 태서 각국이 그 식민지에 대함과 같이 조선으로써 속지와 예민(隸民)을 만들고자 함이 아니라, 다만 조선의 국토를 방위하고 조선의 민족을 보호하기 위하여 그때의 양국 원수가 평화적으로 겸양적으로 호상(互相)수수(受授)하여 조선의 통치권을 일본천황께 양여할 뿐이니, 그 양여의 대지(大旨)는 조선이 유래로 적약(積弱)이 성고(成痼)*하고 피폐가 극처(極處)에 달하여 시일 간에 만회할 시조(施措)*가 무망(無望)함으로 피아상합(彼我相合)하여 작위일가(作爲一家)함에 다름 아니고, 그 목적은 천황폐하의 일시동인(一視同仁)*의 아래에서 이 땅을 개척하며 이 백성을 부액(扶掖)*하여 일본과 조선의 생민으로 하여금 공동으로 문명의 덕택을 받으며 공동으로 문명의 지역에 나아가 동양의 평화를 영원히 유지하고 서세의 동점을 미연에 방지함에 불과한 즉, 당초부터 식민적 관념이 있은 바가 아니요, 민족의 우열이 있은 바가 아니요, 종족의 구별이 있은 바가 아니라. 만약 식민적 관념으로서 조선을 일본의 식민지라 할진대 왕석(往昔)에 조선이 위선(爲先) 일본으

로서 식민지를 만든 증거가 소연(昭然)하니, 현금 내지에 백제내촌(百濟來村) 신라내촌(新羅來村) 등의 조선인 부락이 있다 함을 듣지 못하였는가. 만약 민족의 우열을 논할진대 일본문명의 원류는 반드시 조선에서 탐색할지니 백제 신라 시대에는 문물제도를 조선에서 수입한 증거가 일본, 조선 양국 역사에 소재(昭載)치 아니한가. 또 종족으로 논할진대 일본, 조선 및 지나인이 모두 몽고인종인데 그중 일본, 조선 양방(兩邦)은 불과 일위수(一葦水)*를 떨어졌음으로 유래에 제항(梯航)*의 내왕이 끊이지 않아 상호 밀접한 관계가 다른 것과 자별(自別)할 뿐 아니라 일본, 조선인의 상호 이주, 귀화, 구혼(媾婚)이 대대로 없지 아니하며 곳마다 없지 아니하였고, 또 자음, 언어, 풍속, 습관이 대동소이함을 보아도 고래로 양국 인민이 친선융화하던 일단(一端)을 규지(窺知)키 족하도다. 이제 그 일례를 들어 자음으로 말하면 천(天) 자의 조선음은 '텬'이라 하거늘 일본도 역시 '텐'(テン)이라 하고 지나는 한자음으로만 이미 언어를 이루었거늘 일본과 조선은 한자 이외에 가나 그리고 언문으로서 따로 자훈(字訓)을 첨부하고 각기 방언을 구성(構成)함은 그 계통이 대략 같고 또 방언의 공통된 자 있으며 풍속 습관으로 말할진대 일본 헤이안[平安]조* 시대의 복제는 현금 조선인이 착용하는 주의(周衣)*와 근사하고 최신 수십 년 전의 조선인이 착용하던 심의(深衣)*는 일본인의 하오리[羽織]*와 상동하며 고대의 건축으로 말하여도 대동소이하여 수원의 고건축을 보고 일본 나라[奈良]를 봄과 같다는 내지인의 소설(所說)을 들음이 비일비재하니 이로 말미암아 보건대 일선 양가는 자고(自古)이래로 융화친선하여 서로 교도(敎導)하며 서로 모방하되 각자 사단취장(捨短取長)일 뿐이오, 별로 장벽이 있음을 못 보았도다. 그런즉 오늘날 일선병합은 일본이 조선을 병합하였는가 조선이 일본을 병합하였는가. 한 하늘에 두 해가 없음이오, 한 집에 두 주인이 없음이라. 정령(政令)을 내는 기관이 많으면 민이 혹하기 쉬운즉 그 인민을 부득이 일인의 통치하에 놓음은 이세(理勢)의 진실로 그러한 바이라. 혹 일부 경현자류(輕儇者流)*는 세국(世局)의 추이와 대권(大權)의 운용과 위정의 방침을 양해치 못하고 강대국이 약소국을 공략함과 같이, 문명국이 야만국을 공략함과 같이 종족의 구별을 부여하고자 하며 태서의 식민지 같이 간주하고자 하여 무주의(無主義) 무정견(無定見)의 섬어(譫語)*를 발하니, 이러한 것 등은 무족괘치(無足掛齒)*어니와 이제 다시 일선이 동문동종(同文同種)이라는 설을 제창하는 것도 오인은 현 세기 이전의 부론(腐論)에 부치고자 하노라.

가령 한 사람이 두 자식이 있었으되 한 자식은 학업에 종사하여 지식이 조금 있고 한 자식은 태타방일(怠惰放逸)하여 학업을 힘쓰지 않으면 두 자식 간에

독히 하고, 먼 것도 함께한다"[天者日月星辰之主也 地者草木山川之主也 人者夷狄禽獸之主也 主而暴之不得其爲主之道矣 是故聖人 一視而同仁 篤近而擧遠].

扶掖 부축함.

一葦水 일위(一葦)는 작은 조각배를 뜻하는 말로 가까운 거리를 뜻함.

梯航 사다리를 타고 산에 오르고 배를 타고 바다를 건넌다는 뜻으로, 산을 넘고 물을 건너 먼 곳에 감을 이르는 말.

平安朝 794년 간무왕(桓武王)이 헤이안쿄[平安京: 京都]로 천도한 때부터 미나모토노 요리토모(源賴朝)가 가마쿠라 막부(幕府)를 개설한 1185년까지의 일본 정권.

周衣 두루마기.

深衣 신분이 높은 선비가 입던 웃옷. 대개 흰 베로 두루마기 모양으로 만드는 데 소매를 넓게 하고 검은 비단으로 가를 둘렀음.

羽織 일본옷 위에 입는 짧은 겉옷.

輕儇者流 까불고 아첨하는 무리들.

譫語 헛소리, 잠꼬대.

無足掛齒 掛齒는 이를 걸다는 뜻으로 '말하다'는 의미. 즉 無足掛齒는 말할 거리가 안 된다는 뜻. 何足掛齒.

비록 문야(文野)의 구별은 있다 하려니와 그 아비된 자가 이로써 현자(賢者)는 자기의 종(種)이라 하고 불초자는 타인의 종이라 할까? 현재 일본과 조선의 경우도 이와 다르지 않아 비록 문화의 정도는 차별이 있다 하려니와 한 아비 아래 어찌 종족의 구별이 있으리오. 고로 동문동종의 설도 이미 진부에 돌아갔다 하며 일선인(日鮮人)이 모두 천황폐하의 적자(赤子)라 함은 병합 당시 성조(聖詔)* 중에 황황(煌煌)*하니 일시동인(一視同仁)의 아래 누가 적자가 아니며 누가 신민이 아니며, 누구를 사랑하며 누구를 증오하며, 누구를 친하며 누구를 소홀히 하며, 무엇을 무수(撫綏)*하며 무엇을 빈척(擯斥)하리오. 천공(天公)은 무사(無私)하여 양춘(陽春)이 포덕(布德)하면 화자화(花者花) 엽자엽(葉者葉) 만화방창(万和方暢)에 앵가조제(鶯歌鳥啼)라. 전계지류(前溪之柳)와 북산지송(北山之松)이 모두 다 춘색리(春色裡)에 요양표탕(搖漾飄湯)하나니 이제 일선융화는 여춘색(如春色)이 방감(方酣)*이라. 향자(向者)* 이재지(罹災地)의 구휼금 하사와 이번 윤치호 등의 특별방면* 등은 즉 일시동인 양춘포덕(陽春布德)*의 좋은 증적(證蹟)을 보임이 아닌가. 또 일본문명의 원류를 소고(溯考)하여 사적(史籍)에 살펴보면 어떤 민족의 우열이 있던가. 전술의 자음언어(字音言語) 풍속습관(風俗習慣)이 대동하다 함은 자래(自來)로 일선이 일가와 무이(無異)한 좋은 증적을 보임이 아닌가. 또 그 신라내촌(新羅來村) 백제내촌(百濟來村) 등의 조선인 부락이 일본에 아직 있다 함을 들으면 왕석(往昔)의 조선이 일본으로써 식민지를 삼고자 하던 증적이 아닌가. 지금에 일본과 조선은 일실(一室)에 처하고 정은 형제와 같은지라. 상경상애(相敬相愛)하며 권면도액(勸勉導掖)하여 장벽을 철거하고 의사를 소통하여 공침이와(共枕而臥)하고 동탁이식(同卓而食)이라야 그 집이 융창(隆昌)하고 외모(外侮)를 막을 수 있나니 형제혁우장(兄弟鬩于牆)*이라가 외구(外寇)*가 내침이면 박해와 잔멸은 진실로 면하기 어려우리라. 백화동점(白禍東漸)의 급급(岌岌)*한 이때를 맞이하여 진담쇄론(陳談瑣論)과 편의국견(偏意局見)으로 동아일격(東亞一隔)에 국척(跼蹐)*치 말고 손잡고 나아가 대륙에 웅비하는 대금회(大襟懷)* 대도량(大度量)의 민족 되기를 자기(自期)하라.

聖詔 성왕의 칙유.
煌煌 번쩍번쩍 빛나는 모양.

撫綏 어루만져 편하게 함.

方酣 바야흐로 한창임.
向者 지난번.
윤치호 등의 특별방면 105인사건으로 1912년 징역 10년형을 선고받았으나 전향을 조건으로 1915년 2월 13일 특사로 출감한 일을 가리킴.
陽春布德 봄햇살이 덕을 베푼다는 뜻으로 출전은 한시 「長歌行」. 원문은 "따뜻한 봄이 은택 펴니 만물이 빛을 내누나"[陽春布德澤 萬物生光輝].

兄弟鬩于牆 兄弟鬩于牆 外禦其務. 형제가 집안에서 서로 다투어도 밖에서는 그 모멸을 막아 준다. 출전은 『詩經』.
外寇 원문은 '외관(外冠)'으로 되어 있으나, 외구의 오기로 보임.
岌岌 형세가 아슬아슬하게 위급함.
跼蹐 국천척지(跼天蹐地)의 준말. 높은 하늘 아래서도 몸을 움츠리고 단단한 땅 위에서도 살금살금 걷는다는 뜻.
大襟懷 마음속에 깊이 품은 회포가 큼.

Ⅱ. 민족자결주의와 독립사상

가. 파리평화회의와 민족자결주의

6. 안창호, 전쟁종결과 우리의 할 일

■ 1918년 10월 흥사단원에게 발표한 안창호의 담화문. 1918년 윌슨의 민족자결주의가 제시되고 파리평화회의가 열리자 해외 한인들 사이에서는 독립전쟁을 전개해야 한다든가 윌슨에게 독립 승인을 요구해야 한다는 의견이 나왔다. 미주에서 외교독립노선을 주도해온 안창호는 이러한 대응 방식을 비판하면서 훗날의 대동단결을 위해 정신 및 생활의 독립을 준비하는 일에 진력하라고 주장하고 있다. 출전은 『안도산전서』(삼중당, 1963), 519-524쪽.

1918년 10월 제일차 대전의 휴전이 성립되었을 때 북미 가주에서 흥사단우들에게 발표한 담화문.

이즈음에는 천지를 진동하고 원극참극(怨劇慘劇)이 극도에 달하였던 구미 대전쟁이 멋었다. 강화담판이 열린다 하는 소문이 전파도매, 연합국 측의 사람들은 기뻐 뛰노는도다. 이러한 동시에 벌써부터 참전 후에 우리에게 무슨 영향이 미칠꼬, 우리는 어찌할꼬 하는 생각을 많이 하던 세계 각 사람의 뇌는 더욱 분주하여 전쟁 후에 우리나라의 정치는, 교육은, 실업은, 군사는, 외고는 어찌할꼬, 우리 단체의 사업은 어찌할꼬, 우리 집과 내 몸의 일은 어찌할꼬 하는 문제들을 걸고 각각 자기의 처지와 경우를 의지하여 좋은 판정을 얻으려고 연구에 노력을 다하는도다. 큰 뜻을 품고 밝은 자각을 요구하는 우리 동지 제군들도 응당 때의 감촉을 인하여 많은 감상이 일어날지며, 우리의 전도(前途)를 위하여 연구가 많은 줄로 아노라. 박애의 정으론 많은 목숨의 참살이 그치고, 많은 몸의 곤란이 쉬이고 많은 재산의 소비가 덜림에 대하여 기쁜 감상이 있을지며, 스스로 보는 마음으론 남들은 이기었다, 졌다, 얻었다, 잃었다 하는데 우리는 이것도 저것도 아무것도 없으니 분하고 슬픈 감상이 아울러 발할지며, 반성하는 생각으론 남들의 어떠한 덕의(德義)와 기운과 재능으로 큰일을 어찌어찌 쳐 가는 것을 보는 동시에 내가 얼마나 부족하고 못난 것을 일층 더 깨달아 부끄럽고 자책하는 감상이 일어날지며, 이 밖에도 여러 방향의 감상이 없지 못하리라 하노라.

그러나 감상은 일시적이라 말할 것 없거니와 이 처지에 앉은 우리가 우리의 전도를 위하여 연구함은 중대한 관계라. 정력을 다하여 주의를 더하지 아닐 수 없도다. 우리는 턱없이 허망한 욕심이나 요행의 희망을 가지고 공상하다가 말려는 사람이 아니요, 사실과 이치를 의지하여 적당한 판정을 얻어 가지고 역행하려 함이라. 제군의 연구하는 결과가 어느 방면에 이르는지 나는 사실과 이치를 표준하여 많이 생각하여도 전쟁 중에 우리는 준비주의를 그냥 계속하여야 되겠고, 우리가 하고자 하여 노력을 더 하기만 하면 준비의 노력이 더 있을지니, 이러한 시기를 헤아려 준비의 방침을 바로하여 일치행동하기를 결단하고 나아가면 전쟁 후에 우리는 앞에 다시 오는 시기에 적응할 만한 준비의 기초가 세워지겠다 하나이다. 이제 몇 가지 문제를 들어 여러분의 참고를 삼고자 하나니,

1. 우리나라의 독립을 운동하여 볼까

혹은 말하기를, 윌슨 대통령이 선전포고서에 어찌어찌하였고 평화조건 제출에 어찌어찌하였으며, 또는 아무 소약국은 독립의 승인을 얻는다니 우리도 이 시기에 독립을 운동하자 할지라.

독립을 무슨 방면으로 운동하겠는가 하면 두 가지로 말하리니, 하나는 독립전쟁을 일으키자, 둘은 윌슨 대통령에게 한국의 독립승인을 요구하자 함이라. 독립전쟁문제로 말하면 연래로 저 원동에서는 모씨 모씨 등이 해마다 두만강을 건너간다 하여 왔고, 하와이서도 모씨 등이 달마다 태평양을 건너간다 하여 무식한 동포들은 전쟁이 어떤 물건인지도 모르고 그런 말에 돈도 바치고 시간도 허비하여 속는 이가 많던 중에, 이런 시기에 또한 그러한 문제를 제출할는지 모르나 우리 동지 중에서는 아무리 무식하여 판단력이 부족한 줄로 자처하는 이라도 전쟁은 어떤 것임을 알고 오늘에 그런 문제를 제출하는 것은 허망한 것으로 역력히 아는 바니 다시 말할 필요가 없겠고, 지약(至若) 윌슨 대통령에게 독립승인을 요구하여 교섭한다, 장서(長書)한다 함에 대하여는 어떠할까 하고 생각이 혹 주저하는 이가 있을는지 모르겠으나 이런 일을 함으로 한갓 한인이 일본의 기반(羈絆)을 원치 아니하는 뜻이나 발표하여 이 후일에 다소간 찬조자료(贊助資料)가 될는지 하고 혹 한인의 공통한 기관의 명의로 교섭을 제출할지 모르나, 사실로는 오늘에 무슨 효과가 있으리라 하면 이는 어리석은 희망이라. 자기의 일을 자기가 스스로 아니하고 가만히 앉았다가 말 몇 마디나 글 몇 줄로써 독립을 찾겠다는 것이 어느 이치에 허락하리오.

먼저 생각할 것은 일본이 어느 나라가 권고한다고 예, 하고 한국을 쉽게 내어 놓겠는가 하면 응당 그렇지 아니할 터라고 대답할지라. 저 일본이 조선이란

영토를 보전할 주의가 옛날 우리 사람들이 조상 나라 대한을 보전하겠다던 뜻보다 여러 10배가 더 굳지 아니한가. 조선을 내어 놓지 아니함으로 자기 일본 나라의 운명이 끊어질 지경에 이르면 그치겠거니와 그렇기 전에는 내어 놓지 아니하려 할지라. 그러면 우리가 윌슨 대통령에게 교섭함으로 미국이 박애의 덕으로 아무 다른 이유가 없이 오직 대한의 독립을 위하여 미일전쟁을 일으키겠는가. 자기의 나라 일을 자기가 스스로 돌아보지 않고 각각 자기의 똥집만 위하겠다는 대한 사람을 귀(貴)엽고 가엾이 보아서 전국의 재정을 기울이고 수백만의 목숨을 희생하여 싸워줄 이유가 있을 듯하지 않도다. 혹은 생각하기를 미국이 우리만 위함이 아니고 동양의 권리상 관계로 불가불 싸움이 되리라 할지라. 나도 생각하기를 미국과 일본 사이에 한 번 큰 충돌을 면치 못하리라 하노라마는 혹 특별한 사건이 갑자기 생길는지 예측하기 어려우나 현상을 의지하여 보건대 미국이 여간 불만족한 관계가 있더라도 구주에 보내었던 대군을 곧 돌리어 제3국과 싸울 뜻이 없을 터이요 또한 일본은 미국으로 하여금 충돌되는 데까지 이를 만한 불만족한 일은 피하기로 꾀할지니 이 평화 끝에 곧 미일전쟁이 생기겠다고 예측할 바 아니로다. 폐일언(蔽一言)하고 한국이 독립하려면 한국민족이 정신상 독립과 생활상 독립부터 먼저 되어야 하겠거늘 오늘 우리 민족의 정신상과 생활상 두 방면이 다 어떠하다는 것을 여러분은 밝히 아시는 바라. 독립의 운동을 생각하는 것이 요행을 바라는 이의 일이라 하노라. 우리는 이 앞날에 우리를 향하여 오는 독립을 잘 맞아들이기 위하여 우리 민족으로 정신상 독립이 되도록 생활상 독립이 되도록 또는 대동단결이 이루어지도록 준비에 노력을 더하고 더함이 가하다 하노라. (중략)

2. 해외한인의 대동단결을 주시하여 볼까

혹은 우리 한인들이 비상한 감촉이 있는 이때를 타서 해외한인의 대동단결을 조직하여 볼까 할지라. 해외에 거류하는 우리 한인 전수(全數)가 대동단결만 하고 보면, 우리 민족의 세력이 크게 떨치어 우리의 품은 뜻을 가히 펼 수가 있을지라. 이러므로 우리는 이것을 간절히 원하고 이것을 위하여 노력하는 가운데 있도다. 그러나 오늘에 당장 구체적으로 해외한인의 대동단결을 이루겠느냐 하면 아직은 몽상뿐이요 실로는 못 될 일이로다. 대동단결을 이루려면 몇 가지 먼저 요구하는 것이 있나니.

첫째, 다수동포가 대동집합할 만한 상석이 있어야 할 것이오,

둘째, 큰 단체를 옹호할 만한 중추력이 있어야 할 것이오,

셋째, 중추의 중심으로 단체 전부를 통어할 만한 인물이 있어야 하겠거늘 지

금에 요구하는 이 셋이 다 있는가, 더러 있는가. 나는 살피건대 장차는 있겠지마는 오늘에는 이 셋 중에 하나도 없다 하노라.

첫째, 다수동포의 단결적 상식으로 말하면, 극히 흑암(黑暗)하여 단결의 필요를 자각함이 너무도 없고 또는 고유한 단결의 관습까지 없으므로 단체가 무슨 명의인지 모르는 이가 많을뿐더러 단체가 무엇인지 아노라 하고 단결의 필요를 입으로 말하는 이 중에 실상으로 깨달은 사람은 몇이 못 되는도다.

둘째, 중추력으로 말하면, 다수 동포 이상의 지식과 덕의(德義)를 가진 고등한 인물들이 단체중부에 처하여 힘과 뜻을 같이 하여 단체의 유지와 발전을 특별히 책임함으로 중추력이 이루어지거늘 우리 민족 중에 좀 낫다는 이들이 장차 더 자라면 되겠지마는 아직은 중추력을 이룰 만한 상식이 부족한 가운데 동사자에게 이같은 의리와 일을 위하는 정성까지 부족하도다.

셋째, 중심적 위대인물로 말하면, 불편불의하여 둥그럽고 안과 밖이 일치하여 순정(純正)하며 굳게 지키고 힘써 나아가는 충성의 덕이 있고 세계적 큰 지식이 있어 능히 일만 사람을 통솔하고 일만 일을 괄할 만한 자격을 갖추어야 하겠거늘 장차는 많은 수의 수양가 중에서 생겨나겠지마는 아직은 발현되지 아니하였도다. 도틀어 말하면 다수는 모르고 소수는 일을 시작도 하기 전에 일을 하려는 생각은 뒤에 두고 후에 누구에게 영예와 권리가 있어질 것부터 계산하여 보고 자기에게 영예와 권리가 좀 적게만 올 듯 하면 그만두려고 하며 심하면 무너지기까지 하여 구름 속에 영리를 가지고 싸우다가 헤어지는 시대로다.

그러한즉 대동단결을 오늘에 이루지 못함은 형세상 사실이라 하노라. 우리는 참으로 원하는 대동단결을 이루고자 하면 형식 밖의 일을 몽상만 하다가 몽상대로 아니 된다고 낙심하지 말고 다수 동포가 상식이 자라지도록 중추력이 생겨지도록 위대한 인물이 발현되도록 노력에 노력을 더함이 가하다 하노라.

3. 우리의 소망과 할 것은 무엇인가

독립의 운동과 대동단결의 주선이 다 아직은 그 시기가 아니라 하면 이것 외에 이 전쟁 후 우리의 받음직한 소망이 무엇이며 할 것이 무엇인가. 우리의 받을 것은 잎과 꽃이 아니요 뿌리며, 난간과 지붕이 아니고 기초로다. 우리의 할 것은 이것을 정성스럽게 받고 이것을 견고케 함이로다. 이 전쟁 후에 우리 가운데 몇만 원 자본이 뭉칠 터이니 이는 실업 발전의 기초요, 많은 수학자(修學者)가 일어날 터이니 이는 수학 발전의 기초요, 많은 영업자가 생길 터이니 이는 생활독립의 기초요, 우리 기관 안에 적립이 증가할 터이니 이는 우리 단의 실무가 점차 진흥할 기초로다. 이것이 요행이나 쳐다보고 빈 생각과 빈 말이나 하는 우활(迂

闊)한 사람에게는 매우 적은 것이라고 시들하게 볼는지 모르나 공고한 기초 위에 좋은 건설이 있고 튼튼한 뿌리 위에 좋은 꽃과 열매가 있음을 아는 우리는 이것이 매우 크고 중한 줄로 알고 기초와 뿌리가 생길 만한 싹도 잘 보이지 아니하므로 한하던 우리는 이것을 받을 수만 있으면 행여나 놓칠까 두려워하여 받는 데 정성을 다하고 보전함에 노력을 다하리로다. 다시 물을 것은 어찌하여 이 시기에 이 몇 가지 기초를 받음직하며 무엇을 함으로 이것을 잘 받겠는가.

ㄱ. 실업발전의 기초. 우리는 벌써부터 금전력이 없으므로 무엇이든지 못함을 한하고 금전력이 있어지려면 실업을 발전하여야 되겠다 하여 실업을 발표할 기관 북미실업회사를 오랫동안 붙들어 온바 지금에 와서 자본이 칠만 원 이상에 달하였는지라 현금 노동과 농업 형편이 좋으며 많은 동포는 우리의 일이 참이요 실지임을 깨닫고 응합하는 이 시기를 타서 우리가 힘을 좀 더 쓰면 수년 안으로 10만 원 이상의 자본이 세워질 것이요, 또는 얼마 후에는 곤란이겠지마는 현금에는 노동만 하여도 일 년간 천 원 이상을 저축하는 이가 적지 아니한 때라. 우리 백여 동지 가운데 혹은 전날에 내려오는 채무가 있으므로 혹 가권(家眷)*이 많으므로 혹은 몸이 공무에 매이므로 남같이 천 원 이상을 저축하기가 불능한 이도 없지 아니하나 이런 처지에 있는 이가 많지 아니하여 불과 열에 하나쯤 되다니 열에 아홉은 다 일 년에 천 원 이상 만들지 못한다 하더라도 일 년 반이면 넉넉히 만들겠고, 혹은 농업으로 여러 천원을 만들 수도 있으니 우리 백여 동지가 이때는 자본 저축의 특별한 시기임을 알아서 모든 일을 잠시 정지하고 각각 천 원 이상을 만들어 우리 저금기관에 집합하면 동맹 저금부 안에 또한 십만 원 이상의 자본이 쌓일 터이니 실업사회와 동맹 저금부에 모이는 총계가 20만 원 이상에 달할지니 1, 2백 원의 금철도 완전히 모임이 없던 우리에게 20만 원 자본이 서는 것을 어찌 크지 않다 하리오. 실업사회의 자본은 물론 실업 발전상으로 활용이 될 것이요. 저금부에 모인 돈이 합동체로 되든지 각각 나뉘어 쓰여지든지 이것도 각 개인의 학비 기금이 아니면 실업 기금이 될 터이니 이같이 되고 보면 실업 발전은 기초가 공고하여 멕시코, 하와이, 요동까지 우리의 실업이 점차 진취하지 않겠는가. 아니하려면 이(已)어니와 하려고만 하면 못될 리가 없도다. 일 년간이나 혹 2년간에 20만 원 모아 실업발전의 기초를 든든히 세움으로 우리의 공통한 실력과 우리 각 개인의 실력까지 아울러 증진케 할 것은 받으려는가 사양하시려는가. 제군들은 깊이 연구하여 택하소서. 이것을 받는 시간도 과히 오래지 않고 받는 일도 과히 못 견딜 것이 아니다. 노동과 농업 형편이 갑자기 떨어지면 모르거니와 그렇지 아니하면 다만 우리가 하여 놓자고 결심하고 일 년 혹 일 년 반 동안에 부지런히 일하고 용도를 특별히 존절히

家眷 가구주에 딸린 식구.

하면 되겠도다.

ㄴ. 수학발전과 생활독립의 기초. 우리는 일을 참으로 하여보자고 하므로 품격이 부족하고 지식이 없고는 아니 될 것을 더욱 밝히 알았다. 이러므로 우리부터 한 가지 이상을 배우면서 전국청년이 다 같이 배우게 하려고 수학동맹을 목적으로 정하였는지라. 그러나 저간에 혹은 노동으로 시간을 소비하고 혹은 몇 달은 공부하고 몇 달은 일하여 이럭저럭 수학주의를 완전히 지키지 못하였다마는 지금으로부터 일 년 혹은 일 년 반 후에는 각각 그 정도와 처지를 따라 혹은 대학으로 혹은 중학으로 혹은 소학으로 혹은 단기 학교로 혹은 전습소로, 그렇지 아니하면 말 기르고 양치는 마당으로, 삼림과 과목을 재배하는 춘정간(春精間)으로 장막 짓는 곳으로, 양철통 만드는 곳으로, 철공창으로, 비누와 양촉 만드는 곳으로, 캔디와 쿠키 만드는 곳으로, 어디든지 배울 구멍을 뚫고 들어가 배워야 하겠고 이것을 하려고 하면 할 수 있도다. 증왕(曾往)에 못한 것을 어찌하여 이 전쟁 후에 일치하게 되겠는가. 증왕에는 우리 동지 중에 본국으로서 신도(新到)한 이는 가정의 관계 혹 책무상 관계로 자연 시일을 천취(遷就)*하였거니와 지금은 거의 그것을 다 지내었고 오래전에 건너온 이 중에도 생활상 관계로 뜻을 이루지 못하였거니와 지금은 전에 비하여 생활이 펴는 이의 수가 많으니 능히 입학할 수가 있고 또는 이번 남들의 일하는 것을 보고 수학의 뜻이 더욱이 간절한 때라. 지금은 입학할 뜻도 뜨겁고 입학할 형편도 되는 이가 많으니 많은 수학자가 일어나겠다 하노라. 우리 백여 명 동지 중에 혹은 영업에 헌신하고 속히 몸을 빼기 어려운 이와 혹은 남의 책무에 걸린 이와 혹은 공무에 매인 이들 몇몇은 이를 실행키 어려우나 많은 수는 족히 할 수 있나니 우리의 많은 동지가 각각 수학하여 가지고 저금부에 자본 모으듯이 재능을 집합체로 활용하고 보면 우리의 사업은 물론 크게 떨칠 것이요 많은 청년을 수학동맹(修學同盟)에 끌어들일 수 있으리니 이것이 큰가 작은가 각각 생각하소서.

遷就 일이나 날짜 따위를 미루고 지체함.

이것을 시작하여 끝까지 이룰 수 있는 한 가지 다른 이유는 이 위에 동맹 저금문제에 말하였거니와 여지껏 공부하지 않다가 상당한 학자금을 저축하기 좋은 기회에 공부하노라 하다가 또 중도에 폐하지 말고 한 번 힘써 일하여 천 원 혹 이상을 저금부에 세워놓고 우리 동지 중 영업자들에게 영업하는데 고본(股本)으로 던지어 배당하는 이식(利殖)으로 학자의 부족을 깁다가 대학에 들어가 시간을 많이 요구할 때에는 그 본전까지 가져다가 공부를 성공할 때까지 계속케 할지라. 그런즉 노동과 농업의 모든 형편이 좋은 이 시간에는 잠시 모든 것을 다 정지하고 노동에 모험하며 용도를 존절함이 크게 필요하다 하노라.

생활독립으로 말하면 이것을 우리가 원한 지 오래였지마는 이루지(이하미상)

7. 안창호, 우리 국민이 결단코 실행할 6대사

■ 1919년 3월15일 안창호가 지도하는 '재미한민족 전체회의'는 필라델피아에 '한국외교통신부'를 설립하여 책임자로 서재필을 임명하였다. 안창호는 군사, 외교, 교육, 사업, 재정, 통일의 분야에서 독립운동의 방략을 검토하고 있다. 『독립신문』 1920년 1월 10일자로 실림. 여기서는 외교 분야만을 수록하였다. 출전은 안창호, 「六大事」, 『안도산전서』(삼중당, 1963), 559-561쪽.

외교의 필요

첫째 금일(今日)에 외교를 논함이 가(可)하냐 부(否)하냐가 문제요, 혹은 세계의 동정(同情)이 필요하니 외교가 필요하다 하고 또 혹은 러시아는 외교로 망하였다 하여 외교를 부인하오. 외교를 부인하는 이의 심사(心事)는 외교를 외교로 알지 아니하고 외국에 의뢰함으로 아는 것이오. 제국시대의 우리 외교는 과연 그러하였소. 그러나 그도 영국이나 미국의 원조를 싫어함은 아니오. 외교론자는 이에 대하여 우리 외교는 결코 제국시대의 외교가 아니오. 독립정신을 가지고 열국(列國)의 동정을 내게 끌려 함이라 하오.

내가 외교를 중시하는 이유는 독립전쟁의 준비를 위함이오. 평시에도 그러하지만 전시에는 비록 일국(一國)이라도 내 편에 더 넣으려 하오. 이번 대전(大戰)에 영국·프랑스 양국이 미국의 각계에 향하여 거의 애걸복걸로 외교하던 모습을 보시오. 독일이 터키[土耳其] 같은 나라라도 애써 끌어넣은 것을 보시오.

그러므로 진정한 독립전쟁의 의사가 있거든 외교를 중시하여야 할지니 군사에 대하여 지성을 다함과 같이 외교에 대하여서도 지성을 다하여야 하오.

혹자가 말하기를 영국·미국·프랑스·이탈리아 제국(諸國)은 일본이나 다름없이 남의 땅을 빼앗고 인민을 노예로 삼는 도적놈들이니 그네와 외교를 한들 아무 효과가 없으리라 하나 나는 확답하오. 우리는 제국시대의 외교를 탈(脫)하여 평등의 외교를 하는 것이오. 이것으로 우리는 열국의 동정을 끌 수 있다 하오.

영일동맹은 러시아의 침략을 두려워서 함이오. 그러나 지금은 러시아는 침략정책을 버리기도 하였고 행하지 못하게도 되었으니 지금 영국이 꺼리는 것은 오직 일본뿐이오. 호주와 인도는 늘 일본의 위협 하에 존재하오.

또 이번 대전에 영국·프랑스 양국은 병력상, 경제상 큰 타격을 받았지만 일본은 그동안에 참전하였다 칭하고 썩은 총을 러시아에 팔고 신총(新銃)한 무기를 더 제조하여서 졸부졸강(猝富猝强)이 되었소. 그러므로 영국의 주의는 일본의 강함을 꺾으려 함이겠고 프랑스는 그중에도 더욱 피폐하여서 영국과 친선관계를 유지하고 동일한 보조를 취할 필요가 있소. 지금 사실상 영국·프랑스 동맹이 성립된 것이기 때문이오.

그러면 혹은 영국·미국·프랑스·이탈리아 제국(諸國)은 화협(和協)하리라. 그러나 독일이 무섭다. 아마 복수적(復讎的)으로 독일·러시아·일본 동맹을 맺으리라 하나, 이는 대세를 모르는 자의 말이오. 독일 국민의 다수는 이미 제국주의를 포기하고 침략주의의 사상은 거의 일소하였으니 그는 혹 경제적으로 부활한다 하더라도 군국주의로 부활하여 유치(幼穉)한 일본을 신뢰하지 아니하리라. 또 금후의 세계의 대세는 사회주의적으로 향할 것이오. 결코 군국주의적으로 역진(逆進)하지 아니하리라.

또 러시아로 논하면 일본은 그에게 불공대천지수(不共戴天之讎)일 것이오. 일본·러시아전쟁의 원한은 고사하고 그네가 많은 피로써 신국가를 건설하려 할 때에 제일로 방해한 자가 일본이 아닌가요? 과격파라는 이름을 누가 지었으며 연합군을 누가 끌어들였으며 학살을 누가 행하였나요? 현재 러시아의 최대 구적(仇敵)은 일본일 것이니, 우리는 러시아를 우리 편에 넣을 수 있소. 미국에 대하여는 더 말할 것이 없소. 그의 상하 양원, 그의 각 계급의 인민이 이미 우리 편이 됨을 증명하지 아니하였나요. 아세아문제, 태평양문제는 미국 이후의 정치와 경제와 따라서 군사의 중심문제가 될 것이오. 그가 대(大)육군, 대(大)해군을 건설하는 가상적이 누군지를 생각하면 알 것이오.

또 아직 세계에는 인도주의는 없다 하지만 이는 곡설(曲說)이오. 거짓 인도주의를 쓰는 자도 있지만 참으로 인도주의를 주창하고 실행하는 자도 있는 것도 사실이오. 미국의 참전에 비록 여러 가지 동기가 있다 하더라도 인도주의가 그 주요한 동기 중에 하나인 것도 사실이요. 어느 점으로 보든지 열국의 동정은 일본에게로 가지 아니하고 우리에게로 올 것이 명확하니 다만 우리가 힘쓰고 아니 쓰기에 달렸소.

그밖에 제일 중요한 것은 대 중국, 대 러시아 및 대 몽골 외교요, 중국이나 몽골도 일본에 적대할 것은 현재의 사실이 증명하오. 이에 우리는 이번 독립전쟁에 선봉이 되여 인국(隣國)을 끌어야 할 것이오.

대 중국 외교는 매우 곤란하오. 현금 베이징정부는 반드시 중국을 대표하는 중앙정부가 아니며 또 일본인의 정부인지 중국인의 정부인지도 분명치 아니하오. 또 각 성(省)의 성장(省長)이나 독군(督軍)도 그 성(省)에는 왕이나 서로 일치하지는 아니하오. 그러나 소위 21요구로 전(全) 중화 4억만 인구가 일제히 배일(排日)의 격렬한 감정을 가지게 됨은 하늘이 우리를 다행케 한 것이오. 그러므로 우리는 각 성(省) 기타 각 부분을 떼어서 외교함으로써 전부는 몰라도 몇 개의 성(省)을 얻을 수는 있소.

대 러시아 외교는 극히 용이하오. 기밀이다 말할 수 없거니와 힘만 쓰면 될 것이오. 그리하면 가인(嘉仁)*이 소거백마(素車白馬)*로 내항(來降)하고야 말 것이오.(박수갈채)

만일 우리가 세계의 동정을 전실(全失)한다 하더라도 우리 2천만 남녀는 다 나가 죽어야 하오. 그만큼 세계에 다 최후의 일인, 최후의 일각이라고까지 성명

嘉仁 요시히토. 일본 123대 천황인 다이쇼 천황(大正天皇, 1879~1926)의 본명.

素車白馬 '흰 수레와 흰 말'이란 뜻으로 고대 중국에서 흉사(凶事)나 상사(喪事)에 사용했던 거마. 문상(問喪)이나 장송(葬送) 또는

친구의 죽음을 애도하는 마음을 비유하는 고사성어이다. 한(漢)나라 범식(范式)과 장소(張劭)의 고사에서 유래됨.

해 놓고 노예로 더 살아감은 더 심한 수치요.(갈채박수)

각각 적재(適材)를 택하여 각국에 선전(宣傳)하여야 하오. 대한민족의 독립을 요구하는 의사와 독립국민이 될 만한 자격과 대한독립이 열국의 이익 및 세계의 평화에 유조(有助)할 것을 선전하여야 하오. 지금 각국은 여론정치니까 민중의 여론만 얻으면 그 정부를 동(動)할 수 있소. 각국에 상당한 대표자를 보내어 국제연맹에 대다수의 내 편을 득(得)하여야 하오. 나를 외교 만능주의자라 함은 무근지설(無根之說)이오. (중략) 일본도 사면초가임을 보고 여선생을 청하여다가 빌어 본 것이오. (박수)

일반국민이 주의할 것은 외교는 정부만이 하는 것이 아니오. 전국민이 다 해야 함이오. 각각 자기를 만나는 외국인으로 하여금 대한인(大韓人)을 애경(愛敬)할 사람이라 하게 하시오. 비록 인력거 끄는 고력(苦力)에게까지라도.

8. 헨리 정, 상원의원들에게 보낸 편지

■ 미국, 하와이, 멕시코 등 해외 거주 한인단체의 하나인 대한인국민회(Korean National Association)의 대표 헨리 정(Henry Chung)이 1918년 12월 10일 자로 미 상원의원들에게 보낸 서한. 일제 한국침략의 부당성을 설명하고 윌슨의 민족자결주의에 따라 한국인이 자유롭게 정부를 선택할 수 있도록 미국에 호소하고 있다. 출전은 한국역사정보통합시스템(www.koreanhistory.or.kr).

■ Henry Chung 정한경(鄭翰景, 1891~?) 독립운동가. 1910년 미국으로 망명, 샌프란시스코에서 한국의 독립운동을 목적으로 안창호(安昌浩)·이승만(李承晩) 등과 대한인국민회(大韓人國民會)를 조직하여 재미교포의 자치활동과 독립정신 앙양에 힘씀. 1919년 2월 25일 이승만 등과 같이 한국이 완전한 정부를 수립하고 내치와 외교의 권리가 있을 때까지 국제연맹 위임통치로써 보호받게 해 달라는 내용의 위임통치청원서를 미국 윌슨(Wilson, T. W.) 대통령에게 제출, 미국상원에서 한국독립문제를 토의하게 하였다. 1944년 10

네브라스카(Nebraska)주 커니(Kearney)

국민회(Korean National Association) 대표(서명) 헨리 정(Henry Chung)

캘리포니아주 샌프란시스코

1918년 12월 10일

…(원문 판독 불가) …

상원의원 여러분,

아래에 서명한 사람은 미국, 하와이, 멕시코, 중국, 러시아에 거주하는 150만 명의 한국인들을 대표하는 국민회(Korean National Association) 집행위원회의 승인을 받은 사람으로서 의원 여러분께 다음과 같은 문서를 제출하는 바입니다.

미국, 하와이, 멕시코, 중국, 러시아의 한국인들은 조국에 살고 있는 1천5백만 명의 감정을 한 목소리로 모아 여러분 앞에 다음과 같은 사실을 밝히는 바입니다.

일본은 러일전쟁 이후 한국에 조약을 맺을 것을 강요하여 한국을 일본의 보호국으로 전락시켰습니다. 상원의원 여러분께서 분명하게 아는 바와 같이 한국은 러일전쟁 초기에 일본이 전쟁에서 이기도록 돕는다는 동맹을 일본과 체결했습니다. 이 조약은 일본이 한국의 정치적 독립과 영토 보존을 결정적으로 보장하는 것을 조건으로 체결된 것이었습니다. 한국을 전리품으로 취한 것은 일본의 배신행위였습니다. 한국의 국민도, 황제도, 책임 있는 총리대신도 한국이 일본의 보호국이 되고 연이어 합병되는 것을 승인한 바 없습니다. 합병은 무력으로 이루어졌습니다.

월 상해임시정부 국무회의에서 외무위원 겸 비서주임에 선임되어 정부와의 긴밀한 연락을 담당, 구미방면에 대한 외교활동을 강화하였다.

한국 국민들의 관점에서는 일본이 한국을 무단 점령한 후에 국토가 유린되기 시작했습니다. 천연 자원이 개발되었지만 한국인이 아닌 일본인들의 이익을 위해 수탈되었습니다. 국가의 자원을 개발할 모든 권리는 일본인들에게 넘어갔고, 한국 기업은 가장 초라한 형태로나마 명맥을 유지하면서 은연중에 제약을 받고 있었습니다. 일본정부가 일본인들에게 특혜를 주었기 때문에 한국 상인들은 일본인 경쟁자들과 경쟁할 수조차 없었습니다. 일본 본토에서는 생계를 유지할 수 없는 수십만 명의 일본인들이 한국으로 건너와 한국인들의 희생을 발판으로 배를 불렸습니다. 따라서 한국인들은 산업 농노로 전락했고 경제적 압력으로 인해 일본인들에게 복종해야 했습니다.

문화와 계몽의 관점에서 볼 때, 일본의 한국 점령은 한국 국민들에게 최악의 재난이었습니다. 일본정부는 공공 보관소와 개인 가정에 소장되어 있던 모든 한국 역사 및 문학 작품들을 체계적으로 수거하여 모두 불살랐습니다. 지방 신문에서 과학 잡지에 이르기까지 한국의 모든 문헌들은 완전히 파괴되었습니다. 일본어가 관청의 서류에서뿐 아니라 학교에서도 공식 언어가 되었습니다. 교육 규제로 인해 기독교 교육이 금지되었지만 일본의 민족 종교인 신도(神道)주의는 금지되지 않았고, 한국의 모든 학교에서 한국어와 역사와 지리 교육이 금지되었습니다. 더구나, 이러한 규제는 모든 한국 학교가 일본인 교사의 감독 아래에 있어야 하며 한국의 아동들은 일본 국기에 경례를 하고 일본 천황의 명판을 숭배하도록 가르침을 받을 것을 규정하고 있습니다. 정부는 한국 학생들이 교육을 마치기 위해 유럽이나 미국을 방문하는 것을 허락하지 않고 있습니다. 어떤 종류의 공공 집회도 한국인에게는 허용되지 않으며, 종교적인 봉사도 일본 경찰의 철저한 감시를 받고 있습니다. 한국의 기독교 교회는 1912년 당시 한국인 기독교인들 1천 명 이상이 투옥되었고 그들의 활동은 중단되었던 음모의 진상(Conspiracy case)으로 잘 알려진 사건으로 알 수 있듯이 일본 당국에 의해 은연중에 차별받고 있습니다.

위에 서술한 내용은 한국인들이 굴복하지 않을 수 없는 많은 명백한 부정의(不正義) 중 단 몇 가지를 간략하게 요약한 것에 불과합니다. 자치와 정치적 독립에 대한 열망을 간직하고 있는 한국의 일반 국민인 우리는 존엄한 미국 상원이 약하든 강하든 모든 민족에 대한 정의와 공평한 처사를 상징하고 있다는 사실을 알고 있기에, 이 중요한 시기에, 피지배 민족의 운명이 강화회담에서 결정되려 하는 이때에 미국 상원이 힘을 기울여 우리가 정의를 구현할 수 있게 도와주리라는 희망에서 이곳에 왔습니다.

우리는 상원이 전쟁에서 공식적으로 연합국에 속하지 못한 한 민족의 운명에 관해 무언가를 제안하는 것이 상당히 어려운 일이 될 것임을 잘 알고 있습니다. 그러나 수천의 동포가 지난 2년간의 전쟁 기간 동안 러시아 전선에서 연합국의 일원으로 자원하여 싸웠습니다. 마찬가지로 미국에 있는 우리 동포들도 인력과 자금의 양면에서 민주주의에 기여했습니다.

한국에서 산업, 상업, 종교 등에 관한 미국의 이익은 너무나 막대하서 미국은 한반도에서 일어나고 있는 사태에 결코 무관심할 수 없을 것입니다. 미국이 한국을 도와주겠다고 천명한 한미조약은 한국 국민들에 의해 어떠한 방식이나 형식으로든 결코 폐기되거나 철회된 바 없으며, 하나의 민족인 한국인들은 미국의 우정을 잃을만한 어떠한 잘못도 저지른 바가 없습니다.

나아가 우리는 민족자결권에 대한 열망을 가진 한국인들을 도와달라고 미국을 도덕적으로 구속하는 것과는 별도로 미국은 자신의 이익을 안전하게 확보하기 위해서라도 극동에서 자행되고 있는 일본의 침략에 더 이상 관용을 베풀 수는 없을 것이며, 자유를 사랑하는 1천5백만 명의 한국인들이 이방인의 노예로 살게 된다면 세계도 민주주의의 안전지대가 되지 못할 것이라고 믿습니다. 미국이 구현하기 위해 싸우고 있는 이상 중의 하나이자 연합국들이 평화회담에서 문제의 해결을 위해 그리고 올바르고 지속적인 평화의 지도 원리로써 채택하기로 동의한 것은 윌슨 대통령이 천명한 것처럼 명확하게 정의된 모든 민족의 열망은 최대한의 만족과 일치해야 한다는 것입니다. 이것은 명확하게 정의된 한국 국민의 열망을 내치는 것이 아니라 확실히 끌어안는 것입니다. 우리는 미국 상원이 한국 국민들이 자유민의 보편적인 권리를 회복하고 한국 국민들이 그 아래에서 삶을 영위하기를 희망하는 정부를 선택할 수 있도록 허용해 줄 조치를 취해 줄 것을 진심으로 희망하는 바입니다.

이 문서를 정중히 제출합니다.

9. 김규식, 파리강화회의에 제출한 각서초안

제안된 각서 초안

■ 1919년 한국국민회의 신한청년단 대표 김규식이 파리강화회의에 제출한 각서 초안. 일본의 식민지 지배의 부당성과 한국의 지정학적 위치의 중요성을 강조하고 한국독립의 당위성을 역설하고 있다. 또한 벨기에처럼 국제적으로 한국의 독립을 보장해야만 일본의 아시아 지배를 막고 극동의 항구평화가 이룩될 수 있다고 주장하고 있다. 출전은 국가보훈처, 『해외의 한국독립운동사료(Ⅰ)—국제연맹편』(1991), 293-301쪽.

인류사상 가장 중요한 회의가 이제 회기 중에 있고, 세계적인 평화의 항구적인 토대로 모든 인류의 운명들에 관해 단호하게 심의 및 결정하고 있는 동안 가장 폭력적이고 잔인한 군사 지배 하에서 일본에 의해 학대받고 있는 2천3백만 한국인들의 고통을 고하는 아래 서명한 본인들은 한국의 독립에 대한 요구문제를 제기한다. 우리는 가장 불행한 한국 국민이 정의, 자유, 인간애와 평화를 공유하여 극동과 세계의 항구적인 평화가 보존될 수 있도록 자신의 공과에 따라 공정하고 공평한 판단을 위해 이 권위 있는 회의 앞에 이 문제를 제기한다.

첫째로 한국은 실질적으로나 정당하게 무력에 의해 일본으로부터 정복 받은 적이 없다. 한국은 기만적인 수단으로 손에 넣어졌다. 일본의 세계에 대한 반복적인 선언과 다른 나라뿐만 아니라 한국과의 직접 조약으로 한국 국민들을 기만하여 한국의 독립을 빼앗고 그들의 자유를 강탈했다.

1876년 서울에서 한국과 일본 간에, 1885년 천진과 1895년 시모노세키에서 중국과 일본 간에, 그리고 1905년 포츠머스 조약에서조차 일본은 거듭 한국의 독립과 영토보존을 보장하고 지지한다고 약속했다. 1894년에 중국에 대해, 1904년 러시아에 대한 일본의 전쟁선포는 한국의 독립 및 영토보존과 극동에서의 평화유지가 자신의 지상목표라고 분명하게 천명하였다.

그 뒤를 이은 사건들은 일본이 과장된 말로 세계를 기만했고, 궁극적으로 한국을 점령하려는 자신의 실질적인 의도를 위장함으로써 극동에서 획득하여 결국에는 서구세력과 다투려는 것을 보여 준다. 포츠머스 조약에서조차 일본은 한국에서 자신의 특별하고 유일한 영향력을 행사할 수 있는 특권을 간교하게 획득했지만, 그럼에도 불구하고 일본은 한국의 영토보전을 보장했고 한국의 주권을 지지한다고 약속했다. 그런 후 즉시 일본은 이토 후작*을 서울에 파견하여 일본 군인들로 하여금 궁궐을 포위하게 하고 서울 거리를 순찰하는 것 외에도 무력으로 연약한 황제와 그의 부패한 관료들에게 한국을 일본의 보호를 받도록 강요했다. (중략)

이토 후작 이토 히로부미(伊藤博文).

외교와 세계정치가 자기 이익에 의해 다소 지배되는 과거보다 어두운 시대에 강대국들은 자신들이 한국에서 일본의 확대정책을 반대할 만큼 큰 어떠한 상업 또는 경제적 이익을 가지고 있지 않다고 느꼈기 때문에 단지 침묵을 지키고 조용히 공사일행들을 철수시켰다.

두 번째로 역사적으로 지리적으로나 전략적으로 고려하면 한국은 당연히 독립국가로 남아야 한다. 한국은 4천 년 이상 된 문명을 가지고 있으며, 일본인 자신들도 인정하고 있듯이 문자 예술, 그리고 공업에서의 유리한 입장을 일본에게 주었다. 역사는 일본 간의 투쟁은 언제나 견제되었다. 그러나 한국이 위약해져서 둘 중 어느 곳에 종속되거나 기울어지자마자 국제적 음모와 전쟁은 끝이 없었다(이 점은 베이징에서 행한 <극동에서의 20세기 드라마>에 관한 최근 강의에서 푸트남 웨일(Putnam Weale)* 씨가 명확히 지적하였다. 또한『일본과 중국에 관한 진실』책을 보라).

Putnam Weale 영국인. 본명은 Bertram Lenox Simpson(1877~1930). Putnam Weale은 필명. 중국 세관에서 근무했고 영국신문의 베이징 통신원을 지낸 후 다수의 중국 관련서를 저술하였다.

지리적으로 전략적으로 말하면, 한반도는 오른쪽에는 중국, 왼쪽에는 일본, 그리고 북쪽에는 동부시베리아와 아무르지역은 함께 극동의 정치무대의 중앙 지점을 점하고 있다.

이런 이유 때문에 한반도는 아시아제국을 향한 일본 프로그램에서 가장 눈독 들이는 대상이었다. 한반도는 일본이 만주와 몽고의 무진장한 자원이 있는 동쪽의 동부 한 지역으로 가로질러 갈 수 있는 가교를 형성하고 있다.

동해안에 수심이 깊은 항구를 가진 한반도는 동해 또는 '일본해'에서 블라디보스토크와 아무르강 어귀 대만(對滿) 일본의 해군 작전에 있어서 매우 중요한 가치를 형성하고 있다. 또한 일본은 반경의 중앙지점을 중국의 남해와 연안으로까지 차지하는 외에 마산(한국), 대련 및 여순항에 자신의 해군기지를 가짐으로써 황해 전체를 통제할 수 있다. 더구나 일본은 한국을 점유함으로써 육상으로 자신의 군대의 어떠한 군사작전이나 이동을 위한 상황에 대한 관건을 항상 가질 수 있다.

일본은 자신이 한국과 만주에 유치시키고 있는 이제 거의 50만에 달하는 수비대는 말할 것도 없고 순식간에 그 이상의 군인들을 만주와 시베리아에 쏟아부을 수 있다.

그러한 지리적 전략적 유리점으로 일본은 어떠한 열강이나 열강들의 합동군도 물리칠 수 있으며, 2천만 한국인의 최종 말살을 위한 일본의 자신의 잔인한 군사적 압제는 말할 것도 없고, 아시아의 다른 민족은 물로 4억의 중국의 자유스런 발전과 진보를 훼방하고 저지시킴으로써 자신의 제국세력 밑에 아시아대륙 전체와 태평양을 최종적으로 놓으려는 강화계획에 자기 자신이 자유롭고 결제 받지 않는다는 데 알 수 있다.

이것이 특히 우리가 아시아 전체를 일본의 제국국가와 지배하에 궁극적으로 두어서 서양세력의 진출을 억제시키는 것이 일본국민들의 야망이라는 사실을 고려할 때 세계 제국에 대한 독일의 유럽지배보다 더 소름끼치는 일이 아니겠

는가?(『일본 및 일본인』을 보라)

이것은 한국이 서구에서 발칸반도보다 극동정치의 무대에 훨씬 보다 구속력 있는 초석이 되어 왔고, 현재도 그러하며 앞으로도 그럴 것이라는 것을 분명하게 보여 주지 않았는가? 이 시기에 한국을 해방시키고 한국의 독립을 벨기에 경우에서처럼 국제적으로 보장하거나 또는 국제연맹의 항구적인 보호 하에 둠으로써 이제 이 지배를 저지하고, 따라서 극동에서 항구평화를 보장하고 그럼으로 인해 인간의 생명과 권리를 위해 세상을 안전하게 하는 것이 본질적인 것이 아니겠는가?

늦추어지지 않은 매우 잔인한 군사압제자의 쇠족쇄 밑에서 아직도 2천만의 고통당하고 계속적인 해방을 위해 외치고 투쟁하는 민족이 있을 때 전 세계가 어떻게 항구적인 평화 상태에 있을 수 있겠는가? 4천만이 심지어 평화적인 방법, 그리고 끊임없는 음모 등등의 방법으로 그들의 자원을 빼앗기고, 그들이 생명과 피를 빼앗기게 될 때 어떻게 전체적인 평화가 있을 수 있겠는가?

세 번째로 세계 곳곳에서 균등한 기회와 자유롭고 공개적인 우위를 위한 범세계 경제정책에 관해 많이 언급되고 저술되어 왔다. 그러나 일본의 제국주의 야망은 때때로 필요로 할 수 있는 우호적이고 순전히 통상적인 원조로 한국을 해방시키고 자신의 자원을 개발하고 자신의 운명을 개척하도록 중국에 자유로운 도움을 줌으로써 억제될 수 있다. (중략)

네 번째로 그러나 가장 중요한 문제는 인본주의적인 점, 곧 인간 정의의 문제이다.

우리는 전에 정복이 일어났었을지도 모르는 어떠한 상황에서도 그들의 문화 발명품과 기관에 의한 작은 방법에 의한 것일지라도 인류의 문명을 진보시키기 위해 도와왔다고 사십반세기에까지 소급하여 이르는 그들 자신의 독립존재의 국가역사를 가진 2,000만 인민을 절대적인 군사통치 하에 영구히 영속화시키는 어떠한 나라의 권리에 이의를 제기한다(헐버트*의 『한국통사』를 보라). 이것은 모든 나라 민족과 국민의 세계에 퍼져 있는 민주주의가 나타나기 시작하는 이 시대에 현재의 회의 정신과 일치하지 않는다. 우리는 일본으로부터 독특한 언어, 문화, 도덕성, 종교, 그리고 사회관념을 가진 방해와 억제받지 않고 우리자신들은 개발할 수 있는 기회를 단연코 부여받을 수 있는 별개 국민의 민족의 권리를 또한 요구한다. 우리는 일본의 한국어 말살 정책과 한국민족의 점차적인 말살목표에 대항하여 항의한다. (중략)

다섯 번째이면서 마지막으로 누구나 "그러면 한국인들이 일본의 군사정부 하에 있는 것보다 그들 자신을 지배하는 것을 보다 좋아한다는 것이 정말 한국

Homer Bezaleel Hulbert(1863~1949) 미국의 언어학자·사학자. 한국명은 할보(轄甫). 1886년 소학교 교사 요원으로 초청을 받아 우리나라에 들어옴. 육영공원을 설치케 하고 외국어교사로 취임. 을사조약이 체결된 후 한국의 자주독립을 주장하였으며, 고종의 밀서를 가지고 귀국하여 대통령을 만나려 하였으나 실패. 1905년 *The History of Korea* 저술.

국민 전체의 의지입니까?"라고 물을지 모른다. (중략)

우리는 압박받고 죽어가는 수백만의 한국인을 위해 현재의 회의가 이 문제를 가장 신중하게 검토하고 심의하여 우리가 그 웅대한 회의에서 높여지는 소리를 들을 수 있게 함으로써 한국이 해방되어 자신의 자존과 자신의 발달로 복귀될 수 있도록 진정으로 청원한다.

가장 정중하게 제기한다.

한국국민을 대표하는 한국국민회의 대표단 신한청년당의 대표자

10. 김규식, 파리강화회의 의장에 제출한 청원서

■ 1919년 파리 한국대표부 위원, 신한청년당 대표 겸 대한민국 임시정부 대표 김규식이 서명하여 파리강화회의 의장 클레망소(G. Clémenseau)에게 제출한 청원서의 발췌문. 상해 임시정부 초대 외무총장 김규식은 파리강화회의와 국제연맹에 대해 독립청원 외교를 추진한 바 있다. 청원서는 역사적 사례와 국제관계, 국제법 등을 거론하여 일본의 침략행위를 비판하고 한국 독립의 당위성을 주장하고 있다. 출전은 국가보훈처, 『해외의 한국독립운동사료(I)—국제연맹편』(1991), 52-58쪽.

(전략)

일본인들을 위한 한국

일본 당국자들은 한국에 '개혁'이 수행되었다고 공언하고 있다. 그러나 이 모든 개혁의 대부분은 잘 규제된 유형지(뉴욕에서 발행된 『한국인 음모 사건』을 보라)에서 그 실제의 가치가 발견될 것이다. 그리고 그 전부가, 그들을 위해 일본 당국이 한국을 식민지화의 매혹적인 터전으로 만들고자 총력을 기울이고 있는 일본인 이주자들의 이해관계와 이익을 위해서 쓰이는 한국인 납세자들의 소비지출면에 도입되어 실효를 거두고 있다는 것을 잘 기억해 둬야 할 것이다.

일본인들은 한국을 하나의 영주(領主)의 나라 또는 더 정확히 말해서 하나의 모리배의 나라의 방식에 의해서 그리고 그런 정신 속에서 지배하고 행정한다.

가축이나 또는 노예가 그 주인에게 어떤 가치가 있을 때만 그럴 만한 보호를 반드시 받게 된다는 의식을 제외한다면 한국 민중의 복지는 일본을 위한 정부의 한 목표가 되지 않는 것이다.

세계에 역행하는 일본

한국 민중의 운명과 직접적인 관련을 가진 이 문제들에 부가하여 세계의 중대한 이해관계, 특히 프랑스의 아시아에서의 이익과 영국의 아시아 및 태평양에서의 이해관계, 그리고 미국의 아시아와 태평양에서의 이해관계는 한국의 병합에서의 해제와 그 민중의 일본으로부터의 해방을 요구하고 있다.

무역과 상업 면에서 일본은 점차적으로 서구 무역업자와 상인들을 한국에서

제거하고 있으며 상역에서 오는 이익을 거둘 자국의 민중들의 독점적인 손아귀에 넘겨주고 있다. 그러나 외국인들의 상역업의 근원은 한국과 제 외국 간에 체결한 일련의 평화 및 통상 조약을 두고 있다.

이 같은 서구의 경쟁을 제거하면서 일본은 진실로, 과거에 그들의 엄격히 중시되었던 고립주의 속에서 그 표징을 발견하는, 그리고 오늘날 천박한 극동 먼로주의의 적용을 통해 극동 아시아에서의 서구의 영향력을 제거하려는 협박적인 기도에서 스스로 표시하고 있는 그 일본인 특유의 배타의 본능을 계속 지켜나가고 있다.

일본의 대륙정책

그럼에도 불구하고 일본의 지나치게 원대한 정치적 목표는, 그것이 궁극적으로는 그들의 계속적인 한국의 병합을 통해 실현 가능성을 보였지만, 영국과 마찬가지로 프랑스와 미국에도 치명적인 이해관계를 줄 것임에 틀림없다.

3개의 라틴 및 앵글로색슨 국가*를 특히 포함하는 비-일본의 세계에 대한 위험이 일본의 대륙 정책의 속박 받지 않는 추진 속에 있는 것이다.

3개의 라틴 및 앵글로색슨 국가 영국·미국·프랑스를 말함.

이 정책은 첫째로 한국을 대륙에의 작전 기지로 소유함으로써 일본인들이 가능케 된 중국의 인력과 천연 자원의 지배와 통제를 통하여 아시아의 패권을 장악하는 데 목표를 두고 있으며, 둘째로 오스트레일아시아(Australasia)*와 미합중국에 무제한 일본의 이민을 들여보내는 수단을 씀으로써 태평양의 패권을 획득하는 데에 순전한 목표를 두고 있다.

Australasia 오스트레일리아와 부근의 남태평양.

그 정책은 전개되고 있다

일본의 대륙정책은 이미 그 발로가 다음의 경우에서 발견되었다.

(a) 프러시아가 유럽에서 가장 강한 군대를 가진 나라와 두 번의 전쟁을 치른 것과 너무도 같은 방법으로 일본이 아시아에서 가장 큰 군대를 가진 두 나라와 차례로 치렀던 성공적인 전쟁에서,

(b) 한국의 병합에서,

(c) 남만주와 동부 내몽고에서의 중국의 권능에 대한 일본의 점차적인 대리 수행에서,

(d) 중국의 구이저우(貴州)와 산둥성에 대해 독일이 가졌던 소유권과 특권을 평화회의를 통해 일본이 계승 획득하고자 지금 벌이고 있는 기도에서,

(e) 하나의 정치적인 필요로 한국의 병합을 달성시켰던 방식들의 동일한 장치에 의한 그리고 그것을 통한 점증하는 중국, 그 헤아릴 수 없는 인력 자원과

자연 자원을 가진 나라의 일본 지배로의 정복에서 그리고

(f) 일본을 오스트레일리아에 2천 마일 가까이 접근시키는, 그리고 일본 해군에 실제로 태평양의 전 육지 지역을 지배할 기지를 주는 적도 이북의 남양군도에 대한 일본의 점유에서. (중략)

합병 조약의 폐지

한국 인민은 1910년 8월 22일의 합병조약이, 이 탄원서에서 설명하는 이유들과 여기에 덧붙인 비망록 속에 보다 깊이 정성들여 예시한 사유들, 그리고 그보다 더욱 특별히 다음에 열거하는 이유들을 위해, 평화회의에 의해서 허위이며 무효임이 선포되거나 또는 그렇지 않으면 취소되어야 할 것을 요청한다.

Ⅰ. 당시의 한국 황제가 1천5백만의 한국인과 4천2백 년 이상 완전 독립된 주권을 가진 국가로서 존재해 온 나라를 일본제국 천황 폐하에게 양도할 권리를 가지고 있다고 설사 생각한다 하더라도, 사기와 강제의 상황 하에서 체결된 상기 합방 조약은 그것이 한 개의 법적인, 국제적인 문서로서의 효력을 가질 수 없다.

Ⅱ. 한국 민중과 나라는 당시의 허수아비 한국 황제의 전기 합병조약의 한계에서 그들을 다룰 권리를 부단히 부인해 왔다. 가축이 아니라 인간이기 때문에 그들은 상기한 조약의 무효에 대한 본질적 조건이었으며 아직도 그러한 그들의 승인권을 가지고 있다. 이 승인은 결코 주어진 일이 없다.

Ⅲ. 상기 합병조약은 일본정부가 한국과 그리고 다른 열강들이 한국의 독립과 영토 보전에 관해 보증하고 들어온 국제적 보장의 일본에 의한 직접 침해이다. 1876년 2월 26일 또는 27일의 일한조약은 그 제1조에서 조선은 한 독립국가로서 일본이 누리는 것과 동일한 주권을 향유한다고 말하고 있다. 1898년 4월 25일의 일러의정서에서 일본제국 정부와 러시아제국 정부는 한국의 주권과 완전한 독립을 명백히 인정하며, 이 나라의 내정 문제에 온갖 직접 간섭을 삼가도록 상호 약속한다는 것을 제1조에서 규정하고 있다. 1904년 2월 23일의 일한의정서는 일본제국정부는 대한제국의 독립과 영토 보전을 명백히 보증한다는 것을 제3조에 규정하고 있다.

Ⅳ. 한국과 일본 및 기타 열강들 간에, 그리고 일본이 중국·러시아 및 영국과 더불어 맺은 한국에 관한 여러 조약에서 한국의 독립된 주권 국가로서의 존재가 이 조약들 모두에 긍(肯)하여 확고히 인정되었으며, 이 나라의 정치적 독립과 영토 보전이 그 조약들 가운데 어떤 것에서 또한 확실히 보증된 바, 그것은

현재의 평화 회의와 같은 한 국제의회에 집결된 열강들에 의해서 그들의 행동이 궁극적인 규제를 받는 일 없이 그것을 유린할 수 있는 나라는, 특히 일본 같은 나라는, 한 나라도 있을 수 없다는 열국 공통의 법칙의 기반 위에 똑같이 확립되는 한계에서 보장된 것이다.

Ⅴ. 평화회의는 회원국들의 문제를 윌슨 대통령의 14개항의 요점에서 표현된 원칙에 따라 해결을 얻기 위하여 모인 것이다. 이 견해의 설명에 기반이 되는 원칙은 1918년 1월 8일에 대통령이 의회에 보낸 그의 교서에서 모든 인민과 모든 국민들에, 그리고 그들의 강하거나 또는 약하거나 간에 관계없이 서로가 공평한 자유와 안전의 한계 위에서 살 권리에 대한 정의의 제 원칙이라 한 데서 정의되고 있다.

대전 중 연합되고 맹약된 나라의 일원으로서 일본은 그 14개 항의 요점을 그것의 근본이 되는 정의의 원칙과 더불어 명백히 받아들였다. 한국 인민과 나라의 여망에 반하여 그리고 승낙이 없이 계속된 천황의 전 한국에 긍하여 온 주권 상의 여러 권리의 행사에 의해서 이 정의의 원칙이 명백히 유린되었으므로, 전기한 합병 조약에 대한 무효를 선포하거나 또는 그렇지 않으면 취소 명령을 선언하는 것이 평화회의의 권리이며 의무가 되고 있다.

Ⅵ. 국제법에 기초를 둔 제 권리와 열국의 잘못을 바로잡기 위해 존재하는 새로운 정의의 미덕 안에서, 한국 인민은, 거의 1세기 하고도 반세기의 분할과 병합 끝에 국가로서 재구성된 폴란드와 그리고 거의 한 세기의 절반 동안의 프러시아 지배 뒤에 알자스-로렌이 병합에서 해제된 데서 이미 표현된 그 원칙의 범위에서 제외되도록 되어 있지 않는 이상, 한 독립국가로서 한국의 재건을 위한 정당한 청구권을 가지고 있다.

일본이 한국의 병합을 실행한 이후 10년이 되지 못했다. 그리고 대전의 발발이, 일본이 중유럽[中歐] 제 제국(諸帝國)*의 한 동맹국임을 발견하지 못했다는 사실은 한국 인민이 평화회의 개최에 의하여, 최근에 프랑스 땅에서 목숨을 바친 사람들을 위한 모든 원칙에 대한 하나의 거부인 한 군사 체제의 정부 아래서 살기를 계속하도록 고통받아야 할 이유는 되지 못하는 것이다.

中歐 諸帝國 제1차대전 시 연합국에 대한 독일·오스트리아·헝가리·터키·불가리아 등의 동맹국. 독일에서 교육받은 황제의 고문들에 의해 항상 직시 관찰되어 온 정치적 결합체였다.

신한청년회(new Korean Young men) 김규식(J. Kiusic S. Kim)

11. 파리강화회의에 제출된 별첨 비망록

■ 파리강화회의에 제출된 김규식의 청원서에 첨부된 비망록(memorandum). 일본이 한국을 병합하기 위해 강제로 체결한 합방조약이 무효임을 선언하면서 이를 한국의 역사, 한반도 주변정세, 일본의 탄압 등 23개 항목으로 나누어 설명하고 있다. 출전은 국가보훈처, 『해외의 한국독립운동사료(I)—국제연맹편』(1991), 59-72쪽.

비망록

일본으로부터의 해방과 독립국가로서의 조선의 주권회복을 위한 조선인과 조선의 독립 청원서.

I. 조선의 주장

조선인과 조선은 한 조선인이—그 당시 대한제국의 황제—일본의 강요아래 1910년 8월 22일에 승인한 조약—이 조약에는 천오백만의 인구를 가진 "조선의 주권에 대한 모든 권리를 일본의 천황에게 완전히 그리고 영구히 양도할 것을 표명했다"는 내용이 담겨 있다—을 무효화해 줄 것을 **파리평화회의**에 청원하는 바이다.

현 청원서는 파리평화회의가 우리의 요구에 대한 조치를 취할 수 있는 권리와 권위를 갖는다는 점을 고려하여 제출하는 바이다.

파리평화회의는 미국 윌슨 대통령의 14개조 평화원칙에 근거하여 회원국가 간의 분쟁 해결을 보장하기 위해서 개최된다. '전체 프로그램'을 관통하는 '분명한 원칙'은 미국 대통령이 1918년 1월 8일에 미 국회에 보낸 그의 메시지에서 명시했듯이, "모든 민족과 국적에 대한 공평한 정의의 원칙과 한 국가가 강대국이거나 약소국이거나 관계없이 상호 자유와 안전을 보장하는 동등한 조건하에서 살 수 있는 권리를 말한다."

동맹 연합국가 중 하나인 일본은 정의에 대한 기본 원칙을 가지고 있는 이 14개 조항을 파리평화회의에 의해 설립된 '국제정의 구조'의 '기반'으로써 받아들였다.

이 정의의 원칙은 일본천황이 지속적으로 조선 국민과 조선의 동의 없이 "조선 전체에 대한 주권의 모든 권리"를 행사함으로써 명백히 위반되었음으로, 전술한 1910년 8월 22일 조약의 무효화를 즉시 선언하는 것은 파리평화회의의 권리이자 의무이다. (중략)

Ⅲ. 조선의 독립

독립된 주권국가로서 조선의 존속은 1876년 2월 27일 한성에서 조선정부와 일본정부 사이에 체결된 조일수호조약에서 일본에 의해 확증되고 승인되었다.

'조선왕조'로서의 조선의 독립은 1882년 5월22일에 조선정부와 체결된 '한

미통상협정'에서 미국에 의해서 인정되었다. 이 조약에는 "만약 다른 강국들이 양국을 부당하게 또는 억압적으로 대한다면 다른 일방은 우호적인 협정을 실행하기 위해서 정당한 호의를 발휘할 것이다"라는 중요한 구절이 포함되어 있다.

조선의 주권은 조선정부와 체결한 평화 통상 조약에서 대영제국과 다른 열강들에 의해서 또한 인정되고 승인되었다.

1895년 4월 17일 체결된 시모노세키 조약에서 일본은 명백하게 "조선의 완전한 독립과 자치권"을 인정하도록 중국에게 강요하였다.

또한 조선의 독립은 1902년 1월 30일에 체결된 최초의 영일동맹 협약에서 일본과 대영제국에 의해서 확증되고 보장되었다.

그리고 마지막으로 1904년에 일본정부와 조선정부사이에 체결된 공수동맹에서 일본은 조선의 독립을 보장했고 조선은 러일전쟁 후반에 일본에 물자의 원조를 약속했다. (중략)

V. 프러시아와 일본

이제 이 모든 것이 거짓이라는 사실은 명백하다. 그리고 일본의 부도덕한 신뢰와 이중성은 일본지도자들의 '정신적 고향'인 한 인종의 부도덕한 행동으로 인해 이미 격분한 전 세계의 이목을 끌 수밖에 없다.

오스트리아, 프랑스와 전쟁을 치른 프러시아와 마찬가지로 일본은 중국, 러시아와의 전쟁을 '준비'하였다: 그리고 프러시아가 유럽에서 선두적인 군사대국이 된 것과 같이 일본도 대륙적 야망의 길에 서 있는 두 나라에 대한 '방어' 전쟁의 결과로써 아시아의 선두적인 군사 대국이 되었다. 그리고 진실로 프러시아와 일본은 전쟁으로부터 대단한 이익을 얻은 두 근대의 열강들이라고 말할 수 있을 것이다.

이들 두 약탈을 일삼는 강대국 사이에 차이가 있다면 거짓말을 일삼음에 있어 일본이 더 깊은 부도덕성을 가지고 있다는 것이다. 프러시아는 유럽 패권의 도구로서 독일 제국을 저지하기 위해 전쟁을 계획하고 준비하고 승리했다. 프러시아는 자신들의 죄 때문에 독립과 자존이 엄숙한 조약에서 보장된 한 국가를 희생하지는 않았다. 또한, 프러시아는 세상에 거짓을 말하고 위험에 처한 국민을 보호하는 기사다운 행동이라는 명목으로 약탈과 억압 정책을 행하는 일본과는 달리 자신의 대죄를 통속화하지는 않았다. 일본은 이 모든 것 그 이상을 저질렀다.

Ⅵ. 조선 보호령

일본이 조선의 영구적 독립과 자존을 보장한 조약이 있은 몇 개월 후, 러시아에게 "일본은 조선에서 모든 정치적, 군대, 경제적 이익"을 소유하고 "일본제국 정부가 조선을 합병하는 데 지시, 보호와 통제의 조치를 방해하지도 간섭하지도 않는다"는 약속을 승인하도록 강요한 포츠머스 조약이 체결되었다.

3주 후, 즉 1905년 9월 27일, 일본과 대영제국 사이에 두 번째 동맹 협약이 발표되었다. 첫 번째 영일조약에서 분명히 승인되었던 조선의 독립은 중대하게 조약의 갱신과정에서 제외되었다.

이 악의에 찬 생략이 있은 20일 후 일본은 재빨리 조선을 일본의 보호국으로 지배한다는 조약을 내놓았다. 이러한 거래는 문명사회의 역사에서 유례없는 일이 아닐 수 없다. 이 범죄의 전말은 매켄지(McKenzie)의 『대한제국의 비극』*과 호머 B. 헐버트(Homer B. Hulbert)의 『대한제국 멸망사』*에서 찾을 수 있다.

『대한제국의 비극』 1904년 런던 '데일리 메일' 특파원으로 한국을 방문한 매켄지(Fred Arthur McKenzie)가 러일전쟁, 의병 활동을 취재하고 난 후 쓴 책.

『대한제국 멸망사』 1886년 소학교 교사로 초청받아 내한하여 육영공원에서 외국어와 역사를 가르쳤던 헐버트(Homer Bezaleel Hulbert)가 대한제국의 멸망과정을 기술한 책. 역사, 산업, 사회제도 등 6개 장으로 나눠 대한제국의 역사를 기록함.

포츠머스의 협약은 이토 히로부미 후작(Marquis Ito)이 한성에 도착하여 즉시 "지시, 보호와 통제의 법령"을 조선에 부과하도록 하자마자 조인되었다. 이 이야기는 유럽의 암흑시기에나 있을 법한 악마의 일화와 같다.

소위 '일본의 비스마르크'인 이토 히로부미는 한성의 거리를 일본 군인들로 채웠고 군대로 하여금 궁궐을 포위하게 하고, 이에 제대로 판단을 할 수 없었던 황제와 대신들에게, 말 그대로 총검을 들이대고, 수치스러운 한일협상조약(을사조약)에 조인하도록 강요했다. 그러나 모든 강요에도 불구하고 조약은 황제의 총리대신 또는 외부대신에 의해서도 조인되지 않았다. 그리고 조약은 내각과 외무부의 국새 상서가 찍히지 않았으므로 무효화되었다. 강요에 의해서도 국새는 만들어지지 않았다. 그리고 절망의 몸짓처럼, 외무부의 봉인은 대신들이 무장한 일본군에 의해 회의공관으로 내몰리고 있을 바로 그때 연못에 내던져졌다.

보호국 5년 동안의 조선의 역사는 정신은 낡았고, 무자비함과 효율성에 있어서는 프러시아와 같이 일본과 같은 강국의 경우에만 가능한 사기와 테러리즘의 만행의 기록이다. 그것은 한 국가를 비수로 찔러서 사망에 이르게 하는 과학적 야만의 기록이다. (중략)

Ⅷ. 일본화와 프러시아화

이 저항은 조선인의 자유를 강제적으로 파괴하기 때문이며 일본이 조선에게 적용하는 규정들과 정책들이 러시아 황제가 핀란드와 러시아령 폴란드에서 행한 것보다, 아르메니아에서 이루 말할 수 없는 터키에 의해 행해진 것들보다, 일본의 독일인 교사들에 의한 동방, 슐레스비히-홀슈타인과 알자스-로렌에서 행해진 것보다 더 가혹하기 때문이다.

조선의 일본화를 위해 행해지는 정치적 탄압은 프러시아화를 위해 동방의 폴란드인들, 슐레스비히의 덴마크인, 알자스-로렌의 프랑스인에게 가해지는 정치적 잔인성을 능가한다.

비록 근본적인 인간본성과 지리적 장벽이 조선에서 일본의 행위를 저해하고 있지만, 일본은 이 나라를 이름뿐만 아니라 현실적으로도 일본의 한 지방으로 만들기로 결정했다. 일본은 국토와 언어와 역사에 대해 애정을 표하는 애국주의의 커다란 근원들을 뿌리 뽑으려는 무자비한 시도를 하고 있다. 또한 조선에서 애국심의 빛을 일소하기 위하여 조직화된 시도를 무위로 할 수 있는 두 가지 수단 즉, 교육과 재산을 '통제'하고 있다. (중략)

XVI. 아시아에서 앵글로색슨의 과업

이것들은 단지 조선에서 일본의 행위를 특징짓는 무자비한 사실들 중 몇 가지에 불과하다. 방법에서는 물론이고 목적과 정신에서도 이 일은 아시아에서 앵글로색슨의 과업과는 매우 상이하다.

오늘날 인도에서 영국인은 인도인의 이해를 위한 통치를 한다. 영국인은 잘못을 저지르고, 아마도 여전히 실수를 할 것이다. 그러나 영국인은 아시아의 이 거대한 지역을 보호와 신탁통치국의 정신을 가지고 통치한다.

그러나 필리핀에서 신탁통치국가로서 앵글로색슨의 과업은 소위 제국주의의 모호성에 의한 명확한 정의에 의해 이루어진다. 여기서, 미국인들은 무한정한 기간 동안 신탁통치국가로서의 과업에 만족하지 않았다. 미국은 필리핀 국민을 돕고 그 나라의 정부에 미국을 대신하기 위해 필리핀 국민들을 교육시켜 왔다.

그리고 워싱턴 D.C.의 최근 충고는 미국인이 이미 필리핀의 독립을 민주주의를 위해 세계를 안전하게 만드는 국제적 해결의 필요한 조건으로서 보고 있음을 말해 주고 있다. (중략)

XVIII. 유아독존적인 일본(Japan Contra Mundum)

조선인의 운명과 직접적으로 연관된 이유에서뿐만 아니라, 세계의 중요 관심사는 — 특히 프랑스의 아시아에 대한 관심뿐만 아니라 대영제국과 미국의 아시아와 태평양 지역에 대한 관심사 — 일본으로부터의 조선의 합병 철회와 조선인의 해방을 요구한다.

적대적 세력으로써 조선의 기독교 사상에 관한 일본의 예상에 대한 언급이 있다. 그리고 일본천황의 고문들은 로마황제의 반기독교 정책을 생각해 냈을 가능성이 있다. 그러나 시저는 하나의 종교로서 기독교 사상에 반대했을 뿐 — 오늘날 일본의 경우처럼 — 그것이 국가 전체의 정복과 정치적 노예상태에 의한 착취에 도전하는 도덕적이고 지적 세력이라는 믿음에 반대한 것은 아니다.

무역과 상업 분야에서 일본은 점차적으로 조선에서 서구 무역인과 상인을 제거하고 있고 조선과 외국 강대국들 사이에 체결된 일련의 평화와 상업협약들에 근거한 사업들을 일본인의 독점적인 손으로 이동시키고 있다.

서구 경쟁자를 제거함에 있어, 과거 일본의 엄격하게 고수된 고립 정책에서 볼 수 있듯이 그리고 오늘날에는 일본에서 외국인 토지 소유의 금지, 그리고 극동아시아에 대한 잘못된 먼로 독트린의 적용을 통해 극동 아시아에서 외국의 영향을 배제하려는 시도에서 나타나 있듯이 일본은 배척에 대한 본능에 충실하고 있다.

XIX. 일본의 대륙정책

그러나 영국과 미국은 물론이고 프랑스의 분명히 관심사는 일본의 광범위한 정치적 목적이 조선의 지속적 합병을 통해 결국 실현될 수 있다는 점이다. 특히 라틴과 앵글로색슨 3개 열강들을 포함한 비일본 세력은 일본의 대륙정책이 저지되지 않고 계속된다면 위협에 직면하게 될 것이다. 이 정책의 첫 번째 목적은 우선 일본이 조선을 대륙정복의 거점기지로 삼고 중국 인력과 '천연 자원'을 지배와 통제함으로써 아시아의 패권을 잡는 것이며, 다음은 태평양을 지배하여 일본인 이민자가 호주의 비옥한 땅과 태평양 연안, 그리고 미국으로 진입하는 유일한 방법을 점거하는 데 목적이 있다.

XX. 실행 중인 정책

일본의 대륙정책은 일본이 이미 1894~1895년에 치른 중국과의 전쟁, 1904~1905년 러시아와의 전쟁을 성공적으로 마무리함으로써, 그리고 1910년 8월 22일 조선의 합병을 통해 부분적으로 밝혀졌다. 일본의 조선 합병은 남만주와 동쪽의 내몽고에 대한 중국의 주권 행사를 불가능하게 한다. 그리고 일본의 대륙정책의 영토 구성안에 이 전략적 지역들을 궁극적인 포함시키기 위해서는 군대 또는 거대한 중국 영토와 4억 중국인을 '평화적으로' 정복할 수단이 필수적이다.

이것은 가설이나 예언이 아니다. 일본정부가 1915년 1월 18일에 중국정부에게 표명했고 전쟁 발발을 협박하는 최후통첩에 못 이겨 중국정부가 서명한 확실한 조약과 각서에 명시된 유명한 일련의 21개 요구사항에 보듯이 고의적인 일본정부의 의도와 계획을 나타낸 분명한 진술이다.

XXI. 프랑스에 대한 위협

일본이 지속적으로 조선을 지배하는 것은 궁극적으로 중국의 지배를 초래할 것이고 이는 아시아에 영향력을 행사하는 강국으로서의 프랑스에게 구체적인 위협이 될 것이다. 일본과 같이 조직화된 전쟁 국가가 군사적 결의를 가지고 중국 정복을 꾀하는 것은, 그리고 주석이 풍부하며 인도차이나의 배후를 지배하는 중국의 연안 지방에 필수적인 참호를 구축하는 것은 프랑스의 아시아 지배권에 대해 분명히 정치적, '전략적' 위협이 될 수 있다. 그리고 프랑스가 이 지역에 대한 지속적인 지배권을 갖는 것은 세계강국으로서 제3공화국의 특혜와 영광에 중요한 요소이기 때문에 프랑스 정부는 일본이 중국 인력과 자원을 지배, 감독함으로써 아시아에서의 패권을 장악하려고 하는 시도의 중대성을 깨달아야 한다.

그러나 프랑스에 대한 위협은 단지 '전략적 추론'이 아니다. 정치적 현실이다. 실로 일본의 공언되지 않은 세 가지 목표 중 하나이다. 그리고 그것은 복수에 근거한 것이기 때문에 프랑스에 대한 일본의 위협은 제 3공화국에 대한 지속적이고 실제적인 위협이 될 것이다.

시모노세키조약

일본이 프랑스에게 유감을 갖게 된 것은 중국과의 전쟁에서 얻은 뤼순성을 포함한 랴오둥반도의 "영구적이고 전면적인 권한"을 강제로 중국에게 이양하게 했던 1895년의 시모노세키조약의 개정으로부터 시작된다. 러시아, 독일, 프랑스는 공동 중재의 행위로써 랴오둥반도의 양도를 요구했고 아시아의 주요한 영토로부터 일본이 철수하거나 후퇴할 것을 주장하였다. 일본은 복종했다. 그러나 랴오둥반도의 소유는 일본이 대륙정책을 성공하기 위해 중요한 요소였기 때문에 일본은 세 열강의 명령에 즉시 반격할 수 있는 작전을 준비했다. 그것은 만주와 조선으로 진입하는 직접적인 관문인 극동아시아의 입구를 소유하는 것을 의미한다.

일본이 1904~1905년 러시아와의 전쟁을 승리로 이끌고 갈망하던 중국의 영토를 차지하면서 얻어진 광범위한 전쟁 준비와 더불어 고상한 정책에 대한 '필요성'과 복수심이 일본을 자극하였다. 1914년 전쟁의 발발은 일본에게 독일에 대한 복수심을 가지고 대륙정책을 수행할 수 있는 또 다른 기회를 주었다. 일본이 러시아를 패배시키고 남만주를 차지한 것처럼 일본은 구이저우(貴州)에서 독일을 패배시키고 산둥지방을 차지했다.

"불명예스러운 삼국간섭"

일본이 이 삼국의 중재를 러일전쟁 이전에는 '러시아, 독일, 프랑스'의 조치에 따른 것으로, 귀주로부터 독일을 몰아내기 이전에는 '독일, 프랑스, 러시아'의 조치에 기인한 것으로 이제 '프랑스, 독일, 러시아'의 조치에 따른 것으로 생각하고 있다는 점은 중요하다.

마키노 남작 마키노 노부아키(牧野伸顯, 1861~1949) 제1차 야마가타(山縣) 내각에서는 외무대신에 임명되었으며, 1919년에는 파리 강화 회의에 일본의 전권 대사로 참석. 1925년에는 내무성 대신이 되어 1935년까지 재임했으며, 제2차 세계대전 개전까지도 고문으로서 계속해서 쇼와(昭和) 천황에게 영향력을 발휘함.

진다 자작 진다 스테미(珍田捨巳, 1857~1929) 일본대표단 전권으로 파리평화회의에 파견된 인물.

예를 들면, 최근의 "일본에 대한 사건"의 성명에서 마키노 남작*은 요동반도의 반환이 '프랑스, 독일, 러시아 항의'의 '강압적인 힘' 때문이라는 사실을 강조하는 것이 필요하다고 생각했다. 그리고 일본 평화사절단 중의 한 사람인 진다 자작*은, 일본 국민이 이 삼국의 중재를 "수치스러운 삼국의 간섭"으로 생각하고 있다는 점을 설명하는 것이 유리하다고 생각했다. 이들의 언급이 프랑스 국민에게는 마음이 쓰이겠지만 그러나 여러분이 이상하고 미묘하게 일을 처리하는 일본인의 마음을 안다면 그들이 저의와 위협으로 가득 차 있다는 것을 알 수 있을 것이다.

그리고 이런 관계에서 매우 중요하게 고려해야 할 점은 프랑스와의 전쟁에서 일본의 승리가 인도차이나에 대한 일본의 영토 확장을 의미하며, 이는 일본으로 하여금 중앙아시아와 남지나해 유역의 섬들에 대한 즉각적인 지배력을 가져다줄 것이라는 점이다. 이에 대해 책임 있는 일본의 정치평론가들은 힘세고 오만한 대일본의 "필수적인 열대의 보충물"이라 칭했다.

XXII. 태평양의 장악

일본의 대륙정책은 더 크지는 않더라도 프랑스와 마찬가지로 앵글로색슨 열강들을 위협한다. 일본제국주의자들은 매년 늘어나는 일본의 과잉 인구 때문에 대륙정책에 포함된 영토 확장에 대한 요구가 정당하다고 주장한다. 그리고 일본 인구의 '수출할 수 있는 여분'은 조선과 남만주 그리고 내몽고 동쪽 그리고 중국의 역사적인 여러 지방들에 보내져야 한다고 주장한다. 이 '수출할 수 있는 여분'의 이민은 정글의 '성의 법칙'(sexual law)이 일본에서 계속 시행된다면 약 50년 이상 심각한 문제가 될 수도 있지만, 일본인의 이민이 즉각적인 구조를 필요로 하는 경제적 정치적 필요에 의한 것이라는 믿음을 외국에 심어 주기 위해 일본의 정치 선동가들은 이 사실들은 고의로 과장시켰다.

일본의 정치적인 사고에 의하면 이 '즉각적 구제'는 조선과 중국에서 일본의 식민지화를 통해서 보장되어야만 하고 가능하다면 호주와 미국으로의 이민을 통해서도 보장되어야만 한다. 그러나 일본인들은 이들 국가에서 새로운 고향을 발견한다는 면에서 그들이 조선이나 중국을 성공적으로 식민지화하는 것을 저해하는 육체적이고 기질적인 무력함으로부터 고통 받고 있다는 것을 안다.

예를 들면, 고립된 자연지리학적인 환경은 만주와 내몽고 동쪽의 바람이 휘몰아치는 평원의 가혹함에 견딜 수 없는 부적당한 육체적인 유형을 발전시켰다. 그리고 바다와 화산의 모습을 가지고 있는 일본 섬의 자연 조건 때문에 일본인들은 이런 자연환경이 부재한 국가에 사는 것이 불가능하다. 분명히 일본인이 살 수 있는 중국의 역사 깊은 지역들이다. 그러나 일본의 프러시아 교사들이 "볕이 잘 드는 장소들"이라고 칭했던 곳들은 중국인들이 수세기 동안 밀집해서 살아 왔고 살고 있는 곳이다. 그러므로 일본이 '수출할 수 있는 여분'의 인구를 보내야만 하는 곳은 아시아 대륙 이외의 곳이어야 한다. 그리고 책임 있는 일본의 정치평론가들은 호주와 미국과 같은 약속의 땅이 일본의 탈출구로서 국가적인 열망임을 공공연히 밝혀 왔다. 그러나 일본은 그곳으로 가지 않고 아시아로 향하기로 '결정'했다.

그리고 일본이 중국과 러시아에 대한 전쟁을 준비했던 것처럼, 운 좋게 독일을 일본의 손 안에 놓기 위해 준비했던 것처럼, 오늘날 프랑스가 '불명예스러운 삼국간섭'에서 참가했던 사실을 수정하도록 할 시간을 기다리고 있는 것처럼 일본은 지금 대륙정책을 완성하기 위해 '준비' 작업에 착수하였다. 즉, 태평양을 '일본의 호수'로 만들고 호주와 미국으로의 제한 없는 일본인 이민을 위한 앵글로색슨 열강들과의 거대한 투쟁.

세계정복 정책

대담한 구상, 무모한 일. 아마도 앵글로색슨은 그것을 인간의 한계를 넘는 꿈이라고 생각할 수도 있다. 그러나 세계정복의 이러한 계획은 역사상 알려지지 않은 것은 아니다. 그리고 대전이 독일인의 숨겨진 계획을 드러냈다. 일본의 통치자들은 프러시아에 이어 일본을 전쟁국가로 조직화하였고 일본의 대륙정책, 즉, 세계정복의 정책이 이미 드러났다는 것을 기억해야 한다.

(a) 프러시아를 유럽에서 가장 강력한 군사 대국으로 만든 두 번의 전쟁과 같이 일본을 아시아의 가장 강력한 군사대국으로 만든 두 번의 성공한 전쟁에서,

(b) 조선의 합병에서,

(c) 남만주와 내몽고 동쪽에서의 중국의 권한을 점차적으로 대치하는 것에서,

(d) 세계평화회의에서 구이저우를 포함한 신성한 중국 산둥지방에 대한 독일 소유권과 특권을 일본이 계승하는 것을 확고히 만들려는 시도에서,

(e) 조선의 합병을 "정치적인 필연"으로 만든 것과 동일한 방법으로 수많은 인력과 자원을 가진 중국에 대한 점차적인 일본지배로의 종속에서,

(f) 일본을 호주에 거의 2천 마일 가까이까지 접근시킬 수 있고 태평양의 가장 전략적이고 중요한 지역을 일본해군 기지로 만들 수 있는 기회를 제공하는 "적도의 북쪽 남태평양" 섬의 소유에서 (후략)

12. 약산생, 평화회의에 대한 결과를 예언

■ 『신한민보』 1918년 12월 26일자 논설. 필자 미상. 과거의 평화회의는 승전국의 이해에 좌우되는 대국의 노름에 불과했으며, 따라서 이번 평화회의도 이를 벗어나지 못할 것이라고 지적한다. 즉 윌슨의 14개조, 특히 국제연맹 창설은 향후 영국, 미국, 프랑스, 이탈리아 4국의 이해관계에 의존할 것이며 세계평화 역시 이에 따라 좌우될 것으로 전망하고 있다.

지구를 덮은 화연 연기에 아직도 눈이 쓰리고 인명을 도륙한 비린 냄새에 지금도 코가 막히는 오늘날에 앉아가지고 오는 날에 어떻게 될 것과 오는 해에 어떻게 될 평화회의 결국을 말하고자 하니 과연 말하기도 쉽지 않거니와 알아보기도 어렵도다.

누구를 물론하고 미래를 말하는 자 과거를 증거하여 말함은 당연한 일이라. 이제 평화회의 결국을 예언하고자 할 때에 제일 필요한 것은 세계의 과거 역사를 간단히 들어 말하여 이것저것 비교하여 보면 이번 평화회의의 결국이 어떻게 될 것을 가히 짐작할 수 있도다.

원래 큰 총소리 끝에 인류의 문명이 전진되며 국가적 사상이 발전됨은 우리가 역사상으로 증거하는 것이라 하나, 그러나 이번 대포소리 끝에 인류의 문명과 국가적 사상이 몇 걸음이나 진취되겠는가? 대개 사람의 사람됨이 천사와 같이 아주 착하지도 않고 마귀와 같이 악하지도 않고 천사와 마귀의 두 틈에서 생긴 동물이며, 또한 옛 사람이나 이제 사람이 비슷한즉 이번 싸움 끝에 인류 행복의 낙원으로 나아가는데 한두 걸음을 나아갈 것은 분명하거니와 십 리나 백 리의 먼 거리를 전진함은 도저히 불능이로다.

이제 역사상에 평화대회의 결국 된 것을 비교하여 볼진대, 첫째, 1814년 워털루 전쟁* 끝에 나폴레옹이 거꾸러진 후에 1815년 비엔나 경성에 대회(大會)한 결과로 유럽의 평화를 30년 동안(1815~1845) 보전하였으니, 이는 그 때 오스트리아 수상 메테르니히*가 신성동맹회*의 명의를 빙자하며 러시아, 오스트리아, 프로이센 삼국의 병력을 빙자하여 독일의 통일을 방해하며 이탈리아의 독립을 금지하였으니, 이는 다 신성동맹회와 반대되는 일이라. 대개 신성동맹

워털루 전쟁 1815년 6월 엘바 섬에서 돌아온 나폴레옹 1세가 이끈 프랑스군이 영국, 프로이센 연합군과 벨기에 남동부 워털루에서 벌인 전투로, 프랑스군이 패배하여 나폴레옹 1세의 지배가 끝나게 됨.

Metternich(1773~1859) 오스트리아의 정치가. 베를린·파리

회는 그 때 러시아 황제 알렉산더 1세*의 의견으로 유럽의 각국들이 큰 나라나 작은 나라를 물론하고 다 같이 신성동맹회의 한 분자가 되어 예수교회의 형제들과 같이 돈독한 정의로 살자함인데, 그 때의 대정치가 메테르니히는 이 동맹회를 이용하여 소약국민을 여지없이 압박하였도다.

둘째, 1854년 크리미아 전쟁* 끝에 러시아가 패한 후 1856년 파리 평화대회*의 결과는 30년 동안 유럽의 명의까지 없이하고* 러시아, 오스트리아, 프로이센, 프랑스, 영국 5개국들이 (그때의 제일 강대한 나라들) 각기 자기들의 이익을 위하여 발칸의 새 문제를 빚어내며 러시아의 흑해 해상권을 박탈하며 이탈리아의 독립 기초를 열어 주며 프로이센, 오스트리아 양국의 흔단(釁端)을 만들어 주며 영국의 해상권을 확장케 하였으나, 그 대회에 참석했던 소약국 중에 오직 사르디니아(이탈리아의 건국 발상지)의 수상 카부르*는 그의 외교상 능활한 수단으로 언권을 얻어 말마디나 하였고 다른 소약국들은 방관자의 자격에 지나지 못하였도다.

셋째, 1877년에 러시아와 터키와 전쟁한 끝에 터키가 대패한 후에 1878년 베를린 평화회의* 결과는 독일, 오스트리아, 이탈리아 삼국동맹*의 기초를 닦아 주었으며 러시아, 프랑스 양국연맹*의 근원을 만들어 주었으니 이는 오늘날 싸움의 장본이라. 이 대회에 주석한 비스마르크는 보불전쟁 이후에 독일연방 통일문제에 분주하여 바깥 정치에 겨를이 없는 고로 말하기를 "나는 이 대회에 대하여 참으로 충실한 거간꾼(HONEST BROKER)이라" 하였음으로, 그때 러시아 수상 코착커*는 러시아가 보불전쟁 시에 독립한 공을 믿고 독일의 동정을 얻어 터키를 먹으려는 야심이 있었으나 비스마르크가 중립의 자격을 택한 고로 터키를 먹지 못하고 영국, 프랑스 양국은 발칸 제국의 독립을 허락하여 그 후에 발칸문제가 유럽을 요란케 하였으니, 이 대회의 결과로 발칸의 몇 나라들이 독립한 것은 큰 나라들의 시기로 싸움 끝에 된 것이요, 발칸 제국의 능력으로 된 것은 아니로다.

이상에 말한 바 과거 역사의 몇몇 평화회의 결과를 한 말로 끊어 말하자면 "큰 나라들의 노름이라" 함이며 달리 말하자면 곧 "승전한 자의 천지라" 함이니 오늘날 이 싸움 끝에 그 결과가 이 범위 밖에 나겠는가? 이 글 쓰는 자는 의심 없이 말하기를 그 범위 밖에 나아가지 못하리라 함이라 하노라. 미국은 유럽에 개전 이후 2년 만에 전단(戰端)에 입참(入參)하여 발을 옳은 편에 던져 마침내 연합국으로 싸움을 이기게 하였으니 이는 윌슨 대통령의 고상한 정략에서 된 것이라. 그런 고로 이번 평화회에 미국이 첫 자리를 차지하고 각국을 호령하고자 하거니와 알 수 없어라*. 영국, 프랑스, 이탈리아 삼국이 미국의 호령

주재공사, 외무장관. 대(對)나폴레옹 해방전쟁에서 승리한 후, 빈 회의 의장으로서 유럽의 질서 회복을 위한 외교상의 지도권을 장악. 재상이 된 이후 정책 실패로 실각, 망명.

신성동맹회 1815년 9월 26일 러시아 황제 알렉산드르 1세, 오스트리아 황제 프란츠 요제프 1세, 프로이센왕 프리드리히 빌헬름 3세가 파리에서 체결한 동맹. 메테르니히는 빈 체제 유지를 위해 4국동맹(러시아·오스트리아·프로이센·영국)과 함께 신성동맹을 이용하여 각국의 자유주의와 민족운동을 탄압.

알렉산더 1세(1777~1825) 러시아의 황제 알렉산드르 1세(재위 1801~1825). 빈회의와 신성동맹의 결성에 큰 역할, 폴란드 왕국의 국왕과 핀란드 대공을 겸하였음.

크리미아 전쟁 1853~1856년 러시아와 오스만투르크·영국·프랑스·프로이센·사르데냐 연합군 사이에 일어난 전쟁.

없이하고 원문은 '업시하고'로 되어 있는데 '없이하고'의 옛말.

파리 평화대회 크림 전쟁을 처리하기 위한 회의. 러시아, 오스만투르크, 사르데냐 왕국, 프랑스, 영국, 오스트리아, 프로이센 간에 조약을 맺어, 흑해 일대가 중립지역으로 선포, 러시아는 크림 반도에서의 영향력을 상실. 빈 체제가 소멸시키는 결과를 가져옴.

Camillo B. Cavour(1810~1861) 1847년에 『국가 재흥』지를 발간, 사보이 가를 중심으로 하는 이탈리아의 통일을 제창. 1861년 비토리오 에마누엘레를 즉위시켜 이탈리아 왕국 건설 완성. 주세페 가리발디, 주세페 마치니와 함께 이탈리아 통일의 3걸로 불림.

베를린 평화회의 영국·독일·러시아·오스트리아·프랑스·투르크·이탈리아 등 7개국 대표들이 출석. 루마니아·세르비아·몬테네그로 등의 독립이 인정. 러시아는 발칸 반도의 남하진출이 저지, 투르크의 영토는 현저히 축소. 이에 비해 영국은 외교적 승리와 키프로스 섬을 매수하여 승리를 더욱 굳힘. 독일은 오스트리아가

발칸 반도로 진출하는 데 도움을 줌으로써 러시아·독일 관계는 험악하게 됨. 결국 범슬라브주의와 범게르만주의가 대립하였고, 발칸의 민족주의운동을 촉진. 오스트리아·러시아 대립이 결부되어, 발칸 문제는 분규 일로를 달림.
삼국동맹 1882~1915년까지의 독일·오스트리아·이탈리아 3국간에 체결된 방어비밀동맹. 가맹국이 특히 프랑스로부터 공격을 받을 경우, 상호 군사원조를 한다는 것으로 비스마르크 안전보장체제의 일환으로 중요한 역할을 함.
러시아, 프랑스 양국연맹 삼국 동맹에 대항하여 러시아와 프랑스가 맺은 군사 동맹. 뒤에 영국이 가입하여 삼국 협상을 이루어 독일에 대한 포위 공세를 취함.
Alexander Gorchakov(1798~1883) 1856년부터 1882년까지 러시아의 외무대신을 맡았으며, 1863년부터 1883년까지 러시아 수상을 역임.
알 수 없어라 원문은 '아지 못게라'. '알 수 없어라'의 뜻으로 보임.
예로부터 대통령이 미국 땅을 떠나 본 일이 없었다는 말 당시까지 미국대통령은 해외에 나가지 않았음을 일컬음.
부이인 의미 불명. '허명의'라는 뜻인 듯.

에 순종하겠는가?

윌슨 대통령이 유럽에 건너가고자 할 때에 공화당에서는 말하기를 대통령이 백악관에 앉아 가지고도 능히 해저전선과 무선전으로 평화회를 주장할 수 있는데 왜 법에 없는 일(예로부터 대통령이 미국 땅을 떠나 본 일이 없었다는 말*)을 행하며 나랏돈을 허비하여 유럽에 건너가겠는가? 이와 같은 여러 가지 비평이 있었으나 윌슨 대통령은 다 돌아보지 않고 그의 14조목을 평화회의에 친히 제출하며 성공하기를 위하여 특별 윤선(輪船) '조지 워싱톤'배를 타고 12월 4일에 미국을 떠나 대서양을 건너간 것이라. 그 14조목에 대하여 조목조목이 말할 필요가 없으나, 그중에 제일 필요한 두 조목은 세계 사람이 주목하는 바요, 연합국이 뜨거운 동정을 표하지 않는 바요, 윌슨 대통령이 지극히 원하는 바이오, 또 우리가 한 번 생각하여 볼 만한 것이라. 이 두 조목은 자유국가의 연방(LEAGUE OF FREE NATIONS) 문제와 해군체감(遞減) 문제(NAVAL DISARMAMENT)니 해군체감 문제는 영국이 불찬성할뿐더러 또는 미국 상하의원이 일본의 해육군 확장을 시기함으로 그 문제를 반대한즉, 영미 양국의 해군력을 더 확장할 줄은 아직도 알 수 없으나 기왕 있는 해군과 함대는 체감하지 않을 것이 분명하도다. 또는 자유국연방 문제에 대하여 우리가 아직껏 깨닫지 못할 것은 곧 '자유' '국' 두 글자이니, 지금 형편으로 보건대 미국과 연합국이 러시아의 신정부를 인증하지 않고 시베리아로 군사를 파견한즉 러시아를 자유국 중에 빼고자 함인가? 이 싸움 끝에 독립한 나라가 많은 즉 그 나라들을 자유국 가운데 넣고자 하는가? 만일 이상에 말한 바 러시아와 새 독립국을 이 연방문제에 빼면 후일에 평화를 보전치 못하겠고, 또 만일 그 나라들을 연방문제에 넣으면 아직껏 독립을 얻지 못한 소약국도 후일에 그와 같은 동등의 대우를 요구할지니 영원한 평화를 보전키 어려우리로다. 또한 '연방'이란 한 글자에 대하여 프랑스에 유력한 신문이 공격하는 이유는 만일 각국이 '자유국 연방'의 한 분자가 되면 국제상 분쟁하는 문제는 평화회 재판소에서 판결하는 대로 시행하게 되리니 그렇게 되면 한 나라의 주권(SOVEREIGNTY OF STATE)이 그 나라 주권자에게 있지 않고 연방주권자에게 있을지니 각개의 자유국은 원치 않는 일이라 하였도다.

그러면 자유국 연방이라 하는 명사(名詞)는 1815년 신성동맹회와 같이 부이인* 명사가 될 뿐이라. 아무렇게나 윌슨 대통령은 이 명사를 가지고 연합국의 동정으로 세계의 영원한 평화를 보전하고자 하나, 그러나 세계 소약국민 중에 독일, 오스트리아 양국의 기반을 쓰고 있던 자는 그 연방에 참여하고 영국, 프랑스의 기반을 쓰고 있던 자는 응당 그 연방에 참여하지 못하리니 알 수 없어

라. 사해일가의 한 집을 경영하는 자가 어떤 아들에게는 자유를 주어 집안일을 같이 의논하게 하고 어떤 아들에게는 자유를 박탈하여 그 집안일을 상관치 못하게 하면 어찌 그 집안의 평화를 오래 보전하겠는가?

이제 한 말로 단언하자면 이 싸움 끝에 평화회 결과는 곧 영국, 미국, 프랑스, 이탈리아 사국이 자유국 연방국의 명사로 세계의 정치권을 잡을 것이며 얼마 동안 세계의 평화를 유지할 것이니, 이 위에 말한 바 역사상 평화대회의 결과와 흡사한데 다만 다른 것은 이전에 평화회는 제왕의 세력이 많았고 오늘 평화회는 백성의 세력이 많을 뿐이로다.

13. 대통령의 십사조목과 우리 독립의 관계

■ 『신한민보』 1919년 6월 3일자 사설. 당시 윌슨 14조목이 '벌써 쓰레기통에 들어간 휴지조각'이라 평하는 이들도 있다고 소개하면서, 국제연맹회가 그 이상대로 진행될지 아직 확신할 수 없다면서 강대국들의 이익추구로 일관하게 될 가능성을 시사한다. 그러나 '정치적 새 명사'로 발명한 국제연맹 회의마저 쓰레기통으로 들어가게 되면 미국이 큰 수치로 여길 것이라며 국제연맹 회의에 한일관계를 호소하여 이를 미국인에게 널리 알려야 함을 주장한다.

현금 평화회의에서 처결하는 문제들이 윌슨 대통령의 14조목과 어긋나는 점이 많다고 공격하는 자도 많고, 혹 14조목과 일일이 부합한다고 찬성하는 자도 많고, 혹 어떤 이는 평화조약이 14조목과는 하나도 같은 점이 없은즉 14조목은 벌써 쓰레기통에 들어간 휴지조각이라 한즉, 여기에 대하여 우리 독립에 관계가 자못 큰 고로 우리는 한 번 다시 생각하여 볼 필요가 있어 이에 대통령 윌슨 씨가 1918년 1월 8일에 미국 국회에서 낭독한 그의 14개 조목의 요령을 들어 기재하는 바

역사적 14조목

1. 평화조목을 드러내 놓고 의결하여 공중에 드러내 놓을 일
2. 평화시대나 전쟁시대나 해상 자유를 인증할 일
3. 상업상 동등권을 유지할 일
4. 군사상 모든 세력을 체감할 일
5. 모든 식민지에 대한 개정은 그 식민지 백성의 원하는 대로 처결할 일
6. 러시아 영토에 모든 군대를 철환할 일
7. 벨기에에 있는 군대를 철환케 하며 벨기에를 회복시킬 일
8. 프랑스에 있는 군대를 철환하며 알자스 로렌을 회복시킬 일
9. 이태리의 국계를 개정하되 국민적 계선을 따라 정할 일
10. 오스트리아-헝가리의 기반 밑에 있던 각 민족의 자유 발전을 인증할 일
11. 루마니아와 세르비아와 몬테네그로의 독립을 인증할 일
12. 터키가 그 민족이 아닌 인민을 관할하는 권리를 폐지할 일
13. 폴란드의 독립을 건설케 하되 해상에 자유 교통할 만한 근거지를 허락할 일

14. 국제연맹회를 설립하여 큰 나라나 적은 나라를 물론하고 한결같이 그 독립과 영토보전을 담보할 일

이 14조목을 가지고 미국을 대표한 윌슨 대통령은 세계에 선언한 뒤에 또한 이 14개 조목을 실시하기 위하여 50만 명의 생명과 230억 달러의 재산을 희생하여 이번 전쟁에 참가하여 나중에 승전하였은즉, 윌슨 대통령은 어디까지든지 그의 14개 조목을 실시하여 미국의 체면도 보전하는 동시에 자기의 정치적 철학도 발표하며 신분상 명예도 보전하기로 힘쓸 것은 당연한 이치라. 그러므로 미국 대통령 윌슨 씨가 그 나라를 떠남은 역사상에 처음 되는 비헌법적 행동이라는 공격을 받아가면서도 두 번째 유럽에 건너가 친히 평화회석에 참여함은 곧 그의 14개 조목을 실시하자는 주의라.

그러나 윌슨 대통령의 정치상 철학이 실제에서 몇 걸음을 더 깊이 들어간 고로 사실상에 부쳐 실행하고자 하는 때를 당하여는 반항력이 많이 생기어 맘대로 응용하지 못할 폐가 적지 않도다. 휴전조약 이전에는 연합열강이 이 14조목에 대하여 비록 동의를 표하지 못할 점이 있었으나, 미국의 힘을 빌어서 독일의 군국주의를 대적하는 동시에 윌슨 씨의 비위를 맞추어 주기 위하여 잠잠하고 있었을 뿐만 아니라, 도리어 이 14조목을 유럽 각국의 국어로 번역하여 돌린 결과로 아일랜드 백성 같은 이들은 무궁한 희망을 부치고 극력하여 싸웠으며, 오스트리아 헝가리의 기반 아래 있던 각 민족들은 각히 독립할 기회만 보는 동시에 다 각각 창칼을 거꾸로 잡고 싸움하기를 원치 않는 고로 이태리가 대승첩할 길을 열어 주었고, 또는 독일의 사회당으로 하여금 총대를 들이켜 잡고 전쟁을 정지하며 가이셔*를 내여 쫒고 공화정부를 조직케 하였도다. 이를 두고 보면 윌슨 통령의 14조목은 과연 이번 전쟁의 대승첩한 원인인즉 역사상에 가히 존경할 만한 거룩한 글이라. 이 글로 인연하여 전쟁이 속히 끝났은즉 이 글대로 하여야 영원한 평화를 보전할 것은 천연한 이치나, 그러나 작년 11월 11일에 휴전 조약이 된 후에 야심이 많은 잉글랜드는 토끼를 잡은즉 사냥개까지 삶아 먹자는* 야심을 가지고 비로소 해군체감 문제어 대하여 시비하기 시작한 뒤에, 미국 내에서도 특별히 공화당에서는 그 문제에 대하여 윌슨 씨를 공격하였음으로 대통령 윌슨 씨의 14조목 가운데 제4조는 벌써 휴지가 되었다고 떠드나, 그러나 민주당에서는 말하기를 그 조목은 다만 독일에게만 실시하고자 함이요 현금 평화조약에 독일의 군력을 절대적으로 체감하였은즉 제4조는 실상 휴지가 되지 않고 아직까지 살아 있다 하며, 또는 딸마타* 문제에 대하여 이태리 인민들은 윌슨 씨를 공격하는 동시에, 슬라브 민족은 "윌슨 각하는 이 세계에 구세주"라고 떠들며, 독일사령관 루튼 뚜프* 씨는 "아메리카는 지옥으로 가

가이셔 카이저. 독일 황제 겸 프로이센의 왕이었던 빌헬름 2세를 가리킴.

토끼를 잡은즉 사냥개까지 삶아 먹자 兎死狗烹. 교활한 토끼가 잡히고 나면 충실했던 사냥개도 쓸모가 없어져 잡아먹게 된다는 뜻으로 월나라 재상이었던 범려가 남긴 말로 『史記』「列傳」에 나온다.

딸마타 크로아티아 남서부에 위치한 달마티아 지방을 칭함. 예로부터 해상교통로를 차지하고자 했던 주변국가들 간의 분쟁이 자주 일어났던 곳으로 1차 세계대전

리라" 하며, 왜놈들은 "윌슨은 마귀의 심장에 거짓말쟁이"라고 공격하니, 이 14조목은 과연 세계의 정치상 대혁명과 대파도를 일으켰다.

국제연맹과 우리

이상에 말한 바는 윌슨 대통령의 14조건에 대하여 세계의 여론이 대략 그러하거니와 이제는 이 14조건이 우리 한국독립에 어떠한 관계가 있는지 한번 생각하여 볼 필요가 있다. 우리 내지에서 혁명이 일어남도 이 14조목 가운데 제5조와 제14조의 광선이 흘러 들어가 한인의 뇌재*에 비치운 것도 혁명 발동의 한 가지 원인이라. 그러면 오늘날 우리가 살펴볼 것은 이 두 조목의 휴지가 되고 아니 되는 것이다. 현금 연합 열강 가운데 특히 영국과 같이 식민지가 많은 나라는 할 수 있는 대로 이 두 조목을 휴지로 쓰기를 꾀하나, 그러나 윌슨 대통령은 미국의 체면을 보전하기 위하여 기어이 자기의 14조목을 실시하기로 극력하는 바, 독일의 식민지를 국제연맹에서 관할하기로 주장하여 평화조약에까지 그 구절이 실렸고 국제연맹의 담보로 유럽의 몇몇 소약국의 독립이 건설되었고 또는 국제연맹이 성립될 것이 분명한즉 우리 한국 독립문제에 대하여 앞에 오는 기회가 무궁무진하도다.

그러나 한 가지 염려되는 것은 이 국제연맹 회의는 1815년에 비엔나 대회와 같이 소약국민의 자유행동을 압박하며 국민적 자결주의를 여지없이 말살할는지, 1878년 베를린 대회의와 같이 세계열강국이 다 자기네 욕심만 채우며 발칸문제와 비슷한 동양문제는 돌아보지 않을는지, 또 1907년 헤이그 평화회의와 같이 세계 열강이 각기 자기네 식민정책이나 확장하며 잔약한 민족을 집어 삼키기로 위주할는지 아직 확실히 단언할 수 없으나, 그러나 오늘날 세계의 군중심리를 관찰하면 공의와 인도를 주장하는 듯하며 영원한 평화를 주장한다 하며 전제주의를 물시한다 하며 모든 것이 차츰차츰 천국에 가까운 듯한즉, 우리 소약국 민족들도 필경 자유로히 살 기회가 있을 것은 분명하도다. 1815년 비엔나 대회 이후 독일의 각 소약민족과 이태리의 민족이 압박을 받을 때에 뉘가 오늘날 독일공화국이나 이태리왕국이 있을 줄 알았으며, 또 이번 전쟁 이전에 뉘가 폴란드가 부활하며 슬라브 각 민족의 독립할 줄을 알았으리오. 역사상에 로마 제국이 강성하였다가 쇠패하고 터키의 반달이 둥글어 가다가 이즈러졌고 독일이 일어나가 거꾸러짐은 천연한 사실이라 그런즉 우리 민족에게도 오는 기회가 목전에 있도다.

또 한 가지 생각하여 볼 것은 윌슨 대통령의 과만*이 명년 3월에 있으며 국제연맹 회의 처음 집회할 시기가 금년 10월에 있고 그 집회할 위치를 수도 워싱턴으로 정하였은즉 미국은 국제연맹 회의의 주인옹이 될 세 분명하고 또는

당시 이탈리아가 연합국 측에 가담한 주요 계기가 되기도 했다.

루튼 뚜프 루덴도르프(Eric Friedrich Wihelm Ludendorff, 1865~1937). 1918년까지 독일의 참모차장으로 당시 독일 국민의 우상이었으며, 반공, 반유대 단체를 설립하였다.

뇌재 원문에는 '뢰재'로 되어 있는데 의미상 뇌재(腦在)로 보임.

과만 瓜滿. 벼슬의 임기가 끝나는 시기를 이르던 말. 중국 춘추 시대에, 제(齊)나라의 양공이 관리를 임지로 보내면서 다음 해 오이가 익을 무렵에는 돌아오게 하겠다

고 말한 데서 유래.

미국의 양대 정당(공화당, 민주당)들은 미국의 체면을 보전한다고 윌슨 통령의 14조목대로 시행하여야 된다고 서로 변명도 하며 공격도 하는 중인즉, 이달에 모이는 두 정당의 후보자 대회는 응당 국제연맹 회의 문제를 가지고 서로 정권을 다투며 오는 시기의 대통령의 위(位)를 점령하기로 시험하리니, 그런즉 국제연맹 회의는 미국이 발명한 정치적 새 명사라. 만일 이 명사를 기록한 종이가 쓰레기통으로 들어가게 되면 미국의 큰 수치라. 그런고로 민주당에서 이것을 완전히 성립하기로 힘쓰는 동시에 공화당에서도 정치의 세력을 잡기 위하여 미국이 발명한 명사를 옹호하여야 될 줄로 아는바 국제연맹 회의의 주인은 장차 미국이 될지라.

그런즉 우리 한인은 장차 오는 10월에 워싱턴에 집회하는 국제연맹에 호소하기 위하여 윌슨 대통령의 14조목 가운데 제3조와 제5조와 제14조를 들어 우리 한국과 일본의 모든 관계를 미국사람들에게 알리어 주어야 될 터인데 이를 하자면 우리가 말로나 글로나 부지런히 힘써야 될 것이오, 내지에서는 계속하여 피를 흘리어야 될지니 오는 10월을 위하여 힘씁시다.

☞ [참고] 민족자결주의의 오해

■ 조선총독부 기관지 『매일신보』 1919년 3월 6일자 논설. 윌슨의 민족자결주의는 전쟁으로 초래된 식민지 문제에만 한정되며, 조선과는 상관없는 원칙임을 강조하고 있다. 또한 민족자결주의는 소국으로 분리시키는 원리로 이해되지만, 동종동족의 경우에는 통합을 이루는 원칙이라 하면서 일본의 조선·대만 합병을 정당화하고 있다.

潰裂 무너지고 갈라짐

미국대통령 윌슨 씨가 구주대전을 결말하는 일 방법으로 민족자결주의를 주창한 이래로 의외에 중대한 반향을 파기하여 제일로 러시아를 붕괴케 하고, 제이로 오스트리아 헝가리제국[墺匈國]을 궤열(潰裂)*케 하고, 제삼으로 독일을 와해케 하여 중구(中歐) 이북의 천지는 오늘날 실로 혼돈 중에 있도다. 사유컨대 프로이센[普魯西]의 야심으로 인하여 부득이 이에 추수하게 된 중구 동맹 제방의 민족 및 전쟁 중도에 국가가 와해된 러시아 내 각종의 민족이 전쟁의 종결과 공히 각자의 자치 또는 독립을 행하여 장래의 안처(安處)를 계도(計圖)하고자 함은 모두 자연의 정태(情態)로 그 일은 이 같이 제 민족의 장래에 관하여 과연 득책일는지 그 여부를 불문하고 일시(一時)는 반드시 현출(現出)할 현상되지 아니치 못할지라. 이 점에 관하여 미국대통령의 선언은 최적히 이 같은 제 민족의 심리 상태에 투합한 것인바 비상한 세력으로 일시에 전파한 것은 하등의 기괴로 생각할 바 아니라. 그러나 윌슨 씨가 제창한 소위 민족자결주의라는 것은 물론 금회의 전쟁에 참가한 상거(上擧) 각국의 제 민족에 한한 것이요, 이를 연합국 측 또는 중립국 제 민족의 위에 추급할 취지가 아닌 일은 명약관화라. 만일 그렇지 아니하고 전 세계 각종의 민족상에 적용하는 주지(主旨)라 할진대 미국대통령은 최선(最先)에 자국 내에 있는 인도족 및 하와이[布哇], 필리핀[非

律賓]제도의 자치 또는 독립을 허용치 아니하지 못할지라. 이는 미국으로 단연 불허하는 바일 뿐 아니라, 미국에서는 예(例)의 국제연맹에 대하여도 그 전래의 먼로주의*를 파괴하는 것이라 하여 다대한 비난을 받지 않는가.

또 윌슨 씨와 서로 양해가 있다 칭하는 영국 수상 로이드 조지* 씨도 광범한 민족자결주의를 부인하였음은 다언(多言)을 불사(不俟)*할지라. 어떤 이유인고. 이와 같이 오류(誤謬)한 사상의 전파는 영제국의 자신으로 인도의 보고(寶庫)를 위시하여 세계 각처에 산재기포(散在碁布)*한 영토를 상실케 하여 대브리튼[大不列顚]을 붕괴에 빠지게 함 일새니라. 오인(吾人)은 오류한 민족자결주의의 전파로써 대일본제국의 기초를 진감(震撼)*케 할 것이라고 믿지 아니하노라. 그러나 만일 이 같은 사상에 취하여 무모의 거사를 기도하는 자가 있다 하면 국가의 치안을 보전하기 위하여 용사(容赦)* 없는 고압수단을 집행하여 근저로부터 이를 절멸할 필요가 있음을 믿노라. 오인은 일찍이 조선과 내지와는 동종동근(同種同根)으로 상호분리하지 못하는 관계에 있음을 창도(唱導)하였거니와, 필경 메이지 43년의 병합은 세계의 대세에 순응하고 이 동종동근 민족의 발전 진취에 돕기 위하여 실행된 것으로 만약 이가 없을진대 유독 조선만 한심한 결과에 이를 뿐 아니라, 본국도 필경 안여(晏如)*함을 얻지 못할 것이니 이 분명한 의리는 특히 조선인의 양해를 희망치 아니하지 못할지로다.

다시 눈을 돌려 구주의 천지를 전망컨대 윌슨 씨의 민족자결주의는 일면으로 적국을 붕해(崩解)에 빠뜨리게 하였으나, 타의 일면으로는 동종동족의 민을 규합하여 국가를 조립하는 것을 볼지니, 즉 오국(墺國) 내에 있는 슬라브 민족으로 하여금 그 동족되는 세르비아[塞耳維]와 공동케 하고, 다시 유래(由來) 일흑자(一黑子)*의 땅을 지키던 몬테네그로[黑山國]도 이에 참가케 하여 대세르비아[大塞耳維]국을 건설코자 함과 또 아드리아해 연안의 이태리 민족으로 하여금 기본국(基本國)과 합하게 하고자 함과 같음은 모두 동종동족의 대집단을 형성할 계획인바, 요컨대 동족 간 소방(小邦)의 분립은 세계에 있는 지보(地步)*를 점하는 소이가 아님을 지실(知悉)*함에 직유(職由)*한 일이라

이 점으로 볼 때는 윌슨의 민족자결주의도 또한 파괴일방인 것이 아니라 이 방면의 이유를 대일본제국에 적용함을 얻는다 하면, 오히려 본국과 조선 내지 대만과의 연락을 뇌고(牢固)히 하여 외지로부터 일지(一指)도 염득(染得)치 못할 견뢰(堅牢)한 지위에 놓이지 아니하지 못할 것이라. 또한 이런 도리를 영회(領會)*치 못하고 경거망동하는 도배(徒輩)가 있다 하면 국법이 엄존이라. 눈을 떠 거일일(去一日)에 발한 하세가와(長谷川) 총독*의 훈유(訓諭) 말미를 보라.

먼로주의 1823년 12월 미국 제5대 대통령 J. 먼로가 의회 연두교서에서 미국의 고립주의를 천명한 외교방침. 미국의 대유럽 불간섭, 미국 대륙에 대한 유럽의 불간섭, 유럽국가의 식민지 건설 배격 등 3개 원칙으로 되어 있다.

David Lloyd George(1863~1945) 영국의 정치가. 재무장관으로 상원의 권한을 축소하는 의원법을 성립시켰고, 노동자를 위한 국민보험법·실업보험법을 만들어 사회보장제도의 기초를 확립하였다. 제1차 세계대전 중에는 군수장관으로서 징병제를 실현시킴. 파리강화회의에 전권대표로 참석하여 윌슨, 클레망소와 함께 회의를 주도했다.

不俟 기다리지 아니함.

散在碁布 바둑판에 놓인 바둑돌과 같이 여기저기 무수히 흩어져 산재해 있음.

震撼 울리어 흔들다.

容赦 죄나 잘못을 용서함.

晏如 편안하고 태평스러움.

一黑子 조그만 땅을 가리킴.

地步 자기가 처하여 있는 지위, 입장, 위치 따위를 통틀어 이르는 말.

知悉 모든 형편이나 사정을 자세히 앎.

職由 일이 일어나는 유일한 까닭.

領會 이해함.

長谷川總督 제2대 조선총독(1916~1919) 하세가와 요시미치(長谷川好道).

나. 독립선언의 사상

14. 무오독립선언서

■ 1918년(戊午年) 노령 북만주 등지에 망명해 있던 유지들이 작성한 선언문. 3·1운동 이전에 해외에서 발표되었다는 점에서 역사적 의의가 크다. 한일합방의 부당성을 지적하면서 진정한 도의를 행하도록 일본에게 권고하고 있다. 출전은 한국독립운동사 정보시스템(http://search.i815.co.kr).

黎民 서민들이 머리에 관을 쓰지 않고 검은 맨머리로 지낸 데서 비롯된 말로 백성을 가리킴. 출전은 『書經』「堯典」.
無始 한없이 먼 과거.

武孼 무력과 재앙.

渝盟 맹세한 언약을 저버리는 것.
悖習 좋지 못한 버릇.

沮戱 귀찮게 굴어서 방해함.
防遏 무엇을 하지 못하게 막음.

穢德 좋지 못한 행실.

懲辨 죄를 벌하고 잘못을 따져 밝힘.

우리 대한 동족 남매 및 우리 편구(遍球)* 우방 동포여, 우리 대한은 완전한 자주독립과 신성한 평등 복리를 우리 자손 여민(黎民)*에 세세상전(世世相傳)키 위하여, 여기 이족(異族) 전제의 학압(虐壓)을 해탈하고 대한 민주의 자립을 선포하노라.

우리 대한은 무시(無始)* 이래로 우리 대한의 한(韓)이요, 이족(異族)의 한이 아니라. 반만년사의 내치 외교는 한왕한제(韓王韓帝)의 고유권이요, 백만방리(百萬方里)의 고산려수(高山麗水)는 한남한녀(韓男韓女)의 공유산(共有産)이요, 기골문언(氣骨文言)이 구아(歐亞)에 발수(拔粹)한 우리 민족은 능히 자국을 옹호하며 만방을 화협하여 세계에 공진(共進)할 천민(天民)이라. 한(韓) 일부의 권(權)이라도 이족에게 양도할 의(義)가 없고, 한 일 척의 땅이라도 이족이 점할 권(權)이 없으며, 한 일개의 민이라도 이족이 간섭할 조건이 없으니 우리 한은 완전한 한인의 한이라.

아아! 일본의 무얼(武孼)*이여. 임진 이래로 반도에 쌓아 놓은 악은 만세에 덮지 못할지며, 갑오 이후 대륙에서 지은 죄는 만국에 능용(能容)치 못할지라. 그가 기전(嗜戰)의 악습은 왈 자보(自保) 왈 자위(自衛)의 구실을 만들더니, 종내 반천역인(反天逆人)인 보호 합병을 하고, 그가 투맹(渝盟)*의 패습(悖習)*은 왈 영토니 왈 문호니 왈 기회니 이름을 빌려다가 필경 몰의무법(沒義無法)한 밀관협약(密款脅約)을 늑결(勒結)하고, 그의 요망한 정책은 감히 종교를 핍박(逼迫)하여 신화(神化)의 전달을 저희(沮戱)*하였고, 학인을 제한하여 문화의 유통을 방알(防遏)*하고, 인권을 박탈하며 경제를 농락하며, 군경의 무단(武斷)과 이민(移民)의 암계(暗計)로 멸한식일(滅韓殖日)의 간흉을 실행한지라. 적극 소극으로 한족을 마멸시킴이 어느 정도이뇨. 십 년 무얼(武孼)의 작란이 이에 극함으로 하늘이 그의 예덕(穢德)*을 꺼리어 우리에게 호기를 주실새, 하늘에 순(順)하며 사람에 응(應)하여 대한 독립을 선포하는 동시에 그의 합방하던 죄악을 선포 징변(懲辨)*하노니,

1. 일본의 합방 동기는 그 소위 범일본주의를 아주(亞洲)에 사행(肆行)함이니, 이는 동양의 적이요,
2. 일본의 합방 수단은 사기강박과 불법무도와 무력폭행이 극비(極備)하였으니, 이는 국제법규의 악마이며,

3. 일본의 합방 결과는 군경의 만권(蠻權)과 경제의 압박으로 종족을 마멸하며 종교를 강박하고 교육을 제한하여 세계문화를 저장(沮障)하였으니 이는 인류의 적이라.

그러므로 천의(天意) 인도와 정의 법리에 비추어 만국 입증으로 합방 무효를 선파(宣播)하며 그의 죄악을 징응(懲膺)*하며 우리의 권리를 회복하노라.

슬프도다! 일본의 무얼이여. 소징대계(小懲大戒)*가 너희의 복이니, 섬은 섬으로 돌아가고, 반도는 반도로 돌아오고, 대륙은 대륙으로 돌아갈지어다.

각기 원상을 회복함은 아주(亞洲)의 행(幸)인 동시에 너희도 행이려니와 완미불오(頑迷不悟)하면 전부 화근이 너희에 있으니 복구자신(復舊自新)의 이익을 반복 효유(曉諭)*하노라.

보라! 민서(民庶)의 마적(魔賊)이었던 전제와 강권의 잔재는 여염(餘焰)이 이미 다하고 인류에 부여한 평등과 평화는 백일(白日)이 당공(當空)하여 공의의 심판과 자유의 보편은 실로 광겁(曠劫)*의 액을 일세(一洗)하고자 하는 천의(天意)의 실현함이요, 약국잔족(弱國殘族)을 구제하는 대지의 복음이라.

크도다. 시(時)의 의(義)여! 이때를 조우한 오인이 무도한 강권 속박을 해탈하고 광명한 평화 독립을 회복함은 천의(天意)를 대양(對揚)*하며 인심을 순응하고자 함이며, 지구에 입족(立足)한 권리로 세계를 개조하여 대동(大同)건설을 협찬하는 소이일새. 이에 2천만 대중의 적충(赤衷)을 대표하여 감히 황황일신(皇皇一新)에게 소고(昭考)하오며 세계만방에 탄고(誕誥)*하오니, 우리 독립은 천인합응(天人合應)의 순수한 동기로 민족자보(民族自保)의 정당한 권리를 행사함이요, 결코 안전(眼前)의 이해에 우연한 충동이 아니며, 은원(恩怨)에 얽매인 감정으로 비문명인 보복 수단에 자족함이 아니라. 실로 항구 일관한 국민의 지성 격발하여 저 이류(異類)로 감오자신(感悟自新)케 함이며, 우리의 결실은 야비한 정궤(政軌)를 초월하여 진정한 도의를 실현함이라.

자(咨)홉다* 우리 대중아. 공의로 독립한 자는 공의로 진행할지라. 일체 방편으로 군국 전제를 산제(剷除)*하여 민족 평등을 전구(全球)에 보시(普施)할지니 이는 우리 독립의 제일의(第一義)요, 무력 겸병을 근절하여 평균천하의 공도로 진행할지니 이는 우리 독립의 본령이요, 밀맹사전(密盟私戰)을 엄금하고 대동평화를 선전할지니, 이는 우리 복국(復國)의 사명이요, 동권동부(同權同富)로 일체 동포에 베풀며, 남녀빈부를 고르게 하며, 등현등수(等賢等壽)로 지우로유(知愚老幼)에게 균하게 하여 사해인류를 건질지니, 이는 우리 입국(立國)의 기치(旗幟)요, 나아가 국제불의를 감독하고 우주의 진선미를 체현할지니, 이는 우리 한민족이 응시부활(應時復活)의 구경의(究竟義)니라.

懲膺 응징.

小懲大戒 작게 징계하고 크게 타이름.

曉諭 깨달아 알아듣도록 타이름.

曠劫 지극히 오랜 세월.

對揚 명을 받들어 널리 알림.

誕誥 크게 고함.

咨홉다 탄식의 감탄어.

剷除 刪除. 불필요한 것들을 깎아 없애버림.

자(咨) 우리 동심동덕(同心同德)인 2천만 형제자매여. 우리 단군 대황조께서는 상제에 좌우하사 우리의 기운(機運)을 명하시며 세계와 시대가 우리의 복리를 돕는도다. 정의는 무적의 검이니, 이로써 역천(逆天)의 마(魔)와 도국(盜國)의 적(賊)을 일수도결(一手屠決)하라. 이로써 4천 년 조정의 영휘(榮輝)를 현양(顯揚)할지며, 이로써 2천만 적자(赤子)의 운명을 개척할지니 일어나라, 독립군아. 제(齊)하라, 독립군아. 천지로 망(網)한 한 번 죽음은 사람의 피하지 못할 바인즉 견시(犬豕)와 같은 인생을 누가 진실로 꾀하리오. 살신성인하면 2천만 동포와 동체로 부활하리니, 일신을 어찌 아낄 것이며 경가복국(傾家復國)하면 삼천리 옥토가 자가의 소유이니, 일가를 희생하라. 자(咨) 우리 동심동덕(同心同德)인 2천만 형제자매여! 국민 본령을 자각한 독립인 줄을 기억할지며, 동양평화를 보장하고 인류평등을 실시하기 위한 자립인 줄을 명심할지며, 황천의 명명(明命)을 기봉(祇奉)하여 일절 사망(邪網)에서 해탈하는 건국인 줄을 확신하여 육탄혈전함으로써 독립을 완성할지어다.

단기 4252년 2월 일

가나다 순 金敎獻 金奎植 金東三 金躍淵 金佐鎭 金學萬 鄭在寬 趙鏞殷 呂準 柳東說 李光 李大爲 李東寧 李東輝 李範允 李奉雨 李相龍 李世永 李承晩 李始榮 李鍾倬 李沰 文昌範 朴性泰 朴容萬 朴殷植 朴贊翊 孫一民 申檉 申采浩 安定根 安昌浩 任邦 尹世復 曹煜 崔炳學 韓興 許爀 黃尙奎

15. 2·8 독립선언서

■ 조선유학생학우회 등 재일 유학생 단체들이 1919년 2월 8일에 공표한 독립선언문. 기초자는 이광수. 유학생 단체들은 1월 6일 동경 조선기독교회관에서 웅변대회를 열어 조선의 자주독립을 위해 청년이 앞장설 것을 결의한 바 있다. 선언문에서는 동양평화의 위협자였던 러시아가 군국주의적 야심을 포기한 마당에 일본이 동양평화 유린의 최대 화근이라 주장하고 있다. 출전은 한국독립운동사 정보시스템(http://search.i815.co.kr).

전 조선청년독립단은 우리 2천만 민족을 대표하여 정의와 자유의 승리를 얻은 세계만국의 앞에 독립을 기성(期成)하기를 선언하노라.

4천3백 년의 장구한 역사를 지니는 우리 민족[吾族]은 실로 세계최고 문명민족의 하나라. 비록 때때로 지나(支那)의 정삭(正朔)을 받들어 사용하기는 하였으나, 이는 조선 황실과 지나 황실과의 형식적 외교적 관계에 불과하였고, 조선은 항상 우리 민족의 조선이오, 일차(一次)도 통일한 국가를 잃고 이족(異族)의 실질적 지배를 받은 일 없도다. 일본은 조선이 일본과 순치(脣齒)의 관계가 있음을 자각함이라 하여 1895년에 일청(日淸)전쟁의 결과로 일본이 한국의 독립을 솔선 승인하였고, 영국·미국·프랑스[法]·독일[德]·러시아[俄] 등 제국(諸國)도 독립을 승인할뿐더러 이를 보존하기를 약속하였도다. 한국은 그 은의(恩意)를 감(感)하여 예의(銳意)로 제반 개혁과 국력의 충실을 도모하였도다. 당시 러시아[俄國]의 세력이 남하하여 동양의 평화와 한국의 안녕을 위협할새, 일본은 한국과 공수동맹을 체결하여 일러[日俄]전쟁을 벌이니 동양의 평화와 한국의 독립보전은 실로 이 동맹의 주지와 한국은 더욱 그 호의에 감하여 육해군의 작전상 원조는 불능하였으나 주권의 위엄까지 희생하여 가능한 온갖 의무를 다함으로써 동양평화와 한국 독립의 양대 목적을 추구하였도다. 급기야 전쟁이 종결되고 당시 미국 대통령 루스벨트 씨의 중재로 일러 간에 강화회의가 개설될 새 일본은 동맹국인 한국의 참가를 불허하고 일러 양국 대표자 간에 임의로 일본의 한국에 대한 종주권을 의정(議定)하였으며 일본은 우월한 병력을 가지고 한국의 독립을 보전한다는 구약을 위반하여 암약(暗弱)한 당시 한국 황제와 그 정부를 위협하고 기망(欺罔)하여 '국력의 충실함이 족히 독립을 득할 만한 시기까지라'는 조건으로 한국의 외교권을 탈취하여 이를 일본의 보호국을 만들어 한국으로 하여금 직접으로 세계 열국과 교섭할 길을 끊고 인(因)하여 '상당한 시기까지라'는 조건으로 사법, 경찰권을 탈취하고, 다시 '징병령 실시까지'라는 조건으로 군대를 해산하며 민간의 무기를 압수하고 일본 군대와 헌병, 경찰을 각지에 편치(遍置)하며 심지어 황궁의 경비까지 일본 경찰을 사용하고 이와 같이 하여 한국으로 하여금 전혀 무저항자를 만든 후에, 다소 명철(明哲)의 칭(稱)이 있는 한국 황제를 방축(放逐)하고 황태자를 옹립하고 일본의 주구(走狗)로 소위 합병 내각을 조직하여 비밀과 무력의 이(裏)에서 합병 조약을 체결하니, 이에 우리 민족은 건국 이래 반만년에 자기를 지도하고 원조하노라 하는 우방의 군국주의적 야심의 희생되었도다.

실로 일본의 한국에 대한 행위는 사기와 폭력에서 나온 것이니 실로 이와 같이 위대한 사기의 성공은 세계 흥망사상에 특필할 인류의 대치욕이라 하노라.

보호조약을 체결할 시에 황제와 적신(賊臣) 아닌 몇몇 대신들은 모든 반항수단을 다하였고 발표 후에도 전 국민은 적수(赤手)로 가능한 온갖 반항을 다하였으며, 사법경찰권의 피탈과 군대해산 시에도 그러하였고 합병 시를 당하여서는 수중에 촌철(寸鐵)이 없음에도 불구하고 가능한 온갖 반항운동을 다하다가 정예한 일본 무기에 희생이 된 자 부지기수이며 이래 10년간 독립을 회복하려는 운동으로 희생된 자 그 수십만이며 참혹한 헌병 하에 수족과 구설(口舌)의 겸제(箝制)*를 받으면서도 일찍이 독립운동이 끊어진 적이 없나니, 이로 보더라도 일한합병이 조선 민족의 의사가 아님은 가히 알지라. 이와 같이 우리 민족은 일본 군국주의적 야심의 사기 폭력 하에 우리 민족의 의사에 반하는 운

箝制 재갈을 물리다.

명을 당하였으니 정의로 세계를 개조하는 이때에 당연히 광정(匡正)을 세계에 구할 권리가 있으며, 또 세계개조의 주인 되는 미와 영은 보호와 합병을 솔선 승인한 이유로 이때에 또한 구악을 속죄할 의무가 있다 하노라.

또 합병 이래 일본의 조선통치 정책을 보건대, 합병 시의 선언에 반하여 우리 민족의 행복과 이익을 무시하고 정복자가 피정복자에게 대하는 고대의 비인도적 정책을 응용하여 우리 민족에게는 참정권과 집회 결사의 자유, 언론·출판의 자유를 불허하며 심지어 신교(信教)의 자유, 기업의 자유까지도 적지않이 구속하며 행정·사법·경찰 등 제 기관이 조선 민족의 인권을 침해하며 공사에 우리 민족과 일본인 간에 우열의 차별을 두며 일본인에 비하여 열등한 교육을 실시하여 이로써 우리 민족으로 하여금 영원히 일본인의 피사역자(被使役者)가 되게 하며 역사를 개조하여 우리 민족의 신성한 역사적, 민족적 전통과 위엄을 파괴하고 능모(凌侮)하며 소수의 관리를 제외한 외에는 정부의 제 기관과 교통·통신·병비(兵備) 제 기관에 전부 혹은 대부분 일본인만 사용하여 우리 민족으로 하여금 영원히 국가생활에 지능과 경험을 얻을 기회를 얻지 못하게 하니 우리 민족은 결코 이와 같은 무단전제 부정불평등한 정치 하에서 생존과 발전을 향수하기가 불능한지라. 그뿐더러 원래 인구 과잉한 조선에 무제한으로 이민을 장려하고 보조하여 토착한 우리 민족은 해외에 유리(流離)함을 면치 못하게 되며 국가의 제기관은 물론이오, 사설의 제 기관에까지 일본인을 사용하여 일변(一邊) 조선인으로 직업을 잃게 하며, 일변 조선인의 부를 일본으로 유출케 하고 상공업에도 일본인에게는 특수한 편익을 주어 우리 민족으로 하여금 산업적 발흥의 기회를 잃게 하도다. 이와 같이 어느 방면으로 보아도 우리 민족과 일본인과의 이해는 상호 배치하며, 배치하면 그 해를 받는 자는 우리 민족이니, 우리 민족은 생존할 권리를 위하여 독립을 주장하느라.

최후에 동양평화의 견지로 보건대 그 위협자이던 러시아는 이미 군국주의적 야심을 포기하고 정의와 자유와 박애를 기초로 한 신 국가를 건설하려고 하는 중이며 중화민국도 역시 그러하며 겸하여 차차(此次)* 국제 연맹이 실현되면 다시 군국주의적 침략을 감행할 강국이 없을 것이라. 그러할진대 한국을 합병한 최대 이유가 소멸되었을뿐더러 이에 따라 조선 민족이 두수한 혁명란을 일으킨다면 일본에게 합병된 한국은 반대로 동양평화를 교란할 화원(禍源)이 될지라. 우리 민족은 정당한 방법으로 우리 민족의 자유를 추구할지니 만일 이로써 성공치 못하면 우리 민족은 생존의 권리를 위하여 온갖 자유 행동을 취하여 최후의 일인까지 자유를 위하는 열혈(熱血)을 땅에 뿌릴 것이니 어찌 동양평화의 화원이 아니리요.

此次 이번.

우리 민족은 한 명의 병사도 없노라. 우리 민족은 병력으로써 일본에 저항할 실력이 없도다. 그러나 일본이 만일 우리 민족의 정당한 요구에 불응할진대 우리 민족은 일본에 대하여 영원히 혈전을 선언하리라.

우리 민족은 구원(久遠)히 고등한 문화를 지녔으며, 반만년간 국가생활의 경험을 가진 자라. 비록 다년간 전제정치 하의 해독과 경우(境遇)의 불행이 우리 민족의 금일에 이르렀다 하더라도 정의와 자유를 기초로 한 민주주의 위에 선진국의 범(範)을 따라 신국가를 건설한 후에는 건국 이래 문화와 정의와 평화를 애호하는 우리 민족은 반드시 세계의 평화와 인류의 문화에 공헌할 수 있을지라.

이에 우리 민족은 일본이나 혹은 세계 각국이 우리 민족에게 민족 자결의 기회를 부여하기를 요구하며, 만일 그렇지 아니하면 우리 민족은 생존을 위하여 자유 행동을 취하여 이로써 독립을 기성하기를 선언하노라.

결의문

1. 본단은 일한합병이 우리 민족의 자유의사에서 나오지 아니하고 우리 민족의 생존과 발전을 위협하고 동양의 평화를 교란하는 원인이 된다는 이유로 독립을 주장함.
2. 본단은 일본 의회 및 정부에 한국민족대회를 소집하여 의회의 결의로 우리 민족의 운명을 결정할 기회를 부여하기를 요구함.
3. 본단은 만국강화회의에 민족자결주의를 우리 민족에게도 적용하게 하기를 청구함. 위 목적을 달성하기 위하여 일본에 주재한 각국 대사·공사에게 본단의 주의(主義)를 각기 정부에 전달하기를 의뢰하고 동시에 위원 2인을 만국강화회의에 파견함. 위 의원은 이미 파견된 우리 민족의 위원*과 일치 행동을 취함.
4. 전항의 요구가 실패될 시는 우리 민족은 일본에 대하여 영원의 혈전을 선고함. 이로써 발생하는 참화는 우리 민족이 그 책임을 맡지 아니함.

우리 민족의 위원 안창호, 이승만, 정한경, 김규식 등을 가리킴.

1919년 2월 8일

재일본동경조선청년독립단대표

崔八鏞 白寬洙 尹昌錫 宋繼伯 李光洙 金喆壽 金度演 李謹愚 李琮根 金尙德 徐椿

16. 3·1 독립선언서

■ 1919년 3월 1일 민족대표 33인 명의로 공표된 독립선언문. 기초자는 최남선. 민족의 자유권·평등권·생존권, 동양평화, 세계평화의 세 차원에서 조선 자주독립의 정당성을 제기하고 있다. 또한 제1차 세계대전 이후 세계개조와 문화주의라는 세계 대조류에 힘입어 '힘'이 아니라 '도의'에 기초한 주권평등관과 평화관을 제시하고 있다. 개조문과 원문을 함께 실었다. 출전은 한국독립운동사 정보시스템(http://search.i815.co.kr).

오등(吾等)은 여기에 우리 조선의 독립국임과 조선인의 자주민임을 선언하노라. 이로써 세계만방에 고하여 인류평등의 대의를 극명하며, 이로써 자손만대에 일러 민족자존의 정권(正權)을 영유케 하노라. 반만년 역사의 권위를 의지하여 이를 선언함이며, 이천만 민중의 충성을 합하여 이를 포명(佈明)함이며, 민족의 항구여일(恒久如一)한 자유발전을 위하여 이를 주장함이며, 인류적 양심의 발로에 기인한 세계개조의 대기운에 순응 병진하기 위하여 이를 제기함이니, 이는 하늘의 명명(明命)이며, 시대의 대세이며, 전 인류 공존동생권(共存同生權)의 정당한 발동이라. 천하 어떤 것이든지 이를 저지 억제치 못할지니라.

구시대의 유물인 침략주의·강권주의의 희생을 당하여, 유사 이래 수천 년에 처음으로 이민족 겸제(箝制)*의 통고를 맛본 지 이제 십 년을 넘은지라. 우리 생존권의 박상(剝喪)됨이 무릇 얼마며, 심령상 발전이 장애됨이 무릇 얼마며, 민족적 존영의 훼손됨이 무릇 얼마며, 신예와 독창으로써 세계문화의 대조류에 기여 보비(補裨)할 기연(機緣)을 유실함이 무릇 얼마이뇨.

箝制 말에 재갈을 물린다는 뜻으로 자유를 구속하여 억누름을 이르는 말.

아아, 구래의 억울을 선창(宣暢)하려 하면, 시하(時下)의 고통을 파탈(擺脫)*하려 하면, 장래의 협위(脅威)를 삼제(芟除)하려 하면, 민족적 양심과 국가적 염의(廉義)*의 압축소잔(壓縮銷殘)을 흥분신장(興奮伸張)하려 하면, 각개 인격의 정당한 발달을 따르려 하면, 가련한 자제에게 고치(苦恥)적 재산을 유여(遺與)치 아니하려 하면, 자자손손의 영구 완전한 경복(慶福)을 도영(導迎)하려 하면, 최대 급무가 민족적 독립을 확실케 함이니, 이천만 각개가 방촌(方寸)의 인(刃)을 품고, 인류통성과 시대양심이 정의의 군과 인도의 간과로써 호원(護援)하는 금일, 오인은 나아가 취하매 어떤 강함을 꺾지 못하랴. 물러나서 계획을 세우매 어떤 뜻을 펴지 못하랴.

擺脫 어떤 구속으로부터 벗어남.

廉義 염치와 의리.

병자수호조규 이래 시시종종의 금석맹약(金石盟約)을 식언하였다 하여 일본의 무신(無信)을 죄하려 아니 하노라. 학자는 강단에서, 정치가는 실제에서, 우리 조종세업(祖宗世業)을 식민지시하고, 우리 문화민족을 토매인우(土昧人遇)*하여, 한갓 정복자의 쾌감을 탐할 뿐이오, 우리의 구원(久遠)한 사회기초와 탁락(卓犖)*한 민족심리를 무시한다 하여 일본의 소의(少義)함을 책하려 아니 하노라. 자기를 책려(策勵)하기에 급한 오인은 남을 원우(怨尤)할 틈이 없노라. 현재를 주무(綢繆)*하기에 급한 오인은 숙석(宿昔)의 징변(懲辨)할 틈이 없노라. 금일 오인의 소임은 다만 자기의 건설이 있을 뿐이오, 결코 남을 파괴함에 있지 아니하도다. 엄숙한 양심의 명령으로써 자가(自家)의 신운명을 개척함이오, 결

土昧人遇 야만인처럼 다룸.

卓犖 월등히 뛰어남.

綢繆 미리 빈틈없이 꼼꼼하게 준비함.

코 구원과 일시적 감정으로써 남을 질축배척(嫉逐排斥)*함이 아니로다. 구사상 구세력에 기미(羈縻)*된 일본 위정가의 공명적 희생이 된 부자연, 또 불합리한 착오상태를 개선광정(改善匡正)하여 자연 또 합리한 정경대원(正經大原)으로 귀환케 함이로다. 당초에 민족적 요구로서 나오지 아니한 양국 병합의 결과가, 필경 고식적 위압과 차별적 부평과 통계 숫자상 허식의 하에 이해상반한 양 민족간에 영원히 화동할 수 없는 원구(怨溝)가 날이 갈수록 깊이 파이는 금래 실적을 보아라. 용명과감(勇明果敢)으로써 구오(舊誤)를 확정(廓正)*하고, 진정한 이해와 동정에 기본한 우호적 신국면을 타개함이 피차간 원화소복(遠禍召福)하는 첩경임을 명지(明知)할 것 아닌가.

또, 이천만 함분축원(含憤蓄怨)의 민을 위력으로써 구속함은 다만 동양의 영구한 평화를 보장하는 소이가 아닐 뿐 아니라, 이로 인하여 동양 안위의 주축인 사억만 지나인의 일본에 대한 위구와 시의를 갈수록 농후케 하여, 그 결과로 동양 전국이 공도동망(共倒同亡)의 비운을 초치할 것이 분명하니, 금일 오인의 조선독립은 조선인으로 하여금 정당한 생영(生榮)을 따르게 하는 동시에, 일본으로 하여금 사로(邪路)로서 출(出)하여 동양의 지지자인 중책을 온전케 하는 것이며, 지나로 하여금 몽매에도 면하지 못하는 불안, 공포로서 탈출케 하는 것이며, 또 동양평화로 중요한 일부를 삼는 세계평화, 인류행복에 필요한 계단이 되게 하는 것이라. 이 어찌 구구한 감정상의 문제이리오.

아아, 신천지가 안전(眼前)에 전개되도다. 위력의 시대는 가고 도의의 시대가 오도다. 과거 전세기에 연마장양(鍊磨長養)된 인도적 정신이 바야흐로 신문명의 서광을 인류의 역사에 투사하기 시작하도다. 신춘이 세계에 와서 만물의 회소(回蘇)를 최촉하는도다. 동빙한설(凍氷寒雪)에 호흡을 폐칩(閉蟄)한 것이 저 일시의 세라 하면 화풍난양(和風暖陽)*에 기맥을 진서(振舒)*함은 이 일시의 세이니, 천지의 복운을 만나고 세계의 변조(變潮)에 올라탄 오인은 아무 주저할 것 없으며, 아무 기탄할 것 없도다. 우리의 고유한 자유권을 호전(護全)*하여 생왕(生旺)의 낙을 포향(飽享)*할 것이며, 우리 자족한 독창력을 발휘하여 춘만(春滿)한 대계(大界)에 민족적 정화(精華)를 결뉴(結紐)*할지로다.

오등이 여기에 분기하도다. 양심이 우리와 동존하며 진리가 우리와 병진하는도다. 남녀노소 없이 음울한 고소(古巢)로서 활발히 기래(起來)하여 만휘군상(萬彙群象)으로 더불어 흔쾌한 부활을 성수(成遂)하게 되도다. 천백세 조령(祖靈)이 우리를 음우(陰佑)*하며 전 세계 기운이 오등을 외호(外護)하나니, 착수가 곧 성공이라. 다만, 전두(前頭)의 광명으로 맥진(驀進)*할 따름인저.

嫉逐排斥 嫉逐은 샘내어 내쫓음을 의미.

羈縻 굴레와 고삐라는 뜻으로, 속박하거나 견제함을 비유적으로 이름.

廓正 잘못을 바로잡음.

和風暖陽 솔솔 부는 화창한 바람과 따뜻한 햇볕이라는 뜻으로, 따뜻한 봄날씨를 이름.

振舒 떨쳐서 폄.

護全 온전하게 보호함.

飽享 흡족하게 누림.

結紐 끈을 맴. 서약을 함.

陰佑 보이지 않게 은밀히 도움.

驀進 좌우를 돌아볼 겨를 없이 힘차게 나아감.

공약 3장

하나. 금일 오인의 이 거사는 정의, 인도, 생존, 존영을 위하는 민족적 요구이니, 오직 자유적 정신을 발휘할 것이오, 결코 배타적 감정으로 일주(逸走)하지 말라.

하나. 최후의 일인까지, 최후의 일각까지 민족의 정당한 의사를 쾌히 발표하라.

하나. 일체의 행동은 가장 질서를 존중하여, 오인의 주장과 태도로 하여금 어디까지든지 광명정대하게 하라.

조선건국 4252년 3월 일

조선민족 대표

손병희 길선주 이필주 백용성 김완규 김병조 김창준 권동진 권병덕 나용환 나인협 양전백 양한묵 유여대 이갑성 이명룡 이승훈 이종훈 이종일 임예환 박준승 박희도 박동완 신홍식 신석구 오세창 오화영 정춘수 최성모 최린 한용운 홍병기 홍기조

[원문]

吾等은 玆에 我朝鮮의 獨立國임과 朝鮮人의 自主民임을 宣言하노라. 此로써 世界 萬邦에 告하야 人類平等의 大義를 克明하며, 子孫萬代이 誥하야 民族自存의 正權을 永有케 하노라.

半萬年 歷史의 權威를 杖하야 此를 宣言함이며, 二千萬 民衆의 誠忠을 合하야 此를 佈明함이며, 民族의 恒久如一한 自由發展을 爲하야 此를 主張함이며, 人類的 良心의 發露에 起因한 世界改造의 大機運에 順應幷進하기 爲하야 此를 提起함이니, 是ㅣ 天의 明命이며, 時代의 大勢ㅣ며, 全人類 共存同生權의 正當한 發動이라, 天下何物이던지 此를 沮止抑制치 못할지니라.

舊時代의 遺物인 侵略主義 强權主義의 犧牲을 作하야 有史以來 累千年에 처음으로 異民族 箝制의 痛苦를 嘗한지 今에 十年을 過한지라. 我 生存權의 剝喪됨이 무릇 幾何ㅣ며, 心靈上 發展의 障碍됨이 무릇 幾何ㅣ며, 民族的 尊榮의 毁損됨이 무릇 幾何ㅣ며, 新銳와 獨創으로써 世界文化의 大潮流에 寄與補裨할 機緣을 遺失함이 무릇 幾何ㅣ뇨.

噫라, 舊來의 抑鬱을 宣暢하려 하면, 時下의 苦痛을 擺脫하려 하면, 將來의 脅威를 芟除하려 하면, 民族的 良心과 國家的 廉義의 壓縮銷殘을 興奮伸張하려 하면, 各個 人格의 正當한 發達을 遂하려 하면, 可憐한 子弟에게 苦恥的 財産을 遺與치 안이하려 하면, 子子孫孫의 永久完全한 慶福을 導迎하려 하면, 最大急務가 民族的 獨立을 確實케 함이니, 二千萬 各個가 方寸의 刃을 懷하고, 人類通性과 時代良心이 正義의 軍과 人道의 干戈로써 護援하는 今日, 吾人은 進하야 取하매 何强을 挫치 못하랴. 退하야 作하매 何志를 展치 못하랴.

丙子修好條規 以來 時時種種의 金石盟約을 食하얏다 하야 日本의 無信을 罪하려

안이 하노라. 學者는 講壇에서, 政治家는 實際에서, 我 祖宗世業을 植民地視하고, 我 文化民族을 土昧人遇하야, 한갓 征服者의 快를 貪할 뿐이오, 我의 久遠한 社會基礎와 卓犖한 民族心理를 無視한다 하야 日本의 少義함을 責하려 안이 하노라. 自己를 策勵하기에 急한 吾人은 他의 怨尤를 暇치 못하노라. 現在를 綢繆하기에 急한 吾人은 宿昔의 懲辨을 暇치 못하노라. 今日 吾人의 所任은 다만 自己의 建設이 有할 뿐이오, 결코 他의 破壞에 在치 안이 하도다. 嚴肅한 良心의 命令으로써 自家의 新運命을 開拓함이오, 결코 舊怨과 一時的 感情으로써 他를 嫉逐排斥함이 안이로다. 舊思想 舊勢力에 羈縻된 日本 爲政家의 功名的 犧牲이 된 不自然, 又 不合理한 錯誤狀態를 改善匡正하야, 자연, 又 合理한 正經大原으로 歸還케 함이로다. 當初에 民族的 要求로서 出치 안이한 兩國倂合의 結果가, 畢竟 姑息的 威壓과 差別的 不平과 統計數字上 虛飾의 하에 利害相反한 兩 民族間에 永遠히 和同할 수 업는 怨溝를 去益深造하는 今來實績을 觀하라. 勇明果敢으로써 舊誤를 廓正하고, 眞正한 理解와 同情에 基本한 友好的 新局面을 打開함이 彼此間 遠禍召福하는 捷徑임을 明知할 것 안인가. 또, 二千萬 含憤蓄怨의 民을 威力으로써 拘束함은 다만 東洋의 永久한 平和를 保障하는 所以가 안일뿐 안이라, 此로 因하야 東洋安危의 主軸인 四億萬 支那人의 日本에 대한 危懼와 猜疑를 갈스록 濃厚케 하야, 그 結果로 東洋 全國이 共倒同亡의 悲運을 招致할 것이 明하니, 今日 吾人의 朝鮮獨立은 朝鮮人으로 하야금 正當한 生榮을 遂케 하는 同時에, 日本으로 하야금 邪路로서 出하야 東洋의 支持者인 重責을 全케 하는 것이며, 支那로 하야금 夢寐에도 免하지 못하는 不安, 恐怖로서 脫出케 하는 것이며, 또 東洋平和로 重要한 一部를 삼는 世界平和, 人類幸福에 必要한 階段이 되게 하는 것이라. 이 엇지 區區한 感情上의 問題ㅣ리오.

아아, 新天地가 眼前에 展開되도다. 威力의 時代는 去하고 道義의 時代가 來하도다. 過去 全世紀에 鍊磨 長養된 人道的 精神이 바야흐로 新文明의 曙光을 人類의 歷史에 投射하기 始하도다. 新春이 世界에 來하야 萬物의 回蘇를 催促하는도다. 凍氷寒雪에 呼吸을 閉蟄한 것이 彼一時의 勢ㅣ라 하면 和風暖陽에 氣脈을 振舒함은 此一時의 勢ㅣ니, 天地의 福運에 際하고 世界의 變潮를 乘한 吾人은 아모 躕躇할 것 업스며, 아모 忌憚할 것 업도다. 我의 固有한 自由權을 護全하야 生旺의 樂을 飽享할 것이며, 我 自足한 獨創力을 發揮하야 春滿한 大界에 民族的 精華를 結紐할지로다.

吾等이 慈에 奮起하도다. 良心이 我와 同存하며 眞理가 我와 幷進하는도다. 男女老少 업시 陰鬱한 古巢로서 活潑히 起來하야 萬彙群象으로 더부러 欣快한 復活을 成遂하게 되도다. 千百世 祖靈이 吾等을 陰佑하며 全世界 氣運이 吾等을 外護하나니, 着手가 곳 成功이라. 다만, 前頭의 光明으로 驀進할 따름인뎌.

公約三章

一. 今日 吾人의 此擧는 正義, 人道, 生存, 尊榮을 爲하는 民族的 要求ㅣ니, 오즉 自由的 精神을 發揮할 것이오, 결코 排他的 感情으로 逸走하지 말라.

一. 最後의 一人까지, 最後의 一刻까지 民族의 正當한 意思를 快히 發表하라.

一. 一切의 行動은 가장 秩序를 尊重하야, 吾人의 主張과 態度로 하야금 어디까지던지 光明正大하게 하라.

朝鮮建國四千二百五十二年三月 日 朝鮮民族代表

孫秉熙 吉善宙 李弼柱 白龍城 金完圭 金秉祚 金昌俊 權東鎭 權秉悳 羅龍煥 羅仁

協 梁甸伯 梁漢默 劉如大 李甲成 李明龍 李昇薰 李鍾勳 李鍾一 林禮煥 朴準承 朴熙道 朴東完 申洪植 申錫九 吳世昌 吳華英 鄭春洙 崔聖模 韓龍雲 崔麟 洪秉箕 洪基兆

17. 대한독립청원서

■ 곽종석(郭鍾錫) 등 유림대표 137인이 1919년 1월 파리강화회의가 개최될 것이라는 소식을 듣고 작성한 장서(1919)인 「儒敎徒呈巴黎和會書」. 김창숙(金昌淑)을 보내 일본제국의 한국통치의 부당성을 국제정의에 호소하고자 했다. 이 장서사건으로 많은 유림들이 구속되었으나 일본의 유화정책으로 곽종석을 제외하고 집행유예로 석방되었다. 원문출전은 유광렬 편, 『항일선언 창의문집』(서문당, 1975), 150-153쪽.

天覆地載 하늘이 덮고 땅은 싣는다는 뜻으로, 천지의 큰 사랑을 이르는 말.
同仁一視 모든 사람을 하나로 평등하게 보아 똑같이 사랑한다는 뜻.

한국 유림대표 곽종석, 김복한 등 137인은 삼가 파리 평화회의 제위 각하께 글을 내노라. 천부지재(天覆地載)*에 만물이 그 사이에 같이 자라니, 큰 명덕이 비치고[大明之照], 큰 덕화가 행해지니[大化之行] 그 도를 가히 알리로다. 그런데 쟁탈이 일어남으로써 강약의 세력이 나누어지며 겸병(兼幷)의 강권이 행해지며 대소의 지형이 현격해져서 사람의 명(命)을 해하며 그 위세를 마구 떨쳐 다른 나라를 몰래 침략해 사유화했다. 오호라, 천하는 하나이지 어찌 여럿이겠는가. 이것이 하늘이 인무(仁武)를 금일에 내리사 천지지심을 받들어 대명(大明)을 비추고 대화(大化)를 행하여 일천하가 대동으로 돌아가 만물로 하여금 각기 그 성(性)을 찾게 함이로다. 이에 동인일시(同仁一視)*하며 사해가 다 평안하므로 만일 문풍(聞風)이 있어 실덕(實德)을 갖추지 못하여 원한을 품고도 공덕(公德)에 철저하지 못한 자가 있을진대, 제대위(諸大位)의 용심(用心)이 남다르다고 할 수 있으리오, 따로 까닭이 있을지로다. 그리하여 피를 뿜으며 결심을 털어 놓고 고개를 들어 부르짖는 바는 실로 뼈아프고 박절하여 참을 수 없는 마음에서 나온 것이니 제위는 적이 살피소서. 오호라, 우리 한국은 본디 천하 만방의 일국이니 국토가 삼천리요, 인구가 2천만이니, 4천여 년을 유지보전하여 반도 문명의 칭함을 잃지 아니하였으며, 또한 만방에서 제외치 못할 국가이니라. 불행히 호천(昊天)이 돌보지 않아 국위(國威)가 부진하고 적신(賊臣)은 안에서 다투고 강린(强隣)은 밖에서 틈을 엿보다 그 무력을 믿고, 꾀가 간악한 자를 끼고 임금을 협박하고 백성에게는 쇠사슬로 옭아 맹약을 늑체(勒締)하였으며 다음에는 국토를 빼앗고 왕위를 폐하여 우리 한국을 세계에서 없애 버리려 하였으니 슬프도다.

일본이 한 바를 대개 열거할 수 있다. 병자년에 비방(鄙邦) 대신과 강화에서 맹약할 때와 을미년에 청국 대관(大官)과 마관(馬關)에서 맹약할 때 모두 한국의 자주 독립을 영준(永遵)할 안을 삼으며, 계묘년에 러시아와 선전(宣戰)할 때에는 열국에 통첩하여 단연 우리 한국의 독립을 공고히 함을 성명하였으니 이는 만국이 다 같이 아는 바라. 얼마 안 가서 기회마다 속임수를 써서 안으로 위협하며 밖으로는 기만하여 독립이 변하여 보호가 되며, 보호가 변하여 병합이 될 때에 한국인이 진정으로 원하는 바라고 핑계대서 만국의 공의(公議)를 견하려 하였으니, 이는 그 수분(手分)에 한국이 없을 뿐 아니라 실로 또한 그 심계(心計) 속에 만국이 없느니라. 만국의 군공(羣公)은 참으로 일본이 우리 한국에 대하여 하는 바가 공의를 해침이 없다 하는가, 만국에 믿음을 잃은 것이 아니라 하는가. 비방(鄙邦) 신민들도 적수공권(赤手空拳)으로 분기하여도 어쩔 수 없는 줄을 잘 알지만, 우리나라와 우리 민족은 주야로 탄식하였고 하늘이 우리를 굽어 살피시어 대운이 돌아오리라 말하며, 부끄러움을 무릅쓰고 욕을 참으면서 간난신고로 엎어지고 거꾸러진 지 이제 10년이 되니, 제 대위가 평화대회를 만든다고 들은 후부터 과방(寡邦) 인민은 모두 용약분격(踊躍憤激)하여 진실로 만국이 평화를 삼을진대 우리 한국도 만국의 하나이니 이제 우리만 불평불화케 하리요 하였고, 다시 폴란드[波蘭] 제국(諸國)이 모두 독립된다는 말을 듣고는 또 군중이 모여 만세를 부르며 평화 합의가 이미 결정되었다고 말하였으니, 그는 어떤 나라이며 우리는 어떤 나라이리요. 일시지인(一視之仁)이 또한 이와 같나니, 하늘도 그 때가 있어 좋게 돌아가도다. 제 대위께서는 이를 따라 능사(能事)를 필하고 우리는 이를 따라 우리나라를 가지게 되기로소니, 우리가 이제 죽어 구렁에 쓰러질지라도 백골도 삭지 않으리라 하면서 휴휴우우(睢睢盱盱)*하며 호음(好音)을 기다렸더니 천연(遷延)하는 동안에 하늘이 또 돌보지 아니하여 하룻밤 사이에 갑자기 과군(寡君)*이 돌아가시어 거국(擧國)이 흉흉하며 통분한 원한이 천지에 맺혀 시원할 땀이 없다가 국장(國葬)의 날에 이르러 각교각사(各敎各社)나 개인남녀가 독립의 소리를 부르짖으며 우리 임금의 영(靈)을 달래였으니, 비록 속박과 매질과 살육이 앞에 닥쳐 있을지라도 도수(徒手)로 앞을 다투어 사지에 나아가기를 주저하지 아니하니, 이것으로 원망스럽고 억울한 슬픔이 오래오래 쌓였다가 형통함을 볼 것이며, 역시 제대위께서 기회를 만들어 용기를 내게 할 것이다. 그러나 세월이 감에 따라 도리어 확연한 점을 볼 수 없어서 더욱 의심이 되고 또 놀라게 되어 과방(寡邦)이 이다지도 자달(自達)할 길이 없음을 탄식하여, 중도에 일꾼들이 기사(欺詐)를 반복하여 제대위의 시청(視聽)을 현혹한 것이다.

다시 변명하려 하노라. 하늘이 만물을 낼 때 반드시 그 물(物)에게 능력을 주었나니, 작은 고기나 조개며 곤충도 모두 자유 활동할 수 있거늘 사람 스스로가 사람이 되며 나라 스스로가 나라가 되니 실로 자신과 제 나라를 치리(治理)할 능력이 있을지니, 우리 한국이 비록 작으나 삼천 리를 둘러싼 2천만 명이 4천여 년 역사를 지내 왔으니 우리 국사를 능히 감당할 자가 스스로 핍절(乏絶)치 아니하거늘 어찌 이웃 나라의 대치(代治)를 기다리리오. 천리부동풍(千里不同風), 백리부동속(百里不同俗)*이어늘 저들은 우리 한국이 능히 독립하지 못한다 말하며 제 나라 치리(治理)하는 방법을 우리 한국에 풍속에 맞추려 하나 풍

睢睢盱盱 눈을 치켜뜨거나 부릅뜬 모양. 출전은 『莊子』.

寡君 다른 나라 임금이나 고관을 상대하여 자기 나라의 왕을 가리키는 말.

千里不同風, 百里不同俗 중국 속담으로 천 리의 풍조가 다르고 백 리의 풍속이 같지 않다는 말.

속은 졸연히 바꿀 수 없는 것이니 그 소위 치리라는 것이 도리어 난을 이루는 초점이 될 뿐인 즉 행치 못할 것이 명백하도다. 치리가 갑자기 행하여질 수 없다면 한국민이 스스로 한국민 됨은 그 강역과 풍토가 이미 결정지었을 뿐더러 역시 천성으로부터 얻은 것이다. 그러므로 이로써 차라리 일시의 위협에 굴복되어 위협을 받을지언정 그 마음인즉 진실로 장차 천만 년을 갈지라도 한국의 민임을 잊지 않을지니 본심이 살아 있음을 어찌 속이랴. 마음에 있는 바를 속이지 못할 바에는 비록 만국이 함께 폐기한 위권(威權)을 써서 만구일사(萬口一辭)*의 공의를 압박하려 하지마는 이는 일본인을 위하여서도 득계(得計)가 아니라 하노라. 종석(鐘錫) 등은 산야에 버린 몸으로 구국(舊國)의 신하인지라. 선군(先君)의 유풍(遺風)에 의하여 유교의 문에 종사하였더니 이제 대계유신(大界維新)의 날을 당하여 나라의 유무가 이 일거(一擧)에 있는즉 나라 없이 사는 것보다 나라 있는 죽음만 못하며 한 곳에서 속박되는 것이 어찌 공공연하게 듣고 함께 볼 수 있는 땅에 헌신할 만하리요. 한번 그 억울함을 자폭하여 진퇴함을 기다릴 뿐이로다. 돌이켜 보건대 해륙이 초절(迢絶)하고 관금(關禁)이 엄한 바에 발을 벗고 갈 수 없으니 부르짖어도 듣지 못할까 두려우며, 조석의 명(命)이 궁양(穹壤)*의 고통을 쫓을 길 없으니 이 세상의 회포가 영원히 자폭하여도 소망이 없을 터인즉 비록 제 대위께의 신성총명으로도 어찌 보지 못하고 듣지 못하면서 억울한 우리 한국 사정을 반드시 헤아릴 줄을 믿사오리까. 이에 감히 지척의 서(書)로 일부 동정의 말을 합하여 10년 동안 받아 온 실정을 갖추어 천애(天涯) 만리 밖에 바치려 하오니 진실로 비극이 절박하여 말할 바를 모르겠나이다. 바라건대 제 대위께서는 불쌍히 이를 살피시어 공정한 판단으로 의론을 넓히어 대명(大明)의 비춤으로 미치지 않음이 없게 하며, 대화(大化)의 행으로 순응치 아니함이 없게 하오면 다만 종석 등의 없던 나라가 있게 될 뿐만 아니라 또한 도덕이 일세에 펴지게 될 것이며 제 대위의 맡은 일을 다함이려니와 만일 그렇지 못할 때에는 종석 등은 차라리 몸을 굵이어 죽음에로 나갈지언정 맹세코 일본의 복예(僕隸)는 되지 아니하리니 2천만 생명은 홀로 천지의 양육에 관계 되지 아니하며 번창한 화기(和氣)를 멸치 아니하리오. 청컨대 제 대위께서는 생각하시라.

萬口一辭 만 사람의 입이 똑같은 말로. 이구동성.

穹壤 하늘과 땅.

18. 조선독립선언서

무릇 인도문제에 대하여는 현시에 있어서와 같이 그 참신한 의의가 엄숙히 선명되었던 일이 없다. 평화는 영구히 구출되지 아니하면 아니 된다. 자유, 평등, 동포주의 및 민족자결주의의 불변의 정의는 개조된 세계적 생활의 기초 위에 안치(安置)되어야 할 것이다.

■ 3·1운동의 영향을 받아 러시아 거주 한인들이 발표한 독립선언문. 일본은 조선합병으로 극동 평화를 위협하였고, 나아가, 조선은 그 위치가 극동 문제에 있어서는 지리적, 전략적 관계상 동아시아 문제의 관건임을 들어 조선의 독립여부가 만주평화와 세계평화와 직결됨을 말하고 있다. 출전은 동아일보사 편, 『3·1운동과 민족통일』(동아일보사, 1985), 315-318쪽.

그러나 정의와 영구적 평화의 보증을 일반에게 약속한 연합 여국(與國)*의 당당한 공약은 아직 수행되지 아니하고 있다.

與國 동맹국.

저들의 조직 있는 민주주의의 공적(公敵)이 정의의 가면을 쓰고 세계적 무대에 출동한 일은 오인의 깊은 유감으로 삼는 바이다. 천하 만민은 그 선량한 장래를 위하여 현 전역(戰役)에서 바친 위대한 희생은 지금에 무효로 돌아가고, 세계의 평화는 드디어 기약할 수 없을는지를 비관하게 되어 가고 있다. 이는 대개 저 인도의 죄악이며 공적인 일종의 세력의 적나라한 승리에 의하여 시사하는 바 관념이라 하겠다.

인도의 공적(公敵)인 세력으로서는 저 군국주의의 일본은 그 첫째 되는 것이다. 저것은 지금에 하라(原)*내각의 이름으로서 민주주의의 외피 하에 현대적 사조를 가장한다 하더라도 저것은 결코 그 현실의 진상을 변경하는 것이 아닌 것은 물론이다. 일본이야말로 그 최후의 순간에 이를 때까지도 그 정략상 가장 열렬한 군국주의의 선전자인 것이다.

原 하라 다카시(原敬, 1856~1921) 하라 다카시는 1918년 데라우치 마사타케(寺內正毅) 내각이 무너지자 내각총리대신이 되었으며, 1919년 3·1운동이 일어나자 헌병경찰제를 폐지하고 문화정책을 표방하였다. 1921년 암살당했다.

1868년 일본은 북해도를 점령하고 1895년 대만도(臺灣島)의 자유를 제어하고 그 피 묻은 손으로 조선을 병합하여 조선의 독립과 자유를 박탈하였다. 그리고 1916년에 이르러서는 지나에 대하여 유명한 21개조의 요구를 제출하였다. 이 같은 유례는 매거(枚擧)에 불황(不遑)할 것이다. 그리고 지금에 러시아도 일본의 군국주의의 위혁(威嚇)적 발작을 실험 중이다.

일본은 러시아에 대하여 실로 시베리아의 감독권까지도 요구하여 탐람(貪婪)* 한 수욕(獸慾)을 멋대로 하고 있다. 일본의 시베리아 출병은 그 이기적 목적을 달성하기 위하여 한 것으로서 일본이 위선(僞善)적으로 선언한 바의 러시아 및 '체코슬로바키아' 원조를 위한 것이 아니었음은 자명한 것이다.

貪婪 몹시 욕심을 부림.

이 외에 일본은 지나에서 군사적 및 정치적 간첩의 목적으로서 탐방원을 편성하여 그 결과 지나의 이익은 다 저들의 희생에 제공되고 있다. 일본의 군국주의는 단순히 대륙에 향하여 발전하고 있을 뿐만 아니라 대양 제도(諸島)에도 장차 그 조아(爪牙)*를 신장하고 있다. 일본에는 하나의 비밀결사가 있어서 '필리핀' 및 '말레이'제도 등의 경제적 정복을 목적으로 하는 외교정책의 지도자이

爪牙 손톱과 어금니.

다. 서상(叙上)과 같이 일본은 세계적 제국으로서 서고자 하는 것을 망상하고 있었다. 이 현유(現有)의 사실로서 조선병합과 같은 것은 즉 국제적 문서에 있어서 일찍이 증명하는 바이다.

일본이 왕년 한국을 병합하였음에 당하여는 세계는 극히 이를 냉안시하였다. 그러나 지금에 일본은 그 조선을 영유하고 있는 동안은 제거할 수 없는 위험물이 되었다. 이제서야 지금 조선문제가 일반적 평화에 대하여 여하한 가치를 가졌는가를 심각히 연구할 시기에 도달하였다. 만약에 연합 여국으로서 극동의 평화로서 세계의 평화유지를 위하여 필요한 조건 중 분리할 수 없는 것이라고 사유한다면 의당히 본 문제에 대하여 당연의 주의를 하지 아니치 못할 것이다. 그리고 극동문제의 해결은 과거에 있어서의 독일문제를 해결하였음과 같이 그리 용역(用役)하지 않은 것이 있다. 왜냐하면 만약에 지금에 있어서 조선 문제를 미해결한 대로 방치한다면 장래 일층 가공할 신 전쟁이 야기할 우려가 있음으로서이다.

사유컨대 조선은 그 위치가 극동 문제에 있어서는 지리적, 전략적 관계상 동아시아 문제의 관건이다. 고로 극동 문제의 해결은 단순히 조선에 관한 문제를 개정한 경우에 한하여 이를 할 수 있다. 특히 하물며 조선은 일본으로서는 그 관문이어서 이 관문이 없다 하면 일본의 육해군병력은 공히 무효로 돌아가게 됨에 있어서랴. 지금에 오인이 조선에의 정황을 말함에 있어서 우선 조선인의 문명적 국민인 것을 설명하기 위하여 저 일본인으로서도 이를 부정하기 곤란한 역사상의 사실을 거시(擧示)하고자 한다. 조선인은 스스로 사천 년의 긴 역사를 갖고 있고 일찍이는 스스로 일본인의 사(師)가 되어 지나인과 서로 제휴하여 동아의 독특의 대문명의 발달에 공헌한 일이 적지 않다.

조선은 그 독립을 상실한 이래 일본의 대선(對鮮)정책의 압박 하에 스스로 자유로이 발달하는 가능성을 상실하였다. 조선인은 이미 이러한 상태 하에 그 존재를 유지하는 것은 불가능하게 되었다.

일본은 항상 전 세계에 조선인의 경제적 기타의 이익에 대하여 힘을 경주하고 있는 것을 믿게 하려고 노력하고 있다. 하지만은 이것은 단순히 조선의 모든 생명의 원천을 탐욕으로 급취(汲取)*하고, 혹은 가장 참혹히 국민을 압제함과 같이 가장 추루(醜陋)한 자기의 행위를 엄폐하고자 하는 방법이라는 비평을 얻는데 불과한 것이다.

汲取 흡수하거나 빨아들인다는 의미.

조선 국민은 그 고유의 국토에 있어서는 하등의 공민으로서의 자유를 향유치 못하고 가중한 국세 부담의 권리 외에는 국정에 참여하는 일체의 권리를 상실하였다. 일본의 헌병의 압제하에 불행한 국토는 전연 파산과 궁핍에 근접해 있다. 조선인은 집회 언론 인쇄에 관하여서는 가장 단순한 자유도 이를 소유치 못하였으므로 자기의 전율할 만한 상황을 공연 발표하여 굴욕과 부정을 세간에 호소하는 것까지도 이를 하기 불능한 것이다.

유식자 유지자(有志者)는 모두 일본관헌에 의하여 잔인한 추구(追究)를 받아 적어도 민지계발을 위하여 진력하는 자 있으면 정치적 불량배라 하여 비도(非道)한 검거를 당한다. 그리고 이는 조선인으로서는 교육과 정신상 계발의 특히 필요한 시기에 있어서 이를 당하고 있는 것이다.

현금 조선에서의 기독교는 거의 국민적 종교로서의 의의를 갖기에 이르렀다. 자유를 갈앙(渴仰)하는 조선국민을 위하여서는 기독교의 가치야말로 위대하다. 왜냐하면 기독교는 서구민주적 사상 자유 및 동포주의의 이상의 최량(最良)의 수입자이기 때문이다. 그리하여 이는 즉 조선에 있어서 기독교도가 압박을 당함에 감히 괴이하게 생각할 수 없는 까닭이다. 일례를 든다면 1911년 내지 1912년 시의 조선총독 데라우치(寺內)* 총독에 대한 음모 발각의 구실 하에 행하여진 압박과 같은 것이 즉 이것이다.

寺內 데라우치 마사타게(寺內正毅,1852~1919) 1898년 초대 교육총감에 임명되었고, 이어 참모본부 차장, 육군대학 총장을 역임. 1901년 제1차 가쓰라 다로(桂太郎) 내각 이래 10년간 육군대신을 지냈다. 1910년 조선통감을 겸임하였고, 이완용 친일내각으로부터 경찰권을 이양받아 한국의 국권을 빼앗았다. 초대 조선총독으로서 무단 식민정책을 폈다. 1916년 일본수상이 됨.

당시 포박된 기독교도는 이백 명 이상이었고, 이들은 다 일본인이 정치적 구적(仇敵)인 조선인에 대하여 응용하는 바 있다고 하는 모든 종종(種種)의 고문을 당하였다.

현금 조선에 있어서 국민교육을 보아도 역시 극히 비참한 상태이다. 일본에는 조선통치 십 년간에 있어서 국민의 요구가 날로 점점 증대함에도 불구하고 일개의 고등학교도 이를 설립치 아니 하였다. 초등 및 중등교육에 이르러는 여하하냐 하면 국어라 하여 일본어를 채용하고 모국의 역사 및 문학의 교수(教授)는 학과 중에서 제거하고 교육의 근저에 있어서 노골한 자존주의적 동화책을 조선인에 대하여 시행하였다.

대체적으로 조선에 있어서의 일본의 정책은 그 대륙에 있어서의 군국적 발전을 위하여 필요한 근거지로서 영구히 조선을 자기에게 결합시키고자 하는 최후의 목적을 달성함에 가장 교묘한 방법으로서 그 방침을 정한 것으로서 필경 일본은 조선을 근거로 하여 마음대로 그 위력을 대륙에 떨치게 된 것이며, 이것이 즉 만주의 평화와 세계 인류의 평화에 대한 부단의 위협이라 하겠다.

이러한 일본 군국주의의 발전은 세계의 평화, 세계적 민주주의의 대 이상의 확립, 정의 및 민족의 자유스런 문명적 발전의 명의 하에 인용(認容)할 수 없는 바이라고 세계의 민주주의도 이 문제에 대하여는 필히 그 정대하고 엄숙한 일언을 언명하여야 할 것이다.

일본 군국주의의 철의 견성(堅城)하에 곤비(困憊)하는 조선국민은 세계 및 정의에 향하여 일본은 그 군사적 세력의 목적을 달성하고 또 조선을 자기의 장중(掌中)에 긴악(緊握)하기 위하여 그 대조선정책에 있어서 조선국민의 행복과 생활적 원천을 근본으로부터 착취하고자 한다. 그러나 조선국민은 그것을 여하한 곤란이라도 낙담하는 일이 없이 용감히 그 무거운 십자가를 지지하여 오인의 독립 자유 및 행복을 위해서는 전력을 경주하여 분투할 것을 애호하는 표정을 항상 위무(慰撫)하는 자인 것을 명확히 언명하는 바이다.

그리고 이 위대한 때는 지금에 보(報)한 바가 되었다. 오인은 전(全)문명의 세계에 향하여 조선은 일본에 의하여 정복된 것이 아니라 가장 강탈적인 배신의 수단에 의하여 탈취되었다는 것을 고백할 것이다.

오인은 이천만의 조선국민의 명의 하에 그 완전한 주권의 하등의 제한 없이 부흥될 것을 요구하고 그 모국에 있어서의 독립과 주권과 재보(財寶)를 반환할 것을 요구하는 바이다.

오인은 그 독립 및 자유의 생존상 신성한 권리를 획득하기 위해서는 필요에 응하여 여하한 다대한 희생을 지불한다 하여도 이를 사양하지 아니한다.

오인은 자유를 위하여, 정의를 위하여, 일반적 평화를 위하여, 또 인류 최선의 이상을 위하여 압제자 및 포학자에 대하여는 용감히 분투하고자 한다.

세계의 전 민주주의자는 다 우리의 편이다.

1919년 3월 17일 니콜리스크 우슬리스키에서
조선국민회의장 우아 문(文), 부회장 A. E. 김(金), 서기 오창환(吳昌煥)

☞ [참고] 조선통치사견(상)

■ 1919년 3·1운동 이후 시행된 일본의 '문화통치'의 기본특징을 보여 주는 글. 하라가 작성했다. 그는 대만의 식민제도를 조선에 직접 적용하는 것이 아니라, 조선 상황에 맞는 식민제도의 시행을 주장한다. 조선은 대만과 달리, 일본과 크게 다르지 않고 일본으로부터 멀리 떨어져 있지 않기 때문에, 일본 국내 정책과 유사한 방식으로 식민 통치를 해야 한다는 것이다. 원문은 상하로 되었으나, 상만 수록했다. 출전은 原敬, 「朝鮮統治私見 上下」, 『斎藤実文書』, 書類の部 一〇四-19.

조선은 처음에는 독립국으로서 교제하고 나중에는 보호국으로 만들어 이를 통치하고 메이지 43년(1910) 8월에 이르러 마침내 병합하여 우리 판도에 귀속시킨 것이다. 보호국 시대는 잠시 제쳐두고 병합 후에 행해진 조선에 대한 제도는 대체로 대만을 모방한 것이다. 그런데 그 모방한 대만제도는 메이지 27·28년(1894·1895) 일청전쟁의 결과로 처음으로 우리 영토가 된 것이다. 당시 우리는 신영토를 통치한 경험이 없었으므로 대만제도에 대한 식민제도는 구미각국의 식민지에 대한 각 제도를 참작해서 결정한 것으로, 이는 당시 대만사무국에서 그 계획에 참여했던 내가 철저히 아는 바이다.

이와 같은 사정이 있어 조선제도의 득실을 논하는 경우 이를 모방한 대만제도로 되돌아가 논구할 필요가 있다. 그런데 전술했듯이 대만제드란 신영토를 통치한 경험이 없어 부득이 구미각국의 식민지제도를 참작한 것으로, 이로써 우리 제국의 신영토에 대한 근본제도로 볼 수는 없으며, 대체로 시험적인 제도라 할 수 있다. 그러므로 대만에 대해서도 조선에 대해서도 현행제도를 영구불변하게 보는 것은 애당초 오해인 것이다.

대만이 우리 신영토로 귀속된 지 20여 년, 크게 쇄신할 필요가 있으나 조선과 일률적으로 논할 수 없는 관계로 잠시 제쳐두고, 병합 후 약 10년이 지난 조선의 경험에 의하면, 현행제도는 근본적으로 그릇되었다고 단언할 수 있다. 왜냐하면 그것이 모방한 구미각국의 식민지란 우리 제국이 조선을 대하는 것과 그 성질을 전혀 달리하기 때문이다. 구미각국에 속한 식민지는 인종을 달리하고 종교를 달리하고 역사를 달리하며, 이처럼 단지 언어풍속이 다를 뿐만 아니라 근본적으로 상이하기 때문에 이에 대해서는 특수한 제도를 시행해야 한다. 그러나 우리 제국과 신영토 조선의 관계를 보면 언어풍속이 다소 상이하나 그 근본에 되돌아가면 거의 동일계통에 속하며, 인종은 물론 이동(異同) 없고 역사도 상고로 거슬러 올라가면 거의 동일하다고 말할 수 있다. 이처럼 밀접한 관계를 갖는 영토를 본국에서 멀리 떨어져 각종 점에서 전혀 특수한 영토를 다스리는 구미각국의 제도를 모방해서 다스리려고 하는 것은 큰 과오이며, 그 성적이 부진한 것도 당연한 일이다. 이번의 소요도 이런 견지에서 보면 신기한 일도 아니다.

그러므로 나의 소견으로 보면 조선도 내지와 완전히 동일한 제도를 시행할 수 있다고 믿는다. 즉 행정상 사법상 군사상 기타 경제재정의 점에서도, 교육지도의 점에서도 완전히 동일할 수 있다. 이를 동일하게 만들어 동일한 결과를 얻으리라 확신할 수 있다. 지금도 조선인의 상태를 보면 가상히 내지인에게 동화되고 있는 것처럼 어떤 점에서도 동화할 수 없는 근본적 성질을 갖는다고 볼 수는 없다. 그러므로 조선을 통치하는 원칙으로는 내지인민을 통치하는 것과 완전히 같은 주의, 같은 방침에 의거해서 근본정책으로 정해야 하는 것이다. 단, 문명의 정도, 생활의 상태 등은 급히 동일할 수 없기 때문에 잠시 동안은 점진을 방침으로 정해야 할 뿐이다.

그런데 세간에는 조선에 자치를 허용한다고 논의하는 자들이 있다. 우리 부현제(府縣制) 시정촌제(市町村制)와 같은 의미의 자치가 되는 데에는 물론 장애가 있으면 안 되고 또한 그런 자치 수준에 도달하기를 바라지만, 구미각국의 신영토에서 하는 자치를 시행하고자 하는 논의는 조선에 대해서는 근본적으로 그 주의를 그릇한 것이라는 점은 이상의 논지에서 양해될 것이다.

한편 조선이 툭하면 독립을 꾀한다는 위구심으로 대선(對鮮)정책을 수립하려고 하는 자들이 있다. 그것은 그들로 하여금 항상 우리에게 반항하고 독립을 꾀하는 염려를 발생시키는 것으로, 심각한 우책인 것이다. 어느 나라에서나 독립을 잃은 인민이 독립했던 과거를 그리워하는 일은 수세기를 지나도 전혀 소멸하지 않는 것이다. 그렇다고 하더라도 현재 그 통치하에서 행복안녕을 얻고 향상발전하는 이상, 그들에게 과거를 그리워하는 관념이 있어도, 그것을 위해 반역을 꾀하는 자는 대체로 없다. 물론 한둘 정도의 불령(不逞)한 무리가 있어 국민을 선동함에 부화뇌동하는 자 다소 있을 수는 있지만, 이 때문에 대국을 어지럽히는 걱정은 없을뿐더러 우리의 병력과 부력은 가령 조선에 봉기 반란이 일어나도 이를 물론 쉽게 진압하리라 믿는다.

사정이 이상과 같으니 툭하면 독립을 꾀할 거라는 의구심을 떨치고 종래 외국의 제도를 모방해 온 오류 또한 버리고, 결국 조선을 내지에 동화시키는 방침으로 제반의 제도를 쇄신하는 것이 금일 가장 적절한 조치이며 병합의 목적 또한 비로소 달성할 수 있다고 믿는다.

☞ [참고] 사이토 마코토의 훈시

■ 조선총독 사이토 마코토의 1919년 9월 4일 훈시. 1919년 3·1 운동 이후 조선에 대한 일본의 통치의 기본 방침을 잘 보여 준다. 조선통치의 기본 방침을 천황의 조서에서 그 근거를 찾고 있으며, 이를 '시'(時)와 '의'(宜)에 맞추어 변용할 것을 강조한다. 출전은 「訓示」, 『조선총독부관보』, 2121호.

■ 斎藤實(1858~1936) 일본의 군국주의자. 1919~1927년 조선총독. 식민지 통치방법을 '무단정치'에서 '문화정치'로 전환했다. 1936년 2·26 사건 때 군부의 급진파 청년장교들에게 친영미파의 중신으로 지목되어 암살되었다.

국가의 중대한 시국을 맞이하여 조선총독의 대명(大命)을 배수(拜受)하여 대단히 공구(恐懼)하다. 단재미력(短才微力)해서 이와 같은 대임(大任)을 능히 완수할 수 있을지 충심으로 마음이 편안하지 못한 바 많지만, 각위의 협익(協翼)에 기대어 일야정려(日夜精勵)로 대명에 봉답(奉答)하고자 한다.

조선통치의 대방침은 메이지 43년(1910) 일한병합 당시 하사받은 메이지천황의 조서에 분명히 나타나 있으며, 종래의 총독부 관제 및 그 아래 이루어진 각반 행정시설은 모두 이 성지(聖旨)의 실현을 기도한 것에 다름 아니다. 그리하여 각 선임자의 노력과 국민의 분투에 의해 화평을 잘 유지하고 민중의 복리를 증진하며 교육, 산업, 교통, 위생, 사회구제, 기타 각 방면에 걸쳐 그 면목을 확연히 일신했음은 안팎으로 공히 인정하는 바이다. 그렇지만 이제 병합된 지 약 10년이 지나 당시 적절 유효했던 제도 및 시설도 때때로 시세의 진운과 조선의 실정에 적합하지 않은 것이 있다. 때문에 정부는 이번에 새로 관제를 개정했고 지난달 20일 공포를 보게 되었다. 관제개정의 취지는 금상폐하의 우조(優詔)*에 나타나 있듯이 일한병합의 본지(本旨)를 바탕으로 일시동인*, 각기 그 자리를 얻게 하며* 삶을 편안히 하고 휴명(休明)*의 덕택을 향유하도록 하기 위해, 시(時)에 응(應)하고 의(宜)를 제(制)하며 시정(施政)의 편의에 이바지하는 데 있다. 즉 총독은 문무관 어느 쪽이든 임명할 수 있는 길을 열고, 헌병에 의한 경찰제도를 대신해 보통경찰관에 의한 경찰제도로 할 것이며, 또한 복제를 개정하여 일반관리교원 등의 제복대검을 폐지하고, 조선인의 임명대우 등을 고려하고자 한다. 요컨대 문화적 제도의 혁신에 의해 조선인을 유도제시(誘導提撕)함으로써

優詔 은혜가 두터운 임금의 말씀이라는 뜻으로, 신하나 백성에게 내리는 임금의 말을 높여 이르는 말.

一視同仁 모든 사람을 평등하게 보아 똑같이 사랑하는 말로 출전은 한유(韓愈)가 지은 시 「原人」. 원문은 "하늘은 해, 달, 별들의 주인이다. 땅은 풀, 나무, 산, 냇물 등의 주인이다. 사람은 이적과 금수의 주인이다. 이 주인이 사납게 굴면 그 도를 지키지 못하게 된다. 이런 까닭에 성인은 하나로 보고

그 행복이익의 증진을 꾀하고 장래 문화의 발달과 민력의 충실에 응하여 정치상 사회상의 대우에 있어서도 내지인과 동일하게 취급한다는 궁극의 목적을 달성할 것을 서기(庶幾)*한 것에 다름 아니다. 이처럼 성은굉대(聖恩宏大)한데 누가 감부(感孚)*하지 않겠는가.

불초 관제개정을 전후하여 새롭게 대명을 받았고, 오로지 가상(加上)의 대조(大詔)를 봉대(奉戴)하고 제도개정의 취지를 따라 성심성의껏 헌신적 노력을 하고 성지(聖旨)의 보급을 꾀하고자 하는 것 외에 다른 뜻은 없다. 부임한 지 얼마 되지 않아 아직 조선의 실정을 살피지 못했기 때문에 구체적인 시정방침에 대해서는 더 사핵(査覈)*하고 각위의 계옥(啓沃)*을 기다려 천천히 결정하겠지만, 여기에 두세 가지 근본방침에 대해 유의를 바라는 점 밝히고자 한다.

관리는 일심동체를 취지로 상하사방 협동륙력(協同戮力)하고 공명정대한 정치를 해야 한다. 총독부 내 각 국과(局課) 및 총독부와 지방청 사이에서 되도록 의사소통을 꾀하고 각자 일관된 의기로 서로 연락을 취하고 최선의 노력을 해야 함은 물론, 처신함에 근엄, 정직, 불편부당 각종 정폐(情弊)를 삼제(芟除)*하고 오로지 정리공도(正理公道)를 따라 민중으로 하여금 시정을 신뢰하도록 해야 한다.

시대의 진운과 민심의 귀향(歸嚮)에 비추어 행정, 사법사무 각반에 걸쳐 다음과 같이 개선하고자 한다.

一. 형식적 정치의 폐를 타파하고 법령은 되도록 간약(簡約)을 따르고 성의껏 국민을 유액(誘掖)*하고 그 정신이 철저하도록 꾀하고 행정처분은 사태와 민정을 감안하여 적절한 조치를 취하고 되도록 피처분자의 양해를 얻을 것.

一. 사무의 정리가 간첩(簡捷)하도록 노력하고 민중의 편의를 꾀하고 관청의 위신을 보지(保持)할 것.

一. 언론, 집회, 출판 등에 대해서는 질서 및 공안의 유지를 방해하지 않는 한에서 상당히 고려해 주고 민의의 조달을 꾀할 것.

一. 교육, 산업, 교통, 경찰, 위생, 사회구제, 기타 각반 행정을 쇄신하여 국민생활의 안정을 꾀하고 일반의 복리를 증진함으로써 삶에 새로운 면을 열도록 한다. 특히 지방의 민풍배양 및 민력작흥은 지방단체의 힘을 기다리는 것이 편하기 때문에, 장래 시기를 보아 지방자치제도를 시행할 목적으로, 신속하게 관련 조사연구에 착수하고자 한다.

이상의 개선쇄신은 단순히 쓸데없이 신기함을 자랑하고 시류를 따라가고자 함이 아니다. 가능한 조선의 문화와 구관(舊慣)을 존중하고 그 선(善)을 장(長)하고 폐(弊)를 제(除)함으로써 시세의 진운에 순응하고자 함이다. 환언하면 민생민

똑같이 사랑하며, 가까운 것은 돈독히 하고, 먼 것도 함께한다"[天者日月星辰之主也 地者草木山川之主也 人者夷狄禽獸之主也 主而暴之不得其爲主之道矣 是故聖人 一視而同仁 篤近而擧遠].

각기 그 자리를 얻게 하며 각득기소(各得其所). 『漢書』 卷65 「東方朔傳」에 나오는 말. "書曰 不偏不黨, 王道蕩蕩. 此二者, 五帝所重, 三王所難也. 陛下行之, 是以四海之內, 元元之民, 各得其所, 天下幸甚"[『서경』에 이르기를, '한 곳에 치우치지 아니하고 무리를 짓지 아니하니 왕도는 넓고 넓도다'라고 했습니다. 이 두 가지 것은 오제께서 소중히 여기시고, 삼왕도 하기 어려워 한 일이었습니다. 폐하께서 이를 행하셨으니 이로써 사해의 만백성들이 각기 자기 자리를 얻으니 천하의 큰 다행입니다]. 제국일본의 세계질서상을 표현한 상투어였다.

休明 임금의 덕이 크고 영명함.

庶幾 매우 가까움.

感孚 마음으로 깊이 느낌.

査覈 실정을 자세히 조사하여 밝힘.

啓沃 열어서 비옥하게 한다는 뜻으로 충성스러운 말을 임금에게 아뢴다는 뜻으로 쓰임. 여기서는 마음속의 생각을 상대편에게 말함을 의미. 출전은 『詩經』.

芟除 풀을 깎듯이 베어 버림.

誘掖 이끌어서 도와줌.

풍을 계발함으로써 문명적 정치의 기초를 확립하고자 하는 취지에 다름 아니다.

제도개정과 함께 인심을 일신할 필요가 있음은 물론 말할 나위도 없다. 각위는 마땅히 성지(聖旨)를 받들어 솔선궁행(率先躬行)하여 그 모범을 제시하고자 해야 하며, 내선인으로 하여금 늘 일가의 부모, 동포의 사랑으로 서로를 대하여 공동집목(共同輯睦)*의 실적을 올려야 하며, 특히 조선인으로 하여금 심신을 연마하고 그 문화와 민력을 향상시켜 더욱더 성대의 덕택을 받게 해야 한다. 각위에게 이 기회에 협력일치하여 더욱더 조선통치의 쇄신을 꾀하고 성명(聖明)의 굉모(宏謨)*를 곁따라 받들 것을 기도한다.

輯睦 화목.

宏謨 큰 계획.

대정 8[1919]년 9월 3일

조선총독 남작 사이토 마코토(齋藤實)

Ⅲ. 워싱턴 체제와 평화

가. 세계평화와 국제협조

19. 세계를 알라

■ 『개벽』 창간호(1920.6.25.)에 실린 글. 필자 미상. 총 6장 중 제1장~제4장을 실었다. 세계가 비인도·부정의의 시대에서 '강약공존주의, 병건상보주의(病健相保主義)'로 나아가고 있다고 보고, 세계를 알고 세계적 지식을 가져야 한다고 역설하고 있다.
■ 『개벽』 1920년 6월부터 1926년 8월까지 발행된 대중 종합지. 천도교를 배경으로 한 잡지였으나, 일제에 대한 항쟁을 그 기본노선으로 삼았고, 그러한 투쟁을 효과적으로 수행하기 위하여 평등주의에 입각한 사회개조와 민족문화의 창달을 표방하였다. 1926년 8월 1일에 발행된 72호를 끝으로 일제에 의해 폐간될 때까지 발매금지 34회, 정간 1회, 벌금 1회의 탄압을 받았다. 폐간된 후 1934년 11월 차상찬(車相讚)이 속간을 하였으나 1935년 2월에 4호로 끝나고, 1946년 1월 1일 김기전(金起田)이 복간(復刊)을 시도하였으나, 1949년 3월 25일 통권 9호를 끝으로 폐간되었다. 판매부수는 평균 8천 부, 발행부수는 최대 1만 부였다.

1.

사람은 천사도 아니며, 야수도 아니요, 오직 사람일 뿐이로다. 이만치 진화된 체격, 이만치 진화한 지식, 이만치 진화한 도덕을 가진 동물일 뿐이로다. 따라서 세계는 천당도 아니며, 지옥도 아니오, 오직 세계일뿐이로다. 이만치 진화한 국가와 국가, 이만치 진화한 사회와 사회, 이만치 진화한 개인과 개인이 호상 연결 활동하는 무대일 뿐이로다. 사람과 세계는 결코 나누어 볼 것이 아니었다. 사람으로 된 세계, 세계로 된 사람 둘이 아니요, 오직 하나일 뿐이었다. 세계를 대표한 시대의 가치와 사람을 대표한 문화의 상징은 다만 명(名)과 실(實)의 부호(符號)일 뿐이니 사람은 반드시 세계를 알아야 하리로다. 세계를 앎이 곧 사람을 앎이요, 또한 자기를 앎이었다. 사람으로서 세계를 앎이 자기로서 자기의 이름을 앎이로다.

과거는 논할 것이 없다마는 금일과 같이 교통이 이마마하고* 지식이 이마마하고 일체의 문물이 이마마한 오늘에 앉아서는 더욱 세계를 이해하여야 하겠도다. 공자는 일찍 태산에 올라 천하를 적다 하였나니*, 이것이 곧 천하를 이해하는 도량을 가졌음으로 써라. 오늘날 사람은 다 같이 천하를 적다 할 이상을 가져야 하리로다. 천하를 적다 하고 달세계의 여행을 계획하며 화성계의 교통을 구할 만한 원대한 이상의 포부가 있어야만 하리로다.

세계가 얼마마한 문화를 가지고 있으며 얼마마한 발전, 향상, 진화를 가지고 있는가, 따라서 세계와 일 국가, 세계와 우리 민족, 세계와 나는 얼마마한 관계,

이마마하다 이정도만 하다.

이해, 가치를 가지고 있는가, 이를 이해하는 지력과 이를 비판할 만한 이성이 있어야 하겠도다.

일 국부(局部)의 병을 치료하려면 반드시 전 신체의 위생을 알아야 하고, 전 신체의 위생을 완전히 하려면 반드시 국부 국부의 조화를 얻음이 필요함과 같이 세계와 일 국가, 세계와 일 종족, 세계와 일개인의 관계도 또한 이와 같도다.

세계는 어느덧 봉쇄시대의 세계가 아니었다. 또한 거년(去年)의 세계도 아니며 작일(昨日)의 세계도 아니게 되었다. 다만 오늘이라 하는 이만치 된 세계이며 다만 이 찰나라 하는 이만치 된 세계였다. 세계의 폭원(幅圓)은 점차 그 범위가 줄어 가도다. 동(東)한 끝과 서(西)한 끝이 날로 가까워 오고 남(南)한 끝과 북(北)한 끝이 달마다 좁아 오도다. 부상약목(扶桑若木)*이 서로 가지를 잇게 되고 북두와 남극이 서로 꼬리를 접하게 되도다.

세계의 범위가 줄어 옴에 좇아 세계 전체와 우리 국부의 거리도 심히 접근케 되었도다. 전체의 파동은 직접 국부의 사실화가 되고, 국부의 파동은 따라서 전체의 영향이 되어 가나니 세계와 우리의 활동은 어느덧 피안의 불로 볼 수 없도다.

우리는 어느덧 처사국(處士國)의 인민이 아니었다. 또한 거년의 우리도 아니며 작일의 우리도 아니었다. 다만 오늘이라 하는 금일의 우리였다. 금일을 음미하고 금일을 등에 진 우리였다. 금일의 사회, 금일의 세계를 등에 진 우리였다.

세계의 범위가 좁아옴에 좇아 우리의 활동은 늘어가고 세계의 지도가 축소함에 따라 우리의 걸음은 넓어가는 금일이었다. 우리와 세계는 자못 한 이웃이 되어오고 한 가정이 되어 오도다. 우리는 이로부터 세계를 알아야 하고 세계적 지식을 가져야 하리로다.

2.

세계는 이로부터 향상이 되랴 퇴화가 되랴, 복이 오랴 화가 오랴. 이는 아직 우리의 지력으로 판단할 바 못되도다. 아니 우리는 아직 이를 좌우할 실력이 없도다. 복이 오면 웃고 이를 받을 뿐이며 화가 오면 태연히 이를 이해할 뿐, 그리하여 되면 되어 가는 대로 우리의 노력을 더욱 충실히 할 뿐이며 우리의 정신을 더욱 건전히 할 뿐이었다.

우리는 들었노라. 날마다 날마다 우리의 이막(耳膜)을 타동(打動)하는 개조 개조의 성(聲)—그 소리야 매우 흥취 있고 의미 있고 그리하여 힘 있고 정신 있도다. 이 소리 가는 곳에 우리의 행복이 목전에 쏟아지는 듯하도다.

개조 개조 그 무엇을 의미함인가. 세계라 이르는 이 활동의 기계를 뜯어 고

공자는 일찍 태산에 올라 천하를 적다 하였나니 『孟子』「盡心章」에 나오는 말. 원문은 "공자는 노나라 동산에 올라 노나라가 작은 나라임을 느꼈고, 태산에 올라서는 천하가 작다는 것을 느끼셨다. 그러므로 구경한 사람에게는 강이나 시냇물을 가지고 말하기 어려워하고, 성인의 문하에서 공부한 사람은 언(言)에 대하여 말하기 어려워하는 법이다"[孔子登東山而小魯 登太山而小天下 故 觀於海者 難爲水 遊於聖人之門者 難爲言].

扶桑若木 중국 전설에 부상(扶桑)은 동쪽 바다 속에 해가 뜨는 곳에 있는 나무, 약목(若木)은 해가 지는 곳에 서 있는 나무를 말한다.

쳐야 하겠다 함이로다. 과거 여러 가지 모순이며 여러 가지 불합리, 불공평, 불철저, 부적당한 기계를 수선하여 원만한 활동을 얻고자 노력하는 중이었다.

우리의 과거는 이성의 소구(訴求)로는 심히 불사의(不思議)의 중에 있어 왔도다. 우대열자행위(優對劣者行爲) 부대빈자행위(富對貧者行爲), 지대우자행위(智對愚者行爲), 내지 강대약자행위(强對弱者行爲), 물질대정신행위(物質對精神行爲) 모두가 불공평이었고 모두가 불이상(不理想)이었었다. 우자(優者)의 조처(措處)는 있었으나 열자(劣者)의 해석은 없었으며 부자의 대우는 있었으나 빈자의 제도는 없었으며, 지자(智者), 강자의 무대는 있었으나 우자(愚者), 약자의 낙원은 없었나니, 이것이 과거 사회의 병적 상태이었으며 과거 세계의 비인도(非人道) 부정의(不正義)한 실험이었도다.

3.

무릇 과거 5년의 대전은 여하튼지 우리에게 큰 교훈이었도다. 온 인류는 이 교훈에 의하여 우수수하고 일어나기를 시작하였도다. 옛 꿈을 깨고 새 정신을 차렸도다. 그리하여 과거 병적 기계를 수선하기로 착수하였도다. 이미 수선한 자도 있으며, 개선 중에 있는 자도 있고, 아직 고안 중에 있는 자도 있도다.

세계의 금일은 이렇듯 부산(浮散)한 중에 있도다. 과도(過渡)하면서 있는 금일이었다. 개조하는 도정에 있으며 보일보(步一步) 향상 진보하는 중에 있나니, 우리는 이것을 보고 여명이라 하며, 서광이라 하며, 개벽이라 하도다.

이를 추상적으로 말하면 정의인도의 발현이요, 평등자유의 목표라 하겠고, 구체적으로 말하면 강약공존주의(强弱共存主義), 병건상보주의(病健相保主義)라 하리로다.

강자의 곁에 약자가 있지만은 둘이다 권리의 조화를 얻고자, 부자의 곁에 빈자가 있지만은 둘이다 경제의 평균을 얻고자, 우자(優者)의 곁에 열자(劣者)가 있지만은 둘이다 가치의 권형(權衡)을 얻고자, 사자의 노는 곳에 소양(小羊)도 놀고 맹가(猛駕)가 나는 곳에 소작(小雀)도 나래를 펼 시대가 돌아오도다.

4.

생각컨대 사람이면 다같이 1로만 표준하고, 1 이상 혹은 1 이하로 계급을 정하지 아니한다 함은 원래 최대 다수의 행복을 목적하는 법률이 영원의 경험으로부터 얻은 무상(無上)의 격언이 아니랴. 법률 앞에는 약자, 병자도 유일의 가치로 인정하며 강자, 우자도 1 이상의 권리가 있다 인정치 아니하나니 이 진리를 다만 개인과 개인 간에만 사용할 것이 아니오, 전 세계의 국가와 국가,

민족과 민족의 공통한 원칙으로 사유케 됨이 금일 전 인류의 신 각성(覺性)인 듯하도다.

생각하라. 만일 약자와 병자는 사회에 이익을 주는 것보다도 손해를 주는 편이 많다 하면 사회는 이같이 유해무익한 자를 존속시키는 것보다도 차라리 이로 멸망에 돌아가게 하는 방법을 강구함이 필요한 듯하다만은, 그러나 사실은 결코 그렇지 않나니 어째서이뇨. 대저 강이라 하며 약이라 함은 필경컨대 비교적 명사에 불과한 것이 아니냐. 가령 여기에 을(乙)이 있어 자기는 강자요, 갑(甲)은 약자라 하고 보자. 그리고 보면 병(丙)은 을보다도 다시 강자의 강자인 까닭에 을은 병에 대한 약자가 되지 아니치 못할지니, 만일 정(丁)이 있어 병보다도 다시 강자이면 병은 또 정의 앞에 약자됨을 면치 못하리라. 그리하여 세계는 이같이 강약우열의 자가 호상 협동의 생활을 영위하나니, 즉 사회는 무수무수(無數無數)의 관계상에 호상 신뢰하고 호상 보조하는 고로 강자도 약자에 짐지는 바 있으며 우자도 열자에 의뢰할 바 있도다.

이점에서 세계 인류 전체를 유일의 도의(道義)체계로 견주(見做)*하는 것은 국가 사회 또는 개인의 행복상 극히 필요한 것이라. 아니 자연의 원칙이요, 천연의 공도(公道)라 하리니 이것이 인류가 사회생활을 영위하는 데 있어 근본적 공준(公準)이라 이를 것이 아니냐. 세계는 이 근본적 공준을 버리고 각 개인 및 각 민족에 대한 존경의 태도를 별별(別別)히 한다 하면 각개 민족의 생명과 행복은 부절(不絶)히 위태의 지경에 빠질 것이라. 어떤 이유요. 가치의 고하는 거의 무한하여 상(上)에는 상이 무한하고 하(下)에는 하가 무한함으로 써라. 만일 을은 갑보다 가치가 있는 고로 갑을 학대한다 하면, 당연의 보수로 을은 또 병에게 학대를 받을 날이 있다 각오하지 아니함이 불가하니, 그럼으로 인류는 어디까지든지 인류 전체에 한하여 이로써 유일의 도의 체계로 견주(見做)하고 차별을 철폐하며 불평을 제거하고 법률의 전에는 다만 1이오 1 이상 또는 1 이하가 없다 상상함과 같이 인도정의의 전(前)에는 각 민족 각 국가는 다만 1이오 1 이상 1 이하가 없다 가정함에 이르면 세계는 그 서기(庶幾)*인저.

세계의 진보 과정은 필연으로 이에 도착하고, 이에 입각할 날이 불원하였으리라. 개조의 목표는 구경(究竟)컨대 이를 견양(見樣)하고 나아가는 중이었다. (후략)

見做 간주함.

庶幾 서기지망(庶幾之望). 거의 될 듯한 희망을 말한다.

20. 인도정의 발전사로 관(觀)한 금일 이후의 모든 문제

■ 『개벽』 4호(1920.9.25.)에 실린 글. 필자 미상. 이 글에서는 근대의 사회교육의 보급, 지식 향상으로 인도정의의 정신이 출현했으며 이러한 인도정의 정신이 도덕론, 법률, 정치, 만국공법에 구현되었음을 설명하고 있다. 또한 국제연맹을 1차 대전 후에 등장한 인도정의의 최대 옹호자로 인식하는 한편, 노동, 여성, 인종, 나아가 동물학대의 문제에서 인도정의가 실현될 날을 기대하고 있다.

인도정의의 성(聲)이 한 번 세계에 전하자 온 인류는 오랫동안 압박에 퇴굴(退屈)하였던 타기(惰氣)*를 부활케 하였다. 새로운 활기와 비상한 흥미를 가지고 그를 영합(迎合)하였다. 그리하여 모든 활동과 모든 경영이 다 같이 그를 표준하고 진행케 되었다. 위로 전세계 한 국가를 경리(經理)하는 자와 아래로 한 사회, 한 가정을 조섭(調攝)하는 자까지도 그를 부르짖게 되었다. 아직 몽롱하나마 그를 견양(見樣)하는 중이요, 방황하나마 그에 접근코자 하는 중이었다.

생각건대 온 인류의 충심(衷心)*에는 명명(冥冥)*의 가운데 어떠한 갈앙(渴仰)과 어떠한 요구가 묻혀 있었던 모양이다. 그들은 비록 시세의 저항과 환경의 장애로써 그 갈앙을 발표하고 그 요구를 표현치 못하였으나, 그러나 그들의 자연한 본능과 자유한 감정 중에는 스스로 그 사상이 침전하여 세월과 함께 적울(積鬱)되고 습관과 함께 유전하였던 것이다.

물론 대다수의 남녀는 평생 자신의 경우 또는 일반사회 상태를 연구 비판할 만한 여유가 없었으며 따라서 그에 대한 지력(知力)이 없었다. 그들은 다만 명목유유(瞑目唯唯)*히 인생의 일대를 지내었다. 그들은 우연히 사회의 일우(一隅)에 태어나 자기 자신의 안전(眼前)에 당면한 필요조건 이외에는 하등의 사색이 없이 자연한 생로병사의 중에 묻혀 있을 뿐이었었다. 그들은 다만 본능적으로 순간필요의 만족을 구할 뿐으로 십분의 노력에 의하여 생활의 전 조건의 변혁을 도모하지 못하였다. 또 일부의 사람들은 개인적 야심에 피구(被驅)*하여 자신을 사회상류에 위치케 함에 필요한 사상과 노력을 행하였을 뿐이며, 그리하여 그들은 자신을 위하여 구하는 이익을 진면목으로 만인에 주고자 하는 자는 거의 없었다 하여도 과언이 아니겠다. 자기 일신생활의 행복과 이익을 전취(專取)할 뿐으로 일반사회의 무수한 재해는 좌시담소(坐視談笑)하고 지냄에 불과하였었다.

그러나 시대의 진화는 점차 사회의 이면에 복재(伏在)한 이 죄악과 이 폐단을 천발(闡發)*할 기회를 주었나니 즉 근세사회 교육의 보급과 일반 민중 지식의 향상은 스스로 그들의 자각의 정신을 충분히 주었으므로 기회만 있으면 그 정신의 발표를 예기할 암시력이 일반에 공통하여 있었던 것이었다.

2. 학자들은 말하되 "일절 생류(生類)의 생명 원천되는 태양은 서서히 노쇠하나니 노쇠의 극은 필경 냉각하여 다시 생명의 원천되기 불능하리라. 그리하여 태양계의 총체는 고사하여 필경 생명 멸망의 경지에 이르리라"고. 이에 대하여 영국 여사 마키 씨는 답하여 왈 "노쇠한 자는 다시 재화(災禍)로써 부활을 도모

惰氣 게으른 마음이나 기분.
衷心 마음속에서 우러나오는 참된 마음.
冥冥 겉으로 나타남 없이 아득하고 그윽함.

瞑目唯唯 눈을 감고 남의 뜻을 거스르지 않는.

被驅 쫓기고 몰리다.

闡發 드러내어 밝히다.

하나니라"하였다. 오인(吾人)은 스스로 생각하되 인간세계에 있어 이보다 숭고한 교훈이 다시없으리라 자단(自斷)하노라. 무릇 생명에는 기한이 있는 것이라. 성한 자 반드시 쇠하며, 생한 자 반드시 사하나니 자못 회춘의 대수단은 즉 신정력을 주사(注射)하여 현상을 타파하고 근본으로부터 경시(更始)*함에 있나니, 궁한 후에 통하는 도는 오직 이에 있느니라. 그러나 쇠한 자를 주사하여 새로운 부활을 도모코자 하면 오인은 저간에 반드시 큰 재화를 필요할 것을 잊지 말지어다. 비유컨대 초목이 봄에 신아(新芽)*가 나며, 꽃이 피며, 열매를 맺어 신정력의 주사를 계속하다가 가을에 이르러 잎이 이미 황고(黃枯)*하고 열매가 이미 숙락(熟落)*하면 자연은 더욱이 대재화로써 잎을 빼앗고 가지를 마르게 하여 다시 명춘(明春)의 부활을 도모케 하나니, 이는 우주의 공리(公理)며 천지의 대법(大法)이라. 인간만사도 또한 이 이법(理法)에 순응할 뿐인저.

更始 고쳐 다시 시작하다.

新芽 새싹.

黃枯 누렇게 마르다.

熟落 익어 떨어지다.

생각건대 전체 인류는 이미 노쇠하여 다시 큰 재화로써 신정력의 주사를 받지 아니하면 부활을 도모키 불능할 극단의 영상(嶺上)*에 도달하였다 할지라. 생명이 있은지 몇십만 년, 역사가 있은 지 오천 년 인류는 동일의 일을 조반(繰返)*함에 실로 퇴굴(退屈)에 노(老)하고 권태에 쇠하였다. 인류는 개벽 이래 금일에 이르는 사이 항상 압박의 역사를 조반 또 조반하였다. 완력의 압박, 추장(酋長)의 압박, 정복자의 압박, 승려의 압박, 귀족의 압박, 무인(武人)의 압박, 계급의 압박, 관료의 압박, 금권의 압박이 연면(連綿)*하여 금일에 이르렀다. 인류는 압박에 노쇠하고 압박에 퇴굴하였다. 이 같은 압박 하에 타기(惰氣)가 생(生)한 전 인류는 더욱이 다시 하등의 신정력 주사를 받아 부활을 구할 시기에 도달하였다. 이 점에서 과거 오 년의 대전은 실로 세계 인류에 대한 최대 재화인데 세계 인류는 이 대재화로 인하여 다시 큰 부활을 도모케 되었나니 이 과연 신정력의 주사가 아니냐. 대전의 종멸과 함께 전 세계에 대한 부활의 신주사를 가한 자는 곧 인도정의의 소리이었나니, 만일 세계대전으로써 큰 재해의 종결이라 하면 인도정의는 실로 큰 부활의 시초이리라. 그럼으로 이 소리가 한번 일어남에조차 전 세계는 공전의 활기를 가지고 현실개조에 착수함도 또한 무리의 일이 아닐진저.

嶺上 언덕의 맨 꼭대기.

繰返 반복함.

連綿 길게 이어져 끊이지 않다.

3. 그러한데 원래 인도정의라 함은 심히 광막(廣漠)한 문제이었다. 브리튼의 이상국과 같이 몽롱한 상징뿐이며, 예수의 천국과 같이 답원(沓遠)한 이회(理會)*뿐이었느니 어느 정도를 표준하여 이 인도의 목표라 할 것이며, 어느 범위를 구획하여 이 정의의 발표라 할는지. 이는 명철한 철인의 두뇌 외에는 어떤 사람이던지 이를 보편적으로 단안(斷案)*키 불능한 문제이었었다. 요컨대 인도정의라 함은 인격의 최고 진선미의 발휘를 목표함일 것이니, 인간세계의 모든

理會 사리를 얻다.

斷案 어떤 사안에 대한 생각을 딱 잘라 결정하다.

경영과 모든 활동을 오로지 인격의 최고 진선미에 표준하여 그를 응용코자 함일지로다. 필연의 결과 인도정의는 이를 도덕·법률·종교·정치 및 민중운동의 모든 실력에 의거하여 그가 표현될 것은 사실이 아닐 것이냐. 이에 오인은 인도정의의 과거 및 현재에 있는 발전의 경로를 일언하여서 장래의 세계를 추상컨대 제일(第一) 인도정의는 도덕론에 의하여 표현된 것이니 유가의 인(仁), 석가의 자비, 기독교의 애(愛)와 같음은 그중에 은연(隱然)히 인도정의의 권위가 표현하여 양심상으로부터 이를 도발케 함이 아니겠느냐. 그러하나 도덕은 공위(空位)라. 사람에 이를 강유(强由)키 불능하나니 고로 인도정의의 대주의가 이에 표현하였을 지라도 악인은 이를 준수하지 않음에 어찌하리오. 고로 인의정의는 제이(第二) 법률의 상에 응용함에 이르렀느니 인도정의는 법률의 형(形)을 얻음에 이르러 처음으로 제재가 있고 권위가 있게 됨이었다. 모든 미개한 시대의 법률이나 혹은 아직 발달치 못한 법률과 같음은 근본부터 논할 자 아니나, 완전무결의 문명의 법률이 되면 인도정의를 근거로 하나니 즉 인격을 존중하는 점으로부터 근본원리를 삼음이라. 고석(古昔)에 있을지라도 저 로마[羅馬] 법률과 같음은 '사람으로서 목적물 되게 함이 불가하다' 하였나니 이 로마법의 근본정신은 사람을 '주위'(主位)로 하고 발원한 자니 이에 법률도 인도정의의 위에 책립(冊立)한 자 됨에 불과함인저. 근대에 이르러 모든 법률학자는 자연법 또는 성법(性法)을 설함에 미쳐 이 주의는 익익(益益)* 확장되어 부지불식간 인도정의는 인세(人世) 최고의 훈규(訓規)됨에 이름으로써 인도정의는 다시 제삼(第三) 정치상 방면에 응용함에 이르렀나니 노예해방의 대사건과 같음은 가장 이에 적절한 일례가 되리라. 그러나 이는 모두 자국 내에 한한 것이라. 다만 자국 내에 있는 인도정의의 응용뿐이요, 결코 광의적 인도정의의 의의 자체를 표현한 자는 아니니 고로 인도정의는 다시 제사(第四) 만국공법상에 표현케 되었다. 공법에 전시 금제품(禁制品)과 보통 상품의 종류를 나누며, 전투원과 양민의 구별을 나눈 것은 가장 인도정의를 중요시한 것이니 만일 이를 도외시하였다 하면 이 같은 구별이 하등의 의미가 있는 것인가. 그리하여 인도정의는 적십자조약에 의하여 점점 두각을 드러내었나니 적십자의 눈에는 적아(敵我)의 구별이 없게 된 것은 실로 가찬할 인도의 효력이 아니냐.

益益 점점 더.

4. 과거의 인도정의는 거의 이에 이르렀다. 그러한데 이 주의는 금번 대전종결과 함께 일층 기백 배의 세력을 나타나게 되었나니 정치문제, 사회문제, 모든 것이 다 같이 이 주의의 철저한 실현을 요구하는 중이었다. 강약의 차별이 없고, 빈부의 현격(懸隔)*이 없고, 계급과 계급 간에 우열이 없이 가장 넓게 가장 철저히 이를 실행코자 함이 대전 후 현상이 되어 오는 중이었다.

懸隔 차이가 매우 심함.

전후에 대한 인도정의의 최대한 옹호자는 국제연맹이라 할지니 국제적 인도정의의 의미에서 국제연맹은 실로 인세(人世)에 가장 권위가 있는 사실로 나타난 것이라 할지라. 어찌하여 그러한고. 제일(第一) 국제연맹은 필경 독일과 같은 강국이 비인도적 군국주의로 세계의 평화, 인류의 행복을 저주하는 것에 대하여 재차 그 과거를 조반치 아니하도록 이상(理想)한 자임으로서라.

대전 중 연합국이 독일을 공격한 주장의 점은 말할 것도 없이 인도정의를 안목으로 한 것이었다. 혹은 이 주장이 비록 가면이라 가정할지라도 나중 이 주장을 철회치 아니 할 뿐 아니라 이 주장은 차제(次第)로 사건이 확대하여 세계의 각국이 이에 참여함에 이르러서는 어느덧 이를 일 국가의 자국보존, 자국증대의 가면적 행위수단으로 볼 수 없게 되었다.

물론 공평히 관찰하면 연합국의 거동이 열에 열이 모두 정의인도에 합하였다 할 수 없는 것이요, 또 독일 등도 또 그 전쟁의 목적에 문화선전을 표방한 고로 자못 그 기인(旗印)*뿐으로써 실제상 시비곡직을 판단키 불능하나 그러나 대체로 저 연합국에서 정의인도의 소리가 높았던 것은 부정치 못할 것이다. 그리하여 강화조약과 함께 국제연맹이 조직케 됨에 이르러 이를 또 인도정의의 위에 책봉함에 이르렀다. 만약 국제연맹의 세력이 완전하는 날이면 세계의 어느 나라를 물론하고 만일 평화와 행복을 위험케 하는 자 있다 하면 국제연맹은 바로 인도정의의 표방하에 연합협동의 힘으로써 이에 임할 것이니 이는 실로 인도정의가 국제연맹에 의하여 광의로 또한 철저히 실행된다 할진저.

旗印 행동의 목표를 내세우는 주의. 기치(旗幟).

그러한데 국제연맹은 사실상 발전이 적이 지둔(遲鈍)*케 됨은 실로 인도정의상 일 유감이라 할지나 이에 대하여 최근 주목할 일 가치가 있는 것은 각국간 민중의 운동으로 국제연맹협회라 하는 것이 성립한 바 이것이라. 국제연맹협회는 그 창립의 날이 상천(尙淺)함으로 그 활동의 가치는 아직 금후의 날을 기다리지 아니함이 불가하나, 그러나 그 연합회는 제1회 회의를 작년 1월 26일로부터 2월 3일에 이르는 9일간 파리에서 개최하였고, 다음에 제2회 회의를 동년 3월 11일로부터 13일까지 런던[倫敦]에서 개최하고, 다시 동년 12월 1일로부터 3일까지 3일간 브뤼셀에서 제3회 회의를 개최함에 이르러야 처음으로 완전한 연합회의 성질을 갖춤에 이르렀다.

遲鈍 굼뜨고 미련하다.

요컨대 각국에 있는 국제연맹협회의 목적은 국제연맹의 취지를 널리 국민간에 보급케 하여 그 완비를 도모하며 그 목적의 관철을 기약함과 동시에 동회(同會) 취지하에 있는 내외 단체의 경로를 도모하며 특히 시시(時時)로 열릴 연합회에 그 대표자를 파송하여 협동으로 국제연맹을 위하여 노력하여 세계의 평화, 인류의 행복을 증진함에 있는 것이라. 생각건대 금후의 평화는 국제연맹을 버리고는 도저히 유대(有待)하기 어려울 것이라. 금후의 국가가 아직 경제적 제국주의를 버리기 이전에는 국제 간 쟁단(爭端)은 또한 종식을 고하였다 이르지 못할지니, 저간에 처하여 그를 조절키 위하여 국제연맹회의를 유효 철저케 하며 또한 권위가 있게 함에는 아무쪼록 각국 내의 국민은 물론, 국민과 국민과의 간에도 국제 취의(趣意)가 십분 요해(了解)케 하여 공동일치로 십분 이를 행하지 아니함이 불가하도다. 즉 전 세계의 인류가 호상 공동일치하여 인도정의의 진의를 절실히 감격하고, 그리하여 그 표현을 완성케 하도록 국제협회가 일어난 소이(所以)는 금후 세계운동에 실로 도덕적 가치를 진 것이라 하리다.

5. 다음에 인도정의상 국제연맹과 관련하여 목하(目下) 사람들의 주의를 야기하는 것은 노동 문제이었다. 그리하여 이 문제가 단순히 경제적 문제가 아닌 일은 자못 주의를 가할 것인데, 즉 경제문제가 도덕문제와 명료히 결합하였던 것은 누구든지 의심치 못할 사실이었다. 노동문제라 하면 다만 노동자의 임은(賃銀)* 증가, 경제균형 등을 의미한 것이 아니요, 저간에는 어느덧 인격문제의 자각이 충분히 확장되어 노동자일지라도 인격상 표준 하에서 모든 것의 자유와 쾌락을 향유하고자 함이니, 즉 인격을 빈부귀천의 일관한 점으로부터 보아 동일한 국민적 그리고 민중적 권리를 향수하고자 함이며, 또한 부인문제, 인종평등문제 등 모든 문제가 따라 인격주의를 주장하고 가장 격렬한 사회운동이 일어나게 된 것은 인도정의의 발달사상 경시하지 못할 사실이니 이점에서 인도정의는 더욱이 사회문제 상에 표현하여 모든 사회개량을 그 기치 하에서 진행하고자 하는 중이었다. 오호라, 인도정의도 이에 이르러야 실로 무상(無上)의 권위를 표현케 되었으며 또 최초 법률정치상에서 유치한 강제적 의미의 표현이던 것은 환원으로 도덕상 그리고 자연상, 그리고 인류성능상 본위에 귀착하여 자각적 발전을 얻게 되었다.

賃銀 임금.

6. 모(某) 학자는 인도의 최후 도덕상 목적으로 동물학대 폐지를 절론(切論)하여 왈, "인류는 자개(自個)의 생명을 보존키 위하여 동물을 먹음을 완전히 폐지한다 주장하기 불능하나 이를 죽이고 먹을지라도 이에도 우애주의 즉 인도정의를 확수(確守)치 아니함이 불가하니 즉 가급적 그 고통을 감소케 하며 이에 무익한 재해를 가하지 않게 하며 또 피등(彼等)을 위하여도 피등의 행복을 중히 하여 과도의 사역을 금하며 무리의 학대를 피함이 가하다. 원래 동물학대는 다만 동물 그 자를 위하여 가련할 뿐 아니요, 타점(他點)으로부터 논하면 인류의 성능 및 행위상 적지 않은 해점(害點)이 미치는 바는 더욱이 간이(簡易)한 이유로써 능히 이를 증명하기 가능하리라. 즉 동물을 학대하는 것은 사람의 품성을 거칠게 하며, 감정을 상케 하나니 이를 감위(敢爲)하는 사람에는 결코 우

완(優婉)*한 신사적 정조(情操)가 나지 못하는 것이요, 선인공심(善人公心)이 생겨나지 못하는 것이라. 고로 정신적 미(美)를 미(味)하여 경우를 향상케 불능할 것이며 하물며 또 인심(人心)의 작용은 가경(可驚)할 미묘한 반사작용이 있나니 여기에서 동물의 고통으로 인하여 해(害)한 신경은 명명(冥冥)의 가운데 각종의 폐해를 생기게 하여 혹 그로 인하여 불구의 몸이 되며 또 불구의 자식을 낳으며 부정의 행위를 감위(敢爲)하는 등 실례는 과학적 이유에도 다다(多多)하나니 고로 인도정의의 종국 목적은 동물학대 폐지에 이르지 아니하면 완비의 영역에 도달하지 못하리라" 하였다. 이와 같이 인도정의의 문제를 만일 동물학대폐지의 문제에까지 확충한다 하면 저간에 있는 인류 동 종류의 압박과 학대는 도저히 일발(一髮)을 이에 가치 못할지라. 즉 사람이 사람과 다른 타 동물도 학대함이 불가하거든 하물며 동일의 인류가 인위적 권력으로써 호상 학대함은 도저히 용인치 못할 대사건이라. 고로 금일 이후의 세계문제는 도덕은 물론, 법률·정치·국제·사회, 모든 활동이 오직 인도정의를 중심으로 하고 이에 합하는 자는 흥할 것이요 이에 반하는 자는 망할 뿐인저.

세상 사람이 매양 영리(榮利)의 얽힌 바가 되어 동하면 문득 가로되* 진세고해(塵世苦海)라 하나, 구름이 희고, 뫼가 푸르며, 물이 흐르고, 돌이 우뚝하며, 꽃은 새소리를 반기고, 구렁은 나무꾼의 노래를 화답하여 뭍에는 티끌이 일지 않고 바다에는 물결이 치지 아니함을 알지 못하고 한갓 제 스스로 그 마음을 어수선케 하는도다.

優婉 얌전하고 아름다움.

가로되 원문은 '가르되'로 되어 있으나 의미상 '가로되'의 오기로 보임.

21. 새봄, 칸트의 『영원평화론』을 독(讀)함

때는 바야흐로 9월이오, 서속삼추(序屬三秋)라*. 불던 바람도 그칠 만하며 오던 비도 개일 만하건만 이 무슨 불상(不祥)인가. 음풍(淫風)은 의연 끊임없이 불고 폭우는 여전히 세차게 내려 대지는 정(正)히 분규 중에 들어간 듯하며 침울한 기분이 사람의 심신을 습격하도다. 고루(高樓)에 홀로 올라 당연(瞠然)히* 바라보며 처연히 생각하니 심사(心思)가 교란하여 자제할 수가 없도다. 물러나 일서(一書)를 꺼내니 칸트의 영원평화론이다. 이 풍우 중에 이 평화론—대조의 이상(異常)이었지만 이렇듯 좋은가. 일독하여 1항, 2항에 이름에 솟아나는 느낌이 항수(頁數)와 더불어 농후하여 차마 책을 놓지 못하도다. 이제 본론의 경개(梗概)*와 이에 대한 소감의 일이(一二)를 기록하여서… 그런데 이 글 대체의 구조는 그 제1장에 영원평화의 준비적 조항 6개조를 논하고 전환하여 제2장에는

■ 칸트의 영원평화론(영구평화론)을 소개한 글. 새봄은 필명. 작자 미상. 칸트의 영구평화론의 의의를 분명히 인식하면서도 세계평화는 약속을 통해서가 아니라 지덕, 즉 문명의 향상에 따라 이루어지는 것이며, 근대세계는 다른 민족, 다른 국민을 적대시하여 상호 전쟁을 일으키는 세계에 불과했다고 지적하고 있다. 아울러 제1차 세계대전을 경험한 지금 세계의 민중은 타자를 자기와 같이 인정하는 정도로 지덕을 향상시키고 있으며 영원평화의 서광이 비추기 시작했다고 보고 있다. 출전은 개벽 4호(1920.9.25.).

때는 바야흐로 9월이오, 序屬三秋라 서속삼추(序屬三秋)는 '사시(四時)의 차례로는 가을 석 달이다'라는 뜻으로, "時維九月, 序屬三秋"는 당나라 시인 왕발(王勃)의 「滕王閣序」에 나온다.
瞠然히 놀라거나 괴이하게 여겨서 눈을 휘둥그렇게 뜨고 물끄러미 보는 모양.
梗概 전체 내용의 요점만 간단하게 요약한 줄거리.

평화의 결정적 조항 3개조를 보이여 이로써 본론 대체의 정신을 망라하고 마지막에 추가조항으로 2조, 최후에 부록으로 2조를 첨부하여 도덕과 정치의 부조화에 나아가 도덕과 정치의 조화를 술하여 논의를 마쳤다.

제1장 국제간의 영원평화에 이를 예비적 조항

제1조 그윽이 장래 전쟁의 원인이 될 것으로 보류하고 체결한 평화체결은 평화체결의 효력을 갖지 아니함.

어찌하여 그러한가 하면 그윽이 장래에 교전할 의사로 결한 평화체결은 일체 전투행위의 종결을 의미하는 평화가 아니요, 오직 전투행위의 연기 휴전에 다름 아닐세니라.

제2조 구차(苟且)히 독립 자존한 국가에 대하여는 그 대소여하를 물론하고 계승, 교환, 매매, 병합 혹은 기증에 의하여 타 국가의 소유에 귀속함을 불허함.

어떤 것인가 하면 국가는 (그 토지와 같음도) 1개의 재산이 아니요, 확실한 사람의 단체이니 이에 명령하며 이를 좌우할 수 있는 자는 오직 국가 자신이 있을 뿐이라. 이러함에 불구하고 이를 접목하듯이 타 국가에 합병하고자 함은 실로 그의 도덕적 인격으로의 존재를 파괴하고 1개의 물품으로 취급하고자 함이니 이는 근본적 민약(民約)의 사상에 반함이라. 근본적 민약의 사상에 반하고 일 국민에 대한 권리를 사고하기 불능함으로서라.

제3조 상비군은 장래 전폐(全廢)할 것이니라.

어떤 것인가 하면 상비군은 전쟁의 직접 준비이니 이는 타 국가로 하여금 끊임없이 전쟁의 위구(危懼)를 품게 하며 이들 국가를 자극하여 무한히 군비확장의 경쟁을 야기하며 또한 차(此)에 요하는 비용은 단기의 전쟁으로써 생기는 것보다 더욱 심하여 평화의 부담을 크게 하는 고로 이들 상비군은 그 자신이 그 부담을 보고자 하여 공격전을 연출하는 행위에 이르게 하는 원인이 됨으로서라.

제4조 국제간의 분쟁에 관계하는 국채는 이를 금지할 것이라.

금력(金力)은 전쟁의 유일 기구가 되는바 이 전구(戰具)인 금력의 수집을 용이하게 하는 국채와 같음은 전쟁을 야기하는 원인이 됨으로서라.

제5조 어떠한 국가라도 무력으로써 타 국가의 정체와 정부에 간섭함을 얻지 못함.

국가는 자율의 약속 하에 서는 것이니 무력간섭은 이 자율의 약속을 상함이니 어떠한 국가이나 그가 국가로 존립한 이상은 그의 자율을 침해하지 못할 것이라.

제6조 일 국가는 타 국가와 교전함에 즈음하여 장래 평화의 시(時), 상호의 신뢰를 불가능케 함과 같은 대적행위를 펼치지 못할지니 예를 들면 적국 내에

암살 독살자를 보내거나 항복조건을 파기 하거나 적국에 반란을 선동함과 같은 일이 이것이라.

제2장 국제간의 영원평화에 이를 결정적 조항

제1조 각 국가의 정체는 공화정체에 한할 것이라.

자유, 동포, 평등의 원칙에 의하여 건설된 정체, 즉 근본적 민약의 사상으로부터 탄생한 유일 정체는 공화정체가 있을 뿐이며, 동시에 법리상 공화정체는 원래 일체 정치의 근저(根柢)에 닿는 까닭이라.

제2조 국제법은 제 국가의 연합상에 확립될 것이며 그 법은 각국의 자유를 기초로 하지 아니치 못할 것이라.

국가는 대소강약을 물론하고 구차히 국가인 이상에는 모두 자주독립으로 자가(自家)의 독특한 법칙이 있을 것인즉 외적법칙의 강제 철주(掣肘)*를 받을 것이 아니며 동시에 일 국가에 대하여 그 국가고유의 자연적 상태에서 탈출함을 강요치 못할 것이라. 그리고 오인(吾人)의 최고 이성은 각국 호상의 자가견지(自家見地)로부터 양출(釀出)*하는 전쟁을 일에서 백까지 합법적 행위로 긍인(肯認)치 아니하고 평화를 직접의 의무라 명하나니 이 평화는 제국민 간에 1개의 계약이 없이는 도저히 확립 옹호하기 불능한바, 이에 있어 일종 독특의 동맹 즉 평화적 동맹을 필요로 하는 바이라. 그런데 이 동맹은 국가의 권력을 목적치 아니하고 각 국가의 자유를 목적하는 자유연합이 되지 아니하지 못할지니, 그렇지 않으면 평화적 동맹은 자연 각 국가의 존재를 무시하는 일종 세계적 국가를 형성하게 될지니 이는 사실상 실현되지 못할 것이며 실현된다 할지라도 각국 각 민족의 자유성장을 세계적 국가라는 일의형(一儀型)에 고정케 하는 불행을 유인하게 할 것이다.

掣肘 팔굽을 당긴다는 뜻으로, 간섭하여 마음대로 하지 못하게 함을 비유적으로 이르는 말. 『呂氏春秋』「具備篇」의 공자의 제자 복자천(宓子賤)에 얽힌 고사에서 나온 말이다.

釀出 어떤 사건이나 현상을 빚어냄.

제3조 세계시민권은 일반적 관대(款待)에 제한할 것이라.

칸트는 써하되 이에 소위 관대라 함은 법률상 한 외국인이 이방(異邦)에서 적의 대우를 받지 아니함을 이르는바, 일종 방문권이라도 이르는 것이라. 모든 인류는 공동하여 지구의 표면을 소유하였다 이해할 것인즉, 이방인이라 하여 이를 학대할 이유가 없으며 또는 이민족에게 대함이라 하여 자가의 야욕을 자정치 못할 것이니, 저 아프리카[亞弗利加]의 토인이 이방인을 보면 곧 약탈을 행함과 같음은 이 관대권(款待權)을 무시함이요, 금일 소위 강국이 무염(無厭)한 제국주의로써 자가의 경역(境域)을 넘어 타 국가, 타 민족의 존재를 멸시하고 자기의 이욕을 본위로 하는 식민정책을 행함과 같음은 이 관대권을 남용함이니 이의 무시와 남용은 공히 세간의 평화를 교란케 함인즉 세계시민권은 필히 일반적 관대에 제한할 것이라 하였도다.

칸트는 국제간의 영원평화에 이르는 결정적 조항으로 위의 3조를 추천하였다. 그런데 그의 이에 대한 총괄적 설명에 의하면 인류의 자연 상태는 평화가 아니요, 전투이니 평화의 상태를 얻고자 하면 이는 별도로 건설하여야 할 것이다. 그러면 어떻게 이를 건설할까. 개인 간의 전투는 법률의 약속 및 이의 집행자 되는 국가의 존립에 의하여 전투의 상태로부터 질서의 상태, 즉 평화적 상태를 얻는 현상이니 국제적 평화를 대함에도 또한 이와 같은 정신에 기초하여 세계민인을 상대로 하는 시민법, 다시 말하면 이 전 세계의 국가와 국가민족과 민족과의 상호간 관계를 규정한 시민법을 세워 비로소 세계의 평화를 실현함을 얻는다 하고 이로써 영원평화의 결정적 조항을 삼은 것이라. 그런데 그 시민법은 즉 제1 국내의 민의를 본위로 한 국민법, 제2 국제법, 제3 세계시민법으로 나누어 위의 각조와 같이 설명한 것이다.

이것이 칸트 영원평화론의 대개이다(더욱 추가의 2조항과 부록2항이 있으나 따로 신기함도 없으므로 이에 생략함). 구주에서 세계평화를 제창한 사람은 물론 칸트뿐이 아니다. 불란서의 싼·펠*과 같음은 일찍 평화의 이상을 품어 이미 1713년경에 『구주의 군주 간에 있는 영원평화의 계획』이라는 대저작을 출간하였으며, 그 후 루소는 위 펠 씨의 평화론을 발췌하여 다시 세상에 내놓았는데 독일 칸트는 루소의 손에서 이뤄진 평화론의 발췌를 읽고 다시 싼·펠 씨의 평화주의와 접근하여 1795년 마침내 이 영원평화론을 초안하기에 이른 것이다. 씨가 이 평화론을 제창함은 싼·펠 씨의 감화를 받은 편도 없지 아니하나 당시의 배경은 씨로 하여금 이 논의를 초고하지 아니치 못하게 함과 같으니, 우선 18세기 말엽의 당시는 사상상으로 계몽기에 있는바 계몽주의의 대표자는 자못 전쟁을 저주하고 평화를 역설하였으며 구주 제국민 중 시조(時潮)에 뇌동치 않기로 유명한 독일인까지 평화를 제창하여 애국심으로써 '일종의 영웅적 허약'이라 지적하기까지에 이른바, 평화주의는 실로 당시대의 일반적 사상이었으며 이뿐 아니라 구주 중의 영국과 네덜란드[和蘭]와 같음은 당시부터 이미 각지를 점득(占得) 또는 침해하여 왕성히 식민정책을 펼치기에 분주한바 칸트는 이 같은 식민정책은 확실한 비도(非道)라 하여 일층 평화주의를 고창하게 된 것이라. 그 동기가 이 같은지라. 씨의 평화론은 당시의 현상을 표준으로 한 평화가 아니요, 전혀 그 현상을 파괴하고 신건설을 이상(理想)한 평화이니, 어떻게 말하면 씨의 평화론을 제창함은 평화 그것의 실현을 요구함보다 영원평화의 문제를 빌려 당시 자기로의 감득(感得)한 사상 또는 주장을 표명코자 함에 있음과 같으니, 그의 소론(所論)을 보면 우선 제1장 제2조에 독립자존한 국가는 그 대소여하를 불문하고 계승, 교환, 병합 등에 인하여 타국가의 소유됨을 얻지 못한다

싼·펠 영구평화사상을 주장한 생 피에르(St. Pierre, 1658~1743)를 칭함. 생 피에르는 전쟁을 인간이 가지고 있는 이기심이 대립하고 충돌한 결과라고 보았음. 그러나 이기심이 항상 전쟁을 일으키는 것은 아니며 통상이나 무역을 통화 평화적 경쟁으로 인도될 수 있다고 생각하여 공리적인 해결 방식이 중요하다고 주장함. 생 피에르의 영구평화사상은 후에 루소를 거쳐 칸트, 벤담에까지 이어짐.

하여 무력으로 타 국가 타 민족을 침략치 못함은 물론이요. 금력, 협의 등으로 타국가를 병유(倂有)함을 극비(極非)라 하는 동시에 암암(暗暗)히 당시 1,2국의 태도를 비난하였으며, 더욱 제4조에 국제간의 분쟁에 관한 국채를 부인하고, 제5조에 무력으로써 타 국가에 간섭치 못할 것을 선언하였으며, 제2장 결정조항 제1조에 각국의 정체는 공화정체로, 동 2조 3조에 시민권의 제한을 세운 것과 같음을 보면 평화론의 본정신이 당시 국외국내의 제다(諸多) 현상에 대한 일대 선전(宣戰)이라 할 것이라. 일언으로 폐하면 씨의 영원평화론은 논리정연한 논문이라 함보다 씨의 열심(熱心) 고창(高唱)한 일종 주장이라 볼 만하도다.

훌륭하다 할지라도 칸트는 당시 독일의 묘호(眇乎)*한 일 학자이며 그런 중에도 그의 평화론은 인식론에 비하면 논리도 잘 닿지 못하는 조본(粗本)뿐이니, 그 당시에 있어서는 일 보통 논문에 불과하였을 것이다. 그러나 백여 년 후의 금일에 있어서는 여하한가. 그윽이 생각하면 먼저 구주 대전 마감회의(磨勘會議)*의 기준이 된 윌슨[韋日遜] 씨의 14개조 중 민족자결, 무병합주의와 같음은 그의 평화론 중 제1장 제2조의 포명(布明)에 불과함이며, 금일 세계개조의 신산품 되는 국제연맹은 또한 평화론 중 제2장 제2조에 보인 평화적 동맹의 실현에 불과함이며, 그 외 이미 금일의 문제된 군비축소 비밀조약 폐기와 같음도 또 이 평화론 중의 주창 아님이 없으니 진리의 족등(足凳)* 위에선 학자의 성언(聲言)도 그렇게 징험한 것은 아니로다.

眇乎 眇는 애꾸눈이라는 의미로 여기서 묘호는 근시안적이라는 의미로 보임.

磨勘會議 마감(磨勘)은 중국에서 관리들의 성적을 매기던 제도.

足凳 발걸상.

세계의 영원평화 실현만 되었으면 얼마나 경행(慶幸)스러울까. 그러나 오인(吾人)의 소견으로써 말하면 이의 영원평화는 제다(諸多) 국가민족 간의 약속적 문서로써 이뤄질 것이 아니요, 각 국가 각 민족의 지덕(智德)을 근기(根基)로 한 자각에 의하여 축점적(逐漸的)으로 실현될 것이니, 동시에 각 국가 각 민족의 지덕 향상, 곧 문명 정도의 향상은 시일의 추이를 요함과 함께 세계의 영원평화도 또 기다(幾多) 시일의 추이와 더불어 보일보(步一步) 실현될 것이라. 오인(吾人) 생활의 고석(古昔)을 소구(溯究)*하면 전투상태에서 일보를 벗어나지 못하였으니 그때에는 이부락(異部落) 이방국인(異邦國人)에 대해서는 물론이요, 자기 이외의 사람은 모두 적으로 인식한지라. 실로 천하 영일(寧日)이 없었으나 각 민족의 지덕이 점차 발전되며 마침내 사회국가를 형성하여 비로소 일 사회 일 국가의 평화를 득하였다. 이로부터 동일민족 동일국민에 대하여는 적대심을 불여(不茹)*하나, 이 민족 이 국민에 대하여는 여전히 구수시(仇讐視), 노예시하여 무슨 사단만 있으면 호상 전쟁을 야기하여 세계의 평화를 교란하나니 근대 세계의 형편은 바로 이 상태에 있다 할지라. 그러나 일반 민중의 지덕 향상은 자기의 가족이나 혹은 자기의 동포를 사람으로 인정함과 함께 타의 가족 또는

溯究 거슬러 궁구함.

不茹 茹는 탐하다, 방자하다는 뜻. 不茹는 함부로 사용하지 않는다는 뜻으로 보임.

타국의 동포에 대하여도 또한 사람으로 인정하여 사람과 사람 사이의 침략이 인도가 아님을 자각하게 되며, 또 가끔 가끔 일어나는 국가와 국가 간의 전쟁은 직접간접으로 이의 자각에 가세하여 평화의 성립을 촉진하는 중인즉 어느 시대를 불문하고 세계는 부단히 그 행정(行程)을 나아간다 할지라. 하물며 구주대전의 종국과 함께 세계의 민중은 각자의 총 생활표를 개조 창조(刱造)하여 정의 인도의 큰 기치 하에 집중코자하는 오늘날이리오. 아아, 영원평화의 서광은 하늘 일방에 빛나기를 시작하였도다. 18세기에 있어 외로이 평화론을 초안하던 칸트 그이로 하여금 자기의 이상이 착착 사실로 출현되는 오늘날을 본다 하면 그 느낌이 과연 어떠할까.

22. 신의적 외교

■ 『신한민보』 1921년 1월 13일자 논설. 외교는 도덕상의 문제이므로 일본이나 독일처럼 간계와 음모가 아니라 신의로써 해야 한다고 강조하고 있다. 신의적 외교란 어느 나라를 가든지 신의로써 그 나라의 풍속과 예모와 형편과 법령을 따르고 그 나라의 국례와 국시와 국사를 존중한다는 말이다. 개인 차원의 일상외교를 통해 문명 민족이 될 수 있다고 주장한다.

외교도 다른 데와 같이 도덕상 문제가 있으니 외교에 지식도 필요하고 수단도 필요하나, 지식이나 수단만 의뢰하고 도덕이 결핍하던 결국의 실패를 면치 못하나니 당장에는 혹 성공과 비슷한 무엇을 얻는다 하더라도 그는 잠뿐이요 필경은 도리어 그 소위 성공은 화를 기를 수 있느니라.

16세기로 19세기까지 유럽 외교가들은 단순히 교묘한 수단을 의지하여 온갖을 다하려 하고 이를 도리어 굉장한 일이나 재주로 알아 수치 없이 혹 자랑까지 하였으니, 루이 14세와 엘리자베스 여황과 디스우렐레*가 다 그 전례라. 그러나 그들의 소위 외교 수단은 필경 실패에 돌아가고 그 남은 것은 빈 구름과 같이 되었으며 자기들의 소위 일만 실패하였을 뿐만 아니라 실상 그 후에 막대한 화액을 양성하였으니, 세계 대전란들의 기본 원인을 미루어보면 그 뿌리가 다른 데 있지 아니하고 저 소위 외교가들의 외교 수단으로 말미암아 나아 온 것이니, 그들의 소위 외교 수단은 다른 것이 없고 다만 간계와 음도로 속임질뿐이었던 까닭이로다. 최근에도 벌써 망한 독일과 장래 미구(未久)에 망할 일본을 보라. 그들의 외교수단은 음모 관계뿐이니 그 나라들은 비밀 정탐과 신문 선전으로 내정의 요소와 외교의 기초를 삼으니, 그 나라들이 망하지 아니하면 어느 나라가 망하겠는가?

디스우렐레 영국의 수상 벤저민 디즈레일리(Benjamin Disraeli, 1804~1881).

은나라의 거울이 멀지 아니하고* 앞바퀴가 뒷바퀴의 증거니* 남이 망하는 것을 보면 우리의 갈 길을 택정할 수 있으며, 남의 경력이나 저의 경력을 물론하고 만일 경력에서 능히 배우지 못하면 그 민족은 우둔하고 멸망을 자취하는 민족이라. 우리는 어떠한 민족으로 자처하는가. 우리는 물론 지혜스럽고 도덕 있

은나라의 거울이 멀지 아니하고 은감불원(殷鑑不遠). 망국의 선례는 바로 전대에 있다는 뜻. 『詩經』 「大雅篇」에 "은나라 거울은 먼 데 있지 않다. 전대인 하나라에 있다"[殷鑑不遠 在夏后之世]라는 말이 나온다.

는 민족으로 자처하는 터이니, 그러면 저 남의 외교수단과 그 결국의 실패를 보아 우리는 그 수단과 반대되는 수단을 쓰고 그러함으로 영구한 복을 취할 것뿐이로다. 특별히 지금 우리는 외교가 필요한 시기에 있으니 우리의 외교수단을 무엇으로 정하겠냐 하는 것은 오늘에 특별히 연구하고 생각하여 볼 문제로다. 혹 어떤 사람은 저 일본과 독일의 지나간 다른 제국 외교가들의 일시 성취만 보고 그 표면적 일시 성취에 혼이 취하여 정신을 잃고 그 수단을 배워와 일시 승리를 구할 이도 없지 아니하나, 그러한 이는 적은 것은 것을 보고 속히만 하고자 하는 몰상식한 일이라. 그런 즉 저 제국적 외교가들의 습관적 외교수단의 절대 반대되는 외교수단은 무엇인가 그는 곧 신의적 외교수단이라.

그전 어떠한 사람은 공자가 만인 군대의 장수가 되었다면 손빈*, 오기*의 일을 하지 못하였으리라 하는 이가 있었으나, 그는 곧 신의적 장수가 있을 줄로 생각지 못한 말이라. 지금도 그와 같이 외교가가 되고도 신의적으로 할 수가 있으니 신의적 외교가의 성취는 참 성취요 영구한 성취로다. 윌슨 씨의 14조건 중 여러 조건은 신의적과 공개적 외교를 주장함이니 이를 혹 어떠한 이는 비소하기도 하며 당장에 보는 바로는 씨의 외교원 측이 파리 평화회석에서 말할 수 없는 실패를 당한 듯하나, 필경 어느 말이고 이 세상 전란을 십분의 일이라도 감소할 수 있을 국제사회가 조직되려면 그것은 일시에 실패인 듯하여 보이는 윌슨 씨의 경영이 실현되는 데 있을 것이며, 바꾸어 말하자면 이번 파리 평화조약도 다만 미래 대전란을 예비하여 놓은 것뿐이니 신의 없는 외교의 후환이 이와 같으니라. 우리는 화를 취하겠는가 복을 취하겠는가. 그 대답은 지혜로운 자를 기다리지 아니하고 가히 알 수가 있고 그럼으로 그 대답을 이에 할 필요가 없을 줄로 확신하노라. 지금 우리 경우에 무엇이 신의적 외교냐 하면 우리는 나라를 잃고 해외 각국으로 유리표박*하는 사람들이니 임시정부에서 하는 외교도 외교거니와 그보다도 일층 더 큰 외교는 곧 우리 개인들의 일상외교니라. 우리는 외국 사람들을 상종치 아니할 수 없으니 매일 상종하는 것이 다 외교라 할 수가 있고 그 외교의 힘이 가끔 가다가 무슨 사정을 신문상에 반포하느니보다 더 깊고 먼 영향을 주느니라.

가령 우리 각 개인의 행동이 신의에 벗어나는 것을 외국 사람의 눈에 보이면 정계상 외교가 다 소용이 없이 될 것은 누구든지 알 수 있으며, 우리가 문명한 민족이라는 것이나 우리가 억울히 망함을 당한 민족이라거나 우리가 세계 사람의 동정을 얻을 만한 민족이라 자증하고 자처할 지경이면 그것을 말로만 할 것이 아니요, 일과 행위로 증명할 것이며, 문명한 사람이 어떠한가. 그 사람들은 그들이 가는 나라의 풍속과 예모와 법령을 따르는 것이니, 그것이 족이라는 말

앞바퀴가 뒷바퀴의 증거 복거지계(覆車之戒). 『漢書』에 나오는 말. 앞 수레가 뒤집히는 것을 보고 뒤 수레는 미리 경계한다는 뜻. 앞사람의 실패를 본보기로 하여 같은 실패를 하지 않도록 조심함을 비유한 말.

손빈 孫臏. 중국 전국시대 제나라 무장. 위나라 군사와 싸워 크게 이겼고 조나라를 도와 위나라 군사를 격파하였다.

오기 吳起. 중국 전국시대 병법가(B.C.440?~B.C.381). 증자에게 배우고 노(魯)나라, 위(魏)나라에서 벼슬한 뒤 초(楚)나라에 가서 도왕(悼王)의 재상이 되어 법치 개혁을 추진하였다. 병법서 『오자』(吳子)를 남겼다.

유리표박 流離漂泊. 일정한 거처와 직업 없이 떠돌아다님.

을 도저히 들을 수 없으며, 더욱 법령을 위반하여 주색잡기에나 종사하고 술주정과 싸움으로 일을 삼고, 아편이나 다른 독약을 매매하거나 사용하는 것으로 장기를 삼으면 그 사람이 어찌 남의 동정을 얻지 못하는 것만 한탄하며 원망하리요. 이러한 일들이 얼핏 보면 다 저희 일이요 남의 신세에는 별로 상관이 없는 것인 듯하지만, 이 세상 온갖 칭찬이나 책망이 거진 다 제일 제가 잘하고 못하는데 달린 것이 아닌가. 또한 어떤 사람들은 공연히 그 거류국의 보호를 받고 은혜를 받으면서도 까닭 없이 욕설이나 하니 그들의 안목은 참 이상도 하도다. 또한 특별히 미국으로 말하면 지금 미화 운동에 특별히 주의하는 터이라. 미화라 함은 미국의 풍속과 예모와 법령과 이상을 복종하는 것으로 주요점을 삼은 것이어늘 우리 동포의 대부분은 풍속과 예모와 법령과 이상은 그만두고 언어도 통하지 못하며 나자세나하고* 사세만 빙자하니, 그 실상인즉 나이가 많아 배우지 못하는 사람도 심히 소수요 참 사세가 할 수 없어 배우지 못하는 사람도 심히 소수요, 그 실상인즉 하려하지 아니할 까닭으로 못한 것뿐이라. 어느 나라에 들어가든지 그 나라 안에 수십 년 십여 년 혹 사오 년씩 되어도 물 한 그릇 달라 하는 말도 하지 못하거나 할지라도 말이 되지 아니하게 하면서 도도히 말마디나 하는 사람을 보면 비소나 조롱만 하는 이도 없지 아니하니 그것이 다 한심치 아니한가. 그들은 자기들의 수치를 모르고 민족 전체에게 돌아오는 수치도 알지 못하고 공연히 되지 아니한 고집과 벽성으로 지조를 삼는 까닭이라. 중국 사람들이 속옷이나 잠신을 신고 중국 풍속을 자랑하며 서양 것을 비소하는 것과 인도 사람들이 머리 동여 맨 것과 뱀 먹는 등의 폐풍을 계속하면서도 서양 사람의 풍속만 비방하는 것이 우리나라 사람들이 영어 배우는 것을 싫어하거나 비소하는 것과 그 차이가 얼마 되지 아니하나니, 맹자 일찍이 말씀하였으되 남의 나라 지경에 들어서거든 그 나라 국법을 물으라 하였으니* 그 뜻을 미루어 보면 다 각각 저의 나라 언어 풍속을 남의 나라에 가서는 쓸 수 없는 것을 의미함이로다.

우리는 또한 어느 나라에 가든지 그 나라에 대하여 우리 나름 충성을 다할 일이니, 그 나라 신민이 하는 의무를 조금이라도 회피하거나 모면하지 아니하여야 문명 민족의 대우를 문명 민족에게 가는 보호를 받으리니, 신민의 의무는 세납과 군대에 가는 일이니 신민의 의무는 세납과 군대복역 등이라. 그러한 의무들을 할 수 있는 데까지는 다하여야 되겠으니 그 복역을 정성껏 함으로 비로소 그 나라 사람의 참 동정을 얻을 수 있는 바이라. 이 세상에서 공것이 없으니 남의 십분 보호와 십분 동정을 얻으려면, 내가 그 사람 한편 동정이나 한편 정을 바라는 것은 노름정신 중에 제일 험한 종류니 노름꾼도 밑천을 들이지 아니

나자세나하고 의미불명.

맹자 일찍이 ~ 하였으니 『孟子』 「梁惠王章」에 나오는 말로 원문은 "제가 국경에 이르러서 나라에서 엄격하게 금지하는 것을 물은 후에 감히 들어왔습니다"[臣始至於境 問國之大禁 然後敢入].

하고는 할 수 없는 까닭이라. 이에 남의 동정과 보호를 값주지* 아니하고 받기를 바라리오.

그러한즉 우리의 지금 신의적 외교라 함은 다른 것이 아니요 다만 어느 나라를 가든지 그 나라의 풍속과 예모와 형편과 법령을 신의적으로 따르고 그 나라의 국례와 국시와 국사를 존중히 하여 가급적 정도와 범위까지 신의적으로 복역하는 것을 말함이라. 우리는 이것을 하였는가. 이왕 하였으면 장차 하겠는가. 그것을 하고 아니하는 것은 (어찌되었든지 못할 것은 아니니) 우리의 성의에 있고, 우리의 성의가 곧 우리 외교의 주요점이라 함이로다.

값주지 원문은 '갑쥬지'.

23. 김억, 국제공통어에 대하여

암만하여도 이 문제를 여러분의 앞에 제출하지 아니 할 수가 없게 되었습니다. 더욱 최근의 세계 사조는 날을 따라 달을 따라 이 문제의 필연적 해결을 강징(强徵)*시킵니다. 이 필연적 해결을 구하는 문제—국제공통어의 문제는 우리 조선을 제(除)한 이외에는 유럽 또는 남북아메리카, 가깝게는 일본, 중국에서는 공명(共鳴)의 해결을 얻어 꽤 실행됨에 따라서 일본에선 이번 의회에까지 제출되어 그 운동이 일일 또 일일(日日)로 기운차게 계속되어집니다. 나는 이러한 세계적 운동이라고 할 만한 소식을 들을 때마다 우리 조선에도 이 운동이 멀지 아니하여 생겨날 줄을 믿었습니다마는 불행스럽게도 이 운동이 아직 생겨나지 아니 하였습니다. 내가 지금 이 문제에 대하여 먼저 일반 유식계급에게 한번 생각하여 봅시다 하는 심정을 표백(表白)*하려고 합니다. 이 문제는 적어도 조선의 문화 또는 실업, 더 나아가서는 세계적 사조의 순응에 큰 관계가 있다고 합니다. 이러하기 때문에 이 문제를 그대로 등한시할 수 없는 것임에 반드시 깊은 사고가 있어야 할 것입니다. 이러한 모든 것은 나로 하여금 「국제공통어에 대하여」에 대하여 붓을 잡게 한 바입니다.

여러분이 만일 이 국제공통어를 조소와 경멸로 맞으며, 또는 실현되지 못할 유토피아라고 한다면, 나는 무엇보다도 먼저 그러한 자족의 편견을 버리고, 엄정하게, 또는 비판적으로 생각하여 보기를 바랍니다. 우리는 더욱 우리 조선사람은 지금 어학을 받으려 합니다. 이에 대하여 어떠한 좋은 방침을 생각할 필요가 없겠습니까 하는 것이 먼저 누구에게나 있을 줄 압니다. 이에는 국제공통어가 있었으면 하는 느낌이 있을 것입니다. 더욱 그 공통어라는 것은 어떠한 사람을 물론하고 무조건으로 채용될 만한 것이었으면 하는 것이 다 원하는 일일 줄

■ 국제공통어의 필요성을 주장한 김억의 논설. 김억은 『개벽』을 비롯한 여러 잡지에 에스페란토 교육에 관한 글을 연재했고 이 글은 그의 첫 번째 논설이다. 김억은 사람에게는 모국어와 국제공통어라는 두 가지 언어가 필요하다며 특히 후자의 필요성을 인류의 상호이해 및 상호부조를 위해 강조하고 있다. 출전은 『개벽』 22호(1922년 4월호).

■ 金億(1896~?) 1914년 『학지광』에 「이별」 등을 발표하여 창작 활동 시작. 낭만주의 성향의 『폐허』와 『창조』동인으로 활동. 에스페란토 보급에 앞장서는 등 다양한 활동을 펼침. 1924년에는 『동아일보』 학예부 기자로 입사. 일제 강점기 말기에 제2차 세계대전 중 전사한 야마모토 이소로쿠의 죽음을 애도하는 내용의 「아아 야마모토 원수」(1943) 등 친일시 발표. 국민총력조선연맹과 조선문인협회, 조선문인보국회 간부를 역임. 한국전쟁 때 납북. 최초의 번역 시집인 『오뇌의 무도』(1921)와 창작 시집 『해파리의 노래』(1923), 『봄의 노래』(1925), 『먼동 틀 제』(1947), 『민요시집』(1948) 등이 있음.

强徵 강하게 요구하다.
表白 생각이나 태도를 드러내어 밝힘.

로 압니다. 말하자면 세계의 공통적 재산이라고 할 어학이 있었으면 누구에게나 좋을 것이며 편리하겠습니다. 그러면 어학의 태중(太重)한 과세에 과산되려는 두뇌가 그 화액을 면할 수가 있겠습니다. 생각하여 봅시다. 얼마나 많은 시간과 노력을 우리는 외국어를 배우기 위하여 낭비하였습니까. 그리고 우리는 얼마나 외국어에 정통되었습니까. 말할 것도 없이 그렇게 오랜 시간과 많은 노력을 도비(徒費)*한 결과, 우리는 외국사람과 만나서 외국어로 얼마만한 정도까지 의사교환을 할 수가 있는가하고 생각할 때에는 대단히 한이 되며 우습습니다. 그리고 얼마나 많은 시간과 정력 또는 금전을 외국문 서적을 번역하기 위하여 허비하였습니까. 그리고 우리는 얼마나 원문의 묘미를 역문(譯文)에서 맛보았습니까. 여러 말 할 것도 없이 역문에서는 원문의 진미를 맛볼 수가 없었습니다. 역문은 오역이 아니면, 진미(眞味) 없는, 씹다 남은 우육(牛肉)과 같은 것이었습니다. 이 점입니다. 국제공통어만 있으면 우리는 모든 국민의 작품을 그대로 맛볼 수가 있으며, 모든 국민의 사상과 의사를 조금도 틀림없이 교환할 수가 있습니다. 모든 민족, 또는 국민의 사이에 깊이 쌓여진 성벽을 무너뜨리고, 모든 민족, 또는 국민의 마음과 마음은 서로 충분한 이해의 왕래가 있을 것입니다. 얼마나 많은 질시가 서로 심적 접촉이 없기 때문에 생기었으며, 얼마나 많은 오해와 편견이 서로의 심중에 잠겨 있어 큰 폭발을 지으려 하였습니까. 거듭 말합니다마는 민족과 민족, 국민과 국민을 분별시켜, 돌이해로 있게 한 것은 민족적 특성과 역사적 인습도 있겠습니다마는, 무엇보다도 의사교환의 기관, 다시 말하면 언어가 통용되지 못한 것이 그 가장 큰 원인인 듯합니다. 그리고 문화의 정도—이 때문에 인종차별의 편견까지 생기는 문화의 정도도 또한 이국이음(異國異音)이기 때문인 줄 압니다. 더욱 근세에 와서는 응용과학의 진보에 따라 교통이며 모든 것이 편리하게 되기 때문에 각자의 사상 교환 또는 각자의 문화를 바꾸기에는 어학만이 통절한 필요를 느끼게 합니다. 지금까지 오며 넘을 수 없는 굳게 쌓인 동, 서의 문화는 시시각각으로 성벽을 파괴하려고 합니다마는, 다만 언어라는 것 때문에 아직 엄연한 경계를 지키고 있습니다. 목하(目下)의 세계적 대세는 정신적 통신을 요구합니다. 오랜 물질적 또는 기계적 문화는 지금 한 걸음 내디뎌, 정신적 방면으로 들어가며, 서로 정신과 정신의 이해를 구합니다. 이리하여 세계 인심은 대단히 이 새 정신적 이해의 세대를 맞기에 분주하였습니다. 지금 새 문화는 민족 단위를 벗어나서 세계 단위가 되려고 합니다. 문화생활은 국제생활을 의미한 것입니다. 국제생활과 국가생활은 호상부조하는 것입니다. 여기에 무엇보다도 어학의 필연적 필요가 생깁니다. 더욱 동양에 있어는 물질적 정신적 문화가 저 서양보다 떨어진 동양 사람에게는 어

徒費 헛되이 씀.

학을 될 수 있는 대로 많이 강징시킬 필연이 생겼습니다. 봅시다, 영어를 배우며, 불어를 배우며, 독어를 배우며, 노어를 배우며, 다른 많은 어학을 배웁니다. 이들 어학 하나만을 학습한다 하여도 우리의 일생은 오히려 시간이 부족하며 그밖에 정력이 부족합니다. 물론 이러한 것을 다 학습할 수도 없는 것입니다. 도리어 많은 어학 때문에, 마치 꿩무리에 매를 놓은 모양으로, 하나조차도 완전한 정통에 이르지 못하고 맙니다. 우리의 시간과 정력은 아무런 뜻 있는 결과를 맺지 못하여, 한갓 무위로 돌아갔음을 서러워하게 될 뿐입니다. 이러하고도 오히려 아무런 방침을 생각하지 아니 하겠다고 하겠습니까.

두 가지 어학—모국어와 국제공통어—이 필요하게 됩니다. 나는 언어 기원에 대하여는 말하려고 하지 아니 합니다마는 어찌 하였으나 모국어, 나면서부터 배운 말, 또는 사람의 자연적 정동(情動)으로 생겨난 말은 아무리 하여도 버릴 수가 없습니다. 이야말로 어떠한 민족을 물론하고 그 민족의 정신이며, 또한 그 민족을 살리는 것이기 때문에, 어떠한 강력적 과징(課徵)*으로도 이것을 잊게 하거나, 또는 사용치 못하게 하거나 할 수는 절대로 불가능한 일입니다. 이에 대하여는 우리가 얼마나 많이 역사에서 그 사실을 보았습니까.

課徵 부과 징수함.

모국어가 민족의 민족적 정신을 보지하기 때문에 식민책으로는 반드시 정복자가 피정복자에게 모국어의 사용, 또는 망각을 요구합니다. 그리하고 자기(정복자)의 언어를 강징시킵니다. 그러나 우리는 얼마나 그러한 식민정책이 성공하였는가를 생각할 때에는 더욱 모국어의 위대한 정신을 힘 있게 느끼지 아니할 수가 없게 됩니다. 이 점에서 국제공통어는 자기의 언어를 피정복자에게 강징시켜서 그 고유의 정신을 빼앗는 것으로 유일정책을 삼는 정복자에게 저주의 맹렬한 찬사를 들인 것이라 하지 아니 할 수가 없습니다.

그러기에 자국인 대 자국인하여서는 자국어를 사용하여야 하겠습니다. 그리고 민족 대 민족, 또는 국민 대 국민 하여서는 별달리 의사표백, 또는 사상교환의 기관이 있어야 하겠다는 필요가 생기며 또한 이 위에 말함과 같은 문화문제에 대하여 가장 중요한 사건이 생기는 바입니다. 그것도 그러하려니와, 각각 자기의 향토어를 존경하자 하는, 말하자면 민족적 정신을 존숭하자는 의미도 이에 있습니다. 외국인에 대하여 외국어를 사용하는 것으로 대단히 자족하여 하는 인사가 적지 아니 합니다마는, 생각하면 우스운 일입니다. 그야말로 자기를 자모(自侮)하는, 좀 더 크게 말하면 자기의 민족을 스스로 멸시하는 것이 아닌가 하는 생각을 하지 아니하여야 하겠습니까. 배외주의의 정면은 말할 것도 없이 자모의 결정입니다. 이에 다시 한 번 유식계급의 밝은 사고를 바랍니다.

배외열을 근본으로 파괴하기 위하여는 어떤 민족 또는 어떤 국민을 물론하고 무조건으로 채용, 또는 사용될 만한 국제공통어가 필요하여집니다. 이 국제공통어야말로 현재 사용되는 어떤 나라의 언어이어서는 아니 될 것입니다. 어디까지든지 엄정한 중립성적 언어라야 할 것입니다. 그리하고 국어 특유의 관용어법, 또는 학습하기 어려운 불평이(不平易)한 언어, 명석성이 없는 불분명성적 언어, 이러한 모든 조건이 있어서는 중립성을 가진 국제공통어의 정신은 나타내는 것이라 할 수가 없습니다. 그리고 너무 인조어(人造語)적이어서도 아니 될 것입니다. 반드시 여러 나라의 언어를 통하여 어원은 일치한 것이라 하겠습니다. 또는 널리 모든 국어의 어원에서 빼내어 오지 아니하면 아니 될 것입니다. 이러한 여러 가지 난관의 조건이 있기 때문에 지금까지 오며 국제공통어로 백유여종(百有餘種)이 있었으나, 다 실현되지 못하고 만 것인가 합니다. 무엇보다도 어학인 이상에는 극히 세미(細微)하고 가장 주밀한 심적 현상까지라도 표백할 수가 없어서는 물론 있으나 마나에 지나지 못할 것입니다.

국제공통어는 이러한 정신과 이러한 조건을 가진 언어이기 때문에 그 사명은 대단히 큰 것입니다. 언어학적 이상을 실현시킬 수 있는 언어학적 최상성, 말하면 발음이라든가, 합리적이라든가, 문법이라든가, 그밖에 모든 것이 구비되지 아니하여서는 또한 아니 될 것입니다. 이러한 것을 다하여 가장 완전한 어학이 물론 자연어에는 없을 것입니다.

라틴어와 같은 것은 명석하기는 합니다마는 너무도 어렵습니다. 동사 하나의 활용만 하여도 백여 가지가 됩니다. 또한 말의 배열도 자유입니다마는 무엇보다도 학습하기가 여간만 어렵지 않습니다. 영어의 5배 이상이나 어렵습니다. 그리고 불어도 꽤 명석한 것이나 학습이 어려우며, 따라서 불어 독특의 관용어법이 있기 때문에 불어를 학습한다 함은 불어 독특의 관용어법을, 또는 불란서 정신을 배우는 데 지나지 않는다 하여도 과언이 아닙니다. 그리고 여러 가지의 조건이며, 또는 중립성적 정신이 없기 때문에 국제공통어 될 만한 자격이 없음은 말할 것도 업습니다. 영어나 독어는 더욱 말할 것도 못 될 만큼 자격이 없습니다.

그러면 새로이 이 위에 말한 모든 정신과 모든 조건을 가진 국지어를 창조하지 아니하면 아니 될 것입니다. 위에도 말함과 같이 창조된 국제어가 백유여종이나 되었습니다마는 이상의 중립성적 정신은 있으나, 무조건적 채용이 못되거나, 그렇지 아니하면 무조건적은 되나, 국제어적 정신이 없거나하여 하나도 채용되지 못하였습니다.

여기에 이상과 실현, 모든 조건, 또는 국제적 정신을 가진 어학이 지금부터

37년 전 생겼습니다. 그 어학의 이름은 에스페란토(Esperanto)라고 합니다. 물론 첨에는 극히 미약하였습니다, 마는 최근 20년 동안의 운동에는 현저한 장족(長足) 진보가 되어 금년까지 세계적 대회가 제13회째 되려고 합니다. 나는 세계적 언어학자 막스 뮐러(Max Müller)*와 저 세계적 괴물인 레오 톨스토이(Leo Tolstoy)와 그밖에 세계적 학자 여러 사람의 말을 빌어다가 말하면 '에스페란토는 온 인류의 정신을 교통시킬 수 있는 경이의 언어이다' 하는 총화를 얻게 된다하는 한 마디를 말하고 싶습니다. 그러고 구미에서는 식자, 무식계급을 물론하고 널리 통용되며 소위 '평민의 라틴어'라는 별명까지 있다 함을 말하고 싶습니다. 그러하고 작년 프랑스[佛國] 한림원에서 세계적 학자가 모여서 자금(自今) 이후로는 과학의 저작은 에스페란토어를 채용하자는 결의까지 있었습니다. (중략)

막스 뮐러 프리드리히 막스 뮐러(Max Müller, 1823~1900) 독일의 철학자이자 동양학자. 인도사상에 대한 학술서적과 대중서적을 썼으며, 산스크리트어 연구로도 유명함.

말은 다시 근본으로 돌아가야 하겠습니다. 저 서양 사람들은, 비교적 언어의 조직이 같으며, 따라서 어원이 같은 점이 많은 그네들도 외국어 학습난을 부르짖으며, 어학의 과과세(過課稅) 때문에 여가가 없다고 합니다. 이와는 반대되는, 즉 언어의 조직이 다르고, 어원 같은 점은 찾으라고 하여도 볼 수 없는 동양사람, 그중에도 문화의 정도가 배후 된 조선 사람에게는 적어도 어학으로 2, 3국어를 배워야만 비로소 서적이라도 볼 수가 있으며, 문화라도 수입시킬 수가 있겠습니다. 2, 3국어를 우리가 배울 수가 있으며, 또는 배운다 하면 정통할 수가 있을 줄로 압니까. 전에도 말하였습니다마는 시간과 정력은 일생을 다하여도 미치지 못할 것이며, 한갓 어학을 배우다가 자멸하고 말게 될 뿐입니다. 영어 같은 것을 가르쳐 세계 공통어라고 망상하는 이가 있는 듯합니다마는 망상에도 분수없는 망상입니다. 영국인들은 그런 망상에서 벗어나서, 에스어 보급시키기에 바빴습니다. 영국서는 소학교에서 에스어를 필수과목으로 넣은 학교가 하나둘만이 아닙니다. 런던 상업회의소 회두(會頭) 마이클 씨는 벌써 오래되었습니다마는 구주전란이 백열(白熱)되는 때부터, 무엇보다도 세계 상업공용어를 에스어로 하자는 격문을 전 세계에 돌렸습니다. 지금은 상용어로 쓰게 되어 일본, 중국에도 에스어 사용하는 외국무역상회, 회사가 하나둘만이 아닙니다. 그러고 영국에는 에스어 문예회가 있어 널리 세계 예단(禮壇)에 영국문학을 소개하면서 있습니다. 그들은 벌써 에스어에 대하여 큰 각오를 가지고 문예, 상업, 또는 과학에 장족적 활약을 하면서 있습니다. 이러한데도 오히려 영어 만능의 배외열을 꿈꾸고 있겠습니까. 유럽, 남북아메리카 그 밖에 다른 모든 주에서는 다 같이 에스어 보급에 분주해 하면서도 유공불급(唯恐不及)*할까 하는 쓸데도 없는 염려까지 있는 듯합니다. 조선 안에 영어라도 조리

唯恐不及 오직 미치지 못할 것을 걱정하다.

있는 글을 쓰며, 이해시킬 만한 회화를 할 만한 이가 몇 사람이나 됩니까. 그러고 영어에 정통하기까지에는 얼마만한 시간과 정력을 들였겠습니까. 이것은 생각할 문제이며, 또한 조선 사람에게는 심하면 사활에 가까운 중대사라고 할 듯합니다. 또 매주에 6시간씩, 심하면 7, 8시간을 영어를 위하여 중학교 5년 동안(신학제에는 5개년 한이기에) 평균 6시간 잡고 1,550여 시간을 허비한 결과, 얼마만한 영어를 압니까. 쓰지도 읽지도 못하는 중불급적(中不及的) 어학밖에 더 되지 못하는 것을 우리는 잘 기억도 하며, 아는 바입니다. 중학 정도에 어학 과세(課稅)가 너무 심하기 때문에 도리어 모국어인 조선말까지 모르며, 씀쓰기에 조소를 값하는 것이 있지 않습니까. 유식자 계급, 또는 영어 심취의 배외열 계급에게 말씀드립니다. 아직도 국제공통어의 불필요를 말하며, 조소와 자조의 편견을 버리지 아니하라고 합니까.

심원한 사고와 엄정한 비판의 세례를 준 뒤에 긍정되는 것이며 남은 어찌하였으나 반드시 실현시키도록 힘쓸 것입니다. 지금 에스어에 대하여 벌서 사고와 비판의 때, 다시 말하면 이상에 있지 아니하고, 현실임을 생각하여야 할 것입니다. 조선을 제한 외에는 다른 나라에서는 에스어의 실용이 오래된 까닭입니다. 모든 나라는 에스어로써 자국의 모든 것을 세계에 소개하며, 문화의 수입수출에 벌써 복리를 누리고 있습니다.

외국사람과 내가 주고받는 에스어 통신에는 "조선에는 에스어 보급이 어떻습니까. 대개 보면 아시아에서는 영어를 많이 배운다고 하니, 왜 어려운, 세계적도 아닌 어학을 많이 배우라고 하는지 모르겠습니다. 조선에도 영어 사용자가 많겠습니다" 하는 글귀가 있습니다. 이런 말을 읽을 때에는 나는 대단히 딱합니다. 이러한 때에는 에스어의 필요를 일반 식자계급, 또는 배외 심취자에게 말하고 싶었습니다마는 에스어의 소양도 적은 사람이 말하는 것보다, 좀 더 소양도 많고 박학의 인사가 있어 반드시 진정한 심정을 표백하여 주기만 기다렸습니다.

그러나 지금까지 아무런 소식이 국제공통어에 없으므로, 이에 이 문제를 끄집어내어 먼저 유식계급의 사고와 비판을 바라며, 이만하고 붓을 씻습니다.

OS에서

24. 이돈화, 인류상대주의와 조선인

■ 『개벽』 제25호(1922.7.10.)에 실린 이돈화(李敦化)의 논설. 이돈화는 국가절대주의에서 국가상대주의로, 그리고 민족상대주의에서 인류상대주의로 나아가는 미래역사를 주장하고, 국가를 초월하고 민족을 포용한 세계동포주의를 제창하며, 이를 위해 개인의 개성 발달과 정치적 활동보다 정의인도를 추구하는 사회적 운동을 강조하고 있다.

■ 李敦化(1884~?) 1902년에 동학에 입교, 1920년 월간지 『개벽』(開闢)을 창간하여 1926년 강제 폐간될 때까지 주간을 맡음. 1922년 『부인지』(婦人誌), 1926년 『신인간』(新人間)을 창간, 편집인 겸 발행인. 1923년 천도교청년당 창설에 참여, 천도교 종법사와 총부대령 등 교단 간부 역임. 최린이 주도한 천도교 신파에서 이론가 역할을 함. 태평양전쟁 중 조선임전보국단에 참여하고 직접 연설을 하는 등 일제에 협력. 광복 후 북한에 거주하다가 한국전쟁이 발발 후 행적을 알 수 없음.

1. 최근 주의할 만한 2대 사실

한실(漢室)의 명신(名臣) 제갈량이 일즉 자기의 소신을 말하여 왈 "나의 평생은 오직 내 스스로가 알 뿐이라"하였나니 우리는 제갈량의 이 말을 빌어 말하길, 조선인의 행복은 먼저 조선인으로써 조선인 자기를 선(善)히 해석함에 있다 함을 마지 아니하노라. 즉 조선인 된 우리는 먼저 조선의 현재를 선히 해석하며 장래를 선히 추측할 필요가 있으며 그리하여 그에 대한 선후책(善後策)을 철저히 강구하며 따라서 선후책에 대한 주의, 주장을 절규하여 최후의 목적을 인류 전반으로 더불어 함께 해결함에 있다 하리라.

조선인으로 먼저 금일의 조선을 선히 해석하라 함에 미처 나로써 이를 보건대 현재 우리 조선인으로 가장 크게 주의를 요할 자는 오직 2대 가공할 사실이 있다 하나니 하나는 내부 즉 동포 간에 대한 일이오, 다른 하나는 외부 즉 세계 대세에 대한 일이었다.

첫째, 내부에 대하여 크게 주의할 문제는 동포 상호의 쟁투이니 과거의 사실로 보던지 현재의 경우로 보든지 상인(常人)의 보통심리로 보든지 이러한 처지와 기회로 있어서는 동포상쟁의 악사(惡事)가 일어나는 것을 다소 피치 못할 일이므로 우리는 이 시기에 있어 먼저 이 현상에 대하여 크게 주의를 가하여야 하겠다 하는 말이다. 대개 동포 간에 쟁투가 일어나는 원인은 두 가지의 기회가 있나니 하나는 쇄국시대에 있어 외인(外人)과 접촉이 없을 때에 일어나는 것이오. 하나는 개방시대에 있어 외인과 교섭이 빈번한 때에 그 동기로부터 일어나는 것이라. 우리 조선의 실례로써 보면 일즉 폐문자처(閉門自處)할 시대에 4색의 당파가 상호 동포 상식(相食)의 악참(惡慘)*이 있었나니 이것은 외계에 대한 상대방이 없는 때에 민중의 쟁투심은 스스로 동포와 동포를 상대로 하여 필경 패국망가(敗國亡家)의 근원을 초래하게 한 것이라. 그러나 이것은 이미 과거에 속한 자임으로 금일 이후는 결코 이러한 원인의 쟁투는 없을 것이오. 현재로부터 최대 주의할 자는 제2원인에 속한 자이니 민족적 쟁투심이 일시 외계에 향하여 긴장하였다가 점차 그 외계에 대한 항력(抗力)이 만완(漫緩)*하게 되면 그들의 쟁투심은 외계에 대한 반동으로 말미암아 필경 동포상쟁의 지경에 이르게 되는 것이라. 비유컨대 타인에게 모욕을 받은 용렬한 가장이 그 여분을 문득 가족에 향하여 설치(雪恥)*함과 같이 1민족 혹은 1국가의 일 또한 이와 같아 외계(外界)에 일이 있을 때에는 전국민의 쟁투심이 대적(對敵)에 향하여 적개심을 일으키나 그러나 일조(一朝)에 그 사건에 실패를 당하든지 혹은 만족의 해

惡慘 흉악하고 참혹함.

漫緩 완만.

雪恥 부끄러움을 씻음.

결을 얻지 못하는 시는 그의 적개심은 홀연 내부적인 자기네의 동포에 향하여 옴으로 필경 동포가 상쟁하는 불행의 변을 보게 되는 것은 이 세계 역사에 소연(昭然)*한 사실이오, 또는 어떤 국가 어떤 민족을 물론하고 다소 이 현상을 면하기 어려운 것이라. 이러한 원인을 추구(推究)하여 현재 우리 조선사회의 현상을 일감(一瞰)하면 우리의 금일은 모든 경우가 정당 혹은 불행의 기회에 접촉치 아니하였는가 함을 오인은 심히 두려우니 보라. 최근 이래 우리 사회에서 소위 신구충돌이라 하며 혹은 사상충돌, 감정충돌로써 동일한 단체 간에 분쟁이 누차 일어나며, 연장하여 단체와 단체, 개인과 개인과 간에 호상 악구악평(惡口惡評)이 일어났음은 세인이 공지(共知)하는 바이어니와 만일 이 투쟁이 일층 악화한다든지 또는 일층 만연하여 신구의 문제보다도 혹은 사상의 문제보다도 대외 항력의 반동으로 일어나는 순수 악감정의 충돌로 인하여 동포상쟁의 변이 일어난다 하면 불행의 사실로 이보다 큰 것이 없을지라. 물론 동포 간 상쟁이 순연한 공분(公憤)에서 일어난다던지 혹은 파사현정(破邪顯正)*의 관념으로 나오는 것이라 하면 이러한 쟁투는 어느 시대 어느 국민을 물론하고 항상 있는 일이며, 또 항상 있음이 어떤 점에서 그 시대 그 국민을 위하여 이익이 될 점도 업지 아니할 것이나 그러나 일이 이에서 나오지 아니하고 사리사욕과 혹은 당리당쟁으로 침침연(浸浸然)* 동포 구수(仇讐)*의 지경에 이르면 오인은 20세기의 금일에 이르러 다시 4색의 추한 현상을 다시 보지나 아니할까 함을 심히 두려우니 그럼으로 나는 이 시기를 가장 주의할 만한 운회(運會)*인 것을 일언(一言)한다. 동시에 형제에게 간절히 악운의 농락물이 되지 않기를 바라는 바이며 따라서 배전(倍前)*의 단결로 더욱이 실력과 실익을 배양하였다가 타일(他日) 성공의 기초를 준비하기를 바라는 바이며,

昭然 밝고 선명함.

破邪顯正 사악한 도리를 깨뜨리고 바른 도리를 드러냄.

浸浸然 점차 나아가.

仇讐 원수.

運會 운수와 기회.

倍前 이전보다 갑절.

둘째, 외계에 대하여 크게 주의할 문제는 세계 사조의 추향(趨向)을 양해하라 함이니 이 조선인의 금일로 크게 괄목할 대문제였다. 일즉 대전란이 종식한 이후 전 세계의 인류는 문득 군국주의의 악독을 심히 기피함에 이르러 그의 반동으로 정의인도의 소리가 일시 세계 소약자(小弱者)의 복음으로 전하게 됨에 우리 조선인도 또한 다대한 기대로써 그를 영합하며 그를 찬미함에 이르러 천하의 민심이 거의 활기, 충일한 기개로써 신생(新生)의 개선에 착수하여 왔다. 그러므로 파리 회의를 구가(謳歌)*하였고 워싱턴[華盛頓] 회의를 찬송(贊誦)하였다. 그러나 이 유명한 세계적 회합도 필경은 강자와 강자의 호상 권리옹호의 약속뿐이오, 소약자에 대한 직접의 복리는 없었으므로 천하의 민중은 다시 시운을 회의하고 시대를 주저하여 문득하면 실망낙담의 지경에 들게 되었나니 우리 조선인으로도 또한 이러한 경향의 운명 중에 농락되지 아니할까 함을 오인

謳歌 여러 사람이 입을 모아 칭송하여 노래함.

은 의혹(疑惑)하는 바이라.

원래 과거에 있던 오인의 희망은 내부에 대한 자기들의 실력적 문제보다 외부에 대한 사정의 의뢰가 많아왔다. 우리의 일은 우리가 처판(處辦)*하여야 된다는 문제보다도 외부의 대세가 우리에게 주는 바 그 무슨 기회를 바람이 많았으며 그리하여 그의 희망으로써 모든 활기가 충일(充溢)하였든 것이라. 물론 식자(識者)로서는 근본적 희망과 영구(永久)의 활기가 외계의 사정여하에 의하여 변동치 아니할 것이나 다수의 민중은 자력의 자신(自信)보다도 타력의 타신(他信)이 장대한 고로 타력이 미약함에 따라 그의 방향은 문득 실망의 편으로 기울어질 것은 사정상 그럴 듯한 일이며 또한 상인(常人)의 당연한 심리가 될지라. 즉 세계대세를 실망의 편으로 관찰하고 자기들의 원기를 스스로 저상(沮喪)*하는 것이니 만일 이러한 현상이 우리 조선인 간에 유행한다 하면 오인은 통절히 동포의 성급(性急)을 책망하고 근기(根氣)가 박약함을 질매(叱罵)*치 아니치 못할 것이라. 원래 세계의 대사라 하는 것은 결코 일조일석(一朝一夕)에 되는 바가 아니며 또는 무슨 사업을 경영하든지 그 경영은 반드시 예정한 사실 하에 낙착되는 것이 아니오, 많은 시일 많은 노력을 경과하는 사이에 실패와 성공이 호상 교차한 후에 처음으로 그 결과를 수득(收得)케 되는 것은 대개 사업상 보통 원칙이라. 이 점에서 최근 우리민족의 유신적(維新的) 활동은 아직도 준비에 초기에 있는 장래 성공의 기초일 뿐이며 선(善)히 자기의 처지와 정도를 양해하며 나아가 세계대세의 추향을 고찰한 후 동포 한가지로 저저(這這)이* 선을 축상(築上)한다면 우리의 전도는 실로 욱일초승(旭日初昇)*의 기분이 충일(充溢)하였다 이르지 아니치 못할지로다.

處辦 사무를 분간하여 처리함.

沮喪 기운 따위를 잃음.

叱罵 몹시 꾸짖어 나무람.

這這이 있는 사실대로 낱낱이 모두.

旭日初昇 아침해가 떠오른다는 뜻으로, 아침해처럼 세력이 성대해짐을 일컬음.

2. 장래 세계의 이상적 왕국

이상에 말한 두 가지의 주의건(注意件)은 요컨대 일면으로 내부의 단결을 튼튼히 하여 실력을 양성함에 전력하라 함과 일면으로 세계대세의 추향(趨向)을 경솔히 실패의 편으로 해석치 말고 더욱 전도의 광명을 기대하라 함이었다.

그러면 조선인으로 금일 취할 만한 도(道)는 무엇인가. 조선인은 원래 전쟁적 민족이 아니며, 탄식(呑食)적 민족이 아니니 우리의 역사는 평화적 기분이 충실하였고, 우리의 성질은 성선론의 도학에 감화한 미덕을 가진 자라. 다시 말하면 우리는 정의 인도로 순결한 배달의 구족(舊族)이니 이것이 족히 이로써 장래 세계에 승리를 얻을 점이오, 미래의 이상에 선취 특권을 가질 만한 소질이 있다 할지라.

조선인의 이 역사와 이 성질이 어찌하여 최후의 승리를 얻음에 가능하랴 함에 대하여는 오인은 순서상 오인의 흉중에 동경하는 장래의 이상적 왕국을 일언치 아니치 못할지니 오인의 생각한 바의 장래의 이상적 왕국은 국가로의 왕국이 아니오, 인류로의 왕국이 이 세상의 상에 출현할 것을 상상함으로써라.

인류의 왕국이란 무엇이뇨. 그는 국가와 국가를 초월하며 민족과 민족을 범위로 하여 세계 전 인류를 일단(一團)으로 하고 일대 정의 인드의 단결을 이름이라. 그럼으로 이 이상적 왕국이 실현함에 이르러는 국가와 국가의 전쟁은 필연으로 그 흔적이 사라질 것이며 민족과 민족의 탄식(呑食)은 스스로 그 그림자가 끊어질 것이오, 서로 사랑과 희열로 결합을 견고히 하며 의(義)와 도(道)로 만성(萬姓)의 행복을 공모할 것이니라. 이 경지에 이르면 세계에는 별로 강자가 없으며, 또한 약자가 없을 것이오, 오직 의리에 높은 자—만인의 모범이 되어 실로 지상천국의 실현을 보게 될 것이었다.

문득 생각하면 인류의 왕국이라 하는 것은 단지 오인의 이상일 뿐 같으며, 또 그가 사실로써 나타난다 할지라도 기백 년 혹은 기천 년 후에 속한 문제인 듯하도다. 그러나 오인은 이를 철인의 리상에 소구(溯究)하여 보고, 현대 민중의 요구에 의하여 본다 하면 인류왕국의 종자(種子)는 그 역사가 어느덧 2,000년 이상의 근거를 가졌고 또 그 성립의 최촉(催促)*과 준비의 양식은 현대에 이르러 점차 세계적으로 유행함을 암암리에 발견한 바 있도다. 개인으로써 보면 고래 철인의 이상에 말미암아 창도(唱導)된 인류의 왕국은 실로 3,000년의 역사를 가지고 왔나니, 석가(釋迦)의 자비로 표현된 평등주의이며, 기독의 사랑으로 주장한 사해동포주의도 그것이며, 서양으로는 희랍에서 일어난 플라톤의 이상향이며, 동양으로는 중국에서 유명한 노장(老莊)의 대자연주의도 또한 그것이었다. 또 최근으로는 조선의 성자—최수운(崔水雲)*의 인내천주의이며 페르시아(波斯)의 각자(覺者) 빠하*의 가르침이 더욱 현저하게 되었다. 이와 같이 인류왕국의 이상은 개인으로써 보면 대를 이으며, 시를 따라 면면이 그 사상이 관통되었고 또 그를 국가적 혹은 사회적으로 본다 하면 그의 방식과 이상이야 서로 다르다 할지라도 문명의 추세와 사조의 변천으로써 보면 그 진로가 은연리에 인류왕국의 형식으로 최촉하였으며 또 그를 준비할 양식을 형성하여 왔음이 명백하니 예를 들면,

첫째, 전쟁 상으로부터 이를 본다 하면 태고 미개한 시대에 있어는 부락과 부락이 호상 쟁투를 일으킨 원인은 태반 수욕적(獸慾的)한 생리적 충동으로부터 일어났으며 (현대 소위 문명인의 행위도 그러한 점이 없지 아니하지마는) 또 그 전쟁의 참상은 도저히 인정으로 형용키 어려운 참독(慘毒)이 있었다. 이를 중고시대의 중국사로 볼지라도 진(秦)나라 장수 백기(白起)*가 항졸(降卒)*

催促 재촉.

崔水雲(1824~1864) 동학의 창시자. 초명은 복술(福述)·제선(濟宣). 자는 성묵(性默). 호는 수운(水雲)·수운재(水雲齋). 후에 사도난정(邪道亂正)의 죄목으로 체포되어 참형되었다. 저서에 『동경대전』, 『용담유사』 등이 있다.

빠하 미르자 알리 호세인(1817~1892) 일명 바하올라. 바하이 신앙의 창시자로서 바하올라 자신이 신문명의 선지자라고 주장했다.

白起(B.C.?~B.C.257) 중국 전국시대 진나라의 장군. 병법의 대

20만을 장평(長平)에 묻은 일과 같은 것이며 초패왕(楚覇王) 항우(項羽)가 진병(秦兵)을 참살(慘殺)하며 항왕(降王) 영(嬰)을 무고히 살해함과 같은 변(變)은 천고 후 금일에 오히려 그 참혹과 절매(切罵)치 아니하는 자가 없나니 이러한 실례는 동서전쟁사에 누누이 보이는 것이라. 이 참독한 전쟁의 일에도 또한 인도의 발전이 없지 아니하여 현대 소위 문명한 전쟁법으로 논하면 결코 이 같은 참학(慘虐)은 참을 수 있지 못하나니 러시아인이 유태인을 학살함에 세계는 이를 인도문제로 책하였으며, 최근은 독일인이 독가스를 사용함에 세계는 이를 야만의 행위로 비난하여 인도문제를 제기하였도다. 이같이 전쟁상에 인도문제가 유행되야 정의를 주장하게 됨과 같음은 이 실로 인류존중의 표준으로 볼 수 있으며 특히 적십자군과 같은 전쟁상 인도주의를 구체적으로 나타나게 한 것이니 전쟁상에 부상한 부로(俘虜)를 자국의 인과 같이 취급하는 것은 고대인의 몽상에도 불급하였든 바이며 나아가 최근 대전 이후의 경향을 보면 전쟁의 참독을 절실히 느끼는 동시에 파리회의에 인도문제가 일어났으며 워싱턴회의에 군비 축소가 성안(成案)하였도다. 이로 인해 세계의 인인(仁人) 지사(志士)는 전쟁의 절대폐지론을 역설하는 중에 있은즉, 장래에 있어서는 전쟁이 쫒아 그 흔적을 끊는다 할지라도 또한 억측이 아닐 듯하도다.

가로, 기원전 260년에 장평(長平)에서 조나라 군대를 격파하여 40만 포로를 땅속에 묻어 죽였다. 후에 이를 후회하여 자살하였다.
降卒 항복한 병사.

둘째, 사상상으로 이를 본다 하면 고대에 있어는 교통 불편상 동서의 사상 혹은 학파와 학파의 사상이 호상 고집불통하여 인류로써 스스로 심리적 별천지를 짓게 되었으므로 사상의 충돌은 결국 인류와 인류 간에 호상 구수시(仇讐視)함을 면치 못하였고, 그 결과 전쟁의 원인도 또한 이에 기인한 바 적지 아니하였었다. 그러나 문명이 진보한 금일에 이르러는 동서의 사상이 호상 교환되는 동시에 다수 마연(磨硏)*을 걸쳐 점차 타협의 서광을 보게 되었나니, 종교상에서는 유래 자가의 교리만 시인하던 자도 각각 양보의 태도를 가지고 타의 진리를 공인함에 이르러 국가는 자유 신교를 허락하며, 개인은 자유 토의의 사상을 가지게 되었나니 이스엘교가 구주를 걸쳐 동양에 들어와도 무방하며 인도의 불상이 태평양을 건너 백인의 사상으로 변화하게 됨도 천리이라. 기타 일반학파의 사상 사회의 풍교(風敎)도 호상 교환에 교환을 더한 결과는 사상 상에 거의 세계일가주의를 실현한다 하여도 또한 과언이 아니게 되었다. 그리하여 인류왕국 상 더욱이 놀랄 만할 진보에 이른 것은 개성발달의 사상이니 이 사상은 드디어 국가 절대주의를 부인함에 이르러 점차 인류왕국의 준비 기초가 형성하는 중에 있음은 묵인치 아니치 못할 사실이었다.

磨硏 硏磨. 학문이나 기술 따위를 힘써 연구함.

유래 세계의 인류는 어떤 민족을 물론하고 국가절대주의를 고집하여 왔다. 국가절대주의라 하는 것은 국가로써 우주의 간에 절대지상권을 가진 자라 하여 국가로써 하는 일은 무엇이든지 비인도 부정의로 보지 못하게 되었다. 개인으로써 하는 일과 국가로써 하는 일을 절대로 구별하여 개인으로는 도덕적이 되는 일도 국가로써는 비도덕적이 된다 하였으며, 국가로써는 부정의가 되는 일도 개인으로써는 정의가 된다 하였다. 예를 들면 개인으로 사람의 재를 빼앗으며 사람의 생명을 살해함은 부도(不道)로 인정하여 극형에 처하나, 국가로써는 전쟁에서 사람을 살해하며 토지를 약탈함은 도리어 이를 충의라 하여 찬양함과 같음이 이것이라. 그리하여 국가절대주의는 어디까지든지 자국의 인류뿐이 오직 상제(上帝)의 신명을 받드는 자이오, 타국의 사람은 이를 일종의 이물(異物)로 간주하여 부로를 노예로 사역하며 금수로 대우함에 이르렀나니 중국인이 스스로 자기뿐이 중화군자의 사람이라 자처하고 사린(四隣)을 지목하여 이를 이(夷), 융(戎), 만(蠻), 적(狄)의 별호(別號)를 부여하여 인류로 대우치 아니함과 같음이며 미국이 흑인을 노예로 사역하여 금수로 여김과 같은 사실이 다 그것이었다. 그러나 이것은 어느덧 과거 진사(陳事)*에 속한 것이오, 금일의 사상계는 홀로 자국만이 신성한 인민을 가진 국가가 아니오, 타 민족도 또한 동일한 천부의 권능을 가진 동포 형제로 보게 됨에 이르러 국가와 국가와 상대한 상대주의로 변하게 되었나니 이 점이 특히 장래 인류의 왕국을 암시적으로 예약한 진보의 제1보로 볼 수 있다.

*陳事 진부한 일.

국가의 표준점이 이미 상대주의로 추락하였다 하는 이면에는 각 국가의 권리도 또한 상대주의로 변하게 되었나니, 현금 각국 간에 어떤 이권에 대하여 일국이 독점치 못함과 같음은 이 실로 이권상대주의로 볼 수 있나니, 예를 들면 워싱턴회에서 세계 각국이 중국 문제에 대하여 호상 이권의 평균을 논의함과 같음이 그것이라. 이같이 장래 인류왕국의 조짐은 개인의 사상에뿐 존재한 것이 아니요, 필연의 세로 국가주의의 상에도 암암리의 일혈맥이 유입하게 된 것은 피치 못할 천리의 유행이라 할 것이다.

3. 인류상대주의와 조선인

이상에 말함과 같이 세계의 추세는 이제 국가상대주의에 이르렀다 하면 이 앞으로 필연 닥칠 만한 일대 사실은 민족상대주의가 될 것이니 조선인 된 자는 이 점을 특히 주의할 요점이 될 것이라. 현금(現今)은 국가와 국가가 상대로 하여 그의 체면을 공인하며 그의 이권을 상보(相保)하며 그의 대우와 교제를 공인하나 그러나 그의 사상이 1보를 나아간다 하는 날에는 필연의 세로써 세계는 민족과 민족을 상대로 하여 서로 그 지위를 보존케 하며 권리를 공인케 하며 체면과 예우를 상교(相交)케 될 것이라. 국가절대주의의 시대에는 안중에 자국가만 있고 타 국가를 인정치 아니하였으며, 국가상대주의에서는 안중에 국가만 있고 민족은 없던 것이 필경 민족상대주의에 이르게 되면 세계 각 민족은 민족으로써 타 민족을 공인하여 이에 천부의 양권(良權)을 호상 공인케 될지니 이 시대에 있어 가장 주의할 요건은 일민족으로서 민족상대주의에 대한 권리를 얻으려면 그 민족은 세계에 통할 만한 지식이며, 세계에 통할 만한 도덕이며, 세계에 통할 만한 사상을 가져야 하나니, 아무리 세계가 민족상대주의가 된다 할지라도 그중에 일 민족이 세계에 공통할 만한 모든 조건이 공허한다 하면 그 민족의 대우는 드디어 가치를 얻지 못할 것이라. 즉 이 같은 민족은 민족상대주의에 참여할 자격이 없다 할지라.

그리하여 다음으로 민족상대주의와 반기(伴起) 병행할 문제는 인류상대주의이니 인류상대주의는 이상에 일언(一言)함과 같이 각 국가를 초월하며 각 민족을 포용하면서 세계동포주의 사해주의로 그 표방을 치켜들고 올 것이라. 그때에는 그것이 단지 종교적으로 있지 않으며 또는 학구적으로 있지 아니하고, 실제적 또 구체적으로 그 형식을 완성할 것이니 이는 인류 필연적 요구의 도달이요, 이상의 사실적 표현의 노정(路程)이라 할 것이다.

이같이 논래(論來)한다 하여 오인은 국가를 무시하며 민족을 부인하는 것이 아니니 국가는 의연히 존재하며 민족은 항구히 존재한다 할지라도 이 인류의 대왕국은 사회적 풍교(風教)에 의하여 건설될 것이요 그리하여 그 시대의 국가와 그 시대의 민족은 이 인류대왕국의 이상에 말미암아 모든 시설이 완성될 것이니, 다만 그 시대에 있어 주의할 만한 요건은 현대에서 모든 시설을 국가의 힘으로 하던 대신에 태반은 거의 사회 공동의 힘으로써 그 진행이 커져 갈 뿐이라. 현대에 있어도 국가로서 각종의 사회사업의 혜택을 입음과 같음은 그의 일례니, 이 인류대왕국의 책임은 실로 국가의 책임에 있다 하느니보다 인류전반의 자각에 있으며 인류 전반의 의무와 책임에 전재(全在)하나니, 그 시대에서 가장 귀할 만한 자는 국가가 아니며, 민족이 아니요, 개성 각자의 발달이 될지라. 개성 각자가 원만한 진선미의 성격을 발휘하는 곳에 인류의 왕국은 더욱 그 광영을 얻게 될지니라.

오인은 생각하되 이상과 현실에 너무나 모순을 가진 현대에서는 곧바로 이전 인류에게 이 이상적 왕국의 평화가 오리라 단언치 못하노라. 그러나 이 이상의 실현에 대하여 노력할 자는 오직 현대인이 있을 뿐이니 현대인의 책임은 오로지 이 이상의 실현으로써 가장 많은 쟁투를 계속치 아니치 못할 것이다. 모든 불완전 불철저로 더불어 쟁투하여서 최후의 승리를 얻음에 있는 것이라. 인류는 전쟁으로부터 계급쟁투에, 계급쟁투로부터 다시 개성개발의 쟁투로 옮겨 가지 아니치 못할지니 개성계발의 노력이야말로 사람의 가장 의의 있는 투쟁이며 그야말로 신과 인류에 대한 신성한 활동자가 되며 그리하여 그 자각한 개성에 말미암아 건설한 왕국이야 인류최후의 복지를 주는 절대주의가 될 지로다. 형제여 우리는 현대에 있어는 확실한 실패자니라, 낙오자니라. 그러나 장래 임하는 인류의 왕국에 있어는 결코 타인에 뒤지지 아니하는 성공자가 될지며, 도덕의 패자가 되며, 정의인도의 주인공이 되기를 절원(切願)하노니 우리로써 가장 취할 만한 도는 모름지기 정의인도의 활동자가 되라 함이라. 즉 우리의 할 일은 정치적 활동보다도 사회적 운동을 선량히 함에 있으며, 그리하여 조선인으로써 위대한 정치가가 되기를 원하기보다 열렬한 사회지도자가 되기를 바라며, 장래 조선으로써 무단적 패권을 가지라 원하느니보다 정의 인도의 조선되기를 희망하는 바이라. 다시 말하면 조선인은 솔선하여 세계인류적 평화왕국을 이 세상에 건설하리라는 사상을 배양하며 따라서 그의 사상으로 정의인도의 활동을 계속하여 사해의 선량한 동포와 한가지로 형제 되기를 기대됨이 이 조선인의 행복이며 진실로 장래 조선을 위하는 선견의 명이라 할 것이다.

25. 범인간적 민족주의

■ 필자 미상. 인습적 민족주의와 몰아적 인류주의를 배척하고 범인간적 민족주의를 주창하고 있다. 민족주의는 이기주의의 결정체이며, 인류주의는 이타적 사상이지만 실행에 시간이 걸리고 효과를 보기도 어렵다고 지적하고 있다. 범인간적 민족주의란 국가가 아닌 민족을 구성단위로 하고 동일한 인류라는 평등적 조건 하에서 도의적 관계를 구축하고 공동평등의 행복을 받고자 하는 것이다. 출전은 『개벽』 제31호(1923.1.1.).

주의(主義)와 주의(主義)

인류와 인류가 서로 섞이어 살매 미처 가장 능히 인류 자기의 의식을 힘있게 발휘하는 자는 각 자아의 생활이라 하는 것이라. 자아의 생활을 남과 비교한 뒤 최대 또 최선으로 향상코자 하는 관념은 인류 자기네의 최초의 의식인 동시에 또한 최종의 의식이 되니, 어린아이들이 자기의 완롱물(玩弄物)에 비교하여 선부(善否)를 판단하는 의식은 국가가 자국가의 부강을 타 국가에 비교하여 그 우열을 판단하는 의식과 조금도 다른 것이 없으리라. 인류는 크나 적으나 또는 개화나 미개를 논할 것 없이 그러한 공통한 의식을 가졌으며 그리하여 그 공통한 의식으로 발휘되는 구체적 안건은 곧 자기생활에 대한 이해타산이었다.

자기생활에 대한 이해타산의 관념은 비근한 곳으로 원대한에 나아가고 불완전으로부터 완전에 나아가게 되나니 그럼으로 인류의 자기생활에 대한 최초의 의식은 이기주의의 형식을 가지고 나타났었으니 이해타산을 자기를 중심으로 하고 자기에게 이롭고 편한 자를 좇아 모든 생활의 단서를 열어가게 된 것이라.

그러나 이기주의는 필경 이기주의 독단으로써 자기의 이익을 절대 확장치 못할 것은 필연의 이세(理勢)가 될 것이니 다수한 개체가 다 같이 자아를 중심으로 한 생활상 이해타산은 자연히 권리와 복조(福兆)를 용인케 됨으로써 거기에는 스스로 이타주의라 하는 것이 엄연한 일대 진리가 되어 이기주의와 병행함을 요하게 되는 것이라.

고석(古昔) 중국 사상계에는 양주(楊朱)*라 하는 이기주의자와 묵적(墨翟)*이라 하는 이타주의자가 있어 일대의 사상을 풍미함과 같이 그러한 양양(兩兩) 반대의 사조는 유독 중국에만 고유한 것이 아니오, 어느 시대 어느 민족을 물론하고 다 같이 이 사상의 조류를 보게 되었으니, 근대에 이르러는 니체의 개인주의 사상과 톨스토이의 인류주의의 사상은 힘 있게 현대의 정신을 자극하였던 것이니 오인은 이 양자의 사상 중에는 한가지로 꺼지지 아니할 심원한 진리가 포용하였음을 공인하는 바이라.

생활상 이해타산을 이기주의로써 보거나 이타주의로써 논하거나 그것은 각기 관찰자의 자유의사에 있는 것이므로 이기주의의 확장은 필경 자기의 족속을 중심으로 한 민족주의가 되어갈 것이오, 이타주의의 확장은 도두(到頭)* 인류주의가 되어 나아가는 것이었다.

생각건대 오늘날의 사상계는 민족주의와 인류주의의 양대 병립을 보게 되었나니 민족주의가 생활의 이해타산을 민족으로 하게 됨과 인류주의가 그를 또 인류 전체상으로 본 것은 그가 정치상 사회사상 상으로 나타나게 됨에는 혹은 국가주의가 되며 제국주의가 되며 혹은 사회주의가 되며 혹은 정의·인도 문제가 되며 종교·도덕 문제가 되어 천하의 억조가 그 소향(所向)을 알지 못하게 되고 더욱 근일 우리들의 조선 사상계에 있어는 민족주의와 인류주의(사회주의)가 양양(兩兩) 병립하여 호상 언론과 필봉으로 그 자웅을 결정코자 하는 태도를 감행하는 중에 있나니 오인은 차제에 있어 이 양개주의의 이폐(利弊)를 일언(一言)하여서 범인간적 민족주의가 무엇보다도 가장 우리들의 취할 바 정도인 것을 개언(槪言)코자 하노라.

楊朱(BC440?~BC360?) 중국 전국시대의 학자. 자기 혼자만이 쾌락하면 좋다는 위아설(爲我說), 즉 이기적인 쾌락설을 주장했다. 지나침을 거부하고 자연주의를 옹호하였다.

墨翟(BC470?~BC390?) 중국 전국시대 초기의 사상가. 유가(儒家)의 인(仁)이 똑같이 사랑을 이야기하면서도 존비친소(尊卑親疎)의 구별이 있음을 전제로 하는 데 반하여, 겸애는 무차별의 사랑인 점이 다르고, 또한 사랑은 남을 이롭게 하는 것이지만, 그것은 이윽고 자신도 이롭게 한다는 '겸애교리'(兼愛交利)를 주장.

到頭 마침내.

민족주의

역사상 의미의 민족주의는 한 마디로 말하면 이기주의의 확대로 볼 수 있나니 이기(利己)의 관념을 자기 일개인의 상으로부터 연장하여 민족이라 하는 자기의 종속의 상에 그 관념을 옮겨 놓게 한 것이라. 인류가 자기의 생활상 이해타산을 요리함에 미처 사실상 자기 일개인의 힘으로써 자기의 행복을 도모치 못할 것을 각오한 이상은 필연의 결과로 타인의 힘을 합할 필요를 심각히 각오한 것이며, 그리하여 타인의 힘을 합함에는 스스로 비교적 친근한 자기의 가족으로 시작을 할 것이오. 그리하여 가족적 관념은 연장하여 가족과 가족이 연결한 민족의 힘을 의존하게 된 것이니 필경 민족주의는 이기주의의 대결정(大結晶)으로 볼 수 있는 것이다. 물론 민족주의는 해석의 여하에 의하여 다소 그 폐해를 완충할 점도 없지 아니하나 그러나 역사상 의미의 민족주의는 발달한 금일 인류의 사상 상에는 도저히 허용키 불능한 점이 많이 포함되어 있겠다. 이제 역사상으로 흘러 온 민족주의의 폐단을 일언하면,

1. 민족주의는 인류를 평등으로 보지 않는 점이니 고석(古昔) 중국 민족이 자칭 왈 중화라 하고 타의 민족을 칭하여 동이(東夷), 서융(西戎), 남만(南蠻), 북적(北狄)이라는 악명을 부가하여 인류의 천연적 평등 관념을 파괴케 한 것이라. 이러한 민족적 관념은 아직 인류의 간에 소멸되지 아니하고 동첩(動輒)* 타 민족을 멸시 또는 배척하는 성질을 찬미하게 되어 인도·정의의 발달을 방해케 하는 것이라.
2. 민족주의는 자기의 민족만 시인하고 타 민족을 멸시 또는 배척하는 결과, 그 폐해는 마침내 타 민족의 생존권을 침해하며 약탈하는 것이니 근대의 군국주의 제국주의적 발호는 식민지를 확장하여 타 민족의 토착권을 침해하고 자기 민족의 번영을 시도하는 것과 같은 것은 가장 그의 적절한 예를 들어보아 알 것이며
3. 민족주의는 민족과 민족을 대립케 하여 서로 배타적 관념을 강하게 하는 것인 고로 그로 인하여 약육강식의 악성을 조장하여 영구히 전쟁을 유인할 원인을 적게 하는 것.

* 動輒 걸핏하면.

이상은 역사상으로 흘러온 민족주의가 인류의 폐해를 준 점뿐 일언하여 두는 것이니 금일 이후에 민족주의는 그러한 역사상으로 남겨둔 민족주의로는 결코 금일에 유행하는 인류주의 사상과 부합되지 못할 뿐만 아니라 가면 갈수록 더욱 폐독(弊毒)이 생길 뿐이니 그럼으로 금일 이후의 민족주의자는 이 점에 중대한 안목을 착목하여 민족주의적 관념을 합(合)시대적으로 개조치 아니하면 결코 불가할 것이라 하노라.

가령 일례로써 우리 조선민족과 같은 현대문명에 낙후한 자로써 민족주의에 대한 이해를 심심히 고찰하여 본다 하면 그 결과는 이러할지니 우리가 우리 민족만 시인하고 타 민족을 배척 또 약탈코자 하는 관념을 기른다 하면 이것은 우리와 같은 약한 민족에만 불이익일 뿐 아니라 어떠한 강한 민족에든지 그 민족에 불이익이 될 것은 명약관화한 사실이니 만일 여기에 갑(甲) 민족이 있어 자기의 강력만 믿고 다른 을(乙) 민족을 압박한다 하면 을 민족은 다시 갑 민족을 압박할 적개심을 일으키게 할 뿐 아니라 관계가 없는 병(丙) 민족, 정(丁) 민족까지도 또한 일철(一轍)로 갑 민족의 비행을 저항코자 하여 갑 민족은 필

경 고립무원의 지경에 빠지고 말 것이라. 그럼으로 금일 이후에 민족주의는 스스로 인류주의의 견지 하에 그 기초를 세워 두지 아니하면 결코 시대에 적합한 사상이라 말하지 못할 지니라.

인류주의

민족주의가 이기적 사상으로 결정(結晶)됨과 같이 인류주의는 이타적 사상의 결정으로 볼 수 있나니, 즉 개인의 생활상 이해타산을 전 인류로부터 요리(料理)하여 인류 전체의 행복 중에 자기의 행복을 시인하자 함이라. 그럼으로 인류주의 하에는 민족과 민족의 차별을 구별함이 불가하며 국가와 국가의 경계를 차정(差定)할 필요가 없게 된 것이라. 어떠한 사람이든지 이미 인류이면 공동한 권리와 행복을 받을 천부의 조건이 있다 함이다.

인류주의의 사상은 본래 신성(新成)한 것이 아니요, 어느덧 이삼천 년의 옛날부터 철인·성자의 주창에 의하여 사해동포의 관념으로 그 사상에 흘러온 것이니 논할 것 같으면 석가의 사상, 기독의 주의와 같음이 다 그러한 것이라. 그러나 인류주의는 다만 종교의 성질상으로 보면 별로 문제가 없으며 또는 이상적 방면에 있어는 가히 원만무결한 것이라 볼 수 있으나 실행의 점에 있어서 또는 경우의 차별점에 있어는 그 효과를 경경(輕輕) 긍정키 어려운 것이니 예를 들면,

제1. 인류주의는 민족과 민족에 차별관념을 소멸케 하는 것인 고로 이제껏 소약(小弱)의 민족으로 있던 그이에게는 민족적으로 향수할 복리를 소멸케 하는 동시에 개인의 정도로서는 심한 몰아주의에 투입하여 천연한 우승열패의 패멸을 초래할 우려가 없지 아니할까 함이라. 민족이 민족적 단결 하에 집중할 힘이 있을 일이 가능하나 그러나 이미 저등(低等)의 민족으로서 나아가 자기들의 권력을 옹호하는 민족적 위력이 소멸되고 보면 개인의 복리는 더구나 보잘 것 없이 약소하게 될 것이라. 그럼으로 미약한 민족에 있어는 나아가 타를 배척코자 하는 비인도적 민족주의를 고집함도 자기의 불이익이 될 것이며 또 물러나 몰아적 인류주의에 소화(消化)되는 것도 또한 불이익이 될 것이라.

제2. 인류주의는 형세상으로 자연히 타의 제 민족과 연합하여 공동 실행치 아니하면 안 될 것인 고로 세(勢) 부득이 인류 자연진보의 대운(大運)을 기다리지 아니치 못할 것이라. 금일의 형편에 있어는 아직껏 민족이라 하는 그것을 전혀 무시하고 타 민족과 자 민족을 공동 조건하에서 모든 것을 취급하지 못할 것이니 언어 문자가 공통되지 않은 이상 풍속과 습관이 통일되지 않은 이상은 세계 전 민족이 무조건 무의식적으로 네 해가 내 해요, 내 해가 네 해라는 몰차별한 경계에 들어가지지 못할지라. 요컨대 금일의 인류주의는 이상으로는 찬성

하나 실행으로는 전도(前途) 다소(多少)한 세월을 기다리지 아니치 못할지요. 그리하여 인류주의가 단연히 금일 명일로 철저히 실행되기 이전, 자진하여 어떠한 민족이 자기의 민족적 사상을 소멸케 하고 극단한 몰아사상에 투화(投化)한다 하면 그는 해중(海中)의 진주를 채취하기 위하여 위선(爲先) 자신을 수중에 투사(投死)케 하는 우(愚)를 취하게 될 것이라.

이렇게 생각하고 보면 우리는 인습적인 민족주의를 절대 배척하는 동시에 또한 극단의 몰아적인 인류주의도 배척치 아니치 못할지라. 환언하면 우리는 유래의 민족주의를 합시대적으로 개조하여 그 주의를 선(善)히 인류주의와 영합할 포용성을 기르게 하고 또 인류주의는 당분간 세계 각 민족을 단위로 하고 민족과 민족 간의 권리 행복을 평균케 함이 인류주의 발전상 당연한 순자(順字)가 되리라 함이라.

범인간적 민족주의

개인의 사상으로서는 어떠한 주의를 취하든지 또는 종교적 도덕적 방면에 있어는 어떠한 정조를 지키든지 그는 다 별문제로 돌려놓고 우리는 민족으로써 즉 민족적 사상으로써는 범인간적 민족주의를 가져야 하겠다 함을 단언하여 두노니 범인간적 민족주의라 함은 역사상 완고한 민족주의를 배척하고 전 세계의 민족을 동일한 인류라 하는 평등적 조건 하에서 각 민족이 각기 자연한 상태하에 공동평등의 행복을 받고자 함이라.

제1. 범인간적 민족주의는 세계를 국가 단위로부터 민족 단위에서 나아가게 하자 주장함이라. 국가와 국가가 대립하여 세계의 일을 토의하던 그것을 민족과 민족이 대립하여 공동한 해결을 짓자 함이라. 그 연고(緣故)는 세계가 사실상 민족상도 결합된 세계인즉 민족 그 자가 자진하여 세계의 일을 토의함이 지극 당연한 일이라. 소수의 국가와 국가가 소약민족의 이익을 멸시하고 오로지 자기네의 독리(獨利)적 이해타산으로부터 세계를 요리하는 것이 실로 민족의 권리를 유린함이 심한 것이라 이르지 아니치 못할 것이라.

작년 이래 하와이[布哇]에서 개최된 만국기자대회와 혹은 국제변호사회와 태평양 상업대회에 조선인으로 그에 참가케 된 것은 어떤 의미에서 범인간적 민족주의의 실현으로 볼 수 있나니 그러한 것을 다만 사회사업상 의미로만 범인간 민족주의를 취할 것이 아니요, 나아가 정치상 국제회합에까지 그를 연장케 할 도리가 존재한 것이라. 각 민족이 회합하여 세계 전인류의 이해화복을 토의해결하는 것이 이 실로 신(神)적 의사에 적합한 운동이며 진정한 세계행복을 도모하는 최후의 수단이 될 것임으로써이라.

제2. 범인간적 민족주의는 각 민족이 호상 도덕적 원조 하에서 각자 성장을 따르자 함이니 비유컨대 수목의 지엽이 천지만엽으로 분파되었다 할지라도 그 천지만엽이 각자의 생장력에 의하여 장성하는 것이요, 결코 갑의 지엽이 을의 지엽을 해하여 크는 것은 아니며 일신에 백체(百體)가 비록 대소장단은 다르다 할지라도 대(大)한 자가 소(小)한 자를 침해하여 크는 것은 아니니 세계의 각 민족은 비록 대소강약의 차별이 있다 할지라도 그 대소강약이 각 자기의 역량 하에서 평등의 생활을 영위하자 하는 주의이라. 갑 민족은 자기의 생활을 강대키 위하여 결코 을 민족의 복리를 침해하지 말 뿐 아니라, 도리어 우등한 갑의 민족이 약한 을의 민족을 원조하여 자기와 동일한 정도를 조성하도록 할 것이라. 대개 인류의 욕망은 무한하고 물질의 소유는 유한하거늘 무한한 욕망으로써 유한한 물질을 취코자 하면 세 부득이 타의 이익을 침해케 될 것이라. 그럼으로 여기에 범인간적 민족주의는 민족으로써 타 민족의 소유권 침해를 방알(防遏)할 뿐만 아니라 나아가서는 인류의 무한한 욕망을 유한적 물질적 경쟁에 희생치 말고 무한한 창조적 생산에 용심(用心)하게 되면 인류는 스스로 각자의 행복 하에 인도적 생활을 경영하게 될지니 이것이 범인간 민족주의의 요점이라. 즉 일 민족이 타 민족의 소유를 침해치 아니하고 그 힘을 무한한 창조 충동의 방면으로 이용하여 자기 천연의 힘으로써 자기 생활의 힘을 조장케 하자 함이라. 비유컨대 자기의 창조력을 이용하는 것은 태양의 광선을 이용함과 같아 갑이 광선을 다수(多受)할지라도 을이 해독을 받을 우려가 없을 것이오. 또는 공기의 호흡과 같아 병이 공기를 다흡(多吸)한다 하여 을의 흡력량(吸力量)을 방해케 할 리 만무할 것이니 범인간적 민족의 생활력도 이와 같아 각 민족이 무한한 창조 충동의 힘에 그의 생력(生力)을 개척하고 보면 강자가 결코 약자의 복리를 뺏지 아니하고도 얼마든지 자기 생활력의 증가를 연장케 할지라.

제3. 범인간적 민족주의는 현대의 가장 최선한 문화를 표준점으로 하고 세계 각 민족의 정도를 그 표준점의 수평선상으로 인상(引上)케 하자 함이라. 그리하여 그를 인상케 하는 방법은 우등한 민족이 결코 약소의 민족을 강제적으로 함이 아니오. 어디까지든지 인도적 정의적 원조 하에서 그 권리와 행복을 옹호케 하여 인류의 최후의 이상향을 지상에 건설하기로 노력할지라.

이상은 대개 범인간적 민족주의의 개념을 일언함에 지내지 아니하나 만일 우리 조선민족의 사상으로 이 주의를 파지(把持)하고 나아간다 하면 우리는 세계 각 민족의 일분자로 타의 제제(諸諸)의 민족과 선의와 도덕으로 악수하여 민족공동의 행복을 도모하기로 목적할 것이오. 일면으로는 민족적 단합력을 공고히 하여 타 민족의 무리한 침해를 정의의 수단으로 방알(防遏)*할 것이오. 또

防遏 들어오지 못하게 막음.

일면으로는 민족적 창조 충동의 힘에 의하여 자기의 정도를 자진하여 세계 최선의 문화에 적합케 하도록 노력할 것이요 따라서 그 기풍을 우리로부터 선양하여 타의 열등의 민족으로 인류 공통의 문화에 참여케 하도록 노력할 것이라.

26. 쟁투의 세계로부터 부조(扶助)의 세계에

■ 필자 미상. 인류세계의 고통은 크게 자연고와 인위고로 나눌 수 있으며 인위고는 인류자신의 힘으로 극복할 수 있다고 보며 그 사례로서 프랑스의 정치혁명, 러시아의 경제혁명, 인도의 진리혁명을 언급한다. 하지만 인류의 구제를 위한 최후혁명은 조선에서 시작될 것이라고 주장한다. 최후혁명의 원리는 인류의 역사에서 보이는 권리가 아니라 세계 모든 성인의 가르침에서 말해지는 사랑에 있으며, 조선민족은 이를 위한 조건을 구비하고 있음을 강조하고 있다. 출전은 『개벽』 제32호(1923.2.1.).

인류의 현재의 생활은 분명히 불행하다. 만나는 사람마다 물어보라. "당신은 행복합니까"라고. 그러면 그는 반드시 "아니오. 나는 불행하오. 이 세계에 행복한 사람이 있을까" 할 것이다.

진실로 지금 인류 세계에서 나는 모든 소리는 불행을 못이겨 하는 신음의 소리이다. '인간고'(人間苦)나 '세계고'(世界苦)라는 말은 마치 인생의 사전에 가장 의미가 명확한 말 같다. 과연 인간에는 육체의 질고(疾苦)가 있고, 의지력 유한(有限)의 번민이 있다. 나의 병과 사를 내 힘으로 어찌 할 수 없다. 나의 유한성에서 오는 부자유의 고통[苦]을 내 힘으로는 어찌 할 수 없다. 이것을 육체고(肉體苦)라 의지고(意志苦)라 또는 병사고(病死苦)라 부자유고(不自由苦)라 한다 하면 이 고통은 아마도 인간에서 면할 수 없을 숙명적 고통 또는 자연고(自然苦)일 것이다. 그러나 인간고(人間苦)만은 이러한 숙명적 고통만이 아니요 인위적인 것도 있다. 즉 인류가 자기의 자유의지로 만들어 놓은 모든 제도와 자기의 심적 태도에서 오는 고통이니 가령 정치적 고통, 경제적 고통, 사회적 고통, 따라서 계급적 고통, 민족적 고통 등이다. 하고 싶은 그 행(行)을 자유로 할 수 없고 하기 싫은 언행을 억지로 하게 되며 그렇지 아니하면 혹은 형벌을 혹은 모욕을 당하는 것이 정치고(政治苦), 사회고(社會苦)다. 먹고 싶은 것을 먹지 못하고, 하고 싶은 노동을 하지 못하는 것이 경제적 고통이다. 혹은 이민족의 침해를 항상 두려워하여 무비(武備)에 애를 쓰고 혹은 이민족의 압박에 눌리어 자기의 이상은 펴지 못하고, 원치 아니하는 남의 이상에 동화하기를 강제받아 항상 울분하고 오뇌(懊惱)하는 것은 민족적 고통이다. 혹은 귀족 밑에 노예로 혹은 부자 밑에 빈궁한 자로 원차(怨嗟)와 선망(羨望)의 정염(情焰)에 몸과 맘을 태우는 것이 계급적 고통이다. 이 모든 고통은 인류가 자의로 만들어 놓은 인위적 고통이니 이것은 인류자신의 힘으로 고칠 수도 있고 없이 할 수도 있는 것이다. 우리는 이 모든 자연고(自然苦)와 인위고(人爲苦)의 무거운 짐 밑에 눌려 몸과 맘이 끊임없는 고뇌의 맹염(猛焰) 속에 탄다. 과연 이 세상은 화택(火宅)이요, 고해(苦海)다. 그중에도 우리 조선민족은 모든 자연고(自然苦)와 모든 인위고(人爲苦)를 혼자 다 맡았다. 세계 모든 민족 중에 고금과 동서를 물론하고 오늘날 조선민족처럼 온갖 인위고(人爲苦)를 체험하게 된 이는 없다. 2천만의 조선민족은 창조 이래의 전 인류의 고통을 독담(獨擔)한 것 같다. 비록 현금의 전 인류가 견딜 수 없는 인간고 밑에 눌려 있다 하더라도 조선민족은 전 인류의 각 부분이 모든 고통을 한 몸에 맡은 것 같다.

아! 구제의 빛! 이것이 오늘날 전 인류의 눈물 그린 눈으로 바라는 것이 아니냐. 그에는 천지개벽 이래로 처음 보는 대전쟁을 하였다. 2백만의 끓는 피가 온 지구를 적시지 아니하였느냐. 그러나 구제의 빛은 그런 속에도 있지 아니하였다. 천하의 모든 나라가 모여 이 역시 만고에 없는 태평양 회의와 대국제연맹을 하지 아니하였느냐. 그러나 구제의 빛은 그 속에도 있지 아니하였다. 프랑스 대혁명 이래로 인류 구제의 빛은 수없는 정치적 정견과 혁명에서 찾으려 하였으나 마침내 국제연맹에 이르러 인류 구제의 빛이 거기서 오지 못할 것을 인류가 깨달았다. 정치와 외교가 인류를 구제하노라던 참람한 사명을 인류는 부인하고 말았다. 인류 구제의 사명을 가지고 나선 것이 칼 맑스의 경제적 혁명이다. 레닌을 선두에 세운 경제적 혁명군은 지금 전 인류의 기망(期望)의 시선 속에 천(天)의 일방으로서 적혈(赤血)로 물들인 기(旗)를 두르며 정치적 혁명군이 지나간 발자국이 아직 새로운 세계의 큰 길거리로 나온다. "인류야 구제의 빛이 여기 있다!" 하고 그네는 외친다. 인류 중에도 "옳다 그렇다"하고 생명을 들고 뛰어나서는 이가 있다. 그러나 우레 같은 고함 속에 극히 실망의 어조로 "아, 구제의 빛은 여기도 있지 않다"고 부르짖는 소리가 들인다. "사람은 정치로만 사는 것이 아니다. 밥으로야 산다" 하는 것을 깨달은 칼 맑스의 발견은 진실로 역사적 대발견이었다. 그러나 "사람은 밥으로만 사는 것이 아니라 영(靈)으로야 산다" 하는 예수의 발견은 그보다 더 큰 발견인 듯하다. "정치적 자유와 평등을 다오!" 하던 것보다 "밥을 다오!" 하는 것이 인류 구제에 한 걸음을 내킨 것은 사실이다. 그러나 일찍 인류에게 밥이 없었던 일은 없었다. 인류가 먹고 살 밥은 지구가 암만이라도 준다. 맬서스의 인구론이 아무 근거도 없는 유론(謬論)* 제국주의의 변호를 위하여 생긴 악의의 유론인 것은 이미 의심하는 자도 없다. 지구의 부는 결코 인류를 굶어죽게 하도록 결핍하지는 않다. 그러면 "밥을 다오!" 하는 것은 무엇을 의미함인가. 토지와 재물을 혹은 사기로 혹은 폭력으로 어떤 개인이나 단체가 독점하지 말라는 뜻이다. 즉 사람사람이 물욕을 버려라 하는 뜻이다. 그러면 이것이 소비에트라는 제도의 제정과 적위군(赤衛軍)*의 조직으로 될 수 있느냐 다시 말하면 소비에트의 제도와 적위군이 전 인류에게 골고루 노동과 밥을 줄 수가 있느냐, 되지 못할 말이다. 이것은 즉 먼 세기의 정치

謬論 잘못된 의견.

적위군 러시아 혁명 기간인 1918년 1월, 차르 정권을 뒤엎고 볼셰비키의 지도 아래 노동자들로 편성한 군대.

謬想 잘못된 사상.
노농 러시아 노농 정부가 지배하는 러시아라는 뜻으로, 1917년 혁명 당시의 러시아를 이르는 말.

만능주의의 구투(舊套)를 아직 벗어나지 못한 생각이다. 일편(一片)의 법령과 일대(一隊)의 무장단체로 소기(所期)의 인생생활을 규정하리라 함은 진실로 시대착오의 유상(謬想)*이다. 우리는 그 실증을 노농 러시아*에서 목도하지 않는가. 일편 법령과 일대의 무장단체가 인심의 물욕을 제거할 능력이 없는 동안 오늘날 이른바 경제적 혁명으로 구제하리라 하는 것은 유상(謬想)이다. 이미 인류의 양심은 이것을 자각하였다. 하물며 밥이 인생의 전체가 아님이요, 우리를 누르는 인간고는 밥의 결핍만에서 오는 것은 아니다. 밥이 인생에서 제일의적 필요품인 것은 말할 것도 없거니와 제일의적 이것이 반드시 전체적인 것과 동의는 아니다. 오늘날 자연과학적 경향을 가진 이들이 인생문제를 위와 생식기의 문제에 한한 것처럼 말하기를 좋아한다. 그러나 사람은 위와 생식기 외에 맘이란 것도 가졌다. 그러므로 위와 생식기를 만족하는 동시에 맘까지 만족해야 하겠다. 도적하여 먹는 것도 위의 만족은 되지마는 맘의 만족은 되지 아니하고 간음도 생식기의 만족은 되지마는 맘의 만족은 되지 아니한다 고상한 사람은 위와 생식기의 만족보다도 맘의 만족을 중히 여긴다. 이 맘을 양심이라든지 혼령이라든지 인성이라든지 무엇이라고 이름을 짓든지 그것이 위와 생식기와 함께하여 아니 도리어 위와 생식기를 통일하고 감독하는 지위에 존재한 것은 사실이다. 그러면 '밥' 문제의 해결만이 인생문제의 해결이 아님은 분명하다. 그러므로 경제적 혁명은 인류 구제의 일부분 되는 일 계단을 표시하는 것으로는 진리어니와 결코 인류 구제의 자신은 아니다. 다음에 전(前)세기의 정치혁명과 레닌의 경제혁명을 합하여 혁명의 목표를 삼고 그것을 실현하는 방법으로는 모든 과거의 정치혁명자나 또는 레닌 모양으로 무력이라는 폭력을 부인하고 무저항이라는 신방법을 채용하는 인도의 간디가 있다. 간디는 레닌과 함께 현대 인류 구제 운동의 쌍벽이라 할 것이다. 간디의 운동은 결코 인도의 민족적 운동에 한한 것이 아니요 레닌의 운동과 같이 전 세계 인류의 구제를 목표로 한 것이다. 다만 레닌이 자기의 주의의 실현의 발단을 자기의 조국인 러시아에 시작한 것 같이 간디는 이것을 인도에 시작하였을 뿐이다. 그런데 어찌하여 레닌의 운동은 세계적이어늘 간디의 운동은 인도에만 한하고 세계에 공명(共鳴)이 적은고? 이는 다른 이유가 아니요 간디의 운동은 레닌의 운동에 비겨 인류에게 친근치 아니한 때문이다. 다시 말하면 인류의 구제는 정치적 폭력적인 것에 있다는 인류의 전통적 사고형식에 일치하지 아니한 까닭이다. 레닌의 운동은 인류의 사고습관에 맞는 것이기 때문에 얼른 그럴 듯하다고 이해하고 동정하거니와 간디의 것은 너무 인류의 사고습관과 거리가 있는 것이기 때문에 전통을 벗기 어려운 인류에게는 간디의 것은 공상 같고 도무지 일 같지 아니해 보이는 까닭이다.

그러나 인류 구제의 정로(正路)를 표준으로 가치를 판단할진댄 간디의 종교적 인 '진리 파지(把持)'를 목적으로 '무저항'을 방법으로 하는 운동은 레닌의 '무산자 전제'를 목적으로 '폭력과 정치'를 수단으로 하는 운동보다는 훨씬 높을 것이다. 폭력을 근거로 하는 정치는 과거의 유물이다. 소멸할 운명을 가진 것이다. 진리와 애(愛)을 기초로 한 무저항! 이것이야말로 오는 세기를 지배할 혁명원리요, 또 인류 구제의 정로다. 그러나 간디의 운동이 아직 인류 구제의 최후 운동은 아니다. 간디도 아직 구세기적 색채를 벗어나지 못한 점이 있다. 그것은 인심의 혁명은 차치하고 그것은 정치제도의 개혁을 목적으로 하는 것이다. 그는 종교적인 진리 파지를 절규하면서도 아직 만민을 진리의 인(人)을 만들려 하기보다 위선(爲先) 인도국가의 정치제도를 수립하기를 초려(焦慮)한다. 즉 만민을 진리의 민으로 만들어 그 속에서 진리의 제도가 생장하기를 바라기보다 위선 정치제도를 만들어 만민으로 하여금 거기 말미암게 하려 한다. 간디는 레닌보다도 잘못된 구투(舊套)를 많이 해탈하였거니와 아직도 못 벗어 버린 구투가 있다 할 것이다.

아, 그러면 인류 구제의 정로는 무엇인가. 구제의 빛은 어디서 오려는가. 이것은 16억 인류의 부르짖음이다. 그러나 특히 세계의 고통을 한 몸에 진 조선 민족의 더욱 간절한 부르짖음이다. 세계인류 중에 조선사람처럼 정치적 자유와 밥과 맘의 만족을 잃은 백성이 없고, 조선 사람처럼 육체적 사멸과 정신적 사멸에 빠진 백성이 없기 때문에 조선 사람처럼 간절히 구제의 빛을 바라는 백성이 없다. 그네는 남조선*과 정도령*에 구제의 빛을 찾았고, 그네는 평화회의에 구제의 빛을 찾았고, 국제연맹에 구제의 빛을 찾았다. 그러나 얻지 못하고 지금은 아무 희망도 없이 땅에 엎드려 울 뿐이다. 그네 중에는 아직 신 펜당*도 없고, 가로회(哥老會)*도 없고, 레닌의 볼셰비키도 없고, 간디의 국민의회도 없다. 그네에게는 아무 구제의 운동도 없다. 말이나 글은 운동이 아니다. 실행의 힘을 기르는 것이 운동이다. 그런데 조선에는 이런 아무것도 없다.

아, 쇠망에 임박해 있으면서도 구제의 빛을 찾지도 아니하고 구제의 운동을 하지도 못하는 조선백성은 참 가련하다. 그러나 조선민족이 세계 모든 민족의 인간고를 혼자 지고 혼자 체험하는 것이 아주 무의미한 것일까. 거기 무슨 중대한 의미가 있지 못할 것일까. 구제의 빛은 구제의 요구가 강한 곳에 먼저 비추이고, 구제의 운동은 구제의 요구의 가장 강한 곳에서 먼저 일어나는 것이다. 18세기의 프랑스 민족은 정치적 혁명이 실현된 마당이었었고, 현금의 러시아 민족은 경제혁명의 실현이 발단되는 곳, 인도는 진리와 무저항의 혁명의 실현이 발단되는 곳, 그러나 조선은 이 모든 것을 총괄하는 인류 구제의 최후혁명의 실현이

남조선 임진왜란 이후 조선 민중들 사이에 널리 퍼졌던 이상세계. 현실의 고통에서 벗어나고자 하는 원망이 투영된 지복(至福)의 낙원경(樂園境)이 한반도 남쪽 어디에 있을 것이라고 믿는 신앙이다. 정감록신앙과 함께 조선 후기 민중저항운동과 민중종교운동에 이상사회 청사진을 제공했다.

정도령 조선 중기 이후 민간에 유행하였던 예언서인 『정감록』(鄭鑑錄)에 의하면, 조선의 이씨 왕조가 망한 이후에는 정씨 성을 가진 도령이 나타나 계룡산에 도읍을 정하고 나라를 세우리라는 내용을 담고 있으면서 광해군 이후 일어난 혁명운동에 지대한 영향을 미쳤다.

신펜黨 1차세계대전 당시 아일랜드 자유국을 세우는 데 중심이 된 아일랜드의 민족정당.

哥老會 청나라 말기에 결성되어 신해혁명에 공헌한 중국의 비밀

결사. 반청복명(反淸復明), 반그리스도교의 배외운동 등을 주요 목표로 하였다.

발단되는 곳이 아닐까. 진실로 오늘날 조선은 프랑스의 정치혁명과 러시아의 경제혁명과 인도의 진리혁명의 모든 요구를 혼자 다 가졌다. 그러할뿐더러 우리 의식에는 그 모든 것을 다 겸하고도 무엇 하나가 부족한 것이 있으니 이것이 곧 인류 구제에 더할 최후의 일획이 아닐까. 아무리 하여도 그런 것같이 믿어진다. 내가 이러한 신념을 가지고 또 하나가 이러한 신념을 가져 이 모양으로 이 신념이 전 조선민족의 신념이 될 때에 우리 민족은 인류 구제의 가장 신성한 사명을 받게 될 것이 아닐까. 석공이 버린 돌이 집 모릉이에 요긴한 돌이 되지 아니할까. 이것이 다만 내가 내 민족을 편애하는 데서 나온 공상일까. 아니다. 이렇게 믿음에는 위에 말한 바 외에 그보다 더 근본적이고 더 중요한 이유가 있다. 인류 구제의 최후 원리가 조선민족 중에 가장 먼저 실현되도록 되었다.

그러면 인류 구제의 최후 원리란 무엇인가. 그것은 두 가지 길로 찾을 수가 있다. 하나는 인류의 역사에서, 하나는 인류의 지도자인 모든 성인의 가르침에서.

첫째 인류의 역사로 보건댄 인류에는 폭력에서 비폭력에, 쟁투에서 친화에, 불평등에서 평등에, 속박에서 자유에 향하는 추이다. 간혹 이 방향에 역행하는 듯한 사실이 있었다 하더라도 그것은 흐르는 대하(大河)의 부분적 소용돌이요, 대세는 여전히 바다로 향하는 것이다. 특히 서양사의 문예부흥, 종고개혁, 프랑스혁명, 러시아혁명, 인도의 진리파지 운동* 같은 것은 더욱 현저하게 인류의 역사가 이 방향으로 흘러가는 것을 실증하는 것이다.

眞理把持運動 진리파지 운동이란 인도어로 사따그라하(Satyagraha) 운동. 사따, 즉 진리를 고수하는(graha, '그라하') 운동을 뜻한다. 진리를 사랑(비폭력)으로 실현해야 한다는 운동으로서 진리와 사랑이라는 가치를 정치 행위를 비롯한 인간의 모든 행위에 적용해야 한다는 뜻의 운동이다.

역사의 이 방향, 쟁투에서 친화에, 불평등에서 평등에, 속박에서 자유에의 이 역사적 방향을 결정하는 근본 원리가 무엇인가. 이것을 정치혁명론자들은 인류의 정치적 권리의 평등과 자유라 하였고, 경제혁명론자들은 한 요소를 더 더하여 인류의 정치적, 경제적, 사회적 권리의 평등과 자유라 하였고, 간디는 거기 일보를 더 나아가 인류의 정치적, 경제적, 사회적 권리의 평등과 자유는 물론이거니와 진리(양심)에 대한 권리의 평등과 자유라 하였다. 이 모든 것을 총괄하는 요소는 자유와 평등이다. 더 자세히 말하면 민족이나 개인의 권리의 자유와 평등이다. 즉 모든 민족이나 개인의 권리가 자유요, 평등이 되는 날이 인류가 구제될 날이라고 연역할 수가 있다. 이것이 과거의 역사에 표현되어온 인류 구제의 이상이다. 다음에 동서의 모든 성인의 가르친 바 인류 구제의 이상을 보자. 석가는 자비하라, 저마다 자비한 맘으로 일체 중생에 대하라 하였고, 공자는 개인에게는 인(仁)하라, 충서(忠恕)하라고 명하고, 민중의 지도자에게는 도지이덕(道之以德)하고 제지이례(齊之以禮)*하라고 명하셨다. 즉 각 개인이 인(仁)하게 되고 그네의 이른 사회가 덕으로 도(道)하고, 예로 다스리게 되면 인류가 구제되리라

道之以德하고 齊之以禮 『論語』「爲政篇」의 말. "道之以德 齊之以禮 有恥且格" 즉 덕으로 인도

하셨고, 소크라테스는 지(知)가 행(行)이오, 덕이 복이니, 지와 덕을 가지라 그러하면 개인도 구제되고 인류도 구제되리라 하였고, 예수는 사랑하라 다만 서로 사랑하라 사랑하면 개인도 구제되고 인류도 구제되리라 하였다.

하고, 예로써 가지런하게 하면, 백성은 부끄러움이 있게 되고 또한 바르게 된다는 뜻.

이 네 분 고성(古聖)의 말이 그 표현의 방법은 각각 다르더라도 그 말 속에 포함된 내용은 대동(大同)하니 곧 인류를 구제할 것은 덕이오, 그 덕의 중심 되는 내용은 서로 '사랑하라' 함이다.

여기 우리는 역사와 성인의 가르침과의 모순을 본다. 즉 역사는 권리의 자유와 평등을 말하였고 성인은 오직 사랑을 말하였다. 권리는 사랑의 모순어이다. 사랑은 항상 의무의 형식으로 표현된다. 사랑은 남을 위하는 자기의 희생이다. 권리는 자기를 위한 남의 희생이다. 죽어도 자기에 대한 남의 침입을 반항하는 것이다. 그런데 사랑에는 반항이 없다. 권리는 반항이매 서로 권리를 주장할 때에 쟁투가 생긴다. 그러나 사랑은 반항이 없으매 결코 사람과 사람 사이에 쟁투를 일으키지 아니한다. 이렇게 각 사람의 남에게 대한 권리의 주장과 각 사람의 남에게 대한 사람과 인류의 나아갈 길은 이 두 가지 중에 하나이다. 공자의 말씀을 빌면 인류는 정(政)과 형(刑)으로 살 것인가, 덕과 예로 살 것인가. 그중에 어느 길이 인류 구제의 참 길일까.

인류의 고통 즉 인간고 중에 인위로 된 고통에서 인류를 구제한다 함은 정치적 불평등에서, 경제적 불평등에서, 사회적 불평등에서, 양심의 불평등에서 구제한다는 뜻인 것은 위에 말한 바와 같다. 이 모든 불평등의 결과는 쟁투다. 그런즉 인류의 구제란 결국 인류를 쟁투에서 구제하는 것이다. 개인 대 개인, 민족 대 민족, 인종 대 인종의 모든 쟁투, 맘과 맘으로 미워하고 시기하고 저주하는 쟁투, 말과 글로 서로 욕설하고 비방하는 쟁투, 주먹과 몸으로 또는 총으로 대포로 하는 쟁투 또는 재판소나 경찰서나 감옥을 통하여 하는 모든 쟁투에서 인류를 빼내는 것이 곧 인류를 구제함이다. 그러면 이리하는 길이 권리의 주장에 있나? 사랑에 있나?

위에도 말하였거니와 권리란 개념에는 이미 쟁투의 의미가 포함되었다. 과거의 인류의 역사가 쟁투의 역사인 것은 각 개인의 또는 각 민족의 권리 주장의 역사인 까닭이다. 모든 정치혁명과 레닌의 경제혁명도 권리를 주장하는 혁명이기 때문에 아무리 하여도 인류를 쟁투의 고통에서 구제하지 못한다.

인류를 쟁투의 고통에서 구제할 것은 오직 사랑의 원리다. '내가 모든 사람을 사랑한다' 하는 곳에 모든 쟁투가 소멸되는 것이다. 내가 모든 사람을 사랑함으로 나는 귀족이나 치자계급이 되어 다른 사람을 내 의지의 강제로 복종케 하거나 천대하지 아니할 것이오, 내가 모든 사람을 사랑함으로 혹은 토지를 혹은 기타 인류 공유의 재산을 독점해 놓고 나는 노동을 피하고 안한(安閑)히 놀면서 동포의 피와 땀의 노동의 결과를 착취하지 아니하고 내가 몸소 어려운 노동에 당하여 내 의식(衣食)과 힘없는 다른 동포의 의식을 얻을 것이다. 내가 모든 사람을 사랑함으로 동포가 내게 대하여 잘못하는 바를 용서하여 경찰과 재판소에 가지 아니하고 그리함으로 동포 중에 감옥의 고통을 받는 이가 없을 것이다. 이렇게 내가 정치적, 경제적 모든 특권을 버리고 오히려 내가 몸소 모든 사람을 봉사하는 의무를 취함으로 나는 만인의 사랑하는 빛이 되고 형제가 되어서 서로 의심할 필요도 없고, 경계할 필요도 없고, 대문을 잠글 필요도 없고, 금고를 견고히 할 필요도 없을 것이다. 이리하여 비로소 인류가 많은 피를 흘리고도 도달하지 못하던 인생문제를 정치적으로 경제적으로 사회적으로 양심적으로 해결해 버리고 인류세계에서 쟁투를 일소하여 진실로 인류 구제, 천국건설의 대업을 성취할 것이다.

진실로 이 원리는 인류의 모든 성인이 주장한 바요, 인류의 가장 낡고도 새로운 이상이다. 그중에도 아세아 제민족이 가장 귀중하게 포회(抱懷)하여 온 이상이다. 공자를 근원으로 지나사상, 폐타(吠陀)*와 불교를 근원으로 하는 인도사상, 이 사상의 지배를 받던 조선과 일본의 사상은 이 계통을 받은 것이오, 특히 조선민족은 지나, 인도사상의 감화를 받기 전부터 한족에게 '근자국, 기인호양불쟁'(君子國, 其人好讓不爭)*이라는 평을 받던 진실로 조선민족처럼 평화를 애호하는 민족은 없었다. 또 예수의 사상은 가장 사랑의 원리를 명확하게 말한 것이다.

인류의 최대 다수에 공통하던 이 이상에 반대한 유일한 악마적 사상은 로마에 기원을 둔 권리사상이다. 이 사상은 인류의 이기적 투쟁본능에 영합하여 1,000여 년 간 백석인종(白晳人種)을 수화(獸化)하였고, 근대에 이르러서는 자연과학에 현훈(眩暈)할 만한 위력을 빌어 동양 제 민족에게까지 이 권리사상의 독액을 주사하여 정화되었던 인성에 오래 병식(屛息)*하였던 이기적 투쟁본능을 격발케 하였다. 이 권리사상의 표어는 '생존경쟁'이다. 우리 동양 민족은 상생의 원리는 알았으나, 상극의 원리인 생존경쟁이란 말부터 몰랐다. 우리에게 이것을 가르쳐 주어 우리 미약하던 이기적 투쟁본능을 격발한 자는 백석인(白晳人)이다. 근래에는 일본인이다. 물론 그전에도 우리 동양인에게라도 전혀 이기적 투쟁본능이 없던 것은 아니나 우리는 이것을 악이라 하여 억압하고 삼제(芟除)*하는 것을 인생의 가장 귀중하고 엄숙한 의무로 알았다. 그것은 로마의 제자(弟子)인 서양인이 법리(法理)라는 기괴한 과학으로 신성화하여 선(善)이라고 장려할 것이라고 주장하였다. 그러나 이 사신(邪神)을 봉사(奉祀)한 서양인

吠陀 인도 브라만[婆羅門]교의 사상을 담은 경전인 베다(Veda)의 음역어.

其人好讓不爭 그 사람들은 양보하기를 좋아하고 다투지 않는다. 『山海經』「海外東經」에서 당시의 고조선에 대하여 기술한 내용 중 일부.

屛息 겁이 나서 소리 내지 못하고 숨을 죽임.

芟除 풀을 깍듯이 베어 버림.

은 이제야 그네가 마땅히 받을 벌을 받았다. 그네는 인류 중에 가장 큰 죄인이다. 그네는 회개할 때에 있다. 거번(去番) 구주전쟁과 현금 구주 각 민족의 고뇌가 진실로 이 죄의 값이다. 그리하고 인도나 조선이나 지나는 그네의 죄악의 희생이 되었다. 그런즉 인류 구제의 빛은 어디 있는가. 같은 사랑에 있다! 모든 성인도 이 길을 가르쳤거니와 인류의 역사도 이제는 이 길을 밟지 아니치 못할 시기에 들어섰다! 인류는 이미 이 계단에 올라설 모든 계단을 다 밟았다. 그네는 이 최후의 계단에서 방황하고 규호(叫號)하고 있다. 그네는 이 계단에 오르기에 필요한 조건을 이행하기가 어려워서 공연이 부르짖고 있다! 그 슬로건이란 무엇이냐, 오랫동안 가지고 오던 이기적 쟁투본능의 짐을 벗어 던지는 것이다. 그 더럽고 무겁고 피묻은 전포(戰袍)를 벗어 던지고 새롭고 깨끗하고 가벼운 사랑의 성의(聖衣)를 입는 것이다!

그러나 인류는 구제를 받을 것이다! 조만간 구제의 외치는 소리가 천(天)의 일방에서 들릴 것이다! '회개하라! 천국이 가까 오니라'하고 유태의 광야에서 외치던 세례 요한의 엄숙한 부르짖음은 오늘에 미친 것이다. 그러면 그 구제의 소리란 무엇인가.

'사랑하라!'이다. 이 소리는 수천 년 전에 혹은 석가를 통하여 혹은 공자를 통하여, 소크라테스를 통하여 마침내 예수를 통하여 이미 발하였다. 발하였을 뿐 아니라 점점 다수의 사람들에게 선전되고 실행되어 오늘날에는 세계인류의 모든 귀에 이 소리가 아니 들어간 데가 없다. 현대 인류의 악을 대표하는 모든 정치가 군벌자까지도 이 원리를 빙자하고 행동하리만큼 이 원리는 인류의 정신을 지배하게 되었다. 이제 남은 것은 실행이요, 실현문제다. 그러므로 지금에 외쳐야 할 소리는 '인류야 사랑을 실행하라, 사랑의 나라를 실현하라!' 함이다. '각 개인은 사랑을 실현하고 각 민족은 사랑의 단결로 뭉치어 사랑의 천국을 실현하라' 함이다. 과거의 모든 종교와 철학들은 인류 구제의 이론을 각 개인에게 전하기로 일삼았다. 불교도 그러하고 예수교도 그러하다. 그러나 그네는 그 실행자를 모아 천국을 건설하려는 운동을 아니한다. 불교는 예토(穢土)*라 하여 현세를 멸시하고, 예수교는 예수가 재림하여 손수 천국을 건설하기를 고대하고 있다. 오늘 불교나 예수교가 그 교조의 교리를 미신의 궤 속에 꽁꽁 싸놓고 도리어 그 교리에 위반되는 것을 가르치고 행하는 것은 말할 것도 없다. 그렇지만 워낙 위대한 진리인 '사랑하라'라는 것도 감추지 못하고 인류에게 전파하여 천국 실현의 기운을 촉진하였다. 그러면 누가 사랑의 나라를 실현할고? 사랑의 나라도 현세의 나라와 달라서 개인의 힘으로 건설할 것이 아니라 오직 사랑을 실현하는 개인들이 굳게 단결한 단체의 힘으로만 건설할 것이나, 톨스토이는

穢土: 번뇌와 고해로 가득찬, 중생이 사는 곳을 일컫는 불교용어.

사랑의 원리가 인류 구제의 유일한 길인 줄을 가장 분명히 해설한 근대의 성인이어니와 그는 사랑의 나라의 실현이 사랑하는 자의 단결에 있는 것을 말하지 아니하였다. 그는 "네가 사랑하는 사람이 되어라" 하여 나부터 사랑하는 사람이 되는 것이 천국 건설의 제1보인 줄을 말하면서, 사랑하는 자의 단결이 제2보, 그 단체의 천국 건설의 행동이 제3보인 것을 말하지 아니하였다. 그는 현대의 국가를 무시하는 나머지 현대의 민족과 민족과의 정투를 증오하는 나머지 민족이 인류 구제의 단위요, 사랑의 원리를 기초로 하는 민족적 국가의 건설이 인류 구제의 계단인 것까지 무시하였다. 인류 구제가 인류를 천상이나 극락이나 수성이나 토성으로 끌어 올림이 아니요, 이 지구상 이 인류의 즐거운 세계를 이룸에 있다 하면 그 지구의 일부분 혹은 점령하고 사는 민족을 단위로 하지 아니할 수 없다. 비록 반드시 혈통적 민족은 아니라 하더라도 적어도 지리적 민족은 단위로 하여 할 것이다. 밭도 한 편 귀퉁이에서부터 갈아간다. 인류도 한 편 끝에서부터 구제해 가야 할 것이다. 그러면 독자야, 인류의 구제는 세계의 어느 끝에서 시작될 것인가.

(1) 가장 인간고를 무겁게 체험하여 가장 구제의 요구가 강렬한 민족에서

(2) 가장 권리사상이 침염되지 아니하여 가장 이기적 쟁투본능이 미약하고 인애의 염(念)이 강한 민족에서

(3) 가장 물욕의 대상되는 물질적 부와 국기적 허영이 적어 그것을 버리기에 아까워하는 정이 적은 민족에서 시작될 것이다.

그런데 독자야 이 세 가지 조건을 구비한 민족이 조선민족을 두고 어느 것이냐. 진실로 오늘날 가장 가난하고 가장 천하고 가장 드문 조선민족은 가장 성스럽고 가장 귀한 천직을 받으려 함이 아니냐.

나는 이러한 조선민족 속에서 사랑의 새 종교(실행과 단결의)가 날 줄을 믿는다. 1명에서 2명 3명, 백 명에서 천 명, 만 명, 백만의 사랑으 큰 단결이 생겨 사랑을 근거로 한 비폭력 무저항의 방법으로 사랑을 원리로 한 한울 나라를 건설하여 인류 구제의 대임(大任)을 맡을 줄을 믿는다.

27. 세계의 통일적 건설의 노력

■ 『동아일보』 1928년 9월 13일자 사설. 세계의 통일적 건설을 위한 조건이 성숙되었음에도 불구하고 이루어지지 않는 원인을 타성적 국가 관념에서 찾고

세계의 통일적 건설의 노력—시기 아직 미숙

1. 세계대전의 이후 인류는 한 세계적 통일건설을 위하여 노력하고 있었다. 국제연맹을 위선(爲先)하여 제1, 제2차의 군비축소회의, 해군협정, 그리고 최근

15개국의 대표로써 조인을 종료한 부전조약 등 모두 이것을 말하고 있다. 그리고 문제는 오직 정치상, 군사상에 그칠 뿐 아니라 경제상 문제에 이르러서도 조금도 이에 나리지 않는 노력을 개시하고 있나니 작년 제네바에 개최된 국제경제회의는 즉 그 대표적 물건이다. 그러나 그들 결과는 과연 어떠하였던가 하면 국제연맹은 하등 유위(有爲)한 행동을 취하지 못하였을 뿐 아니라, 도리어 약소 제국의 견제책이 되었으며, 제1, 제2의 군축회의와 삼국해군협정은 결국 실패로 돌아갔나니 이제 다시 노노(呶呶)*할 필요가 없다. 최근 세계사상 일 시기를 꾀하리만큼 열국의 찬양을 받는 부전조약조차 방어적 전쟁이란 전쟁을 시인한 점이 있어서 완전한 세계적 평화의 서광이 되리라고는 믿을 수 없다. 또 국제경제회의가 열국 각자의 산업상 세력범위 확대를 위한 호상 쟁론으로 시종하여 버렸음도 아직 기억에서 새롭지 않은가.

2. 이와 같이 세계는 어떻든 되도록은 평화적 수단에 의하여 세계적 통일건설을 위하여 노력하는 점으로 보아 인류의 한 진보적 경향이라 할 수 있으나, 그러나 아주 전쟁의 위기 같은 것을 근절치 못한 점으로서 의연 구(舊) 강권주의적 진영을 일보도 진출치 못하였다 하겠다. 그러면 이같은 모순은 그 원인을 어디에서 구할 것인가. 그는 다른 것이 아니라 세계는 이미 정치적, 경제적으로 하나의 통일조직을 형성할 제 조건이 성숙하였으되, 오직 타성적 국가 관념만이 강대하여 제 국민의 감정을 지배함으로써라 할 것이다. 구설(口舌)로 국제주의를 고창하면서도 행동에 있어 의연 국민주의를 고집할 때 강대한 국민 간에는 항상 전쟁을 피치 못할지며, 약소 제 국민에 대하여는 불평등의 대우로 일관할 것이 명약관화의 사실이다. 따라서 이 원인을 제거할 즉 세계의 평화를 보래할 유일의 혈로가 강대국 민족의 국제주의적 양심의 발로와 약소 제 민족의 정의적 분전(奮戰)에 있을 것도 명료한 일이라 하겠다.

3. 그러나 위와 같은 관찰과 각성이 있다 하는 것도 흔히는 대전쟁일지, 기타 대참극이 돌발된 후라야 겨우 소수인의 양심을 통하여 발로되고 주장될 뿐이요, 평시에는 거의 침묵의 상태를 지킬 뿐이니 저 구주대전과 러시아 대혁명이 있은 후에 에치·지·웰스*로 하여금 세계 연방국가를 창도케 하고 버트란드 러셀*로 하여금 세계 3대 연방주를 역설케 한 이후의 세계 금일의 경청(傾聽)을 보라. 세계의 진실한 평화를 창도하는 학자도 어디 있으며, 성실한 국제주의를 제안하는 국가가 어디서 발견되는가를 세계는 이미 타국민을 희생에 뜻하고 자국민만의 번영을 기약할 수 없는 유기적 일 조직체가 되었다.

19세기를 국민주의의 전성기라 하면 20세기는 국제주의의 발달기가 될 것은 자연의 형세라 할 것이니 즉 인류는 세계적 통일의 전당 안에서만 진정한 평화

강대국이 국제주의적인 양심을 발로하고 약소민족은 정의적 분전에 힘써야 함을 주장한다. 그러나 그러한 노력도 전쟁을 당하야 비로소 발로 되고 평시가 오래 갈수록 유지되기 어렵다는 문제를 지적하고 있다.

呶呶 구차한 말로 자꾸 지껄임

에치·지·웰스(Herbert George Wells, 1866~1946) 영국 소설가 겸 문명비평가. 페이비언 협회에 참여. 자본주의를 비판하며, 단일 세계국가 구상에 관한 미래소설 *The Shape of Things to Come*(1933)을 썼다.

버트란드 러셀(Bertrand Russell, 1872~1970) 영국의 논리학자·철학자·수학자·사회사상가로서 반전운동, 평화운동, 핵무장 반대

운동에 참여했다. 러셀은 서구적 자유에 기초한 사회민주주의를 추구하였고, 정치이론도 과학이론처럼 이데올로기나 광신적 독단에서 해방되어야 한다는 입장이었다.

와 자유가 있을 것인 까닭이다. 그러나 그에 대한 인류의 노력도 불의의 대참변을 당하여서만 비로소 발로되고 평화의 때가 오래됨을 따라 구일(舊日)에 역전하는 형세임은 인류의 건망증을 여실히 증명하는 바가 아닐까.

나. 워싱턴 체제와 권력정치

28. 세계평화에 대하여

■ 『신한민보』 1919년 7월 8일자 논설. 파리 평화조약이 조인되었지만 세계평화는 아직 요원함을 지적하고 있다. 국제정치에서는 조약이 폐기되는 일이 일상적이며, 현재도 제국주의 국가와 민주주의 국가가 충돌하고 있고 국제연맹이 제 역할을 하지 못하는 상황에서 영구평화의 보전은 불가능하다고 전망하고 있다.

1919년 1월로부터 6월까지 반개년 동안의 장구한 세월을 허비하여 연합열강이 준비하여 놓은 평화조약의 67만자 되는 장황한 국제법문이 지난달 28일에 각국평화 대사들이 중국 대사 이외에 다 서명하였은즉, 이 평화조약이 과연 세계의 장구한 평화를 유지하리만치 되었으며, 각국 민족의 원만한 해결을 주리만치 되었으며, 세계적 민중의 정신을 표준하리만치 되었는가?

조약을 휴지로 쓰려

첫째, 세계의 장구한 평화를 유지 문제에 대하여는 독일이 다시 프랑스를 공격하여 세계의 평화를 요란케 할까 근심하며 방비하기 위하여 연합열강이 라인강 등 저편에 독일포대를 회철*하며 30마일 안에는 독일의 군대를 유둔하지 못하게 하며, 합중국, 프랑스, 영국[대브리튼] 삼국이 동맹하여 만일 독일이 프랑스를 다시 침범하면 곧 삼국이 합력하여 물리치자 하였으니, 이는 독일이 다시 개전하겠다는 생각을 두지 못하게 함이니, 이 방면으로 관찰하면 이번 파리평화조약이 과연 유럽과 세계의 영구적 평화를 유지할 만한 복음이라 할 듯하며, 그 복음을 전하는 비둘기가 지구상 춘풍화기*에 펄펄 날아다니며 소리를 지르되 하느님의 나라에 임하였은즉, 다시는 생명을 도륙하는 참혹한 화가 없으리라 할 듯하나, 그러나 독일이 비둘기를 환영하며 세계각국민이 다 이 비둘기를 환영할까?

回撤 철회.

春風和氣 봄날의 화창한 기운.

2백여 년 동안을 죽었다가 지금에 부활한 폴란드 민족과 4, 5백 년 동안을 속박에 눌렸다가 지금 자유를 얻은 체코슬로바키아 민족들은 이 비둘기를 환영하며, 또 연합열강국은 이 비둘기를 사랑하여 봉황이 온 듯이 천사가 하강한 듯이 도처에 환영을 받으려니와 묻노라, 독일이 이 비둘기를 환영하는가? 아니라. 독일은 이 평화조약을 승인하였은즉 무슨 방편으로든지 이 조약을 휴지로 쓰게 만들 기회만 보고 있을지라. 저 독일 민족만 못한 왜놈들도 청일전쟁 이후에 마관조약*과 러일전쟁 시에 한일공수동맹*과 한미수호조약을 일일이 휴지로 쓰던 역사가 자재(自在)하며 러시아는 1856년의 파리조약을 휴지로 쓰던 사실이 자재하되, 스스로의 이익만 위하는 세계정치가들은 그때의 형세를 따라 그와 같이 국제상의 중요한 법문을 휴지로 쓰는 이유를 질문하여 본 자가 없을 뿐만 아니라 도리어 그 휴지를 한 조각씩 나누어 자기의 바람벽을 바른 일도 있음으로 오늘까지 왜놈이 휴지로 만든 국제상 조약만 가지고도 3층 양옥을 넉넉히 도벽할 수 있도다.

그러면 10년 후나 혹은 20년 후에 독일이 이번 파리 조약을 휴지로 쓰고자 할 때에 이전에 왜놈을 도와 국제상 조약을 휴지로 쓰게 하던 사실과 같이 독일을 도와줄 자 있겠는가 없겠는가? 그때에 독일을 도와줄 자는 이번 평화회의에 불평을 품은 민족이라 하노라. 이번 파리에 모인 몇몇 정치가들이 스스로의 이익만 위하고 윌슨 대통령의 14조목을 일일이 채용하지 아니하였으므로, 각국 민족에게 대한 문제를 원만히 해결하지 못하였으므로 남에게 속박을 받는 민족들은 이 평화조약을 신성한 법문으로 알지 않기 때문에 휴지로 쓸 능력은 없으나 휴지로 보기는 한다. 어떻든지 능력만 얻게 되면 한 조각씩 나누어 도벽을 할 것은 천연한 이치라. 1882년에 한미조약을 체결할 때에 누가 휴지로 쓸 생각이나 하였으리오마는 왜놈이 휴지로 썼고, 1856년에 파리조약 할 때에 누가 휴지로 쓸 꿈이나 꾸었으리오마는 러시아가 휴지로 썼은즉, 소위 평화조약은 일변 휴지로 쓰며 일변 만드는 것이요, 억만세 무궁토록 두어두고 쓰는 것은 아니로다.

독일이 지금 형편으로는 어찌할 수 없지마는 이와 같은 평화조약을 영영 복종할지 참으로 의문이다. 독일이 이번 전쟁에 전사자가 160만 명이요, 중상자가 350만 명이요, 재산손해가 배상금까지 합하면 1천억만 달러가량인즉 인력과 경제력의 쇠잔이 극도에 달하여 다시 열강과 전쟁할 여력이 없으며, 게다가 모든 식민지와 폴란드와 알자스-로렌 등 영토를 잃었고, 또는 볼셰비키의 혁명풍도(風濤)를 인하여 아주 멸망할 것 같으나 그러나 튜타닉 민족*은 조직의 능력이 탁월한 민족인즉 유럽에 없어지지 않을지며, 또는 이번 전쟁 결과로 폴란드의 인구와 알자스-로렌의 인구를 아울러 5백여 만 명을 잃었으나, 만일 오스트리아를 합하고 보면 8백여 만 명 인구를 증가하게 되리니 이렇게 되면 독일이 유럽의 제일 강국이 될 것은 사실인데, 이 두 나라가 장차 연합될 듯한 이유는 오스트리아 민족 통치하에 있던 체코슬로바키아 민족이 따로 난 뒤에 오직 8백여 만 명 독일 오스트리아만 남아 있은즉, 독일 연방과 연합하지 않으면 슬라브 민족의 세력을 당할 수 없고 게다가 각국 사이에 처하였은즉 도저히 생존을 유지할 수 없는 고로 독일 연방과 연합하기 쉬운 일이요, 또는 독일이 4개년

馬關條約 시모노세키 조약. 1895년 4월, 청일전쟁 뒤 청의 강화 전권 대사 이홍장과 일본의 이토 히로부미가 일본의 시모노세키에서 체결한 강화 조약. 청이 조선의 독립을 확인하고 군비 2억 냥을 배상하며, 랴오둥반도와 대만, 팽호 열도를 일본에 할양하는 등을 내용으로 한다.

한일공수동맹 1904년(광무 8) 러시아와 전쟁을 일으킨 일본이 한국을 그들의 세력권에 넣으려고 공수동맹을 맺고 한일의정서를 체결한다.

튜타닉 민족 게르만 민족 중 하나로 독일·네덜란드·스칸디나비아 등의 북유럽 민족인 튜턴 족을 칭함.

동안 전쟁할 때에 그 인구 보충문제에 대하여 정부가 강제로 국내 여자 중에 생산년기에 있는 자는 혼인 비혼인을 물론하고 적게 잡아도 한 둘 이상의 생산을 하고야 말게 한고로 독일의 전시 중 생산이 크게 줄지 않았고 장차라도 그와 같은 법률을 쓸 터인즉 독일은 이번 전쟁에 축난 수효를 잠깐 회복할 터이며, 또는 전쟁에 제일 필요한 물건은 강철인데 독일이 알자스 로렌을 잃은 고로 로렌에 있는 철광을 빼앗겼은즉 강철의 출산지가 없으나, 그러나 독일이 1870년에 로렌을 얻기 전에는 동프러시아에 있는 철광을 채굴하여 철공장에 수응*을 공급하다가 로렌을 얻은 이후에 그 철광의 생식력이 로렌의 철광만 못한 고로 그 철광을 폐지하였으나 지금 다시 개광할 수 있으며 또는 세계 저자*는 제한이 없음으로 돈만 있으며 어느 곳의 강철이라도 다 수입할 수 있은 즉 독일은 넉넉히 군기를 만들어 쓸 수 있고, 또는 이번 평화회에서 라인강으로 독일과 프랑스 국계선을 만들지 못하고 오데르강*으로 폴란드와 독일 양국 간의 국계선을 만들지 못한 이상에는 서부 유럽과 동부 유럽의 국방이 그렇게 튼튼하지 못한 즉 비록 포대를 회철하며 군대를 주둔치 못하게 한들 어찌 맘을 놓을 수 있으리오.

수응 酬應. 요구에 응함.

저자 시장.

오데르강 Oder River. 독일과 폴란드의 국경을 이루는 강으로, 체코의 동쪽 구릉에서 발원하여 북쪽으로 흐르다가 폴란드로 들어가서 북서쪽으로 흐른다.

제국과 민주주의

둘째 각국 민족의 민주주의에 대하여 원만한 해결이 있는가 한이니 이번 전쟁은 곧 제국주의와 민주주의가 서로 충돌되어 필경 제국주의를 깨트려 부수고 민주주의의 대승첩을 얻음이며, 중동부유럽 삼대제국(독일, 오스트리아, 러시아)을 두드려 없이하며, 소아시아의 터키제국을 전복하고 그 자리에 공국 민국을 새로 건설하였으니, 동부 유럽에 가장 강하고 오랜 제국이 거꾸러지고 그 황제들은 능욕을 받았은즉 민주주의 승첩 아니라고는 할 수 없으나 오늘 세계에 전제제국이 하나도 없이 다 망하였는가? 아니라! 아직도 아시아에서 제국주의를 가지고 소약국 민족을 압박하며 학살하는 제국인 왜국이 남아 있은즉 세계 민주주의가 십분 완전한 대승첩은 얻지 못하였다 하리로다. 1778년 프랑스 혁명 이후에 수백 년 동안에 전제와 민주가 서로 충돌하는 틈에 수천백만 명의 성명의 피를 흘려오다가 오늘에야 비로소 전제가 거꾸러지고 민주가 득승하여 유럽의 소약민족이 거의 자유를 얻었은즉, 장래의 세계는 민주세계가 될 터인데 이번 평화조약에 이름을 둔 이들 가운데 민주주의를 대타격하며, 제국정책을 반포하며, 가이셔의 심판을 거역하는 왜국이 참가하였은즉 이 조약을 휴지로 쓰고자 할 자는 그 조약에 서명한 왜놈이요, 곧 한미조약과 한일조약을 휴지로 만든 왜놈이로다. 국제상 조약이나 평민간 계약이나 경우가 꼭 같은데 술

잘 마시고 잡기 잘하는 호부자*의 자식이 종교의 신덕이 과인한* 숙녀와 혼인하게 되면 계약이 어찌 오래 갈 이치가 있으리오. 필경 이혼하는 날이 있는 것과 같이 이번 평화조약에 서명한 열강 중에 불행히 제국주의를 가진 왜놈이 뛰어 들어갔은즉 두 의견(민주와 제국)이 서로 충돌될 때가 있을 것은 정하여 놓은 이치라. 어찌 한편에는 민주주의가 대승첩을 얻은 동시에 제국주의를 영영 그대로 둘 이치가 있으리오. 또 만일 장래에 제국주의가 다시 세력을 잡아 민주주의를 거꾸러치게 되면 이번 평화조약은 다대수의 민주국이 승인한 조약인즉 그 조약을 변경하지 않을 이치가 없도다.

호부자 豪富者. 호부.
과인한 過人하다. 능력, 재주, 지식, 덕망 따위가 보통 사람보다 뛰어나다.

각국세력 평등문제

셋째, 세계열강의 균등세력문제에 대하여 국제연맹이 담보한다 하나 이 국제연맹이 과연 국제상 시비를 판결할 만한 최고등 권리를 가졌는가? 지금 형편으로 관찰하건대 국제연맹에 참가하겠다는 열강이 다 그 주권을 주장하여 일보라도 그 주권을 국제연맹에게 양도하지 않고자 한즉 국제상 시비는 자연히 세력 있는 나라에게 끌리어 갈 것이 분명하며, 또는 합중국, 프랑스, 영국이 따로 동맹을 하였은즉 그 축에 들지 못한 나라들은 그 내용을 자세히 알지 못하여 의심을 품고 그와 같이 두 세 나라가 한 뭉치가 되어 그 세력을 견고케 하려 할 것은 세계열강의 정치상 태도라. 현금 고립한 이탈리아나 독일이나 러시아나 혹 일본이 한편으로 설는지도 모르며 비록 세계열강이 다 국제연맹에 참가한다 할지라도 응당 그 가운데 한 나라 안에 정당이 있는 것과 같이 몇몇 나라들이 단합하여 한편에서 서고 또 몇몇 나라들이 연합하여 다른 편에 서게 될 것은 사실이라. 한 나라 안에 정당 다툼이 과도하면 미국의 남북 전쟁과 같은 내란이 생기는 법인즉 국제연맹 안에서 국제상 다툼이 과격한즉 국제 전쟁이 될지니 이번 평화조약에 서명한 정치가들의 주의 정신이 동일한가 하면 하나도 같은 것이 없도다. 윌슨 대통령은 참으로 세계의 영원한 평화를 유지할 주의로 서명하였지마는, 영국 수상 로이드 조지는 영국의 해상독권을 차지할 뜻으로, 프랑스 수상 클레망소*는 1870년의 옛 원수를 보복할 뜻으로 이탈리아 수상 올랜도*는 영토 확장할 뜻으로, 왜놈 대사 마키노*는 산둥성을 먹을 뜻으로 서명하였고, 독일 대사는 강력에 못 견디어 억지로 서명하였고, 기타 열국 대사들은 총수를 채울 따름이라. 이러한 조약이 영세무궁토록 보전하기를 바랄 수 있으리오. 그러면 이상의 3대 원인을 인하여 영원한 평화를 보전하기가 어려울진저.

Georges Clemenceau(1841~1929) 프랑스의 정치가이자 언론인이며 의사. 상원의원과 총리 겸 내무장관을 지냈으며 육군장관이 되어 제1차 세계대전에서 프랑스를 승리로 이끌었다. 파리강화회의에 프랑스 전권대표로 참석하였고 베르사유조약을 강행하였다.
Vittorio Emanuele Orlando(1860~1952) 19세기 말 이탈리아 공법학의 확립에 공헌하였고, 보수적 자유주의(自由主義)의 입장을 취하였던 이탈리아의 법학자 겸 정치가. 로마대학교 법학 교수로 있었으며, 수상(首相)으로서 제1차 세계대전에서 이탈리아를 승리로 이끌었다.
마키노 마키노 노부아키(牧野伸顯, 1861~1949). 제1차 야마가타(山縣) 내각에서는 외무대신에 임명되었으며, 1919년에는 파리 강화 회의에 일본의 전권 대사로 참석. 1925년에는 내무성 대신이 되어 1935년까지 재임했으며, 제2차 세계 대전 개전까지도 고문으로서 계속해서 쇼와(昭和) 천황에게 영향력을 발휘함.

■ 『동아일보』 1920년 5월 28일자 논설. 동양에서 세력균형에 입각한 영일동맹의 필요성이 사라졌을 뿐 아니라 오히려 일본이 영국과 충돌하는 상황이며 또한 각국도 영일동맹 갱신을 반대한다는 점을 논하면서 동양정국이 변화할 가능성을 진단하고 있다.

29. 일영동맹의 갱신문제—동양정국의 일대문제

1911년 7월 13일에 일영(日英) 양국 간에 개정 체결된 일영 협약은 그 기한이 10개년이요, 그 기한이 도달하기 전 12개월에 일방이 폐기의 의사를 통고하지 아니하는 경우에는 의연히 계속하여 효력이 있는지라. 그런즉 동 협약의 종료 기한은 명년 7월이요, 그 계속 여부의 태도를 결정할 시기는 금년 7월이라. 근래 신문에 동 협약갱신 문제에 대하여 의론이 분분한 소이(所以)로다.

원래 일영동맹은 3회에 걸쳐 변천을 거쳤으니 제1회는 1902년 1월 30일에 체결된바, 그 목적하는 바는 "극동의 현상과 전국(全局)의 평화유지를 희망하며 청제국과 한(韓)제국의 독립과 영토보전을 유지하며 각국의 상공업으로 하여금 해(該) 양 제국(帝國)에서 균등한 기회를 얻게 함"에 있되, 만약 일영 양국 간에 일방이 이 지방의 이익관계로 제삼자와 교전하는 경우에는 타 일방은 엄정 중립을 지키며 그 교전적국(交戰敵國)에 대하여 혹 제삼자가 일 개국으로나 수 개국으로서 원조를 부여하는 경우에는 체약국은 협동하여 전투에 당(當)한다 하였으며 그 기한은 5개년이더라.

제2회는 1905년 8월 12일에 제1회 협약을 개정하여 체결한 바 그 목적하는 바는 "동아 및 인도의 지역 전국의 평화를 확보하며 청제국의 독립 및 영토보전과 열국상공업에 대한 균등기회주의를 확실히 하여 청국에 있는 열국의 공통이익을 유지하며 동아 및 인도 지역에 있는 양국의 영토권을 보지(保持)하며 그 특수이익을 방호(防護)함"에 있되, 만약 일영 양국 간에 일방이 제삼자의 침략적 행동으로 인하거나 혹 공격을 받아 교전함에 이르는 경우에는 타 일방은 바로 동맹국에 대하여 원조를 부여하며 협동전투에 당한다 하였으며, 영국은 일본이 조선에 대하여 우승(優勝)한 권리를 있음을 승인하고, 일본은 영국이 인도국경에 대하여 특수한 권리가 있음을 승인하였으되 그 기한은 10개년이더라.

제1회와 제2회 협약의 차이점은 (1) 극동 전국에 또한 인도 지역을 첨가함이요 (2) 한 제국의 독립과 영토보전을 삭제하고 이에 대한 일본의 우승권을 승인함이요 (3) 엄정중립의 동맹으로서 방어의 동맹으로 변함이더라.

제3회는 1911년 7월 13일에 제2회 협약을 개정하여 체결한 바이니 곧 현재 일영동맹이라. 그 목적하는 바와 그 방어동맹인 점은 제2회 협약과 차이가 없으나 일본이 이미 조선을 합병한지라. 고로 조선에 대한 일본의 우승권(優勝權) 운운이 삭제되었으며 동시에 인도 국경에 대한 영국의 특수권 운운이 없고 특히 중요한 차이점은 제4조에 있으니 곧 "양 체맹국(締盟國)의 일방이 제삼국과 개괄적 중재재판조약을 체결한 경우에는 본 협약은 해(該) 중재재판조약이 유효히 존속하는 이상 우(右) 제삼국과 교전하는 의무를 전기(前記) 체맹국에게 지게 할 일이 없다" 함이라. 본 협약의 기한은 전술한 바와 같이 십 개년이더라.

그런즉 일영동맹의 성질은 (1)동아와 인도지역의 평화를 유지하며 (2) 중국의 영토와 독립을 보전하는 동시에 문호개방과 기회균등주의를 확실히 하며 (3)제삼자의 침략을 공동 방위하되 (4) 체약국의 일방이 제삼자와 중재재판 조약을 체결하는 경우에는 차한(此限)에 부재하나니 그러면 현시(現時)에 있어 여차한 일영동맹은 과연 필요한가?

일영동맹의 성질은 상술함과 같거니와 그 체결된 근본정신은 오직 **세력균형**[필자 강조]에 있다할지니, 대개 일영동맹 성립 초의 극동 형세를 관찰할진대 러시아[露國]가 일편 중앙아시아로 남하하여 인도의 지경(地境)을 위협하는 동시에 시베리아[西伯利亞]와 만주 일대에 그 세력을 부식(扶植)하는 경향이 일증월가(日增月加)하는지라. 이는 실로 영국의 묵인치 못할 바이며, 또한 일본은 도원(桃園)의 춘몽(春夢)을 일파하고 궐연(蹶然)히 일어나 세계를 회고함에 오직 고독한 중로(中老) 대청국(大淸國)을 축파(蹴破)하여 신진(新進)의 예기(銳氣)를 표명한지라. 기(機)에 민(敏)한 영국 외교가는 이에 이와 악수하기를 제의하였으며, 우(友)를 구함에 열중한 일본인은 이를 광영(光榮)으로 생각하여 마침내 동맹협약이 성립되었도다. 그 후 러시아의 남하 형세는 일러전쟁으로 일단락을 고하여 겨우 조지(阻止)되었으나, 그러나 이에 대한 독일의 세력은 오히려 더욱 맹렬히 중국에 침입하는 결과, 세력균형상 일영동맹의 존속은 의연히 필요하였으니 그런즉 일언이폐지(一言以蔽之)하면 영국은 러시아·독일의 세력을 방어하기 위하여 일본의 세력을 증대하며 이용하였고, 일본은 영국의 세력을 의뢰하며 이용하여서 그 세력을 증대하여 조선을 합병하며 만주를 회중(懷中)에 품었도다. 고로 나는 말하노니 일영협약은 세력균형주의에 입각한 자리보호(自利保護)의 맹약이라 하노라.

그 후 세계의 형편은 여하히 변천하였는가. 러시아는 망하고 독일은 패하도다. 동아에 있어 영국과 충돌되는 자는 도리어 일본이 되었으니 희(噫)라! 기이한 현상이로다. 그러나 또한 이 사리에 당연한 바 아니랴? 이(利)로 합하였던 자 이로 충(衝)함은 오직 당연하도다.

이제 외전(外電)에 의하건대 호주와 '뉴질랜드'와 '캐나다' 등은 일영동맹 갱신에 대하여 자기의 의견을 참고하기를 영국 본국에 대하여 청구한다 하며 재(在)중국 영국인은 일체 폐기를 주장하며 미국의 의(意) 또한 그러하니 그 이유는 불일(不一)하나 (1) 세계 대전 중에 일본은 군국주의적 음모와 제반 밀약으로써 중국에 대하여 이권을 강제한 협의를 받으며 따라 문호개방주의에 위반하였다 함과 (2) 일본의 세력이 점차 중국에 팽창하는 결과 재중 영국, 미국인의 이익과 충돌됨과 (3) 영국 식민지에서 일본식민을 배척하는 형세상과 (4) 국제연맹이 성립되어 **세력균형주의**[필자강조]는 타파되고 오직 정의에 의하여 가입국 전부는 중재재판을 호상체결한 모양임으로 일영동맹이 그 의미를 잃은 것과 (5) 중국시장은 세계의 공동시장이라 그 운명 여하는 한두 나라의 이해에만 관계가 있음이 아니요 세계 전체에 관계가 있는 즉 양국이 특수 관계를 맺어 일본의 세력을 견고히 함을 시기(猜忌)하는 것과 (6) 중국은 자국의 독립보존을 외국이 보장함은 주권을 침해함이라 하여 항의하는 등 제반 사실이니 장차 동 협약이 양국 간에 여하한 조치를 당할는지는 확실히 추측하기 어렵거니와 여하간 현 시세에 적합하도록 폐기 혹은 개정이 될지니 그러면 종래 일영동맹을 중추로 운전하던 동양 정국은 일대 변천을 받을 것이며 일본의 장래에 또한 중요한 관계가 있다 하노라.

30. 세계평화는 허식의 문구

■『조선일보』 1921년 6월 28일자 논설. 현재는 백인들에게 억압당하던 유색인종이 세력을 회복하고 하는 시대, 자본가의 횡포에 대항해 노동자가 대등한 지위를 차지하고자 하는 시대이며. 이러한 '반항의 시대'에 평화를 운운하는 것은 오히려 평화를 교란하는 것이라 비판하고 있다.

현금의 세계는 평화냐 전투냐 소위 평화조약이니 연맹회의니 하는 체면 좋은 문구로써 그 표면을 도말(塗抹)*하는 중이나 그 중심은 불안의 기(氣)로써 충색(充塞)되었도다. 그중에 가장 현저한 것은 유색인종의 백석(白晳)인종에 대한 반항과 유색인종 상호간의 알력과 백석인종 상호간의 알력과 노동자의 자본가에 대한 반항이 시이(是已)라.

塗抹 발라서 드러나지 않게 가림. 이리저리 임시변통으로 발라맞추거나 꾸며 댐.

驅使鞭撻 구사(驅使)는 사람이나 동물을 함부로 몰아쳐 부림을 뜻하고, 편달(鞭撻)은 채찍으로 때림을 의미.

유래(由來)로 '초목은 금수를 위하여, 금수는 인류를 위하여, 인류는 백석인종을 위하여'라고 함은 거의 선천적 약속같이 백석인종 간에 창도하던 터이라. 그러나 어찌 예측하였을까. 백석인종에게 구사편달(驅使鞭撻)*될 운명을 가지고 나온 것 같이 예상되었던 유색인종이 이곳에서나 저곳에서나 머리를 쳐들고, 창을 들어 백석인종에게 반항코자 하는 기세를 보일 줄이야. 이것이 우내(宇內)의 변국(變局)이요, 백석인종이 공포할 것이 아니고 무엇이랴.

여하간 유색인종은 현저히 각성하여 왔도다. 지리상으로 관찰하면 동아는 구미에 향하여 반항하는 경향이 있도다. 백석인종 측으로 말하면 이를 황화(黃禍)라 칭함도 무리한 견해가 아니로다. 터키[土耳其]는 어떠하며, 페르시아[波斯]는 어떠하며, 인도는 어떠하며, 이집트[埃及]는 어떠하며, 중국은 어떠한가. 오인(吾人)은 세력의 대소는 있다 할지라도 우리들이 거개(擧皆) 백석인종에게 구역(驅役)*되며 이사(頤使)*됨을 자감(自甘)치 아님을 아노니 이것이 어찌 등한(等

驅役 사람이나 말을 몰아서 부름.

頤使 사람을 자유로이 부림.

閑)한 현상일까 보냐.

이집트는 벌써부터 독립을 요구하매 영국정부는 이를 승인할 의사가 있다 전하고, 또한 인도에 이르러는 종래로 영국의 보고(寶庫)라 하였으나 오늘에 대영제국 위험의 소굴로 승인함이 오히려 적당하다 할지니 모든 인도 불안은 영국정계의 통유어(通有語)로 오늘에 어떻게 하여야 이를 구치(救治)*할까 함은 영제국 통치상의 일대문제 되지 않을 수 없으니, 이것은 유색인종의 백석인종에 대한 반항이요, 또 근래 일중문제의 현안 중에 있는 것과 중국 남북 간 전쟁 등은 유색인종 간의 알력이라 할 것이오, 최근에 전하는 바 영·미의 태평양 해상권 경쟁 및 독·불 간 반목은 백석인종 간의 알력이라 할 것이다.

救治 구하여 이전의 상태로 돌이킴.

전언하여 자본 대 노동의 관계를 살펴보면 금일은 이미 심상한 경제문제를 탈리(脫離)하여 사회의 근본적 문제로 진입하는 중이라. 분(分)에 안(安)하고 명(命)을 봉(奉)함은 성현의 교훈이지만은 현재의 노동자는 나도 사람이요, 자본가도 사람이라는 견해 하에서 자본가가 전력으로서 하면 나는 빈빈(頻頻)히 도전적 태도에 나가는 터이다. 그리고 선거권의 확장은 일인의 노동자나 일인의 부호나 그 일표 됨은 무원(無遠)함으로 민중의 뜻을 영합하기에 급급한 교치가(敎治家)는 오히려 다수 되는 빈핍자(貧乏者)에 참여하여 소수되는 부호를 압박함으로써 득책이라 하는 자도 없지 않다.

요컨대 지금은 반항의 시대라. 반항이라 말하면 불온하거니와 기실은 회복의 시대이다. 즉 백석인 등에게 압박되던 유색인종이 그 세력을 회복하여 대등의 지위를 점하고자 함에 있고, 부호에게 압박되던 노동자가 그 세력을 회복하여 대등의 지위를 점하고자 함에 있다. 그러한즉 회복되는 자의 입장에서 보면 그럭저럭 참상(僭上)의 관(觀)이 있으나, 회복코자 하는 자의 입장에서 보면 아물(我物)을 환취(還取)함에 하등의 준순주저(浚巡躊躇)*가 있을 것이랴.

浚巡躊躇 준순(浚巡)은 어떤 일을 단행하지 못하고 우물쭈물함. 또는 뒤로 멈칫멈칫 물러남.

오인(吾人)은 반드시 이 대세를 낙관도 아니하고 또 비관하지도 아니하노라. 아무리 하여도 올 것은 오는 것인즉 다만 경세가는 이 대강을 파악하고 예선(豫先) 이에 순응할 준비를 하지 아니치 못할 것이다. 세계는 과연 평화냐 전투냐. 소위 평화를 주장하는 자류(者流)가 암암리 야심을 드러내어 도리어 평화를 교란하는 경향이 있음으로 세계는 더욱 불안의 기(氣)에 포위되고 인류는 더욱 복잡한 생활에 들어가게 되었다.

31. 태평양 회의와 영미의 협치

■ 『동아일보』 1921년 8월 23일자 논설. 일·영·미 삼국의 관계 여하에 따라 극동문제가 해결될 것이며, 영미의 협치를 통해 일본을 고립시켜야 한다고 주장하고 있다. 영국은 일본과 영국의 특수 이권과 우월한 지위를 버리고, 문호개방주의를 확대하는 자세로 태평양 회의에 임해야 할 것을 주문하고 있다.

일영미의 균세 여하

내(來) 태평양 회의가 극동문제 해결에 중대한 교섭이 있으며 막중한 관계가 있는 것이 사실이라 하면, 환언하면 중국의 장래 국제적 지위와 그 영토 및 정치적 보전과 장래발달에 대하여 또 시베리아 일대의 평화 및 행복에 대하여 다시금 태평양 제도의 운명에 대하여 기타 극동평화에 관한 각 문제에 대하여 중대한 관계와 긴절한 교섭이 있는 것이 사실이라 하면, 동 회의에 대한 일영미 삼국의 관계여하가 또한 실로 중대한 영향을 극동문제 해결에 대하여 미칠 지니, 대개 극동에 대하여 중대한 이해관계가 있는 자가 이 삼국이요, 또 평화를 문란히 하며 혹 확보할 실력이 있는 자가 또한 이 삼국인 까닭이라. 중국이 물론 극동회의에 참가하고 그 직접 운명에 관한 각양 문제에 대하여 발언할 것은 사실이며, 불·이(佛伊) 양국이 이외에 또한 일 세력을 이룰지나 그러나 중국은 실력이 없는지라 그 말이 권위를 가지지 못할지요, 불·이 양국은 극동에 대한 이해관계가 비교적 박약한지라 그 말이 일종의 중간적 세력 이외에 별반의 중력을 갖지 못할지라. 이에 일·영·미 삼국의 관계 여하는 실로 태평양 회의의 운명 따라 극동문제해결의 운명을 결정한다 하여도 가하나니, 그러면 이 삼국의 관계는 과연 여하한고. 환언하면 영국은 일본을 지지할까 혹은 미국을 지지할까 그 균세 어떠한가 하는 것이니 이제 외전(外電)의 전하는 바에 의하면 영국수상 로이드 조지 씨는 하원에서 영국정책의 근본주의에 대하여 연설하여 가로되, 현금 미국에 대하여서와 같이 영국이 협조를 유지할 필요가 있는 나라는 세계에 또다시 없으니 실상 영국인으로 하여금 미국인을 외국인과 같이 간주케 하는 일은 비상(非常)히 곤란한 일이라. …전(全) 영제국은 미국과 완전한 친교를 유지하는 것을 희망하는 점과 그 친교를 조해(阻害)하는 모든 장해물을 제거하는 점에 대하여는 전연 일치하나니 국제정책에 근본주의에 대하여 영미 양국이 협정하면 이는 평화의 절대적 보장이 될 것이라. 그러나 목하 이 같은 영미의 협정이 수립될 것을 우리로 하여금 느끼게 하는 요해(了解)가 있으니 이는 래(來) 워싱턴[華盛敦] 회의의 결과가 되어 출현하며 확보될 것이라 하였도다. 유차관지(由此觀之)하면 영국수상의 미국에 대한 의견을 가히 알 수 있을 뿐 아니라 우전(右電)에 의하면 동씨(同氏)의 이 연설은 하원의 만장 갈채(喝采)를 받았다 하니 그런즉 이로써 영국 일반인민의 미국에 대한 감정을 또한 가히 알 것이라.

그러면 국제정책의 근본주의에 대한 영미양국의 협정과 요해는 과연 무엇인고. 우전(右電)에 의하면 '장래인류의 문제가 태평양에 있는 것'과 '태평양에 다대(多大)한 이해관계가 있는 일·영·미·중 4국이 완전한 요해를 얻어야 할 것'과 '군비제한 회의의 성공요건은 태평양 문제에 대한 요해에 있는 것'에 대하여는 영미 양국의 소견이 일치하는 듯하며 또 극동회의 토의범위에 대하여서도 일본의 요구와 같이 제한하기를 희망하지 아니하는 미국의 주장에 동의할 뿐 아니라 그 국제정책의 근본주의에 취(就)하여는 미국이 일찍이 일·영 양국 정부에 제의한 바 극동에 있는 양국의 특수 이권(利權)과 우월지위를 타파하고 철저한 문호개방주의를 확립함에 대하여 하의(賀儀)를 표하는 듯하니 영국이 만일 여차한 태도로써 태평양 회의에 임한다 하면 영미가 협치하고 일본이 고립할 것은 물론이라. 대개 일본은 그 국가적 지위와 정치경제적 이해관계로 특수국간의 문제와 기정사실은 이를 태평양 회의로부터 제외함을 요구하고 따라 그 특수이권과 우월지위에 대하여는 타파는 고사하고 토의하기를 희망치 아니하는 까닭이라. 영국이 극동에 있는 특수권 타파의 미국주장에 대하여 찬의를 표하는 좌증(左證)은 (1) 일영 양국의 극동에 대한 특수권 옹호를 목적하는 일영동맹을 미국의 반대에 의하여 사실 철폐한 것 (2) 작년에 미국이 제창한 대중(對中) 신차관조직(新借款團組織)에 찬성한 것 (3) 미국과 협조를 유지하라는 전(全) 영국의 결의를 극동 특수권 타파의 제의를 받은 금일에 다시 선명(宣明)하는 것 등으로써 가히 알지니 일본은 차제에 그 고립을 각오하고 일영동맹 갱신 토의 당시의 허망과 실패를 반복하지 않음이 가하도다.

32. 중국의 독립문제—문호개방과의 교섭

태평양 및 극동문제의 해결이 없이 군비제한을 기대하지 못할 것과 군비제한이 없이 평화를 확보하지 못할 것과 다시 평화가 없으면 세계문명의 증진을 도저히 바라지 못할 것은 오인(吾人)이 누차 논술하여 온 바이며, 군비제한 회의의 초집자(招集者) 미국대통령 하딩 씨*가 동 회의의 전제조건으로 태평양 및 극동문제의 해결을 요망하고 이에 관한 회의를 겸하여 소집한 것은 만인이 공히 그 타당한 것을 수긍하는 바이라. 그런데 태평양문제는 결국 극동문제가 되고 말며 극동문제는 요컨대 중국의 문호개방주의가 골자가 되고 마는 것이니 이 미국이 중국의 문호개방주의를 역설하고 일영동맹 갱신에 대하여 열렬한 반대의 의견을 표시하는 까닭이라.

원래 일영동맹조약은 중국문호개방에 대하여 반대하는 문구가 있지 아니하며 양국의 정부 당국자는 동(同) 주의에 대하여 심심(甚深)한 찬성의 의사를 표

■ 워싱턴 회의(1921.11.~1922.2.) 개최 중에 발표된 1921년 11월 10일자 『동아일보』 논설. 워싱턴 회의에서 미국은 영일동맹 폐기와 중국 문호개방을 주장하였고 일본은 만주에서의 권익을 주장하는 등 미일 양국의 입장은 달랐다. 논설자는 중국의 독립보전이 극동평화에 필수적이며, 중국의 문호개방과 영일동맹의 폐기를 주장하는 미국의 입장을 옹호하고 있다.

하딩 워런 하딩(Warren Gamaliel Harding, 1865~1923) 미국 제29대 대통령(재임 1921~1923). 대기업의 이익을 우선하는 산업 장려책을 시행했고 워싱턴

회의를 통해 태평양에서의 미국 세력을 확대, 유지하고자 했다.

하지 아니하는 것이 아니나 그 실지(實地)의 결과를 관찰하면 중국의 주권을 침범하고 그 문호를 폐쇄함이 사실이라. 이러므로 극동문제의 해결을 주장하는 미국은 중국의 문호개방을 주장하고 중국의 문호개방을 주장하는 미국은 다시 그 독립의 보전을 주장하며, 중국의 독립을 주장하는 미국은 그 독립보장의 필요한 조건을 역설하며 반면에 그 독립에 위험을 미치는 각종 세력의 제거를 주장하나니 이제 태평양 회의는 그 개회기에 점근(漸近)함에 따라 출석 각국 대표의 환영에 분망(奔忙)한지라, 미국의 진의가 과연 어디에 있는지 구체적으로 성명한 바가 없으며 또 추측하기 어렵거니와 미국정부 고문의 인물과 그 언명이며 기타의 보도를 종합하여 관찰하면 프랑스[佛國]의 유명한 저술가 페루치노 씨의 아래 언명은 과연 사실의 진상을 발로한 것이라 하겠나니 동씨(同氏)는 가라대, "미국은 중국의 독립보장에 대하여 (1) 청도(青島)를 포함치 아니한 교주만(膠州灣)을 제외하는 조건으로 산동을 개방하며 동시에 중국에 있는 모든 세력권을 철폐할 것, (2) 위 협정을 만주에까지 확장할 것, (3) 중국철도를 중립으로 할 것, (4) 일본의 중국에 대한 식민을 금지할 것."

그러나 일본은 그 배상으로 필요한 제 원료품의 공급을 받을 것 등이 필요조건됨을 깨닫고 그와 같은 조직적 권고서를 작제(作製)하였다 하는도다. 중국의 독립문제가 과연 워싱턴[華府] 회의의 최고 간요(肝要)한 문제이며 동 회의의 제1착 문제될 것이 분명하다 하면, 환언하면 극동문제 해결의 주요점이 중국의 문호개방이요, 중국의 문호개방은 중국의 정치적 독립과 영토의 보전을 필요조건으로 한다 하는 것이 사실이면 이 독립을 위험에 빠지게 하는 각종 세력의 제거를 주장할 것은 논리의 필연한 귀결이라.

중국 각 요해지에 각국의 세력범위를 확립하고 동 범위 내에 있어서는 중국의 주권 활동을 용인하지 아니함이 어찌 그 중국의 영토를 보전하며 그 독립을 보장하는 까닭이며, 철도는 국가경제와 사회생활의 대락이 되는 주요한 기관이라. 이 기관이 혹은 일본인의 수중에 혹은 영국인의 수중에 돌아감이 그 어찌 중국의 자유와 발달을 완전히 보호하는 까닭이며, 다시 타 일면에 있어 열국의 기회균등을 실지(實地)에 행하는 바이리오. 이 양개(兩個) 사실이 중국의 독립을 위협하는 것은 대개 열국이 공인하는 바이며 또 이 양개 사실을 제거함에 대하여 물론 만주일대를 예외로 하기 어렵나니 만주가 비록 중국의 본부는 아니라 할지라도 중국의 영토는 의연한 영토이며 그 만주를 지배하는 자는 결국 북부 중국의 전체를 지배할 것이 필요한 사세(事勢)라 하면 이 만주의 운명은 곧 중국인의 운명을 지배하는 것이라 하여도 과언이 아니로다. 이러한 즉 세력범위의 철폐와 중국철도의 중립은 중국의 독립을 보장함에 필요하고 이 주의의 승인은 만주에 대하여 예외를 허용하지 못할지니 이에 대한 일본의 입지는 과연 어떠할꼬?

일본인의 혹자는 근래 미국여론이 일본인의 경제적 발전을 용인하라 하며 만주와 시베리아[西伯利亞]를 그 인구 문제의 해결처로 정하라 함에 대하여 만족한 의사를 표하며 일본 전도(前途)에 대하여 안심의 염을 품는 듯하나 오인의 관찰에 의하면 이는 단견이라 할 수밖에 없나니, 미국인이 일본의 경제적 발전을 용인하라 함은 일본 산업에 필요한 원료품의 공급을 확보하며 그 순연한 경제적 활동을 용인하라 함이요, 결코 그 정치적 재래(在來)의 특권을 전부 그대로 용인하라 함은 아니로다.

그러면 경제적 발전을 용인하라 하는 가치가 대개 무엇인가. 우리는 그 내용이 막연한 것을 깨달으며 그 중국에 대한 관계가 의연히 곤란한 것을 느끼노라.

그러나 차제에 일본이 철저히 극동의 해방을 주장하며 혹 찬성하는 것이 어찌 소(小)를 잃고 대(大)를 얻는 바가 아니리오.

33. 4국협약과 세계대세

■ 『신한민보』 1921년 12월 29일자 논설. 워싱턴 회의 결과 체결된 4국협약을 비판한 글. 미국이 태도를 돌변하여 영일동맹에 합세하여 일본 편에 선 것을 비판하고, 러시아, 독일, 중국 등이 이 4국협약에 반발하고 있음을 지적하고 있다. 불공정하고 부정당한 일을 놔두고 강력으로 평화를 얻으려 하는 것은 일시적일 수밖에 없음을 강조하고 있다.

온 세계가 주목하는 워싱턴 회의는 회의를 연 지 이미 1개월 반이 지난 바, 그 회의의 중심문제인 군비감축과 원동급 태평양 문제에 대하여는 해·육군 문제도 아직 미결 중에 있고 중국과 시베리아 문제도 아직 해결치 못하였으니 그 회의의 근본적 문제는 아직 확실히 처결하여 놓은 것이 없고 오직 군비감축을 위함이라 하여 영·미·법·일 4국 대표의 비밀회의의 결과는 영일동맹의 후신으로 사국협약이 성립되었도다.

이 협약의 근본목적과 이를 성립할 때에 4국 대표의 무슨 비밀내용이 있었는지는 밖에 있는 자는 알 수 없으나 이제 그 조약 명문 중에 있는 주지를 보면 (1) 체약국은 태평양 (2) 태평양에서 일어나는 곤란한 것을 협정하며 (3) 이 협약의 효력은 십 년 동안 계속하며 (4) 이 조약의 효력이 발생되는 때에는 영일 동맹이 폐지된다 한지라. 이에 4국 대표가 조인하는 중에 미국 대표는 2개 보류안을 붙인 후에 조인하였으니, 그 보류안의 주의는 (1) 태평양 위에 있는 위임통치 받는 섬들도 이 조약 중에 포함하였으나 그 위임통치 섬 중에 미국과 간련된 것을 제지치 못할지며 (2) 국제공법원측에 의하여 체약국의 국내 문제는 간섭치 못할지라 하였더라.

이 조약 본문대로 해석하건대 4국협약에 포함한 이권은 태평양섬들에만 제한하였고 아시아나 미주 대륙에는 상관이 없는 듯하나 그러나 법문의 해석은 항상 여러 가지로 할 수 있나니 일본 제국의 군도와 하와이 군도들드 그에 포함될지라 하는 말도 있으나 그는 그렇지 아니하다는 당국자의 설명이 있지만 그 내정을 자세히 알지 못하는 우리는 의심 구름이 일어나지 아니할 수 없더라.

4국 협상에 대하여 중국 사람은 깊은 불평을 품었나니 만일 사국 혐의로 중국에 대한 무슨 음해가 없을 것 같으면 태평양에 직접 또한 밀접 관계가 있는 중국을 그중에 못 참여케 할 까닭이 무엇인가 함이라. 러시아 볼셰비키 정부는 4국협약에 대하여 벌써 성명하였으되 이는 러시아를 침략하자는 주의이니 러시아는 자국의 보호를 위하여 군력을 크게 확장하여야 하겠다 하며 세상 사람들은 이에 대하여 여론이 분분하도다.

영일 양국은 본시 국제상 무슨 신용을 주지 아니하는 터이니 영일동맹을 계속 하든지 4국협약을 성립하든지 세상 사람들이 별로 상관하지 아니하지만 세상 사람의 가장 많은 신앙을 받는 미국이 영일과 합세할 줄은 보통 사람이 추측하지 못하던 바라. 미국이 워싱턴 회의를 모을 때에 세인의 보통 생각에는 이번 회의에는 일본의 세력이 타격을 당하리라 한지라. 지난 9월에 영국수상 로이 조지 씨가 의견을 발표하기를 미국의 친의를 얻기 위하여 영일동맹을 폐지하고 영미일 삼국 동맹을 맺자 하였고 일본도 그런 의사를 여러 번 발표하여 보았으나 미국은 냉정한 태도로 그런 일이 없을 것을 성명한 것이라. 미국이 이제 돌연히 태도를 변하여 영일 양국에서 지원하던 것과 유사한 협약을 일 년 중에 프랑스[법국]를 첨가하여 4국협약을 이루었으나 이것이 비록 영일동맹을 체결한 본의, 곧 아시아대륙에 있는 영일 양국의 이익을 보호하는 것은 아니지만 하여간 영일과 합세한 것이 과연 미국의 본의일까 혹 일시 추기(追期)적 외교 수단일까 혹 알고도 속아 넘어감인가.

우리는 아무리 생각하여도 미국이 4국협약에 참여한 것은 본의는 아니요 일시 추기적 외교수단과 알고 속아 넘어 감이라 하노라. 그 이유를 간단히 들자면 일시 추기적 외교수단이라 함은 (1) 일영 동맹은 기어이 파괴시켜야 할 터인데 미국이 4국협약에 참여하기 전에는 그것을 없이 할 수 없으며 (2) 군비감축은 불가불하여야 할 터인데 열강 간에 무슨 협약이 없이는 그를 실행할 수 없으며 (3) 장래 전쟁은 태평양에서 될 것이 현저한데 그는 미일 양국의 충돌이 가장 위험한 바 미국이 4국협약에 참여함으로 미일충돌기가 점점 멀어질까 함이라. 또한 미국이 알고도 속아 넘어갔다 하는 것은 (1) 이전 버실 평화회의 시에 전 대통령 윌슨 씨는 그 회의가 깨질까 염려하여 부득이 하여 일본이 원하는 것을 허락한 것과 같이 하딩 대통령*이 물론 이번 워싱턴 회의가 중도에 깨질까 두려

하딩 워런 하딩(Warren Gamaliel

위하여 무슨 방면으로든지 회의를 평안이 지내려고 애를 쓰는 까닭과 (2) 일본인 중에 선전할 만한 자 여러 천명이 미국 안에서 있어 금전과 지식으로 경쟁하는 마당에 일본의 악의는 대략 짐작하지만 부득이 한 경우를 당하는 까닭이라.

그러나 미국은 근세 정치상에 곤란하기도 하고 가히 주의할 만한 문제가 있으니 이는 곧 미국이 혼자 미주대륙에 패왕이 되어 유럽 열강국과 동맹의 관계를 믿지 아니한 것이 한 관습법이 되었는데, 근래 구아(歐亞) 각국과 상통이 복잡한 때에 미국의 외교정책이 항상 미정 중에 있으니 작년에 미국 상의원에서 국제연맹회를 거절한 것도 정당의 충돌이라 할 수도 있겠지만 또한 미국의 역사적 외교정략을 시정하기에 곤란의 소치도 있는지라. 국제연맹회를 거절한 미국 상의원에서 국제연맹회보다 더욱 심한 4국협약을 승인할까 의문이요 국제연맹조약 거절에 거벽이던 공화당 상의원 보라 씨* 민주당 상의원 으리드 씨* 등에 있는 섬 소유 영지권을 존중하며 맹렬한 반대를 시작하였고 미국에 신문대왕이라는 허스트 씨*의 소관 신문들은 4국협약을 극력 반대하되 이는 평화를 위함이 아니요 전쟁을 만드는 것이라 하며 서양 제국 및 국력주의자인 영국과 동양에 유일한 제국 및 군력주의자인 일본과 합세하여 그들의 세력을 보호하여 주는 것은 미국인의 원하지 아니한다 하는지라.

사실상 4국협약의 원축은 국제연맹회보다 더한 제국적, 강력적이라 미국상의원에서 삼분이의 가수를 얻을는지 하는 의문 중에 다만 이 전국제연맹회 때와 조금 다른 것은 윌슨 씨는 민주당 대통령으로 공화당 국회를 가졌고 윌슨 씨가 유럽에 갈 때에 상의원에 문의가 없이 가슴으로 공화당 의원의 분노를 샀지만 이번 하딩 씨는 공화당 행정부에 공화당 입법부를 가졌고 또한 워싱턴 회의에 참여한 더 미국 대표 중에 상의원 공화당 영수 라쥐 씨*와 상의원 민주당 영수 언더우드 씨*가 참여하였고 동시에 이 조약은 외국에서 체결되지 아니하고 워싱턴에서 된 것이며 또한 미국인민은 군비 감축으로 세납이 경하여 지기를 지원하던 터이라 그럼으로 하딩 씨는 이번 워싱턴 회의를 여는 때에 민심의 후원을 얻기 위하여 먼저 군비감축안을 제출하였으니 세납이 경하여지는 것으로써 미국인민의 반대를 면할런지 그도 또한 의문이라. 미국의 형편은 대략 이러하니 미국대표가 비록 그 협약에 조인은 하였으나 국회의 승낙을 얻을 여부는 두고 보아야 알 일이어니와 미국 외에 영·법·일 삼국 국회는 의심 없이 그 조약을 승인할 모양인데 그중에 가관의 이상한 것은 일본의 태도라.

일본이 워싱턴 회의에 올 때에는 많은 비관을 가지고 왔다가 뜻밖에 4국협약이 되는 것을 보고 일본의 큰 승리를 얻은 양으로 생각하는 모양이나 그러나 그것이 그다지 큰 승리라고는 할 수 없나니 그 조약에 일본에 이로울 무슨 특

Harding, 1865~1923) 미국 제29대 대통령(재임 1921~1923년). 대기업의 이익을 우선하는 산업장려책을 시행했고 워싱턴 회의를 통해 태평양에서의 미국 세력을 확대, 유지하고자 했다.

보라 씨 윌리엄 에드가 보라(William Edgar Borah, 1865~1940) 공화당 출신으로 아이다호 주 상원의원을 4차례 역임. 고립주의적 견해로 유명한 인물.

으리드 씨 제임스 알렉산더 리드(James Alexander Reed, 1861~1944) 민주당 출신으로 미주리 주 상원의원 3차례 역임. 다른 민주당원과는 달리 국제연맹에 반대했다.

허스트 씨 윌리엄 랜돌프 허스트(William Randolph Hearst, 1863~1951) 미국 17개 도시에서 일간지를 매수, 창간하였고 INS 통신사·출판사·3개 방송국을 운영하며 '허스트 신문제국'을 만든 미국의 신문경영가.

라쥐 씨 헨리 로지(Henry Cabot Lodge, 1850~1924) 메사추세츠 주 출신 공화당 지도자. 베르사이유 조약 체결과 관련해 윌슨 대통령의 의견에 반대한 것으로 유명하다.

언더우드 씨 오스카 언더우드(Oscar Wilder Underwood, 1862~1929) 알라바마 주 하원의원으로 민주당 지도자. 언더우드 관세법안으로 유명한 인물.

별한 비밀 내용이 있는지는 모르거니와 사실상 일본의 큰 이익은 태평양에 있지 아니하고 아시아 대륙에 있는 것인데 아시아 대륙의 일본 이익을 보호하던 영일동맹이 깨어졌고 또한 영미법 삼국은 동종동문의 관계가 있는 자요 오직 일본은 그에 동류가 되지 못하는 자이니 무슨 문제가 일어나 서로 의론하는 경우에 영·미·법 삼국이 합력 주장하면 일본의 형세는 자연 고독하여 의견을 세우지 못하게 될지라.

이해는 어찌 되었던지 영·미·법·일 4국의 저런 협약을 맺게 된 것은 세계 주체에 서로 부득이 한 관계로 되었다 할지니 유럽 대전란 이후에 이전 열강의 균세주의를 유지치 못하게 됨에 자연히 서로 새 짝을 구하던 중이던바 저 4국은 현세에 가장 강하다고 칭하는 자들이라. 만일 저들이 합세하면 세계를 좌우할 듯하여 저러한 협약을 체결함에 이른 것이나 그러나 조약이 실시케 될는지 못될는지 아직 문제 중에 있으며 설혹 그를 실행케 된다 할지라도 러시아, 독일, 중국 등 국이 저 4국협약의 대대적으로 일어나지 아니할 줄을 누가 알며 세상이 치지도외한 한국과 인도국인들이 원한을 씻으려고 아니할 것을 누가 능히 담보할터이뇨. 어느 곳 어느 때에 던지 불공평하고 부정당한 일을 그대로 두고 강력으로 평화를 얻고자 하면 잠시는 혹 될 수 있다 할지라도 결단코 장구하는 계속치 못하느니라.

34. 일미문제와 일본의 굴욕

■『조선일보』 1924년 6월 13일자 논설. 미국의 배일법안이 세계 평화와 인류 평등에 위배되는 죄악이라 보고, 일본의 소극적 태도를 비판하는 글. 현대는 강자의 세상, 폭력가의 천하이며, 평등, 평화는 강자의 강권을 주장하는 이기주의일 뿐이라 주장하는 한편, 일본의 외교정책은 약소민족에게는 사기적인 반면 강대국에게는 굴종적이라 비판하고 있다.

鑄金 용해된 금속을 붓는 틀.

현대는 강자의 세상으로서 폭력가의 천하이노라. 인도는 강자의 횡포를 장식하는 가면으로서 정의는 폭력가의 사기를 엄폐하는 궤변이노라. 인종의 평등, 세계의 평화는 모두 그들의 강권을 주장하는 이기주의의 가탁(假託)적 입버릇으로서 결코 진정한 의미에 있어서의 인종의 평등이 아니요, 세계의 평화가 아니노라. 따라서 그들은 약자에게 절대적 희생을 요구하고 열등자에게 강제적 굴종을 일삼노라.

원래 미국은 각종 민족의 공동 식민지이나, 각종 민족이 혼효(混淆)함이 대용로(大熔爐) 속의 주금(鑄金)*과도 같도다. 따라서 건국 역사상 백년의 대계로서 일반적으로 외래 이민의 입국을 제한함으로써 적절한 정책으로 사유하였도다.

그리하여 교활한 수단을 사용하여 도국(島國)적 근성을 발휘해서 도처에서 배척을 받고 그중에서도 특별 일류(一流)가 있다 하여 미국풍으로 동화하지 않는 일본인을 배척한바, 이것이 즉 소위 배일 문제로서 또한 작년 9월 불우의 대진재*로 하여 물질적으로 전 재산의 8분의 1을 손실하여 제아무리 군국주의의 국가로서 제2의 독일의 평판 있는 일본으로서도 어쩔 도리 없다 하여 이 기회를 타고 급전직하로 배일 문제를 결한 바이노라.

일본의 외교정책은 인접한 약소민족에게는 사기적이고도 강압적인 반면에 먼 강대국에게는 퇴영적이고도 굴종적이로다. 그리하여 안으로 국민정신은 잔인한 비문명의 습성을 발휘하고 밖으로 군국주의의 결정인 강대한 육해군을 포옹하여 5대 강국의 하나, 3대 강국의 하나라고 자만하여 왔으나, 이제는 그 의기와 열혈을 여하히 할 셈이런가.

오십 년간 국력을 기울여서 침략과 방수(防守)의 책을 세운 탄환이며 잠수함이 있는바 그것으로써 태평양의 노도를 횡단하여, 파나마운하를 돌파하여 평원대륙에서 좌충우돌의 의용적 사격을 시도해 볼 만한 힘이 있는가? 없는가? 오늘 이후의 배일 법안은 미국 자신의 정책으로서는 현명한 것이라고 말할 수 있을지 모르나 실제는 인도와 정의에 위반됨이 심하여 세계의 평화와 인류의 평등을 위해서 도저히 용인할 수 없는 죄악이노라. 특히 일본 민족에 대해서는 이에 비할 바 없는 수치요, 모욕이노라. 오대강국의 하나로서 이와 같은 치욕을 감수하고 퇴영 자굴(自屈)하면서 일방 반대 조소를 받는 아세아연맹을 제창하는 일본인의 언동은 실로 일소에 붙임에 족하노라. 일본은 평시에 동아의 선진 아세아의 맹주로서 자처하여 스스로 자랑으로 삼고 있지 아니었던가. 금일의 전쟁은 철의 합전(合戰)이면서 금전의 충돌이노라. 일본의 그것은 미국에 미치지 못한다 하여도 위급의 때를 당해서는 정의의 기치를 선명히 해야 하며 인도의 전고(戰鼓)를 돌평(突平)히 울려서 명분과 대의를 밝히는 일이야말로 당당한 행위가 아니런가.

승패와 이둔(利鈍)은 본래부터 문제가 아닐뿐더러 금일의 일본으로서는 이에 사활의 문제가 걸려 있도다. 정의와 인도를 배경으로 하여 진리에 충성을 다하고 신의 섭리에 순응하는 책을 얻는 것이 아니었던가. 모르도다. 그 과연 이와 같은 절대한 각오가 있는가? 우리는 결코 전쟁을 즐겨하는 자가 아니노라. 인도와 정의를 옹호하여 써 절대의 진리를 추구함에는 죽음 또한 피치 않는 용기 없으면 안 될 것임을 말할 뿐이노라.

작년 9월 불우의 대진재 관동 대지진.

35. 신채호, 조선혁명선언서

■ 해외 독립무장단체 의열단의 이름으로 신채호가 작성한 선언서(1923). 의열단은 1919년 11월 10일 만주 길림에서 김원봉, 윤세주, 이성오, 곽경, 강세우, 이종암, 한봉근, 한봉인, 김상옥, 신철휴, 배동선, 서상락, 권준 등 13명으로 결성되었고, 김원봉이 주도하였다. 식민지 조선 내부에서 논의된 내정독립론, 자치론, 참정권론, 외교론, 준비론을 부정하고 민중에 의한 폭력혁명을 유일한 투쟁방법으로 보고 행동방침을 제시하고 있다. 출전은 단재신채호전집편찬위원회 편, 『단재신채호전집』(독립기념관 한국독립운동사연구소, 2007) 제8권, 독립운동, 891-901쪽.

1.

강도 일본이 우리의 국호를 없이 하며, 우리의 정권을 빼앗으며, 우리의 생존적 필요조건을 다 박탈하였다. 경제의 생명인 산림, 천택(川澤), 철도, 광산, 어장…내지 소공업 원료까지 다 빼앗아 일체의 생산기능을 칼로 베이며 도끼로 끊고, 토지세, 가옥세, 인구세, 가축세, 백일세, 지방세, 주초세, 비료세, 종자세, 영업세, 청결세, 소득세…기타 각종 잡세가 축일(逐日) 증가하여 혈액을 있는 대로 다 빨아가고, 여간 상업가들은 일본의 제조품을 조선인에게 매개하는 중간인이 되어 차차 자본 집중의 원칙 하에서 멸망할 뿐이오. 대다수 인민 곧 일반농민들은 피땀을 흘리어 토지를 갈아, 그 종년(終年) 소득으로 일신과 처자의 호구(糊口)거리도 남기지 못하고, 우리를 잡아먹으려는 일본 강도에게 진공(進供)하여 그 살을 찌워주는 영세(永世)의 우마(牛馬)가 될 뿐이오. 내종(乃終)에는 그 우마의 생활도 못하게 일본 이민의 수입이 연년(年年) 고도의 속율(速率)로 증가하여 '딸깍발이' 등살에 우리 민족은 발 디딜 땅이 없어 산으로, 물로, 서간도로, 북간도로, 시베리아의 황야로 몰려가 아구(餓鬼)부터 유귀(流鬼)가 될 뿐이며, 강도 일본이 헌병정치, 경찰정치를 여행(勵行)하여 우리 민족이 촌보의 행동도 임의로 못하고 언론, 출판, 결사, 집회의 일체 자유가 없어 고통과 분한이 있으면 벙어리의 가슴이나 만질 뿐이요, 행복과 자유의 세계에는 눈뜬 소경이 되고 자녀를 나면 '일어를 국어라, 일문을 국문이라' 하는 노예양성소 학교로 보내고 조선 사람으로 혹 조선역사를 읽게 된다 하면 '단군을 무(誣)하여 소잔오존(素盞嗚尊)*의 형제'라 하며 '삼한시대 한강 이남을 일본 영지라' 한 일본 놈들이 적은 대로 읽게 되며, 신문이나 잡지를 본다 하면 강도정치를 찬미하는 반(半)일본화한 노예적 문자뿐이며, 똑똑한 자제가 난다 하면 환경의 압박에서 염세 절망의 타락자가 되거나, 그렇지 않으면 '음모사건'의 명칭하에 감옥에 구류되어 주뢰(周牢)*, 가쇄(枷鎖)*, 담금질, 채찍질, 전기질, 바늘로 손톱 밑, 발톱 밑을 쑤시는, 수족을 달아매는, 콧구멍에 물 붓는, 생식기에 심지를 박는 모든 악형, 곧 야수 전제국의 형률(刑律) 사전에도 없는 갖은 악형을 다 당하고 죽거나, 요행히 살아서 옥문을 나온대야 종신 불구의 폐질자가 될 뿐이라. 그렇지 않을지라도 발명 창작의 본능은 생활의 곤란에서 단절하며, 진취 활발의 기상은 경우의 압박에서 소멸되어 '찍도 짹도' 못하게 각 방면의 속박, 편태(鞭笞)*, 구박, 압제를 받아 환해(環海) 삼천리가 일개 대감옥이 되어 우리 민족은 아주 인류의 자각을 잃을 뿐 아니라, 곧 자동적 본능까지 잃어 노예부터 기계가

素盞嗚尊 스사노오노 미코토. 일본 신화에 나오는 바다와 폭풍의 신. 일본 천황가의 시조이자 태양의 여신인 아마테라스와 달의 신 쓰쿠요미의 형제로 성질이 괴팍하고 행실이 나빠 하늘에서 신라국 소시모리로 쫓겨난다.

周牢 죄인을 심문할 때 두 발목을 한데 묶고, 다리 사이에 두 개의 주릿대를 끼워 비트는 형벌.

枷鎖 죄인의 목에 씌우는 칼[枷]과 목과 발에 채우는 쇠사슬[鎖].

鞭笞 채찍.

되어 강도 수중의 사용품이 되고 말 뿐이며, 강도 일본이 우리의 생명을 초개로 보아 을미 이후 13도의 의병 나던 각 지방에서 일본 군대의 행한 폭행도 이루 다 적을 수 없거니와, 즉 최근 3·1 운동 이후 수원, 선천… 등의 국내 각지부터 북간도, 서간도, 노령 연해주 각처까지 도처에 거민을 도륙한다, 촌락을 소화한다, 재산을 약탈한다, 부녀를 오욕한다, 목을 끊는다, 산 채로 묻는다, 불에 사른다, 혹 일신을 두 동가리 세 동가리로 내어 죽인다, 아동을 악형한다, 부녀의 생식기를 파괴한다 하여 할 수 있는 데까지 참혹한 수단을 써서 공포와 전율로 우리 민족을 압박하여 인간의 '산송장'을 만들려 하는도다.

이상의 사실에 의거하여 우리는 일본 강도정치 곧 이족(異族)통치가 우리 조선민족 생존의 적임을 선언하는 동시에 우리는 혁명수단으로 우리 생존의 적인 강도일본을 살벌함이 곧 우리의 정당한 수단임을 선언하노라.

2.

내정독립이나 참정권이나 자치를 운동하는 자가 누구이냐?

너희들이 '동양평화', '조선독립 보전' 등을 담보한 맹약이 먹도 마르지 아니하여 삼천리 강토를 집어먹던 역사를 잊었느냐? '조선인민 생명·재산·자유 보호', '조선인민 행복 증진' 등을 신명(申明)*한 선언이 땅에 떨어지지 아니하여 2천만의 생명이 지옥에 빠지던 실제를 못보느냐? 삼일운동 이후에 강도 일본이 또 우리의 독립운동을 완화시키려고 송병준, 민원식 등 한 두 매국노를 시키어 이따위 광론(狂論)을 부름이니, 이에 부화하는 자는 맹인이 아니면 어찌 간적(奸賊)이 아니냐?

설혹 강도 일본이 과연 관대한 도량이 있어 개연히 이 같은 요구를 허락한다 하자. 소위 내정독립을 찾고 각종 이권을 찾지 못하면 조선민족은 일반의 아귀(餓鬼)가 될 뿐이 아니냐? 참정권을 획득한다 하자. 자국의 무산계급의 혈액까지 착취하는 자본주의 강도국의 식민지 인민이 되어 몇 명 노예 대의사(代議士)*의 선출로 어찌 아사(餓死)의 화를 구하겠느냐? 자치를 얻는다 하자. 그 어떤 종류의 자치임을 물론하고 일본이 그 강도적 침략주의의 초패(招牌)*인 '제국'이란 명칭이 존재한 이상에는 그 부속 하에 있는 조선인민이 어찌 구구한 자치의 허명으로써 민족의 생존을 유지하겠느냐?

설혹 강도 일본이 돌연히 불보살(佛菩薩)이 되어 일조(一朝)에 총독부를 철폐하고 각종 이권을 다 우리에게 환부(還付)하며, 내정외교를 다 우리의 자유에 맡기고 일본의 군대와 경찰을 일시에 철환(撤還)하며, 일본의 이주민을 일시에 소환하고 다만 허명의 종주권만 가진다 할지라도 우리가 만일 과거의 기억이

申明 거듭하여 자세히 밝힘.

代議士 대의로 선출된 위원. 의원.

招牌 원래는 승지가 임금의 지시를 받고 신하를 부를 때 쓰던 붉은 패를 의미. 간판.

전멸하지 아니하였다 하면 일본을 종주국으로 봉대(奉戴)한다 함이 '치욕'이란 명사를 아는 인류로는 못할지니라.

일본 강도정치 하에서 문화운동을 부르는 자 누구이냐? 문화는 산업과 문물의 발달한 총적(總積)을 가리키는 명사니 경제약탈의 제도 하에서 생존권이 박탈된 민족은 그 종족의 보전도 의문이거든 하물며 문화발전의 가능이 있으랴? 쇠망한 인도족, 유태족도 문화가 있다. 하지만 하나는 금전의 힘으로 그 조선(祖先)의 종교적 유업을 계속함이며, 하나는 그 토지의 넓음과 인구의 많음으로 상고(上古)의 자유발달한 여택(餘澤)을 보수함이니, 어디 교맹(蛟蝱)*같이, 시랑(豺狼)*같이 인혈을 빨다가 골수까지 깨무는 강도 일본의 입에 물린 조선 같은 데서 문화를 발전 혹 보수한 전례가 있더냐? 검열, 압수 모든 압박 중에 몇 개 신문잡지를 가지고 '문화운동'의 목탁으로 자명(自鳴)하며, 강도의 비위에 거슬리지 아니할 만한 언론이나 주창하여 이것을 문화발전의 과정으로 본다 하면 그 문화발전이 도리어 조선의 불행인가 하노라.

蛟蝱 교룡과 등에.

豺狼 승냥이와 이리.

이상의 이유에 거(據)하여 우리는 우리의 생존의 적인 강도 일본과 타협하려는 자(내정독립, 자치, 참정권론자)나 강도정치 하에서 기생하려는 주의를 가진 자(문화운동자)나 다 우리의 적임을 선언하노라.

3.

강도 일본의 구축(驅逐)을 주장하는 가운데 또 아래와 같은 논자들이 있으니,

제일(第一)은 외교론이니 이조 오백 년 문약정치가 '외교'로써 호국의 장책(長策)을 삼아 더욱 그 말세에 우심(尤甚)하여 갑신 이래 유신당, 수구당의 성쇠가 거의 외원(外援)의 유무에서 판결되며, 위정자의 정책은 오직 갑국을 끌어들여 을국을 막음에 불과하였고, 그 의뢰의 습성이 일반 정치사회에 전염되어 즉 갑오, 갑신 양 전역(戰役)에 일본이 수십만의 생명과 수억단의 재산을 희생하여 청러 양국을 물리고 조선에 대하여 강도적 침략주의를 관철하려 하는데 우리 조선의 '조국을 사랑한다, 민족을 건지려 한다' 하는 이들은 일검일탄(一劍一彈)으로 혼용탐포(昏庸貪暴)한 관리나 그 국적(國賊)에게 던지지 못하고 공함(公函)이나 열국 공관에 던지며 장서(長書)나 일본 정부에 보내어 국세의 고약(孤弱)을 애소(哀訴)하여 국가존망, 민족사활의 대문제를 외국인 심지어 적국인의 처분으로 결정하기만 기다리었도다. 그래서 '을사조약', '경술합병' 곧 '조선'이란 이름이 생긴 뒤 몇천 년 만의 처음 당하던 치욕에 조선민족의 분노적 표시가 겨우 하얼빈의 총, 종현(鐘峴)*의 칼, 산림유생의 의병이 되고 말았도다. 아! 과거 수십 년 역사야말로 용자(勇者)로 보면 타매(唾罵)*할 역사가 될

鐘峴 지금의 서울 명동.

唾罵 침을 뱉으며 욕함.

뿐이며, 인자(仁者)로 보면 상심할 역사가 될 뿐이다. 그러고도 국망 이후 해외로 나아가는 모모 지사들의 사상이 무엇보다도 먼저 '외교'가 그 제1장 제1조가 되며, 국내 인민의 독립운동을 선동하는 방법도 '미래의 미일전쟁, 러일전쟁 등 기회'가 거의 천편일률의 문장이었고, 최근 3·1운동에 일반 인사의 '평화회의, 국제연맹'에 대한 과신의 선전이 도리어 이천만 민중의 분용(奮勇) 전진의 의기를 타소(打消)하는 매개가 될 뿐이었도다.

제이(第二)는 준비론이니, 을미조약의 당시에 열국 공관에 비발덧듯 하던* 종이쪽으로 넘어가는 국권을 붙잡지 못하며 정미년의 헤이그[海牙] 밀사도 독립회복의 복음을 안고 오지 못하매, 이에 차차 외교에 대하여 의문이 되고 전쟁 아니면 안 되겠다는 판단이 생기었다. 그러나 군인도 없고 무기도 없이 무엇으로써 전쟁하겠느냐? 산림 유생들은 춘추대의에 성패를 불계(不計)하고 의병을 모집하여, 아관대의(峩冠大衣)*로 지휘의 대장이 되며, 산양포수의 화승대(火繩隊)를 몰아가지고 조일전쟁의 전선에 나섰지만 신문 쪽이나 본 이들은, 곧 시세를 짐작한다는 이들은 그리할 용기가 아니 난다. 이에 '금일 금시로 곧 일본과 전쟁한다는 것은 망발이다. 총도 작만(作滿)하고, 돈도 작만하고, 대포도 작만하고, 장관(將官)이나 사졸(士卒)감까지라도 다 작만한 뒤에야 일본과 전쟁한다' 함이니 이것이 이른바 준비론, 곧 독립전쟁을 준비하자 함이다. 외세의 침입이 더할수록 우리의 부족한 것이 자꾸 감각되어 그 준비론의 범위가 전쟁 이외까지 확장되어 교육도 진흥해야겠다, 상공업도 발전해야겠다, 기타 무엇무엇 일체가 모두 준비론의 부분이 되었었다. 경술(庚戌) 이후 각 지사들이 혹 서북간도의 삼림을 더듬으며, 혹 시베리아의 찬바람에 배부르며, 혹 남북경(南北京)으로 돌아다니며, 혹 미주나 하와이로 들어가며, 혹 경향(京鄕)에 출몰하여 십여 성상(星霜)* 내외 각지에서 목이 터질 만치 준비! 준비!를 불렀지만 그 소득이 몇 개 불완전한 학교와 실력 없는 회(會)뿐이었었다.

비발덧듯 하던 의미불명.

峩冠大衣 큰 갓에 소매 넓은 도포.

星霜 세월. 星(성)은 1년에 하늘을 한 번 돌고, 霜(상)은 1년에 한 철 내린다는 뜻에서 온 말.

그러나 그들의 성력(誠力)의 부족이 아니라 실은 그 주장의 착오이다. 강도 일본이 정치, 경제 양 방면으로 구박을 주어 경제가 날로 곤란하고 생산기관이 전부 박탈되어 의식(衣食)의 방책도 단절되는 때에 무엇으로? 어떻게? 실업을 발전하며? 교육을 확장하며? 더구나 어디서? 얼마나? 군인을 양성하며? 양성한들 일본 전투력의 백분지 일의 비교라도 되게 할 수 있느냐? 실로 일장(一場)의 잠꼬대가 될 뿐이로다.

이상의 이유에 의하여 우리는 '외교' '준비' 등의 미몽을 버리고 민중 직접혁명의 수단을 취함을 선언하노라.

4.

조선민족의 생존을 유지하자면 강도 일본을 구축할지며, 강도 일본을 구축하자면 오직 혁명으로써 할 뿐이니, 혁명이 아니고는 강도 일본을 구축할 방법이 없는 바이다.

그러나 우리가 혁명에 종사하려면 어느 방면부터 착수하겠느뇨?

구시대의 혁명으로 말하면 인민은 국가의 노예가 되고 그 이상에 인민을 지배하는 상전(上典) 곧 특수세력이 있어 그 소위 혁명이란 것은 특수세력의 명칭을 변경함에 불과하였다. 다시 말하면 곧 '을'의 특수세력으로 '갑'의 특수세력을 변경함에 불과하였다. 그러므로 인민은 혁명에 대하여 다만 갑을 양 세력, 곧 신구(新舊) 양 상전의 누가 인한지, 누가 포학한지, 누가 선한지, 누가 악한지를 보아 그 향배를 정할 뿐이오, 직접의 관계가 없었다. 그리하여 '주기군이조기민'(誅其君而弔其民)*이 혁명의 유일 종지(宗旨)가 되고, '단사대장이영왕사'(簞食壺漿以迎王師)*가 혁명사의 유일 미담이 되었었거니와 금일 혁명으로 말하면 민중이 곧 민중 자기를 위하여 하는 혁명인 고로 '민중혁명'이라 '직접혁명'이라 칭함이며, 민중 직접의 혁명인 고로 그 비등팽창의 열도(熱度)가 숫자상 강약 비교의 관념을 타파하며, 그 결과의 성패가 매양 전쟁학상의 정궤(定軌)에 일출(逸出)하여 무전무병(無錢無兵)한 민중으로 백만의 군대와 억만의 부력을 가진 제왕도 타도하며 외구(外寇)도 구축하나니, 그러므로 우리 혁명의 제일보는 민중 각오의 요구이니라.

誅其君而弔其民 나라의 임금을 죽여서 백성을 위로해 주다. 탕임금이 쳐들어가도 그 나라의 백성들은 놀라거나 원망하지 않고 오히려 포악한 군주를 죽여 벌을 내린 탕임금을 반기고 크게 기뻐했다는 뜻. 출처는 『孟子』「梁惠王 上篇」.

簞食壺漿以迎王師 대그릇에 담은 밥과 호리병에 넣은 음료수를 가지고 나와 임금의 군사들을 맞다. 『孟子』「梁惠王 下篇」에 나오는 맹자의 말. 맹자는 齊나라 왕에게 넉넉하지 못한 백성들이 간소한 음식물로 군대를 환영하는 것은 자신들을 구해 주기를 바라기 때문이라 했다.

민중이 어떻게 각오하느뇨?

민중은 신인(神人)이나 성인이나 어떤 영웅호걸이 있어 '민중을 각오'하도록 지도하는 데서 각오하는 것도 아니요, '민중아, 각오하자', '민중이여, 각오하여라' 그런 열규(熱叫)의 소리에서 각오하는 것도 아니요, 오직 민중이 민중을 위하여 일체 불평, 부자연, 불합리한 민중 향상의 장애부터 먼저 타파함이 곧 '민중을 각오케' 하는 유일 방법이니, 다시 말하자면 곧 선각한 민중이 민중의 전체를 위하여 혁명적 선구가 됨이 민중 각오의 제일로(第一路)니라.

일반 민중이 기(飢), 한(寒), 곤(困), 고(苦), 처호(妻呼)*, 아제(兒啼)*, 세납(稅納)의 독봉(督棒), 사채(私債)의 최촉, 행동의 부자유 모든 압박에 졸리어 살려니 살 수 없고 죽으려 하여도 죽을 바를 모르는 판에 만일 그 압박의 주인(主因)되는 강도 정치의 시설자인 강도들을 격폐(擊斃)하고 강도의 일체 시설을 파괴하고 복음이 사해(四海)에 전하며 만중(萬衆)이 동정의 눈물을 뿌리어 이에 인인(人人)이 그 '아사'(餓死) 이외에 오히려 혁명이란 일로(一路)가 남아 있음을 깨달아, 용자는 그 의분에 못 이기어, 약자는 그 고통에 못 견디어 모두 이

妻呼 처의 울부짖음.

兒啼 아이의 울음소리.

길로 모아들어 계속적으로 진행하며 보편적으로 전염하여 거국일치의 대혁명이 되면 간활잔포(奸猾殘暴)한 강도 일본이 필경 구축되는 날이다. 그러므로 우리의 민중을 환성(喚醒)하여 강도의 통치를 타도하고 우리 민족의 신생명을 개척하자면 양병 십만이 일척(一擲)의 작탄(炸彈)만 못하며 억천장(億千張) 신문 잡지가 일회 폭동행만 못할지니라.

민중의 폭력적 혁명이 발생치 아니하면 그만이려니와 이미 발생한 이상에는 마치 현애(懸崖)*에서 굴리는 돌과 같아야 목적지에 도달하지 아니하면 정지하지 않는 것이다. 우리 이왕(已往)의 경과로 말하면 갑신정변을 특수세력이 특수세력과 싸우던 궁중 일시의 활극이 될 뿐이며, 경술 전후의 의병들은 충군애국의 대의로 격기(激起)한 독서계급의 사상이며, 안중근, 이재명* 등 열사의 폭력적 행동이 열렬하였지만 그 후면에 민중적 역량의 기초가 없었으며, 3·1운동의 만세소리에 민중적 일치의 의기가 별현(瞥現)*하였지만 또한 폭력의 중심을 가지지 못하였도다. '민중, 폭력' 양자의 그 하나만 빠지면 비록 굉열장쾌(轟烈壯快)한 거동이라도 또한 전뢰같이 수속(收束)하는도다.

懸崖 낭떠러지.

이재명(李在明, 1890~1910) 한말의 독립운동가. 1909년 이토 히로부미를 죽이고자 계획하였으나 안창호의 만류로 단념했다. 이어 친일매국노의 암살을 계획, 12월 명동 성당에서 이완용을 찌르고 체포되어 사형에 처해졌다.

瞥現 잠깐 보임.

조선 안에 강도 일본의 제조한 혁명 원인이 산같이 쌓이었다. 언제든지 민중의 폭력적 혁명이 개시되어 '독립을 못하면 살지 않으리라', '일본을 구축하지 못하면 물러서지 않으리라'는 구호를 가지고 계속 전진하면 목적을 관철하고야 말지니, 이는 경찰의 칼이나 군대의 총이나 간활한 정치가의 수단으로도 막지 못하리라.

혁명의 기록은 자연히 참절장절(慘絶壯絶)한 기록이 되리라. 그러나 물러서면 그 후면에는 흑암한 함정이오, 나아가면 그 전면에는 광명한 활로니, 우리 조선민족은 그 참절장절한 기록을 그리면서 나아갈 뿐이니라.

이제 폭력—암살, 파괴, 폭동—의 목적물을 대략 열거하건대,

1. 조선 총독 및 각 관공리(官公吏)
2. 일본 천황 및 각 관공리
3. 정탐노(偵探奴), 매국적(賣國賊)
4. 적의 일체 시설물

이외에 각 지방의 신사나 부호가 비록 현저히 혁명적 운동을 방해한 죄가 없을지라도 만일 언어 혹 행동으로 우리의 운동을 완화하고 중상하는 자는 우리의 폭력으로서 대부(對付)할지니라. 일본인 이주민은 일본 강도 정치의 기계가 되어 조선민족의 생존을 위협하는 선봉이 되어 있은즉 또한 우리의 폭력으로 구축할지니라.

5.

혁명의 길은 파괴로부터 개척할지니라. 그러나 파괴만 하려고 파괴하는 것이 아니라 건설하려고 파괴하는 것이니, 만일 건설할 줄을 모르면 파괴할 줄도 모를지며, 파괴할 줄을 모르면 건설할 줄도 모를지니라. 건설과 파괴가 다만 형식상에서 보아 구별될 뿐이요. 정신상에는 파괴가 곧 건설이니, 이를테면 우리가 일본 폭력을 파괴하려는 것이 제일은 이족 통치를 파괴하자 함이다. 왜? '조선'이란 그 위에 '일본'이란 이족 그것이 전제하여 있으니, 이족전제의 밑에 있는 조선은 고유한 조선이 아니니 고유한 조선을 발견하기 위하여 이족통치를 파괴함이니라. 제이는 특권계급을 파괴하자 함이다. 왜? '조선민중'이란 그 위에 총독이니 무엇이니 하는 강도단의 특권계급이 압박하여 있으니, 특권계급의 압박 밑에 있는 조선민중은 자유적 조선민중이 아니니 자유적 조선민중을 발견하기 위하여 특권계급을 타파함이니라. 제삼은 경제약탈제도를 파괴하자 함이다. 왜? 약탈제도 밑에 있는 경제는 민중 자기가 생활하기 위하여 조직한 경제가 아니오, 곧 민중을 잡아먹으려는 강도의 살을 찌우기 위하여 조직한 경제니, 민중생활이 발전하기 위하여 경제약탈제도를 파괴함이니라. 제사는 사회적 불균형을 파괴하자 함이다. 왜? 약자 위에 강자가 있고 천자(賤者) 이상에 귀자(貴者)가 있어 모든 불평균을 가진 사회는 서로 약탈, 서로 박삭(剝削), 서로 질투구시(嫉妬仇視)하는 사회가 되어, 처음에는 소수의 행복을 위하여 다수의 민중을 잔해(殘害)하다가 말경에는 또 소수끼리 서로 잔해하여 민중 전체의 행복이 필경 숫자상의 공(空)이 되고 말 뿐이니, 민중 전체의 행복을 증진하기 위하여 사회적 불평균을 파괴함이니라. 제오는 노예적 문화사상을 파괴하자 함이다. 왜? 유래(遺來)하던 문화사상의 종교, 윤리, 문학, 미술, 풍속, 습관, 그 어느 무엇이 강자가 제조하여 강자를 옹호하던 것이 아니더냐? 강자의 오락에 공급하던 제구(諸具)가 아니더냐? 일반 민중을 노예화하던 마취제가 아니더냐? 소수계급은 강자가 되고 다수 민중은 도리어 약자가 되어 불의의 압제를 반항치 못함은 전혀 노예적 문화사상의 속박을 받은 까닭이니, 만일 민중적 문화를 제창하여 그 속박의 철쇄(鐵鎖)를 끊지 아니하면 일반 민중은 권리사상이 박약하며 자유 향상의 흥미가 결핍하여 노예의 운명 속에서 윤회할 뿐이라. 그러므로 민중문화를 제창하기 위하여 노예적 문화사상을 파괴함이니라. 다시 말하자면 '고유적 조선의', '자유적 조선 민중의', '민중적 경제의', '민중적 사회의', '민중적 문화의' 조선을 건설하기 위하여, '이족 통치의', '약탈제도의', '사회적 불평균의', '노예적 문화사상의' 현상을 타파함이니라. 그런즉 파괴적 정신이 곧 건설적 주장이라. 나아가면 파괴의 '칼'이 되고 들어오면 건설의 '기'(旗)가 될지니, 파괴할 기백은 없고 건설할 치상(癡想)*만 있다 하면 오백 년을 경과하여도 혁명의 꿈도 꾸어보지 못할지니라. 이제 파괴와 건설이 하나요 둘이 아닌 줄 알진대, 민중적 파괴 앞에는 반드시 민중적 건설이 있는 줄 알진대, 현재 조선 민중은 오직 민중적 폭력으로 신조선 건설의 장애인 강도 일본세력을 파괴할 것뿐인 줄을 알진대, 조선민중이 한편이 되고 일본 강도가 한편이 되어 네가 망하지 아니하면 내가 망하게 된 '외나무다리 위'에 선 줄을 알진대, 우리 이천만 민중은 일치로 폭력 파괴의 길로 나아갈지니라.

癡想 어리석은 생각.

민중은 우리 혁명의 대본영(大本營)이다.
폭력은 우리 혁명의 유일 무기이다.
우리는 민중 속에 가서 민중과 휴수(携手)하여
부절(不絶)하는 폭력 - 암살, 파괴, 폭동으로써
강도 일본의 통치를 타도하고,
우리 생활에 불합리한 일체 제도를 개조하여
인류로써 인류를 압박치 못하며 사회로써 사회를 박삭(剝削)치 못하는
이상적 조선을 건설할지니라.

사천이백오십육년 일월 일

36. 약영생(若嬰生), 세력균형주의와 국제협조주의

■ 『개벽』 제46호(1924.4.1.)에 실린 김양수(金良洙)의 글. 약영(若嬰)은 호. 국가학설을 국가만능설과 국가제한설로 나누고, 역사적으로 국내적 차원에서는 후자의 학설이 전자를 능가한 반면, 국제적 차원에서는 전자의 학설이 현실을 구성해 왔음을 지적한다. 또한 군비확장과 전쟁에 주력하는 국가들의 충돌을 방지하기 위해 세력균형주의가 나왔지만 그것은 국가주권의 만능을 부인하는 것은 아니었으며 그 평화 역시 가장(假裝)의 평화에 불과했다고 주장한다. 하지만 제1차대전으로 통해 세력균형주의는 파탄하였고, 국제관계에는 향후 국가제한설에 기초한 국제협조주의가 도래할 것으로 전망하고 있다.

1.

종래 정치학상으로 관찰한 국가관념의 범주는 실로 천지만엽(千枝萬葉)의 색별(色別)이 있을 것이다. 그러나 그 대체(大體)의 경향을 따져 국가학설의 종별을 나누면 대략 두 가지 학설이 서로 대립하여 온 것 같다. 따라서 정치학 상에 가장 의론이 많은 부분을 점령하고 있는 국가의 주권을 논하는 데에도 정반대의 두 학설이 서로 대립하여 있는 것은 또한 피치 못할 결론일 것이다. 그러면 여기에 말하는 소위 두 학설이라는 것이 무엇인가 하면 하나는 국가만능설이요, 또 하나는 국가제한설이다. 이상 두 가지 학설과 또 그 경향은 서로 서로 빙탄불용(氷炭不容)*의 관계가 있음으로, 시(時)에 응하여 혹은 기(機)에 촉(觸)하여 일기일복(一起一伏)의 소장(消長)이 있었으니, 이제 양설(兩說)의 주장하는 바 요령을 간단히 말하자면, 첫째 국가만능설의 견해는 이러하다.

즉 국가는 인류사회성의 최고절정에 달한 구체화요, 따라서 인간생활의 최고

지순한 목적의 실현이다. 즉 인간성은 국가성에 융합 통일함으로부터 비로소 수성(獸性)에서의 타락을 면하는 것이라 한다. 다시 말하면 사람은 정치적 동물임에 비로소 사람다운 본령을 발휘하는 것이니, 이 점으로 보아 국가성은 필연 최고의 도덕이요, 법칙이요, 또 신성(神性) 그것이다. 이것이 국가만능을 구가하는 논자의 주장이다. 따라서 이 논자의 국가주권에 대한 견해는 최고 절대신성의 각가지 최고급의 형용사를 가하는 것이다.

그다음 국가제한론의 주장은 여하한가 하면 국가는 약탈 전제(專制)의 본거지요, 인성의 방욕탐무(放慾貪懋)를 조장하여 모든 자유를 철주(掣肘)*하며, 또 불생산(不生産) 부도덕의 존재라 한다. 따라서 모든 국가의 과거사는 셀 수 없는 죄악의 덩어리요, 그 어느 페이지를 물론하고 살육 포학의 기록 아님이 없다 한다. 따라서 국가는 '필요적 악물(惡物)'임으로 국가의 주권은 되도록 제한할 필요가 있으며 또 인류 최고의 향상은 결국 무국가 무정부의 이상세계를 실현함에 있다 한다.

물론 이상의 양 견해는 극단론 중에도 극단론이다. 따라서 그 입론의 근거가 너무 치우칠 혐의가 있을지는 알 수 없거니와, 그 어느 부분까지는 수긍할 만한 여지가 있는 것은 사실이다. 또 이상의 양 극단론과도 달리 국가 관념에 관한 절충적 의견을 가진 학설도 많다. 여하간 국가관념에 관한 학설의 범주와 또 사상상 경향이 대체로 보아 국가를 중요시하며, 또 일층 더 나아가 신성시하는 일방의 견해가 있는 동시에, 또 한편으로는 국가를 저주하며 부인하는 그러한 논자도 있다는 것을 말할 뿐이다. 이와 같은 두 학설의 대립이 서로 연면부절(連綿不絶)*하여 정치학상의 논단에 호각의 분야를 점령하고 있는 것은 물론이어니와 실제 정치의 운용에도 또한 현저한 특색을 발휘치 아니할 수 없다.

다시 말하면 국가주권의 발동을 만능시하고 또는 제한시하는 경향에 따라 인민의 권리와 자유를 신장하고 못하는 관계가 있을 것이요, 또 그 정도의 차이가 현수(顯殊)할 것이다. 즉 천부인권을 고조하여 국가주권을 극도로 제한하려는 시대와 국가와 또 국가주권의 만능을 주장하여 인민의 자유와 권리는 국가주권의 허용하는 범위 내에서 발생한다는 견해를 가진 시대와 국가와는 실제 인민생활에 미치는 영향이 얼마나 현수(顯殊)할는지 이에 상상키 어렵지 않을 바이다. 이 점에 있어 사상은 생활환경의 산물인 동시에 또 생활추진의 선구라 하여도 과언이 아니다.

즉 국가주권의 학설 또는 국가관념의 차이로 인하여 인류의 직접생활에 파급하는 여러 가지 변천은 과거의 역사적 사실에 대하여 일일이 예증할 필요가 없을 만큼 자명한 것이다. 그리고 이와 같은 변천이 다만 국내적 현상에만 한하

■ 金良洙(1896~1971) 1917년 와세다대학 정치경제학부를 졸업하고 1927년 미국 컬럼비아 대학에서 신문학을 전공. 1925년 서재필·김활란 등과 하와이에서 열린 태평양 회의에 참가했고, 『삼일신보』(三一申報) 주필을 맡기도 했다. 1942년 조선어학회 사건에 연루되어 투옥되었고, 해방 후에는 순천군수와 조선건국준비위원회 순천위원장, 제2대 국회의원, 원자력원 원장 등을 역임했다.

氷炭不容 얼음과 불은 성질이 반대여서 만나면 서로 없어진다는 뜻. 군자와 소인이 서로 화합하지 못하거나 사물이 상반되는 것을 비유함.

掣肘 팔굽을 당긴다는 뜻. 간섭하여 마음대로 하지 못하게 함을 비유하는 말. 공자의 제자 복자천(宓子賤)에 얽힌 고사에서 나온 말(『呂氏春秋』「具備篇」).

連綿不絶 혈통, 역사, 산맥 등이 끊어지지 않고 계속 잇닿아 있음.

여 적용할 바가 아니라 널리 국가와 국가와의 국제적 생활에도 밀접한 관계가 있을 것이다.

2.

국가만능설이 일개 자연인(自然人) 제왕(帝王)의 권력을 옹호하는 데 이르러 그 유해(流害)가 더욱더욱 큰 것은 15세기 초두의 구라파 역사가 밝히 증명하는 것이다. 소위 왕권신수설이 얼마나 당시 제왕의 신성불가침을 역설하였던 것과 또 일반 인민의 절대복종을 강요하였던 모든 사실은 여기에 일일이 매거(枚擧) 할 필요가 없다. 그러나 자연학파가 울린 경종은 마침내 일반인민의 각성을 촉진케 하여 포학한 국가주권의 압박에 차차 반항하기를 시작하였다. 이것이 18, 9세기를 풍미하던 국가부인과 국권제한론이 왕성한 소이(所以)이었다. 이와 같은 학설이 당시 전제정치의 밑에서 신음하는 일반 인민에게는 얼마나 큰 파동을 일으켰을는지 알 수 없다. 이리하여 인권의 자유를 신장하고자 하는 모든 정치운동이 일시에 발흥하였던 것이다. 그러나 국가부인의 학설은 실제 정치의 개혁을 도모하는 데에는 너무나 위험하였고 따라서 즉지실현(卽地實現)의 정도에는 이르지 못하였다. 다시 말하면 합법적 수단으로 당시의 포학한 주권을 철주(掣肘)하기에는 오직 국권제한론이 있었을 뿐이요, 정치상으로는 자유주의와 경제상으로는 방임주의가 일반 개혁운동의 목표이었던 것이다.

이와 같이 하여 정치상으로는 입헌주의가 확립하였고, 또 경제상으로는 산업혁명이 완성되었다. 그 결과로 국가주권의 만능설은 다시 석일(昔日)의 면목이 없을 뿐 아니라 도리어 소극적 불간섭주의를 국가주권의 유일한 표방으로 하였다. 그러나 이것은 국내적 사실에 불과하였다. 한번 국가와 국가와의 국제적 관계를 음미할진대 의연히 국가주권의 만능을 주장하는 것이 엄연한 사실이었다. 즉 국가와 국가와의 관계는 의연한 무정부 상태에 불과하였다. 다시 말하면 국가 이상의 초(超)국가가 없었고 따라서 국가의 주권을 제한할 하등의 권위가 없었던 것이 사실이다. 이리하여 국가와 국가와의 관계는 적나라한 약육강식의 수라장을 현출(現出)한 것이다. 즉 근대국가의 주권은 대내 대외에 따라 그 성질이 판이한 양면이 있었다. 이것이 근대국가의 모순이 아니고 무엇이랴.

3.

이와 같은 국가주의의 모순으로부터 출래(出來)하는 필연적 결과는 정의와 인도도 다만 국내주권의 일 측면에 불과한 것이요 일반 국제간의 관계로 보아서는 아무 구속적 규범이 없었던 것이다. 즉 국제법이라든지 혹은 국가와 국가

譫語 헛소리.

간의 도덕이라는 것은 다만 치인(痴人)의 섬어(譫語)*에 불과할 것이요, 조약도 국가의 편의에 의하여 임의로 좌우할 것이니 결국 국가의 자제한(自制限)이요, 결코 타(他)에 대한 의무로 인하여 자체의 행동을 구속하는 것이 아닐 것이다. 요컨대 국가 이상에 하등의 권위가 없으며, 따라서 국가와 국가와의 문제는 다만 국력의 강약으로 그 우열과 시비를 가리게 될 뿐이다.

이것이 근대의 일반국가를 통하여 그 국제적 생활을 지배하던 근본적 원칙이다. 즉 이러한 국가주권의 만능설이 일반 국제생활을 지배하는 날까지는 국가와 국가와의 분쟁은 점점 더할 뿐이요, 또 그 유일한 해결방법은 오직 전쟁일 뿐이다. 이리하여 각국은 군비의 시설에 예의급급(銳意汲汲)하여 서로 뒤질까를 항상 염려하였다. 또 당시의 구라파 사정으로 보면 어떠한 국가이든지 다 대외적 팽창주의에 몰두할 때이다. 그 까닭에 다른 국가의 기선을 제압하여 해외의 발전을 하려던지, 또는 다른 국가에 뒤지지 않으려면 먼저 국력의 충실 다시 말하면 군비의 충실을 도모치 않을 수 없었다. 이리하여 격렬한 군비확장의 경쟁이 일어났다. 그 결과 각국의 국고는 거의 군비의 확장에 탄갈(殫竭)*치 않을 수 없었다.

殫竭 원문은 彈渴로 되어 있으나 오기로 보임. 마음이나 힘을 남김 없이 씀.

이와 같은 무제한적 군비확장은 점점 열국과 열국과의 전쟁열을 증가케 할 뿐이요, 또 열국의 재정을 결국 파산의 궁지에 빠지게 할 뿐이다. 이리하여 세력균형의 신술어(新術語)가 생기게 되었다. 즉 세력균형은 평화보전의 국제적 이상으로 간주하게 되었다. 다시 말하면 폭력과 폭력과의 균세로 인하여 열국의 국제적 관계에 표면적 파괴를 예방하고자 하는 것이다. 이것은 안가(安價)*의 평화책이다. 아니 고가(高價)의 평화책일는지도 알 수 없다. 그러면 세력균형은 결국 여하한 동기와 또 여하한 결과를 이르게 될 것인가 하면 국가와 국가의 폭력을 적극적으로 철주(掣肘)하기는 불가능하니 다만 세력과 세력과의 균형을 보전하여 서로 선수를 못하게 하는 것뿐이다.

安價 싼 가격.

4.

이상에 말한 세력균형주의는 국가주권의 만능을 부인하자는 것도 아니요, 또 어느 정도까지 제한하자는 것도 아니다. 다만 주권과 주권과의 대항관계를 더 일층 대규모적으로 대진(對陣)케 하여 그 직접의 충돌을 방지하고자 함에 불과하다. 만일 인류의 지견(智見)이 초인적 권능이 있다 하면 혹 이러한 세력균형의 보전으로도 일시의 위화(危禍)는 면할는지도 알 수 없다. 그러나 초인 아닌 인류의 지견과 또 국가주권의 만능적 태도가 의연히 발호하는 날까지는 국가와 국가와의 충돌이 그칠 때가 없을 것이다. 즉 충돌의 위험성은 조금도 감소할 것이 없다. 도리어 세력균형주의로 근근이 유지하는 평화관계는 기실 진정한 평화가 아니요, 가장(假裝)의 평화이다. 즉 가장의 평화는 전쟁의 정지상태요, 전쟁을 근본적으로 없게 하는 것은 아니다. 이와 같은 가장의 평화 하가 아니라, 이와 같은 가장의 평화를 위하여 열국은 의연하게 군비확장의 대가를 예비하지 않을 수 없었다. 이것이 소위 평화를 위한 고가의 희생이었다. 어느 학자의 말과 같이 개회 중임과 휴회 중임을 불문하고 의회는 의회로서의 제도가 존재하며 전쟁이 있고 없고 간에 제도로서의 전쟁은 항상 존속한다 하였다. 이것이 곧 열국의 경쟁하는 군비로서이다. 즉 열국의 군비는 대내적 보안을 위할 뿐이라고는 너무나 방대한 것이 사실이다. 그뿐 아니라 대외적 방어의 구실 하에 침략적 조아(爪牙)*를 예양(銳養)하는 것이 현대국가의 군비철학이다. 이리하여 평화를 위한 혹은 정의를 위한 또는 자위를 위하여 대포와 군함이 종횡무진하는 최후의 결론을 짓고 말았다. 이것이 세력균형주의의 전제하에 획책된 가장(假裝)평화의 내면이다.

爪牙 손톱과 어금니.

5.

이상에 말한 것과 같이 세력균형주의에 의한 평화의 보전은 결국 가장의 평화요, 허위의 평화에 불과한 것이다. 그러나 열국은 평화를 구실로 하여 세력균형을 형성하기에 대단히 부심하였다. 이로 인하여 구주의 중원에 합종연횡의 양대 대형(隊形)이 항상 대립하여 온 것이 사실이다. 물론 세력균형을 형성하는 세력과 세력과의 이합집산은 간단없이 시대의 변천에 따라 추이하여 왔다. 그러나 그 근본적 대립은 15, 6세기 이후로부터 조금도 그치지 아니하였다. 따라서 열국과 열국과의 국제관계는 폭력, 궤휼(詭譎), 권모술수가 공행(公行)하여 도덕이니 정의이니 하는 것은 다만 표면을 가식하는 구실에 불과하였을 뿐이다. 이리하여 전쟁은 인류사회에 피할 수 없는 필요적 사실로 인정되었고, 또 전쟁의 필요불가결한 이유를 여러 가지로 변호한 학설까지도 성행케 되었다. 즉 국가의 주권은 절대적인 결과로 국가의 주권을 제한할 하등의 권위가 없는 것과, 국가는 국가 자체의 보전과 발전이 국가의 최고한 도덕이요, 이상인 것과, 이 목적을 관철하기 위하여 무엇이든지 희생에 제공하지 아니하면 아니 될 것과, 또 국가의 발전과 팽창을 도모하려면 불가불 다른 약한 국가를 병합하거나 침식치 않으면 아니 될 것을 극력 주장한 것이다. 다시 말하면 국가의 주권 앞에는 도덕 법률의 구속이 없을 것이요, 주권의 행동 그것이 곧 유일한 도덕이요, 법률일 것을 말한 것이다. 즉 세력균형주의의 평화보전책은 이상에 말한 국가주권의 만능에 대하여 하등의 이의를 삽입하지 아니하였고 다만 이와 같은 열국의 주권과 주권을 세력균형의 토대 위에 안배 견지하자는 것뿐이다. 이것이 세력균형주의의 미온적인 태도이요, 따라서 세계의 평화유지에 별로 현저한 공효를 나타내지 못하게 된 소이이다. 즉 국가주권의 어느 정도까지의 제한을 전제하지 않고는 국제생활의 평화를 보전하지 못할 것은 다시 다언할 필요가 없는 바이다. 열국과 열국과의 집단관계를 통어(統御)하는 초연적 권위가 없는 한에는 폭력의 지배가 국제생활의 유일한 기조일 것밖에 없다. 이리하여 폭력의 대신에 국제간의 도덕 이성 법률의 지배를 받게 하고 국가의 주권만능에 일정한 한도 내의 제한을 두게 하며, 또 열국과 열국과의 전쟁에 의하여 해결하는 모든 전쟁을 미연에 방지하는 방법을 강구하며, 이러한 방법에 위반하는 어떠한 국가의 주권에 대하여는 상당한 제재를 가하지 아니치 못할 것을 각국의 이상가, 학자, 정치가들이 차차 주장하게 되었다. 이것이 균형주의의 불철저 불완전한 것을 자각한 나마의 결과이다. 이 의미에 있어 이와 같은 주장 다시 말하면 세력균형주의에 대하여 국제협조주의 또는 국제연맹주의의 발생은 인류 역사상에 일단의 진보라 아니할 수 없다.

6.

그러면 이와 같은 국제협조주의 또는 국제연맹주의의 국가관념에 대한 기조는 여하한가 하면 국가주권의 만능을 부인하는 것이요, 또 인류생활의 상호부조를 역설하는 것이다. 즉 국가는 인류 사회생활의 일 제도인 이상 사회생활의 모든 원칙과 규율에 지배를 받지 않을 수 없으며, 또 이리함으로 비로소 국가의 사회생활에 순응하는 본의가 있다 하는 것이다. 따라서 인류의 사회생활은 인류의 모든 사회의식의 표현인 점에 있어 인류의 사회의식이 변천하면 변천하는 대로 사회생활도 변천하여야 할 것이요, 또 사회생활의 일 형식인 국가생활도 시대의 진운(進運)에 따라 순응하지 않을 수 없는 것을 주장하는 것이다.

즉 관념의 변천, 의식의 변천은 실제 사회생활에 밀접한 영향이 있을 것은 물론임으로 인류의 국제생활에 대한 상호부조의 관념이 점점 발달됨을 따라 국제생활에 대한 새로운 원칙을 조성하지 아니하면 아니 될 결과에 이르게 되었다. 그뿐 아니라 교통무역의 근세적 발달로 인하여 국가와 국가와의 상호연락이 전에 비하여 밀접하게 된 실제 국제생활의 환경은 이와 같은 신국제주의의 발전을 조장케 하였다. 이리하여 국제법상에 신기원을 긋게 될 만한 여러 가지 원칙이 산출케 되었다. 물론 칸트의 영구평화론에 고조(高調)함과 같은 위대한 이상이 일조일석에 실현되기는 도저히 어려운 일이나 어느 정도까지의 협조주의를 승인치 않을 수 없게 되었다. 그것은 이상에 말한 바와 같이 신국제주의의 발달과 국제생활의 밀접케 된 주위환경의 변천으로부터 배태된 결과거니와 이외에 세력균형주의에 의한 국제생활의 불안과 또 군비확장을 위한 열국 재정의 부담이 점점 과중하여 인민의 불평이 차차 현저하게 된 원인도 있을 것이다.

여하간 종래의 국가주권 지상주의에 중독된 국가의 부도덕적 불합리적 비사회적의 모든 국가주권의 횡포에 대하여 인류의 악감과 저주가 증대한 결과 이와 같은 국가의 악성을 교정하는 동시에 일방으로 국제생활의 불안을 제거하는 인류욕구의 표현이 1919년의 헤이그[海牙] 평화회의로 구체화한 것이다. 이것이 세력균형주의에 대한 국제협조주의의 신기원이요, 인류역사상 대서특필할 국가관념의 혁신이다.

7.

즉 필요는 사물 발달의 어머니라는 격언과 같이 국제협조주의의 발달은 국제생활의 환경이 이 주의의 발달을 필요로 한 것이다. 이와 같은 절실한 필요가 있는 까닭에 인류의 국제관념에 신원칙이 생기었고, 이와 같은 신원칙이 수립됨으로 이 대세에 순응하는 새 제도가 발생하였다. 이리하여 국가의 주권을 만능시하고 우상시하던 재래의 국가관념은 일변하여 국가의 주권도 국제생활의 협조를 위하여는 일정한 한도 내의 제한을 받지 않으면 안 되게 되었다.

마치 국내의 주권이 각국의 법률, 여론, 습관을 무시하지 못하고 일정한 한도 내의 제한을 받는 것과 같이 국제간의 평화와 질서를 위하여서는 국가의 대외주권도 상당한 구속을 받는 것이다. 그러면 이와 같은 주권에 대한 모든 제한이 주권인 본질을 부인하는 것이냐 하면 결코 그렇지 않다. 다만 종래의 국가관념에 주권의 무제한적 절대관념을 제한적 상대관념에 환원한 것뿐이다. 이미 국가의 관념이 인류 사회생활의 일 제도요, 따라서 국가의 주권도 이 제도의 최고의사를 발표할 뿐인 관계로 보아서도 그 본질이 무제한도 아니요, 절대성도 아니요, 초인격적 실재도 아니다. 다만 주권의 본체를 추상적으로 초인격시하며, 또 우상시하였던 것이다. 일시의 착오였을 뿐이다.

이리하여 국내에는 자유주의와 입헌주의가 확립되어 국가의 주권에 일정한 한도의 제한을 가하게 되었고 다시 국제간에는 국가와 국가와의 협조, 다시 말하면 종래의 분방불기(奔放不羈)*한 국가의 대외주권을 제한하여 국제법 하의 구속을 가하게 한 것이다. 이것이 국가주권의 대내적임과 대외적임을 물론하고 그 본질의 동일을 천명한 것이며, 또 일방으로 국제생활의 무질서 무규율하던 종래의 무정부상태에 새로운 권위와 규율을 산출케 한 것이다. 이리하여 국가학설이 일조(一朝)에 혁신한 관(觀)이 있었다.

奔放不羈 분방하고 구속을 받지 않음.

8.

이와 같은 대세에 순응하여 상술한 바와 같이 1899년에 제1회 헤이그평화회의*가 개최되었고 그 후 8년을 격(隔)한 1907년에 또다시 제2회의 평화회의*가 성립된 것이 구주 대전란까지의 유래이었다. 그리고 제1회의 평화회의에는 26개국의 대표자가 참열(叅列)되었고, 제2회에는 44개국의 대표자가 참열하였다. 즉 이만큼 평화회의의 권위가 횟수를 거듭함에 따라 세계열국의 승인을 얻게 된 것이다. 이상 양차의 평화회의는 국제공법의 입법기관이었고 이 입법의 정신과 규정에 의하여 국제중재재판의 사법기관과 기타의 국제행정의 상설기관이 설치케 된 것이다. 즉 종래의 국제적 무정부상태는 일종 불완전한 정부상태로 향상케 된 것이다.

제1회 헤이그평화회의 1899년 5월 18일~7월 29일에 열린 제1차 회의에는 26개국이 참가하였다. 군축문제에 관하여는 거의 진전이 없었고, 군비축소를 희망한다는 선언이 채택되는 데 그쳤으나, '국제분쟁평화처리조약' '육전(陸戰)조약' '적십자조약의 원칙을 해전(海戰)에 적용하는 조약'의 3조약과 경기구로부터의 투사물(投射物)의 금지, 독가스의 사용금지, 덤덤탄의 사용금지에 관한 세 가지 선언이 채택되었다.

제2회 평화회의 제2차 회의는 1907년 6월 15일~10월 18일까지 44개국이 참가하여 열렸는데, 제1차 회의 때의 3조약을 수정한 것 외에 10개의 전쟁법규조약을 채택하였다.

그러면 이와 같이 열국의 협정에 의한 국제공법의 내용은 여하한가 하면 첫째 평시와 전시에 의하여 그 규정이 상이케 되었으며 평시의 국제공법은 국가와 국가와의 평상수교의 제다(諸多) 원칙을 규정한 것이니, 비(比)컨대 국가주권과 국가주권과의 관계와 지위에 관한 것과, 또 국가주권의 대표기관인 외교관 영사 등의 교환에 대한 규정이며, 또 국가와 국가와의 조약체결에 대한 원칙을 규정한 것과, 국가와 국가와의 어떠한 분쟁에 대하여 전쟁 이외의 방법으로 조정하며 중재하는 여러 가지 규정 등이다. 그리고 전시 국제공법, 즉 국가와 국가와의 비상상태에 관한 규정은 전쟁의 개시에 따라 적국의 신민, 선박, 재산, 조약 및 외교관에 대한 취급방법을 규정하였고, 다시 육전과 해전의 양 경우에 나누어 그 규정의 분류를 달리 하였으니 육전에 관한 규정에는 적국인과 적국의 교전자 포로 간첩에 대한 규정과 또 적국인의 병자 부상자 사자(死者)에 대한 규정과 또 적국의 재물을 점령할 때의 처치 방법을 규정하였다. 그리고 해전에 관한 규정에도 적국인의 재산에 대한 규정을 비롯하여 선박과 우편과 신서(信書)와 전시 금제품과 봉쇄에 관한 규정이며, 포격의 제한에 병자, 상자(傷者), 사자(死者), 병원선에 대한 규정과 또 해저전신, 무선전신에 관한 규정 등이라. 또 이상의 전시 평시의 규약 이외에 중립에 대한 여러 가지 규정이 있다. 이와 같이 국제공법의 규정은 실로 다단다기(多端多岐)한 중에도 또 시일의 변천을 따라 전일의 불비불완(不備不完)을 수보가감(修補加減)한 결과 점점 법의 체재가 정연하고 또 법의 권위가 증가하였던 것은 과거 국제공법의 연혁을 역고(歷考)하면 명료할 것이다. 여하간 국제협조주의의 발달은 침침호(駸駸乎)* 일취월장의 기세를 보였으며 그 결과 국제평화의 분위기도 점점 태탕(駘蕩)*한 상태를 드러낸 것도 사실이었다. 그러나 신(新)사물의 발달과 위대한 이상의 실현은 결코 일조일석으로 가기(可期)할 바가 아니요, 실로 허다한 우위곡절(迂逶

駸駸 아주 빠르게 나아가는 모양.

駘蕩 넓고 큰 모양. 혹은 봄날이 화창한 모양.

曲折)이 부절(不絶)한 것은 인류 역사의 숙약(宿約)인 듯하다. 즉 일촌(一寸)을 전진한 후에 일척(一尺)을 후퇴하는 역전도 있을 것이요, 적어도 일척을 진전한 후에 촌퇴(寸退)의 정돈(停頓)이 없기를 보장하기 어렵다. 우주생성의 진화도 또한 이러하다.

9.

즉 국가만능주의의 인습이 이구(已久)하여 폭력의 숭배열이 열국 위정가의 흉리(胸裏)에 뇌호(牢乎)*한 이상 이와 같은 선입주견의 타파가 일조일석의 능할 바 아니다. 이리하여 반동세력은 은현(隱顯)한 가운데 홀기홀멸(忽起忽滅)하였고, 따라서 세력균형주의 대(對) 국제협조주의의 알력은 호상 간발(間髮)*이 없이 지속하였다. 뿐만 아니라 군벌과 자본계급과의 호상 제휴는 항상 국제간의 불화를 선양하여 각기 주전열의 고취에 열중하였다. 그 외에 부화뇌동하는 말류잡배의 발호는 이루 다 매거(枚擧)하기 어렵다. 이것이 국제협조주의의 발전에 지장(支障)의 지석(躓石)*이 되었던 것이다.

牢乎 확고부동한.

間髮 아주 잠시.

躓石 걸림돌.

이상은 국제협조주의의 배양에 외부로부터 온 장애어니와 이외에 이 주의의 내부적 근기(根基)가 미약하여 능히 외래의 장애를 저항치 못한 유인도 없지 않을 것이다. 즉 국제협조주의의 이상을 구체화한 국제공법의 불비는 이상 반동세력의 창궐에 여러 가지의 틈을 타게 한 것이다. 그러면 국제공법이 불비한 원인은 무엇인가 하면, 제일에 국제공법의 원칙에 이론이 일관치 못한 것과, 제이에 국제공법의 위반자에 실제의 제재를 가할 방도가 없는 것과, 제삼에 국제법의 원칙에 각국의 주의 주장이 불일(不一)한 것이다. 즉 국제법의 이론이 일관치 못하다는 것은 비(比)컨대 적의 사유재산이 육상에서는 불가침이어니와 해상에서는 그렇지 않다는 일례요, 또 국제공법의 위반에 대하여 제재의 능력이 없다는 것은 국가와 국가와의 대등관계를 초월하여 명령지휘할 권능이 실재하지 않는 것이다. 제삼의 각국의 주의가 불일하다는 것은 예를 들면 영국주의와 대륙주의의 큰 차별이 있을 뿐 아니라, 다시 대륙주의 가운데에도 왈(曰) 독일주의, 왈 불국주의의 문호가 각별하여 거의 귀일(歸一)의 적종(適從)할 바를 알지 못한 까닭이다. 이와 같은 국제공법의 불비불완(不備不完)이 법률로서의 위신이 부족한 것을 폭로케 한 것이요, 따라서 그 위신이 부족한지라 국제공법을 경시케 하는 것도 또한 인정의 고연(固然)인가 한다. 여하간 이렇듯한 여러 가지의 외부적 장애와 또 내부적 결함이 서로 인과의 연유를 만들어 국제협조주의의 신장을 저해한 것이다. 그러나 사물의 시초가 완선(完善)이 아닐진대 족히 단기 시일의 발달로 국제공법의 불비한 것을 운운하지 못할 것이다. 차라리 그 발달의 의외에 신속할 것을 인정하지 않을 수 없는 것이다. 다만 이와 같은 발달을 조장하게 하는 국제의식의 근기(根基)가 박약함으로 그 본연의 생명을 창달치 못한 것뿐이다. 즉 천기는 이미 동하였으나 다만 그 기운이 아직도 원숙치 못한 것을 느낄 뿐이다.

10.

冗長 글이나 말 따위가 쓸데없이 길.

이상의 논술이 너무 용장(冗長)*에 흐를 혐의가 있으나, 요컨대 국가관념에는 양개의 정반대설이 서로 대립함으로부터 주권의 해설에 일은 만능설을 주장하고, 또 일은 제한설을 주장하여 마침내 실제의 정치 경제 사회의 각 방면을 통하여 여러 가지 특수한 영향을 미치게 하였고 이와 같은 추세의 소장(消長)이 서로 일기일복 하였으나, 대체로 보면 국내적 현상으로는 각국을 통하여 주권제한의 실(實)을 들게 되었으나 그렇지 않은 국제간의 현상으로 보아서는 의연히 주권만능설이 성행되었고, 따라서 열국과 열국과의 관계는 다만 세력균형의 주의 하에서 지배를 받아서 군비의 확장과 권모술수에 몰두하여 한갓 국제생활의 불안을 야기할 뿐이었다. 그 결과 열국의 재정은 군비의 확장에 거의 탄갈(殫竭)이 되었고, 이에 일반 국민은 도탄의 고초에 불감(不堪)하였다. 그뿐 아니라 기다(幾多)의 학자 이상가가 배출하여 세계평화의 이상을 설하고 그 방도는 오직 국제협조주의에 불외(不外)하다 하여 이와 같은 여론이 동기가 되고 또 이상의 여러 가지 사정이 서로 인과가 되어 마침내 세계의 평화회의까지 개최케 되었으나 그 성과는 다만 실행력이 박약한 법률의 조문만 남기게 되었을 뿐이라는 것을 약술한 것에 불과하다. (중략)

32.

이상 각 방면의 관찰에 의하여 구주대전란 전후의 세계대세를 약간 논술하였다. 그러면 본 논문의 목표인 세력균형주의와 국제협조주의와의 관련에 대하여 다소의 암시를 준 줄로 생각한다. 물론 이와 같은 광범한 문제를 다만 일편의 논문으로 능히 그 전모(全貌)를 살펴보기는 도저히 불가능한 사실이다. 그러나 본 논문의 대지(大旨)는 요컨대 재래의 국가관념에 대한 견해의 상이로 일은 국가만능설을 주장하여 국제적으로는 필연히 세력균형주의에 그 결론이 이르렀고, 또 하나는 국가제한설을 주장하여 국제적 협조주의에 도달하는 사상의 범주와 또 이러한 경향을 논평함에 불과하다. 즉 국가생활의 현상에는 구심력과 원심력의 양 법칙이 작용함과 같은 정반대의 세력이 서로 대항한 것 같다. 이리하여 일은 국가연맹을 중심점으로 하여 열국의 협조를 고조하고 또 일은 세력균형의 국가연합에 의하여 국가와 국가의 조절을 도모하고자 한다. 따라서 양 주의의 근본적 기조는 국제생활의 안정에 그 이상이 있다. 다만 실제의 방략을 도모하는 데 대하여 다소의 차별이 있게 되었으니 요컨대 정도의 차이요, 본질의 차이는 아니다. 다시 말하면 그 정도의 고하 범위의 광협만이 서로 틀릴 뿐이다. 그리고 세력균형주의의 파탄은 이미 주의상 모순과 또 그 실제의 악착(齷齪)으로 인하여 쓰라린 경험을 하였다는 것을 일언(一言)하였다. 그러면 장래의 국제생활의 진로는 오직 협조적 연맹주의에만 있을 것이요 불완전하나마 구주대전 이후의 베르사유 조약은 곧 이 이상 하에 고안된 것을 일언하였을 뿐이다.

다만 베르사유 조약이 미숙하고 불완전한 것만큼 반동세력의 여광(餘光)을 인정하지 않을 수 없으나 따라서 금후의 국제생활은 이 반동에 대한 원동세력(原動勢力)의 진작(振作)에 있을 것을 암시하는 것이다. 그리고 그 진작은 오직 국제심리의 계발과 재래 국가지상주의의 해탈에만 있다. 그 시기가 어느 때 이를는지는 아무도 예측하지 못할 것이다.

37. 백주(白洲), 전쟁의 영원성

생활은 각국이나 식물이나 동물이나 인간이나 자기네를 둘러싼 환경의 모든 노력과의 쟁투를 그치면 사멸한다. 공포와 욕망에 구축된 동물과 인간은 단순히 물질적으로 생존유지의 경쟁을 함에 그치지 아니하고 나아가 의식적 만족을 획득하려고 한다. 사람은 생존을 위해서 노고하며 만족을 얻기 위해서 움직이며 목적에 도달하려고 노력한다.

즉 재산, 권력, 인격, 동공(動功), 지혜를 획득하려고 노력한다.

행주좌와(行住坐臥)* 간단(間斷)없이 행하는 생존상의 그리고 목적에 도달하려고 하는 경쟁은 일개인의 문제는 아니다. 같이 생존을 위해서 경쟁하며 목적을 향해서 쟁투하는 다른 사람들과 난입혼동해서 여러 가지의 복잡한 관계가 일어난다. 이네들의 노력은 서로 합동하여 조합적 행위가 되며 혹은 일치협력하여 단을 짓고 군을 이루어 전전 방황하기도 또 촌을 짓고 시를 이루며 나라를 만들어서 함께 거주한다. 거기에서 주민회의, 전쟁, 국회, 제례, 순례, 참예와 같은 것이 있다.

그리고 제조·매매가 일어남에 질서 있는 생산적 활동이 있어서 단체의 경쟁, 계급의 투쟁, 국민적 경쟁, 제국적 경쟁 등은 그 어느 것이든지 개인의 생존경

■ 『신민』 3호(1925.7.10.)에 실린 백주 김태수의 글. 인간은 이성의 본체이지만 성능의 대부분은 쟁투동물로, 국가의 발달 민족의 진보 역시 쟁투로써 된 것이며 시대가 변천할수록 문명이 진보할수록 쟁투의 범위가 확대되고 격렬해졌음을 지적한다.) 즉, 인류는 계급적, 국제적, 민족적으로 영원히 쟁투할 것이므로, 세계적 평화, 전 인류의 평화는 없다고 단언하고 있다.

■ 白洲 金泰秀(1904~1982) 1924년 조선문단에 등단, 이후 3년간 『동아일보』, 『신민』 등에 소설과 희곡 등을 발표. 이후 낙향해 동아일보 지국활동을 하면서, 고려공산청년회 부안 세포조직책을 맡아 사회주의운동을 하다가 구속되기도 했다.

■ 『신민』 1925년 5월 10일자로 창간된 사회교화를 내세운 종합잡지. 『신민』의 전신은 1921년 2월에 창간된 유도진흥회 기

관지인 『유도』(儒道)였는데 이 잡지가 본래의 취지와는 달리 친일 인사들의 글이 많다하여 사회적인 지탄을 받게 되자 1925년 1월 통권 48호로 자진 폐간했다. 그러자 그 터전을 배경삼아 이각종이 신민사를 차리고 신문지법에 의한 서가를 얻어 신민을 내놓게 된 것이다. 이 잡지는 정치논평이나 시사문제보다는 국문학을 비롯한 국학 분야의 논문을 많이 게재했다.

行住坐臥 다니고, 머물고, 앉고, 눕고 하는 일상의 움직임을 통틀어 이르는 말.

揣摩 남의 마음을 미루어서 헤아림.

補遺 보태어 채움.

洞見 앞일을 환히 내다보다.

쟁과 같이 생존하기 위해서, 목적을 관철하기 위해서 행하는 것이다.

여하히 해서 이 공동노력, 공동경쟁이 해왔는지 췌마(揣摩)* 억측에 지나지 못하고 우리는 그 기원된 것을 알지 못한다. 사적 기록의 제일항에는 사람이 벌써 시를 만들어서 생활한 사실이 써져 있다. 이로써 보건대 유사 이전의 기(幾)백천 년간 사람은 의식적으로 사회관계의 실현을 거들었다. 다시 그 이상에 올라가 보면 오직 암흑시대일 뿐이다. 이사이에서는 암중모색의 상태에 있어서 우연의 발견으로 겨우 부분적 광명을 얻을 뿐이다. 현재 살아남은 문화 정도의 극히 저열한 민족의 비교 연구에 의하여 고고학과 비(碑) 전설을 보유(補遺)*해 보더라도 연구의 곤란이 심할 뿐만 아니라 그 기원은 이러했던 것이겠지마는 상상이상의 결론에는 도달할 수 없다. 겨우 투득(透得)한 바는 시에 생활한 사람들이 치적 제도를 안출하고 세운 이전은 사람은 종족적 집합생활을 영했다. 즉 혈족관계를 찾아서 결합했다. 이것이 민족국가 사회의 연원이다. 그러나 본안에서 민족국가의 기원을 말할 필요가 없는 고로 호탕하게 논하려고 하지 아니한다. 사람의 개인적 쟁투, 사회적 쟁투를 들어서 인류의 평화는 영원히 불능하다는 것을 논하려는 것이 여(余)의 본안에 붓을 든 목적이다.

사람이 천직 본능적으로 호전성 동물인지 이는 심리학상 생리학상 문제이다. 깊이 학리를 구명해서 보지 아니하고 명확하게 통견(洞見)*할 수 있는 사실은 역사의 유유(悠悠)한 기록은 다(多)부분이 종족 간, 민족 간, 국가 간 내지 인종 간, 계급 간의 투쟁사에 불과한 것이다. 인류의 문화가 아직 미개하였던 계몽시대에 있어서는 쟁투의 범위가 극히 좁았지마는 일자(一自) 불란서 혁명이 구주의 천지를 풍미한 이래로 안으로 계급간의 쟁투가 격심해진 것은 물론 민족적 의식이 더욱 명확해짐에 민족에 근거 기조한 각 국가는 다투어 영토 확장욕, 해외발전의 열을 발휘하기에 자못 안비(眼鼻)를 막개(莫開)하였으며 봉화의 촉(燭)을 번(蕃)가르고 간과(干戈)의 예리(銳利)를 교차하기에 영일(寧日)이 태무(殆無)하였다. 이렇게 인류의 쟁투범위는 오직 확대해 가기만 한다. 세간에서는 흔히 민족적 평화, 국가적 평화, 국제평화의 인류의 평화, 세계의 평화를 몽상하며 열망한다. 이는 시대정신, 시대변천의 이(理)를 이해하지 못하는 자간(者間)에만 있는 것이 아니라 세계 사조에 부딪치고 학리를 조박(糟粕)하는 자, 정치가 간에도 흔히 보이는 현상이다.

그러나 평화의 서광이 지상에 비추기는 일대 의문이다. 시대가 변천할수록 문명이 진보할수록 사람의 쟁투의 범위는 더욱 확대해 가고 격렬해진다. 궁시(弓矢)의 전(戰)이 기관총 전으로 화하고 해륙전이 공중전으로 화한 것은 경이(驚異)할 것도 없거니와 단지 종족 간 쟁투와 쟁투의 목적이 주종의 단체

즉 종주권의 쟁탈에 불과하였던 것이 국가, 민족, 인종을 멸망하려는 것으로 쟁투의 목표를 삼아온 것도 일조일석에 생기고 처음 보는 신기물이 아니다. 다시 쟁투의 수단이 무력에만 그치지 아니하고 경제력으로 한 것이 최근의 현상이다. 그래서 사람의 쟁투의 변천진화의 계단을 들어보건대 종족적 지방적이고 내부적 국내적이던 것이 민족적 국제적이고 국외적으로 화하며 다시 나아가 권력쟁탈적이고 강안(降眼)적이던 것이 침략적 멸망적으로 화하고 보일보(步一步) 보조를 빨리 해서 최근에는 사회적 쟁투, 세계적 쟁투에까지 이르러왔다.

사람은 길이 생존을 유지하려는 쟁투 노력을 계속하는 데서 그의 지모술수가 각각으로 예리해지고 경험이 풍부해지며 식견과 관찰력, 추리력이 더욱 밝아짐에 따라서 그의 사상, 문화가 나날이 새로워진다. 끝없이 변화해 가는 것은 실로 사람의 사상이다. 사람의 쟁투가 금일과 같이 격렬하게 확대하게 변화한 것은 사람의 사상의 인과관계이다. 사람의 사상의 대부분은 쟁투 심리에서 발원한 쟁투 사상이다. 사람은 생래 쟁투적 성능이 있는 동물이다. 선천적으로 쟁투적이여 쟁투로써 생존을 유지하는 사람은 욕망을 만족하려고 열중할 때는 쟁투심을 발하며 공포와 노고를 느낄 때는 평화를 동경하며 선망하며 전쟁을 기탄한다. 그러나 그 평화를 선망하는바 심리는 피로와 고통을 느끼는 순간의 심리일 뿐이요 피로를 휴양(休養)하고 고통을 퇴치해서 다시 생기와 원력을 회복함에 일층 더 격렬 맹렬한 쟁투심리를 발한다. 이것이 유구한 인생발달사의 내역(來歷)의 현상이다. 국가의 입지로 보건대 국가생존을 위해서 민족적 생존유지를 위해서 국방 정책상 배타적으로 자기의 생존을 침해 위험케 하는 자 외적을 방어하는데 국가 전력을 주(注)하며 일보 나아가 국방의 여력으로는 타(他)를 침략하며 정벌하여 정치상으로 영토권확장, 권력팽창을 계책하며 경제적으로 수출입 무역의 촉진, 내자외투(內資外投), 이권획득, 국민생산품, 판로확장, 부원(富源)개척을 계획하고 사회적으로 피정복민족의 유린, 압박, 멸망을 꾀하고 문화의 변환, 전장(典章) 제도의 변혁, 국수(國粹)의 박탈을 행해서 정복자의 우월성을 한없이 발휘한다. 이같이 역대 국가 간에 있는 쟁투, 이것이 통고금한 국가 간에 일어난 살벌사(殺伐史)의 핵심이라.

엄밀히 말하면 금일 소위 국가의 발달, 민족의 진보는 일개로 쟁투로써 된 것이다. 인간이 천성 쟁투적 동물임에 개인이나 단체나 민족이나 국가이나 쟁투를 중지하고는 자기의 생존을 유지하지 못할 뿐만 아니라 나아가 자기의 발달 번영을 도모할 수 없는 것이다.

국가의 발달, 민족의 강성이 궁극함에 약육강식, 우승열패의 법칙은 의연히 아니 더욱 치밀하게 맹렬하게 성행해서 마침내 우내(宇內)에 국(國)의 형해, 명의를 보전한 자로 정복 병탄된 자 손꼽아 셀 수 없으며, 현금 겨우 잔명을 보존하고 있는 자로 계속 침윤 멸망해 가는 자 이 얼마이며, 우주는 열강의 우주이다. 지구상에 웅비하는 강자의 수국(數國)은 다시 서로 쟁투심리를 가지고 호상도전하며 권력 쟁탈, 무력 확장에 급급해서 끝없이 횡포 방종해 가는 제국주의·자본주의·군국주의적 국가들의 태도 행위는 약소민족, 무산계급으로 하여금 분개 불평을 한없이 양(讓)하게 하여 마침내 무산자, 약소자의 자본적 국가 제국주의적 국가에 대한 반항심을 환기해서 국내적으로 혁명이 폭발하며 국제적으로 간과(干戈)를 교차하는 광경을 연출한다.

금일에 와서는 천하를 어지럽게 하는 쟁투적 도화선은 2개로 병립했으니 일은 국제적 쟁탈전이요 타는 약소민족 무산계급의 제국주의 자본주의 국가에 대한 반항전이다. 횡포, 방종, 무도, 수욕(獸慾)에 충만한 악마 사귀(邪鬼)에 대한 정의인도의 토벌적 도전이다. 적대행위이다. 문명은 금(今)에 내외로 적을 받아서 싸우고 있다. 일방에는 군국주의, 자본주의, 정복욕, 쟁탈욕에 충만한 제국주의가 있고 타방에는 혼돈 난잡을 틈타 무정부주의적 민주주의는 사회혁명은 가깝다하였다 하고 대성질호(大聲疾呼)하고 있다. 이에 대하여 문명을 옹호하려고 무기를 취하는 자는 그 무엇된 자인가! 양 극단에 빠지지 않고 문명의 구원을 표방하는 민주주의적 공화주의가 있으나 이는 자기의 우월성을 발휘해서 자기의 발달을 도모하는 유일한 나침반 된 자에 족할 뿐이요, 민족적 국제적 분란쟁투를 조정하고 세계적 사회문제를 해결해서 평화의 낙원을 지상에 실현함에는 아무 능력이 없음에 문명을 구원하는 자 평화를 실현할 자는 다시없다. 세계는 다시 살벌의 성(聲)으로 채워지려 한다. 세계의 평화는 몽상할 수도 없는 것이다. 국제연맹의 이상으로 평화를 건설한다고 하지만 국제연맹 자체가 원래 제국주의 열국의 독일에 대한 생명보험을 의미한 것이다. 비록 전전(戰前) 독일의 기반(羈絆)을 벗으려고 하는 민족을 독일에 더한 증오심으로써 해방한 것은 있지만 평화를 영원히 보장하는 기관이 될 수는 없는 것이고, 비록 일시의 소강을 보전할지라도 쟁의는 불숭조(不崇朝)에 다시 분운(紛紜)하는 것이다. 이로써 보더라도 인류의 평화성이 흠결(欠缺)한 것은 명확함에 영원히 평화는 실현할 수 없는 것이다. 평화의 동경 욕구가 어찌 금일의 인심뿐이리오. 역사상 쟁투가 생긴 때 일어난 곳마다 평화의 동경 욕구가 있었지만 속승발작(續承發作)하는 쟁투 까닭에 마침내 이루지 못하고 천고의 현안으로 금일에 이른 것이다. 사람은 이성의 본체인 대신에 성능의 대부분은 쟁투동물이다. 그럼으로 여(余)로 하여금 기탄없이 말하게 하면 지구상에 사람이 생존한 이상 국가가 존립한 이상에는 그 생존유지를 위해서 진전발달을 위해서 쟁투가 끊어지지 아니할 것이다. 개인 간에 있는 쟁투, 계급간의 쟁투도 조정을 보장하지 못하는 사람으로 어찌 국제간의 평화, 세계 인류 전체의 평화를 건설할 수 있으리오. 평화적 세계를 꿈꾸는 것은 환상 중의 환상이다. 그럼으로 여(余)는 인류는 계급적으로 국제적으로 민족적으로 영원히 쟁투하리니 일시의 소강, 일부적 평화 이외는 소위 세계적 평화, 전 인류의 평화는 없으리라 한다.

최후에 일언하고자 함은 최근주의의 양 극단의 쟁투가 천하에 풍운을 일으킴에 도처에 무산자 해방운동, 공산주의 대 자본주의 반항쟁투, 약소민족 대 제국주의 쟁투가 맹렬히 궐기하는 것은 평화를 동경하는 자로 하여금 애오라지 비애의 념을 금하지 못하게 한다. 이 반항 쟁투는 바야흐로 살벌의 기개 천하를 덮으려 한다. 현재 일어난 중화민국민의 침략적 열강에 대한 배외운동은 장차 지상에 어떠한 영향을 미칠 것인가. 우리는 가장 흥미 깊게 형세의 진전을 관망할 뿐이다.

38. 힘의 문명

■ 『조선일보』 1928년 11월 28일자 논설. 현대문명을 힘[力]의 문명으로 정의하고, 부전조약의 체결이나 워싱턴 회의의 성공은 미국이 힘을 가졌기 때문이라고 평가한다. 평화 및 인류평등은 힘이 밑바탕 되지 않고서는 불가능하지만 힘의 문명은 진정한 문명이 아니며 장래에 약자에게까지 골고루 혜택을 입힐만한 사랑[愛]의 문명으로 진전되 호조의 정신으로 살아가는 세계를 이뤄야 한다고 말한다.

1.

현대문명은 힘[力]의 문명이다. 보라 과학자는 힘의 원리를 천발(闡發)하며 시인은 힘의 미(美)를 구가하여 정치가는 힘의 필요를 고조하여 인간만사를 오직 힘에 의하여 규율하며 해결하려는 것이 아니냐. 생존경쟁의 학설이 사실에 있어서 그리스도 애(愛)의 교훈보다도 위대한 노력을 가지고 인심을 지배하는 것이며 딴눈치오* 같은 열혈의 시인은 검으로 펜을 바꾸어 총포의 소리를 음악시하는 마음으로 표연히 구주 전장(戰場)에 향하여 출정(出征)한 것은 당시 이목을 얼마나 용동(聳動)*하였느냐. 그러나 이것은 특수한 예에 불과하거니와 저번 휴전기념일에 발표된 미국의 조함(造艦)계획 같은 것이 그 무엇을 설명하는가. 논자 혹은 부전조약을 주창한 미국 원수(元首)의 그 입으로 다시 군함 건조를 고조함은 전후 행동이 모순이라고 하지만 이 모순이야말로 오늘날 힘의 문명을 그대로 표시하는 것이다. 다시 말하면 힘의 충돌을 방지하기 위하여 부전조약을 체결하고 힘의 균형을 보지하기 위하여 군함 건조를 계획하는 것이니 비록 소극과 적극의 차는 있을지언정 힘을 중심으로 하고 회전하는 것만은 마찬가지가 아니냐.

딴눈치오 가브리엘레 단눈치오(Gabriele d'Annunzio, 1863~1938) 이탈리아의 시인·소설가·극작가.

聳動 놀라게 하여 몸을 솟구쳐 움직이게 함.

2.

그러나 부전조약 그것도 미국의 힘이 아니면 용이하게 성립을 보지 못하였을는지 모를 것이며 조함계획 그것도 미국의 힘이 아니면 대담스럽게 발표하지 못하리라. 좀 더 올라가 말하면 대전 직후 파리회의에서 일지(一指)도 물들이지 못한 국제정국의 근본문제를 겨우 80여 일 동안에 협정하여 공전(空前)의 실적을 거(擧)하게 된 1921년의 저 워싱턴[華盛頓] 회의도 그 성공의 원인은 역시 미국의 주동력에 의뢰한 바 큰 것이 아니냐. 이래 황금의 위세를 배경으로 한 전미주의는 신대륙에 있는 대영제국의 발등을 누르며 아세아 방면으로 급조(急潮)처럼 진출하는 그의 대자본주의는 동시에 대해군력을 요함은 말도 할 것 없는 바인 즉 이렇게 볼 때에는 작금 미국에서 떠드는 조함계획의 이유를 더욱 명확히 알 것이다. 힘의 철학을 깊이 이해하는 그는 균세(均勢) 아니 동세(動勢)한 해군력에 의하여 평화란 것을 보장코자 함이니 이런 심리를 가진 이가 어찌 홀로 미국뿐이랴. 영국도 그러하고 프랑스[佛國]도 그러하고 기타 열국이 그러하지 않는 이가 없으되 조함을 경쟁함에는 또한 금력이 문제인즉 이도 필경 힘에 귀착되고 만다.

3.

약자가 아무리 세계의 평화를 절규하며 인류의 평등을 주장하더라도 그것이 실현될 것인가. 한갓 세인의 소병(笑柄)*이 되고 말 뿐이다. 그러므로 세계의 평화를 실현하는 요소는 먼저 자아로 하여금 강자가 되게 함만 같지 못하고 인종의 평등을 출현하는 첩경은 먼저 자아로 하여금 우자(優者)가 되게 함만 같지 못하다. 이것이 힘의 문명의 원칙이다. 오늘날 인지(人智)의 결정인 과학도 문예도 철학도 정치도 모두 힘의 문명을 위하여 생존함만큼 오직 강자의 소유물인 관(觀)이 있음도 부인할 수 없는 사실인즉 오늘날 문명의 혜택을 입지 못하는 다수의 약자들은 현대문명을 구가할 것인가 저주할 것인가 함은 별문제로 하고 어쨌든 약자를 무시하는 힘의 문명은 진정한 문명이 아닌 것만은 사실이다. 만일 인류의 공존이 사회의 이상이라 할진대 다수약자에게 혜택을 입히지 못하는 힘의 문명은 장래에 약자에게까지 골고루 혜택을 입힐 만한 애(愛)의 문명으로 진전되어야만 하겠다. 아아! 오늘날 힘의 문명에 배부른 약자는 애의 문명이 오는 것을 희망하지 않을 수 없는 동시에 애의 문명을 실현하기 위하여 또한 노력하여야 하겠다. 그러면 애의 문명이란 무엇이냐. 박애생성명(博愛生性命)을 삼는 기독주의를 의미함도 아니요 직접행동을 고조하는 허무주의를 칭함도 아니요 되도록 호조(互助)의 정신으로써 사회 전의식에 삶을 말함에 불과하는 것이다.

笑柄 웃음거리.

39. 세계평화는 언제 될 것인가

■ 1929년 1월 2일자 『조선일보』 논설. 제1차 세계대전 이후 모색된 세계평화를 비판적 입장에서 논하고 있다. 세계평화를 갈구하는 동향을 인정하면서도 제창국인 미국이 불참한 국제연맹이나 미국이 주도한 부전조약을 평화의 실현으로 찬양하는 태도를 비판하고 있다. 국제연맹과 부전조약의 뒷면에는 열강간의 결합과 배리의 가능성이 서로 교착하고 있다는 주장이다.

1.

신양(新陽)*이 다시 돌아왔다. 따뜻한 봄바람도 멀지 않아 불리라. 피비린내 나던 세계대전도 지난 지 이미 십 년이 넘었으니 세계는 적이 평화로 움직여 가야만 할 것이다. 삼천만의 살상을 위하여 오천억의 낭비를 하였으니 이만하여도 그 참화를 상상하겠거든 무엇이 부족하여 또 전쟁을 준비할 자가 있으랴! 평화회의에서 한걸음 나아가 영구한 평화를 보장코자 국제연맹이 조직되어 있으니 세계는 이제야 평화를 향락하리라. 군축 보장은 그들의 노력의 목표이며 중재재판 부전조약이 또 일방에서 체결 혹은 체결되는 중이다. 이렇게 열거하여 보면 세계는 평화를 갈구하며 평화에 살려는 것이 사실이 모양이다.

新陽 양의 기운이 새로 생겼다는 뜻으로 음력 11월을 달리 부르는 말로 주역 복괘(復卦)가 양이 새로 생긴 11월을 가리킨 데서 나온 말. 여기에는 새해를 가리킴.

2.

그러나 우리는 욕구와 현실을 혼동하여서는 아니 된다. 만 사람이 다 평화를 요구하는 바이나 평화를 유지하지 못할 현실이 있음에야 어찌하랴! 국제연맹을 평화의 본존(本尊)같이 자지(自持)하며 또 이를 숭배, 찬양하는 사람도 많이 있다. 그러나 국제연맹의 부르짖는 평화는 어떠하냐? 첫째 군축(軍縮), 둘째 보장(保障)이다. 안전을 보장하지 못하는 한에는 군비도 축소하지 못할 만한 떼지 못할 관계가 있다. 그러면 이른바 안전보장이란 무엇이냐? 모든 열강간의 상호의 갈등 내지 전쟁은 서로의 실력을 감손(減損)케 할 뿐이다. 자본주의가 극히 왕성할 시기에 있어서는 자본주의 국가 간의 충돌 이외에는 다른 무슨 대상도 충돌될 만한 실력이 맺어지지 아니하였다. 그러나 오늘은 어떠하냐. 열강호상 충돌은—비록 필연적으로 그 원인을 제거할 수 없는 것이나—오히려 피하려는 노력이 나타나 있다. 이것이 그들의 고민이요 이것이 그들의 보장을 요구하는 까닭이다. 보장을 현실하며 결속을 공고케 함으로써 군축도 여기에 따라온다. 다시 말하면 전쟁의 창이(瘡痍)*를 다 벗지 못한 구주열강으로서는 그의 국가경제가 군비만의 확장을 허락하지 않는 일면에 그들의 새로운 공통의 적진은 그들의 연합을 요구한다. 안전을 보장하여 연합이 현실되면 종래와 같은 방대한 군비는 개별적으로 다룰 필요까지 없게 된다. 이것이 소위 평화의 가면을 쓴 보장이요 정의인도에 숨은 군축이다. 평화의 구가를 늦기 전에 먼저 그 가면을 벗기자! 정의인도의 깃발을 보기 전에 먼저 그 복선을 밝히자!

瘡痍 병기에 다친 상처.

3.

국제연맹의 평화는 그러하다. 그러면 그 평화기관은 열강이나마 전부 망라하였는가? 아니다. 미국은 먼저 국제연맹을 발의하였음에 불구하고 미국은 이에서 탈퇴하였다. 이는 왜? 미국은 전쟁으로 말미암아 도리어 치부(致富)하였으며 그 치부는 소화하기에 주체를 못할 지경이다. 국제연맹에 들어 그 구속을 받기보다는 막대한 금융자본과 군비의 충실로써 열강 중의 패권을 잡아 보는 것이 그의 본망(本望)이다. 그러면 워싱턴[華府] 회의는 어찌하여 열었던가? 영국은 노대(老大)한 구주의 패주(霸主)요, 일본은 신흥한 동양의 웅국(雄國)*이다. 동양으로 세력을 발전코자 하매 기회균등 문호개방을 주장하였고 해상의 지배를 꾀하고자 하매 상대적으로 일영의 해군력을 제한함이 필요하다. 브전조약이 성립되었다. 부전조약은 무엇인가. 국제연맹 권외에 서서 국제연맹과 대립함은 세계의 패권을 잡기에 불리하다. 기회를 엿보고 있던 미국은 프랑스[佛國]의 제의로 그 기회를 탔었다. 이변(二邊) 조약의 제의를 다변(多邊)조약으로 전환시키며 국제연맹과의 대립을 모호하게 만든 것은 미국외교의 성공이라 할까? 부전조약은 '국책을 수행하는 수단으로서의 전쟁'을 폐기한 선언이다. 전쟁폐기라 하니 세계의 평화가 곧 보장되는가? 전쟁을 방어하는 자는 누구며, 그 흔단을 맡을 자는 누구냐? 공막(空漠)한* 선언 미명(美名)의 평화! 이는 그들의 상투(常套)의 일이다. 국제연맹 부전조약은 쌍벽의 평화기관이라 한다. 그러나 열강간의 결합의 필요와 배리(背離)*의 필연은 이 두 기관을 중심으르 서로 교착되어 있다. 세계 개조 십 주년을 맞아서 평화의 서광이 과연 임조(臨照)되어 나올 것인가? 부르짖는 자의 가면을 벗기고 우리는 정시(正視)할 필요가 있다.

雄國 매우 강한 나라.

空漠 막연하여 종잡을 수 없는.

背離 사이가 등지고 떨어짐.

40. 배성룡, 영미제국주의와 세계패권 정책의 대립

■ 『조선지광』 1930년 10월 호에 실린 배성룡의 글로, 먼저 국제연맹을 창설하고 스스로 탈퇴한 미국의 오만한 태도를 비판하고 있다. 그리고 영국 제국주의와 경쟁하며 세계패권을 쥐고자 중국, 남미, 아프리카 등으로 진출하는 미국의 제국주의적 세계정책을 설명한다. 이 같은 영미간 세계패권의 쟁탈전은 태평양상에서 승패가 결정될 것이라 전망하며 글을 마무리하고 있다. 원문에 □ 처리되어 있다.

1.

"세계에 완전한 독립국은 소비에트 연방러시아[露西亞]와 터키[土耳其]와 합중국 등 3개국이다." 이는 왕년 오토만 제국의 폐허에 신터키를 건설하고 터키공화국 제1대 대통령으로 케말 파샤*가 취임한 때에 파샤에게 보낸 트로츠키*의 장문 전보시사의 일절이다.

세계에 독립국이 어찌 그뿐이랴. 영(英)을 독립국이 아니라 하고 일(日), 불(佛)을 독립국이 아니라 하였으니 실로 기교한 방언이라 할 것이다.

그러나 만사에 철저하고 장쾌한 트로츠키의 방언이라. 그 당시의 사실에 비추어 정곡(正鵠)한 내용을 또한 철저히 도□(道□)한 듯한 감이 없지 아니하니 트로츠키류의 엄정한 관찰인가 한다. 당시의 독립국가로서 그 고유한 주권을 그 절대성을 그대로 가지고 타국의 의사를 고념(顧念)할 필요도 영합할 필요도 느끼지 않는 점으로 보아 이 3개국이 있을 뿐임을 말한 것이다. 신흥 터키가 타의 호오(好惡)를 고념치 아니하였든 것이 사실이오. 러시아가 전세계를 적으로 삼고도 방약무인의 외교책을 취한 것도 사실이며 전쟁의 특별한 승리를 독점하고 그 태도는 극히 방만하여 그 믿는 바 주장으로써 타국의 존재를 부정하는 듯한 미국이 있는 것도 사실이다. 러시아의 반자본주의적 태도는 그 독립정신으로 보아 그 존망과 운명을 같이 할 것이지만 지금의 터키는 그 세계의 자본주의 국가적 존재로서 위대한 가치는 많이 삭감된 것이다. 오직 미합중국만은 자본적 유동의 파도 위에 웃들어서서 세계의 □□□□□하면서 서양에 □□□□□□양(養)의 미국, 구주대전 전의 미국은 전후의 미국이 아니었다. 대담한 미국은 실로 제 국가 중의 국가 귀족인 듯하였다. 특히 전후에 생겨난 국제연맹에 대한 미국의 태도는 전 세계로 하여금 암묵리에 그 패권을 승인케 한 듯하였으니 그 동일한 전승국으로서도 미국의 안중에는 전승 불란서가 없고 전승 영국이 없고 전승 일본, 이태리가 없었다. 미국에서 제창한 국제연맹에는 제국의 호응이 장관이었다. 그러나 그가 연맹을 일축하여 연맹 존재의 본질적 목적을 훼상할 때에는 어느 국가로서도 일언의 강경한 항의도 발하지 못한 것이니 실로 세계 외교사상에 특필할 오만이었다.

■ 裵成龍(1896~1964) 조선일보 기자로 활동하였으며, 조선공산당 사건으로 수감되었다. 출감 후 언론계에 종사하였으며, 광복 직후에는 좌우익 통합운동에 힘썼다. 저서로는 『조선경제론』(1926), 『조선경제의 현재와 장래』(1933) 등이 있다.

케말 파샤 무스타파 케말 아타튀르크(1881~1938) 터키 공화국의 국부이다.

트로츠키 레프 트로츠키(1879~1940) 소련의 혁명가. 붉은군대의 창시자이자 소련 성립 이후에는 외무장관을 역임했다.

2.

그러나 미국의 패의(霸意)를 포장한 활동에서는 영국의 두통이 심해지지 아니할 수 없는 것이다. 동일한 앵글로색슨 국가로서도 패불 병존의 형세이라 세계를 덥히 누르는 강요 앞에서는 영국은 스스로만은 불안을 느끼지 않지 못하고 따라서 간섭 태도로 나오지 않지 못할 것이다. 비록 전쟁으로 인하여 전원(田園)이 황폐하고 인명을 상실하였으며 산적한 차금(借金)으로 국력이 19세기 초두로부터 구주의 패권을 지배하였고 또한 대전이 끝난 뒤에도 세계의 수위를 점한 해군력을 가진 나라이다. 이미 어느 정도까지의 균형 세력이 영국의 세계적 제패에 유리하도록 고정된 이때이라. 기득이권도 기성세력도 가지지 못하고 세계의 각축장에 들어서는 미국이니 영국의 기성세력이 미국의 진출에 큰 장해가 되어 충돌로 나타나지 아니할 수 없는 것이요 미국의 진출이 또한 영국의 기득한 국제적 지위에 불안을 끼치지 아니할 수 없는 것이다. 대전에 의하여 여지없이 패멸한 자는 독일인데 영국의 보지(保持)한 세계제패권이 분쇄 또는 미국에로 이동되려 하는 형세 하에서 영미의 세계재분할에 대한 요구와 방비는 백열화(白熱化)하고 따라서 그 알력은 더욱 첨예화한 것이다. 이미 워싱턴 회의를 일 전기(轉期)로 하여 영미의 양 제국주의적 세력은 형식상으로 크게 변동된 것이니 이에 의하여 양국의 기성한 세계적 지위는 전도한 것이다. 해군적 지위, 정치사정, 전략상의 제 정세에 있어 과거 일 세기 동안에 보유하던 독자성은 아주 분쇄된 것이다. 이미 대등한 지위에 머무는 양국의 이후의 경제적 무비적 실력전은 전 세계적으로 가는 곳마다, 격렬히 □작(□作)되었다. 그러나 그는 자본주의적 발전을 위한 제국주의적 항쟁이다. 그러나 퇴세의 사면(斜面)에 선 영국의 비진략(非進略)적 태도는 양국의 알력 정도를 일장일이(一張一弛)*케 하였다. 미제국주의의 세계적 진출이 그 역사적 과정을 최촉(催促)하는 것임은 물론이지만 영국의 연약한 태도는 그를 선의의 양보라 하기에는 너무나 대항적 기미가 농후한 것이다. 이와 같이 그 항쟁의 목표가 세계의 패권에 있는 이상 양국 중의 일국의 대외세력이 증장(增長)하는 것은 그가 비록 비직접적 사실일지라도 양국의 제국주의적 감정을 더욱 격화한 것이다. 이후 세계의 어떠한 회합에 나타나는 주장과 어떠한 기회에 나타나는 사실을 불문하고 양국의 책동은 일치 않는 것이다. 그러나 영국은 그가 무비(武備)적이고도 현상유지의 수세임에 반하여 미국은 그가 경제적이라 평화를 분장(扮裝)*하는 중에서도 진취적으로 공세를 취한 것이다. 양국의 대치세력은 그 하나가 신흥예기(銳氣)로서의 진출이요 그 하나가 퇴세방지의 노력이라는 국정의 부득이한 이유 하에서 국가로서 접촉할 때마다 그 결과는 영국의 위축적, 소극적 이해(利害)로서 나타난 것이니 전후 영국의 미국에 대한 비본의의 협조책은 스스로 은인(隱忍)*을 감작(甘作)*하고 때로 항쟁을 시도하다가도 맹목의 □□으로써 □종에까지 도달하는 것이 쉽지 아니하니 이는 현대사회조직에서의 경제적 지배의 우월성에 미쳐서 당연한 귀로인 것이다.

一張一弛 한 번 팽팽히 당기고 한 번 느슨하게 한다는 뜻으로, 한 때 일을 시키면 한 때 쉬게 해야 한다는 말.

扮裝 매만져 꾸미다.

隱忍 밖으로 드러내지 아니하고 마음속에 감추어 참고 견딤.
甘作 아무 불만 없이 어떤 일을 달갑게 받아서 하다.

3.

미국은 신흥하는 경제적 제국주의 국가이다. 노대(老大)한 세계적 제국인 영국의 기득지위를 그대로 용인치 못하는 것이니 그 전 세계에 널리 산재한 식민지를 통수하고 자본을 수출하며 상품을 수송함에 있어 영국의 현실적 기도는 미국의 새로운 진출에 의하여 저지됨이 많고 따라서 그 양개 세력은 늘 반비례적으로 증감하는 결과를 나타내고 있으니 이는 전전(戰前) 독일이 영·불에 대하여 적대적 발전을 요구하는 유(類)보다도 그 정도를 훨씬 넘은 형세이다. 그러나 금일에 처한 양국의 정세로써 특히 영국의 정세로써 무력적 충돌이라도 있게 된다 하면 이는 그 존망을 결정하는 위기가 아니 될 수 없음에 그 항쟁관계는 늘 평화의 외포(外包) 하에서 발효하고 있는 것이다. 그 주장이 상대적이고 그 수단이 간접적이며 또한 자본주의적으로 합리한 형식이니 타의 권리는 침범치 아니하고 그 실체를 잠식하며 안색은 불변하고 그 불안, 알력, 감정은 격화할 것이다.

그럼으로 □□의 □□□□□ □□□□□□□립의 내용은 명확히 구상화하지 않는 것이다. 어느 지역을 쟁탈하라는 싸움이 아니라 전 세계를 총 포괄한 이해의 싸움 대립이다. 일찍부터 미국은 '먼로주의'를 표방하고 구주정쟁의 와중에 참입치 아니하여서 평화를 지지하려는 나라이라. 자국에 대한 타국의 간섭을 받지 않으려는 것이 미국의 한 국시이다. 그러나 이러한 국시를 스스로 버리지 아니하고 세계에 향하여는 타의 기득권을 무시하는 기회균등과 문호개방을 주창하여 세계의 신분할에 대한 요구를 공연히 제출한다. 이는 영국의 팽대한 제국주의적 지위를 유지함에 있어 가장 염기(厭忌)*하는 바이오 경계를 불태(不怠) 하는 바이다. 이러한 원칙이 일반적으로 용인된다면 일반 식민지에 대한 본국의 정치적 우월권은 (또)한 공허한 의제에 불외(不外)하게 될 것이라. 따라서 경제적 독점 가치도 대부분이 손멸(損滅)되는 것이니 그 제창하는 자와 염기(厭忌) 반대하는 자의 의도가 나변(那邊)에 있음을 가히 추측할 수 있는 것이요 특히 최근 영국의 제국적 정책은 각 식민국, 자치령의 자본주의를 급속히 발전시켜서 정치적으로 연방적 독립을 허여(許與)하려는 방면으로 기울어진다. 그러는 동시에 식민□의 □□ □□□□□□□□는 것보다 □□□□□민을 출송(出送)하여 그들로 하여금 식민지 자치령의 영주민이 되게 하려는 것이니 이는 영국의회가 열릴 때마다 더욱 소리가 높아지고 주장이 더욱 굳세어지는 것이다. 그러나 타편(他便)으로 미국의 제창하는 바와 같이 문호를 개방치 아니한 금일에도 영령(英領) 캐나다[加奈陀], 호주는 물론이요 기타의 영국 세력 범위에도 미국의 대자본이 거량으로 침입하여 그 경제적 지배력의 강대함은 완연한 미국의 일통치구가 된 듯한 감이 없지 않게 되었으니 차등지역 내의 영국의 독점성은 그만치 퇴축(退逐)한 것이다. 뿐만 아니라 미국의 산업자본은 남미제국, 아프리카[阿弗利加], 이태리, 노농(勞農) 러시아에 유출되어 맹렬한 위세로 뽐내고, 부흥 독일의 모든 시설에 충비(充費)하는 부력(富力)의 전부가 미국의 자본이며 현하(現下) 세계 제국주의적 분쟁의 중심지가 되어 있는 중국에 대한 경제적 진출도 작동(昨冬) 이래에 가장 급속하게 발전하고 있어 영국의 중국에 대한 무력적 위협책도 미국의 평화를 가장한 경제적 회유책으로 인하여 실질의 공허한 양보를 피치 못한 것이다. 대 중국관세 협정을 솔선하여 체결하고 미·

厭忌 싫어하고 꺼림.

중 항공 차관이 체결되었으며 철도망 완성을 기약하는 대차관, 대미 동삼성(東三省)의 수 종 차관도 그 교섭이 진행 중에 있는 터이니 이는 미국의 동양 정책에 관한 복안의 일부가 발로되는 것이다. 세계를 금력으로 결박하고 이해와 정실도 제국주의적 세력을 부식(扶植)하기에 급급한 터이라. 이 수출된 자본의 총액이 약 3백억 원을 초과하였다 한다. 이러한 투자지의 미국과의 접근은 곧 영국의 세력을 비례적으로 감퇴, 구축하는 것이니 이는 캐나다가 그러하고 호주가 그러하며 특히 중국에 대한 영국의 경영이 난경(難境)에 빠진 것과 독일의 영국에 대한 경제적 항쟁책은 그 현저한 일례일 것이다.

4.

미국의 제국주의적 세계정책에 대한 대 장애는 영국의 광대한 식민지와 해상의 패권이다. 특히 강대한 함대와 항해상의 근거지망은 미국의 세계정책 수행과 병존할 수 없는 설비(設備)이다. 뿐만 아니라 이는 미국이 구주 대전 중의 경험에 의하여 그 이해와 편부의 여하(如何)함을 통감하였을 뿐단 아니라 영국의 특효를 나타낸 경험은 타의 침해를 필사적 노력으로 방지하려는 것이다. 영국의 기득한 해양통제권 하에서는 미국 선선(船船)의 해양에 대한 자유는 무존(無存)한 것이다. 특히 일단 유사한 때에 그 상선이 무장하고 그 근거망을 활용하여 각지의 항해를 봉쇄하고 모든 중립국의 선박을 나포하여 전 해양을 제어하면 이로써 국가의 안전을 보장하는 간시(間時)에 세계에 제국주의적 위업을 자랑할 수 있는 것이다. 이는 영국의 단순한 과장적 성벽(性癖)의 소사(所使)로만 볼 수 없는 것이니 해상 제어권을 지지하지 못하고는 지구상 인구의 삼분지일을 차지한 제국적 지위, 식민지의 통제권은 지지할 수 없는 부득이한 요구이다. 미국으로서는 이렇게 유위(有爲)한 해상권을 평화적 수단으로 억제하거나 항쟁적 방법으로 분쇄하지 않고는 그 기성한 균형력을 흔들고 또는 분할할 수 없는 것이다.

그럼으로 해상 패권문제가 여기에서 중대한 의의를 가지게 되나니 즉 소위 평화가 지속하는 때에는 해양은 누구에게나 자유이라. 어느 나라의 선박도 자유로 사행(駛行)*할 수 있는 것이지마는 앞으로 전쟁을 용의(用意)*할 때일수록 해상 패권을 중요건시(重要件視)하게 되는 것이라 적어도 전쟁을 예료(豫料)*하는 곳에서만 국방을 말하고 안전보장을 말하는 것이다. 이러한 의미에서의 미국의 워싱턴 회의에 대한 주장은 극히 완강하였던 것이다. 즉 '미국보다 더 많은 전투 □수를 어느 나라도 가지지 못한다는 □□의 주장이 □□□□□ □□□□□하면 우리로 하여금 각국이 재정관계로 고집하기 어려울 만큼 군비를

駛行 말이 달리듯 빨리감.
用意 준비.
豫料 예측.

경쟁케 하던지 하라'는 그 부력(富力)에 의한 평화적 강압태도이었다. 이에 영국은 재래의 우월적 감정을 포기하고라도 굴복치 아니치 못하였다. 그러나 전쟁기술의 발달이 거함의 가치를 의심하게 된 금일에 영국의 소단위 군함의 우월을 유보한 것은 미국의 그러한 대등주의의 주장으로서도 영국의 해상패권을 파괴하지 못한 것을 의미함이다. 결국 그러한 군세우열에 대한 시비가 재작년의 제네바 삼국회의를 분열케 한 것이지마는 미국의 자본적 세계정책의 진전은 오직 영국의 불안을 더욱 증대케 할 뿐이라. 영국은 그러한 소단위 군함의 우월, 해상근거지망으로도 안심을 불허하였던 것이니 영불의 해군협정으로써 미국의 주력함의 대등주의도 분쇄하고만 것이다. 이 협정은 미국의 엄숙한 항의에 의하여 철회되기는 하였지마는 이로써 미국군비경쟁에 대한 의식은 더욱 강열해진 것이니 작추(昨秋) 이래 미국 대건함(大建艦) 계획은 이 협정에서 감한 권외의 사물(賜物)이라 할 것이다. 그러므로 영불협정이 영국의 불국에의 군국주의적 항복인 동시에 로카르노 □□□□□ □□□□□□ □□□의 □□□□하였던 것도 사실이라. 그가 영국의 제국주의적 지위를 향상하지도 못하고 미국에 대한 군사경쟁을 크게 선동한 것이었음은 자타가 다 인정하는 바이니 그 내재한 모순 외 어찌치 못하는 발로가 아닐까.

5.

영불협정은 미국에 대한 영국의 전비이었으니 미국의 항의를 어찌 예기치 아니하였으랴. 그러나 영국이 미국과 대립하는 대항적 정책을 자유롭게 운전하려면 그러한 궤로를 벗어나서는 어떠한 길도 없는 것이다. 왕년의 배상문제 해결책에 있어서는 영국은 프랑스에 대항하기 위하여 미국과 결탁하였다가 국방의 필요, 제2차 전쟁의 준비, 제패의 승을 얻기 위하여서는 프랑스와 결탁하여 영국과 대치하였으니 이는 영국의 국제적 입각지가 그만치 괴로운 것을 입증함이다. 뿐만 아니라 대서양을 중심한 제국주의적 각축무대가 태평양에로 이동됨을 따라서 영국의 기성시설에 대한 지리적 불리는 막대한 것이다. 더욱 먼로주의를 버리고 구주문제에도 착안하게 된 미국이 태평양의 지리적 이편(利便)까지 있어 그 신무대에의 진출이 가장 급□하니 영국의 □□정책이 특히 동양에서 큰 위협을 느끼게 되는 것이다.

영국의 대 동양정책은 전전부터 상당히 주도하였던 것이다. 싱가포르[新嘉坡] 군항의 축조를 위시하여 호주에도 제 군사적 시설이 많다. 지중해에서 인도양에 구아(歐亞) 연락의 실권을 장악하고 다시 인도양에서 호주에까지 연락하고 있다. 최근에는 중국 방면에 영국의 해군세력이 급격히 증장하고 있다. 그러나

타편으로 미국은 중국의 항공군 세력을 장악하였다. 특히 일영동맹의 자연소멸은 영미 양국의 태평양 정책에 대하여 적지 아니한 자극제이었으니 해군국인 일본을 중간에 두고 양국의 태평양 상의 방비전은 실로 문자 그대로 노골화한 것이다. 전후 미국이 함대를 태평양안에 집중하여 요항(要港)을 개축, 신설하여 군항 '메야아이란드', '부레마론', '파나마' 기타 항을 견실히 수비할 뿐 아니라 멀리 태평양 상에 떨어져 있는 포목(布睦)*의 진주항(眞珠港)에 방비력을 집중하며 그에서 다시 서진하여 마닐라, 미드웨이, 괌에까지 해군근거망을 설(設)하여 전 태평양을 횡단하고 중국에까지 이르는 일대방어선을 획(劃)하였다. 신자본전 신상품전이 여기에서 격화하여 일대광풍을 □□하고 있으니 현하(現下) 중국은 이 삼대 해군국의 혼합전의 와중에 빠져 있는 지점이다.

布睦 하와이.

6.

영미의 쟁패전은 끊임없이 지속하여 위기는 각각으로 박급(迫急)한다. 경제적으로 매우 진보적이면서 정치적으로는 수구에 충실한 미 공화당의 타수(舵手)와 간판은 무산계급적이고도 실제의 정치목표는 자본적 제국주의에 세우고 있는 영(英) 노동당 타수에 의하여 서로 대치한 세계정찬은 진전한다. 혹 일시적으로 정책상의 협조기분이 보인다 할지라도 그 서로의 패욕을 숨긴 제국주의적 노력에서는 전 지구상의 도처에서 그 충돌성이 더욱 성장하지 아니할 수 없는 것이다. 국제적 집단의 권외에 섰던 미국이 부전조약의 체결에 솔선 노력하여 소위 국제평화를 위한 조직이라는 한 집단에 참가하고 영 보수당의 전통적 외교에 의하여 격화하였던 양국의 성정이 노동당 내각의 반불친미 정칙으로 많이 완화되었다 하나 이는 제국주의 국가의 일시적 편익을 위하여 그 정면충돌을 피하는 수단에 불과하는 것이라. 그 근본적 대□정신이 변개(變改)된 것이 아니다. 전차(前次)□□□□□□□□□ □□□□□□ □□□□□는 겨우 일개월을 지났으니 양국의 의도가 어떠함도 이 무대상에서 어느 정도까지는 발로될 것이다. 이미 노동당 내각은 전례에 의하여 싱가포르 군항 축조를 중지하였고 또 헤이그[海牙] 배상회의에서도 '요구할 것은 요구한다'는 비외선적 태도를 취하였다. 그를 보수당의 형식적 완명(頑冥)정책에 비하면 다소의 변질을 인정하지 아니하는 것은 아니나 아직 군축에 대한 구체적 의사가 드러나지 않았고 미국이 또한 그러한 터이니 그 성의가 과연 어느 만한 정도의 진실성을 가졌을까. 이미 일본의 요구가 그 안전보장을 목적으로 하여 현실에 적합한 요구이라는 구실로 주력함 6할에 대한 보조함 7할을 주장하고 프랑스의 대(對) 회의방침이 지중해의 평화보장을 말하여 타 외국의 비율에 개의치 않으려는 의도를 제시하니 이는 다 축소회의에 대한 확장의 요구이다. 이에 따라서 이태리의 주장도 불국의 태도에 양보치 아니할 것이니 금일의 형세로서는 그 오국회의의 성패를 말할 수 없는 것이다.

7.

원래 금차(今次)의 군축회의는 부전조약을 전제로 하여 □□하는 것□□□□ 그러나 □□□□□다면 저 러시아가 이미 부전조약에 참가할 때에 그 태도로 표명한 바와 같이 군비의 무조건적 철폐가 당연한 것이다. 특히 금일의 형세하에서 국방의 절대적 보장에 필요한 군력이라는 것은 있을 수 없는 것이다. 그럼으로 앞으로 전쟁을 연상하는 군비의 시설은 오직 국제적 갈등을 첨예화할 뿐일지니 이와 같이 상대적 안정을 의도하는 것은 경제와 정치와 국제적 균형세력에 하등의 차위(差違)가 없는 한 유행적 추세이다. 그러나 제국주의적 법칙에 의하여 운전되는 국제관계는 그 상대적 안정책으로는 본질적 충돌을 피하지 못할 것이다. 세계패권의 쟁탈전이 영미를 중심으로 하여 태평양상에서 승패를 결정할 날이 멀지 아니할 것이니 이 제국주의적 충돌의 최대 화건(禍件)은 그 내재적 모순의 장구한 축적에서 결과하는 것이다. 그럼으로 국제세력의 균형관계에 있어 금일의 영미관계는 전전의 영독관계 그대로이라 하는 것이다.

41. 역(力)의 원천—지조와 신의

■『동아일보』 1932년 2월 1일자 논설. 힘이 우주의 유일한 실재이며 인류 역사를 이루는 유일한 동인이라 주장한다. 여기서 힘이란 금력(金力)이나 병력(兵力)보다는 체력과 도덕력이 일치조화를 이룬 생명력을 뜻하는 것으로, 도덕력은 개인에게는 지조의 유무로, 단체에서는 신의의 유무로 판단된다. 사람의 인생도 전쟁이며, 전쟁은 그러한 생명력(체력, 지조, 신의)이라 주장한다.

1.

세계의 움직임은 우리에게 시시각각으로 힘의 교훈을 준다. 우리로 하여금 힘의 예찬자, 힘의 갈구자가 아니 되고는 마지아니하게 한다.

우주의 유일한 실재는 힘이요, 인류의 역사를 이루는 유일한 동인은 힘이다. 힘과 힘의 이합(離合), 힘과 힘의 승부—이것이 곧 우주요 인생이다. 개인으로 보나 한 단체로 보나 한 민족으로 보나 힘이 곧 생명이요, 힘이 곧 행복이다. 힘이 없어지는 날 그 행복과 생명은 소멸되는 것이다. 약자의 생명, 패잔자의 준동(蠢動)—그것은 생명이 아니라 생명의 유해(遺骸)요, 사(死)의 연장이다. 지구는 힘 있는 자의 것이요, 행복과 영광은 힘 있는 자만이 받을 수 있는 왕관이다.

2.

우리는 힘을 말할 때에 반드시 금력(金力)과 병력을 말하는 것이 아니다. 금력과 병력이 힘이 아님이 아니나 그것은 도리어 생명력—도덕력—의 결과요 기구(器具)다. 생명력이 없는 자에게 금력은 도리어 저를 부패시키는 병균이 되고 병력은 도리어 자상천답(自相踐踏)*하는 흉기가 되는 것이다. 멕시코나 한족에 금력과 병력이 없었더라면 얼마나 더 행복되었으랴. 그들의 금력과 병력은 그들에게 일찍 영광과 행복을 주어본 일이 없었다.

自相踐踏 스스로 서로 밟고 뒤엉킴.

그러면 생명력이란 무엇이냐. 그것은 체력과 도덕력의 일치조화를 득한 힘이다. 간난과 고역을 견디어낼 만한 무병(無病)하고 강장(强壯)한 육체와 개인에 있어서는 백절불굴하는 지조와 단체에 있어서는 한번 낙(諾)한 후에는 이해 고락 생사 간에 변치 아니하고 성심성의로 자기의 허락한 의무를 이행하는 신의다. 지조 없는 건강은 이기적 향락주의를 편의한 자본에 불과하고 신의 없는 단결은 시기와 음모와 투쟁의 소굴이 됨에 불과할 것이다.

3.

이 생명력(체력, 지조, 신의)의 힘이 가장 단적으로 표현되는 예는 전쟁이다. 금일의 전쟁은 과학전, 화학전, 기계전이라고 하지마는 이것은 동등 정도의 생명력(사기라는 말만으로는 부족하다)을 가진 두 교전단체를 두고 하는 말이요, 생명력에 차이가 있는 양자를 두고는 문제가 아니 되는 말이다. 아무리 정예한 무기와 지리의 이(利)와 많은 병수(兵數)를 가졌다 하더라도 체력과 지조의 신의가 없는 군대가 그것이 있는 군대를 당하지 못하는 것은 우리가 목전에 보는 예다.

이해보다도 소중하고 생명보다도 소중한 무엇을 가지고 지키지 아니하는 백성이 도저히 전쟁에 강병(强兵)이 되지 못한다고 한다. 자기의 이해나 고락보다도 전군의 승패를 자기의 생명보다도 국가의 생명을 중히 여길 줄 모르는 병정이 강병이 될 리가 없는 것이다.

4.

오직 전장에서만 그러한 것이 아니다. 인생이 곧 전장이라고 하거니와 생명력이 박약하여 개인 자신에게 대하여는 지조가 없는 사람이 개인 생활에 성공할 수 있을 리 없고, 단체에 대하여서 신의(그 단체를 존중하고 열애하는 정조(情操)까지 합하여)가 없는 개인이 그 단체를 위하여 힘 있는 사람이 될 리 없을 것이다. 하물며 그러한 개인을 많이 포함한 단체가 사멸 아니할 리가 없는 것이다.

근래에 조선청년이 (지도자층에서도) 유물론을 잘못 해석하여 지조와 신의 같은 정신적 힘을 소홀히 하는 폐단이 없지 아니한 것은 통한할 일이다. 아침에는 갑(甲) 사상에 속하고 저녁에는 을(乙) 사상을 창(唱)하며 어제는 갑 단체에 충성을 서(誓)하고서 오늘은 이를 배반하여 을 단체에 투(投)하며, 심하면 갑 단체에 충성을 다할 의무를 진 자가 이면(裏面)으로 을 단체의 주구(走狗)가 되는 일조차 있음은 무엇보다도 통한할 일이라고 아니할 수 없다.

그러나 이 반면에는 구약(舊約)을 위하여 유리한 조건의 권유도 단연히 물리치고 기한을 모(冒)하고도 신의를 엄수하는 이도 있으니 족히 써 우리의 장래를 위하여 의를 튼튼케 할 만하다.

다. 동양평화

42. 박은식, 통고일본서

■ 1920년에 발표된 박은식의 글. 『한국독립운동지혈사』 하권에 실려 있다. 한일합병은 동양평화를 파괴하며, 조선의 희생만을 가져오는 억압적인 식민정책으로 조선의 원한을 초래하고, 동아시아 국가들의 의구심을 증폭시키고 있다고 통박하면서 일본이 조선의 독립을 막을 수는 없다고 주장한다. 원문은 한문. 출전은 백암박은식선생전집편찬위원회 편, 「통고일본서」, 『백암박은식전집』 2권(동방미디어, 2002), 159-166쪽.

여러 해 동안 있었던 세계의 참화는 바야흐로 그치고 무기를 거두어들이는 것을 보면서 천시(天時)와 인사(人事)가 함께 신춘을 맞이하여 실로 사해(四海)가 함께 경하하는 바이다. 마침내 승리는 정의와 인도를 표방하는 연합국으로 돌아갔고, 바야흐로 전 인류의 완전한 행복을 목적으로 유사 이래 처음으로 시행하는 세계적 대개조에 직면하였다. 위력 밑에서 희생을 치른 자들에게 무한한 희망과 용기를 부여한 것이다. 도의는 강포(强暴)를 대신하고 이상이 실행과 부합하는 금후의 세계에서는 일체의 폭려(暴戾)와 압제가 구차스럽게 존재함을 결코 허락하지 않을 것이다. 저 인습에 젖은 정치가들의 공리와 야심으로 말미암아 동아의 양 민족을 그릇된 길로 몰아넣어 부자연하고 불합리한 상태가 되게 한 것은 이제 이미 근본적인 개선의 시기에 도래하였다. 안으로는 장차 날로 깊어가는 원한의 불화에서 물러나고, 밖으로는 막아낼 수 없는 세계대세에 순응함은 실로 시대의 귀추(歸趨)로서 벗어날 수 없는 사실이다. (중략)

오호라, 이렇듯 일체의 것을 배출(排出)한 한인에게 다시 희생을 요구함은 무엇인가? 모든 행위를 구속당하고 있는 한인에게 무슨 일에 노력이 가능함을 불문하고, 오직 무한한 순종과 인내만을 책임지운다면 지극히 불합리, 부자연, 불공의(不公義)한 상태이다. 그리하고도 우리 민족에게 그것이 행복이라 생각하고 감사하기를 바라는 것인가. 그것을 귀중한 산업으로 여기고 자손에게 남겨 주란 말인가. 이러한 위협 속에서도 한결같이 안주함을 오인(吾人)의 윤리적 의무라 하는가. 이러한 착오의 영구적인 계속이 병합의 가치로서 만족할 만한 일인가. 이같이 서로 어긋나는 민족심리를 가진 두 나라의 병합은 영구한 한인의 행복이 못될 뿐만 아니라, 또 일본이 기대한 바도 결코 불가능함을 과거의 자취에서 명백하게 간파할 수 있는 일이다. 이 10년간의 신정치가 과연 일본의 성의(誠意)에서 나온 것인가. 그 결과가 겨우 이렇다면 병합의 두의미함이 더욱 스스로 증명된다.

양국 병합은 그 주요 목적이 동양평화에 있다고 일러 말하는데, 소위 동양평화란 어떤 것인가? 과연 한인의 국가적 희생과 민족적 불행이 필요한가? 한인의 국가적 생명을 단절함이 과연 동양평화의 영구적인 비료가 된단 말인가? 진정한 동양평화란 으레 공존주의의 기초에 입각하여 확고하게 공의(公義)로써 건립되며, 결코 일국의 욕망이나 한때의 세력으로 함부로 남의 나라를 병탄해서 성립되지 아니한다. 세상에 어찌, 폭약을 초석에 장치한 건축이 안전하고 견고할 수 있겠는가.

그러므로 양국의 병합은 다만 동양평화를 위해 불행일 뿐이다. 이처럼 그릇된 논단(論斷)으로써 병합을 행하였으니, 그 사려가 현명하지 못했음을 명증(明證)할 만하다. 그 뿐만 아니라 현재 러시아 제국은 이미 붕괴되었고 독일도 이미 구축(驅逐)되었으니, 침략주의·군국주의는 이미 역사상의 고물이 되었다. 그리하여 동양평화에 대한 위협도 역시 완전히 제거된 시기다. 그러니 병합의 의의는 한층 더 허무로 돌아갔다. 그런데도 금후의 한인에게 스스로의 생존권을 영구히 매각하기를 강제함은 무슨 이유인가? 그 이유가 타당하지 않아 사람으로 하여금 부득불 고뇌하지 않을 수 없게 한다. 장차 양국의 병합이 오히려 동양평화의 가장 유해한 큰 화인이 되리라는 것은 중화민국인들의 일본에 대한 심리적인 변천이 최유력한 증거가 된다.

청일전쟁 중에 국제적인 새 경험을 얻은 중국은 러일전쟁이 종언을 고하자 일본에 대하여 시의(猜疑)만을 가질 뿐 다른 관념은 없어졌다. 일본이 한국과의 사이에 금석과 같은 맹약을 식언(食言)하고 한갓 위력으로써 병합을 강행하였다. 이에 중국인은 일본의 음모를 깨닫고 한층 더 회의와 두려움을 픔고 있으니 이는 중한 간의 거의 공통적인 확신이 되었다.

대체로 최근 10년간 중일 간의 여러 가지 교섭이 원만하지 못하고 장애를 받는 것은 실로 병합이 그 교훈이 되었기 때문이다. 또한 여러 가지 공사 문서에 나타난 중일 간의 친선의 소리는 날마다 많아지는 듯하나, 중국인의 반동의 불길이 도리어 치열하게 반비례하고 있다. 그 까닭은 그들도 한국과 같은 전철을 밟지나 않을까 하는 경계심 때문이다. 그 결과로 돌아서서 차라리 구미와 손잡을지언정 결코 일본과는 제휴하지 않을 것이다. 그러므로 오늘날 어떠한 대정치가나 큰 경륜을 가진 자라 할지라도 결코 중국인들의 이러한 심리를 만회하기는 어려운 것이다. 가령 일본이 한국을 영득(永得)한다 할지라도, 그에 따른 이익이 중화를 모두 잃는 손해를 보상할 수는 없으리라. 또 일본은 만몽(滿蒙)에 막대한 기망(期望)을 품고 있으나, 한국의 병합으로 인하여 그들에게 절대의 공포의 염(念)을 준 것은 또한 명확한 일이다.

오호라, 한국을 병합하였기 때문에 동양 전국(全局)이 결렬(缺裂)되어 호상 반목함으로써, 필경에는 다 함께 백벌(白閥)의 횡포 아래 쓰러지게 된다면, 일본은 실제로 그 과오의 책임을 져야 하리라. 또 안으로는 원한과 분노를 품고 굴레에서 한시 바삐 벗어나려는 민족에게 군경으로써 위압을 가하고, 밖으로는 중국의 4억 인구로 하여금 영구한 위구심을 가지게 하여, 상하일치하여 배척하게 된다면, 동양의 공존원칙은 영원히 도달할 여지가 없을 것이다.

이러한 공구(恐懼)한 정세를 보아서도 양국의 새로운 운명을 광정(匡正)함이 목하 최대의 긴요한 일이다. 금일 오인의 일보(一步)의 득실에 곧 일본이 동양 평화의 지주가 되느냐 파괴자가 되느냐가 달려 있다. 또 한국으로 하여금 동양 평화의 안전판이 되게도 하고 분화구가 되게도 할 것이니, 어찌 경계하고 삼가지 않을 수 있으랴. 오로지 일본의 자위상으로 보더라도 병합은 일본 국체에 대하여 심중한 위험을 띠고 있음을 달식(達識)을 가진 인사는 용이하게 알 수 있으리라.

대체로 한인은 장구한 정치상의 경험이 있고, 동시에 민족적인 자각이 갈수록 치열하니, 어떠한 억압과 겸제(箝制)*를 가할지라도 오인의 본능은 고폐(錮閉)하기 어려우리라. 또 어떠한 엄폐와 방알(防遏)*을 가하더라도 신세계 사조에 훈염(薰染) 감수(感受)함은 어쩔 수 없으며, 오인의 운명을 자력으로 처리할 뿐이니 그 해결은 단지 시간문제일 따름이다. 만약 불행히 폭력에 제지되어 그 이성을 득달(得達)하지 못한다면, 그 불평이 나쁜 형식으로 드러날 수밖에 다른 도리가 있겠는가. 이로 인하여 한인은 자연히 극단으로 치달아, 과격한 사상의 소굴이 되고 위험한 행위가 직업적으로 되어, 직간접으로 일본에 대하여 다대한 위협을 끼칠 것 역시 상상할 수 있으리라.

箝制 자유를 구속함. 눌러 억제함.
防遏 들어오지 못하게 막음. 또는 틀어막거나 가려서 막음.

또 자기의 지위와 역사적 운명에 대하여 정확한 자각을 가진 한인이 그 온당한 방법으로 그 의지를 행하여도 끝내 얻지 못하는 경우에 빠지면, 즉 그들의 생존과 존영을 위하여 마침내는 하등의 수단이든 감행하리니 이 역시 당연한 귀세(歸勢)이다.

또 국제연맹의 성립은 곧 인류 역사상 정의의 진행을 더욱 그 걸음을 강하게 했다. 일본이 만약 피상적으로는 대세에 화동(和同)하는 체 변장하고, 내막으로는 곧 침략적인 대륙발전주의를 주장하며, 군벌파의 악습을 묵수(默守)하여 한국병합의 실적을 그대로 연장해서 과거의 잘못을 고쳐 잡기에 힘쓰지 않는다면, 세계는 개신(改新)함에 일본만이 유독 구식 지국주의를 견지하는 길밖에 안되므로, 그 결과 전세계 의념(疑念)의 화살이 일본을 향해 쏘아지리라. 이러한 고립독성(孤立獨性)으로 세계에서의 일본의 지위를 영광되게 할 수 있겠는가?

또 일본의 행위는 장차 대륙에 그치지 않고 태평양 방면에 진출하려 하는데, 목전에 원한을 품은 2천만의 이족(異族)이 있고, 배후에는 4억의 증오하는 가까운 이웃이 있으니, 일본의 자위상 불안이 이보다 더 클 수는 없을 것이다. 진실로 이웃의 신의를 돈독히 하여 그 후원을 얻고자 하는가, 아니면 원망하는 적대관계를 맺어서 후려(後慮)를 가지게 하는가. 이는 양국관계에 있어서 절실한 이해관계이다. (중략)

요컨대 천하의 사물은 오직 세(勢)에 따를 뿐이다. 석년(昔年)의 병합은 석년의 세이고, 금일의 독립은 금일의 세이다. 일본이 동화에 초려(焦慮)하는 금일의 세에 있어서 오인이 독립을 선언하는 것도 또한 금일의 세이다. 석일에 오인이 일본의 병합에 대하여 진정 어쩔 수 없었듯이, 금일에 일본이 오인의 독립을 어떻게 막을 수 있겠는가.

지금 오인의 이 거사는 세계의 신운(新運)에 합하고 시대의 신세(新勢)에 응하여 생명의 발전과 존영을 얻고자 하는 정당한 권리이지, 결코 남을 배척하는 마음이나 한때의 감정이 아니니, 이밖에 다시 다른 뜻이 없다.

일본은 유래 명달(明達)한 인사가 많고, 이제 또 1세에 준영(俊英)들이 요로(要路)에 자리 잡고 있으니, 또한 금일의 대세가 날마다 자기 둘레에 닥치는 것이 무엇인지 알 수 있으리라. 자유사상과 민족주의의 세계적 대사조가 회양지세(懷襄之勢)*로 온 세상을 풍미하고 있으니, 비록 미 총통*이 제창한 국제연맹의 보장이 없더라도, 지금부터의 세계 역사의 면목은 이 원칙 하에서 일신할 것이니, 다른 도리가 없을 것이다. 또 천하 대세의 변전(變轉)이 이미 막을 수 없는 상태로 되었음은 지극히 명료하다. 비록 금일 오인의 요구가 없을지라도, 양국 간의 구래의 착오는 급히 개선하지 않을 수 없음은 남의 말을 기다리지 않고도 자명하다. 그런즉 이(理)와 의(義) 양자의 정확 명료함이 이미 이러하니, 거듭 말함은 우활하고 용렬함을 면하기 어렵다.

懷襄之勢 회양(懷襄)은 홍수를 가리킴.
미 총통 미국 대통령(우드로 윌슨).

이제 오인은 우리 2천만 전 민족의 기망(期望)을 체득하고, 우리 2백만 대집단의 성충(誠忠)을 합해서, 조국의 흥복을 위하여 먼저 의기(義旗)를 높이 들었다. 일본 조야에 대하여 과거, 현재, 미래의 우의(友誼)를 지속하지 않을 수 없으므로, 오인의 본의가 정당함을 피력하여 변변치 못한 글을 만들어 현명한 판단을 촉구한다. 우리를 외롭다고 말하지 말라. 16억 전 세계인의 양심이 다 후

원하고 있다. 우리를 약하다고 말하지 마라. 2천만의 심력(心力)이 다 무기이다. 오호라, 세계는 바야흐로 정의와 인도를 향하여 내달아 일대 부활을 성취하려 하고 있다. 한국과 한인이 이제 생존과 존영에 대하여 철저한 자각이 있음은 반드시 거듭 말할 필요가 없다. 시대는 이미 바뀌었으며 한인은 벌써 자각하였도다.

43. 연변 한인 대표의 대중국 경고서

재연변 한인 대표

중화민국의 관계, 상계, 언론계, 학계 등 각 분야의 여러분에게 경고하는 글

우리 한국의 시조 단군은 당요(唐堯)와 같은 시기에 나라를 세웠고, 그 뒤를 이어 기자(箕子)가 동쪽으로 와서 8조 법금(法禁)을 만들어 백성을 교화하였다. 우리 한국은 단군과 기자 이후 그 예의를 숭상하고 그 윤리를 돈독히 하였으니, 대개 군자의 나라로서 세계에 자리한 나라이다. 이미 4천3백여 년이 되었으나, 귀국의 대륙과 서로 접하고 있어 입술이 없으면 이가 시리듯이 서로 의지하고 있어서 매번 존망의 때에 서로 연관되어 있는 고통이 있다. 그러므로 한국의 위기에 대하여 중국의 평안을 믿고, 중국의 위기에 대하여 한국의 평안을 믿는다는 것은 비록 몰상식한 자라도 불가능한 일임을 알 수 있다.

■ 간도 주재 일본 총영사관에서 수집한 첩보문서. 1920년 4월 구춘선, 강구우 등 재연변 한인대표들이 중국 인사들에게 보낸 경고 서한. 지리적 인접성, 임진왜란 때 명(明)의 원조 등을 언급하면서 한중 관계의 긴밀성을 강조하면서 한중 양국이 동맹해서 일본의 중국 침략에 대응할 것을 주장하고 있다. 출전은 한국역사정보통합시스템(www.koreanhistory.or.kr).

지금으로부터 3백 년 전 임진년(壬辰, 1592)에 일본이 명(明)나라를 침범하고자 하여 한국에 길을 빌려 달라고 위협하였으나 한국의 조정은 이를 거부하였고, 일본이 이 때문에 감정을 품고 마침내 한국을 도적질하였다. 이때를 당해 한국의 명장 이순신이 철갑 거북선을 처음 만들어 명나라 장수 이여송과 함께 수륙 양 방면에서 격전을 벌여 그들을 모두 섬멸하였다.

을사년(乙巳, 1905년)에 이르러 일본의 이토 히로부미(伊藤博文)가 특파대사(特派大使)로 와서 한국과 보호조약을 강제로 체결하자, 귀국의 인사 번종례(藩宗禮)*는 우리 한국의 이 존망의 위기를 고통스럽게 여겨 끝내 바다에 몸을 던져 죽었다. 기유년(己酉, 1909) 겨울 이토 히로부미는 겉으로 겨울스키 여행을 가장하고 속으로는 야심을 품고서 갑자기 만주로 가서 러시아의 대신을 만나 만주를 분할 점령하고 중국을 처분할 계획을 협의하고자 하였다. 이에 우리 한국인 안중근이 하얼빈역으로 가서 이토를 저격하였다. 이것은 모두 저 혈족의 기운이 서로 감동하여 그리한 것이다. 아! 일본은 원래 섬나라로서 그 인민은 성격이 본래 사납고 가벼우며 방정맞고, 허영심 때문에 뛰어넘어 발전하려는

일념이 절실하고, 이익의 유혹에 떼로 몰려들기에 급급하니, 그 앞으로는 오랑캐의 환난을 다시 헤아리지 못하고, 그 뒤로는 이웃나라에 대해 침략주의를 감행하여 날로 이웃나라의 강토를 침략 점령하여 발전하기를 원한다. 한국에 대한 정책은 오로지 협박 행위와 사기적 수단만을 쓰면서, 말로는 한국의 독립을 보존한다고 하고, 황실의 존엄을 유지시킨다고 하고 한국의 부강을 도모한다고 하고, 인민의 행복을 증진시킨다고 한다. 앞뒤의 조약이 다만 한두 번에 그치는 것이 아니니, 곧 동맹의 피가 다 마르기도 전에 식언을 하는 것이다. 우리의 재정, 외교, 사법, 경찰 등의 권리를 강탈하고, 군대를 해산시키고, 황실을 잔학하게 해쳐 마침내 병탄하는 데 이르렀다. 이 어찌 정의와 인도에 대한 오랑캐 도적놈이 아니겠는가! 아! 우리 한국이 병탄된 이래, 일본의 통치 방법 또한 지극히 참람하였고, 또한 인도적 정책이 아니었다. 한족(韓族)에게는 집회와 결사와 언론과 출판의 자유를 허락하지 않았을 뿐만 아니라 종교를 믿고 기업활동을 할 수 있는 자유 같은 경우도 구속이 많았다. 이른바 군대를 위르한다는 것으로 우리 인권을 유린하고, 공적으로나 사적으로 차별적 대우를 하여 한국인 보기를 일찍이 초개(草芥)만도 못하게 보았다. 학교는 열등(劣等)교육을 실시하여 노예를 양성하는 기관에 불과하였다. 법전은 가혹한 조문을 만들어 양민을 학살하는 총칼과 다를 바 없었다. 한국인의 산업 우리의 가죽과 털을 뽑고 우리의 고혈을 빨아먹어 우리나라의 뜻있는 지사를 바라보니, 우마(牛馬)의 고통을 감당하지 못하고 그 굴레에서 벗어나기를 생각하여 사방을 뛰어다녔다. 대개 중국을 떠돌다가 오늘까지 보존된 것은 실로 귀국의 보호 때문이었다. 대개 우리나라가 다른 민족에 의해 멸망한 이후 광복을 찾으려는 의거가 일어났다가 움츠러들기를 여러 차례 하였는데, 다행스럽게도 천운이 돌아와 민족자결주의가 세상에 선전되었다. 작년 3월 1일 이래로 우리나라 민족은 이미 세계에 독립을 선언하였고 또한 세계에 자유를 절규하였는데 이는 인류평화의 대의이다. 그러므로 우리를 둘러싼 열강들이 지극히 동정심을 표시하고 다함께 찬성의 의사를 표하였는데, 하물며 우리와 같은 종족이면서 같은 문자를 쓰고 입술과 이가 서로 의지하는 것과 같은 관계를 가진 귀국임에야 말해 무엇하겠습니까! 이에 우리 민족은 공화국 임시정부를 상해에 창건하였다. 비록 세계의 승인을 아직 얻지는 못하였으나 이미 독립국가를 이루었기 때문에 우리의 외교 위원 김규식 씨의 우리 민족을 대표한 독립 청원서가 이미 제출되어 그 발언권을 얻었고, 장차 반드시 이번 국제 연맹회에 출석하여 주장할 것이다. 아! 독립선언 이래로 우리 민족은 서로에게 일체의 행동이 정의와 인도에 어긋나지 않도록 맹서할 것을 삼가 알리고 맨주먹으로 시퍼런 칼날에 닥섰다. 그러나 일본은 마침내 군대를 출동시켜 학살하기에 이르렀으니 죽은 시체가 산더미처럼 쌓였다. 그러나 그래도 미진한 구석이 있었던지, 무뢰한, 노동자들로 하여금 각각 무장시켜 민가를 약탈하고 부녀자를 겁탈하였으며, 교당(敎堂)을 불태워 훼손시키는 등의 무도하기 그지없는 행동을 저질렀다.

우리나라 사람들이 적들에 의해 총살된 자가 이미 2만여 명에 이르렀고, 그들에 의해 포로가 되어 감옥에 갇히고 가혹형을 받아서 혹 굶어죽거나 혹 병들어 죽은 자가 또한 2만여 명이 훨씬 넘는다. 이 어찌 슬프지 않을 수 있겠으며, 고통스럽지 않을 수 있겠는가! 무릇 우리 민족은 이로 말미암아 더욱 절절히 맹서하노니, 이들과는 함께 한 하늘을 이고 살 수가 없다. 차라리 대한민국의 독립을 위해 죽을지언정 결코 섬나라 오랑캐의 노예가 되지는 않을 것이다. 만약 혹 이번 국제연맹회(國際聯盟會)의 우리나라 문제에 대한 해결이 만족스럽지 못할 경우엔 우리 한민족은 생존의 권리를 위해 독립전쟁을 선포하지 않을 수 없다. 비록 최후의 한 사람이 남더라도 반드시 혈전을 벌여 끝을 볼 것이다. 이로 인하여 발생하는 참담한 결과는 일본이 대한민국 그 책임을 져야 할 것이다. 아! 저 일본은 야심이 발동하여 탐욕스럽기가 한이 없으니, 남주 방면에 대해 이미 철도를 놓고 수비대를 두었으며, 연변 방면에 대해 이미 영사관을 설치하고 또한 순사를 두어서, 제멋대로 폭력을 자행하며 염치도 없고 거리낌도 없다. 그들은 한국으로부터 만주에 이르렀고, 또 틀림없이 만주로부터 나아가 귀국의 내륙지대까지 이를 것이다. 현재 귀국의 대일 교섭은 제대로 안정되지 않아 청도 일대의 인민들은 일본인에게 유린을 당하고 있다. 주택을 제멋대로 드나들며 생명을 제멋대로 살상하고, 독약이 자유롭게 판매되고 있으며, 곡식은 자유롭게 수거해간다. 심지어 총과 대포, 탄약을 토비에게 나누어 주어 몽고에 무관을 암암리에 파견하여 반란을 획책하고, 중국의 내란을 틈타 어부지리를 거두려고 생각한다. 우리 한국의 전철을 밟고 있으니 참으로 마음이 섬뜩하다 하겠다. 우리는 일본이 우리 한국에 대한 수속으로서 대개 귀국은 갑오년(甲午, 1894)의 중일전쟁을 거치면서 사기가 떨어지고 관료 신사계급 상하가 일본인을 두려워하게 되었다.

말이 있으면 반드시 듣게 되고 구하는 것이 있으면 반드시 베푸는 것이 있는 것이다. 이는 무슨 까닭인가? 나는 귀국을 위해 깊이 우려하고 있다. 이제 다행히 귀국의 인사들이 대부분 가열차게 반성하여 각각 국가의 책임을 지고 각각 국민의 의무를 다하기로 하여 장차 군사 밀약을 폐기하고, 죽기를 각오하고 투쟁하여 산동의 주권을 회복하기로 맹서했다는 소식을 듣게 되었다. 이에 따라 귀국의 사기가 크게 세계에 떨친 것은 진실로 존경스럽고 감탄할 만한 일이다.

만약 이때에 귀국이 우리나라와 동맹을 통해 협력하여 저 일본을 토벌 멸망시킨다면 그 승리가 마치 손바닥 뒤집기 같은 일이 될 것이다. 이제 2천만 우리 민족 가운데 어찌 다시 이순신 같은 사람이 없겠는가! 우리나라가 비록 준비된 군사력이 없지만 대한민국 죽음의 혈전으로서 그 선봉에 설 것을 감히 사양하지 않을 것이다. 만약 이와 같이 한다면 동양의 평화를 도모할 수 있을 것이며, 세계의 전화(戰禍)를 멈추게 할 수 있을 것이니, 어찌 기쁘지 않을 것이며, 어찌 아름답지 않겠는가! 이미 순망치한(脣亡齒寒)의 걱정을 함께 하고 또 같은 원수에 대해 함께 대항하는 우정을 가지고, 여론을 대표하여 감히 고한다.

여러분은 깊이 살펴 헤아려주기 바란다.

대한민국(大韓民國) 2년 4월

재연변 한인 대표 구춘선, 강구우, 이규병, 양도헌, 마룡하, 한대진, 박우우, 김일제, 김윤덕.

44. 동양평화의 요체

■ 산둥문제를 둘러싼 일본의 중국정책과 일본의 동아시아 정책을 비판한 『동아일보』 1920년 6월 25일자 사설. 동양평화를 구실로 제국주의 대륙정책을 펼쳐온 일본을 비판하면서 한·중·일 민족이 평등한 지위에서 상호 제휴하고(내부적 동양평화) 외세에 대해 실력을 양성함으로써(외부적 동양평화) 진정한 동양주의를 지향할 것을 촉구하고 있다.

揚言 뱃심 좋게 말하는 것.

일청전쟁도 동양평화를 위하여, 일러전쟁도 동양평화를 위하여, 일한병합도 동양평화를 위하여, 일지(日支)협약도 동양평화를 위하여, 군사협정도 동양평화를 위하여, 일독전쟁도 동양평화를 위하여, 일본의 대 대륙적 제반행동은 모두 동양평화를 위하여 행하는 것이라 양언(揚言)*하나, 그러나 일찍이 하나이나 동양평화의 실을 거함은 없고 오직 일본의 대륙발전에만 머무를 따름이었으니, 대개 동양평화는 실로 동양의 평화를 의미함인가, 혹은 일본의 평화를 의미함인가, 오인(吾人)은 그 진의를 추측하기 어렵도다.

금차(今次) 산둥문제 직접교섭 실패에 당하여 오인은 이 감(感)을 더욱 심각히 깨닫도다. 산둥문제는 작일(昨日) 본지에도 논하였거니와 동양평화를 유지하기 위하여 포학한 독일의 세력을 중국의 인후(咽喉) 산동을 움켜쥠으로부터 구축(驅逐)하려 하였으면, 그를 사실상 일소한 후에는 마땅히 무조건으로 중국에 환부(還付)할 것이며, 더욱 중국이 독일과 교전상태에 들어간 이상에는 다시 별말 없이 중국에 환부함이 가하거늘 그러하지 아니하고, 혹은 중국의 의사를 강제하여 독일의 권리를 일본이 계승함을 승인케 하며, 혹은 이를 기본하여 독일의 권리를 계승하며, 혹은 계승한 후 환부를 교섭하는 등 그 수속이 이중 삼중이 되어 그간에 이익을 획득하려는 야심을 포함한 것 같이 행동하니 이 어찌 구축한 독일을 스스로 대신함이나 다름이 있으리오. 이는 산동문제에 일본이 실패한 소이요, 세계 열국의 시의(猜疑)를 받는 까닭이라. 당초 대독 선전포고는 혹 공명정대하다 하려니와 그 후 중국에 대한 태도와 행동은 군국적이요, 침략적인 비방을 면치 못하겠도다.

물론 독일의 막대한 세력을 중국의 요해지(要害地)로부터 구축함은 일본의 일대공로(一大功勞)며, 일대희생(一大犧牲)이라. 그러나 공로에 대한 보수는 승리에 대한 이권획득이 아니요, 협위(脅威)를 구축한 승리 자신이며, 희생에 대한 보수는 그 승리로 인하여 혹은 중국인과의 양해로 인하여 금후 평화스러운 생활을 경영함에 있는지라. 어찌 구구한 이권의 쟁탈로써 내국인이 시의와 분념(忿念)으로 서로 증오함에 있으리오. 오인은 일본을 위하여 또는 동양평화를 위하여 이를 애석히 생각하노라. 이 한 가지 일은 추급하여 만사에 이를지니 일본은 그 협애하지 말고 광대하며 구차하지 말고 달관하며 제국주의적 욕심을 포기하고 희생적 정신을 분발하라. 욕심으로써 천하를 취할 수 없으며, 힘으로써 천하를 강제할 수 없느니라. 바람의 한랭은 그 위(威) 맹렬하나 능히 사람으로 하여금 몸을 열게 하지 못하되, 따뜻한 태양의 빛은 그 세(勢) 미약하나 능히 사람으로 하여금 마음을 열어 화락담소(和樂談笑)하게 하나니 애(愛)가 없는 일본의 전도(前途)를 저주한 외인(外人)의 평언(評言)을 정상일침(頂上一針)*으로 감사히 받을지어다.

頂上一針 정수리에 침을 놓는다는 뜻. 따끔한 충고나 교훈을 이르는 말.

대개 동양평화라 하면 동양에 입국(立國)한 자 수다(數多)하나, 적어도 일본과 조선과 중국의 삼자를 가리켜 동양이라 하며, 그 평화를 가리켜 동양평화라 함이니, 연즉 동양평화는 일본만의 평화와 발전이 아니라 동양 삼개 지방의 평화와 발전을 의미함이라. 이치에 그러할 뿐 아니라 세(勢)에 또한 그러하니 중국이 분란하거나 망하면 그 영향은 먼저 조선과 일본에 미치며 조선과 일본에 만약 그와 같은 예가 있다 하면 또한 중국에 먼저 그 영향이 미칠지니 고로 동양 각 지방은 서로 순치(脣齒)의 관계가 있다 하여 상호 의뢰하며 보조하는 것이로다. 이는 실로 동양정책의 근본방침이니 곧 삼개 지방의 단결과 발전이라. 이제 동양평화를 분석하여 논할진대 내부적 동양평화와 외부적 동양평화가 있으니, 전자는 동양 삼개 지방의 호상 간 또는 각 지방 내의 동양평화를 의미함이요, 후자는 동양 외 국민이 감히 동양을 침범치 못함이라.

후자를 초치(招致)함에는 물론 국제연맹과 같은 동양기관을 통하여 혹은 세계에 팽창한 인도적 정신으로 인하여 가히 기약할 수 있거니와 오직 확실한 방법은 스스로 튼튼한 실력을 양성하여 정의를 행함에 있으며, 동양이 단결하여 불의를 천하에서 일소할 준비가 있음에 있나니, 이 동양이 스스로 각성할 바요.

전자를 초치함에는 동양 삼개 지방의 인사는 절대로 욕심을 버리고 오직 의를 따라 평등한 지위에서 서로의 권리와 존엄을 불침함에 있으며, 이와 같이 하여 호상 신뢰하여 평화한 생활 중에 상부상조하여 자연은 개척하며 인지를 계발함에 있나니, 이는 각개 지방인사가 마땅히 자각할 바이라.

단결은 물질적과 정신적은 물론이고 오직 평등한 지위에서 자유의 띠로 하는 이외에 하등의 방법이 없으니 압제와 위협은 그 실은 오직 분산을 속히 함에 불과하며 평화는 그 본질이 화(和)라, 무력이나 강력에 압드된 정(靜)이 아니니, 연즉 각인의 화락한 중심으로 공존 상재(相在)하여 평정한 중 진보를 따르는 생활이 곧 평화니 심중에 증오가 있으며, 원한이 있으며, 외투에 위력이 있으며, 잔인이 있고서 그 어찌 평화라 칭함을 얻으리오. 보라, 동양평화를 절규하는 일본 친구여. 조선 인민 중에 평화가 있느뇨. 중국 인민 중에 평화가 있느뇨. 오인은 기탄없이 말하노라. 조선의 민심은 불온하도다, 불평하도다. 원한이 적중(積中)한지라 무슨 평화적 생활로 각안기업(各安其業)하여 질서적 안락을 향수하리오. 이 조선인이 희망이 다하여 오직 불온한 상태에 울울(鬱鬱)한 심리를 품는 소이(所以)오, 중국인은 일본인에게 대하여 거개 염오(厭惡)의 정을 품으며 배척의 원(願)을 갖는도다. 그러므로 사소한 일에도 전국이 분요(紛擾)하여 일본에 반대하나니 이와 같이 하여 어찌 써 동양의 평화를 바라리오.

일본은 입으로는 동양평화를 절규하고 그 행(行)은 이와 같은 결과를 획득하였도다. 이는 어째서인가. 일한병합 이래에 일본의 조선과 중국에 대한 행동을 스스로 반성할지어다. 군국주의적 견지를 떠나 각 민족의 권리로 입지를 세워 일고재고(一考再考)할지어다. '위연구어자(爲淵驅魚者)는 달야(獺也)오. 위총구작자(爲叢驅雀者)는 전야(鸇也)요. 위탕무구민자(爲湯武驅民者)는 걸여주야(桀與紂也)'*라 하셨으니 현금 일본을 배척하는 그 원인이 과연 어디에 있을까? 반지어신(反之於身)할지로다.

희(噫)라, 방금 천하는 분분하여 귀정(歸定)을 알지 못하겠도다. 동양의 단결과 평화적 발전을 더욱더 열망하니 그 방도가 어디에 있는고? 오직 각 민족의 권리와 희망을 절대로 존중하며 승인하며 각히 평등한 지위에 서서 자유적 정신으로 연합함에 있다 하노니.

옛날에 공부자(孔夫子) 왈 언충신(言忠信)하며 행독경(行篤敬)이면 수만맥지방(雖蠻貊之方)이라도 행의(行矣)어니와 언불충신(言不忠信)하며 행불독경(行不篤敬)이면 수주리(雖州里)나 행호재(行乎哉)*라 하심이 그 어찌 우리를 기만한 바리오. 개인의 도덕이나 국가의 도덕이 차이가 없도다.

爲淵驅魚者 獺也 爲叢驅雀者 鸇也 爲湯武驅民者 桀與紂也 못으로 물고기를 몰아주는 것은 수달이며, 깊은 숲 속으로 참새를 몰아주는 것은 송골매이고, 탕왕과 무왕에게 백성을 몰아준 것은 걸왕과 주왕이다. 천하를 얻거나 잃는 것은 민심을 얻느냐 얻지 못하느냐에 달려 있다는 뜻. 출처는 『孟子』「離婁篇」.

言忠信 行篤敬 雖蠻貊之方 行矣 言不忠信 行不篤敬 雖州里 行乎哉 말이 충성스럽고 미더우며 행실이 돈독하고 공경하면 비록 오랑캐의 나라라도 행하지만 말이 충성스럽고 미덥지 못하며 행실이 도탑고 공경하지 못하면 비록 자기가 사는 마을인들 행하겠는가. 출처는 『論語』「衛靈公篇」.

45. 신채호, 조선독립과 동양평화

서방의 학자들은 왕왕 조선을 외교상의 동양의 발칸[巴爾幹]이라고 한다. 대체로 근세 이후 서구의 외교상 큰 문제들은 항상 발칸에서 일어났다. 과거 크리미아[格里米亞] 전쟁과 근금(近今)의 세계대전은 모두 이에서 발단되었다. 조선 역시 근세 동양 열국의 교충지가 되어, 갑오 중일전쟁과 갑신 러일전쟁이 조선문제로 인해 일어나지 않음이 없다. 이를 이르러 동양의 발칸이라 하니, 진실로 그렇다고 하지 않을 수 없다.

그러나 조선과 발칸은 나란히 놓고 같이 논할 수 없는 것이 있다. 발칸은 몬테네그로[黑山], 세르비아[塞比維亞], 루마니아[羅馬尼亞] 등의 소국이 임립(林立)*하여 있어 조선이 자고로 통일되어 있는 것과 같지 않다. 발칸은 라틴[拉丁], 슬라브[斯拉夫], 투르크[突厥] 등 각종(各種)이 한 곳에 섞여 있어 조선이 순연한 혈족인 것과 같지 않다. 고로 장차 발칸을 합쳐서 하나의 국가로 만들려고 하면 각종이 호상 반목하여 그 세가 불능한 바가 있고, 각기 나누어 여러 국가를 만들려 하면 환린(環隣) 강국들이 개유(覬覦)*하게 되어 충돌이 일어남을 면할 수 없다. 이것이 백 년 동안 발칸 문제가 서구 각 정치가의 통고(痛苦)를 낳은 소이이다. 조선은 2천만 동일 민족으로 사지팔도(四至八到) 수천 리의 땅을 옹유(擁有)*하고 있어, 땅은 넓고 백성은 많아 족히 독립하고도 남음이 있다. 그러나 지금에 이르러는 기구멸렬(崎嶇滅裂)*하여 스스로 떨쳐 일어나지 못하게 되어 발칸에 비유되기에 이르렀으니 슬프지 아니한가. 그러나 발칸은 자립된 국가와 자결 민족을 가지고 있으나 조선은 이를 얻으려 해도 얻을 수 없으니 이것 또한 발칸과 같은 축에 들지 못하는 바이다. 더욱 슬프지 아니한가.

조선은 자고로 일찍이 중국과 왜 사이에 끼어 있어서 양국의 번폐(藩蔽)*가 되어 피차가 서로 해하지 않도록 하였다. 이는 진실로 수천 년 역사가 분명히 증명하고 있다. 수양제, 당태종, 요태조, 금태조 등은 대륙에서 일어난 자들인데 그 무력이 압록강의 남북에서 그치고 동으로 일본을 어지럽히지 못한 것은 조선이 있었기 때문이다. 오랫동안 일본의 해구(海寇)가 경상도 연해를 침릉(侵凌)*하였으나 그 흉봉(凶鋒)이 거듭하여 중국을 집어삼키는 데 이르지 못한 것 또한 조선이 있었기 때문이다. 조선인은 동양에서 그 평화를 보전한 공이 또한 크다. 고려 말에 원세조가 길을 빌어 왜를 벌한다 하였는데 이를 거부할 수 없었다. 이조 때는 도요토미 히데요시[豊臣秀吉]가 대거 쳐들어왔는데 혼자 힘으로 물리치지 못하고 명조에 원군을 빌리기에 이르러서야 겨우 물리칠 수 있었으니, 조선은 대체로 이때부터 쇠해졌다. 국력과 인재가 후대로 갈수록 더욱 떨

■ 『天鼓』 제1호(1921년 1월)에 실린 신채호의 글. 『천고』는 신채호가 1921년 베이징에서 발행한 한문체 잡지(7호까지 발간). 신채호는 조선이 동양의 발칸으로 종종 비유되는 점을 지적하면서 러시아의 동진을 막기 위해 일본의 세력팽창을 허용하면 동양평화가 깨지며, 동양평화를 보전하려면 조선의 독립이 중요하다고 강조하고 있다. 원문은 한문. 출전은 단재신채호전집편찬위원회 편, 「朝鮮獨立及東洋平和」, 『신채호전집』 제5권(독립기념관 한국독립사운동연구소, 2007), 210-313쪽.

林立 숲의 나무처럼 빽빽하게 죽 늘어서다.

覬覦 분수에 넘치는 야심으로 기회를 노리고 엿봄.

擁有 싸서 가지고 있음.

崎嶇滅裂 崎嶇의 본래의 의미는 산길이 험하다는 뜻인데, 처세하기 어려운 모양을 뜻하고, 滅裂은 산산조각 나서 흩어짐을 뜻함. 원문은 崎嶇로 되어 있으나, 崎嶇의 오기로 보임.

藩蔽 울타리.

侵凌 침해하고 능욕함.

어져 근세에 이르러서는 일본이 조선 문제로 중국·러시아와 전쟁을 일으켰다. 그러나 그간 조선인은 도리어 입을 막고 혀를 묶고 감히 한마디도 하지 못했다. 조선은 대체로 이때부터 이미 망했다.

무릇 수가 오면 수를 막고, 당이 오면 당을 막고, 거란이 오면 거란을 막고, 여진이 오면 여진을 막고, 왜가 오면 왜를 막아 반도를 흘연(屹然)히 보장하고, 바다와 대륙의 양 민족을 나누어 놓는 것이 진실로 유사 이래 조선인의 천직이다. 그러나 지금은 그 역사를 잊고 그 천직을 버리고 들연 수천 년 원한이 쌓인 왜구의 노예가 되었으니 그 죄가 크다. 그러나 저 열국들은 왜가 함브로 날뛰고 방자하게 구는 것을 들어주고 조선을 병탄하는 것을 허락하였으니 이 또한 득책(得策)이 될 수 없다. 왜가 이미 바다를 건너 조선을 차지하였으니 왜가 두만강, 압록강과 같은 일의대수(一衣帶水)*를 넘어 남북만주의 땅을 요양(擾攘)*하는 것을 누가 막을 수 있으며, 또 그들이 북쪽으로 몽고를 넘보고 서쪽으로 산동을 점령하여 4백조의 인민을 진경(震驚)케 하는 것을 누가 닥을 수 있겠는가? 저들이 이미 조선과 만주를 옹유하였으니 남으로 중화를 도모하고 북으로 시베리아를 침범해서 왜가 하루에 만 리를 나아가고, 징기스칸[成吉思汗]의 패도가 금일에 중시됨을 어찌 알지 못하겠는가? 혹자가 말하기를 금일 열강들이 우려하는 바는 러시아의 과격파만한 게 없다고 한다. 과격파가 서쪽으로 침범하는 것을 우려하여 폴란드[波蘭]를 세워 막게 하고, 과격파가 남진할 것을 우려하여 영국은 인도, 아프가니스탄[阿富汗] 등지에서 많은 군대를 주둔시켜 막고 있다. 그러나 오직 극동에서는 조선이 이미 망하였고 중화 또한 붕괴하였으니 과격파를 막을 자는 왜가 아니면 없다. 따라서 왜가 시베리아로 출병하는 것은 열강이 바라던 바가 아니며, 그 힘을 만주로 뻗치는 것은 더더욱 열강이 바라던 바가 아니다. 그러나 왜국의 이러한 행위를 막는다면 과격파가 동진(東進)하는 것을 막지 못하게 되는데, 과격파가 동진하는 것은 더더욱 열강들이 바라지 않는 것이다. 해로움이 상충할 때에는 당연히 그 가벼운 것을 취하니 이것이 열강들이 비록 왜를 두려워하고 미워하면서도 왜에게 묵허(默許)할 수밖에 없는 까닭이다. 오호라, 이렇게 말하는 자는 단지 열은 알면서 둘 곱하기 다섯은 모르는 자이다. 만약 과격파의 신조가 진실로 진리에서 벗어나지 않고 인류의 심리에 부합한다면 비록 왜병을 모아 적탑(赤塔)* 남쪽에 성벽을 쌓고 번리(藩籬)*를 친다고 하더라도 과격파의 무형의 탄환이 이 얇고 약한 보장(保障)을 뚫고 나가 아시아[亞洲]의 중원으로 날아가 구라파와 아프리카 각지에서 고상(翱翔)*하는 것을 막을 수 없다. 구구(區區)히 일본이 어찌 이것을 할 수 있겠는가. 만약 과격파 자체가 이미 본디 성공할 이치가 없는 것이라면 단지 일본의 야심만 키

一衣帶水 옷의 띠만큼 좁은 강이라는 뜻으로, 강폭이 좁음을 비유한 말. 수문제(隋文帝)가 진(陳)을 공격하면서 장강(長江)을 두고 한 말. 『南史』「陳本紀」에 나오는 말.
擾攘 어지럽히다.

赤塔 Chita. 당시 소비에트 극동 공화국의 수도.
藩籬 울타리.
翱翔 날개침.

워주게 되어 동방을 요란케 할 것이다. 또 혹 이로 인하여 황종각족(黃種各族)의 군벌과 자산계급에 대한 악감을 촉동(觸動)하여 나아가 과격파와 더불어 연결하여 이로서 혁명의 도화선을 만들지도 역시 알 수 없는 것이다. 그런즉 열강이 일본을 신뢰하는 것은 실로 여기에 있는 것이 아니다.

따라서 금일 동양의 평화를 말하고자 한다면 가장 상책은 조선의 독립만한 것이 없다. 조선이 독립하면 일본은 방자하게 탐욕스러운 데 이르지 않게 되고 사방을 경영하여 그 힘을 모아 바다와 섬을 보호하게 된다. 러시아의 과격파 또한 빈약한 민족을 부식(扶植)한다는 핑계를 대지 않고 날개를 접어 치타* 북쪽에 잦아들어 있을 것이다. 중국 역시 한가히 수습하여 십수 년의 혁명으로 어지러운 국면을 정돈할 수 있을 것이다. 이것은 진실로 동양평화의 요의(要義)이다. 저들 왜인은 동양평화라고 말할 때 입으로는 인의도덕을 말하면서 속으로는 남도여창(男盜女娼)을 지껄인다*. 이것이 동양평화를 말하는 것인가? 동양평화를 말하는 것인가?

그러나 조선독립은 조선독립운동의 강도가 여하한지 열강의 오해(悟解)가 여하한지에서 볼 수 있는데, 지금의 논하는 바는 종이 위의 하나의 공론일 뿐이구나. 아!

치타 Chita. 당시 소비에트 극동공화국의 수도.

입으로는 仁義道德을 말하면서 속으로는 男盜女娼을 지껄인다 滿嘴仁義道德 一肚子男盜女娼(중국속담). 입으로는 인의도덕을 이야기하며 남자는 남의 여자를 빼앗고 여자는 몸을 판다는 뜻.

46. 신아동제사, 중국정부에 대한 청원운동의 건

■ 신아동제사(新亞同濟社)가 간도 거주 한국인과 중국인에게 배포한 문건을 1921년 1월 30일자로 재간도 일본총영사 사카이 요사키치(堺與三吉)가 외무대신 우치다 고사이(內田康哉)에게 보낸 보고문. 신아동제사는 조선은 동양의 발칸으로서 일본 제국주의를 막으려면 조선의 독립이 필요하다고 강조하면서 중국이 앞장서줄 것을 중국정부에 요청하고 있다. 상해동제사는 김규식이 1912년 7월 상해에서 3백여 명의 망명인사들을 중심으로 결성된 단체. 1917년 8월 스톡홀름에서 열린 만국사회당대회에 대표를 파견하는 등 외교활동을 전개했다. 출전은 「亜細亜局 機密」 第56호 大正 11년(1921) 1월 30일.

중국정부에 대한 청원운동의 건

쾌우대전(快郵代電)

신아동제사(新亞同濟社) 동인(同人)들은 삼가 중화민국 국회의장 및 양원의원 여러분께 간절히 아룁니다.

한국 독립 회복의 필요성은 연전에 파리평화회의가 개막되었을 때 폐사(弊社)에서 대표를 파견하여 공(公)들과 만나 상의하였고, 최근 태평양 회의에도 우리 임시정부에서 또 특사를 파견하여 귀국 정부와 귀 국회와 더불어 충분히 접촉하였습니다.

공들께서는 중화민국의 인민 대표가 되시어 동아시아의 안위가 달린 관건에 대하여 늘 마음에 두고 계시면서 경권(經權)*을 묵묵히 운용하고 계시리라 생각합니다. 폐사에서는 이런 천 년에 한 번 만나기 어려우나 조금만 늦추어도 금방 사라질 기회에 진심으로 삼가 지나침으로 걱정을 끼쳐드리는 것은 아닌지 살피며 특별히 다시 공들 앞에 다음과 같이 말씀드립니다.

經權 경법(經法)과 권도(權道)를 아울러 이르는 말로, 언제나 변하지 않고, 원칙과 상황에 따라 취하는 임기응변을 비유적으로 이르는 말.

동아시아에 한국이 있음은 서구에 발칸[巴爾幹]이 있는 것과 같습니다. 발칸의 정세가 안정되지 않으면 서구의 풍운이 그치지 않듯이 한국의 독립이 회복되지 않으면 동아시아의 평화를 기대할 수 없습니다. 그러므로 동서양 양쪽의 큰 화근을 없애는 것은 여러 강대국들이 땅을 넓혀 나가는 데 달려 있는 것이 아니라 각 작은 나라가 흥하여 나라를 이어가느냐 망하여 끊어지고 마느냐에 달려 있습니다. 전 미국 대통령 윌슨은 훌륭한 견해가 여기에 미쳤으니, 특별히 열강들이 정의의 칼을 가지고 인도주의를 위하여 휘두르며 피 흘리며 천오백여 일을 분투하여 발칸에서 양성되던 화근을 말끔히 쓸어 내던 그때를 시작으로 민족자결주의를 맨 먼저 주창하여 세계대전의 효소(酵素)를 끊었습니다. 의로운 소리가 미치는 바에 새로운 풍조가 바로 호응하여 폴란드[波蘭]와 유태(猶太), 체코[捷克] 등 십여 개국이 바로 줄줄이 회복하여 서구의 20세기 전란은 이때 이르러 매듭을 고했으니, 넉넉한 위업이 아직도 빛나고 있습니다. 그러나 세계의 문제는 어찌 서구의 일단에서 다 포괄하겠습니까? 동아시아를 보면 한 올 머리카락을 당기면 전 지구를 진동시킬 아직 터지지 않은 도화선이 이미 타들어가고 있는 것이 이미 사방에 가득 차 있습니다. 우리가 동아시아에서 나는 음식을 먹고 동아시아의 흙을 밟으며 동아시아의 생사문제에 대하여 어찌 도외시하고 서로 방치하여 아무 상관이 없는 듯이 할 수 있겠습니까? 다만 동아시아 문제가 비록 매우 복잡하긴 하지만 큰 줄기를 정리한다면, 동방의 독일인 철혈 제국주의의 침략 야심을 저지하고 한국의 독립국가로서의 강토와 주권을 회복케 하는 것이 지금의 급무입니다. 한국의 위치는 동양의 이탈리아요, 문화는 세계의 그리스이며, 역사가 이어져 온 것이 반만년입니다. 인민은 번성하여 2천만으로 독립하여 불굴의 특성은 오랫동안 중외(中外) 인사들이 찬탄하며 인정한 바이니, 어찌 이른바 신성한 나라를 전제(專制)하여 일시적으로 어리석게 한다고 해서 끝내 노예로 빠지는 것을 달게 여기고 반항함을 생각하지 않겠습니까?

경술년 이후로 제각기 길을 나누어 맡아 우방에게 울며 호소하였고 독립을 승인한다고 한 옛 약속을 기원하면서 하루빨리 평화 회복의 훌륭한 정책을 계획하여 버림당하지 않기를 바랐더니 가는 곳마다 환영하였습니다. 어떤 나라에서 땅을 출연하여 회사를 만들기도 하였고 어떤 나라에서는 자금을 돕는 운동을 하였으며, 어떤 나라에서는 외교적으로 도우고 어떤 나라에서는 실력으로 책임을 져 주었습니다. 영국과 프랑스나 러시아 이탈리아 등의 나라에서는 한우회(韓友會)를 발기하도록 해 주었고, 미국 같은 나라에서는 의원(議院)에서 다수가 제안하였으며, 근래에는 또 한국 대표들의 제안을 접수하여 우리가 태회(太會)에서 토론하도록 허락해 준 것 등은 모두 크게 들어나는 것들이지만,

구미 각국에서 형세가 불리하고 장애가 되어서, 원조의 진정성과 실제에 대하여는 모두 가장 친하고 가장 가까운 동포국이 확실하고 절실하게 해 주는 것만 하지 않았습니다. 비유하자면 태회는 법정이요 우방은 법관이며, 한국은 원고이고 일본은 피고인 셈입니다. 한국이 법정에서 비록 마음을 갈라 속을 내보이는 진실한 말로 호소하더라도 일본도 명분을 도적질하고 세상을 속이는 허황된 말이 없지 않을 것이니, 양쪽이 각각 하는 말로 시비를 드러나지 않겠지만, 아마 귀로 듣고 눈으로 보는 사람이라면 신빙성 있는 증서를 내보이는 데야 흑백의 구분은 자연히 바로 판명할 수 있을 것인데, 휴척(休戚)*에 상관이 있는 중화민국이야 더 말해 무엇 하겠습니까?

休戚 편안함과 근심.

이웃을 구하는 것이 자신을 구하는 것이니 이를 눈썹이 타는 것보다 더 급하게 여기실 일이요 건너편에 앉아서 구경하다가 다시 규슈(九州)의 큰 실착을 만들지 마십시오. 마관조약(馬關條約)*에 모두 있습니다. 또 국제연맹 규약 제10조에도 당사자가 받아들일 수 없는 조약이 있으면 연맹에 제출할 수 있다는 등의 말이 있습니다. 한일 합병 조약은 완전히 일본의 강제 압박에 의해 이루어진 것으로 삼한의 민중들은 일찍이 여러 차례 밝힌 적이 있으며, 맹세코 죽어도 승인하지 못합니다만, 오직 일본만이 자주 교묘한 말로 꾸며 세계를 기만하고 있습니다. 그러므로 우방들이 지금까지 아직도 매우 분명하지 않은 나라가 있습니다.

馬關條約 청일전쟁의 강화를 위해 맺어진 시모노세키(下關)조약.

중국은 한국의 가까운 이웃이며, 공들께서는 또 인민의 대표로서 국가의 목과 혀와 같은 중요한 분들이십니다. 만약 의(義)를 가지고 말씀하시어 일본인들의 폭행을 남김없이 다 드러내시어 우방들의 혼미한 꿈을 깨우시고 약속에 따를 것을 힘써 다투시어 한국이 완전 독립으로 회복시킬 것을 요구하시고 아울러 대한민국임시정부 대표가 제출한 조건을 승인하는데 우방들이 한 결 같이 찬동하여 한국이 회복되어 광영이 비치게 된다면, 이 어찌 동아시아만 빛나게 되고 말겠습니까?

전보를 앞에 두니 정신이 마구 달립니다.

신아동제사에서 올립니다.

47. 중화동포에게 읍고(泣告)하는 글

한국인으로서 중국동포를 치사하는 글

무릇 족속이 서로 같으면 족의(族誼)란 관념이 있고, 땅이 서로 가까우면 지리적인 관계를 갖습니다. 보거상의(輔車相依)하고 순치상호(脣齒相護)한 것은

■ 1921년 11월 10일 창사(長沙)주재 일본영사가 외무대신에게 보내는 한인 독립운동에 관한 보고에 실려 있다. 1921년 11월 5, 6일 중국내 한국 독립운동가들

그것이 동체(同體)이기 때문입니다. 토끼가 죽으면 여우가 슬퍼하고, 소나무와 잣나무가 서로 사철 푸르름을 기뻐함은 그것이 동류이기 때문입니다. 사물도 그러하거늘, 하물며 사람임에랴! 우리 한(韓)은 단기(檀箕)*의 오랜 나라입니다. 또 그 후예들은 중국 동북쪽에 강 한 줄기를 사이에 두고 살면서 계견상문(鷄犬相聞)*하고, 국경의 시장에서 서로 무역하며, 차바퀴와 말굽자국이 도로에서 서로 마주보고, 경하하고 조문하는 의례도 서로 가깝습니다.

지금으로부터 3백여 년 전* 일본이 장차 중국을 도적질하기 위해 길을 빌리려 하였으나 우리나라는 그 사신을 참수하고 이 위급한 소식을 알렸습니다. 신종(神宗)* 황제는 이여송(李如松)*과 양호(楊鎬)*등을 파견하여 우리의 위급함을 해결하여 주었는데, 이는 중국이 우리를 도운 것입니다. 오랑캐가 갑자기 베이징에 침입해 들어가 숭정(崇貞)* 황제가 사직(社稷)에서 순절하게 된 뒤, 영력(永歷)* 황제가 난징에서 즉위하자 2만의 정병을 비밀리에 파병하여 성원하려고 하였는데, 배가 황해에서 폭풍을 만나 수몰되어 생환자가 거의 없었습니다. 비록 명나라의 짧은 운명을 되돌릴 수는 없었지만 그래도 명나라의 은덕에 보답한 것입니다.

펑톈성(奉天省)의 안동청(安東廳)은 강을 사이에 끼고 의주군(義州郡)과 마주하고, 산둥성(山東省)의 자오저우만(膠州灣)은 바다를 사이에 끼고 홍주군(洪州郡)과 마주하고 있습니다. 저들 적(敵)의 수도는 부상(扶桑)*의 극동(極東)에 있지만 부산항과 인접한 육로를 통해서 화차(火車)로 동성(東省) 지역과 연결될 수 있고 수로로는 기선으로 교호(膠滬)* 지역에 순항할 수 있어, 그 기세를 막을 수가 없습니다. 갑진(甲辰, 1904)년 러일전쟁으로 료(遼)* 땅을 점거하여 장기 체류하고, 갑인(甲寅, 1914)년* 유럽 국가들의 전쟁[歐州之役]으로 칭다오(靑島)를 기습 점거하였습니다. 만약 자립의 권리[自立之權]를 가지고 있다면, 저들이 어찌 감히 길을 빌려 오늘의 치욕에 이르게 하였겠습니까? 이는 지리 관계의 절박함 때문입니다. 그런즉 확실히 중국의 관문이 해당되니 신중하지 않을 수 있겠습니까?

아아! 일본은 우리의 세수(世讎)*입니다. 저들은 평소 강도 같은 성격을 만들어왔고 여러 차례 변경에 침입하여 우리의 재물을 훔치고 우리의 말과 소를 빼앗았습니다. 이렇게 때때로 출몰하였는데 세력이 약할 때는 쥐처럼 훔치고 개처럼 도둑질하였으며, 강할 때는 성을 공격하고 토지를 침범했습니다. 그 환란을 당한 것은 일조일석에 된 일이 아닙니다. 갑오(甲午, 1894)년 청일전쟁에서 적이 그 뜻을 펼치게 되자 그 기세가 점점 부강해져 마침내 그 흉악함을 멋대로 부렸습니다. 을미(乙未, 1895)년 8월 우리 황후의 변고가 있었으나 나라가

이 발행한 지방신문에 중국민을 상대로 한인 및 한국독립운동에 대한 지원을 호소한 글. 원명은 「읍고대중화동포서」(泣告對中華同胞書). 아래 실린 글은 한·중 간의 지리적 인접성과 민족적 유사성을 강조하고, 국난 발생시 상부상조했던 사실을 지적하고 있다. 또한 한국의 평화가 중국 및 아시아의 평화와 직결된다는 사실을 강조함으로써, 중국이 한국의 독립운동을 지원해야 하는 당위성을 역설하고 있다. 출전은 한국역사정보통합시스템(www.koreanhistory.or.kr).

檀箕 단군과 기자.

鷄犬相聞 동쪽 닭과 서쪽 개가 우는 소리가 들린다는 뜻으로, 닭 우는 소리와 개가 짖는 소리가 여기저기에서 들린다 하여, 인가(人家)가 잇대어 있음을 이르는 말. 출전은 노자의 『道德經』.

鷄犬相聞 동쪽 닭과 서쪽 개가 우는 소리가 들린다는 뜻으로, 닭 우는 소리와 개가 짖는 소리가 여기저기에서 들린다 하여, 인가(人家)가 잇대어 있음을 이르는 말. 출전은 노자의 『道德經』.

지금으로부터 300여 년 전 임진왜란을 뜻함.

神宗 만력제(萬曆帝, 1563~1620)는 명나라 제13대 황제. 휘는 익균(翊鈞), 묘호는 신종(神宗). 1572년부터 1620년까지 48년간 재위.

李如松 중국 명나라의 장수(?~1598). 자는 자무(子茂). 호는 앙성(仰城). 임진왜란 때에 병사 4만을 이끌고 조선을 도우러 와서 고니시 유키나가(小西行長)의 군을 무찔렀으나, 벽제관(碧蹄館) 싸움에서 고바야카와 다카카게(小早川隆景)에게 크게 패하였다

楊鎬 중국 명나라의 장수(?~1629?) 정유재란 때 경략조선군무사(經略朝鮮軍務使)로 참전하였음. 정유재란 때 울산에서 벌어진 도산성 전투에서 패했는데 이를 승리로 보고했다가 들통나 파면되었다. 청나라가 명나라를 침략하자 랴오둥 등을 경략했으나 셔르후 전투에서 크게 패해 사형을 당했다.

작고 병력이 미약하여 죄를 따져 물을 수가 없었습니다. 저들의 악행은 덩굴처럼 뻗어나갔으나 점점 더 확장은 어려워졌습니다. 을사(乙巳, 1905)년의 조약과 정미(丁未, 1907)년의 폐립(廢立)*시킨 일, 그리고 경술(庚戌, 1910)년의 합병은 모두 적의 사기 수단에서 이루어진 것이지, 결코 우리 군주 및 인민의 승인을 받은 것이 아닙니다. 우리나라가 완전무결한 독립국임은 세계가 공인하는 바입니다. 적이 교활한 간계로서 각국의 청문(聽聞)*을 기만함이 엄이도령(掩耳盜鈴)*하는 꼴입니다. 우리 공자의 소위 누구를 속이겠는가, 하늘을 속이자는 것인가[語欺欺天乎]*라는 말이 이에 해당합니다. 친선이라는 이름을 빌리고 보호한다는 거짓말로 이미 우리의 가정을 파괴하고 또 우리의 자식을 살해하였으며, 우리의 아낙네들을 노예로 만들고, 우리의 재산을 강탈하여 마침내 신성한 단기(檀箕)의 민족으로 하여금 금수(禽獸)의 땅에 떨어지게 하였습니다. 말과 생각이 여기에 이르니, 하늘이 어찌 참겠습니까? 따라서 강한 것은 부러지고 약한 것은 부추겨준다는 것이 하늘의 정직함입니다. 포악한 덕이 세상에 만연하였으나 먼저 유럽의 전쟁이 종말을 고하였고 다 같이 모여 평화조약을 맺었습니다. 회의에서는 자결(自決)을 노래하고 끊어진 것은 다시 이어주고 망한 것은 다시 일어나게 하였습니다. 이렇게 공도(公道)가 장차 회복되어 세상을 밝히게 되자, 적은 남의 나라를 기만적으로 취하기는 하였으나, 간계(奸計)가 들통나 무산될까 두려워하여 우리 황제를 가두고 우리 인민을 협박하였고 관인을 위조하고 가짜 공문(公文)을 만들어서 인민들이 적의 뜻에 달게 부응하고 있다는 것으로서 회의석상에 나아가 자기네 뜻대로 계획이 성공하리라는 생각뿐이었습니다. 멸망한 한국[亡韓]의 대표가 먼저 회의석상에서 공리(公理)를 차근차근 설명하고 죄악을 절절하게 엄히 논죄하여 만국이 우리의 깊이 숨어 있는 □를 묵인하였고, 저 적의 간계가 통행될 수 없었습니다. 객년(客年)* 3월 1일 거국일치하여 맨손으로 일어나 자유를 제창하고 구호를 부르짖었으나, 저 적은 귀역(鬼蜮)*의 독으로서 뱀과 전갈의 해독제로 쓰고, 총과 창을 휘두르고 총탄과 대포로 사격하여, 피가 흘러 강을 이루고 뼈가 산처럼 쌓였습니다. 그중에도 가장 애석한 것은 부녀자의 끊어진 손과 잘라진 어깨, 아이들의 베어진 혀와 칼에 찔린 눈입니다. 통곡하며 절치부심하는 마음과 흐느끼며 비탄해하는 소리가 위로 하늘에 닿았습니다. 귀신을 암암리에 감동시켜 하늘이 7일간이나 나와 변화를 보이자 귀신도 독립을 노래하며 그 위엄에 한몫을 했습니다. 그러나 저 악한 일본은 온통 차고 넘치기만을 추구하여 끝내 참회하지 않고, 우리의 교당(教堂)을 훼손하였으며 우리의 여각(閭閣)을 불태웠습니다.

이때에 다른 민족 사람이 그것을 보고 돕지 않는 사람이 없었고 갑자기 노하

崇貞 숭정제(崇禎帝, 1611~1644) 명나라 17대 황제이자, 명나라 마지막 황제. 1644년 이자성(李自成)이 이끄는 농민반란군이 베이징을 점령하자 자살하였다. 재위는 1628~1644년.

永歷 영명왕(永明王, 1625~1662) 명나라 말의 혼란기에 장헌충(張獻忠)이 후난(湖南)의 형주(衡州)를 공격하였을 때, 아버지인 계왕 주상영(朱常瀛)과 함께 광시(廣西)로 탈출, 그 뒤 아버지의 뒤를 이어 계왕이 되었다. 1647년 즉위하고, 영력이라 건원하였다. 그러나 청군의 공격으로 피신생활을 하다 윈난에서 죽음.

扶桑 동쪽 바다 속에 해가 뜨는 곳에 있다고 하는 나무로 일본을 지칭할 때 쓰임.

膠滬 자오저우(膠州)와 상하이.

遼 랴오닝(遼寧).

甲寅 1897년부터 독일의 지배하에 있던 칭타오를 1914년 일본이 점령한 일을 가리킴.

世讎 대대로 내려오는 원수.

廢立 1907년 헤이그 밀사사건으로 일본이 고종황제를 폐위시키고 순종을 세운 것을 가리킴.

聽聞 퍼져 돌아다니는 소문.

掩耳盜鈴 귀를 막고 방울을 훔친다는 말로 자신이 듣지 않는다고 남도 듣지 않는 줄로 안다는 뜻. 『呂氏春秋』의 「不苟論」에 나오는 이야기임.

語欺欺天乎 『論語』「子罕篇」에 나오는 말로, 원문은 "吾誰欺 欺天乎".

客年 지난해.

鬼蜮 귀신과 불여우라는 뜻으로, 음험하여 남몰래 남을 해치는 사람을 비유적으로 이르는 말.

기도 하고 또 사진을 찍어 신문에 보도하거나 사실을 기록하여 널리 알려서, 일본의 비인도적인 죄상을 세계에 일깨웠습니다. 외부인이 이러하거늘, 하물며 우리 친애하는 중국인 가운데 이를 보고 들은 자라면 어찌 화가 머리끝까지 치밀어 오르고 붉은 피가 거꾸로 돌며, 우리의 위급한 재난을 돕고자 하지 않겠습니까! 프랑스는 박사 2명을 파견하여 실상을 조사하였고, 미국은 상의원을 열었습니다. 중국은 왕(王)과 고(顧) 두 대사가 우리를 대신하여 원통함을 회의에서 밝혔는데, 광동(廣東)의 국회의원 강요군(康遙君)은 전국에 전문을 띄워 고려(高麗)의 독립 여부는 중국의 흥망성쇠에 있어 청도(靑島)만큼 위급한 것이 아니라고 하였습니다. 고려의 독립이 가장 중요한 것임에도 대세를 통관(洞觀)하지 못하는 자는 이와 같이 명료할 수가 없습니다. 폭풍도 하루 내내 부는 것이 아니며, 소나기는 아침 내내 내리는 것이 아닙니다[暴風不終日 驟雨不終朝]* 포학하기가 그지없는 저들도 끝내 멸망하는 날이 올 것입니다. 초(楚)나라가 비록 세 집만 있어도, 진(秦)나라를 망하게 할 것은 초(楚)나라가 아니고 누구이겠습니까[楚雖三戶 亡秦者非楚乎]*? 형세가 호랑이를 타고 달리면서 내릴 수가 없는 위급한 형국처럼 이 지점까지 끌려왔습니다. 망국(亡國)의 노예가 될 바에는 차라리 독립의 귀신이 되겠습니다. 단 하루의 생명이 있다면 반드시 하루의 의(義)가 있고, 한 사람의 유류(唯類)가 있으면 반드시 한 사람의 목적을 다해야 합니다. 우리 민족은 국내에 있는 자가 1천5백만이고, 국외에 있는 자는 5백만입니다. 1천5백만은 국내에 있으면서 향음(鄕音)*으로 응하고, 5백만은 국외에서 운동을 합니다. 이루어지지 않을 일이 없고 보복하지 못할 원수도 없습니다. 「태서」(泰誓)*에서, "수(受)*에게는 억만 명의 마음이 있으나 나에게는 충신 열 사람밖에 없어도 한 마음일 뿐이다"[受有億萬心 予有亂臣十人 惟一心]*라고 하였습니다. 이제 저들은 국내에 허다한 당파가 있어서 변고가 날마다 생겨나며 환란이 이를 따라 일어나고 있습니다. 혁혁한 군벌(軍閥)은 장차 고립(孤立)의 형세를 이루고 있습니다. 여정(輿情)*으로 말한다면, 각국이 결코 소추(小醜)*로 하여금 도량(跳梁)*하여 아주(亞洲) 대륙에서 그 권력을 펴지 못하게 할 것입니다. 접린(接隣)으로 말한다면, 저들은 중국과 틈을 만들고, 러시아와 전쟁을 시작하고, 고려와는 불공대천의 원수가 되었습니다. 발이 닿는 곳, 해가 비추는 곳 전부가 저들의 적국이 아닌 곳이 없으니, 이 장차 동양의 도덕 의지를 피하지 못할 것이며, 어찌 뜻을 얻을 수 있겠습니까?

우리가 가장 친애하는 중화민국이여! 동삼성(東三省)은 중국의 인후(咽喉)이지 않습니까? 저희 나라는 중국의 문호이지 않습니까? 중국은 황제(黃帝)의 자손이면, 저희 나라 또한 황제의 자손이 아닙니까? 앞에 지나간 수레의 바퀴 자

暴風不終日 驟雨不終朝 노자 『도덕경』에 나오는 말로, 원문은 "飄風不終朝 驟雨不終日".

楚雖三戶 亡秦者非楚乎 『史記』에 나오는 말로, 초나라 사람들은 진나라 사람들을 원수로 여기기 때문에 세 집만 모여도 진나라를 멸망시킬 수 있다는 고사에서 나온 말.

鄕音 고향 또는 고국의 말소리.

泰誓 『書經』의 「泰誓篇」.

受 殷의 紂王.

受有億萬心 予有亂臣十人 惟一心 서경 태서편에 나오는 말로 원문은 "주(紂)에게는 억만의 신하가 있으나 오직 억만의 마음이 었다. 주(周)에게는 삼천의 신하가 있었으나 오직 한 마음이었다"[紂有臣億萬 惟億萬心 周有臣三千 惟一心].

輿情 사회 일반의 여론.

小醜 보잘것없는 추악한 사람. 주로 역적을 가리키는데 여기서는 일본을 지칭함.

跳梁 함부로 날뜀.

국은 뒤에 따라오는 수레의 경계가 됩니다. 저 적(敵)은 친선이라는 미명 아래 우리 국가를 멸망시키고, 또 남은 힘으로 우리의 중국을 기만적으로 차지하려 하였으나, 중국의 인민들이 이미 먼저 그들의 모략을 예측했습니다. 저들이 만약 진실되게 친선을 주장하는 것이라면, 대만을 돌려주는 것이 옳을 것이며, 청도(青島)도 돌려주어야 할 것이며, 관동(關東) 도독(都督)은 철수하는 것이 마땅하며, 군사협약도 파기해야 합니다. 마배(嗎啡)*와 아편은 팔아서는 안 됩니다. 철도와 광산 또한 돌려주는 것이 옳습니다.

오호 통재라! 고려는 중국의 은감(殷鑑)*입니다. 『주역』에서 위태로이 위태로이 덤불 뽕나무에 매여 있네[其危其危, 繫于苞桑]*라고 하였고, 또 서리를 밟으니 단단한 얼음에 이른다[履霜堅氷至]*고 하였습니다. 이처럼 성인이 경계의 말씀을 후세에 전하였는데 두려워하지 않을 수 있겠습니까? 고려의 독립은 중국의 행복일 뿐만 아니라 아주(亞洲)의 미래에 있어 평화의 관건입니다. 우리 임시정부는 춘추지의(春秋之義)*로서 유명한 스승을 내보내어 장차 저들과 공생(共生)하지 않을 것을 맹세하였고, 대표로서 각 대강국(大强國)에게 규탄성명을 하였습니다. 지사(志士)를 교포 거주지에서 모집하였으나 통신매체의 수는 많으나 불편하여, 집집마다 설명하여 깨우칠 수가 없었습니다. 또한 입과 혀로서 일일이 중국의 동포들에게 선전할 수가 없었습니다. 특히 월간(月刊)의 매체를 만들어 차가 닿는 곳, 배가 정박할 수 있는 곳이라면 어디나 현상과 대국을 선전하고 싶어 하였고, 적게나마 국가에 보탬이 되고자 하였습니다.

우리 중국의 동포들이여! 우리의 숨은 고통을 압니까, 모릅니까? 우리의 고충을 살피고 있습니까? 오늘의 수치를 생각하며, 장래의 절박함을 걱정하십시오. 우리 동족을 사랑하고 우리의 판도(版圖)를 회복시켜서 입술이 없어 이가 시리게 되는 일을 당하지 말고, 차바퀴에 차축이 있게 한다면, 저희 나라로서도 매우 다행일 것이며, 중국도 매우 다행일 것이고, 아시아 또한 매우 다행일 것입니다.

嗎啡 모르핀.

殷鑑 『詩經』에 나오는 말로, 앞
의 실패를 거울삼아 경계해야 함
을 이르는 말.

其危其危, 繫于苞桑 원래는 "망
할까 망할까 하여 무더기로 난 뽕
나무에 매듯 한다"[其亡其亡 繫
于苞桑]는 말로 언제나 비운(否
運)이 다시 이르러 망하지나 않을
까 염려하면서 단단한 뽕나무에
잡아매듯 미리 철저한 대비를 한
다는 말로 『周易』「否卦」에서 나
온 말.

履霜堅氷至 서리를 밟을 때가 되
면 얼음이 얼 때도 곧 닥친다는
뜻으로, 어떤 일의 징후가 보이면
머지않아 큰일이 일어날 것임을
이르는 말로 『周易』「坤卦」에서
나온 말.

春秋之義 『춘추』가 강조하는 대
의.

48. 일본인의 동양평화

1.

조선과 일본과의 관계를 그의 지세(地勢)로써 관찰하면 조선은 대륙을 이고(戴) 서남으로 전개하였으며, 일본은 대륙과 떨어져 동남으로 전개하였으니, 그 간에 대해(大海)가 긍류(亘流)하는 것도 흥미 있는 사실이거니와 더욱이 조선의 동해안은 조선의 척주(脊柱)가 되어 일본을 배면(背面)하고 일본의 서해안은 일

■ 1925년 5월 17일자 『동아일
보』 논설. 천시, 지리, 인화에 의
해 생성된 자연적 경계에 기초한
동양평화와 민족생존을 주장하
고 있다. 천지인의 자연적 조건을
무시하고 자연경계를 깨뜨린 일
본의 침탈을 비판하면서 자연경
계에 기초한 평화와 생존을 위하

분투할 것을 촉구하고 있다. 전게 「동양평화의 요체」(1920년 6월 25일자)와 관련된 정치적 사유를 보이고 있다.

본의 척주가 되어 조선을 배면하여 서로 반대 방면으로 정초(定礎)하고 있는 것이 이 곧 인군(人群) 생활의 자연한 경계를 구획한 것이 아닌가. 다시 말하면 일본은 동남으로 발전하고 조선은 서남으로 발전하여 각각 번영을 기도하는 것이 지리상의 자연적 경계가 아닌가. 우리는 인신(人身)의 생리적 조직이 자연적이라야 선(善)히 성장 발달하는 것과 같이 지리의 경계도 또한 자연적이 아니면 서로 길상사(吉祥事)가 있을 수 없는 것을 단언한다.

2.

무릇 인군생활의 분야는 천시(天時)와 지리와 인화(人和)의 삼요소로서 결정된다. 그러나 천시보다 지리요, 지리보다 인화*인 것은 물론이니 이제 우리는 천시는 알지 못하며 또한 알고자 하지 아니하거니와 지리의 자연상태는 명확한 계선(界線)을 정획(定劃)하였으며 더욱이 인화에 이르러서는 유수(油水)와 빙탄(氷炭)으로도 형용할 여지가 없이 피위피(彼爲彼) 아위아(我爲我)의 전통적 사상과 감정과 언어와 문자와 신앙이 각각 지배하고 있으니 보라, 배(背)와 복(腹)은 상환(相換)할 수도 없지마는 원래 상합(相合)할 수도 없는 것이 아니냐. 지리와 인화를 역행하면 이는 오직 서로 화가 있을 뿐이다. 이러므로 조선인은 조선에서 조선인으로 살아야 할 것이요, 일본인은 일본에서 일본인으로 살아야 할 것이다. 만일 그렇지 아니하면 일본인은 조선인의 번영을 해하게 되는 동시에 조선인은 일본인의 번영에 해하게 된다. 이것은 각각 생을 위하여 서로 피할 수 없는 참극이다. 그러나 그 책임은 자연을 순응하려는 자에게 있지 아니하고 배반하려는 자에게 있는 것은 특히 노노(呶呶)*할 필요가 없다.

천시보다 지리요, 지리보다 인화 출처는 "天時不如地利 地利不如人和"(『孟子』「公孫丑下」).

노노(呶呶) 구차한 말로 지껄이는 모양.

3.

일본인은 동양의 평화를 창론(唱論)한다. 지리상 동양의 일본인으로서 당연한 주장이다. 그러나 일본인은 동양의 평화를 지을까 불평화를 지을까. 이것이 우리의 의심하는 바이다. 어찌 그러냐하면 동양의 평화는 동양의 인화에 있으며, 동양의 인화는 지리적 또는 역사적 인군생활의 자연상태와 및 경계를 각각 인정함에 있기 때문이다.

보라, 동양에는 평화가 없다. 일찍 일청전쟁이 있었고 또 일한 합병이 있었다. 이것이 평화이냐. 또 보라, 그 뒤에 조선에는 삼일운동이 있었고 중국에는 오칠운동*이 있었다. 이것이 평화이냐. 미국의 신사는 음주하면서도 금주를 창론하고 중국의 신사는 흡연하면서도 금연을 창론함과 같이 동양에서 일본의 신사는 침탈하면서 평화를 창론한다. 보라, 무엇이 평화이냐. 우리는 주정(酒精)

오칠운동 의미상 오사운동의 오기로 보임.

의 독과 아편의 독도 두려워하는 바이지마는 더욱이 전쟁의 독은 참으로 견딜 수 없는 것을 안다.

4.

이러므로 우리는 평화를 절원(切願)한다. 그러나 평화를 구할 수 없다. 이것은 의론이 아니요, 엄숙한 사실이다. 어찌 참혹하지 아니하냐. 하수(河水)가 없으면 어족(魚族)이 살 수 없으며, 수목이 없으면 조류가 깃들일 수 없는 것과 같이 조선이 아니면 조선인은 살 수 없다. 이러므로 산 조선인은 살기 위하여 분투치 아니치 못한다. 다시 말하면 조선인은 죽지 아니하려면 분투치 아니할 수 없으니 이 분투는 그의 생을 위하여 정당방어이다. 어찌 조선만 그러하냐. 물론 정도에 많은 차가 있지마는 종래의 중국인이 또한 그러하니 이제 이 문제에 대하여 일본의 신사는 어떻게 생각하는가. 지리와 인화에 순응하여 평화를 지으려는가, 혹은 배반하여 분규를 지으려는가. 우리는 오직 이것을 당목(瞠目) 주시하고 있다.

49. 아세아민족대회

■『조선일보』 1926년 1월 19일자 논설. 1926년 8월에 개최될 아세아 민족대회가 실제 효과가 없을 것이라 지적하고 있다. 인종 간 불평등의 문제가 있고, 이를 아세아 피압박 제국민의 연대가 필요하다고 말하지만, 피압박의 처지에 있지 않는 제국일본이 주도하는 아세아민족대회는 해답이 될 수 없다고 비판하고 있다.

1.

전 아세아 민족대회는 중국 측의 사정에 인하여 본 연도는 8월 1일부터 일본 나가사키(長崎)시에서 개최하기로 하고 일본 및 중국의 단체가 주최자로 되어 7월 15일까지 나가사키에 회합하여 그에 대한 준비회의를 열고 제출의안을 결정하리라 한다. 그리고 동회의에서의 중국 측의 제안은 중대시하게 되리라하며 터키[土耳其], 페르시아[波斯] 등 제국(諸國)도 매우 열심의 태도를 가지는 것이 주목함직하다 한다. 모래를 쪄서 밥을 짓는다는 속설이 있는 바이어니와 이 방잡(庞雜)*한 아세아주의 각 민족을 규합하여 일대(一大)회의를 연다 함이 과연 얼마쯤의 실제적 효과가 있을는지 지금에 있어서는 아직 의문의 정도에도 달지 못한 자이라 할 것이다.

2.

유색인종의 불평 혹은 동방민족의 반역 등은 만근(輓近)의 세계적 일 중요 현상이요 더욱이 구주의 대전란 후 그 앙등(昂騰)하는 기세가 맹렬함에 이른 자이다. 구주전후 사회조직의 최하층으로부터 동요되는 주적(主的) 원인을 지은 피압박 민중의 계급적 각성 그것에만 이목을 집중하여 가장 현저하게 대두한 동방 소약국민들의 민족적 각성을 간과함이 있을진대 그는 매우 냉정 및 현명을 잃은 편파한 관찰이라 할 것이다. 계급적 각성에 인한 사회적 동요가 역사전환 및 시대창조의 대반의 동인을 짓는가 하면 이 민족적 각성 및 그 항쟁의 운동도 또한 역사전환 및 시대창조의 중요한 일부의 동인을 지을 것이다. 더욱이 대부(大部)를 들어 피예속적 식민지적 처지에 빠져 있는 동방의 제(諸) 국민들에게 있어서는 이 민족적 의식 및 그 각성에 인한 불평 및 항쟁이 대부의 불안 동요의 원인을 지을 것이오. 비록 계급적 항쟁으로서보다는 백열(白熱)한 운동이 있는 곳에도 반드시 이 민족적 의식 및 그 항쟁의 동무하는 바 있을 것이니 그는 우리가 매양 열거하는 모로코, 이집트[埃及], 시리아, 페르시아, 인도, 중국, 몽고, 안남, 필리핀[比律賓] 및 조선에 미치기까지 그 해방 운방(運放)의 자취를 탐색하는 자의 일반으로 견해함이다.

3.

상술한 견지로서 아세아와 아프리카[阿弗利加]의 피압박 제국민은 그의 이론상으로서 당연히 일대연합의 운동을 일으킴직한 조건하에 놓여 있다 할 것이요 아·아(亞阿) 양파(兩派)의 제 국민을 연합함이 너무 방잡(厖雜)* 또 막연한 바 있다 할진대 전 아세아 민족의 분기 및 그 연합적 운동은 면치 못할 형세이요 또 없어서는 아니 될 긴요할 문제이라 할 것이다. 왕년 이래 중국의 손중산(孫中山)*이 이를 제창한 바 있었고 인도 혹은 터키 페르시아 등의 지도자도 이를 솔선하여 제창한 바 있었고 동양의 맹주로 자임하는 제국일본의 인사들도 또한 이를 제창한 바 있었던 것이다. 북미제국 및 남미의 일부 대양주와 남양제도, 인도 및 아프리카의 각지에서 백인들에 인한 배일(排日)의 기세가 자못 고정적으로 맹렬한 바 있고 국제정국상 오직 유색인의 국가임을 인하여 현저한 차별적 대우 및 그에 인한 손실을 받는 일본국민이 스스르 또한 유색이불평(有色而不平)의 일 중요 분자를 짓고 있는 것은 자못 필연한 형세이다. 그러나 세계의 3대 강국의 일을 자랑하는 제국일본의 앙장(鞅掌)*으로써 모든 소약국민을 집합한 범아세아적 대의회는 필경 얼마쯤의 실적을 보일 수 있을까? 그는 다만 무용한 국제적 일유희에 지나지 못함은 아닐까? 미국의 알선에 인한 태평양문제연구회의 그것보다 얼마의 차이가 있을까?

厖雜 뒤섞여 어수선하다.

孫中山 쑨원.

鞅掌 매우 바쁘고 번거로움.

4.

태평양 회의가 미국의 경제적 제국주의의 발전의 도정을 위하여 어떠한 완화제의 조제를 위한 주밀(周密)한 재료수집의 편의를 제공하고자 하는 방편으로써 그들에게 특수한 의의가 있고 또는 미국민을 중심으로 야기되려는 풍운과 전환되려는 시국에 관하여 다소의 참섭(參攝)*을 기획하는 자에게 오히려 전연 불간섭의 태도를 취함이 소위 계륵(鷄肋)의 감이 있는 자이라 할진대 이 백인들의 압박에 분개한 더욱이 미국민의 위압에 불안을 느낀 일본인에 인하여 고취되고 또 우이(牛耳)를 잡게* 된 아세아 민족회의는 더욱 다만 무용한 국제적 모의극(模擬劇) 이상의 의의를 가질 수 없을 것이다. 만근(輓近) 일본인의 '일지(日支)친선'의 소리가 높은 것만큼 중국인의 배일의 태도도 또한 점차 완화되는 경향이 있고 그의 구미열국에 대한 시의(猜疑) 및 불평이 또한 자못 심각하여지는 바 있는 것이 명백한 사실이다. 그리고 인도 터키 및 페르시아 등 국민들의 구미열국에 대한 불평도 날로 백열화하는 형세어니와 저들로 인하여 진행될 아세아대의회가 아무 실제적 효과가 없을 것은 너무 명백한 사태이다. 일본인의 이 범박(汎博)한 전 아세아인을 회합하여 성세를 허장하는 치기객기에 침염함이 없어 차라리 이천삼백만 백의(白衣) 대중의 충천(衝天)*의 분만(憤懣)*을 고려함이 필요치는 아니할까?

參攝 어떤 일에 끼어들어 간섭함.

牛耳를 잡다 좌지우지하다.

衝天 기세가 높아 하늘을 찌를 듯함.

憤懣 억울하고 원통한 마음이 가득함.

憤懣 억울하고 원통한 마음.

제2부

제국일본의 팽창과 대동아건설

Ⅰ. 세계와 제국, 민족과 국민

가. 세계와 민족

50. 생존경쟁과 민족

■ 1932년 9월 8일자 『동아일보』 사설. 1930년대의 지적 분위기를 잘 보여 준다. 생물계의 주요 현상이 상호부조가 아닌 상호경쟁임을 주장하면서, 현 단계의 인간의 경우 경쟁의 주체가 민족임을 단언하며 경쟁의 주체로서 조선민족의 각성을 촉구하고 있다.

1.

생물계에 있어서의 생존경쟁은 의연히 계속되고 있다. 작으면 최하등의 아메바로부터 크면 최고등의 인류에 이르기까지 이 원칙의 통용되지 않음이 없다. 크로포트킨*이 시베리아의 동식물계에 있어서의 상호부조의 생활이 영위되는 것을 예로 들어 생존경쟁설을 반박하려고 하였으나 그것은 19세기에 있어서의 과학문명의 만능을 주저하려 한 하나의 반동이오, 다윈의 이 생존경쟁설, 즉 적자생존설을 완전히 분쇄할 수는 없었다. 물론 상호부조가 생굴계에 행하지 않음이 아니나 이것은 일부분의 현상이오, 대체로 보아서는 생존경쟁이 그 주요 현상이다.

크로포트킨(Peter Kropotkin, 1841~1921) 정식 이름은 Pyotr Alekseyevich Kropotkin. 러시아의 혁명가이자 지리학자. 사회진화론에 반대하여, 사회부조론을 주장한 무정부주의의 이론가로 유명하다.

2.

그러나 그중에서도 인류에 있어서는 그 현상이 가장 현저하다. 대개 인류는 지력의 재질(才質)에 있어서 다른 생물에 미치지 못할 만한 탁월한 바가 있기 때문이다. 지력과 재질이라 함은 단순한 사람을 희생에 바치는 것이나 살인광선, 독가스 같은 것을 발명할 수 있는 것만이 아니요, 집단적으로 공동적으로 자체를 결속하고 자체의 발전을 도(圖)하라는 지력과 재질이다. 고대는 씨족 또는 종족을 토대로 결속하였고, 현재는 민족 또는 국민을 토대로 단결, 통제하고 있다. 실로 현대에 있어서의 생존경쟁의 최대그룹은 민족이다. 보라. 전 세계는 거의 민족단위로 되어 있지 않으며, 그 민족사회는 일 민족을 중심으로 하여 그 이해가 좌우되지 않느냐. 문화적 경쟁에 있어서, 경제적 경쟁에 있어서, 심지어는 스포츠계에 있어서 그 경쟁은 일 민족 또는 일 국가를 표준하고 행하고 있다. 물론 일 민족 내부에 있어서 개인과 개인과의 생존경쟁, 집단과 집단과의 생존경쟁이 없는 바가 아니지만 세계를 전체로 보면 이 민족경쟁이 의연히 주요현상이다.

3.

그렇다고 하면 과연 조선민족에게도 이 생존경쟁에 처할 만한 자신과 실력이 있는가. 학술상에 있어서, 도덕상에 있어서, 체력상에 있어서 또는 부와 집단력에 있어서 과연 세계의 제 민족과 병립해 나갈 만한 용기와 자신이 있는가. 알 수 없어라* 현재에 있어서는 이에 대한 충분한 조건을 구비하지 못했다 해도 망언이 아니다. 학계에 있어선 세계를 경동(驚動)할 만한 명론, 탁설을 듣지 못했으며, 도덕계에 있어서는 부패, 침륜이 날로 심해 가고 오죽 체력 방면에 있어선 근래 다소 발전의 도정에 있으나 세계적으로 자랑할 만한 자료는 못 된다. 하물며 부와 집단력에 있어서는 말할 여지가 없다.

알 수 없어라 원문은 '아지못게라'로 되어 있으나 의미상 '알 수 없어라'의 뜻으로 보임.

4.

그러면 이 민족적 부진의 이유가 무엇일까. 오인(吾人)은 그 일부의 이유를 조선의 지리적, 역사적 관계에서 찾는다. 조선은 아세아 동방에 돌출한 반도로서 서북에서 강대한 세력이 일어나게 되면 항상 그 세력에게 견제될 만한 처지에 있었다. 고구려 전성기에는 능히 서부의 수당(隨唐)을 격퇴할 수 있었으나 북부에 금, 요 등 강대한 세력이 일어나고 원, 명, 청 등이 이를 대신하게 되자 고려, 조선 등은 또한 그들의 곤액(困厄)을 받았다.

그러나 조선민족의 쇠퇴의 원인은 그것이 아니라 조신민족 자체 내의 생존의식, 즉 생존경쟁에 대한 의식이 결여되었기 때문이다. 만일 조선인으로 각자 학술상으로, 도덕상으로, 체력상으로 내지는 부와 집단력으로 세계에 공헌 또는 진취할 자신과 노력이 있다하면, 결코 쇠퇴는 않았다. 왕석(往昔)* 나려(羅麗)*시대의 사회상을 보면 무엇보다도 저간의 소식을 알 수 있는 것이 아니랴.

往昔 옛날.
羅麗 신라와 고려.

5.

때는 정히 민족적 분발을 촉진케 한다. 구주에 있어서 미국에 있어 또는 아주대륙에 있어 선진 또는 신흥의 민족들은 혹은 문화적으로 혹은 경제적으로 그 우월한 지위와 능력을 보장발휘하려 하는 것이 현하의 대세가 아닌가. 생존경쟁은 불변한 생물계의 원칙이다. 그러나 민족경쟁은 현대에 있어서의 최대 규모의 현상이다. 과연 조선민족은 문화적으로 경제적으로 도덕적으로 현대에 처할 만한 의식과 노력이 있는가 없는가.

51. 이광수, 조선민족운동의 삼 기초사업

■ 『동광』 30호(1932년 1월 25일)에 발표된 이광수의 글. 이광수는 민족을 영원의 실재로 보면서, 조선의 민족운동을 위한 이론으로서 지식층에 의한 지도, 농민노동자층에 대한 계몽, 협동조합을 통한 생산력의 향상을 제시하고 있다.

민족운동

근래에 민족이라는 말을 꺼리는 사람이 있다. 그들은 얼치기 닭시스트의 무리다. 그들은 대명(大明)을 조국이라고 부르던 자와 같은 노예사상을 가진 무리다. 왜 그런고 하면 적어도 이 세기에 있어서 오인(吾人)의 인식에 들어오는 실재는 오직 민족이 있을 따름인 까닭이다. 그야 불교도에게 있어서는 세계의 불교도는 다 그들의 동지일 것이다. 공산주의자에게 있어서는 세계의 공산주의자는 다 그들의 동지일 것이다. 또 불교도에 있어서 인도가 경앙(敬仰)의 목표가 되고 공산주의자에게 있어서 소비에트 러시아가 경앙의 목표가 될 것도 용허할 일이다. 그렇지마는 조선의 불교도가 불국을 건설할 곳은 인도도 지나도 아니요 조선의 땅과 사람일 것임을 잊을 수는 없는 것이다. 하물며 일 종교나 일 주의는 민족생활의 일부분, 또는 일 시대에 관계함에 불과함에랴. 민족생활은 어느 일종교보다도 크고 길고 어느 주의보다도 크고 긴 것이다. 종교는 있다가 없고 이것이다가 저것이 되더라도 민족은 그냥 있고 주의에 관하여서도 그러한 것이다. 종교신자의 눈에 그 신앙이 최대하고, 주의자에 눈에 그 주의가 최대하게 보임도 용허할 일이지마는 그가 그 신앙과 주의를 포용하고 함토(含吐)하는 민족을 잊을 때에 그는 가장 중대한 인식착오에 빠지는 것이다.

민족은 영원의 실재다. (중략) 이러한 때에 있어서 민족이란 말을 꺼리고 욕하는 자는 마땅히 민족의 죄인이라고 극언하여야 할 것이다.

민족운동의 정당한 인식

오늘날 조선인은 민족운동에 대한 정당한 인식을 궐한 듯하다. 아직 다수인(일 민족을 모(某)방면으로 끌고 갈 만한 수와 위결(圍結)의 인수(人數))이 신조로 삼는 민족운동의 이론이 승인되지 못한 상태에 있다. (중략) 극언하면 오늘날 조선인이 해야 할 최대 긴요한 일은 조선민족운동에 대한 이론을 파악하는 일이다. 그렇다고 2천만 조선인이 전부 동일한 이론을 포회(抱懷)해야 한다는 것은 아니다. 여러 가지 이론이 있을 수 있으나 (중략) 이것 — 모 이론 하에 뭉친 유력한 단결이 없이는 (중략) 마치 삼민주의 하에 뭉친 국민당이 없이 중국의 민족운동을 상상할 수 없음과 같다.

그러면 현재 조선에는 어떠한 민족운동의 이론이 있나. 우리는 아직 그것이 일반에서 넓게 토의되는 것을 보지 못하였다. 거기는 검열관계도 있을 것이지마는 우리는 합법의 범위 내에서 자유롭게 토의될 이론도 아니 가질 수 없는 것이다.

이에 나는 내가 포회한 민족운동의 이론을 약술하여 일반 동포의 비판에 호소하려하는 것이다. 이 이론의 대강은 실로 수양동우회*의 이론이지마는 그중 일부분은 나 개인의 사론인 것을 말하여 둔다.

수양동우회 1926년 수양동맹회와 동원구락부가 통합되어 결성되었고 교육 계몽, 사회 활동에 주력했다. 안창호, 이광수, 주요한, 주요섭, 김동원 등이 주요 활동 멤버였다. 1937년 수양동우회 사건으로 대부분의 주요 인물들이 투옥되었고, 대부분 전향을 선언하게 된다.

(1) 인텔리겐차 결성

(중략) 문화의 향상을 기조로 하는 민족의 운동의 원동력을 만드는 것은 일반 대중이 아니요 실로 인텔리겐차층이다. 일본의 메이지 유신이나 독일의 진흥은 물론이거니와 노농대중의 운동이라는 러시아의 공산주의 운동도 그것을 시작한 원동력은 실로 인텔리겐차층이다. 레닌이나 스탈린이나 노동자도 아니요 농민도 아니다. 장래 노동자 농민의 것이 될 것이겠나마는 노동자, 농민을 조직하고 훈련하야 그들에게 자주력을 주는 자가 인텔리겐차층이 아닐 수가 없는 것이다.

그러므로 조선의 민족운동도 과거에도 그러하였지마는 현재에도 인텔리겐차층이 담당하지 아니하면 아니 되는 것이다. (중략) 그러므로 이러한 (5자략) 민족운동을 담당할 자격을 갖춘 이를 둘러 찾아 한 이론과 한 정신으로 결성하는 것이 알파의 알파라고 아니할 수 없다. 이것이 수양동우회 운동이 있는 이유다.

그러면 이 인텔리겐차층을 결성하는 이론은 무엇인가. 거기는 아직 아무런 정치적인 것을 가미할 필요가 없다. (중략)

만일 조선민족이 조직적 생활, 조직적 운동의 훈련을 받은 백성이라 하면 이러한 운동은 불필요할는지도 모른다. 필요한 때에 레디메이드한 인물을 규합하여 필요한 운동을 할 수도 있을 것이다. 그러나 우리가 과거의 경험에서 보는 바와 같이 우리 조선인은 현재 있는 대로의 사람들—조직적 생활과 운동에 훈련을 받은 적이 없는 사람들을 가지고는 힘 있는 단결적 운동을 일으키는 것이 불가능한 것을 자각하기 (중략) 그러면 이 운동의 강령은 무엇인가 (중략)

① 단결의 신의를 지키기

② 명확한 개인생활과 민족생활의 이론을 가지기(우리 다수는 무이론의 생활을 하고 있다.)

(중략)

④ 공동체에 대한 책임과 의무를 존중하여 자기를 희생하기

⑤ 일종의 학술이나 기예를 완전히 수득하여 일종의 견실한 직업을 가지기

⑥ 단결의 규율과 자기가 정한 지도자의 지도에 복종하기

⑦ 조선과 조선민족을 사랑하되 자기 개인 이상으로 하기 등이다. 극히 평범한 것이요 극히 초보의 것이다. 그러나 세 살 버릇 여든 살 간다는 말과 같이 행하는 데 요점이 있는 것이다. (중략)

그러나 이 후보군, 예비군의 일단이 결성이 있기 전 모든 운동은 허사일 것이다. 수양동우회의 이론이 여기 있는 것이다.

(2) 농민 노동자 계몽과 생산향상

(중략) 농민과 노동자의 계몽과 생산력 향상이다. 계동이라 함은 지식과 훈련을 주는 것이요 생산력 향상이라 함은 생산기술과 판매소비의 합리화를 의미하는 것이다. 이 두 가지요 하나요 둘이요 둘이요 하나다.

첫째로 조선인의 최대다수인 농민과 노동자의 문맹을 타파하는 것이 민족운동의 기초가 될 것은 말할 것도 없거니와 그들에게 필수적인 과학적 지식과 사회 구조의 지식을 주는 것이 만반생활의 원천이 되는 것이다. 둘째로 아직 가정생활 이상의 사회생활의 훈련을 결여한 조선의 노농대중에게는 소비조합, 생산조합, 위생조합, 문화조합(이러한 말은 다른 사회에는 없는 것이지마는 조선에서는 필요한 것이라고 믿는다) 체육조합(이것도 새 말이다) 등 전혀 정치에 관계없는 단결훈련을 줄 필요가 있다. (중략)

그러면 이러한 계몽운동은 어떠한 방법으로 할 수 있을까. 그 운동 자신을 또한 단결적으로 하지 아니하면 아니 될 것이다. 왜 그런고 하면 동일한 이론을 가지고 다수인이 하여야 될 것이기 때문에.

금일에는 농촌계발 문제가 중대하다는 인식이 보급되어 예수교회에서도 이 문제에 상당히 힘을 쓰게 되었고 기타도 농촌을 대상으로 하는 단체와 정기간행물이 많이 나오게 되었다. 이것이 대단히 희하(喜賀)할 일이다. 그러나 아직 완전한 이론과 통제 있는 계획 하에 다수의 동지가 활동하는 농촌운동은 아직 나오지 아니하였다.

이에 우리는 농민노동자 계몽운동의 한 유력한 단체—선교사적 조직과 열을 가진 단체를 조직할 필요를 제창하지 아니할 수 없는 것이다. 재단법인 통속

교육보급회*의 설립취지가 여기 있는 것이다.

통속교육보급회 수양동우회 주요 멤버들이 조직한 단체.

(3) 협동조합 운동

전항에는 주로 계몽운동에 관하여 말하였고 생산력 향상이라는 문제는 제기만 하였을 뿐이다.

생산력 향상에는 전항에서 말한 바와 같이 생산기술의 전습과 판매소비의 합리화를 필요로 하는 외에 낭비의 습관을 교정하고 그 자리에 가정경제의 법칙화의 습관을 수립하는 것과 또 세민(細民)금융 문제의 해결을 필요로 하는 것이다.

생산기술의 전습은 계몽운동 속에 넣을 수가 있고 구습을 타파하고 신법을 세우는 것[革舊習立新法]도 당연히 거기 들어갈 것이니와 생산자본의 융통(농조자(農組資), 농어양(農漁量), 공장, 실업대책 등을 포함한)과 판매, 소비의 합리화의 임무를 할 협동조합의 창설, 경영, 훈련이 생산력의 향상을 위하야 절대로 필요한 것이다. 근래에 각지에 협동조합이 발생하는 것은 매우 기쁜 일이어니와 아직 넉넉히 보급도 되지 못하였을뿐더러 또 신뢰할 만한 지도자와 통제기관이 없다.

농민노동자 계몽을 목적으로 하는 일단 중에는 이러한 협동조합, 조직 경영의 우수한 기사를 포함하여야 할 것이다. 그들은 문맹타파, 지식교수를 맡은 기사들이 돌아간 뒤를 따라다니며 농촌과 공장에 협동조합의 조직을 지도할 뿐더러 혹은 정기로 혹은 특별한 초청에 의하여 순회지도하여야 할 것이다.

이리하여 전 조선 각지에 수십 또는 수백의 협동조합이 성립되면 중앙에 그것을 지도, 통제하는 대협동조합을 설립하여 그 속에는 농산물, 해산물, 공산물을 판매하고 각 지방조합의 요구에 응하여 일용백화를 구매하는 임무를 행할 기관이 있고 또 다수의 우수한 산업기사, 종합조직기사를 두어 지방조합의 발달을 지도할 것이요. 일보를 내켜서는 조합 자신이 대농장, 대어장, 대공장을 경영하여 조합원의 자작자급을 완취하도록 할 것이며 부득이 외국에서 수입하여야 할 필수품은 조합의 기반에 의하여 산지에 직수입하지 않도록 할 것이다.

금융에 관하여도 조합에 금융부를 두어 조합원에게 저리로 자금을 융통할 것이요 좀 더 발달이 되면 금융부가 예금과 위체(爲替)*의 사무를 보아 은행으로 분화할 것이다.

爲替 환전.

조선의 농민노동자 층의 생활을 안정케 할 민간노력의 길이 오직 이것 하나가 있을 뿐이니 이 협동조합이 발달하는 날에 조선의 산업의 통제는 당연히 이 조합의 수중에 들어올 것이오.

52. 안재홍, 국민주의와 민족주의

국민주의와 민족주의—간과치 못할 현하(現下) 경향

1.

선진국가의 국민주의와 후진사회의 민족주의는 동근이질(同根異質)의 것이다. 그 근저에서는 동일하지마는 표현되는 동기와 형태에서는 매우 서로 다른 것이다. 구주의 대전란은 최근에 있어 국민주의의 최고조에 달한 시기를 이루었으나, 대전란에 인한 구(舊)사회기구의 대파괴 및 신흥계급의 발흥으로 국민주의는 심대한 저주의 대상으로 되었다. 민족주의까지도 그 여말(餘沫)*을 입어서 때로 조소 비난의 거리로 된 바 있었으나, 오늘날 극동의 풍운을 계기로 이 국민주의적 경향은 바야흐로 복귀적인 신(新)단계를 나타낸 것이다. 반동이거나 최후적이거나의 비판은 우선 그만두고, 목하의 정세는 전연(全然) 국민주의에로 복귀되어 있다.

2.

먼 구주를 말하는 것은 오히려 인연이 엷지마는, 무솔리니*의 이태리나 푸앵카레*와 브리앙*의 불란서가 구주에서 국민주의 또는 애국주의에의 복귀에 선진(先陣)을 맡은 것은 특필할 일이었다. 이태리의 국민주의는 자본주의 열강에 향해서는 선명히 방어적이었고, 불란서의 국민주의는 독일에 대한 공포 또는 보복적인 증오심으로 왕왕 유심인(有心人)의 불쾌와 반감을 일으킨 자이다. 그의 선악의 비판은 전연히 별문제로 하고 이 경향은 자본주의의 일시적 안정기를 지나 그의 제3기적 위기란 시기에 다닥칠수록 조금도 완화되지 않았다. 루르 점령기를 통해서의 독일은 재(再)적화의 위기를 치르고서의 우익 국민주의에 전향되어, 작금에는 히틀러 일류(一流)의 국권당*의 세력은 힐항(頡頏)*하려는 공산당과 사이에 계엄적 대치를 하고 있다. 노동당이 보수당에로 해소된 영제국의 국민주의 내지 국가주의는 최근에 더욱 노골화하였다. 필리핀[比律賓]의 독립을 허세와 만향(鰻香)*으로만 피우고 기실은 국가주의적 이아관(利我觀)에 껄덕대는 미합중국의 작금도 구주의 정세와 다를 것이 없다.

3.

동방에 있어서의 국민주의 또는 민족주의가 바야흐로 복귀적 치열(熾烈)을 보이고 있는 것은 너무 핍근(逼近)한 사실이다. 전자로서는 소장 군인층 및 그의

■『조선일보』 1932년 2월 18일자에 실린 안재홍(安在鴻)의 논설. 안재홍은 선진국의 국민주의와 후진사회의 민족주의가 동근이질적인 것이라 보면서, 후자의 정당성을 논하고 있다. 즉 후진사회의 민족주의란 낙후된 처지에서 생존투쟁의 역량을 길러내는 데 반드시 지나가야 할 계단이므로, 그러한 과정을 치르기도 전에 공식론적 국제주의에만 빠져서는 안 된다고 주장한다. 출전은 안재홍선집간행위원회, 「民世筆談續」, 『민세안재홍선집』 1(지식산업사, 1981), 461-465쪽.

■ 安在鴻(1891~1965) 일제치하에는 조선일보 사장, 신간회활동 주역, 조선어학회 등 활동. 해방정국에서 건국준비위원회 부위원장, 한성일보사 사장으로 활동, 우사 김규식, 여운형 등과 함께 좌우합작운동을 전개. 미군정청의 남조선과도입법의원 민정장관으로 임명되었으며 남북협상 실패 후 1950년 제2대 국회의원 총선거에 출마하여 당선되어 국회의원으로 활동했으나 한국전쟁 때 피랍되었다.

餘沫 튀는 물, 비말(飛沫)과 같은 말.

무솔리니(Benito Amilcare Andrea Mussolini, 1883~1945) 이탈리아의 정치가·파시스트당 당수·총리(1922~1943 재임). 히틀러와 함께 파시즘적 독재자의 대표적 인물. 1939년 독일과 군사동맹을 체결, 나치스 독일·일본과 함께 국제파시즘 진영을 구성하였다.

푸앵카레(Raymond Poincaré, 1860~1934) 프랑스의 정치가. 1912년 총리가 되어 프랑스의 제1차 세계대전 참전정책 주도, 전쟁기간 중에는 프랑스 제3공화국 대통령으로 재직. 1920년 대통령으로서의 임기가 끝나자 그는 상원으로 돌아와서 전후 배상금위원회 임시위원장으로 활동.

브리앙(Aristide Briand, 1862~1932) 프랑스의 정치가. 전후 국

영향 하에 있는 기성 세력층을 중심으로 움직이는 일본제국이요, 후자로서는 신흥군벌들과 민족적 자본벌을 형성하는 상공층과 소시민과 남녀 학생층 및 노농 계급까지를 합한 격동된 중화 국민이요, 영국민의 반동의 영향 하에 움직이는 인도 따위가 그 대표적인 자이려니와, 특히 일 제국 일 국민의 충돌의 관계에서 양 국민의 그 형태를 달리하는 국민주의 또는 민족주의의 연소력(燃燒力)은 자못 홍홍렬렬(洪洪烈烈)한 불꽃으로 하늘도 그슬릴 듯한 기세를 보이고 있다. 국민주의 그것은 알고도 남도록 이른 바이요, 민족주의란 자는 덩달아서 냉소되던 터이나, 그러나 일 인민이 낙후된 처지에서 진지한 생존 노력의 투쟁적인 역량을 길러내는 데는, 반드시 한번 지나가는 필요한 계단으로, 동류의식과 연대감으로서, 그 연소되는 정열이 실로 순화, 정화, 심화, 또 단일화의 존귀한 작용으로 되는 것이다. 만일에 이러한 민족주의적 세련과정을 치름이 없이 산만한 공식론적 국제주의에의 고답적 행진을 하는 인민이 있다면 그는 실로 심상치 아니한 불행일 것이다.

제연맹을 거점으로 국제협조주의와 집단안전보장체제의 노선의 평화적 해결을 주장했다. 또 선진열강과 부전조약인 켈로그-브리앙조약을 체결했고, 독일을 정식으로 국제연맹에 가입시켰다.

국권당 Deutschnationale Volkspartei. 독일국가국민당이라고도 하며, 독일혁명 후 제2제정의 보수당 우파가 합동하여 창립하였으며, 반(反)공화제 활동을 하였다. 1924년에는 의회 제1당이 되었고, 내각에 입각하기도 하였다. 1928년 이후 후겐베르크의 지도로 반(反)공화제 노선을 강화하였다. 1933년 1월에 성립한 나치스 정권에 연립 여당으로 참가하였으나, 6월 나치스 일당독재로 해산되었다.

頡頏 길항(拮抗).

鰻香 뱀장어 냄새. 장어집에 왔는데 요리는 안 나오고 냄새만 난다는 뜻.

53. 안재홍, 조선인의 처지에서

■ 『조선일보』 1932년 3월 2일자에 실린 안재홍의 사설. 민족은 자연적 테두리 안에 형성된 생활집단이며 민족주의는 이들의 본능적 동포의식이며 자신을 한 단위로 국제사회에 생활영역을 갖고자 하는 의지이고, 만일 한 민족 안에 이해를 달리하는 두 개 이상의 계급이 생겨 모순을 일으킨다 하더라도 민족적 존재를 부인하는 이유가 되지 못할 것이며, 일정한도 내에서 항쟁과 조화를 이룰 것이라고 주장한다. 출전은 안세홍선집간행위원회, 「民世筆談續」, 『민세안재홍선집』 1(지식산업사, 1981), 463-465쪽.

1.

우리는 본란(本欄)에서 일찍이 국민주의와 민족주의를 논한 바 있었다. 국민주의와 민족주의 그것이 동근이질(同根異質)의 것인 것을 지적 논평한 바도 있었다. 민족 그것은 거북한 우상도 아니요, 고루한 편견도 아니요, 그 문화와 전통과 취미와 속상(俗尙)과 정치와 경제상의 핍박한 공통적 이해 따위가 공동(共同)한 자연적 테(紐帶) 안에 일정한 특수생활 경향을 형성한 집단으로 된 것이요, 이것은 좋거나 나쁘거나를 논치 말고 일종의 본능적인 경향에 의하여 친절한 동포의식을 가지고 또 대체로 공동이해감을 가지고 서로 한 가지 움직이게 되는 것이다. 그리하여 이러한 감정과 우의의 아래에 동일 민족을 일 단위로서 일정한 사회적 생활과정을 국제간의 일 구역에서 가지려 하는 것을 가리켜 민족주의라고 하겠다. 여기에 어떠한 시대, 특별한 색채 및 정책을 붙인다 하더라도 그로써 전연 민족적 견지 및 그 정감 이해를 무시 혹은 말살할 이유로는 되지 않는다.

2.

전 민족적 경제조건이 매우 불리한 상태에 전락하여 가더라도 그것은 반드시 민족적 입각지를 말살 부인할 이유로는 되지 않는다. 그것은 오직 일 민족이 일정한 생신(生新)한 정책과 생활양식을 채용할 필요에 다닥쳤다는 것을 의미할 뿐이다. 또는 동일한 민족인이 일부 혹은 소수의 반민족적 태도가 없지 못하는 현실의 조건으로도 이것을 말살 부인할 철칙으로 될 수는 없다. '고약한 무리가 어느 때에는 없었으랴'[亂流悖徒 何代無之]의 논법으로, 이러한 드배(徒輩)는 어떠한 시대와 제도의 속에서도 반드시 완고한 배타적 주아관(主我觀)에 집착함을 요치 않는 것이니, 만일 구산미수(歐山米水)* 멀고먼 지방에 가서 외타(外他) 민족과의 사이에 이주 변적(變籍)하여 일개의 시민적 생활을 향유할 필요를 만났다면, 반드시 그것을 거부할 이유가 없을 것이다. 만일 그 일 민족집단의 속에 이해를 달리할 밖에 없는 두 개 이상의 계급이 생장된다면, 그는 일종의 중대한 모순이나, 그러나 그것으로써 꼭 민족적 존재를 말살 부인치 아니하면 안 될 이유로도 아니 되는 것이다. 이해가 충돌되는 점에서 항쟁할 것이요, 조화될 범위에서 조화될 것이다. 만일 일 계급이 일 계급을 영도 지배하는 변혁의 도정에 약진한다 하면, 그것은 결국 일 민족의 사회적 기구에 일대 변화가 생겼음을 의미함일 것이다. 그 자신이 침략적인 허다한 기만적인 이유를 가지는 현대 소위 선진한 국가주의 그것이 아닌 한에, 민족주의는 아무 말살 저주될 이유를 가지지 않았다.

歐山米水 유럽의 산과 미주의 물.

3.

조선의 조선인이 조선적인 전통과 속상(俗尙) 등 그 자연한 문화적 경향에서 향상 순화 및 정화의 도정을 밟아 사회적 정치적 멈춤 없는 진경(進境)을 요구한다면, 그것은 천하의 공도(公道)이어서 내외의 만인이 함께 찬성할 일이다. 만주와 기타 역외의 조선인이 다수 집단적인 이주에서 국제적 선량한 풍속에 배치되지 않는 한에, 독자적인 문화 및 그 호상(好尙)하는 생활양식에서 독자적 순화 앙양을 요구함도 또한 합리한 일이다. 모든 국제적 정서, 호상(好尙), 취미, 양식의 속에 교호(交互)적인 반응을 함에 의하여, 편벽한 습견(習見)을 청산하면서도 물보다 진한 피의 연결에서 친애, 호조(互助), 협동어 보다 가까운 생활을 하려고 하는 것은 차라리 천연적인 경향이다. 아니 오인(吾人)은 이러한 민족적 정감, 격동의 속에서 순화 향상하는 문화적 사회적 템포가 오히려 국제적 발달과정에 응분한 기여를 할 것을 확신하려 한다. 오인은 극동 대륙의 일각에서 그 조우한 필연의 정세로 쇠퇴의 계단을 밟아 내려왔던 조선 민족이 지금 뒤늦게나마 향상 순화하는 비장한 행진을 하고 있는 것을 다시 인식하여야 한다.

54. 안재홍, 세계로부터 조선에, 미래를 지나 금일에

세계로부터 조선에

■『조선일보』 1935년 6월 6일자와 7일자에 실린 안재홍의 논설. 지금 세계는 하나의 국가로 통일되는 세계일가를 갈망하는 한편 세계 속의 한 민족으로서 순화하려는 모순적 상황, 즉 국제적 민족주의 혹은 민족적 국제주의를 형성하는 상황에 있음을 지적하면서 그러한 모순의 통일, 회통이 현실에 더 적실하다는 논지로 되어 있다. 조선에서 출발하여 세계를 돌아 다시 조선에, 무위평범(無爲平凡)한 금일에서 세계일가를 이루는 미래까지 나아갔다가 다시 금일에 돌아와 재출발할 것을 주장한다. 출전은 안세홍선집간행위원회,「民世筆談續」,『민세안재홍선집』 1(지식산업사, 1981) 508-513쪽.

무하(無何)선생* 족하(足下)

영국 현대의 문호인 웰즈*는 그의 지은 소설『미래의 형상』*에서 세계 일국의 이상을 그려낼새 1940년경부터 구주에서 발단되는 세계의 대전란이 10년간이나 계속할 것을 말하고, 그 후 10년간이면 1960년경부터는 세계일가의 대통일 국가가 나타나고 말 것을 보인 바 있습니다.

이렇게 연대까지 예언하는 것은 워낙 소설가의 할 일이지마는 세계 일가의 이상이 구상으로 이야기되던 일은 어제 오늘 일이 아닙니다. 20세기 초두 30년간의 인류문명의 진보는 과거 2천 년 동안의 그것만큼이나 많다고 하니 목하 비약하는 인류문화는 싫거나 좋거나 세계일가의 시대를 향하여 달음질치는 것이라고 하여도 공상가의 헛소리가 결코 아닙니다. 뿐 아니라 국민적으로 시수(矢數)가 나가지 못하는* 역경에 빠진 민족으로는 하루 바삐 세계일가의 시기가 닥쳐오기를 갈앙(渴仰)할 만도 할 일이겠지만, 실은 여기에도 객관 주관의 두 가지 모순이 있는 것을 깨달아야 할 것입니다. 첫째, 객관적 정세에 있어 이상적인 세계일가의 시대가 그렇게 쉽게 입에 맞는 떡으로 똑 떨어져 들어올는지가 미지의 일이요, 둘째, 아무리 불리한 처지에서라도 자기들의 후진 민족으로서의 의식적 노력에 누심각고(鏤心刻苦)함이 없이 그저 다만 세계일가의 시기만 갈앙하는 자 있다 하면, 그는 일종의 거지 심리이어서 아무것도 그들의 전도에 광명을 볼 수 없는 일인 겁니다. '진심이후(盡心而後)에 지천명(知天命)'*이라고 맹자는 말하였으니 전국의 말년 천하 상란(喪亂)한 때에 나서 공자 이래의 생민 도탄의 근심을 품고 그 광구(匡救)*의 대업 때문에 얼마나 고심노력한 대현(大賢)의 심사를 볼 것입니다. 일 개인이건 일 민족이건 이미 역경에 빠졌거니, 어찌 고심참담의 도정(途程)없이 그렇게 손쉽게 행운의 날을 천강(天降)케 하오리까.

현하의 국제정세는 그의 세계적 연관성에 의하여 항상 상관적으로 진전되고 있는 것이니, 이것은 이미 하나의 상식입니다. 그러나 또 각개의 나라에서 사정은 독창적으로 발전하고 있으니 이것은 또 현대인 이유에서 간과할 수 없는 엄숙한 과학적 사실입니다. 전자를 만일 각개 국가에서 쳐다보이는 국제적 전모라고 한다면, 후자는 전 국제에서 들여다보이는 조달적(條達的)* 혹은 개별적의 국가민족관이라고 할 것입니다. 이론의 세계에서도 모순적인 양개의 반면에서

無何先生 김상용을 가리키는 듯. 안재홍과 백두산에 동행했던 시인 김상용(1902~1951)은「무하선생방랑기」(無何先生放浪記)라는 수필을 남기고 있다.

웰즈 하버트 웰즈(Herbert George Wells, 1866~1946). 영국의 소설가, 문명 비평가.

『미래의 형상』 원제 *The Shape of Things to Come* (1933). 21세기 세계국가를 공상하는 웰즈의 미래소설.

矢數가 나가지 못한다 활쏘기에서 연속으로 쏠 수 있는 화살의 수가 늘어나지 않는다는 뜻. '힘이 약하다'는 것을 비유적으로 한 말.

盡心而後에 知天命『孟子』「盡心章 上篇」에 나오는 말. 원문은 "자기의 마음을 다하면 자기의 성을 안다. 자기의 성을 알면 하늘을 알게 되는 것이다"[孟子曰 盡其心者 知其性也 知其性 則知天矣].

匡救 악한 일을 하지 못하게 바로잡아 구원함.

條達 나뭇가지처럼 뻗어 나감.

통일된 일개의 전체를 찾아내려니와, 실천의 세계에서는 더구나 몇 개의 모순적인 다각(多角)한 이념과 사체(事體)조차도 그의 행위로써 통일, 통합 및 회통할 수 있는 것입니다. 실은 일 개인으로서나 일 민족으로서 그 성패영고(成敗榮枯)를 결정짓는 일은 그 첩첩한 이구(利口)*가 이론에서 단일한 것은 아니요, 도리어 많은 모순을 그의 행위와 실천에서 통합 통일하여, 이로써 상주부단(常住不斷)의 신생활과 신문화를 창조하여 가는 그것입니다. 이것을 하나의 개성에서 볼지라도 똑똑한 좀보*일수록 허리(虛利)에 밝고 웅숭 깊은 거인일수록 그 모순성의 방대한 병존을 보는 것입니다.

利口 말을 재치 있고 그럴 듯하게 잘함.

좀보 쫌보의 다른 표현. 재주가 없고 옹졸한 사람.

근세 삼사백 년 이래의 허리(虛利)적인 소조선(小朝鮮)의 사람들이 얼마나 그 번쇄한 단일이론 벽(癖)으로 도리어 행위에서의 단일 및 통일을 장해(戕害)하였는가는 생각만 하여도 반에 넘은 것이니, 친명(親明) 이론에 목숨을 바쳐 국가적 대계를 그르치던 병자(丙子) 만주의 역(役)*이 가장 좋은 전례입니다. 그들은 친명 이론에는 딴은 단일하였지만, 정작 조국 민생을 수호, 성장케 하는 행위와 실천에는 비(非)단일, 비(非)통일의 거대한 과오를 저질렀습니다. 현대의 조선인도 대중적 정치동작의 과정이 그러한 관념적 폐습을 청산, 양기(揚棄)할 시기를 갖지 못했던 까닭에, 그러한 현실을 정관치 못하는 관념적 경향을 다분히 가져, 입으로는 관념론을 배격하는 자칭 과학적인 사람들 중에도 그 행위에서는 도리어 관념론적인 주아관(主我觀)에 쏠리는 자 퍽 많으니, 이를테면 저 혼자 급진 혁정가(革正家)로 자기를 추켜올려놓고 외타(外他)의 진지한 공작을 기도하는 자에게는 '그것은 개량주의적'이라고 경모(輕侮)해 버리고, 또 배격하는 일이 적지 않았습니다. 혁정(革正)과 개량이 병진하는 것이 역사 진행의 철칙이라고 하면, 그것도 모순인 양개 사체(事體)*의 행위에서의 통일이려니와, 역사적 과정이 최악한 경우에는 다만 문화운동인 개량적 공작에도 스스로 도피하지 않는 것이 진지(眞摯) 혈성인(血性人)의 책무인 것이요, 이 모순에서 통일을 행위로써 실천하는 웅숭깊은 현명을 요함이 큽니다. 그리고 모순에서 통일로의 중요한 일건은 즉 세계로부터 조선에 재귀하는 문화적 작업입니다.

병자 만주의 역 병자호란.

事體 일이 되어 가는 형편이나 상황. 사태.

미래를 지나 금일에

무하(無何)선생 족하(足下)

현대 조선의 급진적인 선구자로 자임하는 자 중에는, 조선적 혹은 민족적인 것을 주장하는 자에 대할 때에 흔히는 문득 그것은 소(小)부르주아적 배타주의니, 반동적 보수주의니 또는 감상적 복고주의니 하고 덮어놓고 비난하려는 태도가 있습니다. 하기야 이처럼 급진 전진하기에 바람이 나는 것은 여간 반가운 일이 아니겠으나, 그러나 엄정한 현실에 즉하여 보면 조선적이거나 혹은 민족적인 것을 관심, 토구(討究) 및 공작하는 것이라고 해서 모두 반드시 반동보수거나 감상적 복고주의거나가 아니겠고, 따라서 소부르주아적 배타주의만이 아닙니다.

실제로서는 후진낙오적인 어떠한 국민 혹은 민족에 있어서는 자국적 또는 민족적인 충동, 각성 및 염원이 도리어 진보적, 약진적 그리고 세계적으로 되는 것이니, 이를테면 고종 갑신개혁당의 사변 같은 것은 그 역사적 형태는 잡박불순(雜駁不純)한 바 있었으나, 청국의 봉건적 제국주의에 반항하여 조선적인 무엇을 의도하는 진보적인 것인 한편으로, 세계적인 진취를 추구하려는 미약하나마 충동이 있었던 것이고, 이 운동의 표본으로 되었을 메이지 초년 저 일본유신의 운동은 역시 그 국민적 각성에서 일본적인 충동이 치열하여진 채 그대로 개국진취라는 세계에의 개방을 열요(熱要)하였던 것이니, 이러한 예는 동방의 후진 제 국민의 사이에는 누구나 모두 동일한 코스를 지난 것입니다. 다만 그 국민적 지위와 역량이 독자적 국가주의 반동세력으로 국제간에 그 엄연한 파동을 일으킬 자도 있고, 혹은 특수한 처지에 있는 민족으로 그저 다만 진정한 재(再)각성의 단계로만 되어 다음날의 세련된 생활집단으로서의 일정한 문화적 탄력을 함축하는 데에 그치는 자의 구별이 다를 뿐입니다. 이 점이 엄정한 인식을 요하는 바입니다.

그리고 이십세기 현 단계의 인류문화의 특징은 각개 민족의 세계적 대동의 방향, 즉 국제주의적 방향에 향하여 자동적 구심운동을 하고 있는 것이 하나이요, 그 반면에 각개 민족이 이 세계적 즉 국제적 영향 하에 있으면서 오히려 각각 각자의 민족문화로서 순화(純化), 심화하려는 의욕 및 그 노력 중에 있는 것입니다. 즉, 가장 온건 타당한 각 국민 각 민족의 태도는 민족으로 세계에, 세계로 민족에, 교호(交互)되고 조합되는 민족적 국제주의—국제적 민족주의를 형성하는 상세(狀勢)이니, 이를 세분하여 말한다면 가장 핍근(逼近)하게* 상대되는 일 국가, 일 국민과의 관계에 그러하여, 주면서 받고 다투면서 배우는 연속하는 도정에서 자기의 향상과 발전이 있고 획득과 생장이 있는 것이요, 전세계 전 국제에 처해서의 일 국민 일 민족으로서도 그러한 것입니다. 인류의 문화가 그 교통통신의 급속한 발달에 따라 멀지 않은 미래에 국가와 민족의 계선(界線)을 철폐하는 시기가 있음이 '미래의 형상'이라고 치더라도, 금일에 오인은 우선 세계의 일 민족으로서의 문화적 순화 향상의 길을 강맹(强猛)하게 걸어 나아가고 있어야 할 일입니다. 그런 고로 우리는 고루한 구(舊)조선에서

逼近하게 매우 가깝게.

출발하여 (좋거나 그르거나 출발한 지는 벌써 오랜 셈이지만) 세계의 끝까지 돌아, '세계로부터 조선에'로, 재인식의 귀래(歸來)를 하는 것이요, 악착스러운 무위평범(無爲平凡)한 금일에서 미래의 신시대에까지 내달았다가 '미래를 지나 금일에'로, 재결심에 의한 재출발의 금일에 귀래하여야 하는 것입니다.

오인 인류는 늘 미래를 바라보면서 금일인 현실에 살아 나아가는 것이니, 생성의 유래인 과거의 역사와 행진할 미래인 피안의 목표가 모두 '금일 인 현실에서 일정한 목적의식의 형태로써, 일상생활로써, 구체 실천되는 것입니다. 그리고 미래 때문에 일정한 계획적 실천의 단계란 것은 혹 수십 년 혹 십 년, 오 년으로 되는 것이므로 급진 선구로 자임하는 자 만일 목적의 미래에 몰두하여 이 실천의 금일을 경모(輕侮)하는 것은 심상치 아니한 과오인 것입니다. 향토인 자연과 민족 생성의 유래인 역사와는 금일의 실생활인 현실과 아울러 변동이 퍽 많은 이 뒤의 시대에서도 상당 존중한 조건으로 남을 것이요, 또는 보다 큰 문화집단—거대한 국가의 틈 속에 장악된 동안에도 당연히 존중되어야 할 문화적 약속이요, 또 상호의 이익이요, 안전인 것이며 우리로서드 이것을 의식하고 공작할 것입니다.

55. 문일평, 조선인과 국제안

■ 문일평의 국제정세론. 문일평은 삼국시대 이래 한국 외교사를 개관하면서 국제정세를 냉철하게 파악하는 국제안(國際眼)이 사라진 것을 통탄하고 있다. 그는 이전시기까지 내려져 오던 국제적 혜안을 가진 인물들이 조선시대에 사라지게 된 배경을 서술하고, 국제안의 중요성을 강조하고 있다. 여기에서는 「조선인과 국제안」의 1장, 2장, 14장, 17장을 수록하였다. 출전은 『호암문일평전집 : 정치외교편』, (민속원, 2001), 252-290쪽.

■ 文一平(1888~1936) 정인보·안재홍과 함께 1930년대의 대표적인 민족주의 사학자. 호는 호암(湖巖). 1905년 일본으로 유학을 떠나 1908년 귀국해 평양 대성학교, 의주 양실학교, 서울 경신학교에서 교편을 잡았고, 최남선의 광문회(光文會)에 관여함.

1.

조선인이 정치상에 있어 국제적 혜안을 잃은 지 오래다. 근대괴걸인 대원군으로 말하더라도 그 기백과 그 포부가 비범하였으되 다 닥쳐오는 현대문명의 조류에 역행하여 조선만은 어디까지든지 국제관계의 테* 밖에 고립시키려고 부질없이 애쓴 것을 보면 그도 역시 위정가로서의 무엇보다도 가장 필요한 국제적 혜안을 구유(具有)하지 못하였던 것이 사실이다. 당시 위정가로서 대원군뿐 아니라 누구나 거의 다 중국 이외에 딴 세계가 있는 것을 의식하지 못하였다. 마치 컴컴한 굴 속에서 자라난 물고기의 눈이 어둡게 되는 셈으로 오랫동안 쇄국의 꿈에 잠겨 있던 위정가의 눈이 무디게 된 것이다. 현대로부터 수세기 거슬러 볼진대 일본이나 중국도 우리네와 마찬가지로 쇄국주의를 취하였었지만 오히려 일본은 난학(蘭學)을 수입하기 시작한 것으로써 근대 홍양(洪楊)의 난* 후에 이르러는 증국번, 이홍장 등이 예의(銳意)*로 구미의 기계학, 군사학 같은 것을 채용하였다. 이에 반하여 조선에서는 이때까지도 서교와 아울러 그 화물의 수입을 엄금하게끔 고루하였으니, 쇄국을 함에도 참말 글자대로 꼭 쇄국을 고집하여 왔었다. 물론 거기는 지리적으로 반도국인 조선이 해륙 사이에 끼어 있어 해양으로 오는 이는 먼저 일본에, 대륙으로 오는 이는 먼저 중국에 거치게 된 관계상 저절로 근대 서양문화의 수입에도 떨어지게 되었으니 좀 더 들어가 그 원인을 따져 보면 역사적으로 조선인의 안계(眼界)가 협소하여진 때문이었다. 멀리 서양문화의 수입은 고사하고 가까이 있는 중국문화의 수입에 있어서도 명국(明國)을 그렇게 숭배하면서도 그의 제도문화를 실제로 연구할 목적 아래 그 나라에 가서 유학하는 인물조차 없었던 것이 아니냐? 이것이 곧 국제적 실정에 서투르게 되는 동시에 조선인의 안계가 협소하여진 원인이다. 물론 그때에도 일본과 중국에 사신을 보내어 통빙(通聘)*을 하지 않은 것은 아니로되 이러한 통빙사야 아무리 자주 왕래한들 무슨 실제 일에 크게 보탬이 되랴. 그네들 중에 신숙주와 박지원같이 경세안(經世眼)을 가진 이가 있어 잠깐 다녀오는 길에도 오히려 일본과 청국에 대하여 모든 방면으로 남 못 보는 것을 정세히 살피어 피아의 우열과 장단을 서로 대조 또는 비교하여 우리네 치도와 생활에 도움이 있고자 하였지만, 거세(擧世)*가 꿈만 꾸고 있는 깜깜한 판에 설사 이처럼 눈 밝은 한두 인물이 있다기로 별로 보익(補益)될 것이 없고 대개는 눈이 있으나 보아도 보지 못하고 또는 보려고 하는 생각조차 없었다. 이렇게 된 그 주요한 이유는 말할 것 없이 오백 년간 관문을 꼭 닫고서 진부한 서적 위에서만 생활의 원리를 구하려고 하였음이다. 이것이 한양조(漢陽朝) 학자들의 특색이 있었다.

1911년 와세다 대학에 입학, 1912년 박은식의 소개로 상하이 프랑스 조계(租界)에 있는 대공화보(大共和報)에 입사해 번역물과 논설을 발표. 박은식·신규식·신채호와 박달학원(博達學院)을 세움. 귀국 후에는 중동·중앙·배재·송도 등의 학교에서 교편을 잡았고, 조선일보, 중외일보에서 활동.

테 어그러지거나 깨지지 아니하도록 몸을 둘러맨 줄 테두리.

洪楊의 亂 홍수전(洪秀全)과 양수청(楊秀淸)이 주도한 태평천국운동을 가리킴.

銳意 어떤 일을 잘하려고 단단히 차리는 마음.

通聘 서로 교제함.

擧世 온 세상. 세상사람 모두.

2.

한양조 이전에 있어서는 유학생과 구법승(求法僧)이 끊임없이 중국이나 인도에까지도 건너가게 된 것이며 일본 같은 데도 혹은 시찰 혹은 전법을 위하여 건너가 있었음으로 그네들은 각자의 목적하는 학문이나 종교 이외에도 그 나라 인정, 습관, 언어로부터 정치 경제 군사 기타 모든 방면에 대하여 널리 통효(通曉)*하는 편익이 있었다. 그리하여 그네들이 일조(一朝) 본국에 돌아오는 날에는 직접으로 자기 손에 정권을 잡거나 그렇지 않으면 당로자(當路者)*의 고문이 되거나 하여 국제교섭이 있으면 반드시 그 대임을 맡게 되므로 국제통인 그네들은 항상 판단의 정곡(正鵠)을 그르침이 없이 적의(適宜)하게 처치하여 온 것이다.

通曉 통달하여 환하게 앎.

當路者 중요한 지위나 직분에 있는 사람. 당국자.

그러므로 국제적 경쟁이 가장 격렬하던 삼국시대는 말도 할 것 없거니와 문운(文運)이 융흥(隆興)하는 신라통일시대에도 역시 유학생과 구법승이 많이 있었다. 이 유학생은 대체 두 가지 종류로 나눌 수 있으니 하나는 타일(他日) 등용할 목적으로 정치에서 귀족의 총명한 자제를 선택하여서 파견하는 것이오, 하나는 민간의 독학자(篤學者)가 자비(自費)하여 가지고 유학하는 것으로서 잘

되기만 하면 정부에서 역시 등용함을 아끼지 않던 모양이다. 신라 말에 상선을 따라 당에 건너가 유학하여 성공하고 돌아와 시강(侍講)이 되었던 최치원 같은 이의 사적은 저간(這間)의 소식을 가장 잘 전하는 것으로 이런 사비 유학생은 예전부터 있었던 것이다. 고려에 와서도 유학생과 구법승 중에 대각국사(大覺國師)*같은 존귀한 이가 몸소 송에 건너가 구법하리만치 겸허(謙虛)하였고, 이색(李穡)* 같은 이는 원조(元朝) 과거 출신임을 보면 기타는 넉넉히 추찰(推察)할 것이다.

大覺國師 의천(義天, 1055~1101).

李穡 이색(1328~1396). 고려 후기의 문인, 학자, 정치가. 호는 목은(牧隱). 원나라에서 응봉한림문자(應奉翰林文字)를 지냈다.

다만 삼국 이래 고려 말까지만 치더라도 천유여년(千有餘年) 동안이나 끊임없이 문화섭취의 선봉대로 치던 유학생과 구법승이 한양조에 와서는 아주 자취가 끊어지고 말았으니 조선인이 문화적으로 고루하게 되는 동시에 정치적으로 암매(暗昧)하게 된 것도 이 때문이다. 말하면 조선인의 그 슬기 있는 국제안(國際眼)이 무디게 된 것이 이유 없는 것이 아니다. 한양조의 문화가 조선아(朝鮮我)의 특징을 발휘하면서도 홀로 민족아(民族我)의 존엄에 이르러는 말할 수 없게 되었으니 얼른 보면 서로 모순된 기이한 현상인 듯하지마는 요컨대 그것도 국제적 혜안이 무디게 된 결과의 부산물로 된 것이다. 한양조 처음부터 명국을 높여 모든 그 버릇이 명국에 대하여는 무조건으로 앙모(仰慕)하고 일본에 대하여는 너무 경시하다가 임진의 참혹한 병화(兵禍)를 입게 된 것은 말 말고라도 가장 가까운 이웃에 사는 만주인에 대한 관측도 역시 그르치어 철기(鐵騎)*가 장구(長驅)*함에 이르러 필경 남한(南漢)의 치욕*을 면치 못하게 되었다. 이 두 번의 쓰라린 체험을 겪고서도 국제적 혜안이 무디었으므로 기울어져 가는 청국의 세력을 의연히 과대시하고, 새로 일어나는 일본의 세력을 과소시하여 또 다시 전일의 복철(覆轍)*을 밟게 된 것이다. 만일 우리네로 하여금 슬기 있는 국제안을 가졌을진대 이렇게 빈번해 실패만은 거듭하지 아니하였으리라 한다.

鐵騎 용맹한 기병. 철갑을 입은 기병.

長驅 말을 몰아서 쫓아감.

南漢의 치욕 남한산성에서 인조의 삼전도의 굴욕을 일컬음.

覆轍 수레가 뒤집힌 자리로 옛 사람들의 실패한 자취. 전철(前轍).

율곡 이이(李珥)가 십만 양병의 의견을 제출하였을 때에 승평(昇平)의 세(世)에 군려(軍旅)*가 급무가 아니라 하여 일언으로 빈척(擯斥)하였으니, 유성룡(柳成龍)* 같은 명철한 이로도 오히려 이런 실책이 있었다. 이것을 무엇으로 설명하고자 하느냐. 이적(夷狄)을 비시(卑視)하는 유자의 전통적 유견(謬見)이 대만(對滿) 강경을 고조함에 이론으로서는 통쾌하나 실현할 가능성이 없었다. 그 후에 이르러 날로 우심(尤甚)하여지는 내부적 당쟁에 몰두하게 됨을 따라 국제안이 한층 더 무디게 되어 거의 청맹과니처럼 되고 말았다. 그리하여 역사적으로 가지고 오던 우리네 독특한 국제적 혜안(아무리 곤란한 국제정국에 있어서도 능히 실수 없이 이리저리 치르러 오던 그 혜안)이 한양조에 이르러 그단 잃어버리게 되었다. 국제안의 무딤을 따라 외교수완도 졸렬하여지고 말았다. 언제 어디서나

軍旅 군대의 수. 군세(軍勢).

柳成龍(1542~1607) 조선 선조 때의 재상. 호는 서애(西厓). 임진왜란 때 영의정을 맡았다.

그렇지 않으리오마는 특히 조선 같은 국제적 요충에 당한 곳에서는 국제적 혜안이 없는 위정가로서는 일일(一日)이라도 국민의 지도나 국가의 지지를 꾀하기 어려울 것이다. 근대 조선인이 국가적으로 실패한 것이 비록 한두 가지 원인이 아니겠지마는 민기(民氣)의 위미(萎靡)*와 아울러 지도자의 국제적 문맹인 것에 크게 관계가 있음을 알아야 하겠다. 원래 국제문제는 공상으로나 공론으로 율(律)할 수 없음에도 불구하고 공상이나 공론에 의하여 해결하려고 한 것이 근세 조선 위정가여서 그중에도 대원군 같은 이는 그의 대표적으로 볼 수 있다.

어찌되었든 국제경쟁이 한층 더 격렬하여진 판에 있어 국제안은 도리어 전일보다도 무디게 되었으니 어찌 실패하지 않을 수 있으랴? 국제안은 항해자에게 측량술 이상으로 위정가에게 필요한 것이 아니나 이것이 없다면 그 결과는 알 것이다.

조선같이 강린(强隣)에 싸여 있는 이른바 사면으로 적을 받게 된 땅에서는 언제든지 견고한 국방의 필요를 느끼는 동시에 추이하는 국세(局勢)에 대하여 주의를 게으르지 않아야만 할 것은 고금을 따라 다를 바 없다. 지리상으로 연접(連接)하여 있는 대륙으로부터 반도에 흘러들어오는 종족의 물결은 인위의 방파제가 조금이라도 약할 때에는 그것을 터지고 범람하게 되었다. 기씨(箕氏) 나라의 국방의 허술한 것을 타서 유구(流寇) 위만(衛滿)을 선구(先驅) 삼아 조수(潮水)같이 밀려오는 연인(燕人)들이며, 무제(武帝) 유철(劉徹)*의 원정군을 전위로 구름같이 모여드는 한인(漢人)들이 때로 소장(消長)의 차가 있었으나 전후 4백 년 동안 조선 한복판을 차지하고 있었던 것이 아니냐? 만몽에나 지나본부에 새 세력이 나타날 때에는 반드시 반도가 그 위협을 받게 된 것은 한말 요동(遼東)에서 기세를 부리던 공손(公孫)*의 습래(襲來)와 조위(曹魏)*가 강성하매 관구검(毌丘儉)*의 침입과 및 모용연(慕容燕)*이 발흥하자 외(廆) 황(皝) 부자(父子)*에 자주 유린을 당한 것이 아니냐? 해양과의 관계를 말하더라도 왜병 대지(大至)* '왜인내공'(倭人來攻)이 언제나 없는 적이 없었으니 국가적으로 안온(安穩)한 생활을 향유함에는 먼저 이들에게 실화(失和)*하지 않도록 수단을 다하여야 하겠다. 그러나 아무 방비가 없이 한갓 그네의 침입하지 아니하는 것만 바란다면 그것처럼 어리석은 것이 없다. 아무리 하여도 만전(萬全)의 책은 국방을 견고히 하고 경계를 게으르지 아니하여야 할 것이다. 이런 의미 하에서 고구려 백제 신라 삼국에서는 각기 국방에 힘쓰는 동시에 국제적 경계를 게으르지 아니하였다. 이렇게 국제적 경계를 하면 하느니만치 국제적 혜안이 한층 더 밝게 되었다. 이때 정치가들은 국제적 기밀을 정찰하기 위하여 혹은 공사(公事)로 혹은 미행(微行)으로 몸소 외국에 나아간 이가 왕왕 있었다. 고구려 영걸 연개

萎靡 시들고 쇠해짐.

武帝 劉徹 한무제(BC156~BC87) 성명은 유철(劉徹). BC141년 황제가 되어 BC87년까지 재위. BC 109년에는 수군과 육군을 동원해 조선을 침략하여 BC108년 왕검성(王儉城)을 함락시키고 낙랑(樂浪)·진번(眞番)·임둔(臨屯)·현도(玄郡)의 4개군을 설치하였음.

公孫 중국의 성씨로, 公(제후)의 자손을 가리킨다. 중국 후한(後漢) 말부터 삼국시대 초기에 요동(遼東)에서 활약한 호족. 후한의 지배권력이 약해지자 공손탁(公孫度)은 요동지방을 근거지로 유력한 지방정권을 세웠는데, 고구려·오환(烏桓)·동래(東萊) 등을 침공하였다.

曹魏 조조(曹操)가 화북을 통일하고 죽은 후 그의 아들 조비(曹丕)가 후한의 마지막 임금인 헌제(獻帝)의 자리를 빼앗아 220년에 세운 나라. 낙양(洛陽)에 도읍하고 세력을 키워 촉(蜀)·오(吳)를 제압하였으나, 265년 제5대 원제(元帝) 때 사마소(司馬昭)의 아

소문(淵蓋蘇文)이 일찍 당에 유력(遊歷)*하여 그의 국정을 정찰하였다는 것은 한 전설에 불과하더라도 삼국의 마루씨름* 한 참판에 김춘추(金春秋) 같은 이는 혹은 고구려에 혹은 일본에 또 혹은 당에 적으면 몇 달 동안 많으면 1년 동안 체류하였으며 최후 당(唐)에는 일곱 번이나 건너간 결과로 당주(唐主)의 비밀 속을 다 뽑아 쥐어 나당동맹을 맺어내었거니와 이때 국제적 이합(離合)은 바로 국가 자체의 생존상에 크게 관계를 가졌으므로 당이나 일본에 대하여 그러할 뿐만 아니라 삼국 상호의 간에도 국정을 정찰함에 있어 많은 노력을 아끼지 아니하였다. 그리하여 직접으로 정치에 관계가 적은 승려까지도 정치가들의 별동대가 되는 셈으로 삼국시대의 승려들 중에는 의식적으로 국제교섭과 및 그의 정찰의 임무를 띠고 다닌 이가 있었음을 보겠다. 고구려에는 승병까지 있었지만 고구려 영양왕(嬰陽王) 때에 명승 석덕(碩德)*이 전일보다도 각별히 일본에 왕환(往還)한 이가 많았음은 전법(傳法) 이외에 무슨 정치상 일종 사명을 띠고 간 것을 상상할 수 있다.

당시 여수(麗隋) 관계가 아주 절박하여졌으므로 장래 대전을 예상한 여정(麗廷)은 일본으로 하여금 국외(局外) 중립을 지키게 할 필요가 있는 때문으로 이처럼 주도(周到)하게 외교선을 쳐 두던 것으로 볼 수 있다. 더욱이 혜자(惠慈)* 같은 이는 일본 성덕태자(聖德太子)의 20년 동안 전사(傳師)가 되었다가 다시 고구려에 돌아와 있었으니 그로 말미암아 여왜(麗倭)의 국제관계에 공헌이 있었으리라고 생각된다. 어느 일본 사가는 이렇게 말한다. 그때 수(隋)에 보내는 일본 국서에 '해 뜨는 곳의 천자가 해 지는 곳의 천자에게 국서를 보내노라. 무양(無恙)*한가'[日出處天子致書日沒處天子無恙]*라고 한 그 기운찬 문자는 필시 고구려의 대수(對隋) 적개심이 혜자대사를 통하여 표현된 것이라고 볼 수 있다고 하였다. 이것이 공평한 관찰이다. 당시 고구려인의 안중에는 수제(隋帝)가 없었다. 이 심리가 발로되는 곳에 전쟁에는 살수(薩水) 승첩(勝捷)이 되고 인방(隣邦)의 국서에까지 큰 영향을 미치게 하였다. 지금 다시 신라에 나아가 보면 의상(義湘) 같은 이는 당국(唐國)에 유학할 때에 당의 신라 정벌의 계획이 있음을 정찰하여 이것을 곧 본국 조정에 보고하였으므로 신라에서는 응전의 준비를 완성하여 실패를 면하였다는 것이 아니냐? 당에서도 일시는 삼국의 입당(入唐) 승려에게 대하여 국가 허실을 정찰한다는 혐의로 몹시 그네들을 위험시하여 배척하던 일까지 있었거니와 승려를 간첩으로 사용한 것이 퍽 일찍부터 있었던 것이다.

고구려 장수왕(長壽王)이 백제를 공격하려 할 제 먼저 승 도림(道琳)*을 보내어 개로왕(蓋鹵王)의 조정을 혼란케 한 후에 대군으로써 백제왕성을 일거에 도

들 사마염에게 망함.

毌丘儉(?~255) 중국 위나라의 장수. 고구려가 요동 지방을 공략하자, 동천왕 18년(244)에 대군을 이끌고 고구려에 침입하여 환도성(丸都城)을 함락시킨 바 있음.

慕容燕 모용(慕容)은 고대 북아시아의 유목 민족인 선비(鮮卑)의 일파로, 4세기 이후 중국의 5호16국 시대에 전연(前燕), 후연(後燕), 서연(西燕), 남연(南燕) 등의 나라를 세웠다.

廆皝父子 추장 모용부의 모용외(慕容廆)는 스스로 선비대도독(鮮卑大都督)이라 일컫고, 영가의 난(永嘉之亂)을 피하여 투항해 온 한인(漢人)을 임용하여 정무를 맡게 하였고, 중국풍의 예제(禮制)를 채용하였다. 이어 그의 아들 모용황(慕容皝)은 스스로를 연왕(燕王)이라 칭하고, 수도를 용성(龍城)으로 정한 뒤 전연을 건국하였다. 모용황은 이후 세력을 확장하여 황제로 즉위하였고, 화북 지방의 동부를 지배하였다.

大至 크게 쳐들어옴.

失和 사이가 서로 좋지 않게 됨.

遊歷 여러 고장을 돌아다님.

마루씨름 결승을 다투는 씨름.

碩德 덕이 높은 승려.

惠慈(?~622) 595년(영양왕 6년) 일본으로 건너가 최초의 여자 천황(天皇)인 스이코(推古) 천황의 섭정(攝政)이었던 쇼토쿠(聖德, 574?~622) 태자의 스승이 되었다. 그리고 쇼토쿠 태자가 중앙집권 체제를 정비하고, 불교를 융성케 하는 데 큰 영향을 끼쳤다. 이후 615년 쇼토쿠 태자가 지은 소(疏)를 가지고 고구려로 귀국했다.

無恙 몸에 탈이 없음.

日出處天子致書日沒處天子無恙 출전은 『隋書』「倭國傳」.

道琳 고구려의 승려로, 장수왕의 밀사로 백제에 들어가 개로왕을 설득해 대대적인 토목공사를 벌

륙한 것은 역사상 이름 높은 사실이다. 이 밖에도 이 비슷한 승려의 간첩이 얼마든지 있었다.(중략)

여 국고를 탕진하도록 한 뒤, 475년 고구려로 하여금 백제를 쳐서 수도인 한성을 함락하고 개로왕을 죽이게 하였다.

14.

한토(漢土)를 모앙(慕仰)함은 유자(儒者)류의 통습(通習)이니 문화적 계승자로서의 혹은 인정상 자연한 일일는지 모르거니와 일보를 나아가 이른바 존화(尊華)란 기괴한 주의를 금과옥조처럼 숭봉(崇奉)하게 됨은 우망(愚妄)이라 할는지, 비열이라 할는지, 사대주의의 폐해도 이에 이르러서는 놀라지 않을 수 없다. 한양조 이전에 있어서도 중국에 대하여 나직한 말과 공손한 뜻으로 통빙(通聘)하여 온 것이 대승(大乘) 위에 보이지 않는 것이 아니로되 그는 다만 외교상의 일시적 사령(辭令)뿐이오, 실지 이해에 관한 국제문제에 나아가서는 아(我)의 주장을 어디까지든지 굳게 지켜 조금도 양보한 일이 없었다. 그러다가 평화적 수단으로 말미암아 해결하기 어려운 경우에는 간과(干戈)에 의하여서까지 관철하고서야 말았음은 일일이 예를 들 것 없이 저 수당(隋唐)에 대한 고구려와 통일시대의 신라 관계 그것을 보아도 기타 모든 것을 추찰(推察)할 것이 아니냐.

이런 정신이 비록 소장(消長)의 차는 있을망정 고구려까지 의연히 흘러내려온 것만은 역사적 사실이다. 그러나 한양조에 와서는 중국에 대한 우리네의 태도가 오직 일의승순(一意承順) 절대복사(絶對服事)로서 감히 조금도 다른 뜻을 두지 못하였던 것이다. 그러므로 한양조를 사상상으로 볼 때에 단조건조(單調乾燥)하여 아무 발랄한 생기가 없다기보다 기탄없이 말하면 노예성에 철저하였다 하겠다. 자족을 동이(東夷)라고 과겸(過謙)하는 반면에 한토를 중화라고 하며, 한인을 선정(先正)*이라고 존숭한 것은 옛날에는 보지 못하던 것으로 한양조 사상계의 특징이라 하겠다. 이같이 피아를 혼동시하는 존화주의는 저 적국외환(敵國外患)을 잊어버린 파쟁적 알력과 아울러 정주학의 유폐(流弊)에서 온양(醞釀)*하게 된 2대 병적 현상으로 국제안이 이로 말미암아 아주 무디게 된 것은 말도 할 것 없거니와 우리네 국제안의 작용을 적극적으로 도와주는 유학생과 구법승과 그 전법승의 폐절이 우리네 국제안을 상실케 한 최대원인이었으나 잘못된 존화주의와 격렬한 파쟁적 알력이 국제안의 신경병까지 마비하게 한 것이다.

先正 선현(先賢).

醞釀 마음속에 어떤 생각을 은근히 품다.

아아! 구인동점(歐人東漸)에 의하여 아세아 형세가 일변하게 되고 일본의 서진(西進)에 의하여 대륙의 전통적 세력이 흔들리게 됨은 근대 동양의 현저한 신현상으로서 이같이 구라파가 전 아세아를 짓밟으며 해도(海道)가 대륙을 주

물음은 유사 이래 처음이다. 1842년의 아편전쟁은 사실상에 있어서 청국의 문호를 개방하게 되었으며 이로부터 11년 후에 '페리'의 방문은 일본의 쇄국 잔몽(殘夢)을 격파케 하였다. 그러나 조선의 개국은 구미인에 의하여 된 것이 아니요, 일본인에 의하여 된 것이니, 일본인의 개국으로부터 실로 23년 뒷일이다. 근대에 국제적 관계는 구미 제족(諸族)의 신요소가 가입된 이만치 퍽 복잡하게 되었지만 반도의 근간외교는 의연히 지리적으로 밀통(密通)한 해도(海島)와 대륙의 관계를 벗어나지 못하였다. 이 대륙과 해도의 세력에 일소일장(一消一長) 일성일쇠(一盛一衰)하는 곳에 필경 조선 운명을 결정하지 되었으나 고종 제께서 등극하신 해에 러시아인이 두만강을 넘어와 통상을 한양 조정에 청함에 그 때 집정자는 무슨 까닭으로 통상을 청하는지 도무지 이해하지 못하였다 한다.

烏蘇里 우수리(Ussuri)강. 러시아와 중국의 경계를 흐르는 강.

蹲踞 웅크리고 앉음.

당시 러시아로 말하면 오소리(烏蘇里)* 이동(以東)의 2천7백 리를 침략하여 '블라디보스토크'에 극동경영의 책원지(策源地)를 두고 장래 웅비를 꾀할 새 일본과 청국의 위정가들은 이 러시아인의 남하에 대하여 가장 심우(深憂)를 품고 경계함을 게으르지 아니하였는데, 쇄국의 꿈이 깨지 못한 한양 조정에서는 바로 조선의 북경(北境)에 호랑(虎狼)이 준거(蹲踞)*하고 있는 줄을 조금도 의식하지 못하게끔 국제안의 시각이 무디게 되었다. (중략)

17.

근대조선이 세계적으로 개방될 때에 일본을 비롯하여 구미에 이르기까지 수호통상의 관계를 맺은 것이 10개국(청국은 제외)에 달하였지만, 그의 조약상 의의로 보아 대개 두 부분으로 구별할 수 있으니 그 하나는 조일수호조규이며 또 하나는 조미수호통상조약이다. 전자는 말할 것도 없이 조선쇄국의 문호가 열리게 된 최초이거니와 후자는 조선이 서양 여러 나라와 관계를 짓는 효시이다. 그러나 오인(吾人)의 이른바 의의는 이에 있지 아니하고 그의 성질을 가르침이니 즉, 말하면 조선수호조규의 제일관(第一款)에 "조선국은 자주지방(自主之邦)으로, 일본국과 평등한 권리를 보유한다…"[朝鮮國自主之邦 保有與日本國平等之權…]라고 대서(大書)하여 '자주'라는 것을 표명한 곳에 이 조규의 대정신이 포함되어 있거니와 한미수호통상조약에 이르러는 조일수호조규와는 판이하여 그 제일관에 "…만약 타국이 (한쪽 정부에) 불공경도(不公輕侮)하는 일이 있게 되면 (다른 쪽 정부는) 일차 조지(照知)를 거친 뒤에 필수 상조(相助)하여 잘 조처함으로써 그 우의를 표시한다."[…若他國 有何不公輕藐之事 一經照知 必須相助 從中善爲調處 以示友誼關切]라고 특서(特書)하여 '상조'라는 것을 조건 붙인 것이다. 어찌하여 이 같은 조건을 붙였느냐 하면 서양제국(諸國) 중에 있어 미국이 가장 공평하다 하여 그로써 후원을 삼고자 한 것이다. 그러나 이만한 획책도 조선당국의 방촌(方寸)*에서 나온 것이 아니오, 그때 청국 북양대신 이홍장의 간곡한 권고에 의하여 겨우 실현된 것을 보면 사과반(思過半)*이다. 베트남[安南]은 불란서 일국만 수교하다가 망하고 미얀마[緬甸]는 영길리[英吉利] 일국과만 통호(通好)하다가 망하였으니 어느 일국에만 의뢰하는 것이 매우 위험한 일인즉, 넓게 열국과 연결하여 외교상 원조를 얻을 필요가 있다는 것이 당시 이미 대부(大部)의 국제적 불안을 예감하는 정사가(政事家)들의 감상이었고, 이 견지에서 서양 제방(諸邦) 중 최선자를 택한 것이 곧 미국이었다. 그리하여 이 뒤에 성립되는 국제조약은 거의 다 조미조약을 의방(依倣)하여 반드시 '상조'의 일항(一項)을 삽입하게 되었지만 타일(他日)에 가서 이 '상조'라는 것은 어떠한 반향을 보지 못하였고, 오직 '자주'라는 것이 국제간에 문제를 이루어 필경 청일전쟁을 지내서야 해결하게 된 것이다. 조미조약 중에 아무리 '상조'라는 문자가 있더라도 우리와 깊은 이해관계를 가지지 아니한 미국이 국제적 와선(渦旋)에 싸여들어 자국의 모든 것을 희생하여서까지 조선을 옹호하지는 못할 것이어늘, 그럼에도 불구하고 미국에 의뢰코자 한 것은 홀로 친미파뿐이 아니었다. 그러다가 포츠머스 강화담판 시에 미국의 심정이 폭로됨에 미쳐는 그의 신뢰가 원망으로 일변하게 되었지만 일청전쟁 후 한참 동안 한성 정계에 있어서 친미파가 친러파처럼 세력을 가지지 못하였으나 은연히 하나의 세력이었던 것은 부인할 수 없는 사실이었다. 친러파는 을미정변 때에 아관파천을 극성(極盛)으로 삼아 그로부터 점점 쇠퇴의 비탈로 걸어 내려와 일러전쟁에 이르러 아주 소멸되고 말았다. 친미파도 위에 말한 바와 같이 역시 일러전쟁을 종기(終期)로 삼아 그의 존재가 없어지고 말았다. 그러나 자세히 살펴보면 반드시 그런 것도 아니다. 이는 의미로는 오늘날에 와서도 의연히 남에게 의뢰하는 흔적이 보이지 않는 것이 아니다. 다만 그의 형체가 변하였을 뿐이다. 그리고 이렇게 국제적으로 발개(發開)되는 엄숙한 현실에 대하여 투철엄정한 통찰의 혜안이 부족하다는 병점(病占)은 그대로 조선 자체에 대한 특수정세를 정확하게 인식하지 못하는 과오조차 왕왕히 가지게 되는 것이다. 이 점은 특히 일반의 유의할 점이라고 믿는다.

方寸 마음이 한 치 사방의 심장에 깃들인다는 뜻으로, '가슴속', 곧 '마음'을 뜻함.

思過半 생각하여 깨닫는 바가 많음.

나. 제국과 민족

56. 만주국의 장래

■『신한민보』 1933년 8월 17일자 사설. 만주국의 독립을 승인한 일본의 속내가 제국주의와 다를 바 없으며 중국 난징정부의 승인 또한 민중의 뜻이 아님을 지적. 만주의 역사적 배경을 볼 때 어느 한 나라의 소유물이 될 가능성은 적고 머지않아 일어날 전쟁에서 일본이 지면 제국열강의 완충지로서 중립국으로 독립할 가능성이 있다고 전망하면서 조선도 이에 대비해야 한다고 촉구하고 있다.

소위 '만주국'이 창립된 지 1년이 넘었지만 세계 각국 중에서 승인하였다는 나라는 오직 일본과 중국 난징정부뿐이다. 그러나 이 두 나라 정부가 승인한 그 승인은 그 글자는 같아 보이면서도 그 의의는 흑백의 차이가 있다 하여도 과언이 아니다. 일본이 승인한 그 승인은 결코 만주국의 독립을 승인한 것이 아니고, 만주를 중국 주권 밑에서 꺼내어다가 일본의 세력범위 하에 둔 것을 세계에 성명한 것뿐이다. 일본이 한국의 독립을 승인하던 것과 같이 보아서는 아니된다. 그 때 한국은 오직 명의상으로만 중국의 부속국이었을 뿐이고 실제상으로는 주권이 당당한 독립국이었음으로 일본의 한국독립 승인은 그 둔자 그대로 승인하였던 것이다. 이씨조 오백 년 계통의 고유한 통치권을 다시금 확보하였던 것이다. 하지만 만주에 있어서는 그렇지 않다. 조선과 같이 독립적 정부나 임군이나 정치제도가 없이 단순히 중국의 일부로서 수백 년 중국 중앙정부의 직접 간접으로 관할을 받아온 것만이 명확한 사실이다. 그래서 '만주국'이란 명사부터도 일본놈의 신발명이오, '부의'*라는 그 머렁이부터도 일본놈이 천진 조계에서 주워다 놓은 옛날 청국의 망국노가 아닌가? 아래위를 다 훑어보아야 독립국 역사나 배경이나 주권이나 무엇이나 하나도 없는 것을 일본놈이 얌체 없이 '만주국'이라고 부르며 그 독립을 승인하였다고 하나, 그 독립이 가면 얼마나 오래가며 그 승인이 좋으면 얼마나 좋을까? 이것이 일인의 만주국 승인이다. 고양이가 쥐 나라의 독립을 승인하였다는 승인과 마찬가지가 아닌가?

부의 푸이(溥儀, 1906~1967). 청나라 마지막 황제 선통제(宣統帝). 1908년 3살 때 청조 12대 황제가 되었지만 1912년 신해혁명으로 퇴위하였다. 1934년 일본에 의해 만주국 황제가 되었고 일본 패전 때 소련에 체포되었다가 중국으로 송환되었다.

그 반면에 있어서 중국 난징정부가 만주국을 승인하였다는 것이다. 이것은 난징정부의 장제스가 승인한 것이요, 결코 중국 민중이나 민중의 대표가 승인한 것은 아니다. 어떻든지 장제스에게 승인을 받은 것이 그다지 굉장할 것도 없고 장구할까도 싶지 않다.

그러면 소위 만주국의 장래는 어떻게 될까? 이것을 일본인에게 물어본다면 그 대답에 왈 "불원간 대일본제국의 판도와 색채가 같게 될 것!"이라고 장담할 것이다. 또 중국인에게 묻게 되면 "우리 동삼성[東三省]을 언제든지 우리가 회복하고야 말 것이지!"라고 할 것이다. 여기서 우리는 일본의 만주국 독립승인이나 중국의 만주국 독립승인이나 모두가 모순임을 분명히 찾아볼 수 있는 것이다.

일본의 만주국 독립승인을 그와 같은 야심을 가지고 하였기 때문에 세계열강은 아직까지 장단이 볼만으로 굿만 보고 있다.* 일본이 조선독립을 승인하였을 때에는 열강이 동등한 행동을 취한 것은 일본의 진정한 호의에서 나온 것이

장단이 볼만으로 굿만 보고 있다 별다른 행동 없이 눈치만 살피고 있다는 의미.

라고 믿은 까닭이었으나 오늘 일본의 심장은 누구나 꿰뚫어보고 앉았기 때문에 만주국 독립을 승인하지 않는 것이다.

그러고 본즉 열강이 승인하였던 한국도 일본이 쉽게 집어먹었는데 열강이 승인하지 아니한 만주국 병탄이야 더 용이하지 아니할까? 일본은 벌써부터 만주국을 장중(掌中)으로 알고 있다. 일청전쟁 이후 일본이 한국의 독립을 보증한 후 약 십 년 동안은 한국이 자기네 속령이라는 야심을 폭로하지 못하였지만은 918사건*이 생기는 그 즉시부터 일본의 야심은 세상이 다 알게 되었다. 일본은 하루바삐 나진(羅津)에 소위 나진항을 신건축하여 일본과 만주 간에 직항 항로를 개통하는 데 급급히 덤비며 한걸음 더 나아가서 랴오둥반도 연안, 즉 뤼순커우(旅順口) 다롄 등지에 해방을 확대하며 또는 일본 지도회사에서 새로 만들고 있는 지도에는 조선, 대만, 남양군도 및 만주까지 일본판도 안에 한 빛으로 채색을 나타내고 있다는데, 이 모든 것이 일본인의 만주국 독립을 승인한 이후 준비였다. 그 얼마나 '신중'한 것인가! 그러면 만주국 독립의 장래는 어떻게나 될 것이며 그 얼마나 장구할 것인가? 어떻든지 소위 만주국 정부의 집정부의 이하 각 대관들이 일본놈들의 똥구멍까지 씻어 주고 있는 바에는 일본은 구태여 만주를 합병해 버릴 것 같지는 아니하다. 현상 그대로 두고라도 만주의 경제 부원을 착취하며 일본의 잉여되는 인민을 이민할 수 있는 데야 하필 세계열강의 시기를 더 받으며 중국 민족의 공분을 더 열렬하게 만들어가면서 만주국을 합병할 이유가 없는 것이다. 사실로는 벌써 합병이 다 되었고 오직 명의상으로만 '독립국'인 만주를 안타까이 합병할 것 같이 아니 보인다.

918사건 1931년 9월 18일 일본이 만주를 강제로 점령했던 것을 뜻함.

아! 만주국의 장래는 어찌될 셈인가? 지금 보는 바와 같이 일본의 속령이 되고 말 것인가? 혹 현상과는 다른 변동이 있어서 진정한 독립이 될 것인가? 또 혹 중국이 금후 십 년 혹 이십 년간에 넉넉히 만주를 회복할 수 있을까?

여기에 대하여 필자는 만주의 역사적 배경을 일반 독자들과 같이 고찰하여 보려고 한다. 만주의 역사적 배경을 두 가지로 나누어 볼 수 있으니 하나는 내적 배경이오, 다른 하나는 외적 배경이다. 이것을 구체적 과학적으로 논술하자면 상당한 참고 서류들을 들춰보아 가지고 적어도 소책자 한 권은 써야만 명확히 알아볼 만큼 될 것이다. 그런고로 다만 간략히 말하려 한다. 만주의 내적 역사적 배경을 간단히 말하자면 우리 배달민족의 직접 관계가 자못 깊은 곳이다. 다시 말하면 우리 배달민족이 아니고는 만주의 역사를 진술할 수가 없다. 북부여국이나 발해국이나 여진국이나 모두 만주의 일부를 차지하였던 나라들이었으므로 우리 민족이 만주 역사를 만들었다고 해도 과언이 아니다. 송화강 흑룡강의 강물에는 배달민족의 피로써 붉게 한 때나, 배달 군병의 군마를 물먹이던 때도 종종 있었다. 만주 들에는 배달민족의 발자취와 남겨 두고 간 역사적 고물을 간간 발견하는 터이다. 만주야말로 배달민족의 유독장이며 전쟁 마당이며 활동 무대였었다.

만주의 외적 배경은 무엇인고? 즉 열강과 관계되는 배경이다. 고대에는 몽고족이 휩쓸었던 것으로부터 일아전쟁[러일전쟁]의 전쟁 마당이 되었던 것과 미국 자본가들이 만주에 철도 개통을 계획하였던 것과 '문호개방'주의를 성명하였던 것과 러시아의 뤼순커우(旅順口) 조차(租借)와 동만철도 시설과 일본의 남만철도 건설 등이 모두 만주의 외적 배경이다. 이것이 역사적으로 가장 중대성을 가지고 있는 배경들이다. 사실상 만주는 과거에 있어서 강자들의 노름판이었었고 몇백 년 계통적 통치권이 없었던 곳이다. 우리 배달민족과 깊은 인연이 있으면서도 자대(自大) 강권자들의 등살에 장구히 통활해 본 적은 없었다.

이러한 배경을 두고 본다면 만주가 일본의 영토가 영영 될 수 있을까? 아니다. 아니다. 만주의 내적 배경과 외적 배경이 그렇게 될 수 없다고 예언하고 싶다. 물론 예언이란 위험한 것이다. 또 그렇게 될 수도 안 될 수 있는 것이다. 하지만 만주가 일본의 영토가 된다는 것은 일본을 제외하고는 누구나 원치 않는다. 중국은 물론 러시아, 미국, 기타 열강 모두가 원치 않는다. 그 이유는 단순히 일본이 만주까지 영영 먹으면 동양의 상권을 통차지하게 될 것을 누구나 명확히 보는 때문이다.

태평양상 전쟁! 아니 될 수 없고 머지 아니하여 전쟁으로 인하여 만주문제가 해결될 것이다. 만일 일본이 승전하게 되면 만주는 영영 일본의 영토가 될 것이로되 일본이 실패하면 만주에서 내지 조선에서까지 물러나게 될 수도 있다. 만일 일본이 만주를 내어 놓게 된다면 만주의 장래가 어떻게 될까? 중국에게 반환케 될까? 혹 독립국을 만들게 될까? 이것 역시 구미열강의 과거 역사상 하여 온 국제정책으로 본다면 만주를 중, 일, 러시아 삼국 중 어느 한 나라에 붙이게 되면 동양의 싸움거리가 늘 되어서 동양평화를 요란케 할 것이며 또는 미국이나 영국 같은 나라도 만주를 식민지로 만들기도 어렵고 설혹 만든대도 이익이 없을 까닭에 만주를 중립국으로 인정할 것 같다. 혹 조선과 만주를 합쳐 일개 중립국을 건설시켜 중, 일, 러시아 삼국의 싸움거리를 아예 없애버리고 영원한 동양평화를 유지하게 함으로써 동양 상업의 균등 이권을 보전하게 할는지도 모른다. 만일 이 다음 동양의 큰 전쟁이 끝나고 강화 담판을 하는 마당에 세계정국을 원시하는 정치가가 있다면 중, 아, 일 삼국 중간에 하나 중립국을 세워 놓을 것이다. 즉 영, 프랑스, 프러시아 삼국 간에 벨기에 같은 중립국을 세운 것 같이, 프랑스, 오스트리아, 러시아, 터키 4국 간에 발칸반도에 독립국들을 승인하듯이, 또는 세계대전 이후에 폴란드, 유고슬라비아, 체코슬로비키아 등 제 독립국을 세우듯이, 중, 아, 일, 삼국 간에도 그러한 중립국을 세울는지도 모르는 일이다. 그러나 이것 역시 만주인이 준비할 탓에 있을 것이며, 결코 세계열국이 인심 좋게 거저 가져다줄 것은 아니다.

우리 조선민족은 특별히 만주에 있는 기백만 명 배달민족은 만일 그러한 기회가 온다면 어떻게 할 작정인가! 지금부터 무슨 준비가 있는가? 아! 역사적으로 우리 민족의 배경이 깊은 만주의 장래에 대하여 금후 활동은 이상 논술한 바에 의하여 계획을 정해 가지고 분투 노력할 것이라 한다.

57. 김경재, 대아세아주의 비판

1.

아세아 먼로주의란 누가 창도한 바인가. 그리고 그가 어찌하여 요새에 와서 더욱 성(盛)히 창도되고 있는가.

일러전쟁에서 러시아의 세력을 북만(北滿)에 구축한 일본은 중국대륙에 대한 특수권익을 영유케 되면서 정치가 또는 논객의 입에서 아세아 먼로주의란 소리가 흘러나오게 되었다. 그러다가 세계대전이 일고 일본은 중국에서 또는 태평양에서 독일을 추방한 후부터는 아세아 먼로주의란 노래는 좀 더 혈기가 있고 쾌활하게 세인의 고막을 울리었다. 그러나 워싱턴회의에서 중국대표로부터 21개조의 무효 문제와 산동반환 문제 등으로 말썽이 많았으니 일본은 종래의 아세아 먼로주의를 버리고 협조주의란 간판을 내어 걸었던 것이다. 그러다가 이번의 만주사변 이후에는 아세아 먼로주의는 일층 날카로운 기세로 군림하게 되었으니, 일본의 국제연맹 탈퇴로 하여 더욱 그는 구체화하고 있게 되었다.

만주는 일본의 생명선이라고 했다. 그 생명선인 만주를 확고히 하기 위하여 만주사변이 났고 만주국이 출현했다. 일본은 그를 위해서는 아무런 것이라도 두려워하지 않고 그야말로 정말 생명을 내기하고 들어붙은 바이니 국련(國聯)에서 그의 정당성을 용인시키려다가 국련이 듣지 않으니 그만 탈퇴해 버렸다. 국련의 조사단 일행이 아직도 만주로 베이핑(北平)*으로 분주히 오고가는 그 판에 만주국을 정식 승인하는 그때에 벌써 일본의 배짱은 확정된 바 있었다. 이렇게까지 최후의 각오로 덤벼드는 일본에게는 벌써 심산이 서 있었다. 예정의 노정은 그대로 와서 국련 탈퇴란 백척간두에까지 이르고 국제적으로 고립화하니 아세아 먼로주의는 한층 더 일본인의 머리에 동경되는 바이요, 그의 실현을 갈망하게 되었다.

■ 『삼천리』 제6권 5호(1934. 5.1.)에 게재된 김경재의 논설. 일본이 아시아 먼로주의를 제창하게 된 경위와 이해관계를 설명하면서 그 행동방식이 미국의 먼로주의와 유사하다고 주장하지만, 아시아의 경우 열강들이 일본에 앞서 이미 많은 이해관계를 중국에 갖고 있다는 점, 중일 간의 상호협력이 어렵다는 점에서 문제가 있다고 비판한다.

■ 金璟載(1899~?) 1920년 6월 황주신흥청년회를 결성하였고, 1922년 『독립신문』 기자로 활동. 1923년 이후 사회주의 운동을 벌여 화요회(火曜會)와 북풍회(北風會)의 간부가 되는 한편, 『시대일보』와 『개벽』에 사회문제에 관한 글 발표. 1925년 12월 고려공산청년회에 가입, 1926년 조선공산당에 입당, 6월 제2차 조선공산당 검거사건으로 체포됨. 1929년 8월 출감 후 사회주의 운동의 일선에서 물러나 사회운동에 관한 글을 발표하는 데 주력. 그러나 1940년대 초기에 친일신문 『상해시보』(上海時報) 사장을 지내는 등 친일파로 변절.

北平 베이징(北京)을 의미함. 난징의 국민정부에 의해 1928년에 베이핑(北平)으로 개칭되었고 1949년 중화인민공화국의 성립으로 다시 베이징(北京)으로 개칭되었다.

2.

그러면 일본은 일찍이 아세아 먼로주의의 실현을 위하여 노력한 일이 없었던가.

그는 1917년의 이시이(石井) 랜싱 협정*에서 그를 찾을 수 있나니 그 협정에 왈, "합중국 및 일본은 영토가 서로 근접하여 있는 국가 간에는 특수의 관계가 있음을 주장한다. 따라서 합중국정부는 일본이 중국에 있어 특수의 이익을 갖고 있다는 것을 승인하는 바이다. 일본의 영토와 접린(接隣)한 지방에서 더욱 그러하다"고 했다.

이시이-랜싱 협정 제1차 세계대전중 중국에 대한 미국과 일본의 상반된 정책을 중재하기 위해 미국무장관 로버트 랜싱과 일본의 워싱턴 특사 이시이 기쿠지로(石井菊次郎) 간에 교환된 각서(1917.11.2.). 일본은 중국의 독립과 영토보존, 미국의 문호개방정책을 존중하기로 했고, 미국은 국경에 인접한 중국 영토에 대한 일본의 특별한 이해관계를 보호할 권리를 인정했다. 1923년 3월 30일 추가 각서를 교환하면서 폐기됨.

그는 분명히 미국은 일본이 중국에 갖고 있는 특수지위를 승인한 것이니 특수지위를 승인했다는 것은 거기에는 필연적으로 타 외국에 경제적 침입과도 상용되지 못하며 따라서 타방의 세력침입은 극력껏 조애(阻碍)케 되는 것이다. 그런 의미에서 이시이 랜싱 협정은 일본의 아시아먼로주의의 부분적 실현이었다. 그러나 이것은 아세아 먼로주의를 대외(對外)하여 승인시키려는 노력의 일단이었고, 일본의 아세아 먼로주의의 실현을 위한 노력은 1905년의 일러전쟁에서 찾을 수 있고, 그 후 산둥에서 독일을 추방하고는 1915년에 중국정부로 하여금 중국연안의 항만 혹은 도서를 타 외국에 양도나 조차케 아니하겠다는 성명을 시킨 바 있으니 그가 곧 동아에 있어 구미 제국의 정치적 세력을 거부하는 제일단(第一段)의 노력이었다. 그러고는 그 문제에 대하여 가장 느력과 관심을 많이 갖고 있는 이시이는 "중국에 대한 일본의 정책은 강력한 제3국이 중국의 토지에 제국주의를 수립함은 중국의 영토보전에 대하여 유해일 뿐만 아니라 일본 자신의 안전과도 양립치 못한다는 원칙을 발견했다. 이는 마치 미국이 먼로주의*로서 라틴아메리카 제국에 대하여 취하고 있는 것과 동일한 원칙에 기한 것이다"라는 것을 내외에 발표한 일이 있다.

먼로주의 1823년 12월 미국의 제5대 대통령 J.먼로가 의회에 제출한 연두교서에서 밝힌 외교방침. 미국의 유럽에 대한 불간섭, 유럽의 미국 대륙에 대한 불간섭, 유럽 제국에 의한 식민지건설 배격 등 3개 원칙을 주로 하고 있다. 아세아 먼로주의는 이를 본뜬 일본의 대륙정책을 말함.

아세아 먼로주의란 그저 범범하게 말하면 범아세아주의요, 아세아는 아세아사람을 위한 아세아가 되어야 한다는 것이다. 그는 다른 말로 솔직히 바꾸어 놓는다면 구미의 침입을 방어하자는 것이니, 그는 문화적으로 그러하고 상업적으로 그러하며 정치적으로도 더욱 그러하다. 그러나 요컨대 그에는 힘이 문제인데 지금 아세아에서 그를 거부할 힘이 있는 자가 누구인가. 따라서 일본을 중심으로 한 아세아 먼로주의가 되지 않을 수 없다. 만주가 일본의 특수권익 지대라 함은 어제나 오늘에 비롯한 일이 아니요, 포츠머스 조약* 이래의 일관한 사실이며, 또 중국은 지리적으로 서로 인접하고 있는 관계상 자연히 일본의 지위는 특수적 관계를 받게 되며, 그는 필연적으로 중국의 동향에 대하여 정신상으로나 물질적으로나 어느 정도까지의 권리와 의무감을 갖고 중국의 평화 및 질서유지에 대하여 제패의 권리를 보장하려는 곳에까지 이르게 되지 않을 수 없는 것이다.

포츠머스조약 러일전쟁을 종결시키기 위해 1905년 일본과 러시아가 맺은 강화조약. 한국에 대한 일본의 우월권 승인, 랴오둥반도 조차권과 창춘(長春)-뤼순(旅順) 간 남만주철도의 일본 양도, 남사할린의 일본 할양 등을 규정하였다.

"일본인은 중국에 대한 일본의 특수지위라는 것을 다음과 같이 해석하는 경향이 더욱 현저해 가고 있다. 열국이 중국에 대하여 어떠한 정치적 수단을 취하려면 먼저 일본과 상담하려는 그런 경향이 보인다. 그 경향이 그대로 가면 일본은 중국의 외교를 좌우하게 될 것이다." 이것은 1917년의 재동경 러시아대사가 그 본국에 보고한 문구 중의 한 토막이다. 요컨대 아세아 먼로주의의 실현은 일본으로서는 오래전부터의 숙원이었고 그의 실현을 위하여 일보 일보 걸음을 나아가 왔던 것이다.

3.

여기에 문제는 미국은 어찌하여 이시이 랜싱협정을 체약하고 만주에 있어서의 일본의 특수지위를 공공연히 승인했던가 하는 것이다. 그보다도 먼저 루스벨트 대통령은 1905년에 일본의 가네코(金子)* 씨를 향하여 "일본은 아세아에서 먼로주의를 선포하라는" 권고까지 한 일이 있다. 1905년이면 일러가 전쟁 중이었고 가네코 씨는 미국에 일본의 정당성을 승인시키기 위하여 유세차로 갔던 길이니, 그 당시의 미국은 남하하고 있는 러시아의 세력이 미워서 일본을 가리켜 문호개방의 투사라는 찬사까지 드리며 일본에 호의를 갖고 은연한 중에서 원조까지 하던 때이므로 루스벨트의 외교사령으로 한 마디 던진 말을 지금까지 두고 책임을 묻자고 할 바도 아니나, 1930년에도 주(駐)동경의 미국대사는 "동아에 있어 평화를 유지하려는 일본의 정책은 서반구에 있어 평화를 유지하려는 미국의 정책과 서로 비슷한 점이 있다"고 일장의 연설을 한 일이 있으니, 그러면 미국은 일본이 맹주가 되어 가지고 아세아에서 먼로주의를 채용함을 환영하는가. 동아에서 평화를 유지하려는 일본의 정책은 서반구에서 평화를 유지하려는 미국의 정책 그와 상사(相似)한 점이 있다는 것은 무엇을 가리킨 말일까. 그는 일본의 먼로주의와 아메리카의 먼로주의의 상사점을 가리킨 말일지니 아메리카의 카리브해 정책이 곧 그것이다. 카리브해 정책이란 무엇이냐 하면 멕시코, 쿠바, 파나마, 니카라과 등에 있어 미국의 특수적 관계를 보장하려는 것이다. 그가 일본이 만주 및 중국에 있어 특수지위를 가지려는 일본의 그보다 벌써 그는 실현된 것으로 실질상으로 열국의 승인을 받은 것이었다. 그러한 미국이 언제나 아세아에 대하여는 문호개방이니 기회균등주의이니 영토존중 등등의 정책을 갖고 임했던 것이다. 그래서 미국은 일러전쟁 당시에는 일본을 가리켜 문호개방의 투사라는 찬사를 드리던 미국이 일러전쟁 후에 일본의 만주에 대한 특수권익이 확립되니 미국은 역시 문호개방 기회균등의 간판을 갖고 일본의 행동을 견제키에 분주했었다.

金子 가네코 겐타로(金子堅太郎, 1853~1942). 메이지일본의 관료. 이토 히로부미의 비서로서 일본제국헌법 형성에 참여하였다. 루스벨트 대통령과 하버드 동창생으로서 제1차 세계대전 때 미국에 특사로 파견되었고, 미국 내 친일여론을 주도했다.

그러나 미국의 아메리카 먼로주의를 구하고 있는 그 이유는 어디에 있는가. 그는 카리브해 정책이 그것을 설명하고 있나니, 미국은 말하되 그들 열국은 정치적 조직 및 군사적 세력이 약하여 언제나 내란이 있고 영일(寧日)이 없으니 그는 곧 미국에 직접 간접으로 영향이 파급된다는 것이고, 미국은 산업이 발달된 나라이나 그들 카리브해 제국은 농업국이니 여기에서 상호 연긴성(聯緊性)을 발견한다는 것이요, 다음에는 미국은 파나마 운하의 소유자이라는 것이니 그는 일본의 대만(對滿) 대중(對中) 관계와 무엇이 다르랴. 미국이 파나마 운하를 갖고 있는 대신에 일본은 만철(滿鐵)을 갖고 있으며 미국이 카르피아 제국에 32억 9천만 달러의 투자가 있으나 일본은 만주에 20억 원의 투자를 갖고 있다. 그리고 중국의 내란이 잦은 것은 현재에 실연(實演)되고 있는 바요, 발달되고 있는 일본의 산업이 중국 및 만주와 불가분의 관계가 있는 것도 또한 사실이다. 여기에서 동경에 주재하고 있는 미국대사는 동양에 있어 평화를 유지하려는 일본의 정책과 서반구에 있어 평화를 유지하려는 미국의 정책과 상사(相似)한 점이 있다 연설한 소이도 알게 될 것이다.

4.

이렇게 동양에 있어 일본을 맹주로 한 아세아 먼로주의는 포츠머스 조약 이래로 그가 일보 일보 그의 실현을 향하여 진보하고 있던 것이 워싱턴회의에 와서 일본은 그를 버리지 아니치 못하게 되었던 것이 만주사변 이후 그는 다시 비약적 발전을 보였으니 국련 탈퇴도 그것이요, 만주국의 성립도 그것이요, 북중(北中) 정전협정도 그것의 부분적 실현이었다. 그러나 여기에는 기다(幾多)의 난관이 있다. 그는 중국에 있어 일본의 이해관계 이전에 선점권을 갖고 있는 구미의 열국이 있다는 것이니, 그는 영국이 그러하고 불란서가 또한 그러하다. 영국이 장강(長江) 연안을 중심으로 하고 중부 중국에 갖고 있는 권익은 일본의 그것보다 우월한 바가 있으며, 미국도 또한 중국에 대한 유력한 발언이 있다고 자신하고 있는 것 등이다. 범아세아주의의 창도자이요, 그의 맹주인 일본은 그들의 세력을 어떻게 할 것인가. 그가 제일의 난관이요 다음에는 리튼 보고서*가 제시한 바와 여하 동양문제의 가장 행복된 해결은 상호의 호의와 협즈에 기한 일중 간의 악수가 있어야 할 터인데 지금에 있어 그는 바라기 어려운 일이다. (후략)

리튼 보고서(Lytton report) 1932년 만주사변과 관련한 중일충돌 문제 조사를 위해 결성된 영국의 리튼 경을 대표로 한 국제연맹조사단이 작성한 보고서. 일본군의 무력행동이 국제연맹 규약 및 9국 공약과 부전조약을 어긴 것이며, 만주국은 중국 인민의 지지에서 나온 자발적 독립운동의 결과물이 아니라는 내용이다.

58. 김명식, 외교와 전쟁

1.

국제정치는 갈수록 긴장하고 또 악화한다. 이미 제출된 문제는 하나도 해결이 되지 않고 신 사건은 층생(層生)*한다. 그리하여 그중에는 아무런 해결이 없이 세인의 기억에서 사라지는 것도 있으나, 그렇지 아니한 문제는 모두 시일이 경과함을 따라 더욱 악화할 뿐이다. 그럼으로 혹은 국제정치의 구심성을 무시하는 국가도 생기고, 혹은 그를 신임치 아니하는 국가도 있다. 그와 반하여 일층 국제정치의 구심성을 실현함을 노력하는 국가도 없지 않다. 그리고 그중에는 종래 근대국가의 국제적 구심성을 부정하고 그러한 기관에 참가함을 불긍(不肯)하다가 최근에 이르러서 그 태도를 근본적으로 전환한 국가도 있다.

2.

그러면 국제정치의 구심성을 무시하는 국가의 국제정책과 그를 고조(高調)하는 국가의 국제정책은 그 내용과 목적이 각각 다른 것이냐 하면 그렇지 않다. 전자도 국가적 이익을 위한 것이요, 후자도 국가적 이익을 위한 정책이다. 다시 말하면 국제정치의 구심성을 실현하는 것이 국가적 이익인 국가는 그를 고조하고, 그것이 이익이 되지 아니하는 국가는 그를 무시한다. 이것은 근대국가의 공통한 일이요, 어느 국가의 역사적 전통적 행동이 아니다. 그럼으로 국제정의란 것은 언제나 추상적 관념뿐이요 구체적 현실이 되지 못한다. 즉 원고의 정의나 피고의 정의가 일면적인 것과 같이 그것은 전체적 의의가 아니다.

3.

그리고 국제관계의 현상유지가 이익인 국가는 국제협조를 주장하지마는 현상타파가 이익인 국가는 그를 불고(不顧)한다. 어째서 그러냐 하면 국제정치의 구심운동은 대개 현상유지를 목적함으로써이다. 여기서 국제정치는 국내정치의 연장이오, 독립한 현상이 아니라 함은 부언할 필요가 없다. 그러므로 모든 국가의 국제정치의 본질은 오로지 그 국가의 경제적, 지리적 관계에 의하여 결정되고, 관념적 발작(發作)은 용납되지 않는다. 최근 소련의 국제정책이 근본적으로 전환한 것은 이유 없는 일이 아니다. 그리고 종래 소련이 국제정치의 원심 정책을 실행한 것은 물론 건국정신에 기인한 단순한 행동이 아니요, 또 자본주의 국가의 대 소련정책이 변경되지 아니 하였으면 이제 오히려 소련의 원심정책은 변하지 아니하였을 것은 틀림없는 사실이다.

■ 국제정치를 국가이익의 관점에서 논한 김명식의 국제정치론. 국제정치는 국내정치의 연장이며, 국제정치의 두 형태인 외교와 수단 모두 국가이익을 위한 수단이라는데 본질적인 차이가 없다고 말한다. 또한 무력의 배경이 없는 외교는 국가이익을 보장할 수 없으며, 따라서 무장외교, 철외교(鐵外交)가 필요하다고 주장한다. 출전은 『삼천리』 제7권 1호(1935.1.1.).

■ 金明植(1890~1943) 와세다 대학 졸업, 도쿄 유학 중 신아동맹단에서 활동. 신아동맹단은 이후 사회혁명당으로 개편. 귀국하여 사회혁명당과 상하이파 고려공산당에서 활동하며 노동운동 단체인 조선노동공제회 창립에 참가. 1922년 동아일보 기자였던 김명식은 사회주의 대중잡지 『신생활』을 발행. 1922년 11월 발생한 신생활 필화 사건으로 체포되어 징역 2년형을 언도, 함흥형무소에서 복역, 1923년 출옥. 1927년 좌우합작으로 결성된 민족운동 단체 신간회의 제주지회장을 맡았으며 1930년에는 오사카 시에서 조선인 노동운동을 지도한 혐의로 수감. 이후 전향하여 일제 강점기 말엽에는 『동양지광』과 『조광』을 통해 다수의 친일 평론을 발표.

■ 『삼천리』(1929.6.~1942.7.)는 일제강점기에 종교지를 빼고 최장수한 대중잡지. 편집 겸 발행인은 김동환. 식민지통치 치하의 사회상과 생활상, 조선인의 의식을 알 수 있는 기사들이 많다.

層生 거듭하여 일어남.

4.

그런데 국제정치는 두 가지 형태가 있다. 하나는 외교요, 다른 하나는 전쟁이다. 그러나 전자도 국가의 이익을 위한 수단이요, 후자도 그의 수단임으로 이 둘 간에는 본질상의 차(差)가 있지 않고 무력을 현실적으로 행사하고 아니하는 형식상의 차가 있을 뿐이다. 그리고 무력적 배경이 없는 외교는 국가적 이익을 보장할 수 없는 현실에서 외교는 무력을 행사하지 아니하는 것이라는 규정에는 조건이 붙지 아니할 수 없다. 그뿐 아니라 어느 의미로는 전쟁보다 도리어 외교 관계에 있어서 무력적 우열이 철저히 반영된다. 다시 말하면 전쟁은 여러 가지의 전술에 의하여 전략이 성공을 기도함으로 혹은 기습, 혹은 궤계(詭計), 혹 이간(離間) 등의 방법에 의하여 실력 이상의 수확을 얻는 일도 없지 아니하다. 이러한 전술적 성공의 범위가 별한(別限)한 외교전에 있어서는 실력 이상의 성공을 얻기 어려운 것이니 여기서 무장외교 철외교(鐵外交)의 필요가 생기는 것이다.

5.

런던 군축회의 1930년에 열린 런던 해군군축회의. 제1차 세계대전 후에 열린 워싱턴 회의(1921~1922)에서 주력함 제한에 관한 합의를 보았지만, 1927년 제네바 해군군축회의에서 보조함 제한 문제가 결렬된 바 있다. 영국 맥도널드 내각과 미국 후버 대통령의 양해로 개최된 런던 군축회의에서는 주력함의 대체기간을 1931년에서 1936년으로 늦추고 주력함 수를 미국, 영국, 일본이 각각 15척, 15척, 9척, 보조함 총톤수 비율을 10:10:7로 하는 합의가 이루어졌다.

騎虎之勢 무슨 일을 하다가 도중에 그만두려 하여도 그만둘 수 없는 형편을 이르는 말.

그리고 이제 철외교의 극치는 런던[倫敦] 군축회의*에서 볼 수 있다. 이 회의의 명의(名義)는 군축회의요, 또 그 목적은 군축에 있다고 하지마는 명실(名實)이 아울러 군축회의인 것을 당사자도 부정치 아니한다. 그러므로 이 회의는 전쟁의 전주곡이 되지 아니할 수 없고, 그 까닭에 철외교의 본질은 철저히 표명되었다. 그리고 저들은 국내 재정문제로 군축의 필요를 하지마는 이 말이 거짓인 것을 누구도 모르지 아니한다. 그와 반하여 경제공황을 구출하는 방법으로 각국은 군비확장을 단행하고 있다. 최근 열강의 인플레이션 정책은 모두 군수공업을 중심하여 진행된다. 그러므로 이제 만일 어느 강대국가이든지 군축을 단행한다면 그의 산업경제는 서리 맞은 유아(幼芽)와 같이 위축되지 아니할 수도 없고, 그와 동시에 국가적 위기는 더욱 증대할 것이다. 그리고 이제 저들은 장래에 대한 절실한 위협을 느끼지 아니하는 것이 아니지마는, 그를 어찌 할 수 없이 기호지세(騎虎之勢)*로 나가는 것이다. 또 저들은 군축회의가 성공하면(공상의 곡형(曲型)이다) 군비가 경감한다고 하지마는 군사과학의 발달은 그를 부정한다. 즉 무장은 양보다 질인데 좋은 질은 많은 양보다 더 많은 경비를 요한다. 그리하여 철외교는 국제정치의 본질이 되었다.

59. 한국조직동맹, 일본의 만주침략에 대한 한국의 성명서

일본의 만주침략에 대한 한국의 성명서

■ 해외 한인단체 중의 하나인 뉴욕의 한국조직동맹(The Allied Korean Organization)이 1931년 11월 25일자로 발표한 성명서. 일본의 제국주의 침략이 북·남 양쪽을 겨냥하고 있음을 지적하면서 특히 조선과 만주를 비롯한 북진의 위협과 침략방식을 설명하고, 일본의 군국주의적 팽창이 저지되지 않는 한 극동의 평화는 보전되기 어렵다는 점을 강조하고 있다. 원문은 영문. 출처는 한국독립운동사 정보시스템(http://search.i815.or.kr).

대일정책, 대중정책

우리는 다시 한 번 일본이 아시아 대륙을 정복하기 위해 탐욕스런 손길을 뻗치는 현장을 목격하였다. 일본의 피비린내 나는 손가락은 이미 만주라는 파이를 휘저었으며, 동양을 강탈하여 배가 부를 때까지 이런 행동을 멈추지 않을 것이다. 이제 일본이 만주에 머무를 것이며, 제 삼자의 간섭에 쉽게 굴복하지 않을 것이라는 사실은 명명백백하다.

일본의 대륙 정책

일본 제국주의의 눈에 띄는 두 가지 정책이 있다. 이름하여 대만, 필리핀 군도, 네덜란드령 동인도 및 적도 부근의 섬들을 포함한 남서태평양의 정복과 한국, 만주, 몽고 및 중국 본토와 같은 아시아 대륙 동부를 점령하는 것이다. 남쪽으로 전진하려는 첫 번째 정책은 그곳을 점령한 서구 열강에 의해 일시적으로 저지되었다. 그러나 두 번째 정책, 즉 북쪽으로의 정복은 최근 중국에서의 홍수와 중국의 내분, 그리고 5개년 계획으로 인해 이곳 쟁탈에 뛰어들지 못하는 러시아의 상황 및 서구의 경제 침체로 개방된 상태이다.

일본은 반복해서 엄숙히 약속했던 한국의 주권과 독립을 뒤집고, 1910년 한국을 병합함으로써 대륙에서 거점을 확보했다. 한국인들은 이미 알고 있듯이, 일본은 너무나 많은 조약과 협정을 위반하였기 때문에 일본이 참가국의 일원으로 참여했거나 앞으로 참여할 국제 조약이나 협정을 일본이 진실되게 유지하거나 그에 부응하리라 믿는다면 웃음거리가 될 것이다. 아시아인을 위한 아시아라는 핑계 아래 한국을 병합한 이후, 일본은 만주를 몰염치하고 호전적이며 비난받아 마땅할 제국주의적 정복의 두 번째 희생양으로 만들 기회를 호시탐탐 노리고 있었다. 그래서 1915년 만주에서의 일본의 경제 우선권을 보장하는 악명 높은 21개 요구사항*을 중국정부에 강요하였다. 안강시-사평가* 철도는 일본 자본에 의해 건설되었으며, 또한 일본의 보조를 받은 길림-회령 철도도 거의 반 정도 완성되었다. 남만주의 철도를 근간으로 하여 만주에서 가장 비옥한 지역은 경계가 그려지고 완전히 일본의 지배하에 들어갔다.

21개 요구사항 1915년 일본이 중국의 위안스카이(袁世凱) 정부에 대하여 요구한 이른바 '대화(對華) 21개조 요구'를 말함. 이를 통해 일본은 독일이 가지고 있던 산둥성에 대한 권익을 일본에게 넘길 것, 뤼순과 다롄의 조차기간 및 남만주철도 이권을 연장할

한국 병합과 만주에서의 일본군 행동 사이의 흥미로운 유사점들

일본이 한국을 병합하기 전에 일본은 조선의 국모를 시해하고 조선의 황제를 퇴위시켜야만 했다. 왜냐하면 그들이 일본에 적대적이었으며, 한국을 강탈하려는 일본의 탐욕스러운 속셈을 간파할 정도로 현명했기 때문이었다. 그런 다음 일본은 일본이 시키는 일이면 무엇이든 따르는 심약한 인물을 옥좌에 앉혔다. 이제 장쭤린*과 장쉐량*에게 어떤 일이 발생했는가? 장쭤린은 살해당했으며, 장쉐량은 강제로 퇴임됐다. 이제 만주에서 어떤 일이 일어날 것인가? 일본은 톈진에서 '소년 황제'를 데려와 일본의 명령을 따를 수밖에 없는 정부를 만주에 세웠다. 두 번째로 일본이 한국을 병합했을 때, 전 세계의 국가들에게 한반도의 전략적 위치를 핑계로 댔다. 즉, 다른 열강이 한반도를 병합하던 일본의 심장을 찌르는 비수와 같다고 핑계를 댔었다. 현재 일본은 과거와 똑같이 만주가 일본을 향해 겨누어진 칼이라고 들먹인다. 다시 한 번 일본은 과거 한국에서 했던 것처럼 발 빠르게 행동하여 세계가 잘 알기도 전에 만주 정부의 군사 및 치안 경찰을 접수했다. 일본은 한국을 병합하기 전에 한국에서 썼던 것과 똑같은 정책과 음모를 현재 만주에서 되풀이하고 있다.

만주에 있는 한국인의 실정

일본인의 경제 수탈로 인해 고국에서 쫓겨나서 갈 곳이 없었던 한국인들은 과거 수세기 동안 긴밀한 우호관계를 유지했던 중국인들의 동정과 관용을 바라며 만주로 이주하였다. 만주에 사는 한국인 농부들은 서로 동정하고 도와주면서 중국인들과 조화를 이루며 유복하게 살았다. 한국과 중국 사이의 연합을 매우 민감하게 의식해서 두 민족 사이의 결속을 깨뜨리는 음모를 펼치기도 했던 일본이 따라 들어와서 그들의 신민이라 생각하는 한국인에 대한 보호권을 주장하기 전까지는 말이다. 일본은 한국인이 거주하는 곳에는 어디든지 영사관 관리와 경찰을 파견했다. 자연스럽게 중국인들은 일본인들이 그들의 지역에 들어오는 것을 싫어했으며, 그런 이유로 한국인들도 비난받게 되었다. 그러자 한국인들은 중국정부 아래서 시민권을 얻게 되었다. 일본은 일본의 '신성한' 국적법에 모든 한국인은 만주에서 중국 시민이 되는 것을 금지한다고 썼으며, 이 법은 엄격하게 한국인에 대해서만 적용되었다. 그래서 한국인이 있는 곳이면 어느 곳이나 그 추악한 보호가 따라왔다. 그리고 한국인과 중국인 사이의 긴밀하고 우호적인 관계가 긴장되었다. 이에 일본은 비난받아 마땅하다.

위에서 언급한 내용 이외에도 만주는 가난으로 헐벗은 한국인뿐만 아니라 열렬한 한국의 애국지사들의 피난처였다. 한국으로부터 정치적 망명을 한 애국

것, 중국의 연안 및 도서를 제삼국에 양여하는 것을 금지할 것, 중국의 정치·재정·군사 분야에 일본인 고문을 둘 것 등을 요구함.
四平街 중국 지린성 서남부에 위치하며, 랴오닝성(遼寧省)과 접한다.

장쭤린(張作霖, 1873~1928) 중국의 군벌. 장쉐량의 아버지. 1928년 중국 펑톈(奉天) 부근에서 일본 관동군에 의한 폭파로 사망.
장쉐량(張學良, 1901~2001) 중국의 군벌. 1936년 12월 12일 시안(西安)에서 장쉐량이 장제스를 구금하고 제2차 국공 합작을 요구한 시안 사건을 주도하여 제2차 국공합작을 성사시킴.
장제스(蔣介石, 1887~1975) 중국의 군인, 정치·군사 지도자. 황푸군관학교 교장, 국민혁명군사령관, 중화민국 국민정부 주석, 중국 행정원장, 국민정부군사위원회위원장, 중국 국민당 총재, 삼민주의 청년단 단장, 2~5대 중화민국 총통을 역임.

지사들은 만주의 여러 도시에 본부를 세웠다. 거기에는 정치적인 협회와 많은 교육기관이 있다. 일본은 오래전부터 한국의 애국지사들을 몰살시킬 계획을 세웠다. 현재의 침략을 틈타 일본은 한국의 애국지사들을 무력으로 일소할 계획이다. 그래서 일본의 만주 정복은 한국인들에게 잃어버린 독립국가로서의 지위를 다시 획득하려는 희망을 날려 버리는 치명적인 일격이다.

일제 치하 20년 동안 한국인들이 보아 왔듯이, 일본은 국민의 행복과 권리에 대한 자비심 많은 정신이나 계몽된 보호자는 결코 아니었다. 일본은 늑대처럼 탐욕스럽고, 속마음은 칠흑처럼 시커멓다. 일본의 손은 평화를 사랑하는 우리 국민의 피로 붉게 물들어 있다. 일본의 지하 감옥과 교수대는 무시무시하고 혐오스럽다. 이러한 야만주의와 철혈 통치는 현재 문명을 고려할 때 참을 수 없는 것이다.

일본을 저지해야만 한다. 그리고 일본은 계몽된 세계의 여론에 따라 교훈을 배워야 한다. 일본이 한국에 대해 저질렀던 잘못이 올바르게 시정되어야 한다. 2천 3백만 한국인이 분노를 가라앉히고, 자유에 대한 열망으로 가득 차 있는 한, 한국은 세계의 약점 중 하나일 것이다. 한국은 해방되어야 하고 일본의 군국주의는 붕괴되어야 한다. 유해한 행동과 난폭한 본성이 세계의 평화를 사랑하는 국가들에게 계속적인 위협이 되는 제국주의 일본이 존재하는 한 전 세계, 특히 극동에서 평화는 없을 것이다.

뉴욕의 한국조직동맹(The Allied Korean Organization)
115가 서부 633 세트 번호 8 뉴욕 시

60. 이승만, 한국인들의 청원서

■ 임시정부 대통령 이승만이 1933년 2월 8일 국제연맹 사무총장에게 보낸 서한. 중일분쟁과 얽혀 있는 만주지역의 문제는 한국문제의 해결을 우선적으로 필요로 하며 일본의 제국주의적 팽창을 막기 위해서 한국의 독립이 선결조건임을 지적하고 있다. 출전은 국가보훈처, 『해외의 한국독립운동사료(I): 국제연맹편』, (1991), 203-205쪽.

존경하는 국제연맹사무국 사무총장 Eric Drummond 귀하

친애하는 귀하에게,

대한민국 임시정부에 의해 파견되고 한국, 만주, 일본, 시베리아, 하와이, 멕시코, 미국과 그 밖의 다른 지역에서 거주하고 있는 2,300만 한국인들을 대표하고 있는 우리 한국대표단은 한국문제의 공정하고 형평한 해결 없이는, 현재의 중일분쟁과 근본적이고 복잡하게 얽혀 있는 만주지역의 어떠한 해결도 지속적이고 항구적일 수 없다는 사실을 국제연맹 회원국들에게 환기시키게 되어 영광입니다.

세계에서 가장 계몽된 여론이 이미 형성되어 있고, 한국인의 권리요구권(Claim)은 극동상황에서 요인으로 인정하고 있으므로, 세계에 이 결론을 확인시킬 수 있는 어떠한 증거도 필요 없을 것입니다.

다음의 몇몇 사실들의 언급만으로도 우리의 권리요구를 기초로 하고 있는 정당한 이유를 명백하게 해 줄 것입니다.

1) 리튼 보고서(Lytton report)에서 '이중시민권', '토지소유권' 한국 국민의 '민족 및 문화 특성' 등과 같이 만주에서의 대규모 한국인의 거주에서 오는 문제들에 대한 많은 언급들은 한국민의 '소수민족문제'로서 주요 논제를 중추적이고 불가분리의 부분으로 공식적으로 인정하는 것입니다. 이 통신문에 첨부되어 있는 리튼 보고서와 그 보충 서류에 나온 약간의 발췌문들이 이 사실을 입증해 줄 것입니다.

2) 최근 한반도 전역에서의 국제적 충돌에 비추어 중국, 러시아, 일본과 관련하여 한국의 지리적 위치는 한국이 극동 상황에 대한 관건을 차지하고 있다는 사실을 적극적으로 강조합니다. 한국을 자신의 군사기지로 이용하고 있는 일본은 1884년 중국, 1904년 러시아, 재차 만주에서 중국인에 대해 쉬운 승리를 거두었습니다. 한국의 독립이 일단 회복될 때 아시아에서 일본의 적극적인 군사정복 정책은 대단히 불리한 입장이 될 것이고, 극동에서 신발칸 국가에 존립하는 위협이 완전히 제거될 것이라는 데 대해 의심할 여지가 없습니다.

3) 1931년 자신의 조약의무를 위반한 만주침략이 일본의 아시아 군사 정복의 최종 정책에 대한 두 번째 단계였듯이, 조약을 공개적으로 위반하면서 1910년에 일본의 한국 합병은 단지 첫 번째 단계에 불과했고, 한국 독립의 파괴는 기정사실(fait accompli)이기 때문에 논의될 수 없다는 일본의 주장은 소위 만주괴뢰국가의 수립이 기정사실이며, 그래서 논의될 수 없다고 한 일본의 최근 주장과 똑같은 성격을 가지고 있습니다.

첫 번째로 한국, 두 번째 만주에 대한 일본의 점령의 어떠한 인정도 사실상 국제연맹의 토대인 민족자결의 원칙을 무효화시킵니다. 인간애, 정의 그리고 세계 평화를 위해서 한국이나 만주에서의 조약 위반이 가져온 어떠한 상황도 인정되어서는 안 됩니다.

4) 한국 민족주의 정신의 억누를 수 없고, 저항할 수 없는 상승조류는 국제정의의 어떠한 면에서도 더 이상 무시될 수 없습니다. 다시 리튼(Lytton) 보고서를 일견하는 것만으로도 의심 없이 이 주장을 실증해 줄 것입니다. 23년간의 한국 점령 후 일본이 아직도 무력으로 한국을 점령하고 있고 한국인들 사이에서 일본의 권력이 자신의 군사력의 범위 이외에는 어디에도 존재하고 있지 않다는 바로

그 사실은 첫 번째 동화, 두 번째 공포(terrorism) 그리고 마지막으로 민족말살이라는 일본의 정책이 전체적으로 실패한 것으로 드러난 대표적인 증거입니다.

그 상황에 대해 더 이상 고려하지 않고, 또한 이미 잘 알려진 사실들, 즉 한국에 있는 일본의 통치하에서 존재하는 억압과 압제의 야만스런 방법과 통치 오류들을 재검토하지 않고, 우리는 이러한 2,300만의 고통 받고 저항하고 있는 한국인들의 목소리를 들어 달라는 요청과 더불어 이 간결한 설명서를 제출하기를 바랍니다. 또한 이 속에 귀하의 신의와 귀하의 존경하는 기관 앞에 이제 놓인 어려운 문제들의 궁극적인 공정한 해결에 대한 우리의 미비한 기고물들을 덧붙이기를 바랍니다.

대한민국임시정부 대통령

이승만 박사 삼가 올림

다. 내선일체와 국민

61. 인정식, 아등(我等)의 정치적 노선에 관해 동지 제군에게 보내는 공개장

동지 제군! 인간 우정을 최고도로 표현하는 이 아름다운 정열의 말로써 나는 다시 한 번 제군을 부르려 한다.

그리고 이 동지 제군이란 말 가운데 나는 종래의 조선의 공산주의자 제군만이 아니라 널리 민족주의적 노전사(老戰士) 제씨까지도 포함하여 나의 진심으로서의 말을 제군의 앞에 호소하는 동시에 제군의 고명한 비판을 기대하려는 바이다.

민족주의자로서의 제군과 또 공산주의자로서의 제군의 사이에는 물론 서로 조화될 수가 없는 여러 가지의 원칙상의 차이와 정치상의 대립이 존립하고 있다는 것을 나는 모르는 바도 아니다. 그러나 여하한 대립과 또 상극이 엄존한다 할지라도 제군이 의연히 종래의 근본 사상과 원칙적 주장에 충실하기를 마지않는 한, 우리들이 사는 이 동아의 천지를 너무도 소란스럽게 잡아 흔들고 있는 극동의 신사태에 직면하게 될 때 제군은 반드시 이러한 모든 대립을 초월하여 한 개의 공통된 정치적 태도와 정책적 목표에 일치되리라고 믿는다.

지나사변이 발발되어 이미 1년이 넘는 그동안은 일본 제국을 경제상의 또는 정치상의 유일 절대의 맹주로 하는 동아의 재편성 과정은 실로 놀랄 만한 공전

■ 『삼천리』 제10권 11호(1938.11.1.)에 실린 인정식의 글. 조선의 민족주의와 공산주의가 패배하고 동아시아 대세가 일본 쪽으로 기울어졌으므로 전향을 통해 일본제국에 협력하고 제국 신민으로서의 임무를 충실히 수행하는 것이 아시아 민중의 행복과 번영을 보장하는 길이라 주장하고 있다.

■ 印貞植(1907~?) 김영호(金永浩)·김수참(金水參)이라고도 불리었으며, 필명은 약화(若火)·엽풍(葉楓)이다. 1929년 7월 조선공산당을 재건한 혐의로 체포되어 치안유지법 위반으로 투옥되었다. 1934년 가출옥한 뒤 1935년 『조선중앙일보』 기자가 되었고 마르크스경제학에 입각하여 조선의 경제 및 농업을 연구하였다. 1936년 조선공산당재건경성그룹에 가입하여 기관지 『적기』(赤旗) 창간. 1938년 공화계(共和契) 사건 주모자로 체

(空前)의 대규모와 미증유(未曾有)의 급격한 속도로 진행되어 아세아의 전 지도를 변화시키고 말았다. 장제스(蔣介石) 일파의 국민당 군벌과 주더(朱德)*, 마오쩌둥(毛澤東) 등을 수반으로 하는 중국 공산당의 항일 민족전선에 의한 이른바 초토(焦土) 항전이 지금 이후 어떻게 집요하게 전개된다 할지라도 이미 결정된 이 동아의 새로운 대세를 역전하기는 절대로 불가능하다는 것이 객관적 정세를 냉정하게 판단할 줄 아는 모든 지성의 일치되는 결론이 아니면 안 될 것이다.

이리하여 아세아의 모든 민족은 이 역전될 수 없는 새로운 대세를 명확히 인식하는 동시에 이 대세가 진행하는 노선에 순응하여 각자의 민족의 행복과 또 번영을 꾀하고 있는 것이다.

경애하는 동지 제군 과거 십 수 년 동안 우리들의 생활 기록에 있어서 우리들이 해결하려 한 중심의 과제는 언제든지 변함이 없었다. 한 개의 민족으로서의 조선인의 영원한 행복과 번영을 기대하며, 또 조선인의 행복을 반드시 포함하지 않으면 안 되는 아세아 문제의 원만한 해결만이 우리들의 꿈에도 잊을 수 없는 최대의 관심사가 아니었더냐.

과연 그렇다면 금일의 지나사변과 같이 우리들에게 있어서 막대한 관심을 끄는 일은 다시 없을 것이다. 폭포를 듣는 사자와 같이 장강(長江) 일대에 울리는 원뢰(遠雷)의 소리에 우리들은 정열의 귀를 기울이지 않으면 안 된다. 그리하여 일각이 바쁘게 우리들의 정치적 태도를 결정한 후 결정된 소신에 따라 용감하게 돌진하지 않으면 안 될 것이다. 현실은 언제든지 기회주의를 멸시한다. 일체 정치적 무관심, 정책적 주저는 결코 사상인이 취할 바 태도가 아니다.

제군은 과연 금일의 조선 민중에 대해서 어떠한 정치적 태세를 요청하며, 또 명일의 조선인에 대해서 여하한 사회적 행복을 약속하려 하는가.

나는 감히 제군 앞에 이 중대하기 짝이 없는 당면에의 문제에 관해서 엄숙한 판단과 냉정한 결정이 있기를 바라는 동시에 사변 발발 이후 수많은 내적 고민과 고통의 사색을 경유하여 지어진 나의 소신을 피력하여 제군의 고명한 비평을 대망(待望)하려는 바이다.

바라건대 나의 이 공개장으로 하여금 제군과 나를 영원히 몌별(袂別)*케 하는 분기(分岐)의 도표가 되지 않게 하여 주소서. 과거 십 수 년 동안 피와 땀으로 쌓아 온 자기의 전 과거와 철창에서 맺어진 동지적 우정을 폐리(蔽履)*와 같이 버린다는 것은 어떠한 우부(愚夫)에게 있어서도 결코 유쾌한 일은 아닐 것이다. 그러나 쌓아 놓은 과거의 업적이 오류에 찬 것이며 걸어온 과거의 노선이 민중을 그르치는 마(魔)의 길이었다는 것을 명확히 자각하게 될 때에는 우리들이 적어도 한 개의 사상인인 한으로 태양을 응시(凝視)*하는 맹취(猛鷲)와

포되었으나 사상전향을 선언하고 석방. 이후 대륙연구소에서 경제적인 내선일체를 연구. 해방후 좌익세력의 통일전선체인 민주주의민족전선에서 토지 및 농업관계 저술활동을 펼쳤으며, 조선과학자동맹에서도 활동하였다. 1949년 국가보안법 위반으로 체포되었으나 사상전향을 선언하고 보도연맹에 가입하여 석방되었다가 한국전쟁 중 월북하였다.

朱德(1886~1976) 중국의 군사지도자·정치가. 윈난 군관학교장 겸 공안국장을 지내면서 저우언라이·허룽 등과 함께 반군을 조직, 장정(長征)에 참가하였다. 공산당정권 수립 후 국가부주석 겸 국방위원회 부주석, 중앙정치국 위원 및 상임위원 등 역임.

袂別 소매를 잡고 헤어진다는 뜻으로, 섭섭히 헤어짐을 이르는 말.

蔽履 낡은 신발.

凝視 원문은 '擬視'로 되어 있으나 의미상 '凝視'의 오기로 보임.

같이 새로운 진리와 신념을 향해서 용감하고 대담하게 매진할 줄을 알아야 한다. 요새 말로 말할 때 사람들은 이러한 신념상의 변화를 가리켜 소위 전향이라고 한다. 그러나 참된 의미의 전향이란 것은 일체의 기회주의와 또 정치상의 무관심을 근본적으로 배제하지 않으면 안 된다. 그럼으로 종래의 공산주의자로서의 전향이란 결국 적색 진영에 대립되는 다른 진영에로의 추이(推移), 다시 말하면 방공 진영에로의 결정적 이행을 의미하는 것 이외에 아무것도 없다.

나의 이러한 태도는 끝까지 엄숙하고 냉정한 판단을 기초로 하였다는 것을 제군에게 영원히 인정받고 싶다. 만일 야비한 촌탁(忖度)*을 던지는 자가 설사 있다 하더라도 그것은 촌탁하는 자 자신의 잘못이며 촌탁 당하는 나는 조금도 관지(關知)할 바가 아니다. 만일 제군이 의연히 과거에 집착되기를 마지못하여 우리들 사이에 설사 피투성이의 싸움이 전개되는 날이 있다 할지라도 나는 나의 새로운 신념에 끝까지 충실하기를 마지않으려 한다.

忖度 남의 마음을 미루어서 헤아림.

그러나 다시 한 번 원컨대 이 공개장으로 하여금 제군과 나를 영원히 결별케 하는 분기의 도표가 되지 않게 하여 주소서. 그리하여 우리들로 하여금 내일의 아세아를 리드하는 새로운 의미의 사상 전사로서 동아의 맹주가 지시하는 국책적 노선을 따라 우리들의 전 의욕과 전 정열과 전 지혜를 다시 한 번 한곳에 뭉쳐볼 수가 있다면 (원주: 이하의 서술에 있어서 나는 A라는 사람을 가정한다. 그리하여 이 A와의 대화를 통해서 나는 나의 소신을 보다 명백하게 피력하려 한다).

A: 그래 네가 말하는 동아의 대세란 일반적으로 무엇을 의미하는 말이냐.

나: 동아의 대세란 것은 동아의 각 민족의 경제적 정치적 내지 문화적 생활을 직접 혹은 간접으로 지도 또는 지배할 수가 있는 유일 절대의 맹주의 세력에 의한 전 극동의 재편성 과정의 진행을 의미함이다.

A: 그렇다면 이 유일 절대의 맹주란 대개 열강 중의 어느 세력을 지칭함이냐.

지나사변이 발발되기 전까지에는 중원의 패권을 다투는 열강의 대립 세력으로서 우리는 주로 영국 일본 소련의 3대 세력을 볼 수가 있었다. 쑨원(孫文) 씨가 일찍이 개탄한 바와 같이 현대의 지나는 결코 완전한 독립국가가 아니었다. 그것은 쑨원이 지명한 대로 한 개의 광대한 반식민지였다. 장제스 국민당 정권에 의해서 최근 십수 년간을 통하여 가장 강력하게 추진되어 온 소위 국가 통일 운동으로서도 이러한 반식민지적 상태를 완전히 지양할 수는 없었던 것이다. 더욱이 이 통일운동이란 것은 결코, 중앙정권에 대한 민중의 정치적 신망을 기저로 한 것이 되지 못하고 서로 서로 상극하여 마지않는 대소 군벌 간의 모순을 임기응변적으로 해결 완화함에 의해서 달성하려 한 데 불과하였다. 이것은 실로 장제스 정권에 의한 국가 통일 운동에 내재하는 기본적 모순이었다. 어쨌든 반식민지적 상태를 면치 못하는 한 현대의 지나는 항상 열강 중의 어느 세력에 직접 혹은 간접으로 귀의하지 않을 수가 없었다. 노쇠하고 교활한 영 제국은 신장(新疆)과 티베트[西藏], 윈난(雲南)과 구이저우(貴州) 등 서남(西南)의 변경을 거처 중원에 달하는 '루트'를 통하여 또는 홍콩(香港)을 기지로 하는 직선적 '루트'를 통해서 항상 침략의 기회를 엿보아 왔으며, 적색 제국주의의 '소비에트' 연방을 신장에서 간쑤(甘肅), 산시(陜西)를 거처 지나 본부에 이르는 수많은 적색 '루트'를 통하여 중원의 패권을 다투고 나온 것이다. 이 양대 침략 세력에 대항하여 우리 일본 제국은 과거 십수 년간 실로 은인자중하면서 일지(日支) 양국 간의 긴밀한 제휴에 의한 동아 화평의 확립을 끊임없이 제창하여 왔다. 그러나 원교근공(遠交近攻)을 최고의 국책으로 하는 지나의 중앙 정권은 이 성의 있는 제창에 순응하지 않았을 뿐 아니라 도리어 적로(赤露)와 노영(老英)의 노력에 귀의하여 완전한 항일 내지 매일의 지나로 일변되고 말았다. 지나 사변의 발발도 실로 이 항일 지나의 이처럼 우망(愚妄)하기 짝이 없는 자멸적 정책에 그 원인이 있는 것이다. 전쟁의 참화에 대한 전 책임은 당연히 이 항일 지나의 수령들이 지지 않으면 안 될 것이다. 이에 관해서도 우리는 수많은 실증을 예시할 수가 있다. 더욱이 쇼와(昭和) 8년(1933) 7월에 중화 소비에트 정부가 이미 우리 제국 정부에 대해서 선전 포고를 발하였다는 것은 그들의 자살적 도전을 확증하는 사실로서 현대 지나사 상에 지울 수 없는 영원한 오점이 아니면 안 된다.

이리하여 항일 지나의 우매한 민중을 계몽하며 그들의 정치적 수령을 철저히 응징하는 동시에 동아의 영원한 평화와 번영을 반석의 기초 위에 확립하기 위하여 제국의 군사적 동원이 개시된 것이다.

상하이와 난징이 점령되어 저장(浙江) 재벌의 전 기구가 여지없이 파괴되는 동시에 현대 지나의 심장부가 그의 전체로부터 절단되고 만 지 이미 반년이 넘었으며 항우(項羽)의 고성(古城)인 쉬저우(徐州) 일대에서의 완강한 저항도 용이(容易)히 파쇄(破粹)*되고 최후의 방비를 굳게 하는 우한(武漢) 3진(鎭)*의 함락도 이미 목전에 임박된 금일 북지(北支)와 남지(南支)에는 제국의 간접적 지도에 의한 신 정권의 영향이 나날이 확대 강화되고 있으니 동아의 유일 절대의 맹주로서의 광영의 지위는 이미 우리 제국의 손에 점유된 것으로 단언되지 않을 수 없다.

破碎 깨어져 부스러짐.
武漢三鎭 우창(武昌), 한커우(漢口), 한양(漢陽) 3곳을 일컬음.

A: 동아의 맹주로서의 우리 제국은 과연 지나의 민중에 대해서 또는 아세아의 전 민중에 대해서 그들의 영원한 행복과 번영을 약속할 수가 없을까. 만일

이것이 불가능하다면 맹주로서의 지위는 도리어 아세아에 대한 전 죄악의 근본이 될 것이 아니냐.

그렇다! 철혈 재상으로 유명한 비스마르크는 '권력은 정의'(Macht ist richt)라고 갈파하였다. 그러나 권력이 곧 정의가 되지만 이 권력이 반드시 다대수의 민중의 복리를 위해서만 사용됨을 요하는 것이다. 권력 없는 정의란 무능을 의미하지만, 다시 정의 없는 권력도 또한 한 개의 압제를 의미함에 불과하다.

이러한 견지에서 나는 감히 나의 전 양심을 기울여 동아의 맹주로서의 제국의 권력은 극동 전 민상(民象)의 복리와 정확히 합치된다는 것을 단언할 수가 있다.(중략)

A: 일본 자본주의의 급속한 발전은 우리 조선 민족의 정치생활에 대해서도 중대한 영향을 가질 것이라고 믿는다. 이 점에 대한 관찰은 어떠한가.

그렇다. 지나사변이 발발한 이후 우리 조선의 정치생활에는 실로 미증유의 변화가 초치(招致)되었다는 것을 간과하여서는 안 된다. 첫째로 종래의 조선의 민족주의 운동과 공산주의적 노동 운동의 치명적 패배가 우리들의 주목을 끈다. 자본주의가 급속히 발달함에 따라 민족운동 내지 공산운동의 사회적 기초가 완전히 절멸되고 말았다. 민족주의자와 공산주의자의 대량적 전향과 아울러 일반 대중의 급속한 국민적 자각은 야마토[大和] 민족과 조선 민족과의 완전한 합체의 과정 다시 말하면 내선일체의 과정을 급격히 촉진하여 왔다. 일본 제국에 반항하는 XX적* 수단에 의해서가 아니라 끝까지 제국의 국책에 협동하여 제국 신민으로서의 임무를 충실히 다함에 의해서만 조선민족의 이익이 일보 획득될 수가 있으며, 또 이리하는 것만이 조선민족의 행복을 포함하는 동아의 번영을 위한 유일의 노선이 된다는 것이 진실로 조선의 현재 및 미래에 대해서 최대의 관심을 가지는 모든 조선인들의 공통된 자각이 되었다.

XX적 원문에서도 XX적으로 표기되어 있음.

첫째로 우리는 일한합병 그 자체부터가 결코 단순한 정복적 사실을 의미하는 것이 아니었다는 것을 명백히 인식해 둘 필요가 있다. 합병의 과정에 있어서는 확실히 일선 양 민족의 공존공영과 동아의 영원한 번영이 최대의 요인으로 고려되어 있었다. 무엇보다도 먼저 일한합병 이래 금일에 이르기까지의 조선 통치사의 실적을 일별할 필요가 있다. 마르크스주의적 공식론의 원리에 의하면 합병 이래 조선의 농촌은 외래자본의 압도적인 영향을 받아 농촌 계급 분화의 과정이 급격히 촉성되는 동시에 일방의 극에 있어서의 토지 재산의 집중과 집적, 타방의 극에 있어서의 일반 농민의 토지로부터의 분리, 농촌 과잉 인구의 범람, 매호당 평균 경작 단위의 축차적 세분화, 농촌생활 일반의 극도의 빈핍화(貧乏化) 등 일련의 비참한 과정이 급격히 촉진되지 않았으면 안 되었을 것이다.

그러나 농촌의 현실은 이러한 공식론의 원리의 적용을 철저히 거부하고 있다. 통계에 의하면 조선의 경지 면적은 메이지 43[1910]년에 있어서 답(畓) 면적이 84만 7천 정보(町步)이던 것이 쇼와 9[1934]년에는 16만 7천 정보로 배가 되었으며, 또 농가 일 호당 경지 면적은 답전(畓田)을 합하여 등 연도 간에 지수 100에서 142로 증가되었다. 또 경지 면적의 증대와 아울러 농업 생산기술의 미증유한 발전에 따라 미곡 생산의 지수도 현저한 증대를 보이고 있나니 메이지 42[1909]년에서 쇼와 10[1935]년에 이르기까지의 수확고 지수는 100에서 172로 증가하였으며 일 단보당 수확고의 지수도 100에서 447로 놀랄 만큼 약진되었다. 다시 미곡의 생산가액을 보더라도 동 연도 간에 있어서 지수 100에서 137로의 증가를 표시하고 있다. 이상의 숫자는 모두 조선 농촌의 일반적 번영과 농민 생활의 향상의 과정을 가장 단적으로 표시하는 것으로 일한합병의 진실한 의의를 증좌(證左)하는 바가 아니면 안 된다.

그러므로 지나사변의 발발 이후 우리 조선인이 해(海)의 내외를 막론하고 실로 전 민족이 국책에 대한 협동과 내선일체의 노선으로의 돌진을 거시하게 된 것은 조선통치 이래 조선 사회에서 달성된 이만한 경제적 발전과 또 이 발전을 기초로 하는 민중의 절대적 신망이 있었기 때문이었다. 적어도 4천 년의 고유한 역사를 가진 한 개의 문화민족이 민족 전체가 들어서 다른 민족과의 완전한 일체화를 기한다는 것은 결코 통치 당국의 권력만을 가지고는 설명되는 바가 아니다. 내선일체화의 이 역사적인 합류 과정에는 합병 이래 조선민족이 경험하여 온 제국통치에 대한 절대적 신망과 조선사회 내부의 공전(空前)의 번영이 사회적 요인이 되어 있는 것이다.

A: 너는 말하여 조선의 민족주의와 공산주의 운동이 치명적으로 패배하였다고 하였다. 그러하면 이 패배의 원인이 무엇이었더냐.

사람들은 흔히 이 패배의 원인으로서 당국의 준열한 검거와 탄압을 지적하려 한다. 그러나 이것은 사태의 일면만을 보는 형식적 관찰에 불과하다. 만일 조선의 운동이 과연 존립될 만한 역사적 합리성을 가졌다면 당국의 여하한 탄압으로도 그 발전을 완전히 저지할 수는 없었을 것이다. 조선의 운동이 치명적으로 패배하게 된 결정적 요인은 조선 민족의 국민적 자각과 또 이 자각을 가능케 한 민족적 발전 및 번영에 있는 것이다. 금일의 조선 민중은 여하한 XX도 요구하지 않는다. 그들은 끝까지 제국의 국책에 협동하려 한다. 그리하여 충실한 제국의 신민으로서 민족적 행복을 일보 획득하고 또 실현하려 한다.

A: 그러나 코민테른은 의연히 조선의 공산주의자에 대해서 투쟁의 지속을 요구할 것이다. 코민테른의 지원 및 지도가 여전히 지속되는 한 조선의 민족주의 내지 공산주의 운동은 의연히 생명을 보존할 것이 아니냐.

아니다. 만주사변 이래 조선에도 통하는 코민테른의 적색 도로는 모두가 치명적으로 단절되었다는 것을 잊어서는 안 된다. 더욱이 작년 이래 북지(北支) 및 상해의 점령에 따라 국내의 공산주의자들은 완전한 봉쇄 상태에 빠지고 말았으며 국외에 산재하는 그들도 활동의 근거를 완전히 상실하고 말았다. 코민테른은 여전히 투쟁의 지속을 호령할 것이다. 코민테른의 진실한 혼담(魂膽)은 여전히 잔인한 수단을 통해서라도 우리 제국의 국가적 역량을 약화하기만 하면 족하다는 것이다. 일찍이 레닌은 이동휘(李東輝)*를 모스크바[莫斯科]로 초빙하여 다음과 같은 격려를 한 일이 있다 한다.

"설사(設使)상 투쟁이라 할지라도 관계가 없다. 아무런 자라 할지라도 일본에 반항하기만 한다면 우리는 적극적으로 이를 원조할 의무가 있다"고 말하였다 한다.

조선의 사회가 망하거나 흥하거나 조선의 젊은 청년들이 대량적으로 투옥되어 어떠한 육체적 희생을 당하거나 그것은 조금도 코민테른의 관지(關知)하는 바가 아니다. 우리 조선인이 전 민족을 들어 멸망하는 한이 있다 할지라도 일본 제국에 대한 약간의 반항 요소가 되기만 하면 족하다는 것이 그들의 진정한 혼담이다.

또 설사 코민테른의 여하한 지시와 지원이 가능하다 할지라도 금일의 정세로 보아 공산주의자의 활동이란 것은 완전한 불가능의 상태에 빠졌다는 것을 잊어서는 안 된다.

A: 그러면 네가 제창하는 조선 민족에 대한 정치적 요구는 무엇이냐.

나는 무조건하고 제국의 국가적 노선에 협력하여 제국 신민으로서의 임무를 충실하게 이행하자고 주장한다. 먼저 우리는 국민으로서의 임무를 다하여야 할 것이다. 임무를 다한 후에 권리를 요구하자! 금일의 조선인은 결코 가련한 식민지 백성이 아니다. 적어도 전 동아의 지도와 지배를 향하여 나아가는 제국 국민의 일원이란 것을 잊어서는 안 된다. 이리하여서만 내선일체화와 내선 민족의 완전한 평등화가 구현될 것이 아니냐. 금일의 조선 민족의 전정(前程)에는 확실히 혜택의 전망이 보인다.

李東輝(1873~1935) 한말 독립운동가. 1919년 대한민국임시정부에 참여하여 군무총장, 국무총리를 역임함. 공산당으로 전향, 이승만·안창호 등과 대립하였다.

62. 윤치호, 내선일체에 대한 소신

■『동양지광』 1939년 4월호에 실린 윤치호의 글. 내선일체는 합병당시로부터 꾸준히 실행되어 왔지만 조선인의 민도가 향상됨에 따라 금일에 비로소 제기되었고 일본은 조선의 병참기지로서의 지리적 중요성, 식량공급지로서의 경제적 중요성, 문화적으로 우수한 민족성 때문에 조선에 대해 내선일체를 행하며 조선인은 천황의 적자로서 동등한 국민적 의무를 부여받아 동양 건설의 지도자가 될 수 있다는 점을 역설하고 있다. 원문은 일본어.

■『동양지광』 일제 강점기 말기에 발행된 내선일체를 주장한 친일 월간지. 약칭 『동광』(東光). 1939년 박희도가 사장을 맡았고 일본어로 발행되었다.

내선일체의 문제에 대해서는 내지와 조선 측에서 여러 가지로 비평이 행해지고 있는 것 같습니다마는, 저는 이에 관해서 네 가지만 말씀드리면서 또한 제 소신을 피력하고자 생각합니다.

첫째, 내선일체라 하면 이미 병합 당시에 구체화된 것인데, 새삼스럽게 그것을 강조할 이유가 어디에 있는가 하는 소론(所論)입니다. 그렇지만 이것은 명백히 잘못된 이론입니다. 마치 금방 태어났을 뿐인 아이를 어른과 마찬가지로 볼 수 없는 것처럼 우리 조선인도 병합 당시에는 단지 일본 국민으로 갓난아이에 불과했던 것입니다. 갓난아이가 어른이 되기 위해는 20년 이상의 교육을 필요로 하는 것처럼 우리들 조선인도 병합 이래 29년을 경과한 금일에 비로소 일본 국민으로서, 내지인과 마찬가지로 어른인 자격을 구비하게 되었다고 생각합니다.

요컨대 병합 이래 29년간의 총독정치는 우리 조선인을 내지인과 일원화하기 위한 과정이었던 것이며, 따라서 총독정치의 각 단계가 달라짐에 따라서 정치 자체에도 여러 가지 뉘앙스가 있었던 셈입니다. 주지하는 바와 같이 사이토(齋藤實) 총독*의 통치 목표는 내선융화에 있었습니다. 그것이 다시 우가키(宇垣一成) 총독*의 시대가 바뀌면서 자력갱생의 표어로 되었습니다. 다시 또 금일의 미나미(南次郎) 총독*의 시대로 되어서는 내선일체의 표어가 통치목표로 된 것입니다마는, 이들은 각각 각 시대의 사정을 반영하는 것이며 표어의 변경 자체에는 여러 가지로 모순이 있는 것처럼 보입니다. 하지만 그 본질적인 노순(路順)은 조선의 민도(民度)를 내지인의 그것만큼 끌어올려 내선일체를 완성하려 했던 점에 있는 것입니다.

사이토 총독 사이토 마코토(齋藤實, 1858~1936). 일본의 해군 군인. 1919~1927 및 1929~1931년 조선총독. 식민지 통치방법을 '무단정치'에서 '문화정치'로 전환했다. 1936년 2·26 사건 때 군부의 급진파 청년장교들에게 친영미파의 중신으로 지목되어 암살되었다.

우가키 총독 우가키 가즈시게(宇垣一成, 1868~1956). 일본의 군인·정치가. 워싱턴회의에서 합의된 군비축소를 실시하고 군의 근대화에 진력했다. 1931~1936년 조선총독. 고노에 내각에서 외무대신 을 지냈으며 전후 정계에서 추방당했다.

미나미 총독 미나미 지로(南次郎, 1874~1955). 일본의 육군 군인. 관동군 사령관을 거쳐 1936년 조선총독으로 취임. 내선일체와 황민화정책을 추진했다.

때문에 내선일체가 금일에 와서 문제가 되었다는 것은 하등의 모순도 없으며, 차라리 그것은 당연한 노순이라 하지 않으면 안 되는 것입니다.

둘째, 내선일체는 좋은 일이긴 하지만, 제국의 입장에서 특히 그것을 완수하지 않으면 안 될 이유가 어디에 있는가 하는 의문입니다. 저는 작년 9월 6일 미나미 총독과 면접을 했을 때, 미나미 총독은 저에게 조선청년 지도에 관한 세 개의 조목을 써 주셨습니다. 그중 제2항에 "동양인의 동양을 건설하는 핵심은 내선일체의 완벽에 있다"고 하는 것이 특히 강조되어 있습니다.

그래서 저는 당시 이 말에 대해 많은 의문을 품고 있었습니다. 도대체 우리 조선인이 내지인과 어깨를 나란히 하여 전 동양을 지도할 수 있는 자격을 갖고 있을까? 여러 가지 점에서 우리는 내지인보다 아직도 열등한 것이 사실입니다.

우리가 내지인과 동등한 자격을 갖고서 동양인의 동양을 건설하는 지도자가 된다는 일이 과연 가능할까? 이러한 일을 저 자신이 매우 의문스럽게 생각하고 있습니다.

그런데 그 후 저는 문제를 더욱 냉정하게 생각하면서, 이러한 의문을 완전히 일소(一掃)하게 되었습니다. 무엇보다 지리적으로 보아 우리 조선은 제국의 대륙정책상 실로 가볍게 볼 수 없는 요지가 되어 있습니다. 이것은 아주 중대한 의의를 갖는 것이며, 신동아 건설의 가능성 여하의 문제가 실로 내선일체의 완성 여하에 달려 있다고 해도 과언은 아닙니다. 주지하시는 바와 같이 우리 반도는 제국의 대륙정책상 소위 병참기지로서의 지위를 점하고 있습니다만, 이러한 지리적 중요성으로 보아서 내선의 일원화, 즉 우리 조선인으로 하여금 내지인과 마찬가지로 동양 건설을 위해 대등한 국민적 의무와 자격을 갖고 매진하게 하는 일이 얼마나 긴요한가는 제국의 대륙정책의 입장에서 극히 자명한 사실입니다.

또한 경제적으로 보더라도 내지의 어떤 경제학자가 강조하는 것처럼 조선산 미곡은 제국의 국책 수행상 더없이 중대한 의의를 가지며, 이것이 금일의 대륙 전선을 지탱하는 중요한 힘이라는 것입니다. 또한 인적으로 보더라도, 금일의 조선인은 아닌 게 아니라 문화적으로는 뒤쳐져 있습니다만 민족적 소질로 말하면 결코 열등한 민족은 아닙니다. 저는 조선 민족의 우수한 소질을 항상 확신하고 있습니다. 여기에 근대적인 교육과 문화와 자격만 주어진다면 충분히 내지인과 어깨를 겨루며 동양 지도는 물론 세계의 지도를 위해서도 공헌할 수 있는 우수성을 갖고 있다고 생각합니다.

어떠한 경우에도 우리 조선인이 열등한 민족이라는 것은 증명되지 않았어요. 단지 근대 문명을 도입하는 데서 뒤쳐져 있었던 것뿐입니다. 오히려 우리의 역사를 뒤돌아볼 때 조선인은 실로 세계에 자랑할 수 있는 허다한 문화재를 남기고 있지 않습니까? 또한 근년의 일을 보더라도 세계를 제패한 손기정 군이 우리와 똑같은 반도인이라는 것은 더 말할 필요도 없는 일이라 극히 세세한 예들이긴 합니다마는, 역시 조선인이 민족적으로 결코 남에게 떨어지지 않는 체력과 의지력을 갖고 있다고 하는 가장 강력한 실례들입니다.

따라서 인적으로 볼 때 이처럼 우수한 소질을 갖고 있는 우리 조선인이 내지인과 동등한 국민적 의무 및 자격을 부여받았을 경우, 내지인과 동등하게 동양 건설의 지도자가 될 수 없다는 말을 어떻게 할 수 있겠습니까? 저는 이러한 이유에서 아까도 말씀드린 것처럼 미나미 총독이 말씀하신 "동양인의 동양을 건설하는 핵심은 내선일체의 완벽에 있다"는 표어를 극히 심각한 의의를 갖는 진리라고 확신하는 바입니다.

셋째, 조선인 측에서 나오는 비평입니다마는, 조선인이 내선일체를 해야만 하는 이유가 어디에 있느냐고 하는 소론(所論)입니다. 이것은 주로 민족주의적 편견의 표현입니다만, 어떠한 입장에서 보더라도 내선일체의 길 이외에 조선인이 나아갈 길이 발견될 수 있습니까? 내선일체의 길을 거부한다고 하면 조선인이 나아갈 방향은 명백히 공산주의 이외의 아무것도 아닐거예요. 하지만 이 공산주의에 의해 조선인이 조금이라도 행복해질 수 있다고 생각합니까? 저는 그렇게 생각하지 않습니다. 이론이야 어떠하건, 혁명 이후 20년을 경과한 오늘날 러시아의 실정을 보란 말입니다. 역사에 유례가 없는 저 아주 참혹한 슬픈 상태 속에 우리가 놓여져야만 할 이유가 어디 있다는 말입니까? 공산주의는 결코 우리의 나아갈 길이 아닐 뿐 아니라 결정적으로 그것을 배제하고 또한 박멸하는 것이 우리의 행복의 길이라 믿습니다.

이렇게 보았을 때, 내선일체는 우리 조선인으로서도 실로 사활을 결정하는 중대한 문제라고 말할 수 있습니다. 즉 우리는 내선일체에서 우리가 나아가야 할 유일한 민족적 진로를 발견하며 이 도로 위에서 행복한 장래를 전폭적으로 기대할 수 있다고 생각합니다.

마지막으로, 내선일체를 반대하는 의론으로 소위 '내주선종'(內主鮮從)이란 말이 전해지고 있습니다. 이것은 말할 것도 없이 조선을 식민지로 생각하는 관찰법입니다. 주지하는 듯이, 일시동인(一視同仁)은 황송하옵게도 천황 폐하의 성지[御聖旨]인 것이며, 우리도 마찬가지로 천황 폐하의 적자(赤子)라는 하는 자격과 의무가 이 성지에 의해 보장되어 있는 셈입니다. 때문에 조선을 식민지시한다는 것은 일시동인의 성지를 무시하는 형법상의 불경죄(不敬罪) 문제예요. 따라서 이런 견지에서 말하는 내선일체 반대론은 국가의 경찰이 간섭해야 할 문제이며, 우리가 간여할 일은 아닙니다.

그리고 내선일체라 하지만 오늘날 그것은 조선 내의 내선인만이 말하고 있는 일이며, 내지에서는 털끝만큼도 문제 같은 게 되어 있지 않다고 말하는 사람도 있지만, 심한 우론(愚論)이라 하지 않을 수 없습니다. 예를 들면 금강산은 세계에 자랑할 만한 굉장한 산이지만, 내지인이 그걸 모른다고 금강산의 가치가 저하되는 것은 아닙니다. 이와 마찬가지로 내지의 내지인이 아직 충분히 인식하고 있지 않다고 내선일체의 진실성이 조금도 저하되는 것은 아닙니다. 우리는 내선일체에 대한 일반 내지인의 인식을 높이고 또한 지도해야만 하는 것입니다.

63. 김한경, 공동운명에의 결합과 그 환원론

내선일체(內鮮一體)는 조선민족 전반의 사활을 제(際)하는 중대 문제임에도 불구하고 오랜 동안 조선의 문화인, 사상인은 이에 대하여 어느 의미로 무관심한 태도를 지속하여 왔다.

그 이유는 대체 어디에 있을까. 그들이 결코 역사와 사회에 대하여 맹목이 아닌 것을 필자는 잘 아는 바이며, 어느 의미로 보아서는 그 누구보다도 가장 예민한 형안(炯眼)*을 가지고 있는 줄도 잘 아는 바이다.

그들이 조선의 문단과 사상계를 위하여 쌓아 온 공적은 실로 거대한 것이다. 그들은 모두 혹은 문필로, 혹은 언론으로, 혹은 행동으로 가장 정열적이며 가장 양심적인 욕구를 솔직히 표현해 왔다. 그리하여 그들이 끼친 영향은 조선 민중에게 혹은 귀중한 교훈이 되고 혹은 심각한 감화력이 되어 짧으나마 조선문화사 상의 새로운 전통을 세워 온 것이다. 오늘날 조선의 문단과 사상계의 관심을 가지는 인사로서 그 누가 이 공적을 부정할 자가 있으리오.

그럼에도 불구하고 왜 그들은 내선일체를 진지한 태도로써 추구치 아니하였던가, 적어도 문화인의 양심으로써 이 문제의 합리적 해결을 위하여 충실한 해답이 있어야 할 것이 아니었던가.

이에 대한 이유는 간단한 것이다. 제일은 문화인의 태도는 양 극단의 행동을 경계한다는 의미에서 문화인 독자의 입장의 견지이오. 제이는 자유주의의 민족문제와 공산주의의 민족문제를 공구(攻究)*하던 태도와 방법을 떠나서 내선일체를 고찰하려는 노력이 부족했던 것이오. 제삼은 과거의 좌익 문화운동이 너무나 사상성에 편중되어 기계적, 공식적인 과오를 범해 온 까닭이라 할 수 있다.

이상과 같은 세 가지 이유는 모든 기회에 있어서 그들이 솔직히 발표해 온 단편적 의견의 종합이다. 필자는 결코 이에 대한 비평을 운운하려 함은 아니다. 아니 보다도 이 세 가지 이유는 모두 정당한 것으로 생각되는 동시에 장래의 조선 문화운동은 이 세 가지 조건을 무시하지 않는 한에서만 가장 창의성 있는 발전을 기할 수 있을 것이라고 확신하는 바이다.

그러나 이 세 가지 견해는 모두 정치적 현실을 떠난 소극적 태도에 불과하다. 그것은 세계적 규범에 있어서 발전해 가는 동아의 신(新)사태와 조선 민족의 역사적 운명을 제하는 내선일체화 운동과는 다대한 거리가 있는 것이다. 역사는 개개인이 의사와 독립하여 발전한다. 개개인이 욕구하는 방면으로 역사가 진행되는 것이 아니요, 반대로 개개인의 욕구가 역사적 현실에 종속되는 것이다. 이 견해는 일견 유물사관적 사고방법과 같은 것인가 혐의가 없지 아니하나

■ 『삼천리』 제12권 3호(1940. 3.1.)에 실린 김한경의 글. 내선일체가 단순한 표어가 아니라 공동 운명의 결합이므로 적극적으로 추구해야 한다고 하면서 민족동화론과 민족협동론을 제시하고 동화와 협동의 정당성을 가늠한다. 동화론을 옹호하면서 황국 일본의 건설을 위해 일익의 역할을 각오하고 내선이 위대한 문명민족으로 창조되어야 한다고 주장하고 있다.

■ 金漢卿(1902~?) 일명 김균(金均). 1925년 도쿄로 건너가 조선공산당 일본연락부 부원으로 활동. 제2차 조선공산당 탄압 과정에서 조직이 와해되지만, 1927년 조선공산당 일본총국을 재건하고 선전부장이 되었고, 1928년에는 재일본 조선노동총동맹에 가입하여 중앙집행위원 및 정치부 부장에 선임되었다. 같은 해 8월 조선공산당 일본총국이 주도한 국치일 기념투쟁 때 일본경찰에 잡혀 징역 6년형을 선고받았다. 출옥 후 전향하여 1938년 시국대응전선 사상보국연맹 결성준비위원에 선임됨.

炯眼 날카로운 눈.
攻究 학문, 기술 등을 끝까지 깊이 연구함.

사실은 모든 과학자의 자연관이 거의 이에 일치되는 것이다. 그러므로 우리가 보는 역사적 사실은 극히 냉정한 객관적 관찰을 요한다. 모든 조잡한 욕구를 떠나서 백지와 같은 견지에서 가장 솔직한 현실 파착(把捉)에 전념치 않아서는 안 될 것이다.

내선일체는 결코 일개의 위대한 정치가의 국책적 표어가 아니다. 내선 양 민족의 공동의 운명의 결합이요, 환원이다. 조선의 민족적 전통의식이 아무리 이것을 거부할지라도 생동하는 역사적 현실은 부정할 수 없을 것이며, 야마토[大和] 민족의 도국(島國)적 근성을 고집하는 모든 협애보수주의자들의 견해가 아무리 이것을 빈척(擯斥)*할지라도 야마토 국가의 생명적 발전은 결코 이것을 용서치 않을 것이다. 내선일체가 만주사변과 지나사변이 진행되는 도정에서 정치적 문제로 등장했다고 해서 내선일체는 일개의 정치적 표어에 불과하다고 생각한다면 그야말로 피상적 관찰 즉, 거두절미(去頭絶尾)의 역사관이 아니면 안 될 것이다. 왜 그런가 하면 멀리는 일청, 일러의 전역(戰役)을 중심으로 출현된 극동의 신사태와 경술*, 기미*의 내부적 상극 관계를 계기로 하여 조선의 정치적, 문화적 생활 조건이 변해 온 사실 등을 냉정히 회고한다면 오늘날 내선일체 운동은 그의 당연한 귀결이오, 필연적 욕구임에 틀림없는 까닭이다. 내선일체는 일선동가(日鮮同家)의 시정 방침의 일보전진을 의미한다. 그와 동시에 모든 내선 인간의 구체적 생활 조건이 이에 따라서, 즉 이 기준 상에 본격적 활동을 개시할 것이다. 이 순간에 있어서 조선의 문화인, 사상인의 가장 필요한 문제는 이 현실을 일체의 협애한 전통적 관념을 떠나서 진정히 파악하는 데 있다. 동시에 내선일체가 오늘날 불완전한 상태에 있다고 해서 이에 대한 비관적 태도를 긍정할 이유도 없는 것이다. 보다는 차라리 가장 대담하고 가장 솔직한 태도로써 내선 양 민족의 건전한 발전을 위하여 분연히 싸워야 할 것이다. 역사가 주는 과제를 등한시한다는 것은 민중을 지도하는 지위에 있는 문화인의 양심상 너무나 무책임한 일이다.

擯斥 싫어하여 아주 물리쳐 버림.

경술 1910년 경술국치.
기미 1919년 3·1 운동.

이제까지의 내선일체 운동은 두 가지 방법론을 제공하여 왔다. 그 하나는 민족동화론이고, 그 둘은 민족협동론이다. 전자는 조선인의 언어, 풍속, 습관을 일체 내지인과 같은 모양으로 동화해야 한다는 견해요, 후자는 조선인의 언어, 풍속, 습관을 그대로 인정하고, 조선 민족의 특유한 성능을 온전히 발휘하여 그 최고 지도 원리로서의 국체정신의 보급, 침투를 꾀하자는 견해이다. 이 양개의 주장은 내선일체라는 국부적 문제에만 한정된 것이 아니요, 오늘날 제국이 당면한 내외의 제 문제에 대하여 전면적으로 그 시각을 달리하는 바이다. 지나사변 처리에 대하여, 동아협동체 건설에 대하여, 내선일체 구현에 대하여, 국체학

(國體學)에 대한 인식 문제에 있어서 각각 그 특수한 견해를 고수하고 있는 것이다. 그러므로 이 전반적 근본 문제가 바로 해결되지 못하는 한, 내선일체 운동도 그 구체적 행정과 방법이 확립되기는 곤란한 상태에 있다고 할 수 있다.

그러나 이상과 같은 전체적 문제를 구체적으로 구명하는 것은 본론의 목적이 아니다. 뿐만 아니라 내선일체는 그 어의와 어감 상으로 보아 내선 양 민족의 완전한 동화를 구극(究極)의 이상으로 한다. 또 유구한 장래의 내선 양 민족의 발전 행정은 필연적으로 완전한 동화에까지 추향(趨向)치 않을 수 없을 것이다. 이러한 점에 있어서 우리는 지금 조선의 위정 당국이 요구하는 내선동화의 기본 문제를 먼저 검토해 보기로 하자.

내선 양 민족은 완전히 동화될 수 있을까?

조선인은 자기 고유의 반만년의 역사를 가지고 있다. 언어와 풍습이 내지와 다르고 또 20세기 이후부터 조선에 발전된 새로운 문학 운동은 어느 정도까지 조선인의 고유문화를 목표로 그 기초를 쌓아온 것이다. 이 같은 조건이 과연 쉽게 단시일에 해소될 수 있을까. 또 언어와 풍습의 유산을 정치의 힘으로써 완전히 폐지한다는 것은 사실상 무리가 아니면 안 된다.

동서고금의 역사는 아직도 그 명확한 예증을 제시치 아니하였다. 더욱이 세계에서 유명한 유태족과 같은 민족은 아직도 구주 제국에서 특수 민족 취급을 받고 있는 것이 사실이 아닌가. 그렇다면 내선일체는 결국 같은 국민으로서 국가와 정치에 대한 권리와 의무를 평등화하여 그 복종과 행사에 충실을 기할 수는 있으나, 민족적으로 동화될 가능성은 전혀 없는 것이 아닌가. 그러므로 이 같은 실재 조건을 고려한다면 내선일체는 대체에 있어서 민족협동설에 그 기초를 두는 것이 가장 적절하다고 하는 것이 일반의 견해인 것 같다.

그러나 문제가 이까지 진전된다면 우리는 그 반대로 내선동화론의 실재적 근거를 또한 명시하지 않을 수 없다.

내선 양 민족의 동화는 과연 불가능한 것인가.

① 내선 양 민족은 동근동조(同根同祖)의 후예이다. 멀리는 알타이 종족의 혈통을 이어 동일한 퉁그스족의 선조를 가졌으며 삼한 이후의 대륙 문화의 교류에 따라 양 민족의 이주, 귀화는 끊이지 않고 행하여 왔다. 그동안 일선(日鮮) 양 민족 간에는 수많은 쟁투를 경험해 왔지만 그것은 다만 정치사의 충돌을 말하는 일면적 자료에 불과할 뿐이고, 광범한 인류사적 견지로 본다면, 또 자연의 포함을 표징하는 유구한 문화사적 견지로 본다면, 이 쟁투의 역사는 차라리 양족간의 종족적 혼합과 문화적 교류를 일층 밀접케 한 반증은 될지언정 결코 그의 부정적 조건은 될 수 없는 것이다.

② 내선 양 민족은 동일한 언어 계통을 가졌다. 일본어와 조선어는 발음상 유사점이 극히 많으며 더욱이 그 어법의 조직이 동일한 것이다. 인도와 지나의 언어 조직과 비교해 생각할 때는 양족간의 언어학상 동일성이 더욱 명백히 드러난다. 다 같이 한족(漢族) 문화를 호흡하면서 한족어와는 달리 이 같은 동일 유형의 언어를 가졌다는 것은 일종의 기적으로 생각지 않을 수 없는 것이다. 그러므로 오늘날 조선에서 행하며 있는 국어보급 운동은 확실히 그 가능성이 명백한 것이다. 민족의 고유 언어의 폐지를 정치적 힘으로 강행할 수는 없는 것이나 그의 추진, 조장은 가할 수 있는 것이니 결국 국어의 통일은 이만한 정도로서도 충분히 그 완성을 기할 수 있을 것이다. 문제는 다만 시일에 있을 뿐이다.

③ 내선 양 민족은 동일한 문화적 전통을 가졌다. 불교와 유교가 조선을 통하여 일본에 유입되었으며 일본의 한문독법이 또한 백제왕자 왕인(王仁)*의 손에서 완성된 것은 그 적확한 역사적 예증이다. 다만 차이점은 조선에 유입된 불교와 유교는 일정한 종파와 고정형을 탈각치 못하였으나(예를 들면 불교의 소승(小乘)과 유교의 정주학(程朱學)과 같은 것) 일본의 그것은 국체 관념을 중심으로 유(儒), 교(敎), 신(神) 삼대 학리(學理)를 종합적으로 포섭한 점에 있다. 또 메이지 이후의 내선 간 문화의 교류는 그 형태상 차이가 현수(懸殊)*함에도 불구하고 그 형식과 이념에 있어서는 대체가 동일하였으며, 금후의 발전은 더욱 더욱 이 관계를 긴밀하게 할 것이다. 어찌 그뿐이랴, 역사상 양족 간의 농, 공, 상 방면의 생활상 도구와 양식이 거의 동일한 궤도를 밟아 발전해 온 사실도 결코 무관해서는 안 될 것이다.

王仁 백제의 왕족이자 학자로서 일본의 요청으로 건너가 『논어』와 『천자문』을 전해 준 인물로 알려져 있다.

懸殊 현격하게 다름.

④ 내선 양 민족은 동일한 운명을 등에 지고 있다. 조선은 반도이다. 일면은 대륙이요, 삼면은 해양이다. 대륙에는 소련, 지나와 같은 거대한 민족이 있고 해양에는 일본이 있다. 이 지리적 관계는 유구한 역사를 통하여 조선의 운명을 지배해 왔으니 장래도 또한 이 조건을 무시하고는 조선 민족의 건전한 발달은 기할 수 없을 것이다. 이와 동시에 금일의 일본의 발전이 또한 대륙을 떠나서 성취될 수 없는 것을 잘 알아야 한다. 구미 열강의 동아 침탈을 삼제(芟除)*하고 동양의 평화 왕국(왕도의 국가, 즉 황도국가)를 건설하려는 일본 민족의 위대한 세계사적 이상을 무엇보다도 잘 이해하여야 한다. 이것을 이해한다면 금일의 내선 관계는 동일 포태(胞胎)와 동일 체지(體肢)에까지 전혀 동화되지 않으면 안 될 것을 가장 솔직히 승인하게 될 것이다.

芟除 풀을 깍듯이 베어 없애 버림.

⑤ 내선 양 민족은 가장 단축된 거리에 거주하고 있다. 고통의 발달은 지리의 단축이 가장 큰 특징이다. 해양의 교통이 빈번해진 오늘은 세계적으로 보아서도 각국 간의 종족적 혼입과 경제적 연환(連環)과 문화의 교류가 가일층 강

화되며 있거늘 또한 하물며 조선과 내지와의 일체적 결부에 있어서랴. 전력과 증기와 해양술의 발달은 내선동가의 소지를 가장 견고히 확보하는 조건이다. 물론 이것은 조선만에 국한된 조건은 아니지만 이 보편적 조건이 내선 관계에 있어서는 더욱 특수한 작용을 재래(齎來)*하며 있다는 것이다.

齎來 어떤 현상이나 결과를 가져옴.

대체로 보아서 이상과 같은 조건이 내선동화론의 근거를 형성하고 있는 것이다. 우리는 이 동화론의 논거를 충분히 고려하면서 동아협동체의 주장과 내선일체의 관계를 구체적으로 구명할 필요가 있을 줄 안다. "일체하면 동화를 의미한다"는 조급한 상식적 판단을 떠나서 현실의 실재 조건을 구체적으로 포착하기에 노력할 필요가 있다. 여기서 비로소 명확한 도로가 개척될 것이다. 세인은 흔히 동화론을 반대하는 의미에서 유태족의 실례를 끌어 말한다. "유태족은 반만년의 역사를 통하여 자기의 국가를 잃고, 타 종족 간에 혼입하여 생활해 왔으나 아직도 그 뚝뚝하고 인색한 근성은 해소되지 않았으며 동시에 또 그 문명 민족으로서의 특성을 가장 잘 보존하고 있다고. 조선인도 반만년의 장구한 역사를 가지고 선대 생활은 대륙을 통하여 일본보다 고급적 문화를 가져왔으니 결국은 유태족의 전철을 밟고야 말 것이 아닌가" 운운. 아무리 오늘날 내선일체에 대한 조건이 많다 할지라도 이렇게 생각할 필요는 조금도 없을 것이다. 그것은 결국 조선인의 자포자기의 절망론이다. 또 역사와 현실에 대한 맹목론에 불과하다. 냉정히 생각해 보자! 우리도 과연 유태족과 같이 자기 고유의 문화의 전통을 가져왔는가. 또 유태족과 같이 세계적으로 가장 자랑할 만한 강건불패(剛健不覇)한 민족적 특성을 가지고 있는가, 이 말에는 물론 조선인으로서 가질 바 자존심을 유린하고 너무나 현실에 비굴하는 노예적 근성이라 질책하실 어른이 계실지도 모르나 무학(無學)의 필자로서는 솔직한 고백이라 자인하는 바이다. 지피지기(知彼知己)가 오늘날 조선민족의 자기비판에는 가장 필요한 과제이다. 자기의 역사를 자기의 성격을 왜곡된 주관에서 비판해서는 안 된다. 실제 그대로 이 인식이 가장 필요한 것이다.

그러나 이것은 유태족과 같이 타 민족과 동화되지 않는 이유가 전혀 그 민족의 고유문화의 전통과 종족적 특성만에 기인한다는 말은 아니다. 말하자면 그 주요 원인이 될 수 있다는데 불과한 것이다. 유태인이 각 민족 간에서 배척을 받는 이유는 그 유구한 인습과 극단의 개인주의에 있을 것이다. 피가 동화치 못해서 언어가 불통일해서 습관에 합병할 수가 없어서 그렇게까지 타 민족에게 배척을 받는다고는 논단할 수 없을 것이다. 그렇다면 문제는 극히 명료한 것이다. 야마토 민족의 크나큰 동화력과 조선 민족의 순수한 포섭력은 가장 잘 융합되어 미래 세계를 영도, 개척할 만한 위대한 문명 민족의 성격을 형성할 수 있을 것이다. 모든 문제는 시일이 해결한다. 장구한 시간을 통하여 부단의 노력이 필요한 것이다. 내선 동화라고 해서 내지인의 좋지 못한 풍습까지도 추수(追隨)해야 한다는 이유는 결코 성립되지 못한다. 조선의 언어 풍습을 그대로 가져도 좋다. 국어의 보급은 결코 조선어의 강제 폐지를 의미함은 아니다. 요는 언제나 조선인으로서의 특수한 자리를 망각치 말고 국론의 귀추를 공평히 섭취하여 미래의 황국 일본 건설을 위하여 중요한 일익의 역할을 부담할 각오를 가져야 할 것이다. 지금에 있어서는 협동도 좋고 동화도 좋다. 아니 그보다도 협동은 동화로 발전해 가는 도정으로 보아도 좋다. 다만 금물은 성급한 해결이다. 세계의 동향과 동아의 사태는 내선일체와 지대한 관계가 있다. 건설의 도정이 장구한 그만큼, 내선일체의 완전한 구현도 결코 단시일의 문제는 아닐 것이다. 따라서 우리의 현실에 대한 태도는 대담과 솔직과 침착이다. 막연한 추상론이나마, 이것으로 구체적 결론에 대하려 한다.

64. 현영섭, '내선일체'와 조선인의 개성문제

■ 『삼천리』 12권 3호(1940. 3.1.)에 실린 현영섭의 글. 현영섭은 내선일체의 근본원리가 협화적 일체론이 아니라 철저일체론에 있음을 주장하고 그와 관련해 민족의 개성문제를 논하고 있다. 즉 개성은 존중되어야 하지만 전체를 파괴하지 않는 선에서만 유지되어야 하며, 따라서 조선어와 같은 조그마한 개성에 고집하기보다 향후 세계어가 될 일본어 습득에 전념하라는 주장이다. 개성을 존중하되 전체를 아우르는 세계통일의 이상이 더 중요하고 그 지도이념인 황도사상에 귀의하는 것이 내선일체의 근본정신이라는 점을 거듭 강조하고 있다.

■ 玄永燮 1930년대 중반에 무정부주의 운동 때문에 잠시 투옥되었다가 출소한 뒤, 내선일체를 위해 한국어를 전폐할 것을 주장했다. 1938년 국민정신총동원조선연맹의 주사를 거쳐 1940년 친일 출판사인 내선일체실천사의 이사가 되었고 황도학회의 이사도 맡아 태평양 전쟁 종전 때까지 강연 활동을 통해 전쟁 지원을

1.

반도 통치의 최고 수뇌부를 비롯하여 과거에 일본의 입장을 반대해 온 반도 지식계급들도 다소의 이론은 있으나 내선일체론에 대하여 긍정하고 실천하고 있다고 나는 생각한다. 그러나 내선일체의 관념이 명확히 전 민중에 파악되어 있느냐 하면 그렇다고 단언하기는 아직 조급하다. 원칙적으로 일체론에 찬성하면서도 현실 문제로 들어가면 여러 가지 의견이 생기는 것이 현상이다. 그뿐만 아니라 일체론을 냉소하는 사람도 없다고는 할 수 없는 현상이다. 그런 까닭에 나는 내선일체내의 조선 민중적 제문제를 고찰하기 전에 내선일체의 근본 원리를 확립하는 것이 가장 필요하다고 생각한다. 근본 원리에 대한 인식의 차이로부터 구체적 현실 문제에 대하여 이견이 속출한다고 나는 본다.

내선일체의 근본 원리에 대하여 대개 두 가지로 인식한다고 분류할 수 있다. 즉 하나는 내선(內鮮)은 양 민족인 까닭에 황도를 생활 원리로 하여, 즉 이체동심(異體同心)으로 단결 악수하면 그만이라는 론이다. 반도 지식 계급의 대부분, 동아협동체론자, 동아연맹론자의 대부분이 이러한 내선일체를 주장하고 있으며, 또 그들이 발표한 국가관, 세계관을 전개시키면 협화적 내선일체가 되는 것이다. 우정적, 악수형의 내선이라고 명명한다. 이와 반대로 내선일체론의 유력한 지도자인 미나미 총독*은 내선의 궁극의 자태는 악수가 아니라 혈(血), 형

(形), 신혼(身魂)이 하나가 되는 것이라고 선언하였다(쇼와(昭和) 14년 5월 30일, 정동역원회(精動役員會)* 석상 강연). 나는 미나미 총독의 의견을 절대로 지지한다. 그 지지하는 이유는 나의 세계관, 인생관에서 출발한다. 혹자는 "너의 의견은 주관적인 원망(願望)적 결론이지 하등의 객관성이 없다"고 비판하지만, 이러한 생각이야말로 공식주의적이라 아니할 수 없다. 일개인의 사상이란 결코 전체를 떠나서 생장하지 아니한다. 철저일체론을 주장하지 아니하면 아니 되는 기다(幾多)의 현실의 축적을 나는 충실히 표현하는 곳에 나의 주관성과 객관성이 있는 것이다.

왜 나는 철저일체론을 주장하는가. 반도 지식 계급의 대부분이 협화적 내선일체론자라고 나는 생각하는 까닭에 이 기회에 내선일체에 대한 소견을 간단히 발표하려 한다.

나는 각 개인, 각 정, 각 촌락의 개성, 각 도, 각 성, 각 현의 개성을 존중한다. 개성을 존중하는 철학을 10년간이나 신봉하고 미력하나마 실천하여 왔었다. 민족의 개성도 역시 존중하여야만 한다. 그러나 무엇이 개성이냐 하는 점에 들어가면 대단히 난처하다. 가령 시가 나오야(志賀直哉)*의 소설 한 페이지[一頁]와 아리시마 다케오(有島武郎)*의 소설 한 페이지를 비교하여 양자의 문장적 개성을 분별하기는 곤란하다. 이광수의 한 페이지, 이기영*의 한 페이지를 보고 곧 양자의 문학적 개성을 말하기 어렵다. 물론 시가, 아리시마, 이광수, 이기영은 개성을 가진 것이다. 사상적으로나 문장적으로나 개성을 가진 것은 사실이다. 그런데 여기에 문학이 무엇인지 모르는 사람에게 소설을 읽힌다면, "그 소리가 그 소리지 무엇 별 다른 것이 있나" 할 것이다. 개성이란 이와 같이 박약한 것이다. 문학을 모르고도 넉넉히 생을 도모하고 사는 실업가가 있는 것은 이 세상에 얼마나 개성이 없고 생존 즉 성욕과 식욕을 만족시키는 유형적 존재가 많다는 것을 증명하고도 남는다. 문학, 예술, 이것이야말로 진실한 개성의 세계다. 이것의 존재가 얼마나 멸시되어 있는 현 세계를 상상하여도 현대에 있어서 개성이 얼마나 박약한 존재인 것을 가히 상상할 수 있는 것이다.

나는 철저한 개성 존중론자이다. 음악의 조화란 동일한 음에서 나오지 아니한다. 모든 사람이 논어만 읽고 무기를 잡는 사람도, 그림 그리는 사람도 없는 국가나 사회는 멸망하고야 만다. 최고로 발달된 이상의 나라는 개성의 최고의 발달이 전체를 파괴하지 아니하는 것을 말한다. 교향악단이 성립하려면 여러 가지 악기가 있어야 한다는 것을 우리들은 잘 알고 있다. 그러나 악단원이 일제히 턱시도를 입고 지휘자의 명에 복종하고 동일한 악보를 사용한다는 것을 망각하여서는 아니 된다. 개성적이면서도 통제적인 것이 교향악의 본질이다. 예

계속했다. 광복 후 일본으로 피신한 뒤 그곳에서 생을 마쳤다.

미나미 총독 미나미 지로(南次郎, 1874~1955) 일본의 육군 군인. 관동군 사령관을 거쳐 1936년 조선총독으로 취임. 내선일체와 황민화정책을 추진했다.

精動役員會 국민정신총동원조선연맹의 역원회를 말함. 역원회는 임원회라는 뜻. 국민정신총동원조선연맹은 1938년에 결성됐으며, 1990년 10월에 국민총력조선연맹으로 개칭되었다.

志賀直哉(1883~1971) 일본의 소설가. 객관적인 사실과 예리한 대상파악, 엄격한 문체로 독자적인 사실주의를 형성하였다. 대표작으로는 『암야행로』(暗夜行路)가 있다.

有島武郎(1878~1923) 일본의 소설가. 인도주의에 입각하여 본격적 사실주의를 실현시킨 작가로 당시 일본문단에서 특이한 지위를 차지하고 있었다. 『카인의 후예』, 『미로』(迷路), 『태어나는 고뇌』 등을 발표했다.

이기영(李箕永, 1895~1984) 한국의 소설가. 1925년 조선프롤레타리아예술가동맹에 가담한 이후 경향문학의 대표적 작가로서 독보적 위치를 차지하였고 카프의 조직과 창작 양면에서 맹활약하였다. 『고향』, 『민촌』 등의 소설을 통해 농민문학의 새로운 형식을 창출하였다.

술, 문학이 자유스럽게, 개성적으로 보이나 기실은 속탁, 구속에 얽매여 있다. 즉 인생의 법칙, 사회, 국가의 제약 밑에 있다는 것은 명백한 사실이다. 나는 철저한 통제론자다. 자유와 통제는 차의 양륜과 같다.

2.

이상과 같이 개성을 보는 것은 상식이지만, 이것은 인류 사회에도 달할 수 있다. 세계가 현대와 같이 상쟁하는 것은 밀봉(蜜蜂)이나 개미에 대하여 부끄러운 일이지만, 그것은 전 세계의 각 민족이 자기 개성만 제일이라고 주장하는 까닭이다. 그것은 마치 '밴드'의 악기가 제멋대로 떠들어 대는 것과 같다. 교향악을 연주할 적에 일부의 악기는 휴주(休奏)하는 수도 있다. 인류 사회는 제멋대로 날뛰고 있다. 지휘봉을 싫어하는 악인이며 공통한 악보가 없는 음악가다.

이러한 제각각의 모양을 싫어하는 경향도 상당히 강렬한 것이 있다. 기독(基督)의 이상이 무엇인가. 구교(舊敎)의 법왕(法王)이란 무엇인가. 진시황은, 나폴레옹은 무엇인가. 불교는 무엇이며, 사회주의는 무엇인가. 민족, 국경을 초월하여 가지고 동일한 이상을 가지고 하는 것이다. 적로(赤露)*에서는 '공산주의란 전 세계, 전 우주에 미치는 것이라'고 선전하고 있다. 천박한 유물사관에는 공산주의를 가지고도 전 세계를 통일하려고 한다. 기독교가 전 세계를 통일하려고 하나, 그것을 실행할 현실적 기반이 없는 것은 사실이다. 각국 자본주의에 충성하는 구미 기독교가 세계 통일한다는 것은 공상이다. 파시즘은 자기 나라만 위하는 국가 개인주의이니 이러한 것은 세계적으로는 발전하지 아니한다. 세계통일의 이상은 공산주의와 일본 황도사상뿐이다. 영국도 세계를 통일하려고 하나, 일본 때문에, 독일 이탈리아 소련 때문에 실패하였다. 공산주의의 오류를 해설한다는 것은 나의 논제에서 너무 떨어지므로 생략한다.

일본정신이란 결코 민족주의가 아니라, 기독교와 동일계통인 신 중심의 신앙이라. 신의 상징이옵신 … 천황을 숭배앙모(崇拜仰慕)하고 천황의 '오미고코로'[大御心]에 부봉(副奉)하도록 우리들의 생활을 건설하자는 사상이다. 그런 까닭에 내지인이라 하여도 천황을 사모하는 마음[御慕心]이 없는 사람이면 일본인이 아니다. 희랍인의 라프카디 한*이란 서양인도 천황에 귀의하였다. 그는 훌륭한 일본인으로서 생애를 마쳤다. 야마토[大和] 민족은 천황에 귀의한 민족이라. 조선인은 지금 야마토 민족과 같이 전 세계의 민중에게 천황 앙모(仰慕)의 종교(나는 일본정신은 종교라고 생각한다)를 선전하는 지위에 있다고 생각한다. 내선일체의 근본정신은 그것이다. 조선인인 민족주의를 청산하고 공산주의적 세계 통일 사상을 버렸다면 최후의 길은 일본 정신에 의한 세계 질서 창조 운동

赤露 공산주의 러시아.

라프카디 한(Patrick Lafcadio Hearn, 1850~1904) 코이즈미 야쿠모(小泉八雲)로도 알려져 있다. 일본 시민권을 획득한 후 작가로 활동. 특히 일본의 전설과 귀신에 관한 책으로 유명하다.

에 매진할 뿐이다.

3.

이와 같은 원대한 사상에 있어 반도인의 임무, 역할을 회상할 적에 비로소 우리들의 개성문제에 대한 태도가 결정되리라고 나는 생각한다. 신 중심의 세계일가의 이상향을 건설하려면 될 수 있는 대로 각국의 이상이 동일하지 아니하면 아니 된다. 남미 같이 동일 민족 계통이 난립하여 다수한 국가를 건설하여서는 아니 된다. 폭력, 강제가 아니고 이상공명(理想共鳴)에 의한 국가의 합동이 긴요한 조건이다. 그리고 될 수 있으면 그 국가가 완전히 일 국가를 형성할 수 있다면 그것이야말로 이상향 건설의 모범이라고 할 수 있다. 각 민족이 협화할 뿐만 아니라, 완전히 일심동체가 되어 버린다면 그것이야말로 인류가 바라고 바라는 것이다.

지나 민족은 영원히 일본 민족과 동화할 수 없다고 하지만 나는 그런 민족정신을 감상적, 봉건적 잔존물이라고 단정한다. 한족(漢族)이나 반도인의 조선(祖先)의 피가 일본민족에 다수 혼입하여 있는 것을 무엇으로 증명하려는가. 이 근소한 선례는 모든 예가 되고 만다. 반도인은 완전한 일본민족이 될 수 있고, 또 전 세계의 민족이 일 민족, 일 국가를 형성할 수도 있다고 믿는다. 이것은 현대의 공상이지만 인류가 신신앙(神信仰)을 철저히 할 때 반드시 실현하고야 만다. 일대 가족으로서의 인류, genus humanum, 이 성립할 때가 있다. 팔굉일우(八紘一宇)의 신칙(神勅)이 그것이다.

이 미래 세계를 실현하려는 마음이 치열하면 치열할수록 우리들은 우리들이 가지고 있는 조그마한 개성을 고집해서는 아니 된다. 계정식* 씨의 바이올린에 무슨 조선어가 있으며 김인승* 씨의 그림에 무슨 조선어가 있느냐. 계씨나 김씨가 전 세계의 음악대, 미술가가 하지 못하는 기술을 발휘할 때 거기에 김씨, 계씨의 개성이 생기고, 계씨, 김씨의 계통이 있다면 반도의 개성이 발휘된다. 그리고 이것은 훌륭한 일본인으로서의 개성이다. 미쓰코시(三越)*, 조지야(丁子屋)*에 수입하는 반도인의 사녀(士女)가 상품을 구입할 적에 무슨 조선 말이 있는가. 조선 옷감을 끊을 때에 개성이 있을 뿐이다. 그것도 국어를 사용하여도 가능하다. 나는 화신(和信)*에 가서도 조선의 개성보다도 전 세계 공통한 무엇을 발견한다. 개성을 너무 찾으면 피로할 뿐이다. '비빔밥'을 '골동반'(骨董飯)이라 하여도 좋고 'まぜ御飯'(마제고한)*이라고 하여도 좋다. 'まぜ御飯吳れ'[마제고한 주세요]라고 말하고 먹으면 비빔밥의 맛이 없어지는가.

국어를 장려하고 장래 조선어가 없어져도 반도인의 개성은 조금도 멸각되지

계정식(桂貞植, 1904~1977) 한국의 바이올린 연주자·지휘자. 국내 교향악단의 첫 지휘자가 되었다. 서울시립교향악단을 창립, 지휘했고·국제오페라협회의 창립 대표가 되었으며 한국 음악단체연합회 최고위원을 지냈다.

김인승(金仁承, 1910~2001). 한국의 서양화가. 초기에는 인물화를 많이 그렸으나 1974년 미국 이주 후 장미와 모란을 집중적으로 그려 '장미화가', '모란화가'로 더 알려졌다. 일제강점기에 친일 미술활동을 하였다.

三越 1673년 에치고야(越後屋)라는 이름의 상호로 출발한 일본 최초의 백화점. 현재 신세계 백화점은 1930년 개점한 미쓰코시 경성점이 효시이다. 또한 일본의 3대 재벌인 미쓰이 그룹의 원류

이기도 하다.
丁子屋 1939년에 서울에 생긴 백화점으로 해방 후 미도파 백화점으로 개명. 현재 롯데백화점 영플라자로 사용됨.
和信 1931년에 박흥식이 설립한 5층 백화점. 현재 종로타워 위치에 있었다.
まぜ御飯 비빔밥의 일본어 표현.

아니한다. 시조의 기분은 우리들이 일본시가의 일파로서 국어로 갱생시킬 것이다. 아일랜드[愛蘭]문학은 대부분이 영어가 아닌가. 동일한 언어를 가지고도 그들은 분리하려고 한다. 스코틀랜드는 영국에 충성하며 영어를 사용하면서 스코틀랜드를 자랑한다. 이 지방주의는 인류를 파괴하지 아니한다. 인류 사회를 파괴하려 하는 것은 아일랜드 같은 정치적 독립 운동이다.

동양 전체는 일본의 지도를 받고 일본어는 동양의 공통어가 된다. 우리들은 우리들의 자손에게 유년부터 일본어를 교수하여 본능적으로 습득시켜 놓는 것이 필요하다. 반도인은 만주국인이나, 지나인보다도 일본정신을 자각하고 실천하고 있으므로 장래 일본정신의 세계진출의 제 이진(第二陣)의 임무를 맡게 되는 까닭에 그 책임도 중대한 것이 있다. 언어가 아니라 반도인의 독특한 기술이 우리들의 개성이 된다. 풍습, 가족 제도까지도 결코 중요한 개성이 아니다. 내지인, 만주인 등이 하지 못하는 기술, 사상만이 우리들이 자랑할 만할 개성이다. 삼자의 성명이나 동성불혼이 모두 한문화의 모방에 불과한 것은 반도 유교문화가 한문화(漢文化)의 모방에 불과한 것과 같다. 세계에 없는 기계, 세계에 둘도 없는 사상, 예술을 창조할 적에 비로소 개성이 발휘된다. 반도의 유교적 가족제도보다도 신도(神道)와 서양 문화의 종합에서 개혁된 내지의 가정 제도를 반도의 가족 제도로, 장래의 세계어가 될 일본어를 일상어르 사용하는 것은 일대 진보다. 과거만 보고 미래의 행복을 모르는 사람은 반대하라. 현대를 미래에 도래할 인류의 이상 사회에 될 수 있는 대로 접근시켜 가지고 해석하지 아니하면 아니 된다. 어찌하여 기독이나 불타의 생명이 현재까지 존속하고 모든 정치적 영웅의 말로가 망각의 세계에 멸망되고 마는가. 유물사관론자가 조소할 인류의 근본 생명(사해동포사상이 그것이다)을 파악하여 그것을 중심으로 움직이는 사람이 승리하는 것이다. 반도인이 자기의 표면적인, 일시적인 개성에 집착하여 영원의 세계를 잊는다면 그것은 평범한 민족으로 종사되고, 만일 표면적 개성을 해탈 양기(揚棄)하여 영원한 개성을 위하여 싸워 나간다면 반도인의 장래는 희망과 광명과 승리의 그것이다.

4.

조선인이 내지인과 접근하며 문화를 교환하고 육체적으로 결혼함으로써 내선의 혈통은 점차 단일화한다. 내지인은 동일한 혈통이 아니라 다수의 민족이 혼합일체가 된 것이다. 조선인은 내지인과 장래 동일한 정치 경제를 영위한다 가정한다면 내선 구별이 없는 일대 민족이 형성된다. 세계에 가장 우수한 신일본 민족을 구성한다고 생각한다. 인류의 발전 방향을 내선일민족화(內鮮一民族化),

일지 일민족화(日支一民族化), 일지인 일민족화(日支印一民族化), 그 다음에 아구 일민족(亞歐一民族)의 세계 일가의 국가로 나간다고 생각하고 있다. 나는 아구(亞歐)의 세계가 둘이 아닌 것으로 본다. 세계는 하나다. 전 세계가 일민족이 되어야만 한다.

반도인의 문화는 대부분은 한문화(漢文化)요, 나머지 문화는 일본의 신도(神道) 문화와 동일 계통인 순조선문화(純朝鮮文化)(무격문화(巫覡文化))다. 이 조선 문화는 도저히 세계적 문화가 되지 아니한다. 조선인이 영원한 생존을 희망한다면 동서양의 모든 문화를 흡취 통일한 일본 문화를 자기 문화로 하지 아니하면 아니 된다. 유교와 신도만 가지고는 일본 국민의 완전무결한 자격이 없다. 서양의 기술, 과학의 문화, 불교, 기독교의 종교, 즉 전 세계 문화의 일체를 통합 섭취하여야만 진실한 의미의 일본 국민의 자격을 가지게 된다. 현대 일본은 전세계 문화를 종합하여 신문화를 창조하려고 한다. 문화 창조에 반도인은 참가하지 아니하면 아니 된다. 신도는 신문화 창조의 정신적 태도인 까닭에 이해 체험이 필요하나 동시에 동서양의 문화 일체를 흡취할 의무가 반도인에게 있다. 유교의 부흥보다도 기계 문명에 정통함이 현 단계에 가장 필요하다. 신도적 체험과 동시에 물질 제어의 방법 기술을 연마하지 아니하면 아니 된다. 내가 반도인의 표면적 개성(언어, 습관, 기타의 문화)을 양기(揚棄)하라 하는 것은 일본 문화에서 세계성, 우수성을 본 까닭이며, 이 문화를 우리들 자신의 것으로 만들려면 일본 문화의 표면적에 있는 존재를 우선 자기의 것으로 하지 아니하면 아니 되는 까닭이다. 사이온지 긴모치(西園寺公望)* 이하의 메이지의 선각자들은 양복을 입고 서양 문화를 공부하였다. 양복은 그 간이성에 있어서 노동에 편한 까닭에 일본복이 되리라고 나는 생각하나, 서양 문화의 일면은 가장 상징한다. 일본 여자의 의복의 색채는 일본 문화의 종합성을 상징한다. 조선 여자 의복은 간단한 노동복이 되는 까닭에 내지인도 사용하리라고 믿지만, 반도인이 세계성을 가지려면 풍부한 색채 사용이 필요하다. 화복(和服)*의 여자복은 모방할 필요가 있다. 그러나 남자의 화복은 그다지 세계성을 띠지 못하였다. 유카타(浴衣)나 남자 화복을 입는 것은 우연성이다. 친애하는 내지인이 애용하는 것을 우리도 애용하자는 데 불과하다. 조선의 여자 의복과 내지의 여자 의상은 세계적 발전성이 있다. 조선 남자의 의복, 내지 남자의 의복은 몰락하고 만다. 세계가 통일하여 이상 사회가 온다면 부활할는지 모른다.

반도인의 가장 미묘한 감정을 일본어로 표현 못한다면 우리들은 영원히 불행하다. 그 감정을 조선인만 아는 예술로 즉 조선어로 표현해서 무슨 소용이 있는가. 국어로 표현하여 전 세계의 심정을 흔들 필요가 있다. 일상생활에 국어

西園寺公望(1849~1940) 일본의 정치가. 『東洋自由 신문』 사장, 제 2, 3차 이토 내각의 문부과학장관, 정우회 창립위원, 추밀원 의장, 정우회 총재, 총리, 파리강화조약 회의 수석전권위원을 지냈다.

和服 일본옷이라는 뜻으로 기모노나 유카타 같은 전통적인 일본 옷을 총칭.

상용하라는 것은 그것을 의미한다. 허난설헌의 시는 한문으로 표현한 까닭에 반도인의 개성을 명과 일본에 전하였다. 동양의 공통어인 일본어를 일상어로 하여 칠천만의 내지 동포, 전동양 민족에게 반도인의 개성을 보이며 그 개성에 상당한 지위를 얻자. 그것은 세계성을 띤 일본인이 되는 것이며, 우리들의 재능, 성의, 진실에 상응한 지위를 획득하게 됨을 의미한다.

65. 김두정, 흥아적 대사명으로 본 '내선일체'

■ 전선사상보국연맹강사 김두정(金斗禎)이 조선방공협회 촉탁으로 『삼천리』 12권 3호(1940.3.1.)에 실은 글. 제2차 세계대전을 맞아 물질문명의 한계가 드러나는 반면, 물심양전(物心兩全)의 일본은 도의적 세계사 창조라는 대사명 아래 정의의 진군을 하고 있으며, 이를 위해 일억 국민의 동심일체적 단결인 내선일체의 완성이 절대적으로 필요하다고 주장하고 있다.

■ 金斗禎 사회주의자. 1931년 일본 야마구치(山口)고등상업학교 3학년을 퇴학하고 '무산자사'(無産者社)에 가입. 1932년 1월 조선의 노동대중에게 공산주의 사상을 계몽·선전하기 위해 '노동계급사' 조직. 1932년 5월 김치정, 문용하, 박경호 등과 함께 '조선공산당 재건투쟁협의회 일본출판부' 조직, 11월 초 경성에 잠입. 1933년 2월 검거, 1935년 1심 재판에서 징역 6년형 언도. 서대문 형무소 수감 중에 사회주의자에서 친일파로 전향한 것으로 보임.

반혁명 전야(前夜)에서 모색하는 소련의 세계동란 유발 음모, 부흥 독일의 맹목적 영토확장책, 황혼의 미광(微光) 하에서 오뇌(懊惱)하는 노후(老朽) 영제국의 최후적 폭거, 전체주의 진영에 포위된 프랑스의 고육책 등에 의하여 폭발된 제2차 세계대전을 중심으로 유럽 각국은 물질문명의 최후적 총결산기에 직면하여 모든 인위적 파괴공작에 광분하고 있다. 이 세계사적 변혁기에 당면한 전 인류는 구미의 물질문명 만으로서는 도저히 세계의 신평화체제 수립의 불가능함을 절실히 인식하게 되었다. 이에 천부(天賦)에 흥아적 대사명을 향유한 물심양전(物心兩全)의 우리 제국의 도의적인 세계사 창조 공작 가운데에 이것을 구현할 가능성을 발견한 전 인류는 열망적으로 우리 제국의 인류 구제를 위한 정의의 진군을 희구하고 있다. 이 의미에 있어서 우리는 미래의 역사를 좌우할 역사적 국민이라고 말할 수 있다.

19세기를 중심으로 한 백색인종 전성시대로부터 20세기를 기점으로 한 황색인종 부흥시대에로 인류사는 우리나라의 영도에 의하여 일대 전회를 하고 있으며 저 일러전역(戰役)부터 금차의 지나사변에 이르기까지의 제반 흥아적 성업은 여실히 이것을 증명하고 있다

대륙에 흥아의 성수(聖帥)*를 보낸 후 이에 3개 성상(星霜)* 기간 충용(忠勇), 과감한 황군은 유사 이래 공전절후(空前絶後)의 대전과를 거듭하여 지나 4백여 주의 거억(巨億)의 민중을 우리 일장기 하에 구제하면서 있는 이 찬연한 역사적 사실은 세계 인류의 함께 찬탄하는 바이다.

聖帥 천황의 군대.
星霜 별은 일 년에 한 바퀴를 돌고 서리는 매해 추우면 내린다는 뜻으로, 한 해 동안의 세월이라는 뜻.

그러나 흥아적 성업 달성을 위하여는 남지(南支)에 있어서의 대포위 섬멸전, 장(蔣)정권 최후의 거점인 충칭(重慶) 쿤밍선(昆明線)의 진격, 시안(西安) 란저우(蘭州)를 연결한 적색 루트의 분쇄, 외몽(外蒙), 신장(新疆), 서장(西藏) 등 문제가 우리 일본 국민의 부월(斧鉞)*을 받으려고 남아 있다. 다시 시각을 한번 아시아의 전면에 전하면 시베리아를 중심으로 한 적극적 방공 문제가 있고, 3

斧鉞 큰 도끼와 작은 도끼. 출정하는 대장에게 통솔권의 상징으로 임금이 손수 주던 도끼를 뜻함.

억의 민중이 신음하는 인도 문제 등이 있다.

이에 우리는 백색 제국주의의 세계적 파괴 공작에 현혹되지 말고 세계대전을 계기로 한 이 천재일우의 호기에 흥아적 대사명을 완수하여 백색 인종의 철제(鐵蹄)*하에 유린된 거대한 아세아 제 인종을 구제하고 나아가 팔굉일우(八紘一宇)의 대이상의 실현에 매진하지 않으면 아니 된다.

鐵蹄 말이나 소의 발바닥에 대는 쇠, 편자. 침략자의 탄압이나 전제를 비유해서 쓰임.

이 우리 나라의 천부적 대사명에 있어서는 거국일치 체제 완성에 의한 일억 국민의 동심일체적 단결이 절대 필요하며 내선일체의 완성이야 참으로 그 주요 조건인 것이다.

일한합병 이래 30년간 일시동인(一視同仁)과 복리증진의 성지(聖旨)를 중심으로 이천만 반도 황민은 역사적인 대국가 일본의 국민으로서 그 영예와 책무를 분담하여 왔으며, 특히 금차의 지나사변을 중심으로 한 이천만 황민의 반도에 넘치는 애국적 적성(赤誠)과 미나미 총독*의 대영단(大英斷)과 제반 선정(善政)에 의하여 내선일체 운동의 속도는 과거 30년간의 실적을 훨씬 능가할 만치 진전되고 있음은 방가(邦家)의 융흥(隆興)을 위하여 매우 경사스러운 일이다.

미나미 총독 미나미 지로(南次郎, 1874~1955) 일본의 육군 군인. 관동군 사령관을 거쳐 1936년 조선총독으로 취임. 내선일체와 황민화정책을 추진했다.

일시는 조선 사상계가 다소 소란된 일도 있었으나 역사의 대차륜(大車輪)은 용서 없이 궤도를 희롱하는 장해물을 물리치면서 회전하여 일순일각(一瞬一刻) 내선일체의 도정을 진행하고 있다. 과거의 수만의 사상 관계자도 전부 전향하여 일본정신으로 사상적 재무장을 하고 새로운 애국적 전사로서 혹은 내선일체 운동에 혹은 사상국방 운동에로 힘찬 보무(步武)로 진출하고 있음은 반도 사상계의 안정을 웅변으로 증명하고 있다.

이 과거의 거두 맹장을 위시하여 과거의 사상적 관계자가 전부 충량(忠良)한 황국신민으로 환원된 근거는 무엇인가. 그들은 맑스레닌주의의 이론적 실천적 모순과 소련의 포악한 정치를 여지없이 분석한 결과 이것을 청산하고 일본정신의 진가와 황국의 흥아적 사명을 자각하여 이것이야 진실로 세계의 지도적 국민으로서 사상적 근저로 할 만한 위대한 정신이며 사명이라는 것을 확인하게 된 까닭이다.

그리고 내선일체의 완성은 어떠한 데에 근거를 둘 것인가. 내선 양 민족은 첫째로 동일한 조선(祖先)에서 분열된 종족이며 따라서 혼혈을 통하여 재결합하는 것이 절대로 기이한 일이 아니라는 것이고, 둘째로 문화적으로 동일한 동양문명의 분위기 속에서 수십 년간 훈육 성장하였으며 따라서 근세에 있어서의 과학적 물질문명의 혜택도 동일하게 향수하였고, 다시 이 이대(二大) 문명의 통합으로 완성된 물심양전의 일본문화로 재무장하는 것이 금후 세계의 신문화체제 수립을 영도할 우리로서는 절대 필요한 일이며, 셋째로 동일한 경제적 생활

속에서 즉 인접한 지나에서도 볼 수 없는 근사한 생활을 하고 있는 것이며, 넷째로 동일한 정치기구 하에 혈맥이 통한 결합체로서 구성되고 있는 것이며, 다섯째로 지리적으로 근접하여 불가분의 관계를 가져 조선반도는 일본의 흥아 전선에 있어서의 전진 병참기지로 중요성을 갖고 있으며, 이 오대(五大) 조건은 반도와 내지가 영원히 동일 단위로 구성될 수 있다는 것은 명백히 표시하고 있다.

고대에 있어서 부락의 통일을 통하여 소방(小邦)—가락국이든지 신라든지 각각 수십 부락의 통일된 소방—이 되고 중세에 있어서 소방이 통일되어 대방(大邦)—삼한의 통일에 의한 조선—이 되고 다시 근대적 통일에 의하여 국민적 생활권을 확대하여 내선일체 혹은 동아협동체가 완성됨은 역사적 필연성인 것이며, 이에 반대하는 자는 봉건적인 분립주의자이며 시대착오라고 할 수 있다.

내선일체를 완성하려면 위선 민족적 편견을 완전히 숙청하고, 반도 이천만 동포가 전부 충량(忠良)한 황국신민이 되며 황국에 충성을 다하고, 위대한 세계사 창조의 임무를 분담하지 않으면 안 된다. 동시에 국어 보급과 사용 씨명(氏名)의 통일, 내선생활의 획일화에 진력하는 동시에 반도 황국민이 스스로 세계적 문명국민으로서의 역량과 소질을 배양하여 나아가는 과정에서 제반 현안도 점차 해결될 것이며, 권리를 주장하기 전에 모든 의무를 충실히 이행하여 나아가는 과정에서 삼천리에 와거(臥居)하던 이천만 황민은 전 세계를 활무대로 할 수 있는 조건을 획득하게 되는 것이다.

반도 황민 제위에게 나는 호소한다.

제위는 내선일체를 중심으로 한 애국적 전사로서 아세아 부흥의 건설 전사로서 세계 신평화체제 수립의 십자군으로서 힘차고 용감한 진군을 계속하라. 그러면 제위에게는 반드시 승리의 월계관이 혜여(惠與)될 것이다.

☞ [참고] 미나미 총독, 사법상의 내선일체 구현

■ 1939년 11월에 개정, 1940년 2월부터 시행된 조선민사령을 통해 총독부는 일본식의 씨명제를 설정하는 이른바 창씨개명제를 실시하였다. 이를 설명하는 본 글에서 미나미는 창씨개명이 일본식 씨의 설정을 강제하는 것이 아니라 조선인들의 요망에 응해 기회를 열어 준 것이라 주장하고 내선일체의 이상이 과거 역사는 물론 사법적으로도 구현된 사례로 선전하고 있다. 원문 출전은 宮田節子·金英達·梁泰昊, 『創氏改名』(明石書店, 1992), 232-233쪽.

이번에 조선민사령이 개정되었고 그 내용은 친족법의 여러 측면에 걸쳐 있지만, 그중 반도인의 진지하고도 열렬한 요망에 응하여 반도인이 법률상 내지인식의 '씨'(氏)를 칭할 수 있는 길을 열어 준 점은 개성(改姓)의 중요한 안목이며, 내선일체에 따른 친족법 상 획기적 개정이었다고 말할 수 있다. (중략)

본 령의 개정은 말할 것도 없이 반도민중에게 내지인 식의 '씨'의 설정을 강제하는 성질의 것이 아니라 내지인식의 '씨'를 정할 수 있는 길을 열어준 것인데, 반도인이 내지인식의 '씨'를 칭하는 것은 별반 새로운 문제는 아니다. 즉 주지(住持)*로 내지에 도항했던 다수의 반도인이 내지인식의 '씨'를 칭한 이래 이미 2천 년을 지났다는 것은 『환무천황기』(桓武天皇紀)*와 차아천황(嵯峨天

皇)*의 칙령을 받들어 편찬된 『신찬성씨록』(新撰姓氏錄)*의 기재에 비추어 소소(昭昭)히 명료한 바이며, 오늘날 판연하게 다수의 씨를 지적할 수 있는 바이다. 더구나 내지인식의 씨를 칭한 이들 무수한 반도인은 야마토(大和) 민족에 훈화융합(薰化融合)되고, 오늘날 조금도 반도인처럼 보이는 후손을 남기고 있지 않을 정도로 황국신민화된 상태이다. 그러므로 내선일체의 이상에서 말하면 전 반도민중이 가까운 장래에 주지(住持)로 도항(渡航)했던 반도인처럼 '내면과 외양이 공히 황국신민화할 날이 도래하는 것이 바람직한 바이다.

생각건대 사법 영역에서의 내선일체의 구현에 대해서는 (1) 씨명(氏名)의 공통 (2) 내선통혼 (3) 내선결연이라는 세 항목을 들 수 있는데, '명'(名)에 대해서는 쇼와(昭和) 12년 이래 반도인도 내지인과 같은 '명'을 붙일 수 있게 되었고, 내선통혼이 해마다 격증하고 반도인이 내지인의 양자가 되는 수도 해마다 체증할 것) 현저한 사실이다. 전술한대로 이번 조선민사령의 개정으로 반도인도 내지인식의 '씨'를 칭할 수 있게 되었고, 또한 이성(異姓)의 사람도 양자가 될 수 있게 되었으므로, 내지인도 반도인의 양자가 될 수 있게 되었다. 그러므로 전술한 세 항목이 모두 실현을 보게 되었으니 여기에 사법상에 있어서의 내선일체 구현의 길은 정말로 완전히 열린 것이다. 우리 반도민중의 복지를 위해 참으로 흔쾌히 여기는 바이다.

住持 절을 주관하는 승려.

桓武天皇紀 간무 텐노(桓武天皇, 737~806)는 일본 제50대 천황으로 781년부터 806년까지 즉위. 생모는 백제 무령왕의 후손으로 귀화한 화씨부인 다카노 니이카사[高野新笠]이었음이 『속일본기』에 나와 있다.

嵯峨天皇 사가 텐노(嵯峨天皇, 786~842)는 일본 제52대 천황으로 809년부터 823년까지 즉위.

新撰姓氏錄 815년에 작성된 것으로 당시의 왕도였던 교토 등 게이키(京畿)지방의 신족(神族)·왕족(王族)·귀족(貴族)들의 역대 계보가 30권으로 엮여 있다. 이 책에 수록된 대부분의 씨족들은, 한반도에서 건너온 사람들이 대종을 이루고 있다.

Ⅱ. 신질서와 전쟁, 평화

가. 제2차 세계대전과 동아신질서

66. 김명식, 전쟁과 평화

■ 『삼천리』 제10권 8호(1938년 8월 1일)에 실린 김명식의 논설. 김명식은 제1차 세계대전 이후 전쟁이 총력전으로 변했고, 1929년 이후 전투원과 비전투원의 구별, 전시와 준전시의 구별이 없어져 전쟁이 상태(常態), 평화가 변태(變態)가 되었다고 보면서 국제적 전시상태가 지속될 것으로 예상하고 있다. 전체 6장. 여기에는 4장까지 수록.

■ 金明植(1890~1943) 제주도 출신의 민족운동가이자 언론인. 일본 와세다대학에 유학했으며, 『동아일보』 창간에 참여하여 논설위원을 역임했다. 1922년 박희도(朴熙道)와 함께 출판사 신생활사를 설립, 『신생활』을 발행. 이후 전향하여 일제 강점기 말엽에는 『동양지광』과 『조광』을 통해 다수의 친일 평론을 발표.

干戈 창과 방패.

1.

인류사회에 있어서 전쟁이냐 평화이냐 하는 문제는 많은 학자와 정치가들이 오랫동안 논쟁해 왔지마는 이제 오히려 해결되지 아니하였다. 그러나 1929년 이후의 국제정세로 볼 것 같으면 누구나 전쟁이 상태(常態)이요, 평화가 변태(變態)임을 논단치 아니치 못하리라고 생각한다. 그리하여 부지불식 중, 평화와 비상시와의 구별이 없어지고 또 비상시의 준전시(準戰時)와의 구별이 없어졌다. 그뿐만 아니라 최근에 이르러서는 전투행위를 단행함에 소위 최후통첩이니 선전포고니 하는 일정한 절차를 취하지 않고 간과(干戈)*가 상교(相交)됨을 보는 바이다. 그리하여 준전시와 전시와의 구별까지도 마침내 소멸되고 말았다. 누가 이 엄숙한 사실에 대하여 평화가 상태(常態)이요, 전쟁이 변태(變態)이라 할 자 있느냐. 그리고 최근 세계 각국의 군비경쟁이 그 극에 달하여 국가지출의 대부분을 그에 충용(充用)치 아니할 수 없어 그 까닭에 국가의 재정적 파탄을 강규(强叫)치 않는 자가 없을 뿐만 아니라, 그 위에 최근 더욱 백열화(白熱化)한 저들 각국의 경쟁적 방공시설과 그밖에 국책수행의 실제 사정을 관찰하면 무엇으로도 그를 전쟁으로 논단하고 정의하지 않을 수 없다.

2.

그런데 근대전쟁의 특질은 일언으로써 말하면 일찍 불란서의 레츠켄 장군은 "장래의 전쟁은 모든 물질의 힘과 인력을 경도(傾倒)한 두 개의 국가단(國家團)

의 전쟁이 됨은 확실하다"고 예언하였거니와 군대의 전쟁으로부터 국가총동원의 전쟁에로, 무력 중심의 전쟁으로부터 국력과 국력과의 전쟁에로 추이한 점에 있다. 그리고 전쟁 형태로 말하면 원래 세계의 생산상태의 정치적 제(諸)정세에 의하여 결정되는 것이니, 그러므로 그들이 변화함과 함께 그 형태도 변화함은 번언(煩言)할 필요가 없는 일이다. 그리하여 전쟁에는 영구불변의 원리도 원칙도 없고, 오직 역사적으로 발전하는 것뿐이다. 그리고 역사상의 무력 중심의 전쟁은 두 개의 단계로 구분할 수 있으니 하나는 개인무력 시대이오, 다른 하나는 집단무력 시대이다. 그리하여 전자의 시대에 있어서는 개인적 무력의 강약에 의하여 전쟁의 승패가 결정되었고, 후자의 시대에 이르러서는 집단적 군대 및 군비가 승패를 결정하였다. 그러나 지난 세계대전을 일대 전기로 하여 전쟁의 형태는 질적으로 변화하였다. 전쟁을 실행함에는 자못 병력과 군비만이 문제가 아니오, 전국의 물자와 정신력을 총동원치 아니하면 안 되게 되었다. 즉 육상전과 해상전과 공중전의 무력전과 아울러서 경제전과 사상전과 정략전 등이 전치(全置)하여 종합적인 국력전이 전개되지 아니할 수 없다. 대전 당시에 있어서 무력전으로는 승리한 독일이 마침내 물자의 결핍과 정략전 및 사상전에 패배하여 연합국에 대한 성하지맹(城下之盟)*을 체결치 아니치 못한 역사적 사실은 이제 각국의 정치가, 사상가, 군사가에게 일대 충동을 주고 있다. 그리하여 빠쓰치코 장군은 "병력의 파괴라는 개념은 국민의 생활력의 격파라는 개념으로 고치지 아니하면 안 된다. 그리고 적국의 가장 먼 국경에까지 공격할 수 있는 무기가 있는 경우에는 전쟁의 제일 목표는 벌써 군대가 아니요, 그 군대가 물적 급양(給養)과 지적 또는 정신적 동력을 얻고 있는 생활의 중심지가 아니면 안 된다"고 하였다. 그러므로 근대전쟁의 교전 양국 간에는 전투원과 비전투원의 구별이 없어지고, 그와 동시에 전시와 준전시와의 구별도 없어졌다. 그리하여 전쟁이 상태이요, 평화가 변태인 것을 이론적으로나 실제적으로나 부정할 수 없게 되었다.

城下之盟 원문에는 '城下之資'로 되어 있으나 의미상 오기로 보임. 城下之盟은 성 밑까지 쳐들어온 적군과 맺는 맹약이라는 뜻으로, 항복한 나라가 적국과 맺는 굴욕적인 맹약을 이르는 말. 출전은 『春秋左氏傳』.

3.

그뿐만 아니라 전쟁과학의 발달과 함께 특히 항공기의 발달은 다시 전쟁 형태를 일변하였다. 즉 교전 양국 간에 있어서 전지에 있어서 전투 행위가 전쟁인 것은 말할 필요도 없거니와 항공기로써 그 후방을 습격하는 것도 전쟁이 아닌 것이 아니다. 그리고 후방공습은 이제 전략상으로나 전술상으로나 가장 중요한 의의와 위력을 가지고 있다. 그러므로 미국의 전략가로서 유명한 마일쓰 소좌는 "제일선에 있는 전투원 간의 투쟁을 경시하고 도리어 후방 공습에 의하여 적국의 군수공업지대 및 정치 경제의 중심도시를 파괴하는 동시에 비전투원을 살육할 것이라"고 외쳤는데 그것은 마일쓰 소좌의 견해일 뿐만 아니라 각국 전략가의 공통한 의식이니 최근 지중해 상에서 자주 생기는 괴잠수함 문제는 어찌 그러한 전략에서 나온 비전투원에 대한 살육행위가 아니라 할까.

그런데 일지(日支)전쟁에 있어서 공폭(空爆) 문제는 상당히 말썽이 되고 있다. 거월(去月) 27일에 국제연맹의 일지전쟁에 관한 23개국 자문위원회에서는 "일본공군의 공폭의 대상이 무방비 도시인 까닭에 다수의 부녀자를 포함한 무고한 인민에 사상을 야기시킨다"는 비난의 결의를 하였다. 이에 대하여 제국정부는 수차의 비공식 성명으로써 제국의 진의를 표명하고 다시 재외 사신을 통하여 영·미·불 등 각국에 항의를 통과하였다. 또 최근 제네바에서는 일지 양국의 재외 사신들이 각기 국가 주장의 정당함을 일반에 승인시키기 위하여 비상활동을 전개하고 있는데 일본 측에서는 일찍 대지(對支)에 관한 아모(天羽) 성명*으로 유명해진 아모 공사*와 우사미(宇佐美) 총영사* 등이 총동원하여 지나 측의 선전에 대한 방전(防戰)의 작전에 분투하고 있는데, 30일 오후에 연맹기자단에게 일본의 태도를 표명한 성명서를 배포하였다. 그에 의하면 일본은 필요로 인하면 금후에도 지나 도시의 공폭을 속행할 터이다. 일지문제는 일본에 있어서 국가의 운명에 관한 중대문제이니 제3국의 간섭은 한갓 사태를 분규케 하고 혹은 분쟁을 장구케 함에 지나지 않는다고 하였다. 그리고 잠수함 문제는 더 많은 말썽이 생기는 모양이다. 그러므로 그와 같이 분규해 온 이태리 정부의 리옹회의 참가도 이태리 측이 양보하여 참가할 의향을 최근 표명하였거니와 일지전쟁에 있어서의 잠수함 활동설은 사실 무근임을 일본정부에서는 누차 성명하였는데, 지금까지 비교적 불편부당한 입지에 있어서 지나 측의 선전에 귀를 기울이지 않은 미국의 태도도 변해진 모양이다. 그러므로 금월 1일부의 『오사카 아사히』(大阪朝日)*는 그 사설에서 "잠수함의 활동설은 구미 각국에 다대한 충격을 준 것 같다. 구미 방면에서는 잠수함의 활동 운운을 들어 가지고 곧 구주전쟁 중의 독일잠수함의 활동 내지 최근의 지중해에서의 괴잠수함의 암약을 연상하여 경악하고 있는 모양이다. 그런데 일본의 경우로 말하면 지나에 대한 제해권을 완전히 파악하고 있으니 이제 새로이 무슨 필요가 있어 잠수함을 사용할 것이냐. 지나 연안과 같은 천해(淺海)에서 잠수함을 사용함은 사실 불가능할 뿐 아니라 지나의 항구*와 어선을 잠수함으로 폭격함과 같은 어리석은 일이 있을 이치가 없다. 구주 열국 중 일본을 혐오하는 자가 있는 것은 자유이지마는 오직 사실을 판단함에 당하여 좀 더 냉정하고 또 신중함을 요망치 아니할 수 없다"고 하였다.

天羽 성명 1934년 4월 외무성 정보부장 아모 에이지(天羽英二)가 발표한 비공식 담화. 동아의 평화와 질서유지의 사명을 갖는 일본으로서 이에 장애가 되는 열강의 중국원조를 반대할 수밖에 없다는 내용을 담고 있었다.
아모 공사 아모 에이지(天羽英二, 1887~1968) 일본외교관. 외무차관, 내각 정보국 총재를 역임. 전후 A급 전범으로 지명되어 구류된 후, 공직 추방되었다.
우사미 총영사 우사미 요시히코(宇佐美珍彦) 만주사변 후 설치된 재 봉천 영사관에서 총영사로 재직했다.

『大阪朝日』 1879년 1월 25일 오사카에서 기무라 노보루(木村騰)가 창간. 1888년 『東京朝日新聞』을 창간하면서 『大阪朝日新聞』으로 개명. 자유주의적·진보주의적 논조를 폈고 일본의 여론형성에 큰 영향을 주었다. 이로 인해 필화사건을 겪고 극우파의 습격을 받기도 했다. 1940년 『朝日新聞』으로 통일되었다.
항구 원문은 짱구. 항구의 오기로 보임.

4.

그런데 목하 제네바에는 각국 간에 대두한 일본상품 보이코트 운동의 보도가 이미 전하고, 또 지나 대표의 활약과 상사(相竢)*하여 연맹에 대하여 사실상의 제재를 요구하는 자도 있다. 그러나 영국 대표는 총맹(聰盟)이 제재규정을 발동한다 하여도 만족한 수행은 기약할 수 없으니 그러한 정책을 조급히 결의하는 것은 총맹에 불리하다 하여 다른 방법을 취함을 주장하였다. 그러므로 이제 연맹이 제재규정을 발동할는지 아니할는지 아직 그것은 알 수 없으나 영국을 위시하여 각국의 보이코트 운동은 거의 전국적 운동에로 확대되는 모양이다. 그리고 제재반대론자는 일본의 경제조직은 자연 붕괴할 것이니, 연맹의 대일제재는 더욱 일본으로 하여금 궁지에 빠지게 하여 일본의 정책은 더욱 세계의 평화를 교란하는 요소로 나타나게 되는 효과밖에 없다고 하였다. 그런데 제재문제에 대하여 제국정부는 우리는 현하 정세에 있어서 중재가 필요치 아니함을 밝히고 싶다. 지나가 그 태도를 고쳐 반일정책을 근본적으로 버리기까지 우리는 최후까지 철저히 싸울 결심을 가지고 있다. 만일 열강 중 어느 나라가 중재코자 생각할진대 먼저 일본의 목적하는 것이 어디에 있는지를 십분 이해치 않으면 안 될 것이다라고 하였다. 그리하여 제국과 연맹과의 간에는 다시 조화될 수 없는 의견의 대립이 생기고 있는데 일찍 연맹에서 탈퇴한 제국은 연맹의 어떠한 결의가 있을지라도 그 규정 방침을 개변치 아니할 것은 이상의 제국정부의 성명으로 알 수 있거니와 일찍 긴장한 영국의 여론은 최근에 이르러서 더욱 악화하고 있다. 거일일(去一日) 런던[倫敦]발 특전(特電)에 의하면 "영국의 대일 여론의 악화는 그 극에 달하여 만주사변 당시 이상이라고 전하며, 정부의 정책은 그 여론의 힘에 끌려서 어떠한 대일 구체책을 취치 않을 수 없는 경우의 정세이다. 이 사태에 대응키 위하여 재런던 일본대사관에서는 금회 육해군 무관 및 재류 방인(邦人)의 주요한 자를 구성분자로 하는 정세위원을 조직하여 정보의 교환 및 영국 국민에 향하여 사건의 진상을 설명하고 그릇된 선전에 기인한 여론의 악화 방지에 힘쓰고 있다"고 하였고, 또 동일(同日) 발 뉴욕[紐育] 특전에 의하면 "미국의 반전, 반파쇼 동맹 및 좌익 지도 하에 있는 지나 우회(友會)의 이(二) 단체 주최의 일본규탄대회가 개최되어 극단의 대일(對日) 증오와 대지(對支) 동정을 강조하고, 기부와 물자는 주지(駐支) 영국대사를 통하여 지나군에 송교(送交)한다"고 하였다. 그러므로 일반이 관측함과 같이 일지분쟁은 오래 끌 것을 생각할 수 있고 그와 동시에 국제정국은 평시에서 전시에로거나 전시에서 평시에로도 아니오, 일향(一向) 전시에서 전시에로인 것을 느끼지 아니할 수 없다.

•

相竢 서로 맞물려.

이것이 어찌 극동 일우(一隅)에서만 그러하랴. 구주에 있어서도 다르지 않다.(후략)

67. 국권평등

■『국민보』 1938년 8월 3일자 논설. 일본, 중국, 러시아 등 동아시아에 직접적 이해관계를 갖는 국가들과 영국, 독일, 이태리 등 간접적 이해관계를 갖는 국가들 사이에 동북아의 국권평등이 어떻게 조정될지를 논하고 있다.

각국은 각각 자국이 다른 나라들보다 부강하기를 원하며 영토와 이권의 확장을 원하면서 국제적으로는 서로의 이권평등을 구하니 이 밀고 당기는 것으로 국제의 전쟁이 쉴 날이 없고, 국제의 평화도 이것을 표준하여 조정한다. 욕심꾸러기 나라들이 국제의 이권평등을 깨뜨리고 필경은 국제의 공론이 다시 국권평등을 표준하여 조정하나, 그 조정이 할 때는 물론 만년불패 같이 생각하고 하지마는 며칠 가지 못하여 또 파괴된다. 무론 그 조정의 때에 이상과 정의에 철저히 기인한 조정을 하였으면 좀 더 오래가겠지마는 평화회의의 자리다다 각국이 서로 밀고 당기는 욕심과 시기와 의심의 까닭과 또한 사람의 일이라는 것은 항상 완전할 수 없는 인생의 제재에 의하여 그 조정들이 할 때부터 참 이번 조정은 영구적인가하는 의문을 면하기 어렵다. 그러므로 국제의 조정이 필경은 임시의 조정에 불과하게 되어 왔으니, 강한 나라들이 어깨를 마주대고 살아오는 유럽의 역사가 국제평등의 파괴와 조정으로 그 총괄적 인과관계를 실증하여 온 것이다. 지난번 유럽전쟁의 끝에 국권평등을 다시 조정하고 평화조약을 성립하고 그 평화조약의 실행을 담보하기 위하여 국제연맹이 생겼던 것이니 독이(獨伊) 양국의 뛰노는 통에 평화조약은 무효에 돌아가고 국제연맹은 허명만 남았다. 이같이 되는 기회를 이용하여 일본은 유럽열강이 직접관계를 느끼지 않고 세밀한 관찰을 겨를치 못하는 원동(遠東) 한 모퉁이에서 아세아 대륙에 입을 대고 누에 먹듯 먹어 들어가는데, 그것도 조금씩 먹던 때에 일본의 군력이 그저 그렇거니 생각되던 때에는 유럽 열강의 문젯거리가 아니었더니, 지금 와서 일본의 군력이 적더라도 일본의 자신으로는 열강과 겨룰 만치 되었거니 하게 되고, 아세아 대륙을 삭여먹는 대신에 큰 덩이를 함부로 떼어먹으려는 이때에는 비로소 열강의 문젯거리로 착실히 보인 모양이다. 원동에는 아직까지 국권평등의 이론을 적용하여보지 아니하였으나 동양에도 차차 그 문제가 있게 되고 동양의 국권평등과 따라서 온 세계의 국권평등을 일본이 깨뜨림으로 말미암아 전쟁이 시작되었□□ 전쟁이 □어□□ 필경은 세계전쟁이 되게 되었으며 이번 전쟁의 끝에는 동양에 처음으로 국권평등의 표준으로 평화를 조정할 것이다. 동양에 국권평등의 이론을 적용하려면, 첫째는 동양에 직접관계가 있는 몇몇 나라들의 국권평등과 구미열강 중 원동에 이해관계를 가진 여러 강국들의 이권평등과 간접으로 온 세계의 국권평등 문제들을 다 각각 상고하고 서로 비교하여야 할 것이다. 동양에 직접관계국인 나라들은 중국과 일본과 러시아인데, 그 삼국 사이에 이권평등은 어느 지점에 가서 있는가. 그 세 나라가 각각 욕심이 있고 서로 시의가 있을 것이다. 중·러·일 삼국의 이권 등을 영구나 혹 임시로 조정할 수 있는 양으로 가정하고라도 중·러·일 삼국의 각각 세력이나 합한 세력이 구미 열강에 비하여 무슨 차이가 있겠으며, 또한 무슨 관계를 만들겠느냐. 그 차이와 그 관계를 어찌하면 조정하겠느냐. 세계열강의 이권평등의 점이 과연 어디 있겠느냐. 세계열강이 각각 욕심이 있고 서로 시의가 있으며 극동 열강과 구미 열강이 각각 욕심이 있고 서로 시의가 있다. 원동 각국 사이의 이권평등과 세계열강의 이권평등을 다 참작하여 가지고 조정되는 그 평화는 온 세계 각국 각 민족에게 무슨 관계를 발생하겠느냐. 아마는 동양의 열강이나 세계의 열강들은 각각의 욕심과 서로의 시의(猜疑) 까닭으로 전 인류의 화복과 이해는 고려할 여가가 없을까 한다. 소약국들과 피압박 민족의 문제가 지난 평화조약 때에 역사상 처음으로 나아와 보았으나 변변한 효력이 없고 말았다. 원동 문제에 대하여 국권평등의 이론을 처음으로 적용하는 이때에 영국이 중·일 양국 간 평화를 주선한다는 것이 대개 영국의 의사를 알 수 있고, 영국과 이 주선에 협력하겠다고 하니 나아선 독이 양국의 의사도 알 수 있다. 어느 한 때는 저 나라들이 러시아의 세력이 동양으로 자라 나아가서 태평양에 내미는 것을 원치 아니하였고, 그 때에는 일본이 그것을 막기 위하는 신임을 주는 동시에 일본 같은 것이 문젯거리가 되리라고는 미처 생각지 못하였다. 러시아의 세력 확장을 독일이 특별히 싫어하고 영이(英伊) 양국도 달게 생각지 않는 것이다. 그리되어 전에 영일동맹이 있었고 지금에 독·이·일 삼국동맹이 있는 것이다. 동시에 일본은 아시아 대륙을 다 병탄하려고 차비를 차리고 그 일을 실행하는데 매우 신속히 하니 지금 와서는 일본이 또한 걱정거리가 되었다. 그리되어서 영일동맹이 깨어진 것이오, 일본과 동맹국인 독이 양국까지도 일본을 의심하는 눈으로 보게 되니 이것이 곧 독이 양국이 영국의 주선하는 중일평화 주선에 참가한 것이다. 영·독·이 삼국이나 기타 구미열국이 그러면 중국에게 대한 동정이 많은가. 그것도 또 하나 그 전에 독일 정계에서 중국을 잠자는 사자라고 한 적이 있으니 잠자는 동안까지는 관계치 않지마는 잠을 깨면 무섭고 어느 때에 깰는지는 알 수 없다 함이다. 이것을 무론 다른 나라들이나 심지어 독일까지도 꼭 믿었다는 것은 아니나, 이 같은 무슨 어리벙벙한 의심과 걱정이 있는 모양이다. 중국이 분열되고 중국이 연약하던 때에 이러한 걱정이 있었거든 하물며 중국이 깨어나는 것과 단합되는 것을 보고서는 세계의 중국에 대한 의심과 걱정이 일층 더 자랐다. 일본이 중국을 맹렬히 치던 첫날에 온 중국이 일본의 주먹 속으로 순식간에 다 들어가리라고 온 세상이 생각하였던 것인데 거진 빈 주먹만을 들고 일본의 신식 무기를 대적하여 온 지 1개년에 아직도 그 담기(膽氣)가 싱싱한 것을 보는 세계는 한번 놀랐다. 군력상 준비가 없는 중국으로도 저것을 능히 하거든 만일 물질 발전이 넉넉히 되면 무엇이 능히 못하랴 하는 것이 오늘 세계가 중국을 보는 안목이다. 중국의 아직 개발되지 못한 무한한 천연부원을 보고 중국의 므량한 인력과 광대한 판도를 참고 하여서 장차 저 나라가 온 세계를 타고앉아 채찍질을 할 나라가 아닌가하는 새 걱정이 또 생긴 것이 오늘 열강의 태도이다.

68. 전쟁과 역사

■ 『동아일보』 1939년 9월 8일자 사설. 제2차 세계대전으로 돌입해 가는 유럽의 전황을 전하고 있다. 평화회복을 위해 세계대전의 필요성을 긍정하는 한편, 전쟁의 파괴성을 인정하면서도 전쟁에서 신질서 창출의 의의를 찾고 있다.

1.

인류는 그 역사에 있어서 가장 참담한 기록을 또 하나 가지게 되었으니 목전에 제2차 구주대전란이 시작된 1939년 9월 3일은 지구와 함께 영원히 잊혀지지 않을 것이다. "전쟁의 절멸을 위한 전쟁"이라던 제1차 대전이 수천만의 생령(生靈)과 수천억의 재화를 제물로 바치고 종식된 지 불과 25년, 세계는 다시 "백성이 백성을 치고, 나라가 나라를 치는…" 대 파국에 직면하고 있다. 1918년 11월 11일의 휴전 나팔소리와 그 익년 6월 28일의 베르사유 평화조약은 어디로 갔는가. 더욱 1925년의 로카르노 상호보장조약과 1928년의 켈로그 다변(多邊)적 부전조약*의 거취는 어디며, 또 나치스 집권 1년 이후 체결된 독일·폴란드[獨波] 불침조약의 망령은 어디를 헤매고 있는가.

켈로그 다변(多邊)적 부전조약 1928년의 파리부전조약을 말함. 미국의 국무장관 켈로그(Frank Billings Kellogg)와 프랑스 외무장관 브리앙(Aristide Briand)이 주도했기 때문에 '켈로그-브리앙 조약'이라고도 함.

군비축소와 군비휴일을 위한 수삼차(數三次)의 세계적 대회의는 있었던가 말았던가. 각국은 이제 발끝까지 무장하고 다시 기왕의 전장에서 간과(干戈)를 상교(相交)케 되었으니 전쟁을 피하려던 인류의 노력은 전장의 숙명 앞에 너무나 무력하다. 그러나 우리는 전쟁에 대한 일편의 감상보다는 전쟁 그 자체에 관철되고 있는 역사적 필연성을 인식하지 않으면 안 될 것이다.

2.

전쟁이 다른 수단으로 하는 정치의 직접적 연장이라 함이 벌써 오늘의 상식이듯이 정치 자체는 경제의 집중적 표현이다. 1923년 11월 도스 배상안*의 성립을 계기로 한 구주의 상대적 안정기가 산업 합리화 활동을 그 경제적 기초로

도스 배상안 Dawes Plan. 1923년 독일의 전쟁 배상금에 불만을 가진 프랑스의 루르 강제점령으

함은 주지의 사실이거니와 세계경제의 제(諸) 모순이 이 과정에 의하여 더욱 첨예화되었음도 또 불무(不無)의 사실이다. 그러나 전전(戰前)을 능가하기에까지 이른 생산 제력(諸力)과 시장 관계가 특히 표면화되기는 1929년 뉴욕의 주식거래소[株式取引所] 공황*을 발단으로 한 세계적 대공황에 있어서니 당시 저환율[低爲替] 정책에 의한 통화전쟁과 카르텔 강화에 의한 관세전쟁은 그 극에 달하였던 것이다.

이에 '국민경제'로 역행하는 세계경제의 재건을 목표로, 18개국의 로잔회의*를 거처 그 익년 1933년 6월에는 실로 공전(空前)의 세계경제대회의*가 런던에 소집되었던 것이다. 그러나 이 회의마저 쉽사리 환율[爲替]·통화문제로 결렬되었을 때 세계각국은 곧 아우타르키(Autarkie)*를 내용으로 한 블록경제로 일로 매진치 않을 수 없었으니, 이 때 베르사유 체제에 의하여 그 수족을 완전히 결박당한 독일의 본능적 욕구가 무엇일까는 자명한 일이다. 1933년 1월 정권을 장악한 나치스는 과연 재군비와 실지회복을 그 정강으로 세계에 선언하였다.

이에 종래 여러 가지 대각(對角)관계로 그 폭발이 예상되던 제2차 대전의 암운은 비로소 독일 중심으로 저회(低廻)함이 점차 명료케 되었다. 이래 나치스에 의한 자르의 회복, 오스트리아 및 체코합병 등 독일의 외교적 승리는 그야말로 욱일승천의 세가 있었다. 그러나 영불(英佛) 측의 거듭 '양보'에 의하여 극력 그 최악의 경우가 연기되던 전승국과 전패국의 모순도 단치히와 폴란드회랑[波蘭回廊]*의 욕구에 있어선 드디어 전쟁으로 폭발되지 않을 수 없는 것이다.

우리는 여기에 발칸반도와 근동 또는 남미에 있어서의 영불 대 독이의 대립 등은 다만 지적하는데 그치려 하거니와 아무튼 실력에 의한 세계의 재수정은 유일한 평형회복 수단으로 제2차 대전을 필요케 하는 것이었다.

3.

지난 3일 오후 6시, 영국황제 조지 6세는 정부의 대독 선전포고의 뒤를 이어 라디오를 통하여 그 출사(出師)가 정의의 군(軍)임을 전 세계에 성명하시었다. 이에 대하여 히틀러 총통은 영국의 인도에 대한 신(新) 죄악을 파쇄(破碎)하라고 절규하였다. 역사적으로 원래 진보적 전쟁이 없음이 아니나 단적으로 '기득권'과 '생명권'의 길항에 귀착되는 구주의 제2차 대전은 결국 그 본질에 있어서 한 개의 이율배반임을 면치 못할 것이다.

다음, 전쟁은 사회의 생산력과 문화뿐만 아니라 실로 인류 자체까지 파괴하는 조직적 행위로서 이 점, 하등의 창조적 성격도 갖는 것이 아니다. 그러나 신질서에의 제 조건을 창출하는 데 있어서 위대한 의의를 갖는 것이니 인류 역

로 독일이 혼란에 빠지자 이에 대한 해결책으로 배상문제 전문가위원회 위원장인 미국의 C. G. 도스가 제출한 배상안. 배상 총액과 지불기간은 언급하지 않고 5개년간의 지불연액(支拂年額)만을 정하였다. 그 결과 배상지불이 원활히 진행되고 대독 통제가 해제되면서 1925년 르카르노조약이 성립하였다. 미언급된 배상 총액을 보완한 영(Young)안에 의해 보완됨.

주식거래소 공황 1929년 10월 24일 뉴욕 월가의 주가 대폭락으로 발단된 1929년의 대공황을 가리킴.

로잔회의 1932년 6월~7월 스위스 로잔에서 열린 배상문제·전쟁채권 문제에 관한 국제회의. 세계공황으로 독일 경제가 위기에 처하자 독일의 배상액을 30억 마르크로 대폭 인하했고, 유럽부흥기금으로 삼는다는 협정이 성립되었다. 전후 배상·전쟁채권 문제는 이 회의로 소멸되었다.

런던세계경제회의 1933년 6월 세계공황을 타개하고 통화·경제 재건을 위한 경제적 평화조약을 기초하기 위해 국제연맹 주최로 열린 세계경제회의. 자유로운 국제금본위제 회복을 위한 과도 조치, 국제무역상의 제한 철폐, 관세 휴전 이행 등을 논의했지만 이해 대립으로 성과를 거두지 못했고, 블록경제의 경향이 대두되었다.

Autarkie 자급자족 경제체제를 뜻함.

波蘭回廊 Polish Corridor. 제1차 세계대전이 끝난 뒤 새로 수립된 폴란드와 발트 해를 잇는 너비 32~112㎞의 기다란 땅. 비수아 강 하류를 따라 뻗어 있는 이 회랑은 베르사유 조약에 따라 패전국 독일이 폴란드에 돌려주었고, 1939년 3월 히틀러는 단치히의 반환을 요구하는 한편, 폴란드 회랑을 가로질러 독일 제국 본토와 오스트프로이센을 잇는 고속도로 건설을 허락해 주고, 또한 이 도로상에서의 독일의 치외법권을 인정할 것을 요구했다. 폴란드는 이 요구를 거절하고, 프랑스와 영국으로부터 독일의 침략행위를 막아 주겠다는 보장을 받아냈다. 9월에 독일은 이를 명목삼아 폴란드를 침공했고 이로써 전쟁이 시작되었다.

사가 전쟁에 의하여 추진된다는 원리는 유구한 세계사의 기록에 징험하여 명백한 바이다.

69. 서인식, 세계문화의 신구조—무너져 가는 낡은 구라파

■『조선일보』 1940년 7월 26일자에 실린 서인식의 글로, 프랑스가 독일에 패배한 원인을 세계사의 운명에 대한 이념의 유무에서 찾고 이것이 민주주의 제국의 정신적 지도자 전반에 결여되어 있음을 지적하고 있다. 현대의 세계구조를 개조할 이념의 탄생이 요망되고 있다고 보면서, 독일과 이태리의 전체주의보다는 오히려 일본의 동양문화와 미국의 민주문화에 장래 세계문화를 구상할 가능성을 기대하고 있다. 출전은 『서인식 전집』 II(역락, 2006), 223-226쪽.

■ 徐寅植(1906~?) 1924년 일본 와세다대학 고등학원 문과에 입학, 1928년 동 대학 철학과를 중퇴, 1930년에 귀국하여 이듬해 조선공산주의자협의회사건으로 검거, 5년간의 옥고를 치르고 1937년부터 신문 및 문예잡지를 중심으로 활동하였다.

白蘭 폴란드.
逆睹 앞 일을 미리 내다봄.

縮圖 원형보다 작게 줄여서 그린 그림.
Idee 독일어로 이념.

독일의 백란(白蘭)* 진출 이래 고전을 계속하던 불란서는 마침내 굴복하고 말았다. 26일에 정전협정이 성립하였다 한다. 전국(戰局)의 장래는 물론 역도(逆睹)*할 수 없다 하나 독이(獨伊) 대 영불(英佛)의 이번 전쟁은 적어도 불란서에 관한 한 이로써 한 단락을 지은 듯하다.

그런데 독일의 승인(勝因)에 대한 세간의 의견은 구구하다. 혹은 작전체계의 정비(整備)와 전법의 참신을 말하며 혹은 무기의 성능의 우수와 체력의 우위까지 말한다. 허나 전과의 감정에 있어서 정신적 요소도 간과할 수 없다면 독일민족이 세계사의 운명에 관한 일종의 새로운 신화를 가지고 이번 전쟁에 임한 반면에 불란서 주민에게는 저들의 전 영육(靈肉)을 도(睹)할 단한 혁연(赫然)한 신화가 없었다는 것도 한번 고려할 문제가 아닐까?

이번 전쟁에 있어 불란서 국내의 정정(政情)이 통일되지 못하고 국민의 조국의 운명에 대한 자각이 철저하지 못하였다는 것은 식자들이 공인하는 의견인 듯하다. 이것은 곧 불란서 국민이 이번 전쟁에서 작열하는 민족적 정열을 환기할 만한 정신적 목표를 발견하지 못하였다는 것을 의미하는 것일 듯하다. 이곳에서 말하는 신화는 물론 과거에 있었던 신화를 말하는 것이 아니고 현재에 있어야 할 신화를 말하는 것이다. '나치스'가 독일 민족에게 던져 준 소위 20세기의 신화의 사상적 내용은 여하간에 그것이 저들의 장래할 세계사에 대한 민족적 사명과 프로그램을 축도(縮圖)*한 엄숙한 신념으로서 한 민족의 생사를 도하는 고도의 모험적 행동에 정열과 용기를 제공하는 '이데'(Idee)*로서 작용하였을 것만은 틀림없다. 불란서 국민들도 일찍이 18세기에 있어서는 구주 제 민족에 앞서 그러한 위대한 신화를 안고 근대적 세계를 탄생하였었다. 오늘날의 그들은 조선(祖先)의 공업(功業)(전통)에 기생하여 오랫동안 난숙한 문화에 포만하였던 만큼 지방이 과다한 존재가 아니기를 보증하기 어렵다.

이곳에서 우리는 먼저 현대 민주주의 제국의 정신적 지도자의 최근 수년간의 활동성과를 한 번 반성하여 볼 필요가 없을까? 우선 기억에 떠오르는 근년의 구라파 지성들의 가장 주목할 만한 사건은 선년(先年) 국제지력협력협회에서 현대 정신의 위기를 극복하기 위하여 소집한 수차의 국제적 회의이다. 그러나 모든 민족이 생사의 간두에서 어떠한 방면으로든지 비약과 도박을 시(試)하지 않고는 배길 수 없는 현대의 역사적 정황을 염두에 두고 그 당시의 회의 의사록을 읽을 때에는 그 속에서 인류의 내일에 관한 그 어떠한 예견과 창의를 기대하던 사람은 누구나 적이 실망하지 않을 수 없으리라. '데카르트' 이래의 태색(苔色)*이 창연한 근대적 합리주의의 전통(그 자신 한낱의 역사적 한계를 가진) 위에서 추상적으로 합리와 비합리의 비례를 따지고 신화와 신비설의 필요 여부를 따지며 선발된 자와 민중의 관계를 논하는 것 '쯤'으로서 현대 정신의 위기를 극복하리라 생각하는 것은 심하게 말하면 현상 유지에 잠자는 민주주의 제국(諸國)의 노쇠한 정신들의 타태(墮怠)와 오만이다. 사태는 정히 눈은 눈으로 갚고 귀는 귀로 갚고 만다. 현대가 요망하는 것은 오늘날의 세계 구조의 심환부(深患部)에 서슴없이 '메스'를 박을 수 있는 새로운 '이데'의 탄생이다. 그러나 현대의 민주주의 구라파의 최고의 지성들은 토마스 만*, 발레리* 할 것 없이 모두 전형적인 19세기 인간이다. 다시 말하면 저들은 현대에 남은 근대의 종족으로서 전아(典雅)한 근대적 교양의 최후를 장식할 광망(光芒)들이다. 오르테가*, 만, 발레리 등 '살롱'과 교단의 화형(花形)들이 한결같이 현대문화의 빈곤화의 원인을 '민중'의 등장에 두는 것도 이유 없는 것이 아니다. 어느 학자의 말을 빌린다면 20세기의 인간은 '대중인간'(마세 멘쉬(Masse Mensch))이다. '살롱' 문화의 후예들이 민중과 집단을 경멸하는 것은 어느 의미에 있어서는 몰락하는 근대 지성의 비명일는지 모른다. 이리하여 난숙한 불란서가 자기의 근대적 생리에 충실하려다가 이민족으로부터의 복수의 칼을 받게 되었다. 그러나 금후 전국의 진전에 따라 영국마저 패배하고 독이의 구라파 제패가 성립한다 하더라도 우리는 '나치스'의 구문(口吻)*대로 구라파에 소위 '신질서'가 전개되리라고는 생각할 수 없다. 영국마저 패배하고 독이의 승리로 전국이 종식하는 경우에는 구주, 더 나아가 세계의 지도는 일변할 것이다. 그러나 신질서의 창조란 단순히 각 민족의 정치적 세력의 소장(消長)에 따라 변동하는 지도의 개조를 의미함은 아니리라. 질서의 교체란 곧 세계구조의 개조를 말하는 것이다. 그러나 오늘날 독이의 '토탈리즘'이 그대로는 현대의 세계구조의 개혁원리가 될 수 있는가 하는 것은 의문이다. 더구나 소위 혈연과 풍토를 고지(固持)하는 혈토(血土)민족주의가 한민족을 내적으로 결합하는 일 민족적 원리는 될지 모르나 민족과 민족을 외적으로 결합하는 세계적 원리가 될 수 없는 것은 두말할 것 없다. 도리어 우리는 이곳에서 독일의 구주제패가 만일 성립한다면 '나치스'가 혈토민족주의를 달리 개조하든가 그렇지 않으면 퇴장하리라는 것까지도 예상할 수 있다. 피 다른 민족을 통합하는 데는 혈형의 관념은 도리어 자기의 수족을 결박하는 장애가 될 수 있다.

苔色 이끼의 색.

토마스 만(Thomas Mann, 1875~1955) 독일 출신의 소설가 및 평론가. 나치즘을 비판하고 전투적 휴머니즘을 주장함.

발레리(Ambroise-Paul-Toussaint-Jules Valéry, 1871~1945) 프랑스의 시인이자 사상가. 상징시로 유명하며 국제연맹에도 관계함.

오르테가(Ortega Y Gasset, José, 1883~1955) 스페인 출신의 생철학자로 니체와 현재의 실존주의의 중간에 위치하는 철학자.

口吻 입술.

그러나 나치스가 어떠한 일이 있더라도 민주주의로 개종하고 귀환할 리도 없다. 그것은 그들의 면목으로서도 그렇거니와 오늘날의 정세도 허락지 않는다. 따라서 독일의 구주제패가 성립하는 경우에는 구라파에서 민주주의 문화가 후퇴하리라는 것만은 예상할 수 있다. 한데 구라파 문화라 말할 때에 우리는 혼자 근대문화 즉 민주주의 문화를 의미하지 않는가! 그 의미에 있어 영불의 패배는 곧 구라파의 몰락으로도 볼 수 있다.

그리고 그리된다면 근대 문화의 최후의 고성(孤城)은 바다를 건너 서대륙에 가서 찾을 수밖에 없다. 오늘날 구라파 문화의 서천(西遷)을 말하는 것도 이 의미에 있어서는 이유 없는 것이 아니다. 우리는 이 끝에서 좀 과장하여서 현대의 세계문화권이 대서양안에서 태평양안으로 이동하는 것을 추측할 수 있다. 태평양을 호수로 하고 배치된 세 낱의 예각적으로 대립하는 문화, 일본의 동양문화와 '슬라브'의 문화와 아메리카의 민주문화를 염두에 두고 내일의 세계문화를 구상하여 보는 것도 흥미 없는 일이 아닐 것이다.

70. 세계사와 이성

■ 『동아일보』 1940년 7월 27일자 논설. 영국 공격에 앞서 영국 국민의 이성에 호소하여 항복을 권고한 히틀러의 연설이 갖는 의미를 숙고하는 글. 필자는 히틀러의 연설을 특유의 정치적 제스쳐로 보면서도, 이 연설에서 민족적 감정과 적개심으로 물들었던 세계사가 이성으로 규율될 가능성을 찾고 있다.

1.

독일 히틀러 총통은 대영(對英) 총공격을 앞두고 지난 19일 국회에서 영국 국민의 이성에 호소하여 영국에게 항복을 권고하였다. 정치와 군략(軍略)의 어느 쪽에도 신축자재한 묘기와 종횡무진의 수완을 뽐내고 있는 히틀러 총통이 영본토 공격을 앞두고 소위 영국의 이성에 호소하여 대영 화평을 제소한 것은 독일의 국내 또는 국외에 대한 제스처로 볼 수 있으며 이와 같은 정치기술을 적시적기로 가장 교묘히 이용하여 오는 것이 히틀러 총통인데 비추어 보아 별로 기이한 바 없다. 그러나 한편 최근의 세계사가 그야말로 전격적으로 변이하고 있어 역사 조성의 기본재(基本材)가 이성보다도 감정이었고, 순리적 이론보다도 격정적인 행동이었던 것이 이제부터 어느 정도까지 이성에 눈뜨고 이성에 편달되는 경향이 나타난 것으로도 볼 수 있다. 물론 설사 현대의 정치와 정치가의 이성에 대한 자각 자성이 결코 영속적의 것이 아니고, 한낱 과도적이며 찰나적인 현상에 그칠지는 미지이나 여하간 히 총통이 영국민의 이성에 호소한 한 가지 사실은 한때 민족적 감정과 민중적 격정에 지배되어 오던 세계사의 추진력이 정태(靜態)적 이성에 눈뜨고 있는 한 개의 구체적 표증이라고 볼 수 있다.

2.

사실에 있어서 역사 그 물건이 오로지 이성에만 지배되어 형성된다면 세계사는 퍽 무미건조하게 될 것을 예상할 수 있다. 동시에 만일 역사가 오로지 감정에만 율정(律定)되어 형성된다면 그것은 역사 그 자체의 유구한 이상과 이념의 근본적 붕괴를 의미하는 것일 것이다. 역사를 지배하고 움직이는 것이 이성보다도 감정이고, 이론보다도 행동이라는 것이 역사의 이법(理法)으로 보아 타당한 논리라면 인류사를 최대의 비극과 참극에서 건져내는 것은 냉철한 이성이라는 것도 입론할 수 있다. 한동안 파괴적인 감정과 행동으로써 기록되어오던 현 단계의 세계사를 이성으로써 합리화하려는 징후가 히틀러 총통의 국회연설에 반영되었다고 보는 것이 결코 근거 없는 독단적 경론은 아닐 것이다. 한때 비이성적인 격정 속에서 몸부림치던 세계사가 이성의 냉혹한 교시(教示)로써 그 지향을 결정하려는 기운이 싹트게 된 것이 아닐까? 물론 영국 수상이 단호(斷乎) 항전을 언명한 만큼 구주 전국의 금후관(今後觀)을 속단키 곤란하나 시일이 가면 갈수록 전쟁관이 이성적으로 타산되고 추상될 것만은 부인치 못할 사실이다. 히틀러 총통이 영국민의 이성에 호소하게 된 것도 단순히 피(彼) 일류의 정략적 제스쳐라고만 볼 수 없을지니 그것은 확실히 정치의 이성에 대한 자각이며, 아울러 지도자의 전쟁에 대한 자성의 계기로 보고 싶다.

3.

우리는 역사의 출발이 파괴적인 감정과 행동으로써 일보를 내걷게 된다는 것을 아는 동시에, 그 역사를 합리화시킴에는 전설적인 이성의 힘으로써 매듭지어야 된다는 것을 믿고 있다. 민족적 감정과 국민적 적개심에서 평화조약을 맺은 베르사유 고궁에 하켄크로이츠*의 깃발이 날리고 콩피에뉴의 삼림이 새로운 혈루비사(血涙悲史)*로써 변형되었음을 보라. 역사의 회귀성이 역사법칙의 근본핵심이라손 치더라도, 역사는 이성에 지배되고 이성에 율정돼야 할 것이다.

감정과 적개심으로써 맺어진 역사는 주기적으로 인류비사를 되풀이함에 불과할 것이다. 정치의 이성에 대한 자각과 정치가의 이성적 자성이 요청되는 근본 이유가 여기 있다. 구주에서 한동안 이성의 성벽을 뛰어넘은 국민적 감정이 진정되고, 비록 잠정적일지는 몰라도 이성적인 자각자성이 싹트고 있는 듯이 보인다. 그러나 이와 같은 싹을 성육(成育), 배양시키게 될는지 안 될는지는 오로지 정치가의 책임일 것이다.

하켄크로이츠 Hakenkreuz. 독일어로 '갈고리'(Hooks)를 뜻하는 '하켄'(Haken)과 '십자가'(Cross)를 뜻하는 '크로이츠'(kreuz)의 합성어로 '갈고리 십자가'라는 뜻. 독일 나치즘의 상징.

血涙悲史 제1차 세계대전 당시 독일의 항복은 객차 안에서 이루어졌고, 대전 후 프랑스는 베르사유 궁전에서 독일과 강화협정을 맺었다. 히틀러는 재2차 세계대전 때 프랑스에 이긴 후 1940년 6월 21일 독일이 항복했던 그 낡은 객차를 콩페뉴(Compiègne) 숲으로 끌고 오게 한 뒤 그 안에서 휴전협정을 조인하였다.

71. 장덕수, 전시와 산업보국

■ 『삼천리』 제11권 4호(1939. 4.1.)에 실린 장덕수의 논설. 전시에는 산업 총동원이 이루어져야 하며 가장 필요한 것이 산업보국의 정신과 조직이라 주장한다. 산업의 국가적 사명을 깨닫고 모든 자원이 원활하게 공급될 수 있는 조직화가 필요하며, 평시에도 산업의 사회적 책임성과 도덕성을 황운부익(皇運扶翼)과 총동원의 기초로 하여 신동아질서 건설에 기여해야 한다는 것이다.
■ 張德秀(1895~1947) 1918년 여운형·김규식 등과 신한청년당을 조직. 이듬해 국내에서 체포되었지만 여운형의 통역관이 되면서 풀려났다. 1920년 동아일보 초대주필. 1928년 컬럼비아 대학에서 철학박사 학위를 취득. 귀국 후 보성전문학교 교수를 거쳐 1936년 동아일보사 부사장. 1939년 이래 시국대응전선사상보국연맹, 국민총력조선연맹, 조선임전보국단, 국민의용대 등 친일단체에서 활동. 해방 후 송진우·김병로 등과 한국민주당을 창당, 당 외교부장·정치부장을 역임하였다. 1947년 피살.

1.

현대산업이 그 산업에 종사하는 그 각 개인의 사사(私私)의 것이 될 뿐 아니라 국가적 사명과 사회적 중요성이 있는 것이 전시의 위기를 당하여 가장 적나라하게 발로됩니다. 구체적으로 말하면 병사가 아무리 용맹하다 할지라도 배가 주려서는 싸울 수 없습니다. 그러므로 식량을 공급하는 농업의 협력을 구하지 않을 수 없으며, 또 식료는 비록 충족하다 하더라도 정예한 무기가 없으면 빈주먹을 가지고 싸울 수는 없습니다. 그러므로 무기를 제공하는 산업의 전폭적 협력을 얻게 되는데 산업에는 과학적 발명도 필요하고, 조직의 재능도 필요하며, 자본가의 돈과 노동자의 힘은 물론입니다. 그밖에 온갖 물자와 기계가 필요합니다. 그런즉 국가는 전쟁의 최고 목적을 위하여 이 산업 활동에 필요한 모든 요소를 동원하고 일정한 계획 하에 완급경중을 따라 그 활동을 요리 안배하지 아니하면 안 됩니다. 이것이 곧 산업 총동원이요, 이와 같은 총동원의 대사업을 지장이 없이 원만히 진출하려면 불가불 그에 참여하는 모든 사람이, 즉 자본가나 종업원이 모두 이 일편단심 보국의 정성으로써 봉사를 하여야 한다, 이것이 곧 산업보국(産業報國)의 주지(主旨)이외다. 다시 말하자면 노자(勞資)가 협조하여 산업의 국가적 사명을 다하는 산업의 각 부문이 이것입니다.

만일 이와 같은 총동원의 조직과 보국의 정성이 없이 공업은 공업, 상업은 상업, 농업은 농업, 교통업은 교통업이 각자 제멋대로 놀고 또 그 모든 산업에 공통 요소가 되는 자본가와 노동자가 서로 사사로운 개인의 이해만 위하여 싸울 것 같으면 국가대사는 마침내 그릇되고 말 것이외다.

2.

돌이켜 현하 시국을 살피건대 지나사변이 얼마나 오래 계속이 될는지 나의 천박한 식견으로는 판정할 수 없습니다. 또 제3기의 장기 건설에 들어가서 실지 전쟁이 어떠한 범위와 정도로 전개될는지도 알 수 없습니다. 그러나 장제스(蔣介石) 정권이 여전히 항일의 기치를 들고 그 배척에 열국의 원조가 있는 이상 제국 정부로서는 어디까지나 서아(西亞) 신질서의 건설이 확립될 때까지는 단연코 전쟁을 계속하지 않을 수 없을 것이며, 또 일면으로는 나날이 음악(陰惡)하여 가는 국제 정국에 대응하기 위하여 군비를 확충하는 동시에 지나 대륙의 경제건설을 촉진하기 위하여 물자 획득에 전폭적 노력을 경주하지 않을 수 없을 것입니다. 다시 말하면 대규모의 전쟁과 대규모의 경제공작을 동시에 아울러 행하지 아니하면 안 되고 더욱이 최대 속도와 최소 기간 내에 성취하여야 할 형편에 처하여 있습니다. 이와 같은 난경(難境)에 처하여 가장 유효하며 그 목적을 달하는 방법은 국가 총동원입니다. 개중에도 산업의 전 활동을 총동원의 궤도 위에 전개하는 것이외다.

물론 산업 총동원에는 여러 부문이 있으나 산업보국의 정신과 조직이 가장 필요한 것은 사람을 통하지 아니하고는 산업을 말할 수 없는 까닭입니다.

3.

그러면 산업보국의 정신과 활동방법은 어떠한가. 작년 7월 말에 내지에 있는 협조회의 발기로 관청 관계 당국자에 노자(勞資) 각 단체의 간부와 간담을 거듭한 결과 성립된 산업보국연맹의 취지를 대략 소개하면 이러합니다.

첫째, 우리들 산업인은 국가의 본의에 준거하며 산업의 국가적 사명을 체득하고 전 산업인의 협력에 의하여 산업보국의 실(實)을 대(帶)하여서 황운부익(皇運扶翼)의 사명을 다하기를 약속함.

둘째, 우리들 산업인은 자본, 경영, 근로의 삼자가 유기적으로 결합하여 일체된 것을 확인하고 사업자는 지성으로써 경영지도에 대하며 종업원의 복례(福禮)를 도모하고, 종업원은 충실히 그 연분(聯分)*을 다하여 노자일체(勞資一體), 사업일가(事業一家)의 실(實)을 행하여서 산업의 건전한 발전을 기약한다고 하였어요.

聯分 연관된 분수.

간단히 말하면 노동자와 자본가가 모두 산업의 국가적 사명을 깨닫고 황도부익의 신자(臣子)된 책임을 다하고자 함에 있습니다.

그 활동 방침으로 말하면 각 사업장 내에 산업보국회 또는 그와 같은 기관을 조직하여 그 사변(事變)에 종사하는 노무자는 물론이요, 중역과 직원이 전부 그 회원이 되는 동시에 산업보국의 정신을 함양하며 노동 능률의 증진, 대우 개량, 복리, 교양, 체육, 위생 등 그 사업장 내의 공통된 제반 문제를 토의하기 위하여 간담회도 때때로 열며 또한 필요한 사업을 시설하기로 하는 것입니다. 그러므로 실지 활동의 단위는 각 사업 경영에 설치되는 보국회요, 이 모든 보국회의 연락 통일을 취하는 것이 곧 산업보국연맹이외다. 이 연맹의 이사장은 전 내무대신 가와라다(河原田)* 씨요. 이사에는 협조회 이사 세 사람과 보국산업단체연맹회 이사 한 사람과 후생성 노동국장, 내무성 경보(警保)국장 외에 몇몇 유력한 인물로 조직이 되어 있습니다.

河原田 가와라다 가키치(河原田稼吉, 1886~1955) 일본 내무관료, 정치가. 내무대신, 문부대신, 오사카부(府) 지사 등을 역임했다.

그 후의 운동이 어떤 정도로 진전되며 산업 동원에 얼마큼 효과를 주고 있는지 아직 상세한 자료는 얻지 못하였으나, 앞으로 동원 계획이 강화되어 노동의 필요가 증대할수록, 노무가 격반(激半)할수록, 그리고 물가의 앙등을 따라 생활 안정에 불안을 느끼게 될수록 이와 같은 보국 운동이 더욱더 확대되어 산업계에 일사불란의 완전한 통제와 협조가 있지 아니하면 총동원의 원만한 효과를 기대하기 어려울 것이외다.

4.

세계대전 당시의 영국의 경험을 잠깐 이야기하겠습니다. 영국은 여러분이 다 아시다시피 대해군 소육군주의입니다. 그런데 구주대전이 돌발하여 대육군이 필요하게 되었으므로 기치나라는 유명한 대장인 육군대신이 100만 병을 징발하였으나 군기(軍器)는 일삭(一朔)에 공급할 수 없습니다. 그러므로 수십만의 지원병이 7, 8개월 동안이나 총 한 자루 구경은 하지 못하고 연병장에서 하품을 하고 있는 형상이며, 프랑스 전선에서는 영국 청년의 꽃이라는 병졸들이 적군에게 도륙당하는 형편이었습니다. 이 소식이 국내에 터지자 국회에서는 야단법석이 일어났습니다. 아스커스* 총리대신에게 질문이 들어가고 기초나 문책의 소리가 빗발치듯하였습니다. 정부는 부득이하게 정책을 일변하여 대장(大藏)대신으로 있던 로이드 조지 씨를 군수대신으로 임명하고 군수품 법안을 통하여 전국산업을 총동원하였습니다. 그러나 산업동원에는 노동자가 말을 들어주어야 할 터인데 아시다시피 영국의 노동자는 자유주의입니다. 노동동원은 할 수 없습니다. 그래서 정부에서 합동노동조합의 대표를 소집하고 그 애국심에서 호소하여 전시 중 동맹파업은 하지 아니할 것, 노동 능률을 감소할 염려가 있는 노동조합의 규율은 정지할 것, 노동자는 그 이해관계를 위하여 함부로 직무에서 떠나지 아니할 것, 만약 무슨 쟁의가 일어나는 경우에는 정부에서 임명하는 중재나 재판을 기다릴 것 등을 결의하였습니다. 이 결의를 군수법안에 끼어서 법적 효력이 있게 하는 동시에 자본가에 대한 이윤의 제한을 단행하였습니다. 이 법안에 의해 산업동원은 유효하게 진행되고 산업동원의 결과 군수품의 공급 문제는 완전히 해소되었습니다. 그 후 로이드 조지 씨는 대부분 이 공로로 총리대신이 되어 구주대전 영국에 유리한 결과를 이끌어 냈습니다.

아스커스 허버트 헨리 애스퀴스 (Herbert Henry Asquith, 1852~1928) 1908년부터 1916년까지 영국 총리를 역임. 자유당 출신. 내무장관, 재무장관을 거쳐 총리를 지내며 많은 사회입법을 제정하였고 '의회법'을 성립시켰다. 제1차 세계대전이 발발하자 연립내각을 조직, 전쟁수행에 노력하였으나 사직하였다.

혹은 일본의 산업보국연맹의 운동을 독일 아르바이츠 프론트*의 모방이라고도 합니다마는 현대산업의 국가적 사명은 어느 곳이나 다름없고, 전시총동원을 당하여 그와 같은 운동이 일어나는 것은 사실 다른 나라의 모방이 아니라 극히 자연운동인 줄 압니다. 조선에도 조만간 이 운동이 전개되지 아니할까 하고 여러분께 참고삼아 말씀드리는 것입니다.

아르바이츠 푸론트 노동전선[勞動前線, Arbeitsfront]. 독일 독점자본이 국가권력과 결합한 결과 생긴 조직으로, 아리안 인종에 속하는 모든 사용자와 근로자에게 참가를 강요하였다. 주요 임무는 독일 대중을 나치스주의에 따라 교화하는 것이었는데, 특히 국민적·민족적 협동체 사상 및 고용자와 근로자의 책임 의식적 협동사상의 함양, 계급적 마르크스주의 사상의 극복에 있었다.

5.

산업의 국가적 사명이 전시에 가장 적나라하게 발로되는 것은 이상에 말한 바와 같지마는 산업의 국가적 중요성이 평시에 있어서 끊어지는 것은 아니요, 오히려 항시적인 만큼 일층 더 크다고도 볼 수 있습니다. 그리고 사회가 진화하면 할수록, 문화가 발전하면 할수록 산업의 사회성은 일층 중가(重加)하는 것입니다. 단순한 예를 알기 쉽게 말씀드리면 첫째, 교통망을 보십시다. 무슨 고장이 생겨서 전국의 기차 자동차가 모두 정지가 되면 우리는 학교에 갈 수도 없고, 상점에서는 상사(商事)할 수 없고, 공장에서는 물건을 내놓을 수가 없고, 이 모든 생업을 생활의 수단으로 하는 집안사람은 생명줄이 끊어지고 말 것이며, 국가 자체의 활동까지도 여전히 계속되지 못할 것입니다. 이것은 산업의 일부분이거니와 그 밖에 모든 산업이 모두 그와 같은 중요성을 가지고 있습니다. 산업이 이같이 국가 사회에 동맥이 될 뿐 아니라 그 활동에 참여하는 요소를 봅시다. 첫째, 자본과 자료와 노동으로 말하면 국가 빈부강약이 달려 있는 것이 나라의 지중(至重)한 보배라 할 수 있고, 사람으로 말씀드리면 그가 비록 생산의 생동(生動)이라 하나 기계의 한 조각이나 원료의 한 끄나풀과 같은 것입니다. 나라의 입지로서 보면 국민이나, 개인의 입지로서 보면 어머니와 아버지며 형과 아우가 되는 것이며, 군대의 입지로서 보면 장래의 일 용맹한 병사가 될 뿐 아니라, 종교가의 눈으로 보면 하나님의 귀중한 아들입니다. 산업이 이 생산수단에 대하여 책임이 없다할 수 있습니까*. 그 교육에 대하여 위생보건에 대하여 생활보장과 사람다운 인격발양에 대하여 책임이 없다할 수 있습니까. 만일 그렇다면 그는 사람을 치는 괴물이라 국가 사회의 양심으로 보아 도저히 용사(容赦)할 수 없습니다.

기계는 상하면 돈이 드니 정당히 취급하지 아니할 수 없지만 사람은 병이 들면 퇴직하면 그만이라 내 알 바 아니라 하는 사람이 있습니다. 그는 자기 말을 살찌게 하기 위하여 사람의 밥을 빼앗는 옛사람의 불인(不仁)과 다를 것이 없습니다.

그러므로 문명한 나라에서는 산업의 사회적 책임을 충분히 인정합니다. 첫째 어린 아해(兒孩)를 산업이 요구하기 전에 먼저 국가에서 요구합니다. 그 어린 몸과 지혜와 덕이 확실히 설 때까지 국가에서 학교에 넣어서 보호하기 위하여 산업의 요구를 배척합니다. 즉 의무교육의 연령제한이 있어서 그 연령 안의 아동을 산업은 자유로 사용할 수 없습니다*.

둘째로 의무교육을 마친 소년으로서 산업 노동에 종사하는 자에게는 그에 해당한 시간의 제한과 노동조건의 보호가 있으며, 특히 부인은 일국의 기초가

있습니까 원문은 '있습니다'로 되어 있으나 의미상 '있습니까'의 오기로 보임.

없습니다 원문은 '있습니다'로 되어 있으나 의미상 '없습니다'의 오기로 보임.

되는 가정의 건설자라 하여 특별한 보호가 있고, 장년 노동자라 할지라도 위생과 건강에 대하여 공장법의 보호를 받을 뿐 아니라, 공장 재해가 있는 때에는 상당한 보상금을 받으며 실업, 질병과 같은 불의의 고장이 있으면 보험의 보호를 받고 노년이 되어 인퇴(引退)하는 국가로부터 연금을 받게 되어 있습니다. 이는 산업의 국가적 사명과 사회적 책임성을 인정하여 국가가 종업원에게 그만한 권리를 설정한 것입니다. 이를테면 산업적인 생산과정에 문명과정을 더한 것입니다. 사람이 생산을 위하여 있지 아니하고 산업이 사람을 위하여 있는 것이 마치 사람이 주일(主日)을 위하여 있지 아니하고 주일(主日)이 사람을 위하여 있는 것 같습니다. 사회만반(萬般) 제도가 사람을 의하여 있는 일반적 진리를 벗어날 수 없습니다.

6.

이와 같이 산업의 책임성이 확립하게 된 것은 일조일석의 일이 아닌 그 배후에는 눈물겨운 운동의 장구한 역사가 가로질러 있습니다. 이 운동을 반대하는 사람의 상탈구후(常套口嗅)*로 "그리하면 우리 산업이 망한다. 외국경쟁에 실패하고 만다" 합니다. 그럴 적마다 이 운동의 찬성자 측은 말하기를 경제는 존말을* 생각하는 것이 경제가 아니라 인간사회의 모든 문명요소를 고려하는 것이 참 경제라 하여 이렇게 말합니다.

常套口嗅 항상 내뱉는 입버릇이라는 의미로 쓰임.
존말을 원문은 '존말을'로 되어 있는데 '좋말'의 오타로 보임.

우리 운동의 배후에는 연약한 여자의 눈물과 늙은 어머니의 지도 소리와 적은 장년(壯年)의 의로운 주먹이 있다. 이 운동이 비록 반대자의 방해로 지연은 될지언정 필경은 성공하고야 말 것이라.

존 맨나스의 예언은 맞았습니다. 현대 문명 열국은 모두 산업의 사회적 책임성을 인정하게 되었습니다.

7.

황국 정신은 70만 동포를 모두 폐하의 적자(赤子)로 봅니다. 학교에 가 있거나, 군대에 가 있거나, 공장에서 기계를 돌리거나, 뜰에서 괭이를 잡고 일을 하거나 모두 폐하의 적자임에 틀림이 없습니다. 이 모든 적자가 모두 그 곳을 얻어서 생의 은택을 누리게 하는 것이 황은(皇恩)이요, 이 모든 적자가 각각 그 생업에 부지런하여 황운부익(皇運扶翼)에 노력하는 것이 적자의 도리입니다. 산업의 책임성은 이러한 도덕 위에 서는 것이며 이 도덕성이 산업계에 빛나는 때 총동원의 대사업이 원활히 진행되어 시국타개의 유력한 원동력이 될 뿐 아니라 앞으로 신동아질서 건설의 아름다운 기초돌의 하나가 될 것입니다.

72. 김명식, 건설의식과 대륙진출

제국의 주도 하에 신동아건설 문제는 벌써 이론의 시기를 지나서 실현의 제1 단계에 이르렀다. 물론 이제 오히려 제3국의 방해가 있고 또 상대방의 항전(抗戰)이 끊기지 아니하여 신동아 건설에 많은 난관이 있는 것은 부정할 수 없는 일이지마는, 그러나 이미 군사적으로 승리하고 또 정치적으로 지나의 면목을 일변케 하여 경제적 기초공작이 전개됨과 함께 문화적으로 신생활의 협동이 실현되고 있으니 이것은 어느 상대방에서 즐겨하지 아니하여도 또는 어느 제3국에서 음으로 양으로 조지(阻止)하여도 제국의 기정방침과 같이 실현될 것은 번언(煩言)할 필요가 없다. 그리고 제국의 기정방침이 지나 본부로 하여금 제2 만주국을 만듦에 있지 아니한 것은 제국 정부의 누누 성명한 바와 같거니와 만일 전(前)세기에 있어서 영국이 이집트[埃及]에 대함과 같은 정책을 취한다 하면 신동아 협동체의 건설 문제는 생길 수 없고 지나의 영토의 대부분이 제국의 식민지가 되는 것뿐이다. 즉 전세기에 있어서 영국은 이집트에 침입하여 이집트보다 광대한 이집트 영토인 수단은 저의 식민지를 만들고 이집트는 보호국을 만들었다가 대전 후에 형식상의 독립을 허(許)하였는데 이때에 있어서는 정복, 피정복 관계가 있었을 뿐이요, 호상 협동의 자주성은 전혀 거부되었다. 그런데 제국 정부에서는 지나에 대한 영토적 야심이 없는 것을 몇 번이나 성명하고, 또 실제에 있어서 군사적으로 점령한 지역을 영구 점유하여 일종의 식민지를 만들려 함과 같은 일이 없을 뿐만 아니라, 제국의 지도하에 지나의 신정권을 조직하고 있다. 그러므로 신동아의 협동체 문제가 나온 것이요, 또 이 협동체가 완성됨으로 말미암아 제국의 대지(對支) 정책이 전세기 영국의 대이집트 정책과 근본적으로 다른 것이 사실로 판명될 것이다.

그리고 신지나 건설 문제에 있어서는 연방설이 유력한 모양인데 이것은 영국의 대인(對印) 정책과 같이 분치(分治) 방침에서 나온 것이 아니냐하는 일파(一派)의 의심도 없지 아니 하겠지마는, 국토가 광대하고* 또 교통기관이 발달되지 아니한 것과 그 위에 역사적인 자치제도 및 사상을 상고할 것 같으면 혹은 과도기적 형태로 해서 연방조직이 현실에 합한 것이 아닌가 하고 생각한다. 그리하여 발전의 어느 단계에 이르러서 단일 국가로 개조하는 것이 보다 더 능률적이 되리라고 믿는다. 물론 브리앙*의 유위(有爲)한 구주 연방안은 하나의 공상에 그치고 말았지만은 이상과 같이 되면 신동아의 연방문제는 인류사에 있어서 신기원을 지을 것이다. 그러므로 이제 우리는 신동아협동체의 건설에 대하여 특별한 관심과 열의를 가지고 그에 적극적으로 참가해 신운명의 제일보를

■ 『삼천리』 제11권 제1호(1939. 1.1.)에 「동아협동체와 조선」이라는 기획 주제 하에 인정식, 차재정의 글과 함께 실린 김명식의 논설. 김명식은 일본은 중국에 대한 영토적 야심이 없고 신지나 건설을 도와 동아협동체를 이룰 것이므로, 이 신건설을 위한 의식 확립이 최우선이 되어야 하며 조선민중이 앞장설 것을 주장하고 있다. 또한 건설의식의 확립 필요성을 언급하면서 삼민주의와 파시즘을 비판하고 건설의식의 핵심이 정치적으로는 민주주의, 경제적으로는 집단주의, 사회적으로는 휴머니즘을 집결한 이상주의의 새로운 형태임을 논하고 있다.

■ 金明植(1890~1943) 제주도 출신의 민족운동가이자 언론인. 일본 와세다대학에 유학했으며, 『동아일보』 창간에 참여하여 논설위원을 역임했다. 1922년 박희도(朴熙道)와 함께 출판사 신생활사를 설립, 『신생활』을 발행. 이후 전향하여 일제 강점기 말엽에는 『동양지광』과 『조광』을 통해 다수의 친일 평론을 발표.

광대하고 원문에는 '광 하고'로 한 자가 누락되어 있으나 의미상 광대하고로 풀이하였음.

브리앙(Aristide Briand, 1862~1932) 프랑스의 정치가. 국제연맹을 거점으로 국제협조주의와 집단안전보장체제의 노선을 추진했고 독일 배상문제의 평화적 해결을 주장했다. 또한 부전조약

인 켈로그-브리앙조약을 체결했고, 독일을 국제연맹에 가입시켰다. 1930년 유럽연방안에 대한 각서를 발표했다.

개척치 않으면 아니 될 것이다.

그런데 신동아를 건설함에 당하여 제일 긴급한 것은 신건설의 지침이 되고 도안(圖案)이 될 만한 의식의 확립에 있다. 그리고 지금까지의 많은 정치가, 학자, 논객, 실제가 등의 건설의식은 물론 의론이 구구할 뿐이요, 수긍할 만한 세계관의 체계 하에 확립한 의식을 발견할 수 없는 것은 일대 유감이다. 그리고 그것이 확립되지 아니하면 소위 쑨원(孫文)의 삼민주의를 양기(揚棄)할 수 없고, 또 그것이 양기되지 않는 한에는 신동아 건설은 중도반단(中途半斷)*이 될 염려가 없지 아니하니 이 신건설을 위하여 조선민중 먼저 건설의식으로써 공헌하지 아니하면 아니할 것이다. 첫째 조선민중은 일지(日支) 양 민족 간에서 조화역(調和役)으로 나타나야 할 것은 물론이어니와 이 임무를 다함에 있어서 양 민족의 오해를 사는 일이 있는 것은 종래의 사실이 입증하는 바이요, 또 그 까닭에 지금까지의 우리의 활동이 국척(跼蹐)*하여 노상 편복(蝙蝠)* 생활을 일삼지 아니 할 수 없었던 것은 어느 시기에 있어서 정세의 피할 수 없는 일이라 할는지 모르나 만일 그와 같은 현실이 앞으로도 해소되지 아니하면 우리의 생활은 종래와 다를 것이 없을 것이다. 따라서 우리는 신동아 건설에 기여함이 있지 못할 것이니 그리되면 다음 신동아연방 문제가 생긴다 하여도 우리의 처지는 얼마나 호전되지 아니할 것이다.

中途半斷 시작한 일을 완전히 끝내지 아니하고 중간에 흐지부지함.

跼蹐 조심스러워 몸을 굽히고 걸음을 곱게 걷는다는 말. 국천척지(跼天蹐地)라는 말에서 유래(由來)되어 나온 말로, 하늘이 비록 높다고 하지만 감히 머리를 숙이지 않을 수 없고 땅이 비록 두껍다고 하지만 감히 발을 조심해 딛지 않을 수 없다는 뜻. 출전은 『시경』.

蝙蝠 박쥐. 박쥐목의 동물을 통틀어 이르는 말.

여기서 이제 우리는 신동아 건설의식을 제시할 필요가 있는데 그러함에는 먼저 삼민주의를 검토치 아니하면 아니 될 것이다. 그러나 이 소론에서 그는 가능한 일이 아니니 그의 개념만 논란(論難)하겠다. 그런데 삼민주의의 민족, 민권은 근대국가 의식이요, 민생은 사회주의 의식이니 이 양개 의식이 단일 관념을 형성할 수 없는 것은 말할 필요도 없고, 또 근대국가의 민족사상과 민권관념은 이제 어느 국가사회에 있어서도(그것은 영·미·불 등도 예외가 되지 않는다) 개변하고 말았으니 이러한 과거 사상이 신동아의 의식이 될 수 없는 것은 또 되어서는 아니 될 것은 알기 쉬운 일이다. 그러면 파시즘이 신건설의 도안이 될 것이냐 하면 그것은 파시즘의 국가의식*을 이해하는 자로서는 누구나 긍정치 아니 할 것이다.

국가의식 원문에는 '국국가의식'으로 되어 있으나 오기로 보임.

물론 최근 독이(獨伊) 양국이 구주의 침체한 현상을 타파함에 있어서 그 국가의식이 원동력이 될 것은 누구도 모르는 바 아니지마는 그러나 그것이 신구주의 건설의식이 될 수 없는 것은 국가적 독재사상과 민족적 배타관념이 입증하는 바이오. 더구나 동아의 현실에 있어서 그러한 국가사상이나 민족관념으로 신건설의 도안을 삼는다 하면 그것은 쑨원의 삼민주의가 신건설의 장해물이 되는 것보다 더 큰 장해물이 될 것이니 그러므로 신건설에 대한 관심을 가진 자는 특히 이러한 의식을 경계치 아니하면 아니될 것이다.

그러므로 위에서도 말하였거니와 지나사변이 발발한 후 정치가, 실제가, 학자 등의 이 신건설에 대한 이론이 많이 논란되었으나 이제 오히려 일정한 의식이 확립되지 못하여 한갓 정부 선언의 몇 가지 방침으로 건설 방략을 삼고 나가는 모양이니 이 정부 선언은 현장을 수습하는 편법이 될 것뿐이요 신건설의 식이 될 수 없는 것이다. 그리고 학자의 논책 중에는 일본평론 11월호 소재 스기모리 고지로(杉森孝次郎)*의 「문화정책의 확립에」라는 논문이 신건설에 대한 세계관의 체계를 세우려고 노력하였으나 오직 삼민주의를 배격함에 그치고 신건설의 구체적 의식을 제시치 못한 것은 용두사미의 감이 없지 않다.

杉森孝次郎(1881~1968) 논평가. 정치학자. 사회학자.

그런데 이제 나는 원방(遠方)에서 시급한 주문을 받아 나의 생각한 바 신건설의식을 양론(兩論)할 시간의 여유가 없으나 그 대략을 말하면 이상주의의 신(新)형태인데 정치적으로 데모크라시와 경제적으로 컬렉티브와 사회적으로 휴머니즘을 집결 조화하여 단일 관념으로 조직한 것이니 이상주의는 신동아를 건설함에 완전무결한 의식이 되리라고 생각한다. 첫째, 정치적으로 데모크라시를 실현하여 밖으로 독재의식을 배척함과 함께 앞으로 쑨원의 민족주의와 민권주의를 양기(揚棄)하고, 또 경제적으로 컬렉티브를 실현하여 민주주의의 조잡한 견해를 지탄(指彈)하는 동시에 자본주의의 식욕을 견제하고 공산주의의 공상을 수정할 것이다. 그리하여 사회적으로 휴머니즘을 실현함으로써 인문의 발전을 기도하여 만방이 협화하는 단서(端緖)를 지을 것이다. 그리고 이 이상주의가 우리로 하여금 일지(日支) 양 민족 간에서 조화역의 임무를 수행케 함에 좋은 의식이 될 것은 말할 필요도 없다. 그러므로 이제 우리는 먼저 이 이상주의에 대한 깊은 조예(造詣)*를 가지고 신동아의 건설운동에 참가하지 아니하면 아니될 것이다. 그리하여 정치적으로는 데모크라시를 양 민족에게 선전하고, 경제적으로는 컬렉티브를 사회적으로는 휴머니즘을 주장하여 저들로 하여금 그로써 협화만방(協和萬邦)하는 의식으로 삼게 하면 우리의 진로는 스스로 열릴 것이요, 그와 동시에 우리의 신동아 그리고 신세계건설에 대한 공헌은 사상(史上)에 혁혁(赫赫)할 것이다.

造詣 원문에는 '造階'로 되어 있으나 '造詣'의 오기인 듯.

"우리는 일찍 서구의 사상에 질서에 배우고 이미 그것을 우리의 것으로 만들었다. 우리는 물론 그것을 いろは[이로하]*로부터 배웠으나 우리는 서구에서 배우기 전에 이미 우리는 우리의 문화와 사상과 전통을 가지고 있었다. 우리는 자못 서구문화를 전취(戰取)한 것만이 아니다. 그것을 우리의 유의(流儀)*로 받아들여 동방화(東方化)하고 또 동방화함에 의하여 하나의 새것을 창조하려 한다"(『일본평론』 12월호 사설). 원래 서구문화와 동방문화를 대립시킬 필요도

いろは 'ABC' '가나다'에 해당하는, 순서를 나타내는 일본어 표기(히라가나).

流儀 학술·기예 등에서 예로부터 이어받은 그 유파·가문 나름의 법식·양식. 혹은 이에서 파생되어 자체의 독특한 방법·방식.

없거니와 그리함으로써 신건설의 의식이 나오지 않는 것은 이상의 언론으로 알 수 있다. 그리고 신건설의식은 동방적인 것이 되어도 아니 될 것이요, 서구적인 것이 되어도 아니 될 것은 세계성을 가진 신건설의 본질로 보아 단언할 수 있다. 그러므로 그것은 동방적인 동시에 서구적이요, 그리하여 세계적이 되지 아니하면 아니 될 것이다. 그리고 이상의 언론이 너무도 추상적인 것은 어찌 되었든지 그로써 쑨원의 삼민주의를 양기(揚棄)할 수 없는 것은 관념철학이 실제 사실을 움직이지 못하는 것과 다르지 아니할 것이니 그러므로 신동아건설의 의식을 논함에 당하여 지역적으로 동방적인 것과 서구적인 것과를 분별하는 것보다 시대적으로 초지역적인 의식을 발견치 아니하면 아니 될 것이다. 그리고 서구적인 것을 동방화한다고 서구의식이 양기되지 아니할 것은 무엇보다도 동방문화의 후진성이 입증하는 바이어니와 지역적으로 서구적인 것을 기피하는 것이 아니요 시대의식으로 해서 그의 초시대성을 부정하는 것이니 말하자면 그것은 초지역적인 시대의식을 천명하기 위한 노력이 아니면 아니 될 것이다.

그리하여 그로써 신동아건설의 의식을 삼는 동시에 나가서 세계건설의 수도(首途)에 서지 아니하면 아니 될 것이다. 그리고 그러한 의식으로 해서 위에서 말한 이상주의는 원래 서구와 동방을 초월한 시대의식이 될 수 있으니 신동아의 협동체를 건설함에 있어서 그것이 실현될 계기가 전개될 것은 필연한 이세(理勢)이다.

73. 인정식, 동아의 재편성과 조선인

■ 전게된 김명식의 글과 함께 『삼천리』 제11권1호(1939.1.1.) 「동아협동체와 조선」이란 특집에 실린 인정식의 글. 우한(武漢) 함락 이후 일본이 내건 동아재편성이란 목표는, 경제적으로는 블록경제 확립, 정치적으로는 동아협동체 결성, 문화적으로는 동아민족 공통의 문화 확보를 내용으로 하는 것으로, 조선인으로서도 민족적 운명을 논하기에 앞서 동아협동체의 완성을 전제로 생각해야 하며 그 유일한 정치적 노선은 내선일체에 있다고 주장한다. 그리고 내선일체의 실행방법으로 국민적 의무의 충실한 수행, 특히 의무병제도의 실시를 요구하고 있다.

중국 공산당의 최고 영수 마오쩌둥은 『지구전을 논한다』는 장편의 논문에 있어서 일지(日支)전쟁의 전(全) 전망을 3개의 계단으로 구분하였다. 그리하여 "제1의 계단은 적의 전략이 진공이고 아(我)의 전략이 방어의 시기이며, 제2의 계단은 적의 전략이 수세이고 아의 전략이 반공준비의 시기이며, 제3의 계단은 아의 전략이 반공이고 적의 전략이 퇴각시기"(『개조』 10월 특대호 참조)라고 말하였다. 그리고 다시 마오쩌둥은 이 제1계단에 있어서의 "적의 기도는 광둥, 우한, 란저우(蘭州)의 3지점을 점거한 후 이 3지점을 연계하는 데 있다"라고 설명하였다.

그러나 주관과 희망을 떠나서 객관적 정세를 냉정히 파악하려는 여하한 지나인도 마오쩌둥이 처방한 이 일지전쟁의 운세 판단서에 대해서 최대의 의아를 품지 않을 수 없을 것이다. 베이징과 톈진, 상하이와 광둥, 쑤저우와 항저우 등,

해안선에 연한 중요 도시가 황군의 손에 모조리 함락되고 황하 유역과 장강 일대의 제패가 제국의 지배하에 완전히 거두어진 금일 광둥, 우한, 란저우의 3지점이 다시 완전히 점거되고 말았으니 이로서 제국은 전 지나의 중원에 패(覇)를 부르게 된 것이다.

'중원에 패를 제(制)하는 자, 전 중화를 거둘 수 있다'는 것은 과거 반만년간의 전 지나 정치사를 통해서 일관되어 온 기본 원칙이었다. 무상하게 전변(轉變)하여 온 왕도(王道)와 패도(覇道)의 전 계열도 모두 이 기본 원칙에 순응해서만 기복(起伏)될 수 있었다. 아무리 현대의 지나가 경제적으로 정치적으로 통일된 집권적인 근대적 기구를 가지지 못했다 할지라도 이미 황군의 손에 점령된 지역은 실로 현대 지나의 심장부를 구성하는 근대적인 의미에 있어서의 중원의 지대라는 사실을 거부할 수는 없을 것이다.

물론 마오쩌둥 등 중국 공산당의 이론가들이 항상 강조하는 바와 같이 현대 지나에는 아직도 자작자급(自作自給)적일 반(半)봉건적인 경제 요소가 다분히 잔존하고 있다. '아메바'와 한 모양으로 어느 부분을 절단하더라도 그 부분만으로서 생활할 수 있다는 것이 이 반봉건적인 경제 관계의 전통적인 집착력이다. 그러나 이러한 사실은 결코 중원의 지대를 빼앗긴 것이 항일 지나의 금후의 항전력에 대한 치명적일 타격이 된다는 것을 부정할 수가 있는 논거는 되지 못한다. 우한이 함락된 직후 마오쩌둥은 망명 도상(途上), 외인(外人) 기자와의 인터뷰에 있어서 "일본군이 점거한 지역은 아직 전 지나의 3분의 1도 못 된다. 남은 3분의 2는 항일정권의 지배하에 있다. 이것은 금후의 항전의 축원지(築源地)이며 근거지이다. … 최후의 승리는 중국의 측에 빛나고 있다"라고 패전의 추태를 교묘하게 변호하기에 노력하였다.

그러나 문제는 황군의 손에 거두어진 지역이 전 지나의 3분의 1을 점하느냐 못 하느냐 하는데 있는 것이 아니고, 다시 말하면 점거된 지역의 광협성(廣狹性) 여하에 있는 것이 아니고 이 지역의 경제적, 정치적 중요성 여하에 있는 것이다. 한커우를 '마드리드'로 화(化)하려던 그들 항일 수령들이 이 우한조차 상실하였다는 것은 아무리 보아도 그들에 대한 치명적인 타격이 아닐 수 없다. 충칭(重慶)으로 쿤밍(昆明)으로 오직 도피와 퇴각의 길을 바삐 했을 뿐일 금일의 항일 정권은 그들의 호언대어(豪言大語)에도 불구하고 한 개의 지방정권에 불과하게 되었다는 것을 아무도 부인할 수가 없을 것이다.

장제스는 최근 「중국 국민에 고하는 서」(『개조』 12월호)라는 선전문에서 "금후의 항일전의 주요 전략은 내선(內線)작전이다"라는 것을 각별히 강조하였다. 그러나 소위, 유격전이란 것이 여하히 교묘한 전법이라 할지라도 의기를 상

■ 印貞植(1907~?) 김영호(金永浩)·김수참(金水參)이라고도 불리었으며, 필명은 약화(若火)·엽풍(葉楓)이다. 1929년 7월 조선공산당을 재건한 혐의로 체포되어 치안유지법 위반으로 투옥되었다. 1934년 가출옥한 뒤 1935년 『조선중앙일보』 기자가 되었고 마르크스경제학에 입각하여 조선의 경제 및 농업을 연구하였다. 1936년 조선공산당재건경성그룹에 가입하여 기관지 『적기』(赤旗) 창간. 1938년 공화계(共和契) 사건 주모자로 체포되었으나 사상전향을 선언하고 석방. 이후 대륙연구소에서 경제적인 내선일체를 연구. 해방 후 좌익세력의 통일전선체인 민주주의민족전선에서 토지 및 농업관계 저술활동을 펼쳤으며, 조선과학자동맹에서도 활동하였다. 1949년 국가보안법 위반으로 체포되었으나 사상전향을 선언하고 보도연맹에 가입하여 석방되었다가 한국전쟁 중 월북하였다.

실한 아무 연락도 없는 패잔병의 준동을 가지고서 실지(失地)를 회수할 수가 있다는 것은 너무도 무모하게 대담한 논리가 아니면 안 된다. 그러므로 요컨대 우한의 함락은 그들 항일 정권에 대한 최후의 결정적인 타격이 아닐 수 없다. 이로서 전쟁은 지나 측으로 보아서나 제국의 편으로 보아서나 확실히 새로운 계단에로 전입하고 있다.

우선 지나 측으로 살펴보자. 마오쩌둥은 다시 우한 함락 직후의 전기(前記) 인터뷰에서 "전쟁은 지금에야 제1 계단에서 제2 계단에로 다시 말하면 방어의 시기에서 반공 준비의 시기에로 전입하고 있다"라고 언명하였다. 그러나 이 호어(豪語)를 신용할 만한 우둔한 두뇌의 소유자가 과연 한 사람인들 이 세계에 있을 수 있는지가 의문이다. 전쟁이 지나 측으로 보아서도 새로운 계단으로 들어가고 있는 것만은 사실이다. 그러나 그것은 패전에서 승전으로, 방어에서 반공으로 나가는 계단이 아니고, 점차적 퇴각에서 결정적 패전으로 전락되는 계단이며 전국적 통일 정권에서 한 개의 지방 정권으로 실추(失墜)*되는 치명적인 계단 이외에 아무것도 아니다.

失墜 원문은 '失墮'로 되어 있으나 의미상 '失墜'의 오기로 보임.

이 동일한 과정을 다시 제국의 측에서 고찰하여 브자. 우한이 함락된 직후 장제스와 마오쩌둥이 전기와 같은 억제 소리를 되풀이하고 있을 때, 이케다(池田成彬)* 장상(藏相)은 메이지 시절의 담화에서 "우한 공략은 금차 사변 소기의 목적 달성상 중요한 일 계단을 긋는다"라고 말하였다. 과연 신계단이란 무엇이냐. 다시 동(同) 성명에 의하면 "일만지(日滿支) 3국의 상휴(相携)에 정치, 경제, 문화 등 각반에 걸쳐 호상연환(互相連環)의 관계를 수립하는 것으로 근간을 삼는다"라고 설명되었다. 다시 말하면 종래의 장기 전쟁에서 금후의 장기 건설로의 이행이 곧 신계단의 특징을 형성한다. 이케다 장상의 이 성명과 동일에 고노에(近衛文麿)* 수상도 또한 라디오 방송에서 동양(同樣)의 의미를 말하여 금후의 장기 건설에 관해서 전 국민의 유의(留意)를 족한 일이 있다. 물론 금후의 장기 건설로의 이행이란 것은 항일 정권에 대한 응전의 종식을 의미하는 바는 절대로 아니다.

池田成彬 이케다 시게아키(1867~1950) 재계인, 정치가. 1938년 5월부터 1939년 1월까지 대장대신(大藏大臣) 역임.

近衛文麿 고노에 후미마로(1891~1945) 후지와라 가문 출신의 일본 정치가이며, 공작, 중일전쟁 발발을 포함한 전시기에 세 차례 내각총리대신을 지냈다.

'장(蔣)정권을 상대로 안 한다'는 근본 방침과 '항일정권의 근절을 기한다'는 국책적 목표는 끝까지 달성되고야 말 것이며, 또 이것이 달성되기까지에는 응징전은 그대로 계속될 것이다. 그러므로 장기건설로의 이행이란 것은 응전의 지속과 아울러 우한이 함락된 금후의 전국책이 새로운 건설로, 다시 말하면 동아의 신질서의 건설—동아협동체의 결성으로 보다 무거운 중점을 두게 된다는 것을 의미함에 불과하다.

요컨대 장기건설이란 것은 일본제국을 유일 절대의 맹주로 하는 동아의 재편성을 말하는 것이다. 동아의 재편성이란 무엇을 의미하느냐. 첫째로 경제적 의미의 동아 재편성이란 것은 동아 각 민족의 공존공영을 기조로 하는 일만지(日滿支) '블록' 경제의 확립을 내용으로 하는 것이며.

둘째로 정치적 의미의 동아 재편성이란 것은 이러한 경제적 목표를 확보하기 위한 동아협동체 혹은 동아연방체의 결성을 말하는 것이다. 물론 이러한 동아협동체란 것은 백인의 제국주의에 의한 동아의 침략을 근본적으로 배제한다. 그러나 그것은 백인의 제국주의적 침략을 배제하는 것이며 백인 그 자체를 배제하는 것은 절대로 아닐 것이다. 또 동아협동체의 사상은 항일지나의 '내셔널리즘을 초극하는 계기를 포함하는 동시에 추상적일 인터내셔널리즘'*과도 대립된다. 그러나 그것은 그렇다고 해서 전동아를 들어 동아고립주의, 동아먼로주의, 지방적 폐쇄주의, 지방적 편의주의에 봉쇄해 버리려는 것도 아니다. 전동아를 들어 한 개의 경제적, 정치적 단위로 결성하려는 것은 한 개의 협동체로의 전동아가 한 개의 단위로서 전 세계사의 전진을 향하여 적극적으로 참가하고 기여한다는 것을 의미할 뿐이다.

다시 이를 문화적으로 고찰한다면, 구라파의 문명에 대해서 전(全) 전통과 전 성장을 달리하는 동아민족 공통의 문화를 확보하며 또 발전 성장케 하려는 데 있다. 동아협동체에 부여된 이러한 문화적 사명은 결코 구라파문명의 도입을 무조건하고 배제하려는 것은 아니다. 동아의 고유한 문화를 기저로 해서만 구라파의 문명을 선택하고 또 섭취하려는 데 있을 뿐이다. 그러므로 그것은 구라파문명의 무비판적 모방을 배제할 뿐 아니라 다시 구라파문명에 대립하는 동아적 봉쇄주의에도 대립된다.

요컨대 경제적으로, 정치적으로 또 문화적으로 이러한 공전의 위대한 사명을 수행하려는 것이 금후의 장기건설의 과제가 아니면 안 된다. 또 금일의 지나사변이 제국의 측으로 보아서 한 개의 역사적인 성전(聖戰)이라는 이유도 여기에 있는 것이다.

황하와 장강 유역에는 기만(幾萬)의 영령(英靈)이 광영(光榮)에 쌓여 고요히 잠들고 있다. 그들은 결코 침략의 병사가 아니었다. 그들의 피는 오직 동아의 행복과 번영을 위해서만 흘려진 것이며 그들의 고귀한 희생은 오직 동아신질서의 확립에 의해서만 대상(代償)될 수 있을 것이다.

"동방의 새로운 전장(戰場)을 향해서 염천(炎天)에 쬐이면서 황진(黃塵)에 쌓이며 진군하여 나아간다. 나는 이 풍경을 비할 데 없이 아름답게 느꼈다. 나는 이 진군에서 타오르는 위대한 힘을 느꼈다. 맥맥(脉脉)이 흘러넘치는 힘찬 파조(波潮)를 느꼈다"라고 전장에서 히노(火野葦平)* 군조(軍曺)*는 『보리와 병정』

인터내셔날리즘 원문은 '터인 쇼날리즘'으로 되어 있으나 오기로 보임.

火野葦平 히노 아시헤이(1907~1960) 소설가. 6회 아쿠타가와상 수상, 『土と兵隊』, 『麥と兵

隊』, 『花と兵隊』 兵隊 삼부작으로 유명하다.
군조(軍曹) 중사.
『보리와 병정』[麦と兵隊] 히노 아시헤이가 1938년에 발표한 소설. 끝없이 계속되는 보리밭 사이를 흙과 땀에 묻혀 행군하는 일본 군대의 모습을 휴머니즘적 입장에서 묘사한 작품이다.

[麦と兵隊]*에서 말하였다. 우리는 이 맥맥이 흘러넘치는 힘찬 파조 속에서 일본민족의 위대하기 짝이 없는 장엄한 창조력을 보지 않을 수가 없다.

이 위대하기 짝이 없는 역사적 창조력이 금후의 장기건설의 과제로서 전기(前記)와 같은 동아신질서의 문제를 제시하였다.

아세아의 모든 민족과 같이 우리 조선의 민중도 이처럼 새로이 결성될 동아의 신질서, 다시 말하면 동아협동체의 완성을 전제로 하고서만 금후의 민족적 운명을 논하지 않으면 안 되게 되였다. 그러므로 금일의 조선인이 당면한 정치적 문제로서 이 동아협동체의 제(題)처럼 중요한 문제는 없을 것이다.

머지않은 장래에 구현될 이 동아협동체의 이상을 앞에 두고 우리는 우리들이 가장 사랑하여 마지않는 조선민중의 금후의 방향을 여하히 규정하여야 할 것인가 문제는 여기에 있다.

첫째로 동아협동체의 이상은 민족주의 또는 맑스주의에 입각한 조선의 장래관을 철저히 거부한다. 이 동아협동체의 이상은 일본제국의 신민으로서의 충실한 임무를 다할 때에만 조선민중에게 생존과 번영과 행복을 약속하려 한다. 여기에 조선인의 운명에 관한 문제에 있어서의 넘을 수 없는 한계가 있는 것이다. 이 한계는 명백히 시인되지 않으면 안 된다. 이처럼 동아협동체의 이상은 금일의 조선인의 운명에 관해서 심각한 관련성을 가진다. 이 심각한 관련은 우리들 조선인이 나아갈 유일의 정치적 노선으로서 내선일체의 문제를 제시하고 있다. 나는 감히 단언할 수가 있다. 금일의 조선인 문제는 곧 내선일체 문제 이외에 아무것도 아니라는 것을, 왜 그러냐 하면 내선일체 이외 일절의 노선이 한낱 미망에 불과하다는 것이 명백히 제시되어 있으며 따라서 이 노선 이외에 아무 길도 남겨진 길이 없기 때문이다.

나는 이하에서 이 내선일체에 관한 나의 소신을 피력하여 보고자 한다. 첫째로 문제는 많은 사람들이 회의(懷疑)하는 바 내선일체의 가능성 여하의 문제이다. 그런데 가능성 여하의 문제란 것은 적어도 한 개의 역사적 운동에 관한한 사회적 필연성의 여부의 문제로 귀착되고 만다. 왜 그러냐 하면 가능하다는 것은 반드시 사회적 필연성을 가졌을 때에만 가능한 것이며, 또 필연적이란 것은 가능적이란 것을 의미하고 있기 때문이다.

이리하여 내선일체의 필연성을 논증함에 있어서 나는 다음과 같은 세 가지 계기에서 구명하려 한다. 첫째는 일본제국의 동아제패 상 조선이 점한 바 대륙병참기지로서의 특수적 지위에서 추출되는 계기이며, 둘째는 사변의 진전과 동아협동체 형성과정의 진전에 따라 가속도적으로 촉성(促成)되는 조선민중의 국민적 자각과 대륙정책으로의 자발적, 적극적 협동의 계기이며, 셋째는 명일(明

日)의 정권을 '리드'하려는 국내의 혁신세력의 대담하고 또 혁신적인 국책에 대한 당연한 기대로부터 오는 계기이다.

이 세 가지의 계기는 서로 작용하고 또 서로 침투하여 내선일체에 대한 민중의 깊은 요망과 아울러 조선민중생활의 역사적인 변형을 재래(齎來)할 것이라고 나는 확신하여 마지않는다.

(중략)

이상에 말한 바 내선일체 필연성의 3개의 계기는 각각 명일의 조선을 향하여 서로 침투하고 서로 작용하면서 사상적으로, 정치적으로 위대한 역사적인 변혁적 호조(湖潮)를 이루고 있다.

우리는 이 조류를 타고 전(全) 민족을 총동원하여야 할 것이다. 이리하여 민족으로서의 조선인에게 내선일체에 대한 신념과 정열을 부어야 할 것이다. 신념과 정열이 없는 민족 앞에는 오직 멸망이 있을 뿐이다.

이리하여 신념과 정열을 가지고 우리는 위선(爲先) 제국신민으로서의 국민적 의무를 충실히 수행하여야 할 것이다. 국민적 임무 중에 최중요의 것은 국방병역의 의무이다. 명년도(明年度)로부터 실시되기로 결정된 만주국의 징병제는 우리들 조선인에 대해서 막대한 충동을 주었다. 이와 동시에 우리는 금월의 혁신세력에 대해서 그의 대담하고, 아세아적이고, 혁신적인, 정치적 태세에 상심(喪心)으로서의 경의를 표하지 않을 수 없었다.

지원병제도의 실시만으로서 우리는 물론 만족할 수 없다. 지원병제도는 다시 의무병제도에까지 확대, 강화되지 않으면 안 될 것이다. 우리들의 국민적 성의가 천(天)에 달하여 지원병제도의 칙령이 내렸다. 다시 의무병제도의 실시를 획득키 위해서 우리들의 100퍼센트의 국민적 정열을 시표(示表)하지 않으면 안 된다. 다시 의무교육제의 실시도 머지않은 장래로 약속되어 있다. 이 의무교육의 실시는 징병제의 전제인 동시에 내지연장주의 전제가 아니면 안 된다. 진실한 의미의 내지연장주의만이 내선일체화의 정치적 내용이 되지 않으면 안 된다. 내지민족과 동일한 국민적 의무를 다함에 의해서 획득되는 국민적 권리란 내지민족과 동등한 정치적 자격을 말하는 것이다. 내지의 모든 정치제도-보통선거제, 부현제(府縣制), 의무교육제 등이 내지와 동일한 정도로 조선에도 확대연장되어야 할 것이다. 여기에 우리가 기대한 수 있는 최대의 행복이 있다. 나아가자 고려의 자녀들아.

Marchons! Marchons!*

Marchons, Marchons 원문은 'MaRrhons?! Marchons!'으로 되어 있는데 오기로 보임. 프랑스어로 '나가자'라는 뜻.

74. 차재정, 동아신질서와 혁신

■ 앞의 글과 함께 『삼천리』 제11권1호(1939.1.1.) 「동아협동체와 조선」이란 특집에 실린 차재정(車載貞)의 글. 동아신질서와 혁신이라는 제목으로, 장제스 항일정권의 타도 후 도래할 동아신질서의 사상과 문화사적 기조에 대해 설명하고 있다. 동아신질서는 일본국내의 혁신과 연관되는 문제이며 반자본주의적인 것으로, 황도사상, 일본정신은 자본주의 사회질서와 근본적으로 다르며 따라서 제국주의적 정복질서, 지배질서가 아닌 협동질서이자 지도질서임을 강조하고 있다. 또한 금일의 일본정신이 일본사회를 혁신하는 지도원리라 하더라도 그것이 동시에 동아 이민족들에게도 용납될 수 있는 보편적 체계를 가져야 한다고 주장하고 있다.

■ 車載貞 서울청년회, 전진회 등에서 활동했던 사회주의 운동가. 1929년 광주학생운동을 선동한 혐의로 체포되어 징역 2년을 겪었으며, 그 후 내선일체와 동아신질서를 옹호하는 논객으로 변했다.

武漢3鎭 우창(武昌), 한커우(漢口), 한양(漢陽) 3곳을 일컬음.
相貌 얼굴 모양.
堅壘 구조나 방비가 튼튼해서 쳐부수기 어려운 보루.
結構 얽거나 짜서 만듦.

우한(武漢) 3진(鎭)*과 광둥(廣東)의 함락은 지나사변 자체의 전국적(戰局的) 발전에 신단계를 획(劃)하였을 뿐더러 동아사(東亞史) 발전의 방향에 신표치(新標幟)가 되고 말았다. 1년 유여래(有餘來)의 사변은 이것을 계기로 비로소 그 상모(相貌)*와 개성을 전적으로 그리고 뚜렷하게 전세계의 면전에 나타난 것이다.

항적(抗敵) 장제스 정권은 이로써 그 항전의 최대 근거를 상실하고 그 정치적 경제적 국제 외교적 근간을 빼앗기어 벌써 일본의 사변 상대자로서는 지극히 무력한 것으로 되고 말았다. 국제 금융자본의 괴뢰 장제스 정권의 무력화는, 곧 지나를 지배해 온 영·미·불 등 구미자본의 지나에 있어서의 패배와 무력화를 의미하는 것이다. 동시에 그것은 구미의 자본적 제국주의의 극동지배의 최대 견루(堅壘)*의 하나가 분쇄된 셈이니 구미의 자본적 제국주의가 1세기 동안 결구(結構)* 유지해 온바 동아의 침략체계는 이에 그 결정적 파국에 직면해 있다는 것을 의미한다.

이것으로써 사변은 그 본래의 목적의 본격적 궤도 위에 올라섰다고 볼 수 있으니 금차 사변의 참된 대상과 목표는 지나민중과 지나시장의 제국주의적 독점이 아니라 구미자본의 지나침략과 그것의 주구인 항일정권의 조지배제(阻止排除)에 있었으며, 더 나아가서는 동아에 가장 합리적인 신질서를 부여 수립하는데 있겠음에 비추어 우한 공략 후의 사변은 정부당국의 성명과 같이 실로 신단계로 발전하였다.

고노에(近衛文麿) 내각은 우한 공략 후의 성명에서 동아신질서의 수립을 말하였다. 사변 후의 동아에는 여하한 양상의 신질서이건 종래의 그것과는 다른 것이 출현할 것은 어김없는 사실인 것이다. 그러나 그 신질서에 관하는 한 지금으로서는 지극히 막연한 한 개의 개념이다. 지나에서 구미의 제국주의가 무력해 가지고 더 나아가서는 완전히 구축될 수 있다는 것과 항일정권이 소멸하고 신정권이 수립된다는 것, 중국의 적색세력을 구축하고 동시에 코민테른의 적색통로를 분쇄한다는 것, 그리고 묵은 중국과 묵은 동양을 결전(結縛)해 놓은 일절(一切)의 외교관계가, 예컨대 9개국 조약류의 신사태의 정세에 부합치 않는 것이 파기되리라는 것 등등 이외 동아의 일만지(日滿支) 3국은 정치적 경제적 및 사회문화적인 각 부면(部面)에 걸쳐 완전한 협동체적 단의에 결합되리라는 것까지도 예상될 수 있는 제점(諸點)이나, 자못 이러한 상식적 제점의 이론만으로는 동아신질서의 진정한 자태를 발견하기는 어려운 일이다.

우리가 알고자 하고 또 장래의 이 신질서에 포괄될 전동아의 민중의 알고자 하는 점은 그 신질서의 사상적 및 문화사적 기조이다. 동아의 신질서는 단적으로 말하면 동아 제 민족의 신생활질서이다. 우리는 바야흐로 신지나의 건설을 통하여 우리의 신생활질서가 부여될 약속 하에 있는 것이다.

이것에 관한 인식에 도달하는 과정은 동아신질서 수립의 능동적 담당자이며 그 주체인 일본의 내부인식을 통하지 않으면 아니 된다. 소여(所與)의 동아 신사태와 그 건설의 능동적 주체 즉 객관과 주관의 통일된 표현이, 그 과정이 장차 나타날 동아의 신질서이기 때문이다.

동아에 신질서를 부여코자 하며 있는 일본민족은 그 자신자기(自身自己)의 내부적 신질서를, 그것을 일본적으로 표현해서 혁신을 요구하며 있다. 그리고 이 국내혁신은 대륙의 신질서를 통해서만 가능할 수 있는 정치적 경제적 문화적, 국제외교적 제 필요 위에 놓여져 있어 대륙신질서와의 관련은 교호적(交互的)이며 동시적이며 병행적인 제면(諸面)을 가지고 있다. 이런 점에서 동아신질서의 내면적 요소로서 일본의 국내혁신은 대륙신질서와 중요한 관련을 가지고 있다. 그러므로 일본의 국내혁신을 이해치 못하고 대륙의 신질서를 인식하기는 거의 불가능한 것이니 즉 일본의 국내혁신의 사상기조는 곧 대륙질서의 그것이기 때문이다.

동아의 신질서이거나 일본의 혁신이거나 그것은 전면적이어서 정치적 경제적 사회문화적 국제외교적 제(諸) 방면에 걸쳐 고찰될 것이나 문제는 그것을 단적으로 요약할 때 그것이 자본주의적이냐, 반(反)자본주의적이냐이다.

물론 이밖에도 논의의 중점은 여러 곳에 놓여질 수 있다. 민족주의와 국제주의, 일본주의와 동아주의, 동아전체주의와 세계주의 등등의 위에 관점이 두어지는 것도 지극히 필요한 일이나, 그러한 일면적이고 추상적인 것보다 구체적이고 근본적인 관찰의 중점은 자본주의적인 여부라고 생각한다. 자본적 제 국민사회의 변혁과정은 우선 자기부정에서부터 출발하는 것을 필요로 함으로서이다.

그러나 반자본주의적 하더라도 거기에 또한 여러 가지 형태를 예상할 수 있으니 맑스적 공산주의, 독이적(獨伊的) 전체주의(나는 파시즘 사회를 반자본적 범주에 속하는 것으로서 인식한다) 또는 혁신적 일본주의사회 등등인바 그러면 혁신일본을 능동적 지도의 주체로 하는 동아의 신질서는 여하한 질태(質態)의 기조 위에 입각할 것이며, 또 하지 않으면 아니 되며, 되어지기를 우리는 바랄 것인가.

우리는 이러한 의도에서 사변의 처리로서의 동아신질서의 일본적 동아사적 세계사적 의의를 인식함이 정당하다고 생각한다. 금차의 사변은 일본혁신의 일부이다. 자본주의 일본은 이 사변의 완결과 동시에 완전히 지양되지 않으면 아니 된다. 자본주의 일본의 제국주의적 발전으로서 동아의 신질서를 수립할 것은 세계사적 의의를 상실하는 것일 뿐 아니라 일본 자신의 행복적 발전을 의미하지 못하고 사실에 있어서 불가능을 의미한다. 일본의 자본주의적 세력은 금차의 사변을 영도적으로 전개할 하등의 주체적 실력을 가지 못하니 실지(實地)에 있어서 금차 사변의 영도주체는 일본의 자본적 세력이 아니다. 그러므로 금차의 사변이 그러한 자본주의적 제국주의의 침략으로써 귀결되지 않는 근본적 원인이 여기에 있다.

일본의 자본주의는 그 경제적 발전이 정돈되기 전에 그 체내에 오히려 왕성한 정력을 포장해 있으면서, 국내적 정치적 사상적 진로에서 완전히 「行詰ル」[유키즈마루]*하고 무력해졌다. 이 점은 일본만이 가지고 있는 특이성이니, 이것이 일본민족사회의 개성이며, 전통이다. 이 특이성은 여하한 역사적 시대에서나 일본민족사회의 근저가 되어 있는 점이다. 즉 황실과 국민과의 특수한 결합의 전통은 일본의 여하한 역사사회에서나 그 국가적 국민적 생활의 중심이며 중추이다. 이 점을 도외시하고 일본을 인식하는 길은 없으니 문화의 개신, 메이지유신, 금일의 혁신 등, 모든 국가, 국민생활의 중대한 변혁에 있어서 더구나 일본적 개성과 전통은 모든 발동력의 연원을, 그 중심을 황실과 국민과의 특수한 관계에 구한다.

行詰ル[유키즈마루] 길이 막다르다.

일본적인 전통과 개성은 민주주의적 자유주의적, 개인적 자본주의적인 일절의 생활양태에 반발하는 본질을 가지고 있다. 황도사상, 황민사상은 근본적으로 자본주의적 사회질서와는 상용(相容)되지 않는다.

그러므로 일본주의는, 일본정신을 원래로 자본주의를 한다. 금일의 역사단계에 있어서 참으로 일본적 개성과 전통과 일본의 문화적 우월성을 그리고 일본민족의 발전을 옹호하기 위하여는 일본은 필연적으로 자기혁신의 기점을 자본주의에서부터 출발하지 않으면 아니 되며 또 나아가서 자본주의를 부정한 일본민족의 국가의 흥륭(興隆)을 도모하기 위하여는 그 정치적, 경제적, 문화적 발전의 필연적 방향으로서 제국주의 아닌 대륙적 동아적 발전이 불가결의 조건이다. 팽창하는 일본민족은 그 경제생활의 욕구와 아우타르키적* 경제의 확립을 위하여 필연적으로 대륙에 그것을 구하지 않으면 아니 되며 그것을 수행하는 데는 정치적으로 문화적으로 동아제민족의 협동결합을 필요로 한다. 이러한 제점(諸點)에서 일본의 혁신은 동아협동체 신질서의 수립과 상관불가분의 관계에 놓여 있다. 그러나 동아의 경륜은 자본주의 일본으로서도 가능한 일이나 그것에는 제국주의적임을 요하고 대외적으로 제국주의적임에는 국내적으로 자본주의임을 요함으로, 그것은 국내의 반자본의 제(諸)조건으로 말미암아 불가능하

아우타르키 Autarkie. 원래는 국가 차원에서 외국시장을 필요로 하지 않는 자급자족적 경제를 말하지만, 현재는 1930년대 세계공황기에 선진자본주의국이 공황으로부터 자국경제를 지키기 위하여, 각각 식민지·반(半)식민지를 포함한 자국 시장을 대외적으로 봉쇄하고 그 내부에서 자급자족하는 블록경제를 형성한 것을 가리킨다.

다는 소이는 전술함과 같다.

여상(如上)한 제점이 대륙경영이 혁신의 구체적 과정의 일부이며 동아의 신질서가 반자본의 기조 위에 놓여지지 않으면 아니 된다는 소이이다.

그러므로 동아의 신질서는 정복질서가 아니며 지배질서가 아니라 제(諸)민족 공존공영에 인한 협동질서이며 지도질서이다. 따라서 그 정치형태, 경제형태, 문화형태도 자본적, 제국주의적, 정복적이 아닐 것은 물론이다. 즉 동아신질서 내에 포괄되는 제 민족 사회는 그 자주적 이익이 존중되고 개성 전통, 문화가 한 가지 존중되어야 할 것이다. 그러나 이것들이 어느 것이나 새로이 형성되는 동아사상, 동아전통, 동아문화에 발전적으로 통일된다는 한계 안에서만 자주성이 인정되어야 할 줄로 생각한다. 여기에 말하는 동아사상이란 이제야 형성 도정(道程)에 있는 신흥 이데올로기이다. 지금 우리가 개념의 무정견(無定見)한 종합을 시도하여 견강부회(牽强附會)적으로 맞추어 생산하는 수예품이 될 수 없다. 동아제민족의 실생활의 교착통일에서 생성 발달하여 결정되는 것이므로 그것은 장래의 범주이다. 자못 여기서 우리가 고려할 것은 동아사상이나 동아문화나 그 전통이란 것은 그 모두가 과거 또는 현재의 제 민족생활에 소재에 흩어져 있는 묵은 지나적, 만주적, 몽고적, 일본적인 등등의 문화적 잔해를 복고적으로 긁어모으는 것은 아니며, 동시에 서양적인 것을 무조건으로 배척하는 것으로써 동아적 문화, 사상의 창조의 조건을 삼아서는 안 된다. 신동아문화창조의 태도는 어디까지나 진보적이며, 창조적이어야 할지니 소여(所與)의 신생활문화의 통일적 결정(結晶)이어야 한다. 그러나 여기서도 또한 그 주체가 필요하다. 그러한 의미에서 일본민족의 문화는 필연으로 신동아문화의 배반(胚盤)이 되리라는 것을 예상할 수 있으니 금일의 일본민족문화 가운데에는 아세아의 여하한 민족의 그것보담도 풍부하게 정당하게 합리적으로 과거의 아세아문화의 각 부분이 통일성(일본적이지만)을 가지고 근대적으로 보존되어 있고 수호되어 있으며 살아 있다는 점이다. 그러나 그러한 일본문화 자신 또한 신(新)환경에 방목하여 이여(爾餘)* 제 민족의 그것에서 더 성육(成育), 발달되지 않으면 아니 된다. 동아사상의 경우에 있어서도 또 동일하니 금일의 일본정신이 일본민족사회를 혁신하는 지도원리의 지위를 가지고 있다 하더라도 지나나 기타 민족에게 그것이 전면적으로 이해 용납되기 어렵고 더구나 동아협동민족생활의 지도원리로서 무조건 통용될 수 없는 점인바 그것은 금일의 일본정신, 또는 일본주의는 좀 더 근대화한 보편적 체계를 구유(具有)하지 않으면 아니 된다. 일본민족 이외의 민족으로서는 그것을 지성을 통하여 섭취 이해하기는 불가능할 만큼 전통적이고 감정적이고 혈액적이다.

爾餘 그 나머지.

그리고 동아신질서의 세계사적 의의는 종래의 세계주의에 대하여 새로운 방향을 보여 주는 것이다. 종래의 세계주의가 추상적인 점은 자본주의적인 것이다. 맑스주의적인 것이나 동일하나 특히 후자에 있어서는 구체적인 것과 다른 외관과 체계를 가지고 있어 왕왕히 그 추상성이 엄폐되어 왔었는데 동아협동체는 그것에 대한 중대정정(重大訂正)이며, 신세계주의에 대하여 구체적 체계를 부여하는 것이며, 세계질서를 재건하는 데 결정적으로 공헌하는 것이다.

이상에 본 바에 의하여 동아신질서와 일본의 혁신 양자 간에는 그러한 내면적 연관성과 교호성(交互性)이 작용하고 있음으로 식인(識認) 방법으로서 양자를 분리하여 관찰할 수 없는 것이다. 그러므로 문화사적으로 빛나는 동아의 신질서는, 동아제민족의 행복을 약속하는 동아의 신질서는 일본의 국내혁신의 성과와 상사(相俟)하여 결정될 문제이다.

75. 동양몬로주의

■ 『조선일보』 1940년 7월 12일자 논설로 미국이 먼로주의를 표방하며 중국문제에 개입하는 것을 양두구육(羊頭狗肉)책이라 비판하고 있다. 동양의 일은 동양의 손으로 처리'할 수 있는 진정한 동양먼로주의가 확립되기 위해서는 일본이 간섭을 배제할 실력을 가져야 한다고 주장하고 있다.

1.

미국대통령 루스벨트 씨는 지난 6일 하이드파크 별장에서 아리 비서를 통하여 전후에 오려는 세계의 세력분야에 관하여 중요한 의견을 발표하였는데, 그 요지는 '미국은 구주 및 아세아에서의 영토문제에 대하여 하등 간섭할 의사가 없다. 미정부가 생각하는 것은 각 대륙 내지(乃至) 세계 각 부분에서 실효 있는 먼로주의다. 미국은 신영토의 소유를 기도하거나 또는 영토의 확장을 고려치 않는다. 다만 전승을 과칭(誇稱)하는 독일이 서반구에 있는 전패국의 영토에 대하여 권리를 주장하는 일이 있으면 그것은 먼로주의 적용범위에 저촉되는 것을 지적한다. 미국은 전패국의 소유 도서(島嶼)를 접수치 아니하나, 그러나 차등영토와 그 행정은 미주제국 전부(全部) 간의 회의에 의하여 결정할 것이라고 믿고 또 주장한다. 인도지나에 관하여서는 아세아제국이 회합하여 인도지나를 위하여 제의된 안을 고려할 것이다. 구주에 대하여서도 동양(同樣)의 방침을 적용할 것이다' 함에 있다. 이 의견의 발표는 얼른 보면 구아(歐亞)대륙의 관하여 간섭의 의의가 없는 것 같으나, 기실은 미국의 양두구육(羊頭狗肉)*책을 여실하게 폭로한 것이다.

羊頭狗肉 양 머리를 걸어놓고 개고기를 판다는 뜻으로, 겉만 좋고 속이 다른 정책임이 드러났다는 의미로 풀이된다.

2.

현상으로 보아서 구주에서 어떤 나라가 자기나라의 어떤 주의 즉 먼로주의 유사주의로 제국의 영토 및 그 행정을 합의 결정하기는 상상도 할 수 없는 일이요, 또 아세아대륙으로 보아도 일본 이외에 어떤 독립국가군이 있어서 불란서령 인도지나 문제를 협의 조정할 국가가 없는 것이다. 그러므로 미국은 전패국의 재(在) 서반구영토를 미국류의 먼로주의를 내세워서 독이(獨伊)의 영유를 거부하려는 혼담(魂膽)으로 구아대륙의 일에 언급한 것이 분명하다. 이것은 만주사변 이후 소위 스팀슨원칙*을 운운할 뿐 아니라 동아의 안정 세력으로 신질서건설의 위업에 매진하고 있는 제국(帝國)에 대하여 불간섭은 고사하고 일 있을 때마다 항의를 제기하고, 또 크레지트의 설정, 전쟁물자의 공급 등 갖은 수단으로 충칭(重慶)정권을 원조하고 있지 아니한가. 만일 미국이 진정으로 아세아에서의 먼로주의를 시인하려면 모름지기 불인(佛印)* 및 난인(蘭印)* 문제에 대하여 용훼(容喙)치 아니할 뿐 아니라 종래의 태도를 일척(一擲)하고 원장(援蔣)*행동을 정지하여야 할 것이다.

스팀슨원칙 Stimson Doctrine. 파리평화조약(1919)에 위배되는 방법에 의해 조인된 일체의 사태나 조약·협정도 승인하지 않겠다는 미국 국무장관 H.L.스팀슨의 주장.

佛印 및 蘭印 프랑스령 인도차이나와 인도네시아.

援蔣 장제스 정부를 지원함을 의미.

3.

미국에서 먼로주의가 관행되는 것은 미국 자신이 그 실행력을 가지고 있기 때문이다. 동양에서도 먼로주의를 관행하려면 미국이든지 또는 어떤 국가에서도 그 주의에 대하여 왈가왈부를 하지 못하게 할 실행력을 가져야 될 것이다. 환언하면 '동양의 일은 동양의 손으로 처리'하고 외력의 간섭을 배제할 실력이 있어야 할 것이다. 금번 루 대통령의 성명에 응하여 스마(須磨弥吉郎)* 총무부장의 견해를 피력한 바도 있거니와 일본외교의 근본방침이 '동양 일은 동양의 손으로 처리'할 것뿐이 아니라 이 외교방침을 실행할 실력이 충실치 아니하여서는 안 될 것이다. 그러므로 동양먼로주의의 확립을 위하여서는 일본국민은 동아의 안정 세력을 소유한 것으로만 만족할 것이 아니라, 이 세력을 발동하는 데에 외부의 세력이 감히 간섭치 못할 정도의 실력을 가지지 아니하면 아니 될 것이요, 연후에 비로소 동양먼로주의가 철저하게 실행되어 갈 것이다.

須磨弥吉郎(1892~1970) 외교관. 대외정보수집을 목적으로 한 내각정보부 설립.

76. 신갑범, 세계사의 동양적 전회

■ 『동양지광』 1940년 1월호에 실린 신갑범의 논설. 신갑범은 백인세력의 쇠퇴와 동양적인 전회가 이루어지는 혁정기를 맞이했다고 보면서, 세계사의 근본원리가 침략에서 도의로 독점에서 협화로 변화할 것을 지적한다. 동아신질서 역시 이러한 혁정

흥아(興亞)의 함성이 아시아의 천지에 메아리치면서, 세계 신사태의 초래가 이미 역사적 과제로 되어 오고 있다. 이것은 말할 필요도 없이 새 세기를 태동하는 현하 문화사의 아시아적 전개를 의미하는 것이며, 서구적 백인세력의 세계화로부터의 쇠퇴를 징후(徵候)하는 것임이 분명한 것이다.

돌이켜보면 원래 켈트, 이베리아족들이 살고 있는 곳을 페니키아, 그리스, 카

기를 대변하는 새 명제로, 보편적 평등성을 지닌 황도정신에 의해 달성되며, 내선일체 또한 혁정의 실천자로서 역사적 대민족을 창출하기 위한 이념으로 이해된다. 원문은 일본어.

■ 『동양지광』 일제말기에 내선일체를 주장하여 일본어로 발간된 월간지. 1939년에 박희도(朴熙道)가 사장을 맡아 창간되었다.

挺身 무슨 일에 앞장서서 나아감.

暹羅國 지금의 태국.

르타고인들이 식민지로 하고, 제2 포에니 전역(戰役) 후 로마의 정복에 대행해서 동방으로부터 침입한 알라만 족, 수에비 족 등의 양 민족이 민족 대이동에 의한 서(西)고트 족에게 평정당하고, 다시 또 모르인과 사라센인에 의한 코르도바의 옴미아드조(朝)의 지배로부터 카스티야 왕국의 반항이 되고, 알폰스 1세의 패권(1139～1147)에 의해서 겨우 기초를 이룩한 포르투갈이 그 왕자 엔리케(Henry the Navigator)에 의해서 아프리카 서해안의 탐험을 열심히 행하고 신대륙을 발견 점령했을 뿐 아니라, 또한 그 존 2세(1481～1495) 때는 바르톨로뮤 디아스(Bartolomeu Dias)가 아프리카 최남단에 도달해서 케이프봉[희망봉]이라 명명하고, 다시 또 바스코 다가마에 의해서 인도항로가 발견(1498)되고, 알부케르크(Affonso de Albuquerque) 총독의 고아점령(1510)을 봄에 이르러, 그네들 백인의 동방 경략의 근거지가 만들어지기에 이르렀던 것이다. 이때부터 4세기와 30여 년—그동안 스페인 왕의 명령에 의해서 세계 주항(周航)에 정신(挺身)*한 포르투갈인 마젤란이 있었다. 따라서 이들 포르투갈·스페인의 식민지 경영이 번성해졌던 것인데, 이 스페인이 필리핀의 무적함대를 격파하고, 내친 김에 런던에 동(東)인도회사(East Indian Company)를 일으켜서 인도 경영의 패권을 다투기 시작했는데, 이때부터 헤아려도 실로 3세기 반에 달하려 하는 오래된 역사의 전회인 것이다. 그 후 포르투갈은 한편에서 카브랄(Pedro Alvares Cabral)의 표류에서 발견된 남미 브라질을 영유함과 동시에 실론섬과 말래카를 공략하고, 섬라국(暹羅國)*과 교통을 열면서, 지나로 들어와서는 명나라와 수교를 설치하고, 광둥(廣東)·닝보(寧波)·아모이[厦門] 등에 상관을 설치하게 하고, 마카오(澳門)를 영구조차(租借)하는 등으로 동방 경영에 힘을 쏟아 왔다. 스페인은 또한 코르테스(Hernán Cortés), 피사로(Francisco Pizarro) 등의 멕시코 및 잉카제국 정복으로부터 시작해서 아메리카 경영을 주로 했던 것인데, 그들의 필리핀 점령은 그들에게 동양무역에 종사하는 근거지를 만들게 하였다. 이리하여 이어서 일어나는 영국계(系)의 세계진출이 궤도에 오르게 되었을 때, 그 해독은 더욱 심각해져 갔던 것이며, 홀란드나 프랑스 등도 이 탐욕한 영국을 선동해서 우리 아시아를 침략해 왔던 것이다. 이에 영국과 인도에서 모든 악독한 수단을 다한 끝에 마침내 지나에까지 그 마수를 뻗쳐서 아편전쟁을 일으키고, 비례(非禮)를 극한 위협적 난징조약을 성립시킴으로써 아시아침략의 철조망 가설을 완료했던 것이다. 이것이 거금 백 년 전의 일인데, 그 17년 후에는 인도의 무굴제국이 멸망당해서 형적이 없게 되고, 세계는 완전히 앵글로색슨의 천지가 되기 시작했던 것이다.

역사가 여기서 하나의 앵글로색슨 시대를 인정하지 않으면 안 될 것처럼 생각하는 것도 결코 무리는 아닌 것이다. 그렇지만 그것은 단지 침략의 시대였으며, 인류 문화의 독점 향락의 시대였음을 우리는 망각해선 안 된다. 이것은 적어도 지난 세계대전 때까지 계속된 것이며, 우리는 아직 이러한 침략적 이데올로기의 잔재와, 인류 문화의 편국(偏局)적 독점 향락의 시대를 완전히 초극하지는 못하고 있는 것이다. 이것은 말할 것도 없이 세계 구사태의 잔재로서, 우리가 지금부터 싸워서 분쇄하지 않으면 안 되는 것이다. 따라서 이것을 나는 신세기를 태동하는 현대의 에포크 메이킹적인 완전한 역사적 신계기를 만드는 것으로 보는 바이지만 여기에는 이미 세계 신사태의 근본 원리가 명맥하게 인정되고 있는 것이다. 이것은 즉 침략에 대신하는 도의이며, 독점에 대신하는 공존공영적 협화이다. 여기에서 서구적 앵글로색슨적 세계 침략의 역사는 전복되고, 인류사의 보편 평등한 신 창조기가 구체화되어 가고 있다는 것을 알 수 있는 것이다.

세상에서는 동아신질서란 것이 떠들썩하게 논의되고 있지만, 이것은 이미 그 자체가 서구적 구질서에 대한 하나의 역사적 새 명제가 아니면 안 된다. 더구나 이것은 우리 일본을 떠나서는 생각할 수 없는 것이라, 여기서 우리는 황도정신의 보편 평등성과 역사적 위엄성을 인정하지 않을 수 없게 된다. 이것은 세계를 독점 침략에서 도의 협화로 이끄는 역사의 진정한 로고스이다. 나는 지금부터의 세계 역사가 이 정신에 의해서 혁정(革正)되고, 정말로 보편타당한 인류문화를 창조할 계기가 만들어지고 있음을 확인하면서, 그 정신이 가져다줄 사명 밑에서 사는 영광에 감사하지 않을 수가 없는 것이다. 세계 최대의 침략 범인인 앵글로색슨 민족의 문화는 이미 이 정신에 의해서 최종적 심판을 받고 있으며, 일체의 인류문화의 요람지였던 아시아에는 흥아의식이 충만해 오고 있다. 따라서 이것은 분명 아시아의식의 재생을 의미하며, 학대받던 아시아에서 자유발전을 할 수 있는 아시아로, 또 편국화된 세계에서 협화적 공존공영의 세계로 전화(轉化) 발전해 가야 할 세계문화의 새로운 출발을 상징하는 것이어야 하는 것이다.

그것은 마치 근대사의 전환기가 저 중세기의 르네상스에서 싹이 튼 것과 마찬가지로, 우리 메이지유신 속에서 엄연한 새 계기를 조성하고 있었던 것이다. 즉 우리 대일본제국은 메이지유신에 의해서 단순히 자기를 추진 확정하여 세계의 역사 무대에 등장하게 했을 뿐 아니라, 그것은 더 한층 원대한 '아시아 구원의 사명'을 갖고 일어나서, 동아의 안정세력이 되고자 일심으로 추진해 온 것이었다. 이리하여 일청·일러의 두 전쟁이 되자 잠자던 아시아에도 감연히 일대 새벽종이 난타되고, 구미 열강의 제국주의적 지배에서의 해방을 요구하기 시작하면서, 그 민족적 아시아 자립이라는 역사적 새 명제를 만들기까지에 이른 것이었다.

우리는 이것을 문화사적으로 보아서 민족 자각에 의한 세계사의 종합적 전환을 의미하는 '보편 인문의 혁정기'라고 이름 붙일 수도 있겠지만, 그러나 여기서 민족의 자각이란, 그 자체가 이미 건전한 대(大)민족적 자각이 아니면 안 된다는 것을, 나는 새삼 중론(重論)해 두고 싶다. 지금부터 만들어질 세계의 새 사태는 일체가 이 대민족적 자각 위에 서서 구상화되려는 것이며, 여기서 현재 우리 조선동포와 함께 야마토민족 위에 가해진 내선일체(內鮮一體)의 이념이 어떠한 역사적 구체성을 가지며, 또한 추진적 실천력을 내포하는 것인가를 이해할 수 있는 것이다. 우리는 진실로 그것을 무시해서 안 되는 것이다. 역사는 진전해서 이미 우리로 하여금 더 강한 것이어야 할 것을 요구해 마지않지만, 이것은 민족적으로 규정해 볼 때 무엇보다도 대민족적 자각을 필요로 하는 것이며, 그에 의해서 하나의 강력한 기본적 역사세력을 확보하지 않으면 안 될 것을 요구하는 것이라, 이러한 의미에서 우리의 내선일체는 또한 역사철학적으로 정당한 범주를 확인할 수가 있는 것이다. 이것은 이미 우리가 역사를 애호하고, 또한 그 문화의 고도한 발전을 요구하는 것인 이상, 어디까지 가건 부정할 수가 없는 것이다. 마침내 논리가 옆길로 들어 버렸지만, 하여튼 우리는 우리 자신이 역사적 보편인문의 혁정기에 있을 뿐 아니라, 그 단적인 실천자로서 세계 신문화의 창조에 매진할 수 있음을 자랑으로 해야 하는 것이다.

역사학자들 사이에서는 이미 일청전쟁으로써 아시아적 일본의 구미세력에 대한 제1의 반격으로 보는 사람도 있는데 이는 바른 견해이다. 우리는 우리 제국이 일청전쟁에 의해서 싸운 바, 적이 지나가 아니라 구미 열강이었던 것을 명심하지 않으면 안 된다. 더구나 그것은 현재의 지나사변과도 달라서 다분히 정신적이며, 물질적이 아니었음을 알아야 하는 것이다. 이리하여 잠시 후에는 북청사변이 되어 구미 열강의 지나 분할의 야심이 완전히 저지되고 마침내 일러전쟁에서 우리 제국의 전면적 승리를 보자 아시아의 천지에는 확고한 아시아 의식이 재생되도록 계기가 마련된 것이다. 이로 인하서 가장 큰 고통을 당하게 된 것은 영국이며, 그것은 세계 속에서 그 누구보다도 많은 이민족, 특히 아시아 민족을 지배하고 있는 자로서, 이제부터 일어날 세계 신사태의 비극적 주인이도록 강요되기에 이른 것이다. 이것은 그들, 특히 그 공리적 이욕에 눈이 먼 앵글로색슨인으로서 참을 수 없는 바일 것이다.

하지만 악은 퇴치해야만 하는 것이다. 이미 이집트에서는 이집트인의 이집트가 외쳐지고, 시리아·팔레스타인·이라크·트랜스요르단*·아라비아 등은 서로

트랜스요르단 요르단의 옛 명칭.

결속해서 범(凡)아랍운동을 일으키며, 인도에서는 또한 스와라지* 운동가의 활동이 있다. 아니, 세계대전 후의 민족자결의 사상은 아일랜드에서 신펜*을 부르짖게 했고, 버마에서도, 안남에서도, 또한 필리핀에서도 각각 서로 호응해서 독립운동을 일으키게 했으며, 마침내 만주사변에 이르러서는 미국으로 하여금 필리핀의 독립을 용인하기에 이르도록까지 했던 것이다.

이들은 모두가 각각 진실한 것일 뿐 아니라, 역사가 당연히 그렇게 존재하도록 필연적으로 그를 촉진하고 있는 것이다. 특히 최근 버마에서의 반영(反英)투쟁은 각 일각(一刻) 치열을 극해 가며, 이번 톈진[天津]문제를 중심으로 해서 야기된 일영 회담에서 영국의 불성실이 인정되자 더욱 항진되고만 있을 뿐이다. 지나의 요로(要路)나 우리 국내에서의 반영운동은 진정 앵글로색슨 문화의 최종적 조종(弔鐘)을 울리는 것만 같다. 여기서 나는 거푸 말하지만, 우리들 조선동포는 내선일체의 실질적 토대로부터 더욱 나아가서 일만지(日滿支)가 서로 협화하고 몽회장(蒙回藏)*을 지도하면서 중앙 및 북부 아시아의 제 민족을 구원하도록 하지 않으면 안 되는 것이다.

말할 필요도 없거니와 아시아는 우리들 아시아인의 아시아이다. 따라서 이것을 살기 좋게 하는 것은 우리의 제일 책무라고 해야 할 것이다. 그렇다고 해서 우리는 덮어놓고 배타적인 아시아 봉건 등을 주장하지는 않는다.

팔굉(八紘)을 엄(掩)하여 일우(一宇)로 하겠다는 우리 건국의 정신은 곧 전 세계의 모든 민족이나 국가로 하여 각기 그 자리를 얻게 하며[各得其所]*, 상부상조하여 만방이 협화하는 건전한 세계의 신질서를 수립하고, 골고루 평화한 생존을 향유하도록 높고 먼 이상인 것이며, 이것은 실로 광대무변한 어역대(御歷代)의 대어심(大御心)이 일관했던 바요, 또한 우리 제국 전체의 역사를 통해서 변함없는 국시(國是)인 것이다. 거기에 표시된 것은 도의 협화요 황도일체의 진리이다. 그러니까 여기서는 이미 자유주의적, 개인주의적, 또 민주주의적인 근대 이후의 구미적 역사사상이 지양될 뿐 아니라, 일 민족, 일 국가, 일 지도자 같은 부자연한 논리도 나타나지는 않는다. 이미 시대는 도의·협화를 요구하며, 만방이 정치적으로나 경제적으로나 문화적으로나 서로 협화해서 영원하고 확고한 세계평화를 수립하도록 사명이 부과되어 있는 것이다. 여기에는 도의일체주의가 나타나지 않으면 안 될 것이며, 진정 세계사의 황도적 전회가 행해지려고 하고 있는 것이다.

자유주의, 개인주의, 따라서 공리주의적 민주주의적인 근세 이래의 서구적 사상 관념은 마침내 앵글로색슨 문화를 한정적인 것으로 하여 버렸고, 사회주의를 함부로 낳아서 각종의 파괴적 계급사상을 대두하게 했던 것인데, 우리는

스와라지 힌디어로 '자치'를 뜻하는 말. 1906년 인도에서 일어난 반영(反英) 자치운동. 1920년부터 간디가 더 적극적으로 전개함.

신펜 Sinn Fein. 아일랜드의 공화주의 정당. '우리들 자신'이란 뜻. 1905년경 A. 그리피스의 지도로 탄생했고 1919-1922년 독립혁명을 지도했다. 정치·경제·사회·문화 등 각 분야의 자립정책을 통한 독립을 지향함.

蒙回藏 몽고족, 회족, 장족.

各得其所 『漢書』 卷65 「東方朔傳」에 나오는 말. "『서경』에 이르기를, '한 곳에 치우치지 아니하고 무리를 짓지 아니하니 왕도는 넓고 넓도다'라고 했습니다. 이 두 가지 것은 오제께서 소중히 여기시고, 삼왕도 하기 어려워 한 일이었습니다. 폐하께서 이를 행하셨으니 이로써 사해의 만백성들이 각기 자기 자리를 얻으니 천하의 큰 다행입니다"[書曰 不偏不黨, 王道蕩蕩. 此二者, 五帝所重, 三王所難也. 陛下行之, 是以四海之內, 元元之民, 各得其所, 天下幸甚]. 제국일본의 세계질서상을 표현한 상투어였다.

모든 이러한 한정적인 문화 관념을 숙청하면서 보편 평등한 세계사를 창조해 갈 필요가 있다. 이리하여 세계는 도의·협화 일색이 되고, 황도정신에 의한 팔굉일우의 진리를 실현해 가도록 하지 않으면 안 된다. 이것은 우리 황국의 사명이요 동양, 따라서 또한 세계 신문화의 태동인 것이다. 지금 세계는 그것을 진통하는 중이다. 민주주의 대 전체주의, 자유주의 대 통일주의, 프롤레타리아주의 대 노자(勞資)협화주의 등등, 세계는 통틀어 최종적 약동기를 노출시키고 있는 것이다. 현재 지나사변은 여기에 결정적 계기를 주고 있는 것이며, 여기에는 우선 세계사의 동양적 전회가 시도되고, 모든 편협한 인류문화의 낡은 껍질이 분쇄되고 보편타당한 도의적 세계 신문화가 실현되도록 조건 지어져 있는 것이다. 때문에 이제는 앵글로색슨적 공리 문화가 양기(揚棄)*되어야 할 뿐 아니라, 프롤레타리아 독선주의적 계급적 공산주의까지 완전히 극복되지 않으면 안 되는 것이며, 우리 황도 이데올로기의 보편적 요구가 무엇인가를 확인하도록 하지 않으면 안 되는 것이다.

揚棄 지양. 변증법에서의 주요개념으로 사물에 관한 모순이나 대립을 부정을 매개로 하여 고차적인 단계에서 통일하는 것을 가리킴.

77. 국민총력조선연맹, 총력전과 국방국가와 조선

■ 국민총력조선연맹이 『삼천리』 제13권 3호(1941.3.1.)에 발표한 글. 무력전뿐만 아니라 정치전, 경제전, 사상전을 포함한 총력전의 시대가 도래했음을 알리고, 그것이 황도세계관에서는 전쟁의 연쇄반복을 단절하고 영원평화를 확립하기 위한 황도전(皇道戰)임을 주장한다. 내선일체란 이 황도전을 위해 국방국가를 완성하는 것이며, 국방이란 전쟁 승리뿐만 아니라 불협위(不脅威)·불침략의 실력을 갖추어 전쟁 없이 승리하는 준비이다. 이러한 주장을 바탕으로 총력전을 위한 국방국가체제의 건설을 고무한다.

■ 국민총력조선연맹 중일전쟁 발발 후에 결성된 국민정신총동원 조선연맹을 1940년 10월에 개편하여 발족시킨 관제단체. 총동원체제 하에서 조선의 전시협력과 민중통제, 후방활동 등의 문제를 관리했으며 총독이 총재를 맡았다.

1. 총력전의 사관

동아부흥의 사상은 이미 지나에도 있었고 조선에도 있었다. 세계개조의 이상도 마찬가지로 이미 구미인에 의하여 몇 차례나 창도되어 있었으나 아무 것도 성공을 보지 못하였다. 이것을 실현시킴에는 실력을 요한다. 황도세계 현현(顯現)의 실력적 행사로써 전쟁이 절대 필요함은 더 말할 필요까지 없다.

근대전은 국가총력전이다. 예를 들면 개인과 개인이 상대하는 무도(武道)의 시합에 있어서도 자기의 체력·기력·지력 등 총력을 일순(一瞬)의 사이에 움직여 유기적 종합의 힘에 의하여 상대방을 굴복시킴과 같이 국가 상호의 경우에도 교전국이 필승을 기하기 위하여 가진 모든 능력을 발휘하게 되도록 국가 전체의 힘을 여기에 경도함은 이치의 필연이다.

구미대전을 계기로 하여, 국가총력전에 관한 의식적 준비는 발연히 세계의 대세가 되었다. 그 주된 원인은

(1) 과학의 진보는 무력전쟁의 조건을 현저히 확대하였다. 예를 들면 다수의 인원, 정예한 무기, 거대한 물자, 재화 등이 이것이다.

(2) 공중전의 발달에는 전 국토, 전 국민으로 그 공방전장의 제일선이 되게 한 일.

(3) 단지 무력전투만으로 속행함에도 전쟁이 장기에 이르면 국가 전체의 힘이 종합적으로 계속 집중되지 않으면 필승을 기약하기 어렵다.

(4) 무력의 우수, 국방의 내구, 외교관계의 유리, 적국의 전쟁의사의 좌절 등을 꾀하기 위하 여도 무력전 이외에 있어 정치, 경제, 사상, 문화 등 모든 분야에 걸친 싸움이 요구된다. 그중에도 전선 장병은 말할 것 없이 총후(銃後)에 있어서 국민 전반에 대하여 극도의 정신력을 필요로 하며, 이들 제 요소의 종합력이 전쟁 전반의 승패를 결정함에 이른 일.

(5) 더구나 정치전, 경제전, 사상전 등은 평시에 있어 가장 주도하게 행하여짐에 있어서만 아니라 승리의 소지를 완전히 하는 것으로 이들 미발동 태세에 있는 협위력(脅威力)도 또한 평시 총력전의 중대 요소라는 것이 점차로 명확하게 된 것.

(6) 전쟁의 승패는 전후 긴세월에 걸쳐 국가 전체의 소장 성쇠를 좌우할 뿐더러 종국적 승패는 무력교전 종결 후의 선후(善後)대책, 소위 수습적 총력전의 승패에 의하여 비로소 결정됨에 이른 일.

(7) 이리하여 전쟁은 국민 전체의 최대 관심사이며, 전 국민의 생존과 생명 발전을 위하여 국가의 총력을 기울여 준비하여 수행하며 수습할 것을 진실로 생각하지 않을 수 없게 된 것.

이리하여 근대 총력전의 인식이 점차 농후하게 되어 옴과 동시에 소위 전쟁의 의의도 현저하게 변하여 왔다. 전쟁은 일정 지역의 전선에서 병과 함정과의 대항 교전하여 있는 상태뿐만 아니고, 국가와 국가가 모든 총력을 기울여 싸우고 있던 것을 의미하면, 시간적으로는 선전포고와 구화담판(媾和談判)*에 이르기까지의 일이 아니고 늘 평시에 있어 이것을 미발(未發)자세에 있어 소위 국가 백년의 대계를 이른다. 고로 쇼와[昭和]의 신체제는 즉 국가총력전 체제를 의미하는 것이다.

媾和談判 '講和談判'의 오기로 보임.

2. 황도세계 전쟁관

그러함으로 우리의 황도세계 전쟁관에 있어서는 다시 전란이 일어나지 않도록 진실로 인류 영원의 평화 확립이 목적이다. 종래 백인제국주의 세계에서 전쟁은 언제든 인류의 평화를 표방하면서 전투가 끝나면 영토의 점령 할양, 식민지의 설정과 배상금의 착취에 의한 자기 생활의 향락과 우월감의 만족을 도[睹]함에 급급하다. 그리하여 여러 나라는 서로 식민지의 재분할을 목표로 또 전쟁을 하여 패전국은 무비를 정돈하여 또 복수전을 기한다 하는 식으로 전쟁이 전쟁을 낳아서 인류의 평화는 영구히 위협받고 있는 터이다. 우리 황도전(皇道戰)은 한 번 노하면 천하를 안정케 하며* 불의를 타파하여 우리의 정의에 귀복(歸服)케 하며 무할양, 무배상, 각국 각각 그 처(處)를 득하여 만민 각기 뜻을 따르도록, 일본을 중심으로 하는 일개 생명체인 황도세계를 건설한다. 이것이 즉 팔굉일우(八紘一宇)*의 현현(顯現)이다. 여기에는 침략도, 식민지도, 우월도, 착취도 없고, 근본부터 두 번 다시 전쟁도 일어나지 않는다. 즉 구세계의 종언전이며 새로운 인류세계의 창조전이다. 만주사변이 그것이었다. 지나사변도 그것이 아니면 안 된다. 황군의 피의 한 방울은 인류의 정당한 역사를 단들어 거룩한 바이다. 아니다, 출정 황군뿐이 아니고 일억 황민이 모두 황도전의 전사이다. 우리들의 분투에 의하여 진실한 인류 영원의 평화가 확보되는 것이다.

미나미(南次郎) 총독*은 "마치 소집에 응한 군인이 기뻐서 그 신명을 군국(君國)에 바쳐 맡겨진 국방의 부서에 나아감과 같은 심경으로 총후(銃後)*에 있는 각인 참전, 직능보국(職能報國)의 전쟁의 의의를 가지는 것이다"라 함은 국민이 모두 깊이 감명할 말일 줄로 생각한다.

한 번 노하면 천하를 안정케 하며 『孟子』 「梁惠王章 下篇」에 "一怒而安天下之民"이란 말이 세 차례 나온다. 탕무(湯武)가 걸주(桀紂)를 토벌한 것을 맹자가 높이 평가하면서 사용한 말.

八紘一宇 『日本書紀』에 어원을 둔 말로 대동아전쟁의 슬로건으로 쓰여졌다. '전 세계를 일가(一家)'로 한다는 뜻으로 풀이된다.

미나미 총독 미나미 지로(南次郎, 1874~1955) 일본의 육군 군인. 관동군 사령관을 거쳐 1936년 조선총독으로 취임. 내선일체와 황민화정책을 추진했다.

銃後 전장에 직접 나가지 않은 일반민중들의 생활공간 또한 전장과 동떨어진 곳이 아니라는 어감으로 전쟁기에 사용되었다.

3. 내선일체와 국방국가

내선일체(內鮮一體) 직역봉공(職域奉公)을 힘써서 결국 무엇을 하려 하는가 하면 강령에 보이는 바와 같이 일억 동포가 협심 협력하여 국방국가를 완성하는 일이다.

국방국가는 무엇을 목표로 어떻게 구성되는가 함은 근대의 전쟁이 어떻게 하여 행해지는가 함을 검토하여 보지 않고는 안 된다. 즉 근대전은 문자 그대로 국가의 총력을 유기적으로 종합 발휘하여 한 골수가 되어 싸우는 것이다. 이것은 세별(細別)하면 골자로서의 무력전은 말할 것도 없이 전체의 지도력으로써 정치전, 일국의 내정 외교의 가부(可否)는 그것이 곧 운명을 좌우한다. 그 다음은 현실의 실력으로써의 경제전, 전후(戰後)의 결정요소로서의 사상전, 국민의 정신력의 문제이다.

그중에서 가장 무서운 것은 잠행독소(潛行毒素)로서의 사상전 학술전이다, 근대세계가 어느 의미에 있어 완전히 구미 제패에 돌아간 것은 전혀 물질지상주의 문명을 지어낸 서양과학 내지 구미사상의 만성적 피해이며, 그러면서도 쉽게 이것을 자각치 못하는 것은 이 중독의 결과에 다름 아니다. 신체제가 싸울 대상은 우선 자신의 태내에 있는 구미사상이다. 이러한 모양으로 근대전의 분야는 유형무형 모든 부면(部面)에 있어 행하여지는 것이므로 완전히 유기적으로 종합 통일된 총력전이 아니면 안 된다. 그리하여 국가의 전 기구를 일으켜 국방기구를 조직하고 운영하지 않으면 안 된다.

여기 국방이라 함은 단지 전투행위 또는 국토의 방비라 하는 소극적의 것이 아니고, 적극적으로 다른 부정을 벌하고 우리의 정의에 굴복케 하며, 또 벌하지 않고서 우리의 위력을 신뢰케 하며, 지도에 복종하여서 황국의 이상을 달성하며 생명을 발전케 하는 것이다. 국방 신체제의 정비라는 전쟁에 승리하는 준비임과 동시에, 전쟁하지 않고 승리하는 최고 국방이다. 즉 근대 총력전의 인식은 이리하여 국방의 의의 목적을 변화하였던 것이다.

근대 국방국가의 선편(先鞭)을 지은 것은 소련이다. 그는 세계적화 목적 수행 때문에 필연적으로 이를 안출(案出)하며 각종 국방 요소의 충실 정비에 대하여 전 국력을 경도하여 왔다. 제1차, 제2차, 제3차의 5개년 계획이라는 것은 전혀 이 때문이었다. 다만 긴요한 정신을 망각하고 인간을 물질화, 기계화하여 생활의 자연미(自然味)를 무시하였기 때문에 우리의 황도가족국가에서 보는 것 같은 강인성은 결여되어 있다.

그 다음 아메리카를 보면 그는 부력(富力)이 정히 세계 제일, 지구상의 금의 7할을 보유하며, 세계 최대의 채권국으로서 세계를 제 것같이 알고 지낸다. 자원은 풍부하며 과학은 진보하고, 문화는 발달하여 종교를 통하여 세계에 교화망(敎化網)을 벌이고 국방은 태평, 대서 양양(兩洋) 모두 안정되어 있음에 불구하고, 아직도 세계 제일의 해군 건설에 힘을 다하고 있다. 국방국가의 견지로써 보면 미국은 실로 각종의 요소에 혜택 받고 있다 할 것이다.

우리 대동아공영권이 확립되는 날이면 각종의 요소에 있어 그보다 우월할지언정 열등한 일이 없을 터인데, 이의 확립을 위협하는 것이 북린(北隣) 소련과 동쪽의 미국이다. 더욱 영국도 합세할 것으로 예상치 않을 수 없다. 공영권 내의 자수 치안(自守治安)을 확보하면서, 외부 이들 제국(諸國)에 대하여 불협위(不脅威), 불침략의 실력을 준비하여 그리하여 황도세계를 창조함에 족한 제 준비가 필요하다. 여기에 있어 국방 신일본의 건설이 절규되는 바이다.

78. 이돈화, 성전과 종교의 사명

■ 1941년 8월 30일~9월 2일 『매일신보』에서 연재된 이돈화(李敦化)의 글. 시국에 맞는 신체제 구축을 위한 종교단체의 역학과 조직화를 논하고 있다. 교회관념과 국체관념의 양립가능성을 지적하면서, 일본국체에 봉사하는 종교단체, 성전을 위한 적극

종교의 체제란 것은 개인 신앙의 문제가 아니요, 교회단체의 조직 운용을 이름이다. 개인 신앙은 원래가 형이상의 정신관념의 신앙으로서 인생 자기네의 본질적 문제이므로 그는 시공을 초월한 절대관념으로 볼 수 없다. 그러나 교회란 것은 비록 정신단체라 할지라도 역시 인간이 단결된 집단임으로써 사회 국가와 직접 관련을 가졌고 동시에 시국의 변천에 따라 그 운용방법이 달라질 것은 다

적인 행동, 일본국체 아래 종교연합 보국운동의 확립, 국가를 위한 시국적 고행 등을 주장한다.
■ 李敦化(1884~?) 천도교 신자이자 사상가로 이론확립과 보급에 힘썼던 인물. 또한 『개벽』의 창간에 참여하여 주간으로 일했으며, 그 외 『부인지』나 『신인간』의 창간에도 기여하였다.

른 단체와 상이될 것이 없다. 특히 현재와 같은 초비상 시국인 전시상태에 있어서는 시국과 상응되는 신체제가 성립되어야 할 것은 말할 필요도 없다.

전시라 말하면 그저 전쟁이 일어난 시국이라는 의미로 알 것이나, 그러나 같은 전시라 하더라도 전시 그것의 본질에 따라 시국의 의미가 크게 달라진다. 전쟁의 대소와 전쟁성의 선악 심천(深淺)에 의하여 과거에 지어 놓은 인류의 업적, 현재 우리가 가지고 활동하는 인류의 이상, 장래 우리에게 도달할 인류의 업보 등이 명확히 나타나는 것이다. 따라서 시국성의 경중이 달라진다. 그런데 현재 우리가 당하고 있는 이 전쟁이야말로 과거 어떤 전쟁보다도 의미가 깊고 이상이 큰 전시라는 것을 인식하는 데서 전시의 종교 신체제가 필요하게 된다.

전시종교의 신체제로서 무엇보다 먼저 생각할 것은 첫째가 국가와 교회의 관련 문제였다. 과거 종교의 관념으로 보면 그들이 흔히 말하는 바와 같이 종교는 국경이 없다 하여 교회로써 국가를 초월한 존재로 인정하고 종교단체로서의 국가에 대한 봉사 행위는 심히 박약하였다 하여도 과언이 아니다. 종교를 신앙하는 개인이 국민으로서의 진충보국(盡忠報國)은 있었다 할지라도 종교적 신념 교회적 체제 운용으로서의 보국행동은 박약하였다는 말이다. 그런데 이러한 관념은 어느덧 구시대에 속하는 구체제요, 금일의 시국에 적합한 신체제는 아니다. 오늘날 종교의 신체제는 교회는 국가를 초월한 교회가 아니요 국가 안에 있는 교회, 국가의 통제에 순응하여 국가에 봉사하는 교회란 것을 깊게 인식하여야 한다. 이것은 전체주의 국가 이상에서 필연적으로 발생되는 운명이다. 전체주의라는 것은 국가를 전적으로 국가의지에 발동에 의하여 통치한다는 뜻이라면 교회도 역시 국가의지의 전적 훈육 지도를 받지 않을 수 없는 것이다. 그러므로 오늘날 전체주의의 국가 쳐놓고 교회를 과거 자유시대와 같이 임의로 방임하여 둔 국가는 없다. 이것은 세계를 통한 보편적 사변이어니와 여기에 대하여 우리 일본 국민으로서 특히 생각할 일은 교회 관념과 국체 관념의 연결이다. 누구나 아는 사실이어니와 우리 일본은 종교적 국체이다. 일본을 신국이라 하여 역대 신신(神神)이 상전(相傳)하여온 신화적 사실(史實), 천황폐하는 현인신(現人神)이시라 국민은 천황폐하에 대하여 생존하신 신으로서 숭배하는 것 같은 진리는 오로지 일본에만 있는 신성한 국체도덕이었다. 이 황도정신이야말로 팔굉일우(八紘一宇)*의 광제만방(廣濟萬邦)을 할 만한 대덕량(大德量)을 가진 것이다. 이러한 국체정신은 어떠한 종교를 믿는 종교신앙에도 적합한 국체다. 일본의 국체는 자체가 여러 종교의 이상을 일이관지(一以貫之)한 현실적 이상임으로서다. 그러므로 다른 나라는 모르되 또는 전체주의 여하는 불구하고 일본에 관한 한 전시 부전시를 막론하고 각 교회가 교회 위에 공동으로 국체를

八紘一宇 『日本書紀』에 어원을 둔 말로 대동아전쟁의 슬로건으로 쓰여졌다. '전 세계를 일가로 한다는 뜻으로 풀이된다.

신대(信戴)하는 신체제를 가져야 한다.

둘째는 성전이란 명의와 종교 신체제에 대한 정신이다. 이상에 말함과 같이 전쟁성(戰爭性)에는 선악이 있다. 그 전쟁의 성질로 보아 악전도 있고 선전도 있다. 옛날 맹자는 탕무(湯武)가 걸주(桀紂)를 토벌한 전쟁을 "일노이안천하"(一怒而安天下)*라는 문구로써 찬양하였다. 전쟁 성질이 천하를 평안케 하는 전쟁이라면 그가 곧 성전인 것이다. 일지(日支)사변에 성전이라는 명의를 걸었다. 그는 일지사변적 전쟁 자체의 성질이 신성한 이상으로부터 나왔음으로서이다. 즉, 일지사변은 일지의 관계가 아니요, 동아신질서 건설, 동아의 공존공영의 대이상을 가진 까닭이다. 동아공영의 대업을 실행하는 데 있어서는 세 부득이 백인의 죄악적 세력을 구축한 후가 아니면 불가능한 일이다. 이것은 탕무가 걸주를 토벌한 전쟁에 비하여 일층 성전이며, 지상명령의 신의에서 나온 것이다. 만약 천고(千古) 전 맹자로서 이 성전을 본다면 왕도주의를 고창하던 구기(口氣)로써 수무족답(手舞足踏)*을 금치 못할 것이다. 그러므로 금일에 있어 최고선이라 할 것은 수백 년 래에 쌓아온 백인의 세계적 죄악을 토벌하는 것과 같은 지선(至善)은 없을 것이다. 하물며 팔굉일우의 황도정신의 발동으로써 만방 각득기소(各得其所)*케 하여 일노이안천하(一怒而安天下)한다는 대이상을 실현함이리오. 이러한 성전이야말로 종교단체가 솔선하여 그 완수를 기달(期達)하도록 노력하는 신체제가 서야 한다.

고래(古來) 종교가에서는 극도로 전쟁을 기피하고 평화를 기원하는 신조를 가졌다. 그는 종교의 본질로 보아 그러할 일이다. 그러나 이것 역시 구식의 체제에 구속된 사상이다. 원래 어느 종교든지 그 이상의 방면으로 본다면 지상천국의 이상을 가지지 않은 종교는 없을 것이다. 천국이란 말은 만방이 각각 그 자리를 얻고 만물이 각자 그 의(宜)를 얻는다는 평화 극락의 의의일 것이다. 이 의미에서 지상천국의 기원(祈願)은 실로 아름다운 일이다. 그러므로 우리는 지상천국의 이상이 그르다는 것이 아니요, 지상천국의 실현방법이 문제라는 것이다. 구식의 종교체제와 같이 천하의 악인이 다 악을 행하여 천하의 화란을 짓는다 할지라도, 이를 다만 기원의 한 행동으로만 제도(濟度)한다 하면 그보다 이상의 행복은 없을 것이다. 그러나 보라, 저 백인들이 기독의 천국 신조를 믿는다면서 오히려 천하의 화란을 지은 것은 그들이 종교의 미명을 빌어 가선(假善)을 행한 것이 명백하지 않은가. 그러므로 우리가 생각하는 종교의 신체제는 맹자가 탕무의 전쟁을 찬송함과 같이 그 전쟁 자체가 파사현정(破邪顯正)*의 성전이라면 천지 정기에 순응하여 살신성인(殺身成仁)의 충의를 발휘하여야 한다는 것이다. 인류를 위하여 지상천국의 실현을 위하여 성전의 완수를 기하여야 한다. 각 종

一怒而安天下 『孟子』 「梁惠王章 下篇」에 "一怒而安天下之民"이란 말이 세 차례 나온다. 탕무(湯武)가 걸주(桀紂)를 토벌한 것을 맹자가 높이 평가하면서 사용한 말.

手舞足踏 손이 덩실거리고 발이 들썩인다는 말로 자신도 모르게 기뻐하는 모습. 출처는 『孟子』 「離婁章 上篇」에 "樂則生矣 生則惡可已也 惡可已 則不知足之蹈之手之舞之"라는 말이 나옴.

各得其所 『漢書』 卷65 「東方朔傳」에 나오는 말. "『서경』에 이르기를, '한 곳에 치우치지 아니하고 무리를 짓지 아니하니 왕도는 넓고 넓도다'라고 했습니다. 이 두 가지 것은 오제께서 소중히 여기시고, 삼왕도 하기 어려워 한 일이었습니다. 폐하께서 이를 행하셨으니 이로써 사해의 만백성들이 각기 자기 자리를 얻으니 천하의 큰 다행입니다"[書曰 不偏不黨, 王道蕩蕩. 此二者, 五帝所重, 三王所難也. 陛下行之, 是以四海之內, 元元之民, 各得其所, 天下幸甚]. 제국일본의 세계질서상을 표현한 상투어였다.

破邪顯正 불교 용어. 부처의 가르침에 어긋나는 사악한 생각을 버리고 올바른 도리를 따른다는 뜻.

교의 구체제는 너무도 소극적인 감이 있다. "하라" 하는 말보다도 "말라" 하는 계명(誡命)이 많다. 그래서 종교 신자들은 정기(正氣)를 안으로 가두어 두는 미점(美點)이 있으나, 밖으로 발휘하는 의리가 적다. 정기를 안으로 가두어 두는 것은 기름을 땅에 파묻는 행위와 같다. 기름은 열을 내고 빛을 발하는 곳에 가치가 있는 것과 같이, 정기를 밖으로 발양하는 데서 인격이 나타난다. 이 점에서 금일 이후의 종교는 무엇보다도 정기의 교회가 필요할 줄로 생각한다. 수심(守心)의 교화에 짝하여 정기 발휘의 교화로써 정신적 신체제를 삼아야 한다. 더욱 전시생활에 있어 그러하다. 충, 효, 의, 열, 성(誠), 경(敬), 신(信) 등등의 실행은 정기의 발양에 의하여만 나오는 것이다. 즉 성전에 대한 직접 행동이 있어야 한다.

이상에 말한 국가와 교회 신체제, 성전의 의의와 교회 신체제는 정신적 관념 문제에 속한 것이나, 그러나 그 실현 여하에 있어서는 일대 변혁적 종교 신체제라 이를만한 근본문제이다. 그는 다만 전시 하에만 그렇게 될 문제가 아니요, 장래 세계 이상에 상응되는 체제라 보아도 과언이 아니다.

셋째로 전시체제와 상관되는 한 가지는 종교연합 보국운동이다. 이상에 말함과 같이 우리 황국신민으로의 종교 신자는 다른 나라와 특이한 국체를 가진 점에서 종교연합 보국운동이 쉽게 될 가능성이 충분하다. 각 종파가 신조와 의식 범절은 서로 다르다 할지라도 어느 파든지 공통히 신봉하는 국체 신앙은 동일하다. 즉 일본 국민은 각파 각이(各異)한 신앙을 가진 점은 다른 나라 국민과 다름이 없으되 국체신앙을 공통히 신봉하는 것은 세계에 그 예가 없는 미덕이 된다. 이 점이 일본국민의 미점이 되는 동시에 강점도 된다. 그러므로 현금과 같이 전시 국민으로서는 먼저 국체신앙의 점으로부터 일치단결하여 종교보국으로의 총력을 발휘하여야 한다. 즉, 각종 교파로부터 연합보국하는 신체제의 성립이 필요하다.

유래 각 종교의 교직자들은 타교에 대한 질투심이 강하였다. 마교(魔教) 이단이라는 별명 아래서 동일한 국민으로서 호상 구적시(仇敵視)하여 왔다. 이러한 비열한 심리는 동일한 국가 국민을 정신적으로 븐열 각립(各立)케 하여 이방과 이방인이 호상 대립한 감을 가지게 한다. 이러한 악폐가 일조(一朝) 국가 유사지추(有事之秋)에 이르게 되면 국민의 단결력을 방해케 하고 심하여는 동일한 국민 동포를 적 이상으로 모함하는 언어도단의 일도 없지 않다. 그 예는 다만 인도에서만 보는 일이 아니요, 고래 세계 각 민족의 사이에 왕왕히 있는 사실이다. 이러한 악습을 제 3자인 관자(觀者)로서 볼 때에는 필경 종교 그것을 의문시하게 되고 내지 배척하는 감정까지 이르게 된다. 인류의 문화가 높아짐에 따라 이 감정은 더욱 심하게 될 것은 사실이다. 이것이 종교 쇠퇴의 원인에 중대한 일인(一因)이 되고도 엄폐할 수 없는 일이다. 그러므로 금일 이후의 종교 신체제에 있어서는 만수일리(萬殊一理)*의 진원(眞源)을 서로 각오하여 각 종교가 피차 포용 통화(通化)하는 곳에 자타의 번영이 있을 것을 믿어야 한다. 만사 기회가 없지 않다. 종교 연합보국운동의 시기가 정녕 그때를 당한 것이다. 그 기회에 있어 각 종파는 일치단결하여 보국적 정신을 통일하는 곳에 일거양득으로 종교 자체의 근본적 신체제도 수립될 수 있다.

萬殊一理 우주 삼라만상이 결국은 한 이치로 돌아감.

넷째는 시국적 고행이다. 고행은 종교 수련의 일대 요항(要項)이다. 원래 종교가의 특색이란 것은 남 못하는 극기 고행을 도덕의 최고 수행으로 하는 데서 중생의 사표(師表)가 되고 선도자가 된다. 원래 종교가의 고행 목적은 내세에 두었다. 현생의 고행으로부터 내세의 행복을 얻는다는 신조가 그들로 하여금 극기 고행의 미덕을 가지게 한 동기였다. 이것은 종교 본질의 내세관으로 보아 당연한 일이다. 그런데 여기에 한 가지 생각할 것은 고행에는 소승적으로 독선기신(獨善其身)의 고행도 있고, 대승적으로 멸사봉공(滅私奉公)의 고행도 있다. 내가 말하는 멸사봉공의 고행이라는 것은 무엇이냐 하면 이미 고행을 할 바에는 독선기신의 고행을 하지 말고 적극적으로 일사일행(一事一行)이 국가를 위한 고행, 성전 완수를 위한 고행이 되어져야 한다는 뜻이다. 이 고행이야말로 진정으로 내세의 행복을 얻기를 도모하는 적덕(積德)이 되는 것이다. 왜 그러냐 하면 내생은 현생의 연장임으로서이다. 현생의 고행이 대승적이면 내세의 행복도 대승적으로 되어진다. 고행에 기회가 있고, 경우가 있다. 같은 고행이라 할지라도 오늘날과 같은 비상시국에 대한 고행은 대한(大旱)에 감우(甘雨)와 같은 효과가 있다. 성전 완수의 시국적 고행이야말로 대승적 고행이며 내세의 행복을 얻기를 도모하는 적덕의 고행이 된다.

79. 최남선, 나가자! 청년학도야

■ 최남선이 『매일신보』 1943년 11월 20일자에 실은 글로, 대동아전쟁을 성전(聖戰)으로 묘사하며 총력전체제에 따라 학도병지원을 촉구하는 글이다. 전쟁에 참여하는 것도 일종의 '학문'이며 대동아건설, 인류해방을 위한 '거룩한 싸움'에 나아갈 것을 주장하고 있다. 특히 조선인으로서는 신라 고구려의 무용(武勇)을 찾아

제군 때는 왔다

청년학도 제군! 역사 있은 이래의 성전인 금번의 대동아전쟁은 지금 바야흐로 결전단계에 들어가서 마침내 우리 청년학도들의 출진을 요망하게 된 것이다. 청년다운 정열과 학도로서의 예지(叡智)를 쏟아서 우리들이 독특한 공헌을 이 세기적 성업에 이바지하게 됨은 실로 남자로서 태어난 보람이 있는 감격이 아닐 수 없다고 생각한다. 나는 경성을 출발할 때에 내지 방면에서 특별지원병의

내 '잃어버린 마음의 고향'을 발견할 수 있을 것'이라 설명하고 있다.
■ 崔南善(1890~1957) 서울 출신. 1906년 와세다대학 지리역사과에 입학하였으나 그해 자퇴한 후 귀국하여 신문관(新文館) 설립. 『소년』, 『청춘』 등 창간. 3·1독립선언문을 기초하고 민족대표 48인 중 한 사람으로 체포됨. 이후 『동명』, 『시대일보』 창간. 1938년 조선총독부 중추원 참의. 1939년 건국대학 교수 역임. 친일반민족행위로 기소되어 1949년 수감되었으나 병보석으로 풀려남.

眉宇 이마의 눈썹 언저리.
춘추에 의전이 없다 춘추무의전(春秋無義戰). 『孟子』 「盡心章 下篇」에서 인용되고 있다. "『춘추』에는 의로운 전쟁은 없고, 저것이 이것보다 나은 경우는 있다. 정벌이란 본래 윗사람(천자)이 아랫사람(제후)을 치는 것이니, 대등한 나라끼리는 서로 정벌할 수 없는 것이다."

반응이 그다지 예민하지 못하다는 소문을 약간 들었으므로 속으로는 기우(杞憂)를 품고서 내지에 온 바이나 직접 이곳에 와서 학도 제군의 열렬한 지원의 모양을 내 눈으로 살피고 또 이제 늠름한 자태의 제군과 자리를 함께하고 지금이라도 곧 펜 대신에 총검을 잡고 대장부의 떳떳한 본뜻을 이루겠다는 결의가 제군의 미우(眉宇)*에 역력히 나타나고 있음을 바라볼 때 감격에 눈자위가 시큼해짐을 금할 수 없다.

제군! 옛 말에 춘추(春秋)에 의전(義戰)이 없다는 것*이 있으나, 진실로 정의의 싸움이라는 것은 중국의 춘추시대뿐만 아니라 동서와 고금을 통틀어 놓고 어떠한 전쟁 역사에서라도 그다지 많이 발견할 수 없는 것으로서, 대부분의 전쟁은 이욕(利慾)과 야심이 엉키어서 빚어지는 것이라 하여도 지나친 말은 아니다. 그러나 이번의 대동아전쟁은 철두철미의 대의(大義)를 세계에 베풀기 위한 신무천병(神武千兵)으로 팔굉(八紘)을 구석구석까지 비추는 따뜻한 태양의 빛은 지금 중국에서 버마에 이르고 필리핀에서 인도에 이르러 만 나라의 억조 민중이 모두 이 빛을 우러러보고 찬탄하지 않는 이가 없다.

세계에 있는 모든 불합리스러운 상태를 이치에 맞도록 인도하고 모든 압박자들에게 해방과 발전의 기회를 주어 함께 살고 함께 영화스럽게 살아나간다는 것을 목표로 하는 이번 전쟁을 의전(義戰)-성전(聖戰)이라고 하지 않고 무엇이라고 할 것인가. 이 빛나는 성전은 멀리 떨어진 곳의 다른 일이 아니고 실로 우리들의 집안일이며 더욱이 우리 청년학도들의 출진으로 말미암아 일대 추진을 보이려는 단계에 이르렀다.

중대의무를 알라

銃後 전장에 직접 나가지 않은 일반민중들의 생활공간 또한 전장과 동떨어진 곳이 아니라는 어감으로 전쟁기에 사용되었다.

제군! 오늘의 전쟁이 그 형식에 있어서나 또는 그 내용에 있어서 옛날의 전쟁과는 달라서 소위 국민개병(皆兵)에 의한 총력전, 전체전(全體戰)임은 새삼스러이 말할 여지조차 없다. 물론 아래 위로는 계급이 없고 옆으로는 아무 장벽이 없으며 전선과 총후(銃後)*의 구별조차 없다. 정말로 나라를 들어 한 덩어리의 불길이 되어 있는 힘을 오로지 바치는 싸움이다. 이때에 청년학도들은 두 어깨에 짊어진 특별한 의무와 책임을 잊어서는 안 된다. 청년은 어떤 시대와 사회에 있어서도 그 중심이고 추진력이 되는 것이되 특히 역사의 전환기에 있어서는 더욱 그러하다. 그중에도 순정에 불타고 이상에 빛나며 그것을 실천에 옮길 만한 꿋꿋한 힘을 가진 학도는 더욱이 중심 중의 중심이 되지 않을 수 없다. 지금 우리들 눈앞에 닥쳐 온 세계사의 일대 변환은 전 국민이 전 능력을 모두 바쳐야 할 것으로, 특히 청년학도들에게 보내어지는 기대는 말할 수 없이 큰 것이 있다. 그것은 청년들의 힘찬 두 어깨가 아니고서는 도저히 메어지지 못할 무거운 책무이기 때문이다. 학도의 예리한 예지를 빌지 않고서는 창조할 수 없는 도의문화(道義文化)이기 때문이다.

이 세계사적으로 보아 당연한 필연의 추진력을 자각할 때 피 끓는 듯한 용기가 가슴속으로부터 솟아오름을 금할 수 없을 것이다.

제군! 인생은 원래 가는 곳마다 학교이며 가는 곳마다 전쟁이다. 학창에서 진리 탐구에 정진하는 것도 일종의 전투일 것이며 전장에서 진리를 체험하는 것도, 또한 일종의 학문일 것이다. 대의에 산다는 점에서는 학교나 전진(戰陣)이나 다 같이 인생도장이다. 전선(戰線)과 총후를 구별할 수 없는 오늘날 전장은 곧 학교의 연장임은 당연하다. 공리공론에 뜬 관념의 세계보다도 더욱 철저하고 단적인 학문의 장소를, 전진에서 비로소 우리는 볼 수 있을 것이다. 인생에 있어 학문은 요컨댄 출발점에 지나지 않고 학문에서 얻은 진리를 행동으로 나타내는 동시에 가치 있게 행동하는 것이야말로 우리의 목표가 아니면 안 된다. 그런데 현재 우리는 행동이 곧 학문이라는 사실을 싫든 좋든 간에 몸소 인식해야 할 때를 당하였다. 주저하며 회의할 것이 아니라 용감하게 나아가 이 관문을 돌파해야 할 것이다. 국난을 당하여 또는 역사의 전환기에 처하여 청년학도가 용약 출진하는 장렬한 자태는 역사상에서 많이 볼 수 있는 것으로서 반드시 우리에게 한한 것만도 아니다. 신라(新羅)시대의 화랑(花郎)들이 강적을 앞뒤에 두고서 통일의 대업을 향하여 매진 분투하는 광경이라든가, 보불전쟁 때에 프러시아의 청년학도들이 맨 먼저 일어서 숙적(宿敵)을 쳐부수려고 돌진하는 광경 등 천재일우의 기회를 타고 출진하는 장렬한 의기는 대의에 사는 제군이 평소부터 찬탄흠모하였을 것이라고 나는 생각한다. 그런데 신라나 프러시아의 청년들이 당한 그것보다도 더욱 광영 있는 일대 기회가 우리 앞에 전개되고 있는 것이다.

용감활발하게

옛날의 용사는 "인생은 모름지기 마혁(馬革)으로써 시체를 덮을 것이지 어찌 헛되이 아녀자의 손에 죽을 것이냐"* 하고 말하였다.

유명한 학자나 또 시인 가운데는 중원환축록(中原還逐鹿) 투필사융헌(投筆事戎軒)*이라고도 말하였다. 비상 시대에 태어나 불꽃 날리는 의(義)와 진리(眞理)와의 싸움 한가운데 한 몸을 던져 끝까지 용전감투(勇戰敢鬪)하는 것이야말로 사나이로서의 본회(本懷) 이 위에 더할 것이 있을 것인가. 야심가 때문의 싸움, 침략주의 때문의 싸움에 나아가는 것조차 사나이의 자랑이라고 한 자에 비하여 대동아의 건설, 전(全)인류의 해방주의와 신념과 이상을 살리려는 거룩한 싸움

인생은 모름지기~죽을 것이냐 『후한서』에 나오는 말로, "사나이는 마땅히 변방 싸움터에서 죽어야만 한다. 말가죽으로 시체를 싸서[馬革裹尸] 돌아와 장사를 지낼 뿐이다. 어찌 침대 위에 누워 여자의 시중을 받으며 죽을 수 있겠는가?"[男兒要當死於邊野, 以馬革裹屍還葬耳, 何能臥牀上在兒女子手中邪?]라고 나와 있다.

中原還逐鹿 投筆事戎軒 중국에서 수나라가 무너지고 당나라가

일어설 무렵, 위징(魏徵, 579?~643)이라는 시인의 '술회'(述懷)라는 시에 나오는 대목. "중원에서 천하쟁탈전이 또 벌어졌구나"[中原還逐鹿]. 붓을 던져버리고 싸움터에 나서야겠노라"[投筆事戎軒]는 뜻.

에 나아가는 것조차 사나이의 자랑이라고 한 자에 비하여 대동아의 건설, 전 인류의 해방주의와 신념과 이상을 살리려는 거룩한 싸움에 나아가는 이 마당이야 이 얼마나 쾌심사이냐. 아니, 이 얼마나 큰 인생의 행복일 것이냐. 이로써 작은 한 몸을 가지고 천황폐하의 방패가 되고 세계 재건의 기초가 되고 다시 돌이켜 생각하여 보면 삶으로서 가장 의의 있이 죽을 때 그 죽는 장소를 차지할 수가 있는 것이다. 그 어느 것이나 모두 우리들을 븐기(奮起)시킴에 족할 만치 사는 길이 아닐까 보냐. 이러한 성대(聖代)에 태어난 은혜를 헛되이 하지 않는 곳에 나에게 살고 먹을 권위가 있고 창조의 진화가 있을 것이다.

제군! 우리들이 대동아전쟁의 진두에 섬은 물론 일븐 국민으 충의성(忠義性)에 투철하기 위해서이지만 다시 우리 조선 사람의 입장으로서 본다견 도 하나의 간절한 기대가 여기에 숨어 있는 것이다. 그것은 우리들이 잃어버린 '마음의 고향'을 발견하는 것이요, 잠자는 혼을 깨우쳐 우리들 본연의 자태로 돌아가는 길이다.

그리하여 오랜 동안 나약한 일에 더럽힌 남루를 벗어 던지고 '의'에 살고 '의'에 죽고 '용'(勇)에 일어서고 '용'에 넘어짐을 제일로 한 우리들의 그 전 모습을 찾아내는 길이다. 가마쿠라(鎌倉)* 무사들과 함께 세계 역사상에 무사도(武士道)의 쌍벽이라고 일컬어 온바 고구려무사(高句麗武士), 신라무사(新羅武士)의 무용성(武勇性)을 찾아내어 그 씩씩한 전통을 우리들의 생활 원리로 하고 우리들의 정신적 부활을 꾀하는 것이 오랜 동안 우리들에게 요망되어 오던 바, 그 절호한 기회가 대동아의 전장에 그 특별지원병으로서의 용맹한 출진에 의하여 발견되는 것을 나는 통감하는 바이다. (중략)

鎌倉 1192년에 일본의 미나모토노 요리토모(源頼朝)가 가마쿠라에 설치한, 일본 최초의 무인 집권 정부.

용약(勇躍)출정하자

제군! 대동아의 성전은 이름 비록 동아이지마는 이는 실로 신시대 신문화의 창조운동이며 세계 역사의 개조이다. 바라건대 일본 국민으로서의 층성과 조선 남아의 의기를 발휘하여 부여된 광영의 이 기회에 분발 용약하여 한 사람도 빠짐없이 출진하기를 바라는 바이다.

80. 백낙준, 영원히 광망 뻗도록

■ 1943년 12월 6일에 『매일신보』에 게재된 백낙준(조선야소교서회 편집총무)의 글. 도의와

광고무비(曠古無比)*의 성전인 대동아전이 일어난 지 어언간* 만 2주년을 맞이하게 되었다.

그동안 날과 달을 거듭할수록 더욱 감개 깊이 생각되는 것은 이 싸움이 가진 도의적인 성격과 위대한 이상이다. 인류 역사상 고금을 통하여 수많은 싸움과 투쟁이 있었고 동서를 통하여 민족의 흥망성쇠는 주마등처럼 번거로웠으나 이렇게 숭고하고 위대하고 엄숙한 한낱의 전쟁을 가진 적은 없었다. 이제야 바야흐로 대동아의 해방은 일단락을 짓고 뒤이어 부흥의 찬연한 건설이 힘차게 이루어지고 있는 것을 눈앞에 볼 때 우리는 다시 한 번 이 싸움이 가진 숭엄한 이념에 옷깃을 바로잡지 않을 수 없다.

그러나 성전 제3년을 맞이하는 오늘도 전국은 적의 사명(死命)을 좌우하는 거점을 모두 제압하였다고는 하나 아직 가열한 양상으로 혈전이 거듭되고 있고, 또한 미영(美英)은 소위 '인도'(人道)로써 우리의 '도의'에 대항하려고 하며 '세계평화'의 이름 아래 우리의 '대동아건설'에 대하여 필사의 반공(反攻)을 꾀하며 세계지배의 구질서를 버리려고 하지 않는다. 그들은 아직도 '세계평화'를 고창하며 동아공영권 건설을 무력적 정복이라고 한다. 마침내 대동아전쟁은 개전 제 3년을 맞이하여 도의와 소위 인도, 동아공영과 소위 세계평화의 싸움으로 진전되는 느낌이 있다. 그러나 미영이 역사의 무대에 오른 후 오늘까지 그들의 발자취가 지나는 곳마다 기아 착취 살육이 끊이지 않았던 과거의 역사를 냉정히 생각하여 볼 때 그들이 외치는 '인도'와 '세계평화'의 정체가 과연 무엇인가를 알 수 있다.

160수년 전까지는 대서양안(岸)에 있던 한 영국 식민지에 불과하였던 미국이 금일 세계 제일을 자랑하는 횡재와 졸부를 쌓아올리고, 또한 16세기 이전에는 구라파 일단(一端)의 무명의 도국(島國)에 지나지 않았던 영국이 근근 300년 동안에 아프리카를 필두로 아메리카 호주(濠洲) 아시아의 제(諸)대륙에 걸쳐 광표(廣表) 4천만 평방킬로미터를 넘는 영토를 차례로 훔쳐 금일과 같이 비대한 제국을 이루기까지의 역사는 책모와 죄악과 악학비도(惡虐非道)의 연속이 아니고 무엇이었던가.

영국의 해외 발전은 해적 행위로 개시되었다. 인도를 부르짖는 미국의 건국은 원주민의 학살과 흑인의 고혈로써 이루어졌다. 영국인은 대서양을 무대로 하여 서반아(西班牙)의 상선을 습격하여 재보를 약탈하고 혹은 무고한 아프리카 토인의 노예무역으로써 해외 발전의 길을 열었으며, 미국인은 원주민인 '아메리카 인디언'을 멸종한 후 노예로 사들인 흑인과 동양서 수입한 쿨리[苦力]* 로써 금일의 부영(富榮)을 이룬 것이다.

그러나 그들의 이들 흑인과 동양인에 대한 취급은 동물에 대한 그것이었다. 자기의 이익과 행복을 위하여 모든 것을 바쳐온 종족에게도 '일이 끝나면' 총부

대동아건설을 내세우는 일본에 대해 인도와 세계평화를 내세워서 일본의 침략행위를 비난하는 영국과 미국을 비판하고, 미국과 영국의 인종적 침략의 역사를 역설, 이에 종지부를 찍는 사명을 대동아전쟁의 의의로 부각시키고 있다.

■ 백낙준(1895~1985) 교육자, 종교가, 정치가. 미국에 유학하여 역사학, 신학을 배웠으며, 1927년 예일대학에서 박사학위를 받았다. 귀국 후 연희전문학교 교수로 재직하였고, 1939년에 일제에 연행되어 사직한 채로 광복을 맞았다.

曠古無比 전례 없는.

어언간 알지 못하는 동안에 어느덧.

쿨리 2차세계대전 이전 서구에서 활동한 중국과 인도의 하층 노동자를 칭하는 말.

리를 돌리는 그들이다. 제1차 세계대전에서는 40만의 흑인군대가 미국 측에 가담하여 서부전선에서 혁혁(赫赫)한 무훈을 세웠다. 그러나 일단 평화가 돌아와 파리에서 개선식이 거행될 때에는 간절한 청원이 있었음에도 불구하고 그 참가를 총검으로 준거(峻拒)*하였다.

峻拒 요구나 요청 따위를 엄정한 태도로 거절함.
好餌 좋은 미끼.

이것이 미국의 인도(人道)이다. 같은 때 영국은 '자치제'라는 호이(好餌)*로써 인도를 전쟁 가운데 끌어들였다. 인도는 영국을 위하여 1억 3천만 파운드의 전비(戰費)를 부담하고 3억 파운드의 물자를 공급하고 그 위에 134만의 인도병을 전선으로 보냈다. 당시에는 '간디'도 인도의 자치를 획득할 수 있으리라고 장정의 징모와 의용군 조직에 갖은 힘을 다 썼다. 그러나 일단 전쟁이 끝난 후 인도에 돌아온 것은 무엇이었던가. 전시치안유지법의 연기 인도인 민중의 학살, 국민파의 탄압이었다. 이것이 영국이 말하는 인도(人道)인 것이다.

그들의 역사는 이와 같은 기만과 착취 강탈의 역사이었다. 다침내 그들의 잔학성은 지나에 대한 아편전쟁으로써 여실히 나타났다. 19세기 초두 노예무역으로 아프리카를 멸망케 하고 인도의 곡창(穀倉)을 황폐케 한 탐람(貪婪)*한 영국은 인도에서 다량으로 나는 아편을 지나에 팔아 폭리를 취하려 하였다. 4억의 지나인을 육체적으로 정신적으로 무력화(無力化)하게 하고 정치적으로 반식민지화하게 한 것은 영국이 팔아먹은 아편의 마력이었다. 영제국의 깃발 아래 당당히 지나로 밀수입된 아편은 인도 '캘커타' 시장 시가의 2배로 팔려 탐공(貪功)*한 영국의 배를 불렸으나 아편 흡음(吸飮)의 악습은 지나 전토에 만연하여 지나인의 심신을 좀먹고 이로 인한 은(銀)의 유출은 지나에 물가고를 일으켜 민생을 도탄에 빠지게 하였다. 그러나 어디까지나 악착한 영국은 아편 금절(禁絶)을 단행한 청국에 대하여 영국 상인의 불법 감시의 목적 아래 전단을 열고 그 결과는 1842년 8월 영함 콘월리스(Cornwallis)호 위에서 굴욕적 불평등조약인 난징조약(南京條約)을 맺게 하였다. 이것이 얼다나 죄악의 전쟁이었던가는 영국인 자신인 윌리엄 글래드스턴(William Ewart Gladstone)도 "나는 아직까지 이렇게 불법한 원인의 전쟁, 싸우는 그 자체가 영국의 명예를 더럽히는 전쟁이 세계 역사상에 있었다는 말을 들은 적이 없다"고 말하게 하였다.

貪婪 몹시 욕심 많은.

貪功 貪天之功. 하늘의 공을 탐한다는 뜻으로, 남의 공을 도용함을 비유하여 이르는 말. 출전은 『春秋左氏傳』.

영국이 아편전쟁으로 지나와 난징조약을 맺어 지나를 좀먹기 시작하자 동류인 미국 도한 침략의 촉수를 벌려 1844년 지나를 위협하여 영국의 난징조약과 같은 조약을 체결하였다. 소위 망하조약(望廈條約)*이 그것이다. 그러나 지나를 본격적으로 침략하기 위하여서는 태평양 횡단의 중간 기항지가 필요하였다. 이 기항지로서 미국이 노린 것이 일본이었다. 이리하여 1853년 6월 미국의 '페리'는 군함 4척으로 우라가(浦賀)시에 내항하고 다음해에는 7척의 군함을 이끌고 가나가와(神奈川) 근해에 나타나 드디어 하코다테(函館)를 개항케 하고 신수(薪水)*·식료·석탄을 공급케 하였다. 금일 일본에 개화를 가져온 은인처럼 내세우는 '페리'도 가면을 벗기면 침략자에 지나지 않는다.

望廈條約 1844년 7월 마카오 부근의 망하촌(望廈村)에서 체결된 미국과 청나라 간의 불평등 조약. 외국 선박에 의한 연안 무역의 허용 및 영사 재판권의 보장등을 주된 내용으로 하고 있어 중국을 시장화할 시틀을 마련하였음.

薪水 장작과 물.

기항지를 얻고 필리핀[比島]을 점령한 미국은 본격적으로 지나 대륙을 침범하기 시작하였다. 그러나 이때에는 벌써 지나의 요지는 전부 열강의 손아귀에 들어가 있었다. 이에 미 국무장관 존 헤이는 저 유명한 '문호개방'(門戶開放)을 선언하였다. 이 선언은 열국에 대하여 지나의 통상은 배타주의를 취하지 않고 각국의 기회균등을 요구한 것이었다. 일견할 때 극히 신사적인 원칙인 듯하나 실상은 늦게 출발한 미국이 지나 침략의 동등권을 주장한 교묘한 기만정책이었던 것이다.

그러나 이와 같은 탐욕 착취 침략에 종지부를 찍을 때는 왔다. 이를 미·영으로 하여금 저 제2의 카르타고와 로마 제국의 말로를 밟게 할 때는 정히 이때이다. 이들의 동아에 대한 야망을 영원히 분쇄하고 새롭고 평화한 동아를 건설하려는 대동아는 지금 힘차게 진전하고 있다. 새동아의 새벽은 환히 밝아온다. 신지나의 탄생, 필리핀[比島]·버마의 독립, 말레이 난령(蘭領)인도의 해방, 인도 가정부의 수립 등 일련의 사실은 미영의 최후를 힘차게 증(證)하고 있다. 이것이야말로 영원히 그 광망(光芒)*을 발할 대동아전쟁이 가지는 역사적인 사명이다.

光芒 빛줄기.

☞ [참고] 국민정신총동원 실시요강

국민정신총동원 실시요강 쇼와(昭和) 12년 8월 24일 각의결정

■ 일본정부는 중일전쟁 발발 직후인 1937년 8월 24일에 '국민정신총동원 실시요강'을 시행, 전시동원체제의 구축을 본격화하면서 전쟁에 대한 민중의 자발적 참여를 요구하였다. 이어서 1938년 4월 1일에는 '국가총동원법'을 제정하였다. 원문 출전은 石川準吉, 『國家總動員史』 資料編 第4(國家總動員刊行會, 1976), pp.452-453.

1. 취지

거국일치, 견인불발(堅忍不拔)의 정신으로 현하(現下)의 시국에 대처하는 동시에 향후 지속해야 할 시한(時艱)을 극복하고 더욱더 황운(皇運)을 부익(扶翼)하여 받들기 위해 차제(此際)에 시국에 관한 선전방책 및 국민교화운동방책의 실시로서 관민일체가 되어 일대 국민운동을 일으키고자 한다.

2. 명칭

'국민정신총동원'

3. 지도방침

(1) '거국일치' '진충보국'(盡忠報國)의 정신을 공고히 하고, 사태가 어떻게 전개되고 얼마나 장기간에 걸치더라도 '견인지구'(堅忍持久)하여 모든 곤란을 타개하고 소기(所期)의 목적을 관철하도록 국민의 결의를 굳게 할 것.

(2) 위와 같은 국민의 결의는 실천에 의해 구현케 할 것.

(3) 지도의 세목(細目)은 사상전, 선전전, 경제전, 국력전의 견지에서 판단하고, 수시로 이를 정하여 전 국민으로 하여금 국책 수행을 추진하도록 할 것.

(4) 실시에 즈음해서는 대상이 되어야 할 사람, 시기 및 지방의 정황을 고려하여 가장 적당한 실시계획을 정할 것.

4. 실시기관

(1) 본 운동은 정보위원회, 내무성 및 문부성을 계획 주무청(主務廳)으로 하고 각 성(省)이 총동원하여 그 실시에 임할 것.

(2) 본 운동의 취지를 달성하기 위해 중앙에 민간 각 방면의 유력한 단체를 망라하는 외곽(外廓) 단체를 결성하도록 도모할 것.

(3) 도부현(道府縣)에서는 지방장관을 중심으로 관민합동의 지방실행위원회를 조직할 것.

(4) 시정촌(市町村)에서는 시정촌장이 중심이 되어 각종 단체 등을 종합적으로 총동원하고 나아가 부락정내(部落町內) 또는 직장을 단위로 하여 그 실행에 임하게 할 것.

5. 실시방법

(1) 내각 및 각 성(省)은 각각 소관하는 사무 및 시설에 관련해서 실행할 것.

(2) 널리 내각 및 각 성(省) 관계단체를 동원하여 각각의 사업에 관련해서 적당한 협력을 이루게 할 것.

(3) 도부현(道府縣)에서는 지방실행위원회와 협력하여 구체적 실시계획을 수립 실시할 것.

(4) 시정촌(市町村)에서는 종합적으로 또는 부락과 정내(町內)마다 실시계획을 수립하여 그 실행에 힘써 각 가정에 이르기까지 삼투(滲透)시킬 것.

(5) 회사, 은행, 공장, 상점 등의 직장에서는 각 책임자가 실시계획을 수립하고 실행할 것.

(6) 각종 언어기관에 대해서는 본 운동의 취지를 간담하고 적극적 협력을 요구할 것.

(7) 라디오의 이용을 꾀할 것.

(8) 문예, 음악, 연예, 영화 등 관계자의 협력을 구할 것.

6. 실시상의 주의

(1) 본 운동은 실천을 취지로 하고 국민생활의 현실에 삼투시킬 것.

(2) 종래 도시의 지식계급에 대해서는 철저하지 못한 감이 있어 이 점에 유의할 것.

(3) 사회의 지도적 지위에 있는 자에 대해 솔선궁행(率先躬行)을 요구할 것.

☞ [참고] '동아신질서' 정부성명

바야흐로 폐하의 능위에 의해 제국육해군은 능히 광둥(廣東), 우한(武漢) 삼진(三鎭)*을 공략해서 지나의 요역(要域)을 감정(勘定)*하였다. 국민정부는 이미 지방의 한 정권에 불과하다. 그럼에도 국민정부에서 항일용공(抗日容共) 정책을 고집하는 한, 제국은 이들의 궤멸(潰滅)을 보기 전까지는 결코 싸움을 그만두지 않을 것이다. 제국이 기구(冀求)*하는 바는 동아영원의 안정을 확보하기 위한 신질서의 건설에 있다. 이번 정전(征戰)의 궁극적인 목적 또한 이에 있다.

이 신질서 건설은 일만지(日滿支) 삼국이 서로 제휴하고 정치, 경제, 문화 등 각반에 걸쳐 호조연환(互助連環)의 관계를 수립함을 근간으로 하고, 동아에서 국제주의의 확립, 공동방공의 달성, 신문화의 창조, 경제결합의 실현을 기약함에 있다. 이것이 실로 동아를 안정시키고 세계의 진운(進運)에 기여하는 까닭이다.

제국이 지나에 바라는 바는 이 동아신질서 건설의 임무를 분담하게 하려는 데 있다. 제국은 지나 국민이 능히 우리의 진의를 이해하고 그럼으로써 제국의 협력에 응하기를 기대한다. 물론 국민정부라 하더라도 종래의 지도정책을 일척(一擲)하고, 그 인적 구성을 개체(改替)하고, 갱생의 실질을 거두어 신질서의 건설에 참여한다면 굳이 이를 거부하는 바가 아니다.

제국은 열강 또한 제국의 의도를 정확히 인식하고 동아의 새로운 조치에 적응할 것을 믿어 의심치 않다. 그중에서도 특히 맹방제국(盟邦諸國)에 대해서는 종래의 후의(厚誼)가 많다는 것을 깊이 생각하는 바이다.

생각건대 동아에 있어서의 신질서의 건설은 우리 조국(肇國)의 정신에 연원하며, 이의 완성은 현대 일본국민에 부과된 영광스러운 책무이다. 제국은 필요한 국내 제반의 개신을 단행하고 더욱더 국가총력의 확충을 도모하고, 만난(万難)을 배제하고 그 일의 달성에 매진해야만 한다. 이에 정부는 제국의 부동한 방침과 결의를 성명한다.

■ 이른바 '제2차 고노에 성명'으로 알려진 '동아신질서' 성명(1938.11.3.). 중일전쟁이 지속되자 일본정부는 중국의 국민당 정권과 대립했지만, 이 성명에서는 만약 종래의 정책과 인적 구성을 개선한다면 국민정부라도 거부하지 않겠다는 의사를 밝히고 있다. 이에 따라 국민당내 반공파 왕조명과의 제휴가 이루어졌지만, 곧 실패로 돌아가면서 전쟁을 수습할 방도를 상실해 갔다. 출전은 外務省 編, 『日本外交年表竝主要文書 下』, 401쪽.

三鎭 우창(武昌), 한커우(漢口), 한양(漢陽) 3곳을 일컬음.
勘定 헤아려 정함.
冀求 바라고 요구하는 바. 희구(希求)로 풀이됨.

☞ [참고] 기본국책요강

쇼와(昭和) 15년 7월 26일 각의결정

세계는 바야흐로 역사적 일대 전기(轉機)를 맞이하여 몇 개의 국가군(國家群)의 생성발전을 기조로 하는 새로운 정치, 경제, 문화의 창성을 목도하고 있으며, 황국 또한 유사 이래의 대시련에 직면하고 있다. 이 가을을 맞이하여 진심으로 조국(肇國)의 대정신에 기초한 황국의 국시(國是)를 완수하려면, 이와 같

■ 1940년 7월 26일 일본은 각의에서 '기본국책요강'을 결정하였다. 그중 '근본방침'에서는 일본, 만주, 중국의 제휴를 근간으로 한 대동아신질서의 건설, '국방 및 외교'에서는 국방국가체제의 확립과 중일전쟁의 완수, '국내태세의 쇄신'에서는 국체본의

의 교육쇄신과 신정치체제의 확립, 일본, 만주, 중국을 중심으로 한 경제권의 확립, 국민생활의 관리 등이 명기되었다. 출전은 外務省 編, 『日本外交年表竝主要文書 下』, 436-437쪽.

은 세계사적 발전의 필연적 동향을 파악하고 서정백반(庶政百般)에 걸쳐 속히 근본적 쇄신을 가하고 만난(万難)을 배제하여 국방국가체제의 완성에 매진할 것을 각하(刻下)의 긴요한 요무로 한다. 그리하여 기본국책의 대강을 책정함이 다음과 같다.

기본국책요강

하나. 근본방침

황국의 국시는 팔굉을 일우로 하는 조국(肇國)의 대정신에 기초하여 세계평화의 확립을 초래함을 근본으로 하고, 우선 황국을 핵심으로 해서 일만지(日滿支)의 강고한 결합을 근간으로 하는 대동아의 신질서를 건설하는 데 있다. 이를 위해 황국 스스로 속히 새로운 사태에 즉응하는 불발(不抜)의 국가태세를 확립하고 국가의 총력을 다해 상기한 국시의 구현에 매진한다.

둘. 국방 및 외교

황국 내외의 새로운 정세에 비추어 국가총력을 발휘한 국방국가치제를 기조로 하고 국시 수행에 유감없는 군비를 충실히 한다.

황국의 현하 외교는 대동아의 신질서 건설을 근간으로 하고 우선 그 중심을 지나사변의 완수에 두고 국제적 대변국(大變局)을 달관하고, 건설적이고도 탄력성이 풍부한 시책을 강구함으로써 황국 국운의 진전을 기한다.

셋. 국내태세의 쇄신

우리나라 내정의 급무는 국체의 본의에 기초하여 제정(諸政)을 일신하고 국방국가체제의 기초를 확립하는 데 있다. 이를 위해 다음 제건(諸件)의 실현을 기약한다.

1. 국체의 본의에 투철한 교학(教學)의 쇄신과 더불어 자아 공리 사상을 배제하고, 국가봉사의 관념을 제일의(第一義)로 하는 국민도덕을 확립한다. 또한 과학적 정신의 진흥을 기한다.
2. 강력한 신(新)정치체제를 확립하고 국정의 총합적 통일을 도모한다.
   가. 관민협력일치 각각 그 직역(職域)에 응하여 국가에 봉공하는 것을 기조로 하는 신국민조직의 확립.
   나. 신정치체제에 즉응할 수 있는 의회제도의 개혁.
   다. 행정의 운용에 근본적 쇄신을 가하고 이의 통일과 민활(敏活)을 목표로 하는 관장(官場)* 신태세의 확립.
3. 황국을 중심으로 하는 일만지(日滿支) 삼국경제의 자주적 건설을 기조로 하고 국방경제의 근기(根基)를 확립한다.
   가. 일만지를 일환(一環)으로 하고 대동아를 포용하는 황국의 자급자족 경

官場 정계.

제정책의 확립.

나. 관민협력에 의한 계획경제의 수행, 특히 주요 물질의 생산, 배급, 소비를 관통하는 일원적 통제기구의 정비.

다. 총합경제력의 발전을 목표로 하는 재정계획의 확립 및 금융통제의 강화.

라. 세계 신정세에 대응하는 무역정책의 쇄신.

마. 국민생활의 필수물자, 특히 주요 식량의 자급방책의 확립.

바. 중요 산업, 특히 중화학공업 및 기계공업의 획기적 발전.

사. 과학의 획기적 진흥 및 생산의 합리화.

아. 내외의 신정세에 대응하는 교통운수시설의 정비확충.

자. 일만지(日滿支)를 통한 총합국력의 발전을 목표로 하는 국토개발 계획의 확립.

4. 국시수행의 원동력인 국민의 자질, 체력의 향상 및 인구증가에 관한 항구적 방책, 특히 농업 및 농가의 안정발전에 관한 근본방책을 수립한다.

5. 국책의 수행에 따른 국민희생의 불균형의 시정을 단행하고 후생적 시책들의 철저를 기약하는 동시에, 국민생활을 쇄신하고 실로 인고(忍苦)의 10년이라는 시난(時難)의 극복에 적응하는 질실강건(質實剛健)한 국민생활의 수준을 확보한다.

☞ [참고] 선전 조서(宣戰詔書)

천우(天佑)를 보유하고 만세일계의 황조(皇祚)*에 오른 대일본제국 천황은 분명히 충성용무(忠誠勇武)한 너희 유중(有衆)*에게 내보인다.

짐은 여기서 미국 및 영국에 대해 전쟁을 선언한다. 짐의 육해군 장병은 전력을 분발해서 교전에 종사하고, 짐의 백료유사(百僚有司)는 힘써[勵精] 직무에 봉공하고, 짐의 중서(衆庶)는 각자 그 본분을 다하여 억조일심(億兆一心)하여 국가의 총력을 다해서 정전(征戰)의 목적을 달성하는 데 유산(遺算) 없도록 기하라.

무릇 동아의 안정을 확보함으로써 세계의 평화에 기여하는 것은 비현(丕顯)*한 황조고(皇祖考)*, 비승(丕承)*한 황고(皇考)*가 작술하는 원유(遠猷)*이며, 짐이 삼가 해야 하는 바이다. 그리하여 열국과의 교의(交誼)를 두텁게 하고 만방공영의 낙(樂)을 함께하는 것 또한 제국이 항상 국교의 요의(要義)로 하는 바이다. 지금 불행히도 미영 양국과 흔단(釁端)*을 벌이기에 이르렀다. 참으로 부득이한 것이다. 어찌 짐의 뜻이겠는가. 중화민국 정부가 먼저 제국의 진의를 이해하지 않고 함부로 일을 꾸며, 동아의 평화를 교란시키고 마침내 제국으로 하

■ 대미교섭에 실패하자 일본은 1941년 12월 8일에 미국과 영국에 선전을 포고하였고 동시에 쇼와천황으로부터 '선전 조서'가 발포되었다. 대동아전쟁에 이른 원인을 미국과 영국이 장제스 정권을 배후에서 지원하여 동아의 안정을 위협한 데서 비롯되었음을 강조하고 제국의 존립이 달린 자존자위의 전쟁임을 주장하고 있다. 출전은 外務省 編, 『日本外交年表竝主要文書 下』, 573-574쪽.

皇祚 황위.
有衆 국민. 군주가 인민을 부를 때 쓰는 말.

丕顯 크게 밝음.
皇祖考 메이지(明治)천황을 뜻함.
丕承 크게 계승함. 비승(丕承)은 『書經』에 나오는 말. "밝기도 하

도다 문왕의 도모함이여, 위대한 계승이로다 무왕의 빛나는 공훈이여"[丕顯哉文王謨 丕承哉武王烈].
皇考 다이쇼(大正)천황을 뜻함.
遠猷 장래를 생각하는 먼 계책
釁端 서로 사이가 벌어져서 틈이 생기게 되는 실마리.
庇蔭 차양의 그늘이라는 뜻으로 두둔하여 보살펴 줌을 의미.

여금 간과(干戈)를 잡기에 이르게 한 지가 4년 남짓 지났다. 다행히 국민정부가 갱신한 바 있어 제국은 이와 선린(善隣)의 의(誼)를 맺어 서로 제휴하기에 이르렀으나, 충칭(重慶)에 잔존하는 정권은 미영의 비음(庇蔭)*을 믿고 형제가 아직도 서로 집안싸움을 멈추지 않는다. 미영 양국은 잔존정권을 지원하여 동아의 화란(禍亂)을 조장하고, 평화라는 미명에 숨어 등양제패의 비망(非望)을 자기 뜻대로 이루려고 한다. 그뿐만 아니라 여국(與國)을 유인해서 제국의 주변에서 무비(武備)를 증강하고 우리에게 도전하고 있으며, 나아가 제국의 평화적 통상에 온갖 방해를 가하여 드디어 경제 단교(斷交)를 감행하여 제국의 생존에 중대한 위협을 가하고 있다. 짐이 정부로 하여금 사태를 평화리에 회복하게 하고자 온인(穩忍)한 지도 오래되지만, 그들은 추호도 교양(交讓)할 정신이 없고 쓸데없이 사국(事局)의 해결을 천연(遷延)시키고, 그동안 오히려 경제상 군사상의 위협을 더욱더 증대시킴으로써 우리를 굴종시키고자 하였다. 이와 같이 추이한다면, 동아안정에 관한 제국의 오랜 노력은 모조리 수포로 돌아가 제국의 존립 또한 진실로 위태에 직면할 것이다. 일이 이미 여기에 이르렀다. 제국은 이제 자존자위를 위해 궐연히 일어서 일체의 장애를 파쇄(破碎)할 수밖에 없다.

恢弘 크게 넓힘.
芟除 풀을 깎듯이 베어 없애 버림.

황조황종의 신령이 하늘에 계신다. 짐은 너희 유중(有衆)의 충성 용무(勇武)를 신의(信倚)하고 조종(祖宗)의 유업(遺業)을 회홍(恢弘)*하고 속히 화근(禍根)을 삼제(芟除)*하고 동아영원의 평화를 확립함으로써 제국의 광영(光榮) 보전에 기한다.

어명어새(御名御璽)

쇼와(昭和) 16년 12월 8일

나. 민족독립

81. 이동녕 등, 임시정부 국무의원 포고문

■ 만주사변 이후 일본의 대륙침략이 확산되어 감에 따라 임시정부는 1938년 8월 20일자로 국무위원(이동녕, 이시영, 조성환, 김구, 송병조 명의로 공표한 선전포고문. 조선의 모든 개인, 단체들이 단합하여 일본에 저항함으로써 중국의 대일 항전을 돕고, 나아가 죽음으로 독립을 되

우리의 충애동포들! 우리가 두고두고 바라고 기다리던 기회는 벌어졌다. 우리의 조국광복의 거룩한 임무를 다할 날은 이르렀다. 중일의 싸움은 폭발되었다. 그 영향은 지극히 크고 안 미치는 곳이 없다. 이번 이 싸움은 한 번 눌린 자의 솟아날 길이오, 강포한 자의 꺼꾸러질 함정이다. 죄악만을 쌓기에 힘써 날뛰던 우리의 불공대천지수 왜적의 멸망이 시각을 다투어 나타나려 한다. 우리의 친구 중국은 그 이해와 흥망이 우리로 더불어 그 관계가 심히 크고 같다. 중국이

찾을 것을 주장하고 있다. 출전은 백범김구선생전집 편찬위원회, 『백범김구전집』 4(대한매일신보사, 1999), 470-472쪽.

죽음을 던져 살길을 밟는 이 싸움이 또한 우리의 원수를 갚아 부끄럼을 씻고 자유독립의 국가 광복을 이루게 되는 그 고동이다.

우리는 인류의 도덕상 또는 역사적 친애관계로 해서 마땅히 있는 힘을 내어 중국을 도울 뿐이 아니며 또 우리가 이천여 년 시시각각으로 쌓아 놓은 왜놈에 대한 그 원수를 갚기 위하여 왜적의 멸망을 바라며 멸망하도록 힘쓸 뿐 아니라, 만일 그렇지 않으면 우리는 영영 원수의 말발굽 아래서 참혹한 인생의 더럽고 부끄럽고 값없는 생명을 계속할 뿐인 까닭이니 우리는 어느 겨를에 사치로운 무엇 무엇을 생각할 수 없다. 있거나 없거나 맞거나 안 맞거나 우리는 죽는 것으로 삶을 구하는 우리의 떳떳한 사실이 눈앞에 닥친 것을 거듭 인식하며 면려할 것이다.

본 정부는 이때에 있어서 여러 가지로 우리의 응당 다할 가진 임무를 더욱 느끼며 이행하려 한다. 우리는 무슨 방법으로든지 우리의 힘을 모아 직접으로나 간접으로나 왜적에게 손해를 줄 일이면 크나 적으나 될 수 있는 대로 힘쓸 것이다. 만일 모이는 힘이 크면 클수록 우리의 목적이 속하게 또 완전하게 도달될 것은 어찌 두말을 기다리랴. 오늘의 중국 상하는 우리에게 또한 성의로우며 깊다. 그는 그들의 그리하는 것이 또한 우리가 그들에게 향하는 것과 다름이 없는 것이니, 우리는 더욱이 그들의 그 뜻을 잘 받을 것이다. 그들도 우리의 참뜻을 잘 알고 신임하나니 이 점에 대하여 우리들은 더욱 거듭 인식하며 면려할 것이다.

남의 힘이 아무리 클지라도 나의 힘에 비길 수 없나니 그뿐 아니라 나의 힘이라야 남의 힘이 크게 보충됨은 긴 말을 허비할 필요가 없다. 그러니 우리는 응당 갑절이나 더 느끼어 이 시기를 잡아야 할 것이며 잘 잡음에는 모든 힘을 집중하는 데 있다. 그러므로 본 정부는 전국 동포에게 고하노니 가진 힘을 한데 바쳐 천재일시의 이 사명을 행하라. 체력이 있거든 체력을 바치며, 슬기가 있거든 슬기를 바치고, 물질로 바치며, 기술로 바치라. 아무리 왜적의 극단적 압박과 통제 아래라도 사람의 뜻이 정하면 강철이 되나니 형세를 따라 공개로나 비밀로나 여러 가지 수법으로 본 정부아래에 모으라. 각각 자기네의 단체가 있거든 자기 소속 단체로 모으고 소속 단체가 없는 개인은 직접 각각 정부로 바치라. 본 정부는 반드시 우리 동포의 이 같은 정성과 힘을 저버리지 않으리라. 이 정성 이 힘은 사라지지 않는다. 반드시 큰 힘이 생기리라.

아아. 우리의 충애동포들! 우리가 우리 조상네의 물려주셨던 높고 거룩한 흙덩이와 자랑거리를 다시 찾아 조상네 앞에 얼굴을 들 수 없는 부끄러움을 씻으려거든 또 영원한 앞날에 나오는 자손들의 값없이 죽는 불쌍한 목숨을 건져

남과 같이 사람다운 사람을 만들려거든 우리의 가진 것을 무엇이나 아끼지 말며 괘념치 말아라. 오늘에는 아무것도 없다. 죽지 않으면 살판이다. 죽음으로야 삶을 구할 뿐이다. 살려고 애를 쓴다고 살아지는 것은 아니다. 죽을 것을 각오할진대 잘 죽기를 찾을 것이니 하물며 살기를 이 속에 있음이랴. 어두운 지옥에 빠진 우리에게 광명한 빛이 큰길로 인도한다.

일어나라! 뛰어나라! 우렛소리는 천지를 진동하고 번갯불은 온 세상을 휩쓸어 간다. 그 속에서 우리의 광명은 무너져 가는 원수 왜적을 몰아내고 신성한 우리 국토에 영광이 사무친 우리나라 깃발이 날리게 된다. 힘쓰라. 주저하지 말고, 우리의 충애동포들!

82. 조선민족전선연맹, 일본 파쇼 강도의 '동아신질서'에 반대하는 선언

■ 1939년 3월 10일자로 조선민족전선연맹이 발표한 선언문. 일본이 주창한 '동아신질서'라는 구호의 기만성을 비판하고 중국과 한국의 억압받는 민족이 연합하여 일본 제국주의를 타도할 것을 요청하고 있다. 출전은 한국독립운동사 정보시스템(http://search.i815.or.kr)

일본이 서방의 강도들을 모방하여 세상물정 모르고 제 잘났다고 뽐내며, "중국을 정복하고", "동아시아의 유일 패권을 차지한다"는 못된 생각을 품고서, 대규모의 침략을 감행한 지 이미 20개월이 지났다. 그들은 처음에 거들먹거리며 싸우지 않아도 중국을 굴복시킬 수 있다고 여겼으나, 이러한 망상은 한 차례 중국의 전면적인 항전의 포효에 의해 깜짝 놀라게 되었다. 그러자 그들은 또 제2의 망상을 가지고 공공연하게 "3개월만 주어지면 중국을 정복할 수 있다"는 미친 소리를 해댄다. 그러나 뜻밖에도 그들의 이러한 속전속결의 망상도 중국의 영웅적이고도 용감한 항전에 의해 분쇄되었다. 1년 반이 지난 지금, 중국의 항전 세력은 더욱 더 강력해졌고 반면에 일본의 어려움은 더욱 커졌다. 이렇게 되자 일본 파쇼 강도는 곧바로 당황하기 시작했고, '동아신질서'라는 감동적인 구호를 생각해 내어 자기 나라의 국민들과 그 식민지 민족을 기만하고 중국과 세계를 기만하려고 기도하고 있다. 우리는 일본놈들의 이러한 기만적인 속임수에 대해, 흔히 있는 일이라서 조금도 이상하게 생각하진 않는다. 그러나 이 '동아신질서'라는 구호에 대해, 중국의 상하 인민들의 완강하고도 계속적인 항전은 이미 하나의 강력한 해답을 제시하였고, 영국·미국·프랑스 등 9개국의 공약 서명국 및 소련 사회주의국도 이미 하나의 새로운 해결방안을 주는 데에 일치하고 완전히 일본놈들의 진면목을 까발렸다. 바로 이러한 구호를 제출했던 일본 파쇼 강도의 꼭두각시 고노에 후미마로(近衛文麿)*도 이미 무대에서 내려졌다. 그런데 어째서 침략자들은 또다시 이 구호를 생각하고 다시 대대적인 선전

近衛文麿 고노에 후미마로(1891~1945) 후지와라 가문 출신의 일본 정치가이며, 공작, 중

을 한 차례 하고 있는가? 간단히 개괄하자면 다음과 같이 하나의 결론에 이른다. 이것은 단지 그들 자신의 국민과 그들 식민지의 민족 및 피점령지역의 위조직(僞組織)과 민중 그리고 상심하며 미쳐 버린 매국노들에 대해 다시 한 번 기만적인 선전을 하고 있는 것일 뿐이다. 그 반면에 우리들도 침략자들의 어려움이 더욱더 심각해지고 있으며 그들의 솜씨 또한 궁색해졌음을 간파해 낼 수 있다.

일전쟁 발발을 포함한 전시기에 세 차례 내각총리대신을 지냈다.

'동아시아의 평화', '동아시아 민족의 공존공영', '동아시아인의 동아시아', '동방의 먼로주의', '대(大)아시아주의', '공동으로 공산주의를 방어하자' 등등의 구호 가운데 어느 하나 일본 군벌정치인의 구두선(口頭禪)이 아닌 것이 있는가? 어느 것이 '동아시아의 새로운 질서'라는 구호와 똑같은 뉘앙스가 아닌 것이 있는가? 어느 하나 알 수 없는 꿍꿍이에서 나온 처방이 아닌 것이 있는가?

일본제국주의자는 일찍이 '동아시아의 평화'라는 구호를 이용하여 조선을 병탄한 바가 있는데, 이것은 우리가 영원히 잊지 말아야 할 교훈이다. 저들은 또 '대(大)아시아주의'라는 구호를 이용하여 '만주'를 침략 점령한 바 있다. 이것도 잊지 말고 기억해야 할 사실이다. 저들은 또 '공동으로 공산주의를 방어하자'라는 구호를 사용하여 전면적인 침략전쟁을 일으켜 지금에까지 이르렀다. 이는 바로 현재 몹시 방자하고 오만하게 선전하고 있는 '동아신질서'라는 구호도 역시 '동방의 먼로주의', '공동으로 공산주의를 방어하자'라는 등등의 구호와 똑같은 의미에 불과하다는 것이다.

저들이 터무니없이 내뱉는 '동아신질서'는 곧 군함과 대포, 수류탄, 독가스를 이용해 중국 인민을 도살하고 중국문화를 파괴하는 '신질서'라는 말인가! 부녀자를 겁탈하고 아동을 학살하며 매춘 매음을 보급하여, 광범위하게 악화시키는 '신질서'인가! 조선민족과 대만 민중을 착취하고 몰아세워 도탄(塗炭)에 빠지게 하는 '신질서'인가! 저들 자신의 인민들을 몰아세워 침략전쟁에서 도살하는 '신질서'라는 말인가! 이러한 '신질서'가 만들어낸 결과는 이미 참으로 볼 만한 지경이 되어 버렸다. 중국의 수백만 인민이 이미 저들에 의해 도살되었고, 수천만이 거처를 잃고 유민이 되었다. 피점령 구역의 도시와 마을이 다 같이 피폐해졌고, 강간당한 부녀자와 학살된 아동들의 수는 헤아릴 수조차 없다.

조선반도는 이미 하나의 커다란 감옥이 되어 버렸고, 농민들이 쫓겨 출국한 수가 이미 3백만 명에 달한다. 거의 기아 상태에 놓여 있는 숫자도 수백만 명에 이른다. 게다가 일본 자신의 국내 정황을 살펴보아도 실업자가 2백만 명에 달하고 사상자도 1백만 명에 이른다. 이 때문에 과부와 고아가 도시 뒷골목에 가득하고 모든 병원에 부상병이 그득하다. 공장들은 도산하고 농업은 황폐해졌으니, 인민들이 살아갈 방법이 없어 원성이 길거리를 메우고 있다. 이러한 난국은 결단코 무슨 '동아신질서'라는 등의 구호로 가릴 수 있는 것이 아니다.

우리의 '동아신질서'에 대한 해답은 끝까지 항전하는 것이다. 끝까지 항전하면 승리는 반드시 우리의 것이 될 것이다. 일본 파쇼 강도의 종말이 이미 가까워졌다. 우리는 일본 파쇼 강도의 손으로 만들어진 '동아신질서'를 물리치고, 우리의 진정한 새 질서로 대체하지 않으면 안 될 것이다.

중국이 항전에서 승리하고 성공적으로 건국되면 조선은 독립을 완성하고 대만은 빠르게 자유를 회복할 것이다. 아울러 우리는 혁명의 역량으로 저 무고하게 파쇼 강도에 의해 압박 받고 있는 일본의 인민대중을 구제하여 동아시아의 평화를 확정할 수 있을 것이다. 이것이 바로 우리의 '신질서'이리라! 우리는 다음과 같이 소리 높여 외친다.

중국과 한국 민족이 연합하여 일본 파쇼 강도의 '동아신질서'를 물리치자!

동방의 압박받는 민족들이 연합하여 일본제국주의를 타도하자!

중국 항전 승리 만세!

조선의 혁명 성공 만세!

83. 김구, 한국독립과 동아평화

■ 일본 제국주의를 몰아내고 동아의 평화를 수호함으로써 한국의 독립과 대동세계를 이룩하는데 독립운동의 근본 의미가 있음을 국내외에 고취하기 위해 작성된 김구의 글(1940년 3월 1일). 조선에는 독립을 위한 항전합력과 건국을 위한 왕도문화를, 중국에는 항전협력과 독립지원을, 세계에는 일제침략의 타파와 중국의 항전 및 한국의 독립에 대한 지원을, 일본국민에게는 침략전쟁 반성과 왕도문화 복귀를 요구하고 있다. 출전은 백범김구선생전집편찬위원회 편, 『백범김구전집』 5(대한매일신보사, 1999), 27-30쪽.

한국독립운동의 근본 의의는 일본제국주의를 구축(驅逐)하고, 동아의 평화를 보장하며, 고유문화를 발전시키고, 독립·자유·평등의 신한국을 건립하여 대동세계를 함께 조성하는 데 있다.

1. 대내적으로 민족의 역사정신과 애국사상을 고려(鼓勵)하여야 한다.
2. 중국에 대하여 양 민족 간의 역사적 호조(互助) 사실을 선양하고 금후 합작의 도경(途徑)을 모색하여야 한다.
3. 세계 열방(列邦)과 합력하여 해적 일본을 물리치고, 이로써 동아의 평화와 세계의 안정을 유지할 것을 촉구하여야 한다.
4. 일본민족으로 하여금 동아평화를 요란(擾亂)케 한 역사적인 죄악에 대한 경계심을 높이도록 하고, 기왕(旣往)에 대한 참회를 독촉하여야 하며, 포악한 군벌을 타도하여 자국을 멸망에서 구하고 동아의 평화를 정착시키게 만들어야 한다.

한국이 왜적에 참혹하게 합병된 지 어느새 이미 30년이 지났다. 이 30년 사이 왜적은 우리나라에 대하여 참혹한 침략을 감행하였다. 이에 대해 오인(吾人)

들의 죽음에 이르는 반항적인 장렬한 운동은 지울 수 없는 깊은 인상을 남겼다.

9·18 사변* 이후부터 7·7 사변*까지 일제는 동북 4성과 진찰기(晋察冀)* 등지에서 한국에서 행해졌던 만행과 같은 잔인한 행위를 저질렀다. 중국도 7·7사변 이후 영용(英勇)한 항전을 개시하여, 이미 3년이 지났다. 왜적은 약간의 도시를 강점하였지만, 스스로도 많은 물질·인명·경제 등등의 손실을 입었기에 이미 침략을 위한 물적·인적 지원을 받기 어려워져 총체적 위기 국면에 빠져들고 있다. 중국은 항전 이후 지금가지 10여 개 성의 중요한 토지를 잃었으나, 사기가 강장(强壯)하고 민심이 분발되어 섬나라를 짓밟아 버릴 기개(氣槪)를 가지고 있다.

9·18 사변 만주침략.
7·7 사변 중일전쟁.
晋察冀 현 중국 허베이성 일대.

포악학 적은 사면초가 속에 빠져 자체적으로 헤어날 수 없는 절망의 상황에서 우리 한국의 청장년들을 이용하여 이한제화(以韓制華)의 독계(毒計)를 몽상하고 있다. 우리는 이를 열세에서 벗어나려는 왜적의 최후발악으로 본다. 따라서 급히 국민들을 일깨워 적의 음모간계를 파괴하고, 동시에 중한 공동으로 왜에 대항해야 할 필요성과 가능성을 선전하며, 세계 열방이 속히 힘을 합쳐 포악한 일본을 제재하여 동아질서와 세계평화를 수호할 것을 호소하는 것이 본간(本刊)의 중요한 사명이다.

1. 우리 국민에게 고한다.

왜적은 우리 한국과 세세 대대로 양립할 수 없는 구적(仇敵)이다. 우리 한국의 선조(宣祖) 임진년에 왜적장 도요토미 히데요시(豊臣秀吉)는 군사를 일으켜 한국을 침략하였는데, 8년이나 대치하여 있었다. 그 시기 전국 인구의 3분의 2가 희생되었고, 재산손실은 수치로 계산할 수 없었다. 선천적으로 강도근성을 구비한 왜적은 소위 메이지 유신 이후부터 서방제국주의의 피모(皮毛)를 모방하고, 그에 한술 더 떠 병자수호조규부터 경술(庚戌) 합병까지 전후 50년간에 우리 조부들을 참혹하게 학살하고, 형제들을 노역(奴役)으로 만들었으며, 자매들을 우롱하고 재산을 강점하였다. 또한 전원(田園)을 빼앗았고, 조상들의 묘지를 토굴하였으며, 우리 교육을 통제하여 역사·지리 등 민족성과 연관되는 교육을 금지하였다. 최근에는 적장 미나미 지로(南次郎)가 소위 '한인 개성(改姓) 조례'를 새로 반포하였는데, 소수 파렴치한 문인들과 군·관료·밀정들이 조상들이 전해준 한인 성씨를 버리고 가토(加藤), 요시다(吉田) 등 왜성(倭姓)을 대서특필해 쓰고 있다. 이런 해괴한 것들은 모두 포악한 왜놈들이 우리 한인들의 역사관념을 마멸하려는 악독한 계획에 의한 것이다. 왜적이 중국침략 전쟁을 개시한 이래 우리의 반항운동을 방비(防備)하고, 일반 한국인들의 심리를 마취시키기 위하여 소위 국민정신총동원 조선연맹, 청년단, 사상보도연맹, 시국대응사상보국

五花八門 모양이나 종류가 다양함.

연맹, 조선지원병후원회 등 오화팔문(五花八門)*의 조직체를 창설하여 몰락하는 국운을 연장하려고 하고 있다. 또한 중국침략전쟁에서 희생된 적병 결액을 보충하기 위하여 모험적으로 조선징병제를 실시하여 한국청장년들에 대한 훈련을 개시하였으며, 지원병을 모집하여 화북전선으로 수송하여 포탄의 잿더미로 만들고 있다. 뿐만 아니라 소위 국방헌금조례를 강제적으로 실시하여 한국인의 재산 다과를 따지지 않고 추징액수를 강박하며, 우리들의 생사를 안중에도 두지 않아 웃지도 울지도 못할 비극적 참경으로 몰아넣고 있다. 그러나 반항운동이 출로를 보이기 시작하고, 금후 적의 패색이 가까워질수록 압박과 착취를 위하여 수단과 방법을 가리지 않을 것이다. 그러나 이는 우리들에게 천재일우의 조국광복 호기가 가까워오고 있는 것을 보여 주는 것으로 땅으로는 내외, 사람으로는 남녀를 불문하고 일치단결하여 역량을 집중하고, 중국의 영용(英勇)한 항전 장사(將士)들과 기타 항적(抗敵) 역량을 연합하여 왜적에게 치명적 타격을 가하여 우리의 강토와 자유를 회복할 것이다. 이는 시간상의 문제이다.

그러나 우리는 왜구를 격퇴하고 신한국을 건설하려면, 건설 방략에 대해 반드시 진중한 고려가 필요한데, 이러한 문제들을 원만하게 해결하지 못하면 앞길에 반드시 시련이 있게 된다. 만약 어느 사람이 "왜 조국을 광복하려 하는가?" 반문한다면 우리는 "자자손손이 자유롭게 행복한 생활을 향유해 왔다. 안락한 생활을 향유하게 하기 위해서는 내부적 질서의 안정이 필요하다. 또한 우리에게는 4천여 년의 역사가 있다. 역사의 유구 광영한 역사를 계승하기 위해서는 조상들의 고유한 도덕문화를 부흥해야 한다"라고 통쾌하게 대답할 것이다. 그러나 방법이 실제에 부합되지 않고, 피상적인 새로운 학설에 편중한다면 국민들의 보고 들음을 요란시켜 불필요한 분규를 조장하게 된다. 때문에 수단만 강조하고 도의를 도외시하는 유물(唯物)이기주의를 철저히 배척하고 인애, 신의, 겸양, 호조(互助)의 왕도문화를 절실히 천양(闡揚)하여 장치구안(長治久安)의 국가의 기초를 다져야 한다. 따라서 한 방면으로는 열렬히 광복운동을 진행하고, 동시에 건국방략의 중요적 의의인 '구체적 방략 대속(待續)'에 대하여 절실한 인식을 가져야 한다.

2. 중국 동지들에게 고한다.

중국이 신성한 항전을 시작한 지 거의 3년이 다되었다. 그간 우리들의 항전이 가시적 성과를 거두지 못하여 가슴에 손을 얹고 반성을 한다. 그러나 우리들의 정신상의 소망은 조금도 해이한 적이 없으며, 아직도 기회는 아직 늦지 않았다. 두 팔을 추켜든 호소 속에 민중이 향응(響應)하여 항전에 참여할 날이 멀지 않았다.

중한(中韓) 양방은 중국이 당나라부터 송, 명 양조(兩朝)에 이르기까지 소위 환난상구(患難相救)하고 유무상통(有無相通)하였다. 명조에 이르러 양국의 왜를 대하는 관계가 더욱 빈번하고 밀접하였다. 연래(年來) 중국각계의 우리들에 대한 열정적 원조에 많은 감사의 마음을 느낀다. 그러나 일부 인사들이 한인의 실제 상황에 대하여 적지 않은 오해를 갖고 있어 한국광복운동은 내부에 당파가 복잡하여 역량을 집중할 수 없다고 오해하면서, 대수롭지 않게 여기는 태도를 보이고 있어 유감천만이다. 소위 당파복잡은 결코 없는 일이며, 혹 있다면 부동한 견해나 그렇지 않으면 소수 기회주의적 혁명분자들이 혼수모어(混水摸魚)*의 휼계(譎計)를 펼치는 것으로 이는 지엽에 불과하여 전반적 사업의 경중과는 무관하다. 비유하자면 욱일(旭日)이 중천(中天)하여 독이 스스로 사라지니 이는 우려를 가질 필요가 없다.

混水摸魚 원래 물이 혼탁할 때 손을 뻗어 물고기를 잡는다는 말이다. 나중에는 혼란스러운 시기를 틈타 본래는 얻을 수 없었던 이익을 얻는 것을 두루 일컫는 말로 쓰임. 손자병법에 나오는 말.

중국을 신해혁명에서 중화 13년까지, 중화민국 13년에서 7·7 사변 두 단계로 나누어 소구해 보면, 민국 2년부터 12년까지 10년 사이는 그야말로 군웅이 할거하고 내란이 끊이지 않아 당시 중국 국민당이 처한 환경이 위험에 대하여 방관자들 역시 우려하지 않을 수 없었다. 민국 11년에는 진(陳)*이 광동에서 반동을 일으켜 손중산 선생*이 광동을 떠났으며, 12~13년에는 전계(滇桂)* 군벌이 발호(跋扈)하여 중국국민당은 풍랑 속에 처하게 되었다. 당시 중국 중흥의 원훈(元勳)인 장제스 선생은 손중산 선생의 부탁을 받고 황포군관학교를 창설하여 기본간부들을 훈련시켜 광동의 반동 세력 무리의 근거지를 소탕하고, 전·계 군벌을 몰아내어 이에 당과 국가의 기초를 다졌다. 장선생의 당과 국가에 대한 위대한 공적은 실로 지워 버릴 수 없는 영원한 가치를 가지고 있다.

陳 천중밍(陳炯明, 1878~1932) 광둥정부 설립 시 쑨원에게 도움을 주었으나, 이후 북벌과 관련 쑨원과 의견의 차이를 보여 반란을 일으킴.

손중산 선생 쑨원(孫文).

滇桂 滇은 윈난성(云南省)을, 桂는 광시장족자치구(廣西壯族自治區)를 일컬음.

그러나 당시 중국 국민당의 상황은 금일 우리들의 상황과 비교해 볼 때 몇 배나 여유가 있었다. 그 당시 아무리 험난하여도 자국의 일우(一隅)에 근거지를 설립할 수 있었으며, 물력·인력을 자유롭게 동원할 수 있으므로, 나라를 떠나 만 여 리 바깥에서 전전유리(輾轉流離)하는 우리와는 비길 바가 되지 않는다. 우리들의 간핍(艱乏)과 고단한 상황은 장 선생이 황포군관학교를 창설할 당시보다 더 어렵지만 우리는 열악한 환경 때문에 낙심하지 않고 초나라가 비록 삼호(三戶)라 하더라도 진나라를 멸망시킬 자는 반드시 초나라다[楚雖三戶, 亡秦必楚]*라는 신념을 시종 굳게 지키고 있다. 목하 왜구들은 군심(軍心)이 흩어지지만 중국민심은 분발되어 있으며, 조금이라도 상식이 있는 사람은 포악한 왜의 필패와 중국의 필승을 예단할 수 있다.

楚雖三戶, 亡秦必楚 『史記』「項羽本紀」에 나오는 말.

그러나 포악한 일제는 이화제화(以華制華)와 이전양전(以戰養戰)의 독계(毒

計)를 실행하여 점령한 지역에서 위(僞) 정권을 세우고 위(僞) 군대를 편성하며, 위(僞) 화폐를 남발하여 신용체계를 파괴하는 음모를 꾸며, 중국의 장기적 항전태세에 저항하려 하고 있다. 이외 한국에서는 징병제를 실시하여 한국 청장년들에게 대규모의 군사훈련을 시키며 지원병을 모집하여 중국침략전쟁에서 잃은 적병의 결원을 보충하려 하고 있다.

이러한 것들은 모두 항전 전도에 지대한 영향을 끼치는 것으로 목하 적들이 피로한 상태에 빠졌다 하여 항전을 끝까지 견지하려는 결심에 추호의 동요가 있어서는 안 된다. 한인들이 적극적 항전에 참여할 기회는 아직 많이 남아 있다. 그러나 항전의 방법에는 여러 가지가 속해 있다. 따라서 중국은 한인들의 항전역량과 연계를 강화하여 공동으로 적을 물리칠 필요가 있다는 데에는 응당 아무런 이의가 있을 수 없다. 바꾸어 말하면 중국이 왜구를 구축하고 실지(失地)를 수복하려면 한인들의 독립운동을 홀시해서는 안 된다는 것인데, 화북을 안정시키려면 우선 동북을 수복해야 하며, 동북을 수복하려면 반드시 한국독립을 지원해 주어야 한다는 것이다. 이에 대하여 양국 인사들은 응당 동일한 관념을 가져야 한다. 희망하건대, 친애하는 중국혁명동지들이 한국광복운동의 일시적 시련을 보고 양 민족 간의 백년대계에 대하여 홀시 하지 말고, 빠른 시일 내에 한국 광복군 창설을 지원하여 공동으로 왜구를 구축하고, 양 민족의 독립과 자유, 평화의 새로운 국가적 기틀을 다지기 바란다.

3. 세계 여러 나라에 고한다.

인류사회가 훼멸(毁滅)하지 않는 한 정의와 인도는 살아 있다. 1910년 우리 한국은 불행하게 포악한 일본에 의하여 합병되었다. 1919년 유럽에서 전쟁이 끝난 후 민족자결의 파도가 전 세계를 휩쓸었다. 동년 3월 1일, 우리 한국에서도 민중들이 일어나 독립과 자유와 평등을 높이 외치며 일제의 야만적 식민지정책에 반항하였으며, 무수한 애국지사들이 장렬히 희생되었다. 그러나 일제의 탄압 하에서 세상에 알려지지 않고 있다.

간악한 일본제국주의자들은 한국을 합병한 후 북진침략정책을 추진하기 위하여 1931년 9월 18일 만주 3성*을 기습하여 무조건적으로 강점하였다. 이는 중국에 대한 강도행위일 뿐만 아니라 9개국 공약*, 켈로그-브리앙[凱洛克伯里安] 공약 등 국제연맹 여러 조약에 대한 엄중한 위반이다. 그러나 당시 국제연맹 여러 성원국들은 포악한 일제의 만행을 관망하거나 내버려두는 태도를 취하였다. 일본은 동북에서 화북으로 경탄잠식(鯨呑蠶食)하였으며, 1937년 7월 7일에는 공공연히 중국 침략전쟁을 도발하고 남북으로 병진하면서 해구(海口)를 봉

만주 3성 현재에는 동북3성으로 불림. 행정구역상으로는 랴오닝성(遼寧省), 지린성(吉林省), 헤이룽장성(黑龍江省)의 3개 성(省).

9개국 공약 1922년 2월 6일 워싱턴회의에서 중국문제에 관하여 미국·영국·프랑스·벨기에·포르투갈·네덜란드·일본·이탈리아·중국 등의 9개국 간에 조인된

쇄하였다. 평화를 사랑하는 중국국민은 야수 같은 적들에게 잔인한 학살을 당하였으며 전 중국 물질재산과 인명손실은 유사 이래 가장 비참한 기록을 남겼다. 다행히 중국군사위원회 장제스 위원장이 단기간 내에 상당한 배치와 엄격한 훈련을 실행하여 7·7 사변 이후 영용(英勇)한 항전을 개시하였다. 지금까지 4년간의 항전기간에 일제는 표면상 여러 개 성을 강점하였으나 중국정규군은 전투가 지속될수록 강해지고, 후방에서 유격대의 신기(神奇)한 습격으로 포악한 일본은 진퇴유곡의 처지에 놓여 기어 나오려 해도 나올 수 없는 지경에 처하여 있으므로, 최종승리가 중국에 속할 것이라는 것은 의심할 나위가 없는 사실이다.

조약으로, 중국의 주권존중, 영토보전, 문호개방, 기회균등 등을 주요 내용으로 한다.

이러한 역사상 유례가 없었던 강탈이 일어난 원인을 따져보면, 국제연맹에 참가한 여러 국가들이 책임을 충실히 이행하지 않아 제 2차 유럽전쟁을 촉성(促成)시켰으며, 일본의 방종을 간과하여 멋대로 침략전쟁을 도발하게 만들었다. 만약 9·18 사변 당시에 국제연맹이 확실하게 맹약 의무를 이행하여 일제로 하여금 조약을 준수하도록 압력을 가하고 실제적인 제재조치를 내렸다면 그렇게 제멋대로 날뛰지 못했을 것이다. 그러나 여러 나라들은 이를 방치하였기에 포악한 일본의 팽창야욕이 극도에 달해 중국을 통째로 삼키고 동아의 패권을 장악하려는 야심을 가지게 하였다

이에 대해 유럽 신흥의 파시스트[法西斯] 국가들은 내심으로 기뻐하며 공공연히 참혹한 침략경쟁을 벌였는데, 그 희생자로는 알바니아[阿比亞尼亞], 오스트리아[奧地利], 체코[捷克], 폴란드[波蘭] 등 여러 나라들로 제2차 대전의 불꽃이 유럽 전역으로 퍼졌다. 이 전쟁의 도화선에 처음 불을 지핀 측은 포악한 일제이며, 시종 구경만 하고 불을 끄려 하지 않아 자기 몸까지 태우게 된 나라도 적지 않다.

필자가 이를 밝히는 것은 책임을 묻기 위한 것도 아니며, 하늘을 원망하고 남에게 허물을 돌리려는 것도 아니다. 열방(列邦)들에 희망하는 것은 정의인도 원칙에 근거하여 합력하여 일제를 현해탄 밖으로 몰아내어 중국의 항전 건국의 국책을 실현하도록 도와주고, 간접적으로 우리 한국의 독립을 도움으로써 금후 동아에서 여러 나라의 권익이 보장받고 동아의 안정과 세계의 평화가 하루빨리 실현되기 바란다. 또한 현명한 열방의 정치가들이 이에 대해 함께 격려해 주기 바란다.

4. 일본국민에게 고한다.

인류사회에서 문명과 야만은 도의 관념의 유무에 의하여 경계가 구별된다. 동

방문화는 서구에 비하여 우수한데, 그 원인은 도의관념이 공리주의보다 중하기 때문이다. 일본은 섬나라로 문자·풍속·예의·법규 등은 모두 중국과 한국의 문화적 여음(餘蔭)*을 계승하였다. 이는 결코 타국을 비하하는 것이 아니라 중국·한국·일본 역사를 섭렵한 이라면 모두 이를 상세히 알고 있다. 소위 무사도, 대화혼(大和魂) 등의 명사는 섬나라 국민의 야만적이고 포악한 열등한 근성을 표현하는 것으로 인애·신의·왕도·탕탕(蕩蕩)의 화평 영역에 속하기 어렵다. 소위 메이지 유신도 서방 물질문명을 흡수하여 사람을 죽이고 불사지르는, 타국을 침략해서 타인의 부모형제를 살육하고 재산을 찬탈하는 야만적 침략주의의 집대성에 불과하다. 경술년에 강제로 한국을 합병한 후부터 일심일의(一心一意)로 소위 대륙정책을 실행하여 1931년 9월 18일에 이르러서는 매우 비열한 수단으로 동북 3성을 점령하고, 진일보로 러허(熱河)성 동족으로 진격하여 비인도적 죄악을 저질렀다. 1937년 7월 7일부터는 공공연히 전면적 중국 침략전쟁을 발동하여 대규모의 학살과 파괴를 감행함으로써 인간지옥으로 만들었다.

餘蔭 조상이 쌓은 공덕으로 자손이 받는 복.

이번 침략전쟁의 의미는 어디에 있으며, 어떤 이유에 근거하여 일으켰는지 묻고 싶다. 일본국민 중 조금이라도 인성이 있는 자라면 가슴에 손을 얹고 생각해 보아야 한다. 일본에도 왕도문화의 대세를 따르는 사람들이 있는 걸로 알고 있는데 인류사회의 대재난을 만회할 수 있는 방법을 연구하여야 한다. 고대 동방의 많은 성현들은 억강부약(抑强扶弱), 대신불평(代伸不平)을 처세의 최저원칙으로 삼았는데 이를 대인대용(大人大勇), 견의용위(見義勇爲)라고도 하고, 또는 인자무적(仁者無敵), 시종 구세안민(救世安民)을 인류사회의 기븐원리로 한다고 말하는데, 힘을 믿고 남을 업신여기거나 다른 사람의 위험을 기회로 생각하는 거나 남의 재산을 찬탈하는 것 등의 금수적 행위를 철저히 배척한다. 전해 내려오는 말에 의하면 많은 불의를 저지른 자는 자멸한다고 하였는데 일본국민이 세상에서 계속 생존해 나가기 위해서는 과거 역사에 대하여 절실히 참회하고, 이를 경계하여야 하며, 야만적 폭군들을 타도하고, 소위 만세일계(萬世一系)의 황통(皇統)을 분쇄하고 동방 왕도문화로 복귀하여 자신의 파멸을 막고 동아의 평화를 위하여 노력하여야 한다. 본인은 군자는 애인(愛人)을 덕의 의로 한다는 것을 알고 있기에 이를 전하는데, 어디로 가고 무엇을 따라야 할지는 스스로 선택하여야 할 따름이다.

84. 김구, 중국의 영용한 항전을 위하여 미국 친우들에게 호소한다

■ 1940년 6월 초 작성된 김구의 글. 미국이 일본의 대륙침략을 적극적인 제재 등으로 대처하지 않을 경우 도리어 일본해군이 미국을 공격할 것이라며 태평양전쟁 발발을 전망하면서, 영국과 프랑스를 도와주듯 중국과 함께 일본의 침략전쟁을 적극 저지해 줄 것을 호소하고 있다. 출전은 백범김구선생전집 편찬위원회 엮음, 『백범김구전집』 5(대한매일신보사, 1999), 37-39쪽.

경애하는 미국의 친우들

조국의 독립을 쟁취하고 인류의 행복을 증진하기 위하여 우리는 이미 영용한 중국항전용사들과 동일한 진선(陣線)에 서 있습니다. 우리는 공동의 적 일본을 타도하기 위하여 공동한 투쟁을 개시한 지 이미 2년이 되었습니다. 정의를 위하여 존재하여야 하고 정의를 위하여 투쟁하여야 하는 귀국의 친우들도 이미 인류를 학살하는 일본 강도를 물리치기 위하여 일어났습니다. 기회가 있어 여러분께 저의 생각을 진술할 수 있어 유쾌하고 영광스럽게 생각합니다.

저는 희생을 무릅쓰고 일본 강도들과 영용한 항전을 진행하는 중국 전우들에게 진심으로 경의를 표시합니다. 동시에 도의상 야만적인 일제를 저지하려는 미국 친우들에 대해서도 똑같은 경의를 표시합니다. 그것은 우리들의 적을 처벌하려는 귀국의 정책이 매우 현명하고 용감한 것이기 때문입니다.

독일은 소련과의 묵계 이후 폴란드, 체코와 기타 여러 약소국들을 강점하고, 또 영국과 프랑스와도 개전하였습니다. 이때부터 귀국의 책임은 참으로 중대합니다. 전 세계에 제2의 정의의 십자군을 영도할 강대한 국가는 없으며, 마찬가지로 정의의 십자군을 조직할 양심과 열정을 구비하고 있는 제2의 국가도 없습니다. 현재 매우 초조하게 귀국의 도움을 갈망하고 있는 나라는 동방의 중국과 한국뿐만 아니라 서방의 영국, 프랑스, 폴란드, 체코, 덴마크, 벨기에 등 나라들도 있습니다. 만약 귀국이 하나님의 보호 아래 양심이 가리키는 방향에서 위력을 발휘한다면 아주에서 구주까지 매일과 같이 원망과 울분 속에서 죽어가는 여성과 아이들이 다가올 광명을 보고 행복한 마지막 미소를 지을 것이며 유쾌히 하나님 앞에 달려가서 축복을 빌 것입니다. 그들은 천당에서 100만 대의 비행기와 대포로 귀국을 도와주려 할 것이며, 귀국 국민들로부터 우리들은 천만배의 용기를 얻을 것입니다.

벨기에 같은 중립국은 전쟁에 휘말려들지 않고 평화를 수호하려고 노력하였으나 독일의 침략에 의하여 부득이 원하지 않는 전쟁에 말려들게 되었습니다. 현재 귀국도 중립정책을 고수하지만 만약 줄곧 소극적 태도를 취한다면 침략자들의 강박에 의하여서라도 곧 전쟁에 휘말려들지 않을 수 없을 것입니다.

6월 3일부터 루스벨트[羅斯福] 총통(總統)은 군사상의 필수품에 대한 철저한 수출금지 조치를 실시하여 일본에 제재를 가하고 있습니다. 그러나 귀국(貴國)의 일반 여론은 영국과 프랑스를 지원하는 데 편중하고 있습니다. 바꾸어 말하면 귀국 인민들은 영국과 프랑스가 독일을 물리치는 문제를 중국이 일본을 철저히 물리치는 문제보다 중요하게 생각하고 있습니다. 심지어 일부 사람들은 태평양의 제해권을 독점하고 아시아의 패권을 쥐려는 동방침략자 일본의 위협을 전혀 잊고 있습니다. 이것은 귀국에게 매우 위험한 것입니다. 독일이 맹수와 같은 적이라고 하지만 영국과 프랑스는 절대 독일에게 패망하지 않을 것입니다. 만약 불행히 패배한다 하더라도 단기간 내에 회복하여 독일에게 굴복하지 않을 것입니다. 마치 독일이 빠른 시간 내에 회복했던 것처럼 말입니다. 그렇게 되면 독일이 아무리 여력이 있어도 대서양을 통제하고 귀국을 침략할 수 없을 것입니다. 이는 천만 불가능한 일입니다. 뒤로 백보 물러나 독일이 능력 있다고 하여도 그 가상 적국은 소련이지 귀국이 아닐 것입니다.

중국과 일본의 관계와 영국과 프랑스의 독일과의 관계는 천양지차로 이는 조금도 과장된 것이 아닙니다. 사기와 인력방면에서 일본은 중국과 비하지 못하지만 과학과 신병기를 놓고 보면 일본이 중국에 비하여 확실히 앞선다는 것은 세상 사람이 공감하는 바입니다. 만약 불행하게도 중국이 공전(空前)의 이 신성한 전쟁에서 계속 견지하지 못하게 되면 그 승리는 일본에게 돌아갈지 모릅니다. 충동적 심리로 볼 때 영국과 프랑스의 패배가 귀국 민중들에게 비교적 큰 자극을 주어 그들에게 큰 동정심을 보낼 수 있습니다. 그러나 이지적으로 볼 때 중국의 실패가 귀국에게 더욱 큰 위협을 가져다줄 수 있습니다.

현재의 일본은 중국의 장기적 항전으로 진퇴유곡의 공황을 느끼고 있습니다. 그러나 두 가지 원인으로 말미암아 중국에서 그들은 모험을 할 수 밖에 없을 것입니다. 두 가지 원인이란 무엇인가? 첫째, 내부적 갈등으로 국민들이 분노하여 폭동을 일으킬 위험이 존재하므로 그들의 시선을 외부로 돌려야 하며, 둘째, 일본이 유럽전쟁이 빠른 시일 내에 끝날 것으로 예견하여 중일전쟁을 신속히 끝내고 국제 국면의 변화에 대응하여 자신들의 이익을 극대화하려 하고 있습니다. 이 위급한 시점에서 귀국이 통쾌하게 중국에 역량을 실어준다면 동방의 악마를 쉽게 섬멸할 수 있을 것입니다. 그런즉 귀국의 서쪽에 대한 우려도 사라지게 하니 어찌 군비를 확충하는 데 바쁘겠습니까? 이는 전쟁을 피하기 위한 최선책이며, 고립파의 의도와 평화의 방침에도 부합될 것입니다.

그러나 만약 불행히도 중국이 실패하게 되면 일븐 육군이 기필코 알래스카[阿拉斯加]를 향해 진공할 것인데 귀국이 충분한 준비로 그들을 격퇴할 수 있을까요? 더욱이 그들의 해군은 중일전쟁 핑계로 확대된 군비를 가지고 비밀리에 수십 척의 군함을 제조하였는바, 그 세가 머지않아 귀국의 해군에 미칠 것인데 일단 압력을 받게 되면 필리핀[菲律濱], 하와이[夏威夷]를 어떻게 지켜낼 것입니까? 귀국에 대한 위험은 실제로 이보다도 더 엄중합니다. 일본은 내심으로 귀국이 유럽전쟁[歐戰]에 참전할 것을 간절히 바라는바, 이 기회에 힘을 들이지 않고 태평양의 패권을 장악하려 하고 있습니다. 이렇게 볼 때 우리는 귀국의 대적(大敵)이 독일이 아니라 일본이라는 것을 인정하지 않을 수 없습니다. 이미 말했지만 만약 독일이 영국과 프랑스를 강점하지 못하면 그들의 육군은 말할 것도 없고 공군도 대서양을 넘어 미대륙을 폭격하는 것은 불가능하며, 그들의 해군은 이러한 능력이 더욱 없습니다. 그렇다면 귀국은 목하(目下)의 국방상의 수요로 영국과 프랑스도 원조해야 하지만, 또한 반드시 중국에 대하여 더욱 많은 원조를 해야 하는 것이 당연합니다.

물론 내가 이런 말을 하는 것은 귀국과 영국, 프랑스를 이간하려는 것이 아닙니다. 단지 귀국이 동서 양방향의 국방을 비교해 볼 때 중국에 대한 지원이 절실함을 명백히 설명하려는 것입니다. 귀국의 민중들이 아직 중국을 지원하는 것과 영국, 프랑스를 지원하는 것에 대한 경중을 명료하게 이해 못할 때에는 귀국이 영국과 프랑스를 지원해 주는 열정으로 중국을 도와줄 것이라는 확신이 저는 없기 때문입니다. 그러나 그 절반의 힘으로라도 중국을 도와준다면 일본에게 충분히 전승할 수 있다는 것에 대해서는 의심이 없습니다.

귀국은 도의상에서도 중국에 대하여 더욱 큰 동정을 보내야 합니다. 중국은 자기 나라를 본래 시급히 건설하려 하여 표면상 남에게 위협이 될 수 있는 것으로 비쳐질 수 있을지도 모르지만, 단지 자신의 생존을 위한 최소한의 요구를 위한 것으로 시종 평화를 유지하기 위하여 노력해 왔고 전쟁을 원하지 않았습니다.

우리는 영국이 일본의 만주침략을 방치한 데 대하여 매우 큰 유감을 느낍니다. 사정생(史汀生)* 선생이 귀국을 대표하여 정의의 검을 높이 들고 일어났을 때 영국은 코웃음 치며 차가운 눈길로 바라보고 있었습니다. 이는 어찌 부끄러운 일이라 하지 않을 수 있겠습니까? 또한 영국은 대륙균형의 전통 정책을 계속 현실유지하기 위하여 늘 가만히 독일의 군사력 증강을 도왔습니다. 영국은 본래 남의 나라 국민이 함정에 빠지는 것을 좋아하였습니다. 그러나 교활한 영국은 자신이 현재 깊고도 깊은 함정에 빠져버리고 말았습니다. 여기서 우리는 오직 인도와 정의만이 인류의 행복을 증진할 수 있고, 세계의 평화를 수호할 수 있다는 것을 명백히 느낄 수 있고, 포학(暴虐)과 간계는 결국 어느 날 자기 자신에게 화를 불러온다는 것을 알 수 있습니다.

귀국은 이미 인도와 정의를 위하여, 약자를 도와주기 위하여 떨쳐 일어났습니다! 억강부약(抑强扶弱)의 양심으로 떨쳐 일어났습니다! 독일을 제재(制裁)하기 위해 과거의 전쟁 책임의 상환(償還) 여부를 불문하고, 적극적으로 영국과

史汀生 Henry Lewis Stimson (1867~1950) 미국 정치인, 루스벨트와 트루먼 행정부에서 전쟁 장관(Secretary of War) 역임, 국무장관(Secretary of State), 필리핀 총독(Governor- General of the Philippines) 역임. 2차 세계대전 동안 전쟁 장관으로서 미군을 감독, 관리한 것으로 유명함.

프랑스를 돕고 있습니다. 또한 일본을 징벌하기 위하여 일체 희생을 결심하고 대담히 미일통상조약을 폐지했으며 군사물자의 수출도 엄격히 금지하고 있습니다. 우리는 귀국의 정의를 절대적으로 신뢰하며 필연코 최후 승리를 거두어 세상에 행복을 가져다줄 것이라고 믿습니다.

중국의 승리를 축복하는 우리 한인들은 이후부터 귀국의 태도가 더욱 호쾌하고 신속하기 바랍니다. 귀국의 중국에 대한 태도는 응당 영국과 프랑스에 대한 태도처럼 탄백(坦白)*하고 확실해야 합니다. 그러나 절대 이전의 영국 원동정책을 모방해서는 되지 않습니다. 한편으로 중국에 대하여 조그마한 도움으로 얼렁뚱땅 넘기면서 다른 한편으로 일본과 뒷거래를 하게 되면 결국 양쪽에 죄를 짓는 것입니다. 중국과 외교관계를 맺은 후부터 지금까지 귀국은 늘 중국을 도와 제3자의 침해를 배제했으며, 귀국의 교회도 서방문화를 중국에 들여오는 데 큰 공을 세웠습니다. 때문에 중국의 민중은 귀국의 민중을 자신들에게 가장 선한 국제친우(國際親友)로 생각하고 있으며, 고마움으로 귀국을 대하고 있습니다.

坦白 있는 그대로 솔직히 말함.

중일전쟁이 폭발할 당초 중국 민중의 귀국 민중에 대한 기대도 매우 컸습니다. 그러나 사정생 선생의 주장이 영국의 방해를 받아 실행되지 못한 후 귀국의 중국에 대한 냉담함은 그들을 실망시켰습니다. 오히려 중국에 대한 소련의 지원은 누구보다 적극적이었으니, 그 결과가 어떻겠습니까! 귀국에 대하여 열정을 가지고 있던 중국 민중이 자연히 소련 쪽으로 기울어지게 되었습니다. 인류애적 우정으로나 원대한 국책으로 놓고 볼 때 이것은 귀국이 취해야 할 정책이 아니었습니다. 하나의 생산대국으로서 미국에게 현재나 장래를 막론하고 중국과 같은 제2의 시장은 없습니다. 특히 미일전쟁의 가능성을 세계가 확인하고 있을 때 한창 일본과 맞서 결사적으로 싸우고 있는 전우를 잃는다는 것은 귀국에게 일대 실책이 아닐 수 없습니다.

그러나 아직은 늦지 않았습니다. 미일통상조약의 폐기, 일본에 대한 수송금지 등은 확실히 중국의 항일역량을 강화시켰기에 중국의 민중들이 과거의 은원(恩怨)에 대하여 새로운 평가를 하고 있습니다. 이때 귀국이 신속한 행동으로 중국에 대하여 적극적이고 철저한 원조를 해 준다면 귀국은 직접 무력을 사용할 필요가 없을 것입니다. 중국이 일본을 전승하면 귀국은 동방의 대위협을 소멸시킬 수 있을 것입니다. 그렇게 되면 미중 양국은 동요되지 않는 영원한 벗으로 될 것입니다. 또한 양대 민주국가가 상호 신뢰하고, 상호 도와주면서 공동으로 분투한다면 태평양의 국세(國勢)는 안정될 것이며, 아주(亞洲)의 영원한 평화기틀이 마련되고, 또한 세계의 행복을 증진시킬 수 있습니다. 금일 중국은 여러 방면에서 승리의 조건을 구비하고 있으나 비행기, 신병기, 군비 등의 부족으로 생각처럼 전쟁을 진척시키지 못하고 있습니다. 만약 이러한 결점들을 보충시켜 준다면 귀국을 신뢰하는 중국 민중들이 늘어날 것입니다.

워싱턴[華盛頓]의 건국정신을 고수하고 있고, 링컨[林肯]의 인도주의 정신을 계승한 미국의 친우들이여, 아주의 영원한 평화와 인류공동의 행복을 위하여 관건적인 이때 중국 친우들의 기대가 깊음을 잊지 마십시오!

중국의 승리는 한국의 승리와 같습니다. 우리 한국의 역량은 아직 일본제국주의를 타도할 정도가 되지 못하지만 중국이 그들을 완전히 소멸한다면 매우 기쁘게 생각할 것입니다. 중국의 항전이 승리를 거두면 한국의 독립도 이루어집니다. 때문에 중국을 지원해 주는 것은 간접적으로 한국을 지원하는 셈이기도 합니다.

현재 중국도 한국을 동정하고 있으며 한국도 중국을 동정하고 있습니다. 한국 인민은 공동의 적을 물리치기 위하여 적의 후방에서 파괴공작과 정보수집도 진행하고, 실제 전투에 나가 싸우기도 하며, 의용대를 조직하여 선전임무를 담당하기도 합니다. 그러나 아직 전 민족을 추동하여 조국광복을 이루는 최후목표에는 이르지 못했습니다. 때문에 우리 임시정부는 무장한 한국광복군을 건립하려고 노력을 기울이고 있으며, 중국의 친우들은 이 계획을 하루속히 이루게 하려고 적극 도와주고 있습니다. 저는 어떤 나라, 어떤 인종을 막론하고 모든 정의로운 벗들은 꼭 우리를 도와줄 것이라고 확신하고 있습니다. 우리는 이미 최후의 승리를 확신하고 있으므로, 100배의 용기로 불에 뛰어든다고 하여도 서슴지 않을 것입니다. 현재 만주 경내(境內)에 200여 만 한인이 거주하고 있고 화북·화중·화남에 30여 만이 있는데, 우리 광복군의 기초는 그들의 애국심과 우리 혁명가들의 투쟁정신입니다. 다음으로 우리는 국내의 2,300만 동포와 적국 내의 200만 한인들을 추동하여 내외로 호응하고, 이로서 광복군을 확대 강화해 나갈 것입니다. 우리는 이러한 위대한 역량으로 중국의 항전을 배합하고 있습니다. 최후의 승리는 반드시 우리에게 있을 것입니다. 이로부터 아시아 평화의 불빛은 영원할 것이며 인류의 행복도 여기에서 빛날 것입니다.

한국광복군의 계획에 대해서는 구체적으로 건립 후 다시 귀국의 친우들께 알려드리려 하니 열렬한 지원을 부탁합니다. 여기서 말하는 것은 단지 위대한 사실이 존재함을 알려 주어 여러분의 관심을 환기시키기 위해서입니다. 끝으로 인류의 해방과 발전을 빌며 여러분의 건강을 빕니다.

85. 한국 임시정부 선전위원회, 국내외 동포에게 고하는 글

■ 일본의 진주만공격 직후 미국에 있던 이승만이 1942년 1월 25일자 자유의 소리(VOA) 라디오방송을 통해 국내외 동포의 궐기를 촉구하는 글. 임시정부가 연합군 진영으로서 국제적 인정을 받고 중, 미, 영, 소의 지원을 받기 위해 임시정부를 중심으로 항쟁할 것을 호소하고 있다. 출전은 한국임시정부선전위원회 편, 조일문 역, 『한국독립운동문류』(건국대학출판부, 1984), 105-113쪽.

친애하는 동포 여러분!

태평양의 반침략(反侵略) 대전(大戰)이 폭발한 지 2개월 동안에 국제 및 국내의 정치정세는 매우 급격한 변화와 발전을 보이고 있다.

국제정세의 두드러진 특점(特點)을 요약하면 다음과 같다. 중·미·영·소를 중심으로 한 세계 반침략 진영은 루스벨트·처칠 선언 및 26개국 선언으로 더욱 확대 강화되었다. 그 반면에 독, 이, 일을 주축으로 하는 세계 파시스트 진영은 소련의 맹렬한 반공과 중국의 영웅적 항전 및 영미의 끊임없는 포위 공격으로 이미 돌이킬 수 없는 세력에 몰려 절망의 최후 발악적 전투를 계속하고 있을 뿐이다. 승패의 전도는 너무나 명료하다. 이번 대전의 결과는 기필코 민주 진영에 승리를, 파시스트 진영에 패망을 가져다줄 것이다.

이와 같은 국제정세는 독립과 자유를 갈구하는 한국 민족에게 최고도의 정치적 각성을 불러일으키고 전 민족에게 공전의 대단결을 촉구하고, 그 어느 때보다도 왕성한 반일혁명을 고조시켰다.

목전의 일본 제국주의는 침략전쟁의 퇴세를 만회하기 위하여 한국 민족에게 가장 야만적인 폭압정책을 실시하고 있다. 일제는 갖은 악법과 혹독한 형벌로써 혁명운동을 진압하고 갖은 헌금과 납세의 강요로 민족의 재화를 약탈하고, 갖은 기만 선전으로 대중의 이목을 현혹시키고, 다시 한걸음 더 나아가서는 갖은 위협과 강요로써 한국인을 그들 침략전쟁의 도구와 제물로 삼아 왔다. 그러나 왜적의 이와 같은 흉악한 폭정은 오천 년의 유구한 문화를 지닌 한국민족으로서 차마 받아들일 수 없는 것이다. 사실은 왜적의 의도와는 정반대로 그들의 폭압이 심하면 심할수록 한국 민족의 반일감정은 더욱 고조되어 전민족의 혁명 총궐기의 시기는 더욱 급속도로 성숙되어 왔다.

한국민족은 과거 5년 동안 보고 들은 우방 중국 민족의 위대한 단결과 항전의 사실을 자신의 경험과 교훈으로 삼아 전민족 총단결의 각성을 높이고 반일 투쟁의 활동을 강화했다. 특히 최근에는 태평양의 항일대전이 발성하여 왜적의 최후 패망의 전도가 더욱 명료해짐에 따라 한국민족은 천만배의 자신과 용기를 가지고 독립과 자유의 밝은 앞날을 향하여 용왕매진하고 있다.

친애하는 동포 여러분! 한국민족의 독립운동은 위와 같은 국제 및 국내적 정치정세가 주요 계기가 되어 획기적 신단계에 들어섰다. 이 신단계의 주요 특점은 다음과 같다. 1. 대전 종결 후의 한국 독립문제와 대일선전을 포고한 각국의 한국 임시정부 승인문제는 이미 국제정치무대에 제출되었으며, 이는 또한 해결되지 않을 수 없는 문제이다. 2. 한국 임시정부가 한국 독립운동의 최고 지도기관이 되고 또한 전민족의 대표기관이 되기 위해서는 종래의 각 당파의 분산 독립과 무질서 무중심의 운동 상태를 철저히 극복하여야 할 것이며, 전민족의 의지와 역량을 임시정부로 집중시켜야 할 것이다. 3. 한국독립운동의 양대주의를 형성하고 있는 삼균주의 당파와 사회주의 당파는 다 같이 임시정부를 옹호하고 있으며, 이들은 임시정부 지도하에 혁명기간 중 상호 합작하고 있을 뿐만 아니라, 그 뒤에 오는 건설시기에도 친밀한 합작을 하지 않으면 안 될 것이다. 요컨대 이 신단계에 처하여 한국독립운동은 임시정부를 최고 지도기관으로 하여 새로운 비약적 발전을 이룩한 것이다.

본래 임시정부는 저 위대한 3·1 대혁명운동이 낳은 한국 독립운동의 최고 지도기관이다. 임시정부는 성립 당시 및 그 후 수 년 동안 국내외 전체 동포의 열렬한 옹호와 지지를 받았으며 대외적으로는 전민족의 진정한 의사를 대표하고, 대내적으로는 전민족의 반일운동을 영도하였다. 임시정부는 일본 강도의 조선통치에 대한 유일한 적대적 존재였다. 그 반면에 임시정부는 한국 민족의 자유·행복의 유일한 희망적 대상이었다. 그러나 그 후 십여 년 동안 임시정부는 왜적의 잔혹한 압박과 국제정치 정세의 불리로 말미암아 마침내 극도의 어려움과 고통 속에 빠져 들어갔다. 다행히 임시정부는 해외교포 특히 미주교포의 피와 정성 어린 지지를 받았고, 또 김주석 이하 여러 선배들의 굳은 인내와 뛰어난 활동으로 임시정부의 우수한 민주주의 체제와 어려운 혁명사업의 전통을 시종 확보하고 더욱 발전시켜 오늘에 이르렀다.

그러나 중국의 항전이 승리 속에서 진전되고 태평양 항일대전이 폭발한 오늘, 더욱이 저 유명한 루스벨트·처칠 선언* 및 26개국 선언*의 발표로 전 세계 피침략 민족의 독립과 자유가 보장된 오늘, 한국 임시정부는 마땅히 한국민족의 진정한 의사를 대표하여 국제정치 무대에 나아가야 할 것이며, 전민족의 정치적 신임과 촉망을 곧바로 임시정부에 집중시켜야 할 것이다. 사실 지난 20여 년 동안 갖은 간난신고 속에서 끊임없이 반일독립운동을 지도하여 온 임시정부야 말로 최근에 대일 선전을 포고한 각 우방에게 정식 승인을 요구할 권리와 자격을 가졌다고 할 것이다. 동시에 우리는 항일 우방 각국이 반드시 임시정부의 국제법상의 지위를 승인할 것이라는 것을 확신한다.

현재 임시정부는 적극적으로 대내외 활동을 전개하고 있다. 대외활동의 요점은 임시정부의 국제상의 합법적 지위를 쟁취함과 동시에 각 우방으로부터의 원조를 획득하는 데 있다. 작년 9월 중국 외교당국이 임시정부의 승인문제를 제기한 이후 중국 조야 각 당파의 인사들은 깊은 관심과 열렬한 성원을 보냈으며,

루스벨트·처칠 선언 일명 대서양 헌장 대서양헌장은 제2차 세계 대전 중인 1941년 윈스턴 처칠과 루스벨트가 대서양에서 회담, 전후의 세계 질서에 대하여 8개조의 평화조항으로 된 구상을 발표하였다. 미국이 파시즘에 대항하는 민주 세력의 일원으로서의 책임을 다하려는 임무와 결의를 표명한 것이며, 소련을 위시한 33개 국가가 승인했다. 이 내용은 전후에 성립한 국제연합의 원칙이 되었다.

6개국 선언 일명 연합국 공동 선언. 연합국 공동 선언은 1942년 1월 1일에 열린 아르카디아 회담에서 연합국 26개국 대표들이 결의한 선언으로 대서양 헌장과 함 **2**께 국제 연합의 기초가 된 선언이다. 연합국들은 연합국의 모든

자원을 추축국에 대한 전쟁 수행에 사용할 것, 추축국인 나치 독일, 이탈리아 왕국, 일본 제국과는 다른 평화 교섭을 진행할 것과 각국이 단독으로 휴전하거나 강화하지 않기로 합의하였다.

우리는 머지않은 장래에 정식승인을 획득할 수 있을 것으로 본다. 물론 우리는 중국당국에 대하여 임시정부를 솔선 승인할 것을 요구했으며, 영·미·소·네덜란드 등 각 우방에 대해서도 같은 요구를 했다. 그밖에도 임시정부는 중·영·미·네덜란드 등 각 우방의 대일선전의 기회를 타서 다시 거듭 대일선전성명서를 발표하였다. 동시에 루스벨트·처칠 선언에 대한 지지성명을 내고, 또한 26개국 선언에 대한 서명에 참가할 것을 요구했다. 특히 임시정부의 통제 하에 성립된 한국광복군은 중국당국의 승인과 원조를 얻어 중국경내에서 정식 군사활동을 하고 있으니, 이는 우리 독립운동의 가장 귀중한 수확이다.

다음에 대내활동의 요점은 독립운동의 각 당 각파가 임시정부의 깃발 아래 통일 단결하여 공동 노력하는 데에 있다. 임시정부는 전민족의 의지와 역량을 집중시키기 위하여 반일독립 및 정치, 경제, 교육 균등의 삼균제도를 기본원칙으로 하는 새 민주주의 건국강령을 발표하는 동시에, 개인이나 단체를 막론하고 왜적을 반대하는 모든 역량은 임시정부에 집결되어야 한다는 포고를 냈다. 정부가 이 두 가지 문헌을 발표함에 있어서 공산주의 단체인 조선민족해방동맹도 때를 같이하여 임시정부를 옹호하는 선언을 발표하였다. 또한 종래 임시정부를 옹립하여 온 한국독립당과 미주 한교(韓僑)의 대통일체인 조선민족혁명당 등이 또한 임시정부에 참가하고 임시정부를 지지할 뜻을 밝혔다. 이 밖에도 조선혁명자연맹 맹원 동지들이 영도하여 온 한국청년전지공작대는 작년에 광복군이 성립된 지 얼마 안 되어 솔선하여 광복군에 참가함으로써 광복군 제5지대로 개편되었다. 그들은 임시정부 광복군의 통일된 영도 하에 적극적 활동을 벌이고 있다. 이렇게 하여 우리 독립운동의 주요 각 당파와 통신이 미치는 각지 동포는 한결 같이 임시정부를 옹호하고 임시정부의 기치 아래 통일되었다. 이것은 우리 독립운동의 획기적 대발전을 가장 구체적으로 나타낸 것이다.

친애하는 동포 여러분! 위에서 말한 바와 같이 우리의 독립운동은 이미 획기적 신단계에 돌입하였다. 이제야 모든 동포나 독립 운동자는 이 신단계에서 부여된 중대 임무를 짊어지니 않으면 안 되겠다. 목전에 반드시 그리고 긴급히 수행해야 할 가장 중요한 새 임무는 무엇인가?

첫째, 각 혁명당파, 각 사회단체, 각 무장대오 및 세계동포는 모두 임시정부의 영도 하에 뭉쳐야 하겠다. 임시정부가 발표한 신민주주의 건국강령은 전민족과 각 계급과 각 당파의 공동 요구를 충분히 대표한 것으로서, 오늘날 한국민족의 최고 정치목표로 되어 있다. 다시 말하면 이 강령은 전민족 의지의 집중적 표현이다. 우리는 이것을 충실히 옹호하여야 할 것이며, 그 현실을 위하여 모든 민족적 역량을 바쳐야 할 것이다.

둘째, 하루바삐 임시정부의 국제적 합법지위를 취득하도록 하여야 하겠다. 임시정부는 각 우방의 정식승인을 받아야 할 것이며, 국제 외교상 합법적 발언권을 획득하여야 하겠다. 특히 세계 민주진영의 정식 구성원이 되어야 하겠다. 해외 각국에 거주하는 동표들은 모든 기회 모든 방법을 이용하여 세계 각국이 하루 빨리 임시정부를 승인하도록 적극 노력하여야 하겠다.

셋째, 한국광복군을 확대 강화하도록 적극적 노력을 기울여야 하겠다. 광복군은 임시정부의 통제 하에 조직된 한국민족 유일의 혁명적 국군이다. 우리는 모든 힘을 다하여 각지의 혁명적 무장대오(隊伍)와 반(半)무장대오를 모두 광복군의 이름 아래 재편성하는 동시에, 전국 청장년을 적극 동원하여 광복군에 참가하도록 하여야 하겠다. 이렇게 하여 우리는 최단기간 내에 전투를 수행할 만한 강력한 혁명군대를 이룩하여야 할 것이다.

넷째, 국제 우군(友軍)과 국제상의 물질적 원조를 획득하여야 하겠다. 우리는 민주진영의 각국과 국제적 우호관계를 수립하여야 할 것이며, 특히 동방의 각 피압 민족과는 혁명적 협조관계를 건립하여야 할 것이다. 그중에서도 중·미·영·소 등 우방으로부터는 여러 가지 방법과 기회를 이용하여 시급히 물질적 원조를 받도록 하여야 하겠다. 임시정부가 이와 같은 국제적 원조와 합작을 획득하는 것만이 위대한 민족적 부흥 사업을 성취할 수 있는 길이다.

친애하는 동포 여러분! 우리는 이상의 4개 주요 임무를 철저히 수행함으로써만 우리의 독립운동을 힘차고 활발하게 전개할 수 있으며, 민족적 독립과 자유를 획득할 수 있다. 일어서라 동포들이여! 이제야말로 우리들이 분기(奮起)할 때이다. 바로 지금 우리는 30여 년에 걸린 민족적 노예의 치욕을 씻어야 할 때이다. 또한 지금이야말로 3천만 단군자손이 부흥 재생의 새 생활을 열어야 할 때이다. 우리는 똑똑히 보고 있지 않는가! 저 일본 제국주의의 악랄하고 거대한 죄악의 몸뚱이가 중국의 초원과 태평양의 물결 속에 매장되어 가고 있는 것을! 자유 행복의 신대한(新大韓)과 정의 평화의 신동아가 한꺼번에 우리의 안전(眼前)에 전개되고 있다. 우리는 백배 천배의 자신과 용기로서 이렇게 외친다.

1. 전민족의 의지와 역량을 임시정부에 집중하라!
2. 한국광복군을 확대 강화하라!
3. 모든 국제적 반침략 우군(友軍)과 더불어 공동분투하자!
4. 한국독립만세!
5. 세계 반침략진영 승리만세!

대한민국 24년(1942년) 1월 25일

86. 한국혁명지사, 대 중국국민당 비망록

■ 한국독립당, 조선민족혁명당 등 한국 혁명지사 일동의 명의로 작성된 글. 대일 작전에서 갖는 한국의 중요한 위치, 카이로선언에서 미·영·중이 한국의 독립을 보장한 점 등을 언급하면서 중국국민당 진행위원회 전체대회에서 한국임시정부를 승인할 것을 요구하고 있다. 출전은 한국독립운동사 정보시스템(http://search.i815.or.kr).

비망록

한국의 혁명지사들이 중국국민당 제5기 중앙집행위원회 제12차 전체회의에서 한국임시정부에 대한 승인을 결의하고 필요한 물질적 지원을 제공할 것을 일제히 요구한다. 그에 대한 주요한 의의와 이유는 다음과 같다.

1. 지금의 세계 반 침략대전 중, 한민족은 동맹국의 작전의 목표 및 전략상에서 모두 중요한 지위를 차지한다.
   1) 지리상에서 한국은 일본침략자들이 대륙을 침략하는 병참기지인 동시에 동맹국이 일본침략자를 격파하는 중요한 전략지점이다.
   2) 역사상 한민족은 4천 년의 문화와 역사가 있고 자체로 국가를 꾸려온 독립국가로서 나라가 망한 30여 년 간 지속적으로 반일복국(反日復國)운동을 일으켰으며 이미 가장 강력한 반일세력을 구성하였다.
   3) 현재 한민족은 이미 일치, 단결하였으며 동맹국과 함께 작전을 감행, 일본침략자를 물리치고 독립을 이룰 충분한 능력을 가지고 있다.
2. 각 동맹국은 한국을 가장 충실한 동맹군으로 여기고 한국에 가장 확실하게 원조해야 한다.
   1) 한민족의 독립운동 목표는 동맹국의 작전목표와 부합된다. 즉 한국의 독립이자 동맹국의 승리이며 동시에 극동과 세계평화에 대한 주요한 보장이다.
   2) 중, 미, 영 3국 지도자들은 카이로 회의에서 이미 한국의 독립을 보장하였다. 각 동맹국들은 당연히 즉각 한국이 동맹국의 구성원이라는 것을 선포하고 여러 가지 필요한 원조를 신속히 제공하여 3천만 한민족이 반 침략전쟁에 이바지할 수 있는 기회를 주어야 한다.
3. 중국은 우선 먼저 한국의 독립운동을 확실하게 원조해야 한다.
   1) 중국은 건국 원칙인 삼민주의와 항전건국강령 및 근년 이래 당·정·군의 지도자들의 여러 차례의 주장과 성명에 근거하고, 더욱이 손중산(孫中山), 본명 쑨원(孫文) 선생의 "우리를 평등하게 대우하는 민족과 함께 분투하자"는 유훈(遺訓)과 약소민족을 도와주는 혁명정신에 의거하여 당연히 즉각 한국을 확실하게 원조해야 한다.
   2) 한민족을 원조하는 가장 중요하고 가장 유력한 방법은 한국임시정부를 즉시 승인하는 것밖에 없다. 그리고 각 주요 동맹국들로 하여금 한국임시정부를 승인하도록 한다.

4. 중국이 응당 우선 먼저 한국임시정부를 승인해야 하는 주요한 이유와 작용

1) 한국임시정부는 1919년 3·1 대혁명시기에 생겨난 전체 민족혁명의 지도기구이며 조선을 통치하는 일본침략자들에 대한 유일한 적대기구이다.

2) 중국의 항전 이래 한국의 여러 주요한 혁명당파는 선후로 성명을 발표하여 한국임시정부를 옹호, 지지한다고 표명하였으며 대표를 파견하여 정부의 사업에 참가하였습니다. 임시정부는 최근 몇 차례의 의회를 통하여 한국의 여러 주요한 혁명당파의 중요한 대표들을 널리 받아들여 전체 민족을 일치단결시킬 수 있는 권위 있는 정부를 구성하였다.

3) 오늘의 한국임시정부는 다음과 같은 제36차 의정원 의회선언에서 말한 바와 같다. "대내로는 전체 민족의 반일운동을 지도하고, 대외로는 전체 민족의 의사와 권리를 대표하는 최고의 지도기구이다."

4) 한국의 여러 혁명당인 한국독립당, 조선민족혁명당, 조선민족해방동맹(한국공산당), 조선무정부주의자총연맹 및 재미한인의 각 단체는 연합하여 성명을 발표하여, 임시정부를 옹호하고 민족의 단결을 확실히 보장하며 반일혁명의 지휘중심을 확립한다고 하였다.

5) 임시정부가 승인되면 3천만 한민족의 반일정서는 더욱 높아지고, 단결은 더욱 견고해지고 확대되며, 반일 작업도 더욱 확대되고, 동맹국에 대한 공헌도 더욱 커진다.

6) 일본침략자들의 기만선전을 깨뜨린다. 특히 일본침략자들의 앞잡이와 괴뢰를 만들려 하는 모든 음모를 깨뜨린다.

7) 일본침략자들이 한국의 장정들을 징용하려는 간계를 분쇄하고, 군에 입대한 장정들에게 반전(反戰) 및 귀순을 촉진하여 일본침략자에게 중대한 타격을 준다.

8) 중한 두 민족의 혁명적 우의를 증진시키고, 두 민족의 전시와 전후 협력관계를 공고하게 한다.

9) 중국의 아시아 각국의 피압박민족 문제에 대한 발언권을 제고시킨다.

87. 대한민국 임시정부, 3·1절 23주년 기념대회 선언문

■ 1942년 3월 1일 중국 충칭(重慶)에서 임시정부 주관 하에 개최된 3·1절 23주년 기념대회 선언문. 총 7장. 여기에는 4장과 5장의 내용을 실었다. 국제사회에 한국의 독립, 임시정부의 승인, 한국의 27번째 참전국으로의 인정 등을 요구하고 있으며, 중국의 항일전선 장병을 위문하고 경의를 표시하는 내용이 결의되었다. 출전은 한국임시정부선전위원회 편, 조일문 역,『한국독립운동문류』(건국대학출판부, 1984), 56-85쪽.

이에 국경(國慶) 제23주기 3·1절 기념일을 맞이하여 삼가 삼천만 동포와 26개국 동맹민족에게 본정부의 목적과 임무를 선포하노니 우리 동포와 전세계 인류는 광명의 신세계를 열어서 대한민국으로 하여금 전후에 삼균제도를 실현할 수 있게 하기를 기원한다. (중략)

(4) 세계헌장과 망명정부

동포여! 우방이여! 소국 과민으로써 독립을 유지하고 있는 나라는 아직도 50여 개나 된다. 그 역사는 얕고, 그 민족은 적고, 그 땅은 좁고, 그 물자는 빈약하건만, 그들은 국제의 수풀 속에서 다른 나라와 말머리를 나란히 하여 달리고 있지 않은가. 최근 나치스의 발광적 살육전이 시작된 이래 네덜란드, 벨기에, 노르웨이, 폴란드, 체코슬로바키아, 그리스, 유고슬라비아 및 자유 프랑스 민족위원회 등은 이미 그 영토, 인민, 주권을 상실하였다. 그러나 1. 드골(Charles De Gaulle)의 민족위원회에 대해서는 1940년 6월에 먼저 영국이 드골을 자유 인민의 영수(領袖)로서 승인하고, 1941년 8월에는 영국정부가 비로소 이를 사실상의 정부로 승인하였다. 드골이 그 직권을 근동과 태평양 등지에서 행사하자 동년 11월 20일 이집트정부는 드골의 조직을 정식 승인했으며, 소련정부도 그 조직을 승인하고 군사협정까지 체결하였다. 2. 폴란드에 대해서는 소련정부와 폴란드 사이에 작년 7월 군사협정이 체결되어 소련 경내에서의 폴란드인의 무장참전이 허용되었다. 런던 망명 이후의 폴란드정부 관료는 7인, 국회의원은 24인에 불과했으나 영, 미, 소 등 제국은 솔선하여서 폴란드와 조약을 맺어 공동참전하고 동국으로 하여금 자국에서와 같이 정권을 행사하게 하였다. 3. 체코슬로바키아 임시정부에 대해서는 영국정부가 1940년 7월 21일 이를 정식 승인했다. 소련은 1941년 7월 8일 런던에서 소련 주영대사 마이스키(Ivan Mikhaylovich Mayskiy)*와 체코슬로바키아 외무장관 마사리크(Jan Garrigue Masaryk)*가 양국을 대표하여 상호원조협정을 체결하였다. 그 협정에서 소련은 자국 경내에서 체코슬로바키아 국민군의 조직을 허용하였고, 사절을 상호교환하고 또한 소련정부는 폴란드, 체코슬로바키아 및 기타 피정복국가로 하여금 그 자유를 회복하도록 할 것을 결정한 원칙을 선도하였다. 이에 따라 체코슬로바키아는 이미 페얼린거를 주소(駐蘇)공사로 파견하였다. 영국정부는 소련·체코슬로바키아 간에 상호원조협정을 체결한 1941년 7월 18일에 뒤이어 외상 이든(Robert Anthony Eden)*이 체코슬로바키아 총리 마사리크를 접견하여 판

Ivan Mikhaylovich Mayskiy (1884~1885) 소련의 외교관이자 정치인. 역사가.

Jan Garrigue Masaryk (1886~1948) 체코의 외교관이자 정치인. 체코 건국의 아버지인 토마시 가리크 마사리크의 아들로서 체코 망명정부의 외교부 장관이자, 체코슬로바키아의 창립자. 공산당의 선거 승리 이후 의문의 자살을 한다.

Robert Anthony Eden (1897~1977) 영국의 정치가. 체임벌린 정부와 처칠 정부 외무장관(1935~38, 1940~45, 1951~55)

골스를 주(駐)체코슬로바키아 영국공사로 임명하기로 결정하였다고 선언했다. 중국정부 외교부장 궈타이치(郭泰琪)* 씨는 1941년 8월 26일 런던에서 조직한 체코슬로바키아 정부를 승인할 것을 정식으로 발표하였다. 소련정부는 1941년 9월 27일 소련 체코슬로바키아 양국의 최고 통사부(統師部) 간에 군사협정을 맺게 했다. 소련의 와이시초프 대장과 체코슬로바키아의 피카 대령이 양국을 대표하여 서명했다. 미국정부는 1941년 7월 30일 국무성으로부터 런던에 망명 중인 체코슬로바키아 정부, 즉 베네슈(Edvard Beneš) 총통 주재하의 체코슬로바키아 정부를 승인한다고 선포했다. 4. 노르웨이 정부에 대해서는 영국 국회가 런던에서 계속 정부직권을 행사하도록 허용했다. 덴마크 국회, 이탈리아 자유위원회, 런던 주재 루마니아 항독위원회는 1941년에 성립되었으나 아직 임시정부를 조직할 단계에는 이르지 못하였다. 5. 벨기에 정부에 대해서는 비록 그 황제가 독일인의 포로가 되었다고는 하나, 식민지 인민들이 주영정부를 옹호하고 있으므로 영국은 그들을 영국 측의 작전에 참가시키고 있다. 6. 네덜란드 정부는 1940년 5월 여왕을 따라 영국 런던에 옴으로써 본국 통치권을 상실하였으나 속지 인민의 지지를 획득함으로써 각국과의 사이에 외교사절 교환협정을 정식 체결하여 평시와 다름없이 활동하고 있다. 7. 시리아에 대해서는 영국과 자유 프랑스가 그 영토의 완정(完整)에 관한 보장을 하였고, 1941년 7월 1일 연합국은 그 지위가 이집트와 대등하다는 선언을 발표하였다. 인도동맹이 런던에서 시위를 벌여 독립을 요구한 것은 1942년 1월 24일의 일이었다. 이에 대하여 영국 요인들은 자치를 허용할 것을 강조했다. 1942년 1월 12일에는 런던의 9개 망명정부가 회합하여 전후의 범죄자 처벌조례를 결정하였다. 1942년 1월 15일에는 미국정부와 망명정부와의 회담에서 몇몇 망명정부의 워싱턴 이주문제가 논의되었다.

이상을 종합하건대 망명정부의 지위와 동태는 나날이 활발해지고 그 성가(聲價)는 높아지고 있다. 1942년 1월 1일에는 드디어 26개국으로써 '민족동맹'을 결성하여 선언을 발표하기에 이르렀다. 본 정부는 마땅히 그 가입 요청을 받았어야 할 것이며, 누차에 걸쳐 참가의 뜻을 밝힌 바 있다. 본 정부는 머지않아 그 뜻이 실현될 것으로 믿는 바이나, 26개국 당국의 극동정세에 대한 인식이 매우 모호함을 유감으로 여기지 않을 수 없다. 1. 성립 연수로 말하자면 한국정부는 유럽의 여러 망명정부보다 앞선다. 2. 인구문제로 말하면 한국민족은 다른 작은 나라에 비하여 10여 배나 더 많다. 3. 전투력으로 말하면 한국독립군의 30여 년에 걸친 영용한 전적은 오히려 그리스인의 항독전적을 능가할 만하다. 4. 시국의 형세로 말하면 한국의 시급한 필요가 무장과 인적 동원임은 누구나

과 처칠 정부 부총리, 처칠의 뒤를 이어 총리(1955~1957)를 역임.
郭泰祺 1912년 국민당에 가입하여, 리위안훙(黎元洪)과 쑨원(孫文)의 기밀담당비서와 고문을 지냄. 1932년 외교부 차장으로서, 상하이 통치를 둘러싼 중국군과 일본군 간의 전투를 휴전시키고자 상하이에서 조인된 정전 협의에서 중국 측 수석대표를 맡음. 1932~1941년 영국대사와 1932~1938년 국제연맹의 중국 대표를 겸임하면서 일본의 중국 침략문제와 관련하여 중국에 대한 구체적인 지원을 얻으려고 노력함. 1941년 7~12월 외무장관, 1946년 2월~1947년 12월 유엔 안전보장이사회의 의장을 맡음.

다 알고 있는 사실이다. 참으로 일본의 무기를 격파하는 것은 삼천만의 육탄뿐이며 이것으로써 싸워서 적의 심장을 꿰뚫은 다음에야 태평양의 퇴세(頹勢)는 만회할 수 있으며 중국의 반공(反攻)도 그 전면적 성공을 기대할 수 있다. 5. 본 정부는 밖으로 교민 전체의 옹호를 받고, 안으로 국민의 중망(重望)을 짊어지고 있다는 데에 바로 그 특질이 있다. 6. 정부의 중추를 이루는 것은 건실 자중하며 수십 년의 혁명 역사를 쌓고 신망이 두텁고 맡은 직분에 충실한 인사들이다. 7. 정부의 승인은 사실상 정부의 자격과 조건에 달려 있는바, 본 정부는 다른 망명정부에 비하여 조금도 손색이 없다. 8. 한국이 동맹국에 대하여 공헌할 수 있는 가치와 역량은 과소평가될 수 없다. 그러한 과소평가는 의외의 손실을 초래하고 대국(大局)에 영향을 미칠 수 있기 때문이다. 그러므로 본정부가 동맹국의 공동승인을 요구하는 것은 매우 당연하고도 합리적인 일이다. 이하로써 따질지라도 위와 같거늘, 하물며 루스벨트 처칠 선언이 이미 우방들에게 위명(威名)을 떨치고 '세계헌장'으로 불리게 되었을 뿐만 아니라, 다른 나라의 책임 있는 대표들이 이에 서명함으로써 '금석지맹'(金石之盟)으로 여겨지기에 이르렀어라! 이에 그 헌장을 인용하여 한국정부가 마땅히 향수할 권리를 지적함과 아울러 헌장에 서명한 맹우들이 한국정부에 대하여 마땅히 이행해야 할 의무를 밝힌다.

1. 서언에 이르기를 "무기대여법에 의하여 무기를 영국 및 모든 반침략국가와 각국의 전 무장부대에게 공급한다"고 하였으니, 한국정부도 마땅히 정당한 참전권리를 행사하여야 하고, 중·소·영·네덜란드와 같이 한국에도 무기대여법을 적용해 줄 것을 요구한다. 미국의 중국 및 영국에 대한 물자와 현금공급은 마땅히 한국에도 적용되어야 하며 거기에는 어떤 차별도 있을 수 없다. 만일 5억 인구의 중국이 미화 5억 불 이상을 획득한다면 3천만 인구의 한국은 당연히 미화 3천만 불 이상은 요구할 권리가 있다. 오늘의 전국은 승패의 중대요인이 인력 보충 여하에 달려 있는 만큼 인구문제는 참전능력과 승부를 가름하는 한 조건이 아니 될 수 없다.

2. 제2조에는 "관련 제민족의 자유의사에 의한 동의를 거치지 않은 영토변경에 대하여 양국은 그 실현을 원치 않는다"고 규정하고 있다. 1910년 8월 29일 전 한국 영토는 한국 민족의 자유의사에 의한 동의 없이 일본에게 강제 점령당하고 영토 변경의 결과를 가져왔다. 따라서 영미 양국과 선언에 서명한 제국(諸國)은 사실상 및 법률상 이미 명백히 한국독립의 승인을 표시한 셈이다. 이미 승인의 의사를 표시하였을진대 마땅히 승인의 절차를 밟아야 할 것이다. 예컨대 동맹 가입을 인정하거나, 무기대여를 인정하거나 또는 외교적 경로를 통하여 교섭을 진행시키거나 사절을 파견하는 것과 같은 것은 모두 승인에 필요한

한 방법이 될 것이다. 이에 본 정부는 동맹 각국에 대하여 마땅히 향수하여야 할 권리를 요구하는 바이다.

3. 제3조에는 "양국은 각 민족이 그 생존을 의지할 정부형태를 자유로히 결정하는 권리를 존중하며 만일 어떤 민족이 함부로 권리의 박탈을 당할 때에는 양국은 그 원래의 주권과 자주정부를 회복하기를 원한다"고 규정하고 있다. 1905년 11월 17일 한국에서는 그 생존을 의지하고 있는 정부가 함부로 일본의 박탈을 당하였다. 이에 한국민족은 24년 전, 즉 1919년 3월 1일 독립을 선포하고 '그 생존을 의지할 정부형태를 자유로이 결정하는 권리'를 실행하였다. 즉 우리는 대한민국의 민주정체를 건립하고 임시정부를 조직하였으니, 이는 소위 '주권과 민주정부를 회복하는' 정당한 운동의 진행이었다. 선언에 서명한 맹우들이 이미 '존중'의 의사표시를 했을 분만 아니라 한걸음 더 나아가 '양국은 그 원래의 주권과 자주정부를 회복하기를 원한다'고 한 이상, 한국 임시정부의 요구조건은 마땅히 존중되어야 한다. 즉 '원래의 주권과 자주정부를 회복하기 위하여' 한국 임시정부의 정당한 요구에 대한 서명국가의 뜻을 실천에 옮길 준비를 갖추어야 한다. 만약 주저, 방황, 인순(因循), 고식(姑息), 회의 등에 사로잡힐진대, 이는 필경 헌장을 위반하고 서명의 본의를 말살하는 것이다. 그러므로 본 정부는 서명국가들에게 재삼 주의를 환기하여 하루빨리 그 의무의 실행에 충실하기를 촉구한다.

4. 26개국 선언에 의하면 "물자는 상호 유용(流用)하며 단독강화를 금한다"고 한다. 한국정부는 일본에 선전하고 교전을 계속하기를 수십 년이 지났다. 단독으로 대일항전을 하되, 한 번도 단독강화를 꾀한 일은 없다. 장래도 또한 그러할 것이다. 한국정부는 기필코 단독 불강화의 의무를 이행할 것을 확신한다. 따라서 본 정부는 당연히 동맹국 중 몇 국가에 대하여 본정부가 필요로 하는 물자를 요구한다. 만일 신빙성 없는 이유를 들어 한국에 대한 물자공급을 거절한다면 이는 곧 헌장 위반이 된다.

본 정부는 소·독 전쟁에 즈음하여 독일과 일본에 선전포고를 하지 못하고 또 참전의 기회를 잃었으나 금년 1월 9일에 이르러서는 독일과 일본에게 정식으로 선전을 포고했다. 따라서 한국은 사실상 동맹군의 한 가지를 이루고 있다. 우리는 영용 선전하는 동맹국과 어깨를 나란히 하여 작전에 참가함으로서 최후 승리의 날을 맞고자 할 뿐이다.

(5) 민족문제와 자결원칙

경애하는 동포여! 이제 3·1절 국경일을 맞이하여 우리 동포와 더불어 민족문제에 관한 공도응인을 갖고자 한다. 어떤 국가들은 '오만자대(傲慢自大)하여 다른 민족을 능멸'하는 완고한 생각으로써 민족주의를 오해하고 있다. 어떤 국가들은 '다른 민족을 살벌(殺伐)하고 이웃 나라를 통제'함으로써 민족주의를 오인하고 있다. 어떤 국가들은 '다른 민족이 가지고 있는 특질을 소멸시켜서 자기 민족에게 동화' 시킴으로써 민족주의를 오인하고 있다. 어떤 국가들은 '다른 민족에 대한 보복과 설치(雪恥)'로써 민족주의를 오인하고 있다. 어떤 국가들은 '국가 평등을 목적으로 하는 대외투쟁과 민족평등을 목적으로 하는 대내투쟁'으로써 민족주의를 잘못 인용하고 있다. 어떤 민족은 자본주의의 발전단계에서 상업자유, 세계시장 및 생활방법의 통일 등에 의거하여 부득불 지방민족의 고립과 쇄국주의를 타파하고 물질적·정신적 생산을 높임으로써 민족과 민족의 교역을 증가하고 그 상호 의존성을 강화하여 민족의 방어선을 돌파하는 반면 국제적 연결을 확대하여 왔다. 그러나 이윤의 추구와 경쟁에 조급한 결과는 국제적 연결에 파탄을 초래하고 소위 최고 단계의 독점 자본주의를 형성한다. 그렇게 되면 이윤 증가를 위하여 반드시 국외의 약소국가를 찾게 되니, 그 첫째는 국내에서 축적한 자본의 투자지를 얻기 위함이요, 둘째는 값싼 노동력의 공급지를 얻기 위함이요, 셋째는 원료의 공급지를 얻기 위함이다. 이렇게 하여 어떤 강대한 제국주의 국가는 필연적으로 많은 약소국가들의 민족을 유인하여 그들을 자기에게 예속시키고 종내 그들을 민족지 또는 반(半)식민지화한다. 비록 이러한 지역에서는 자본주의의 발전이 기도될 수 있다고 하나, 동시에 그 식민지의 궁핍과 반항을 도발 조장한다. 이 두 원인으로 말미암아 제국주의 시대의 민족문제는 반제국주의 운동으로 변모하여 대두되지 않을 수 없다. 이것이 초기의 민족문제와 본질상 다른 점이다. 그런데 이와 같은 민족문제는 세계 제1차 대전 직후부터 급속도의 발전상을 나타내었다. 한국의 일본에 대한 강렬한 반대 등도 그 일례에 속한다. 그러나 본 정부의 민족에 대한 인식은 이와는 다르다. 이른바 '민족'이란 일정한 구성요소를 가지는 것이다. 공동의 언어와 문자, 국토, 주권, 경제, 문화 및 민족정기가 그것이다. 그중 하나가 부족할지라도 그 민족 고유의 요소를 상실한 것이며, 따라서 불완전한 민족으로 화한다. 전체를 갖추지 못할 때에는 이미 한 민족의 본질을 상실하고 다른 민족으로 변하게 된다. 가령 한족의 언어가 타족(他族)에 의하여 말살되고, 한족의 문자가 타족에게 정복되어 사용할 수 없게 되고, 한족의 국토가 타족에게 강점되어 그 자유수호와 이용권을 잃게 되고, 한족의 주권이 타족의 침탈을 당하여 대내외적으로 활동할 수 없게 되고, 한족의 문화가 타족의 유린하에 버려지거나 잊혀지게 되고, 한족의 정기가 타족에게 짓밟히고 능욕당하여 감히 발휘할 수 없게 되면 비록 민족의 몸집과 목숨을 부지한다 하더라도 그것은 일군의 시체의 행렬에 불과하다. 그것은 또한 인종학상의 한 형태일 뿐, 어찌 완전한 민족으로 자체할 수 있으랴! 한 민족이 그 민족을 구성하는 하나하나의 요소에 대한 귀중한 가치를 느끼는 것은 마치 사람이 그 사지와 육부(六腑)에 대하여 가지는 감각과도 같다. 민족요소 중 어느 하나를 잃는 것은 마치 사지의 일부를 잃는 것과 같이 느껴지니 이것이 곧 민족의 자각성이다. 이러한 자각성이 있음으로서 비로소 민족은 윤멸(淪滅) 도태의 화를 면할 수 있다. 이러한 자각이 있음으로써 비로소 동족 간에 서로 단결하고, 단결이 있음으로써 비로소 견고한 조직체로 뭉치고 타족의 침략과 병탄을 막을 수 있다. 그러므로 민족주의라 하는 것은 민족의 요소를 일컬음이 아니라 무엇보다도 그 자각성과 단결력을 일컫는다. 하나를 결하더라도 민족주의는 이루어지지 않으니 이는 마치 인체가 사지와 육부를 갖추었다 하더라도 이지(理智)와 원기를 잃으면 감각 없는 인간이 되는 것과 같다. 그러한 인간은 불구자이다. 민족도 또한 그러하다.

만일 민족이 자각성과 단결력을 가지지 못할 때에는 사람들은 이를 민족의 불구자라 부를 것이다. 하물며 많은 고유요소를 상실하고 또한 자각과 단결마저 갖추지 못함에 이르러서랴! 우리 한국민족의 요소는 단조(檀朝)에 이미 갖추어졌으며, 민족주의는 수천 년 동안 진행 발전되어 오다가, 신라 화랑시대에 그 뿌리를 내리고, 고려 태조 때 그 줄기를 형성하였고, 이조 세종 때 그 열매를 맺었다. 3·1절 독립선언에 이르러서는 그 절정을 이루었다. 다시 말하면 3·1에 이르는 위대한 동력은 수천년래의 민족주의의 진전에 유래되지 않음이 없다. 본정부의 민족문제에 대한 해석은 매우 간단하고도 명백하다. 그것은 한마디로 말하면 "삼균제도의 실행을 위하여 모든 민족적 요소를 회복할 것을 주장한다." 삼균제도란 정치적으로 인민에게 균등한 참정권을 주고, 경제적으로 인민에게 균등한 수익권을 주고, 교육적으로 인민에게 균등한 수학권을 주는 것이다. 민족의 요소란 영토·주권·문언(文言)·경제·문화 및 정기이다. 하나하나의 민족으로 하여금 모든 요소를 회복할 수 있게 하고 인민에게 정치·경제·교육의 균등을 실현하도록 하는 것이 바로 삼균제도 하의 민족문제의 해결이다. 이에 본정부는 다시 '민족자결'의 의의를 다음과 같이 해석한다. 돌이켜 보면 23년 전 수백만 동포가 분기하여 혈전을 벌였으니, 이는 모두 민족자결주의에 의하여 발휘된 것이다. 그 의의를 구명함에 있어서 먼저 그 동기를 살펴보면 이는 한 민족의 타족으로부터의 압박에 있으며, 그 형태를 살펴보면 이는 피압박민족과 압박자간의 첨예한 대립에 있으며, 그 원칙을 살펴보면 이는 1. 스스로 해방을 이룩하고 나아가 타족의 이용을 받지 않으며, 2. 민족 이익으로써 본위를 삼는 데에 있다. 이에 우리 한족의 정세를 고찰하면 그것은 바로 민족자결의 본의와 부합된다. 또한 민족자결주의는 19세기 이래 독일과 이탈리아의 두 민족 국가가 그 성립요건으로서 의거했던 것이다. 제1차 세계대전 당시에는 구주의 15개 부속 민족이 민족자결을 호소하였다. 1919년에 프랑스가 약소민족 대표회의를 소집하자 이들 협약국은 '민족권리 선언'을 발표하여 "민족의 차이와 대립은 진보를 위한 값진 조건이다. 어떤 민족이나 그 성립이 동족, 공동의 관습, 공동의 언어에 의존하든 안하든, 또는 그 성립의 원인이 다른 인종단체 간의 자원(自願)에 의한 연합이든 아니든, 모두 그 자신을 자유롭게 처리할 권리를 가지며 어떤 영토도 민족의 의사와 이익에 반하여 합병되거나 변경될 수 없다"고 하였다. 동시에 협약국은 윌슨의 질문에 답하여 "약소민족의 독립을 위하여 싸울 것이다"라고 선언하였다. 윌슨은 누차의 성명을 통하여 "어떤 나라도 그 정권을 다른 나라나 다른 민족에게 뻗칠 수는 없다. 모든 민족은 대소 강약을 막론하고 방해나 위협을 받아서는 안 된다. 아무런 두려움 없이 그 자신의 정치적 생활과 발전노선에 대하여 스스로의 결정을 내릴 수 있다. 민족이 살고 있는 토지는 물품으로 간주될 수 없으며, 국가 간에 서로 주고받거나 인민의 동의 없이 변경되어서는 안 됩니다. 오늘의 정치인들이 이와 같은 민족의 자결권을 경시하는 결과는 틀림없이 실패를 자초하고 말 것이다"라고 하였다. 그러나 미국 상원의 대다수 의원은 파리협정에서의 민족자결 원칙의 채택을 보류할 것을 주장하였다. 이의 대다수 의원은 파리협정에서의 민족자결 원칙의 채택을 보류할 것을 주장하였다. 이것이 미국의 민족자결에 대한 태도였다. 소련도 민족자결을 고창하였으니, 그들은 1917년의 혁명선언에서 민족자결권을 확인하였을 뿐만 아니라, 실제로 약소민족에 대한 자결권을 실행토록 하였다. 예컨대 발트해 연해 4개국에 대한 경우가 그러하다. 그들은 1922년 에스토니아에 대한 선언에서 "모든 민족은 그 자신의 운명을 스스로 결정하고 본래 귀속되어 있던 국가로부터 완전히 이탈할 수 있는 권리를 보유하고 있다"고 하였다. 이것이 소련의 민족자결에 대한 태도이다. 요컨대 민족자결의 원칙은 이미 전 인류의 환영을 받게 되었다. 3·1절의 한 원소도 민족자결주의에 있었으며, 그에 의하여 고무 발동되었다. 이에 본 정부는 민족자결주의와 한국 독립선언은 일맥상통하는 중대의의를 가지는 것이라고 본다. 한국 독립선언서에 의하면 "아조선의 독립국임과 조선인의 자주민임을 선언하노라"하였다. 이것은 독립선언의 벽두(壁頭)에 내세운 대문자이다. 또한 한국 민족이 자결권을 실행한 최초의 장엄한 행동표시였다. 본래 민족자결의 원칙은 다음의 세 방면의 결정권을 가지는 것이다. 1. 소속국가로부터 자유로운 이탈을 결정할 수 있는 권리 2. 이탈한 민족은 자유로운 건국을 결정할 수 있는 권리 3. 이탈한 민족은 정치, 외교, 군사 등 자유로운 건국강령을 결정할 수 있으며 다시는 타국에 부속되지 않는 권리가 그것이다. 이 3종 실권의 자유로운 결정과 행사야말로 민족자결주의의 본질적 의의이다. 독립선언서에 "조선의 독립국임을…" 한 것은 1, 2의 권리를 포함한 것임을 볼 수 있다. 즉 이 구절은 일본으로부터의 이탈과 대한민국의 건립권을 주장한 것이다. 선언서에 "조선민족의 자주민임을…" 한 것은 3의 권리를 나타낸 것이다. 즉 한국 전체민중은 자유민족의 자격으로써 정치·군사·외교 등 국가에 필요한 모든 활동을 충실히 이행하고, 또한 자유의사에 의하여 건국강령을 결정하되 결코 타국에 부속되거나 의존하는 열악한 행동을 거듭하지 않을 것을 다짐하였다. 이것으로 보아 독립선언서는 곧 민족자결의 대의를 선언한 것임을 알 수 있다. 민족자결의 원칙은 한국민족의 독립운동과 서로 부합되는 것이다. 그 일치는 같은 문구를 차용하거나 시대풍조에 편승한 때문이 아니라, 실로 5천 년 민족정기가 일관 불변하고, 울연히 결합하여 하나로 화하고 자유자재하던 끝에 적기에 촉발한 것이다. 또한 순국열사의 벽혈(碧血)과 독립의 대문장의 선언과 천지를 움직이고 귀신을 눈물짓게 한 민족영웅으로써 이룩된 것이다. 이와 같은 정기가 원사(元師)로 되고 특히 민족자결주의가 그 전투의 한 장비로 되었던 것이다. 위에서 지적한 바와 같이 민족자결주의와 3·1절은 중대한 관계를 가지고 있다. 그러므로 본 정부는 수십 년 동안 우리 민족과 타국 민족에 대하여 언제나 민족자결을 본보기로 내세웠다. 본 정부는 장차 극동 민족, 예컨대 대만·필리핀·하와이·월남·태국·버마·인도 등 피압박 피점령의 모든 동아민족이 반드시 구미의 망명 민족정부가 획득한 자유 독립과 같은 지위 및 복리를 누리게 될 것이며, 다시는 강대한 이웃 나라의 횡포와 침략을 받지 않을 것을 확신한다. 이것이 바로 본 정부의 극동 민족에 대한 간절한 소망이다.

88. 재중국 자유한인대회 선언

■ 한국독립당, 조선민족혁명당 등 중국에 있는 혁명단체연합의 주최로 1943년 5월 10일에 열린 자유한인대회 선언문. 한국민족이 전후에 독립국가 생활의 권리와 능력, 면모를 회복해야 함을 설명하면서, 중, 소, 영, 미 등이 대서양헌장의 민족자결원칙을 한국에 적용하여 독립운동을 원조해야 할 것을 주장한다. 출

한국 각 혁명단체연합

반(反)침략주의를 펴고 있는 전 세계의 각 나라 정부 및 인민들이여!

전 세계 피압박 민족 및 모든 반(反)파시즘 인사들이여!

이 세계의 반(反)침략 세계대전이 이미 승리의 단계로 접어들고, 각 주요 동맹국가들이 전후 세계의 평화 문제를 서로 토론하고 있는 때에, 우리 한국의 각 혁명집단 및 중국에 있는 전체 자유 한인들은 삼가 지고(至高)하고 신성한

전은 한국독립운동사 정보시스템(http://search.i815.or.kr).

반침략주의 민족의 우정으로서 그대들을 향해 거듭 한국이 응당 독립국임과 한족이 응당 자유민임을 선포한다. 동시에 지금 현재 및 전후 한국의 국제적인 지위 문제에 관하여 그대들에게 가장 간절한 정의의 외침을 보낸다.

여러분 모두 알다시피, 한국이 1910년에 일본 침략자에 의해 강압적으로 병탄된 이래 3천만 한민족은 처음부터 끝까지 일본 침략자들의 무력에 의해 조성된 국면에 반대해 왔고, 계속적으로 전 민족적인 반일 유혈투쟁을 실행하여 국가의 독립을 얻으려고 노력해 왔다. 마침내 1919년 파리 평화회의 때 우리 한민족은 전국적인 반일 대혁명을 일으켜, 일본의 통치에 반대하고 아울러 한국의 독립을 선포하였다. 한편으로 한국 임시정부를 조직하여 반일투쟁을 확대하고, 다른 한편으로 전 세계 각 나라를 향해 정의를 지지할 것을 요구하고 민족자결의 원칙을 한국에 적용할 것을 요구하였다. 그러나 당시 관련된 각 나라 정부 모두 한국의 독립을 원조하지 않았고, 한국 민족이 봉기하게 된 정의의 깃발을 외면한 채, 계속해서 일본 침략자들의 제멋대로의 억압과 탄압을 받게 하여, 일본의 중국침략전쟁과 이번의 세계대전이라는 재앙의 씨앗을 심어 놓았다. 이번 중일전쟁 및 태평양전쟁이 발발한 이후에 전 민족의 여러 계급, 여러 당파가 모두 한국 임시정부의 주위에서 통일 단결하여 국내외를 막론하고 심각하고도 맹렬한 반일투쟁을 진행하고 있다. 여기에서 우리는 이번 전쟁의 결과로 일본 침략자들은 반드시 패망할 것이며, 한국은 반드시 절대적으로 완전한 독립을 얻을 수 있다는 것을 단호하게 서로 믿고 있다. 이러한 완전한 독립은 진실로 전체 한민족의 일치단결된 요구이며, 더욱이 과거 수십 년 동안 1천1백만 한인이 두뇌와 뜨거운 피로 바꿔 얻은 신성한 대가이다. 어떠한 형식의 세력이라도 이러한 신성한 대가를 간섭하거나 침범할 수가 없다. 더욱이 태평양 전쟁 발발 이후 중국의 최고 지도자 장제스 위원장과 입법원장 쑨저성(孫哲生)* 선생 및 기타의 정치지도자들은 여러 차례 한국의 독립을 원조할 것을 성명하였으며, 미국의 루스벨트 대통령과 야넬* 선생과 래티모어* 선생 및 기타 여러 지식 인사들도 한두 차례 한국은 독립이 반드시 필요하다고 주장하였다. 이렇게 우리의 독립은 더욱더 동맹국의 강력한 보장을 획득하였다.

孫哲生 쑨커(孫科, 1891~1973) 쑨원의 장자로, 행정원, 입법원장 등을 역임.

야넬 미국 해군 제독인 해리 야넬(Harry E. Yarnell, 1875~1959)을 칭함.

래티모어 미국의 저널리스트 겸 아시아 연구가인 오웬 래티모어(Owen Lattimore, 1900~1989)를 칭함.

그러나 작년 여름 이래로 주요 동맹국, 특히 영국과 미국의 극소수의 정치 논객들은 저 적들의 기만선전에 오도되어 한국의 실재적인 역량에 대해 정확하게 인식할 수 없었기 때문에 전후의 원동(遠東)지역 문제를 토론할 때에 한국 문제와 관련하여 자주 극단적으로 잘못된 언론을 발표하였다. 가장 두드러진 사례는 미국에서 출판되는 『포춘』(*Fortune*), 『라이프』(*Life*), 『타임스』(*Times*), 『아시아』(*Asia*) 잡지에서 마침내 공공연하게 한국을 모욕하는 문장을 싣고 한국이 전후에 응당 국제적 신탁통치(International Guardship)에 소속되어야 한다는 등의 말을 하였다. 이러한 종류의 언론은 전우(戰友)를 모독하고 멸시하는 것일 뿐만 아니라 적들에게도 유리한 것이다. 더욱이 대서양 헌장의 정신 및 동맹국의 대일 전략 방침에 위배되는 것이다. 이 때문에 한국의 혁명인사들은 일찍이 글을 지어 반박한 적이 있다. 그러나 최근에 이르러 미국 시카고[芝加哥]의 『*Sun*지[太陽報]』 런던[倫敦] 특파원은 이번의 영국 미국의 정치 지도자들이 워싱턴[華盛頓] 회담에서 전후의 원동(遠東) 문제를 토의한 소식 한 가지를 발표하였는데, 그 가운데 한국 문제와 관련하여 지극히 잘못된 결정을 내렸다. 말에 따르면, 전후의 한국은 독립 이전에 잠시 국제사회의 보호기간을 거친다는 것인데, 이 소식은 이미 중앙사(中央社)* 4월 27일 워싱턴 발 특별전문을 통해 충칭(重慶)의 각 신문에서도 발표되었다. 우리가 보기에 영국과 미국의 정치지도자들이 부인 성명을 하기 이전이지만 이 소식이 자못 그 근거가 있다고 여겨진다. 현재 우리는 이 소식에 근거하여 정중하게 우리의 전후 한국문제에 관련된 입장과 태도를 발표한다.

중앙사(中央社) 중국 국민당의 중앙통신사.

제1, 한국 민족의 일치되고도 단호한 요구는 곧 절대적으로 완전한 독립과 자유이다. 어떠한 국가의 또는 어떠한 국제적인 간섭과 보호, 공동관리라도 단호한 반대에 직면할 것이다. 한국 민족은 5천년의 유구한 문화와 역사를 가지고 있으며 스스로 오랫동안 국가생활을 영위해 왔던 민족이다. 전후의 새로운 평화의 세기에 응당 완전히 독립된 국가생활을 향유할 권리와 능력이 있다.

제2, 한국은 8만여 평방미터의 국토가 있으며, 3천만의 인구가 있고, 매우 풍부한 생산물들이 있는데다가 현대적인 공업 시설들이 있어서, 전후의 동맹국 간의 평등하고 호혜적인 상호 원조의 조건 아래서라면 매우 빠르게 강성한 민족국가를 건립할 수가 있으며, 결코 다시는 어떠한 세력의 침탈도 용납하지 않을 것이다.

제3, 목전에 전체 한족이 적극적으로 항일투쟁을 했을 때, 동맹국들은 응당 전후의 한국의 완전한 독립을 선포하고, 그들의 전투감정과 전투행동을 빌려 독려하고 동원해야 함에도 불구하고 막 서로 반대되게 이른바 국제보호라는 소식을 만들어 유포시킨다면, 그들로 하여금 동맹국들에 대한 신임을 잃게 만들고, 아울러 그들의 전투에 대한 적극성을 떨어뜨리고 동시에 적들에게 이간책을 획책할 기회를 줄 가능성이 있다.

제4, 한국은 원동(遠東)이라는 정치지리적 위치에서 실제로 가장 중요한 위상을 차지하고 있다. 다시 말해서, 한국의 독립 또는 패망은 원동 지역 평화의 유지와 파괴를 결정짓는다. 과거에도 이러하였고 장래에도 또한 틀림없이 이와 같을 것이다. 그래서 전후 한국의 완전한 독립은 장차 원동 지역 내지는 태평양 지역 평화의 완전성을 보장할 것이다.

마지막으로, 우리 한국의 각 혁명단체 및 중국 지역에 있는 전체 자유 한인들은 단호히 서로를 신뢰하고 있으며, 전 세계의 평화를 사랑하는 정의로운 인사들도 반드시 우리의 입장을 이해하고 찬동할 것이다. 더욱이 중국, 소련 영국, 미국 등 주요 동맹국의 정치 지도자들은 반드시 대서양헌장 중의 민족자결의 원칙을 한국에 적용해야 하며, 전시와 전후에 반드시 한국 민족의 독립과 자주의 운동을 원조해야 한다. 동시에 우리의 간절한 희망은 관련된 동맹국 정부가 위에서 기술한 이른바 국제보호라는 문제에 대해 가급적 빠른 시기에 부인 성명을 하고, 아울러 전후 한국의 완전한 독립을 선포해야 한다는 것이다. 동시에 즉각 한국의 임시정부를 승인하여, 우리 한국 민족이 주요 동맹국에 대한 신임을 강화하도록 하며, 아울러 우리 3천만 한족으로 하여금 더욱더 맹렬하게 항일전쟁을 진행케 하여 반(反)침략전쟁의 최후 승리를 앞당기고 진정한 세계의 평화를 다져야 한다.

한국독립당
조선민족혁명당
조선민족해방동맹
조선무정부주의자 총연맹
한국애국부인회
한국청년회
대한민국 25년 5월 10일
서력 1943년 5월 10일

89. 조소앙, 전후 문제 중 한국에 관한 풍설을 반박함

■ 임시정부 외무부장 조소앙이 작성한 『신한민보』 1943년 7월 1일자 사설. 미국이 카이로 선언 중 한국독립에 관한 약속을 '적당한 시기'로 표현한 한국 신탁통치안을 구성하고 영미 간에서 합의를 이루고자 하는 데 대해 임시정부는 중국 언론기관에 논문을 게재하는 등 반대활동을 전개했는데, 그 일환으로 작성된 글이 발표된 것이다.

이 반박문은 임시정부 외무부로서 발표하였을 뿐 아니라 중국 각 신문에도 게재되었다. 또 미국 어떤 신문에서는 이 반박문이 발표된 것을 알고 그 신문에 게재하기를, 충칭(重慶)에 있는 한국 임시정부는 전후 계획에 한국이 절대 독립하여야 할 것을 강경히 주장하였다 하였다. 본래 이 원문은 중국 신문에 발표하기를 유력하였기 때문에 순한문으로 된 것을 홍언* 선생이 번역하였다.

태평양전쟁이 폭발한 후로부터 전후 세계 문제에 대한 각방 인사의 발표한 의견과 의안이 자못 많고 그 가운데 한국 문제에 관한 자도 또한 적지 아니하며 모두 한국 장래를 위하여 생각함이 있거늘 뜻도 못한 근래 미국으로부터 오는 소식을 듣건대 어느 신문지에 게재된 전후 계획은 장차 한국을 가져 국제공관(즉 위임통치) 하에 둘 터이라고 하였다. 이것이 정식 보고가 아니오, 일종 풍설에 불과한 것을 반박할 필요가 없지만은 다만 우리 민족이 반드시 마땅히 자립할 것과 또 연맹국의 전략과 전후 원동 평화 보장을 위하여 정중히 성명(聲明)하는 것은 전후 한국은 당연히 완전 독립을 가져야 하고 결코 국제공관 하에 두어 위임통치를 받게 할 수 없는 것이며, 그 이유를 들면 아래와 같다.

1. 한국은 구만방리(九萬方里) 토지와 이천삼백만의 인민을 가졌고, 아주(亞洲)에서 독립자존한 지가 벌써 5천 년이다. 오랜 문화와 풍부한 물산과 본신 능력이 넉넉한 민주국가를 건설하여 자립자강하여 원동(遠東)의 평화를 보존할 수 있다.
2. 이 까닭에 향자 한국의 독립주권이 일본의 침탈을 입은 후로부터 당당한 독립국민이 이민족의 통치를 받는 것을 달게 여기지 아니하여 왜적과 피를 흘리며 싸워 왔음이 지금까지 38년에 계속 분투하며 뜻이 조금도 꺾이지 않는 유일한 목적은 다만 완전독립을 회복하는 데 있다.
3. 대서양 약장은 벌써 전후 세계 각 민족이 다 같이 자결을 얻어 4대 자유를 누릴 것을 정해 놓았고 루스벨트 대통령은 이 약장을 반드시 실행할 것을 제삼 성명하였다. 이제 연맹국의 신용과 맹세의 보존을 위하여 축심과 왜적을 박멸하는 날에 당연히 한국의 독립주권을 가져 한인에게 돌려야 하고 결코 한인으로 하여금 독립을 얻지 못하고 그대로 남의 통치하에 있게는 할 수 없는 것이다.
4. 종래 원동의 화평이 파괴된 까닭이 실상 왜적이 한국을 파괴함으로부터 비롯하였으니 만일 전후 원동 평화를 확실히 보전하려면 반드시 먼저 한국의 독립을 확실히 보전해야 하고, 그 정책은 한국을 가져 국제 공관 하에 두는 데 있지 않고 한인에게 완전 독립을 주어 그들로 하여금 소유 정신 역량을 발휘해야 동아의 병장을 굳게 지키게 할 것이다.

이상 네 가지의 이유는 연맹 각 국도 또한 명료하는바, 그들이 응당 한국을 가져 국제공관 하에 두지 아니할 터이매 이로서 풍설을 반박한다.

다시 우리 한인 동포들에게 고하나니 일시 풍설을 듣고 낙망하지 말고, 우리는 당연히 더욱 분발 단결하여 우리의 정신을, 역량을 다 들어 연맹국의 작전을 후원하여 우리 한인이 완전 독립할 자격이 있는 것을 표시하면 축심과 일본강도를 격패하는 날에 우리는 당연히 독립을 얻을 것이다.

홍언(洪焉, 1880~1951) 호는 해옹(海翁)이며, 종표(宗杓), 동해수부(東海水夫), 리처드 홍이라고도 한다. 일제시기에 활동한 독립운동가. 일제시대에 하와이로 건너가 각종 기관지의 주필을 역임하면서 문필활동을 통해 민족의식 고취에 주력하였다. 이후 화교위원(華僑委員)으로 활동하며 임시정부를 도왔다.

90. 카이로 선언과 한국문제

■ 『신한민보』 1943년 12월 9일자 사설. 카이로 선언 중 '당연한 순서'라는 어구의 해석을 '적당한 시기'로 하여, 일본의 무조건 항복과 한국의 독립 사이에 '어떠한 명사', 즉 '신탁통치'가 개재하기를 원치 않겠다는 뜻을 밝히고, 한국의 독립이 동양평화, 나아가 세계평화의 필수조건임을 재확인하고 있다.

카이로 회의의 발표는 우리를 비상히 기쁘게 한다. 우리는 3대 연합국 영수의 총명스러운 결의에 만강의 사의를 표한다. 우리는 이 전쟁의 결속과 같이 한국이 자유되고 독립될 것을 믿고 의심치 않는다. 그런데 카이로 회의의 결의문을 읽는 중에 잠깐 생각할 문구가 있는 동시에 그 문구를 넣은 본의를 해석하기에 자못 곤란하다. 즉, '이상에 말한 3대 국가는 한국인의 노예적 생활에 관심하여 당연한 순서에 따라 한국이 자유되며 독립되어야 할 것을 결의하였다' 발표 중 '당연한 순서'라는 어구이다. '당연한 순서'라 함은 '적당한 순서'라는 말이다. 즉 한국의 자유와 독립될 것을 필요로 결정하였지만은 적당한 순서를 밟아 자유를 주며 독립을 준다는 말이라고 해석하게 되는 것이다. '당연한 순서'라는 말의 해석을 피차에 달리할 수 있는 것이다. 그러나 우리는 이 어구를 해석하여 어떤 구체적 명사를 붙이고자 하지 않는다. 어떤 명사이든지 일본이 무조건 항복하고 한국이 독립되는 그 중간에 개제될 명사이라고 하면 우리는 절대로 원치 않는 까닭이다. 한국이 자유와 독립을 원하는 것은 첫째로 한국의 주권확립을 위함이요, 둘째로 한국의 주권확립으로 인하여 동양의 평화 내지 세계의 평화를 보유하고자 함이다. 한국이 일본에 합병되는 날에 동양의 평화는 깨어졌고 만주와 중국, 미국이 차례로 침입을 당하여 세계의 평화는 교란되었다. 그러므로 한국이 독립을 회복하고 주권을 확립하면 동양의 세력은 균형되며 동양의 평화 내지 세계의 평화는 보장될 것이다. 이 점에서 3대 연합국은 한국인이 반드시 독립되어야 할 것을 느끼고 결의한 것이라고 생각된다. 그러므로 한국의 독립을 위하여, 세계의 평화를 속히 회복키 위하여 어떤 순서를 밟을 필요가 없는 줄 믿는다. 만일 연합국이 침략국을 정복하고 징벌하여 다시 남을 침입하지 못하게 한다 하면 한국은 스스로 서서 넉넉히 통치할 수 있으며 또 신속히 자위 세력을 증강하기에 능하다.

☞ [참고] 카이로 선언

■ 일본국에 대한 미·영·중 삼국 선언. 1943년 12월 1일 서명. 한국의 독립을 국제적으로 공인한 첫 국제협정이다. '적당한 시기에'(in due course)라는 용어가 후일 해석상 문제가 되었다. 출전은 *FRUS*: The Conferences at Cairo and Tehran, 1943, pp.448-449.

루스벨트 대통령, 장제스 대원수, 처칠 수상은 각자의 군사 외교고문과 함께 북아프리카에서 회의를 마치고 아래의 일반적 성명을 발한다.

각 군사사절은 일본국에 대한 장래의 군사행동을 협정하였다 삼대 동맹국은 해로 육로 공로로써 야만적 적국에 대하여 가차 없는 압력을 가할 결의를 표명하였다. 이 압력은 이에 증대되어 가고 있다. 삼대 동맹국은 일본국의 침략을 제지하고 다만 이를 벌하기 위하여 지금의 전쟁을 수행하고 있는 바이다.

연합국은 자국을 위하여서는 아무런 이득을 추구하는 것인 아니며 또한 영토 확장에 아무 생각을 가진 것이 아니다.

연합국의 목적은 일본국으로부터 1914년 제1차 세계전쟁의 개시 이후에 있어 일본국이 탈취 도는 점령한 태평양에 있어서의 일부의 도서를 일본국으로부터 박탈할 것과 아울러 만주 대만 팽호도 등 일본국이 청국인으로부터 도취한 일체의 지역을 중화민국에 반환함에 있다.

일본국은 또한 폭력 및 탐욕에 의하여 일본국이 약취한 다른 일체 지역으로부터도 구축될 것이다.

전기 삼대국은 조선인민의 노예상태에 유의하여 적당한 시기에 조선을 자유롭게 독립시킬 것을 결정한다.

이 목적으로써 삼대연합국은 일본국과 교전 중인 동맹제국과 협조하여 일본국의 무조건 항복을 재래하기에 필요한 중대하고 장기적인 작전을 견인 계속한다.

☞ [참고] 얄타 선언

■ 미·영·소 삼국이 독일 항복 후 대일전에 소련군이 참전하는 것을 주 내용으로 하여 체결되었다. 참전의 대가로 동아시아 내의 소련의 이권이 보장되었다. 1945년 2월 11일 서명. 이 선언에 의거하여 1945년 8월 소련의 대일전이 시작되었다. 출전은 *FRUS*: Conferences at Malta and Yalta, 1945, p.984.

소·미·영 삼국의 지도자는 독일이 항복하고 또한 구주전선이 종결한 후 2월 또는 3월 이내에 소련이 다음 조건에 의하여 연합국에 참가하여 대일전에 참가할 것을 협정하였다.

1. 외몽고(몽고인민공화국)의 현상을 유지한다.
2. 1904년의 일본의 배신적 공격에 의하여 침해된 소련의 제권리를 다음과 같이 회복한다.
   1) 사할린 남부 및 이에 인접하는 일체 도서를 소련에 반환한다.
   2) 대련상황을 국제화하고, 동항에 대한 소련의 우선적 이익을 보장하고 또

한 소련해군기지로서 여순항의 조차권을 회복한다.

3) 동청 철도 및 대련에 출구를 주는 남만주 철도는 중소합판회사의 설립에 의하여 공동 운영한다. 단, 소련의 우선적 이익을 보장하고 또한 중국이 만주에 있어서의 완전한 주권을 보유하는 것으로 한다.

3. 천도 열도를 소련에 인도한다.

위의 외몽고, 항만 및 철도에 관한 협정은 장제스 총통의 동의를 요하는 것으로 하고 미의 권고에 의하여 위의 동의를 얻기 위한 조치를 강구하는 것으로 한다.

삼국정부 수뇌는 소련의 위와 같은 요구를 일본 패배의 후에 있어 확실히 만족할 것을 협정하였다. 소련은 중국을 일본의 속박에서 해방하는 목적을 가지고 자기의 군대에 의하여 중국에 원조를 주기 위하여 중국국민정부와 소련 우호동맹 조약을 체결할 용의가 있음을 표명한다.

☞ [참고] 포츠담 선언

■ 미·영·중 삼국선언. 1945년 7월 26일 서명되었으며, 일본의 항복을 요구하는 문서이다. 이 선언을 히로시마·나가사키 원폭 투하 이후, 일본 천황이 수용함으로써, 조선의 해방이 이루어졌다. 출전은 *FRUS*: The Conference of Berlin (the Potsdam Conference), Vol.1, 1945, pp.893-894.

1. 우리들 합중국대통령, 중화민국 정부주석 및 대영제국 수상은 우리들의 수억 국민을 대표하여 협의한 결과, 일본국에 대하여 이번 전쟁의 종결을 위한 기회를 주는 데에 의견이 일치되었다.
2. 미·영·중국의 거대한 육해공군은 서방에서 본국 육 공군에 의한 수억의 증강을 받고, 일본국에 대하여 최후의 타격을 가할 태세를 갖추었다 이 군사력은 일본국이 저항을 중지할 때까지 일본국에 대한 전쟁을 수행하려고 연합국의 결의로써 지지 고무되어 있는 것이다.
3. 세계 자유인민의 궐기한 힘에 대한 독일국의 무익 무의미한 저항의 결과는 일본국민에 대한 선례를 매우 명백히 보여 주는 것이다. 현재 일본국에 대하여 집결되고 있는 힘은, 일찍이 나치스의 저항에 이를 발휘하였을 때 독일국 인민의 토지·산업·생활양식을 황폐에 귀하지 않을 수 없게 했던 그 역량에 비하여도 더 한층 강력한 불가측의 것이 되어 있다. 우리들의 결의를 토대로 한 우리 군사력을 최고도로 사용한다는 것은 일본국 군대의 불가피하고도 완전한 괴멸을 의미할 것이며, 또 마찬가지로 필연적으로 일본국 본토의 완전한 파괴를 의미하지 않을 수 없게 될 것이다.
4. 무분별한 타산으로 일본제국을 멸망 직전으로 몰아넣은 방자한 군국주의적 조언자의 손에 일본국이 계속 통치될 것인가, 일본국이 이것을 결정할 시기

는 도래하였다.

5. 우리들의 조건은 다음과 같다. 우리들은 그 조건에서 일탈하는 일이 없을 것이며 또한 그 조건에 대신할 조건도 없다. 우리는 지연을 인정할 수도 없다.
6. 우리들은 무책임한 군국주의가 세계에서 구축될 때까지는 평화·안전·정의의 신질서가 생길 수 없다고 주장하는 까닭에 일본국 국민을 기만하여 그들로 하여금 세계정복의거를 일으키게 한 과오를 범하게 한 자의 권력과 세력은 영구히 제거되지 않을 수 없다.
7. 이와 같은 신질서가 건설되고 또 일본국의 전쟁 수행능력이 파괴되었다는 확인이 있기까지는 우리가 여기에 지적하는 기본적 목적을 확실히 달성하기 위해, 연합국이 지정할 일본국 영역 내의 제 지점은 점령될 것이다.
8. 카이로 선언의 조항은 이행될 것이며 또 일본국의 주권은 본주(혼슈)·북해도(홋카이도)·구주(규슈)·사국(시코쿠)과 우리가 결정하는 제 소도서에 국한될 것이다.
9. 일본국 군대는 완전히 무장이 해제된 뒤 각각 가정으로 돌아가 평화적이고도 생산적인 생활을 영위할 기회를 얻게 할 것이다.
10. 우리는 일본인을 민족으로서 노예화하려 거나 국민으로서 멸망시키려는 의도는 갖지 않았으나 우리 포로를 확대하는 자를 포함하는 일체 전쟁범죄인에 대하여는 엄중한 처벌을 할 것이다. 일본국 정부는 일본국 국민 간에 민주주의적 경향이 부활 강화되는 데 장애가 되는 것은 일체 제거하여야 한다. 언론 종교 사사의 자유 및 기본적인 인권 존중은 확립되어야 한다.
11. 일본국이 그 경제를 지탱하고 공정한 실물배상을 할 수 있도록 하는 산업은 이를 유지하도록 용허될 것이다. 다만 일본국이 전쟁을 위한 재군비를 할 수 있도록 하는 산업은 이에 포함되지 않는다. 그 목적을 위한 원료의 입수(그 지배와는 별도)는 용허될 것이다. 일본국이 장차 세계무역관계에 참가하는 것은 용허될 것이다.
12. 전기의 제 목적이 달성되고, 또 일본국 국민이 자유로이 표현하는 의사에 따라 평화적 경향을 갖고도 책임이 있는 정부가 수립될 때에는 연합국의 점령군은 즉시 일본으로부터 철수될 것이다.
13. 우리는 일본국 정부가 곧 일본국 군대의 무조건 항복을 선언하고 또 그 행동에 대한 일본국 정부의 성의에 적당하고도 충분한 보장이 있을 것을 일본국 정부에게 요구한다. 이 이외에 일본국이 선택할 것이 있다면, 신속하고도 완전한 괴멸이 있을 뿐이다.

■ 1945년 8월 14일 일본은 포츠담선언을 수락하여 '종전 조서'를 발포하였다. 이 조서를 천황의 육성으로 녹음하여 일본국민에게 알린 것이 이른바 '옥음방송'(玉音放送)이다. 여기서 쇼와 천황은 애당초 제국의 자존과 동아안정을 위해 시작한 전쟁인 만큼 침략의 뜻은 없었고, 적국의 폭탄공격으로 일본민족의 멸망과 인류문명의 파괴가 초래되는 것을 우려하여 포츠담 선언을 수락했다고 언급하면서 일본국민에게 그 뜻을 받아들일 것을 당부하였다. 출전은 『官報』 号外, 1945년 8월 14일.

庶幾 바람.
勵精 정신을 다하여 성의껏 힘씀.

☞ [참고] 종전 조서(終戰詔書)

짐은 깊이 세계의 대세와 제국의 현상(現狀)에 비추어 비상조치로 시국을 수습하기를 바라며 여기서 충량한 너희 신민에게 고한다.

짐은 제국정부로 하여금 미·영·중·소[美英支蘇] 4국에 대하여 공동선언을 수락할 뜻을 통고하였다.

무릇 제국신민의 강녕(康寧)을 도모하고 만방공영의 낙(樂)을 함께 하는 것은 황조황종(皇祖皇宗)의 유범(遺範)으로 짐이 삼가 해야 하는 바이다. 앞서 미영 2국에 선전(宣戰)한 까닭 또한 실로 제국의 자존과 동아의 안정을 서기(庶幾)*하는 데서 비롯되었으며, 타국의 주권을 배제하고 영토를 침범하는 일은 애당초 짐의 뜻이 아니었다. 그런데 교전이 이미 4년이 지나 짐의 육해장병의 용전(勇戰), 짐의 백료유사(百僚有司)의 여정(勵精)*, 짐의 일억중서(一億衆庶)의 봉공, 각각 최선을 다했음에도 불구하고 전국(戰局)은 반드시 호전되지는 않았고 세계의 대세 또한 우리에게 이롭지 않았다. 이와 더불어 적은 새롭게 잔학한 폭탄을 사용하여 끊임없이 무고(無辜)한 이들을 살상하여 참해가 미치는 바는 참으로 헤아릴 수 없을 정도에 이르렀다. 그런데도 여전히 교전을 계속한다면, 결국에는 우리 민족의 멸망을 초래할 뿐만 아니라 더 나아가 인류의 문명까지도 파각될 것이다. 이와 같은데 짐이 무엇으로 억조(億兆)의 적자(赤子)를 보장하고 황조황종의 신령에 사과하겠는가. 이것이 짐이 제국정부로 하여금 공동선언에 응하게 하기에 이른 까닭이다.

짐은 제국과 함께 시종 동아의 해방에 협력한 제 맹방(諸盟邦)에 대해 유감의 뜻을 표하지 않을 수 없다. 제국신민으로서 전진(戰陣)에서 죽고 직역(職域)에 목숨을 바치고 비명(非命)에 쓰러진 자 및 그 유족을 생각하면 오장이 찢어질 듯하다. 또한 전상(戰傷)과 재화(災禍)를 입어서 가업을 잃은 자의 후생에 이르러서는(대해서는) 짐이 깊이 진념(軫念)하는 바이다. 생각건대 금후 제국이 겪을 고난은 물론 심상치 않을 것이다. 너희 신민의 충정(衷情) 또한 짐은 잘 알고 있다. 그러나 짐은 시운(時運)이 흘러가는 바에 따라 참기 힘든 일을 참아내고 견디기 힘든 일을 견뎌냄으로써 만세를 위해 태평을 열기를 바란다.

짐은 여기서 국체를 호지(護持)할 수 있고 충량한 너희 신민의 적성(赤誠)에 신의(信倚)하고 항상 너희 신민과 함께 있다. 만약 감정이 격해지는 대로 함부로 사단(事端)을 빈번히 일으키고 혹은 동포를 배제(排擠)하여 서로 시국을 어지럽혀 그 때문에 대도(大道)에 어긋나 세계에서 신의를 잃게 되는 일은 짐이 가장 훈계하는 바이다. 이를 마땅히 거국일가(擧國一家)하여 자손에게 전하고,

굳게 신주(神州)의 불멸을 믿고, 임무는 중대하며 길은 요원함을 생각하고, 총력을 장래의 건설에 기울이고, 도의를 두텁게 하고, 지조(志操)를 공고히 하고, 맹세코 국체의 정화(精華)를 발양하고, 세계의 진운(進運)에 뒤처지지 않도록 기해야 한다. 너희 신민은 능히 짐의 뜻을 명심하라.

어명어새(御名御璽)

쇼와(昭和) 20년 8월 14일

[해제논문]

제국-식민지기 한국인의 국제정치관

장인성·김태진

1. 세 구도의 변동과 국제정치관

이 글은 일본 제국의 등장과 식민지 시기의 한반도의 국제관계 속에 나타난 사상을 검토함으로써 당시 한국인의 정치적 삶의 일단을 보여 주고자 하는 데 목적이 있다. 한일합방 이후 식민지 시대를 일본의 무력침탈과 독립을 준비하는 일련의 과정으로서만 본다면, 식민지 조선을 둘러싼 국제정치적 논의들은 결국 '실패의 역사'로 사상되기 쉽다. 즉, 이 시기를 일본의 억압 대 한민족의 저항이란 틀 속에서 독립운동사로서만 한정하기에는 많은 부분을 놓칠 수밖에 없다. 물론 이 대립구도가 이 시기의 기본적인 논의 구조임을 인정하더라도, 이러한 단순한 도식으로서만 설명하기에는 그 시기를 복원하는 데 한계가 있을 수밖에 없다. 이 시기 조선의 지식인들은 나름대로의 틀로 국제질서를 파악하고, 그 변화의 흐름들을 파악하며, 그 속에서 현실의 변화를 꾀하려 했다. 따라서 단순한 독립과 저항이라는 일국사적 관점을 넘어 그 안에 다양한 욕망들과 주체들이 국제관계를 파악해 나가던 시기로서 제국사라는 관점에서 접근할 필요가 있다.[1]

이는 식민지를 살았던 지식인들의 심상을 밝혀내는 데도 중요하다. 단순히 친일이냐 민족주의냐라는 이분법적 도식 속에서 논하는 것은 체제와 그 체제를 살고 있는 한 인간으로서의 지식인의 실상을 그려내는 데 실패할 우려가 있다. 또한 친일 역시 하나의 친일만이 있는 것이 아니라 여러 스펙트럼의 친일이 있다고 할 때 이러한 결을 무시한 채 그것을 사상적으로 무가치한 것으로 파악해 버릴 때 오히려 이 시기를 또 다른 '암흑기'로서밖에 사유할 수 없게 만들어 버린다. 다시 말해, 식민지 지식인의 체제 협력 혹은 전향을 단죄의 문제가 아니라, 체제 속에서 살아가는 지식인이 어떻게 체제에 포섭되는가, 어떻게 체제의 영향을 받는가의 문제로 볼 필요가 있다는 것이다.

따라서 일본-조선(제국-식민지)의 관계를 일국적 차원을 넘어 당시의 '글로벌'(global)-'지역

---

1. 이러한 문제인식에 대해서는 장인성, 「3·1운동의 정치사상에 나타난 '정의'와 '평화'」, 『대동문화연구』 Vol. 67, 2009.

적'(regional)-'내셔널'(national) 차원에서 나누어 살펴보는 것이 필요하다. 당시의 흐름이 세 가지 차원에서 모두 변동하고 있었음을 고려할 때, 이는 단순히 도식적인 구별만은 아닐지 모른다. 이 세 차원이 장소성(topos)을 동시에 규정한다고 할 때, 당대의 컨텍스트를 종합적으로 재구성하기 위해서 이 세 차원의 흐름을 동시에 살펴보아야 한다.

이 시기의 흐름을 거칠게 정리해 보자면, 조선이 식민지로 편입, 공고화되는 과정은 역설적으로 '글로벌' 차원에서 볼 때 자유주의 혹은 이상주의가 팽배한 시기에 이루어졌다. 이 시기 민족자결주의로 대표되는 윌슨주의의 구호는 식민지 지식인들에게 일정 정도 희망을 가져다 주었다. 실제로 1차대전 이후의 국제정세는 전쟁의 재발을 막기 위한 국제협조주의로 흘러갔다. 이러한 보편적 가치에 대한 믿음은 조선의 독립이야말로 세계적 가치에 따르는 것이자, 일본 또한 바른 길로 인도하는 것이라 믿게 만들었다. '지역적' 차원에서도 이러한 흐름이 이어졌다. 동양평화는 세계평화의 큰 틀 속에서 사유되었으며, 보편적 가치에 대한 희망의 관점에서 이야기되었다. 도덕과 도리의 강조는 일본, 중국을 이끌어 동양적 평화와 동시에 세계적 평화를 구축하고자 하는 논리 속에서 나타난다. 또한 일본이 아직 동북아시아에서 패권적 위치에 있지 않았던 만큼 중일관계의 구도 속에서 조선이 어떻게 독립을 할 수 있을 것인가 모색되었던 시기였다. 그만큼 동북아의 구도 속에서 조선이 완충국으로서 동아시아의 안정을 가지고 올 수 있으리라는 믿음이 존재했다. 일본-조선의 '내셔널' 차원에서도 식민지 내부에서 독립의 가능성이 담론 차원에서나마 완전히 배제되지 않았던 시기였다. 따라서 국민국가의 실패를 민족이라는 주체를 통해 해결할 수 있다는 기대가 팽배했다. 민족을 구원하기 위해 새로운 도덕이 때로는 강권이 호출되었다.

그러나 중일전쟁 이후에는 다른 구도가 전개된다. '글로벌' 차원에서 영미제국과 아시아라는 대결구도가 확대되고, 이는 기존의 패권을 차지하고 있던 제국 대 새로운 패권 질서를 꾀하려는 제국 간의 대립구도로 성립되었다. 이 속에서 사상적으로는 서구에 의해 주어진 질서를 넘어 근대를 초극하고자 하는 논의가 등장한다. 이는 기존의 자본적, 제국적, 정복적인 질서를 넘어서는 신질서를 제창하는 형태로 나타났고, 이 속에서 대립구도는 분명해졌다. '지역적' 차원에서는 일만지 삼국의 동아협동권 체제가 구상되고, 중일전쟁을 거치면서 동아시아에 제국질서가 형성되던 시기였다. 이 과정에서 조선에서는 동아시아 제국질서 속에서 일본에 이어 특권적 지위를 차지하고자 하는 심상이 등장하기도 한다. 마지막으로 '내셔널' 차원에서는 내선일체의 강화가 강제되던 상황이었다. 따라서 이 시기 식민지 체제 외부에서 독립의 가능성을 이야기하는 것이 가능했던 것과는 달리 식민지 내부에서는 민족이나 국민 차원의 이야기가 아닌 어떻게 국제질서를 이해하고, 그것을 받아들일 것인가라는 전혀 다른 논의 속에서 전개될 수밖에 없었다. 이처럼 식민지 외부에서의 독립논의와는 별도로 전향의 논리로만 무시해버릴 수 없는 제국적 주체로서의 욕망 역시 등장한다.

따라서 우리는 이러한 세 차원의 구도 속에서 식민지 지식인들은 어떻게 국제질서, 지역질서, 내셔널질서를 꾀했는가를 살펴보아야 한다. 물론 이 글은 이를 묶어낼 어느 하나의 통합된 논리를 도출하는 것이 목적은 아니다. 오히려 다양한 논의들이 어떻게 진행되어 왔는지를 살펴봄으로서 이 시기 사상 혹은 심상 속에 내재된 갈등과 균열, 연속과 불연속의 결을 느낄 수 있을 것이다.

2. 일본제국과 식민지 한국의 국제정치관

(1) 한일합방과 권력정치

1910년 한일병합조약 체결부터 제1차 세계대전을 종결짓는 1919년 파리평화회의까지는 글로벌 차원과 지역적 차원의 논의보다는 내셔널 차원의 논의가 집중된다. 일본에 의한 망국이라는 사건은 글로벌 구도, 지역적 구도의 맥락을 순식간에 소실시켰다. 조선 총독부가 '일선융화론'을 제창하면서 '동양평화'라는 지역적 구도를 상정한 용어를 사용하고 있으나, 논의의 초점은 일본의 통치가 조선의 문명개화를 이룩할 수 있다는 데에 초점이 맞추어져 있었다. 즉 일본의 통치는 "공동으로 문명의 덕택을 받으며 공동으로 문명의 지역에 나아가 동양의 평화를 영원히 유지하고 서세의 동점을 미연에 방지함"을 위한 것으로 당초부터 식민적 관념이나 민족의 우열, 종족의 구별이 있은 바가 아니라는 것이다(「일선융화론」, 『매일신보』, 1915.2. 18.). 일본이 한국을 병합한 이유는 양국간 특수하고 친밀한 관계를 돌이켜봄에 서로의 행복을 증진하고, 동양의 평화를 영구히 바라는 데 목적이 있다고 공표하고 있는 점이나(「한국병합에 관한 조약」, 1910), 공공의 안녕을 유지하고 민중의 복리를 증진해 현 체제에 혁신을 가하는 것이 일본제국으로서 시세의 요구에 응답하는 것이자 동양의 평화를 영구히 유지하는 방안이라 공포되었던 점(「한국병합에 관한 조서」, 1910)에서도 일본은 조선의 병합을 동양의 평화라는 이름으로 시세의 요구에 부합해 자신의 질서를 강제하고자 하는 움직임을 보인다.

이에 대항하여 조선인들은 '역사'에 대한 재발견·재해석 작업을 진행한다. 박은식은 일본 총독부의 주장과 달리 일본의 한국 지배는 한국의 '아픈 역사'라는 점을 규명하는 『한국통사』(1915)를 서술한다. 이 책에서 그는 '나라는 멸할 수 있어도, 역사는 멸할 수 없다'고 선언한다. 역사는 이제 단순한 기록이 아닌 '신'(神)의 지위로 격상된다. 신이 멸하지 않으면, 언젠가 '형'(形)은 부활할 수 있을 것이라고 박은식은 믿었다(박은식, 「한국통사 서언」). 1917년 신한혁명당의 대동단결 선언은 '형'을 부활시키기 위해서 역사의 주권자를 왕이 아닌 네이션 전체로 확장시킨다. 대동단결 선언은 "8월 29일 융희 황제의 주권 포기는 즉 우리 국민 동지에 대한 묵시적 선위이니 우리 동지는 당연히 삼보를 계승하여 통치할 특권이 있고 또 대통을 상속할 의무가 있도다"라고 선언한다. 하지만 대동단결 선언에서도 조선의 4,000년의 주권은 과거형으로 '상속한 것'이 아니라 '상속할 터'라는 미래형으로 언급될 수밖에 없었다(신한혁명당, 「대동단결선언」).

한편 일본의 조선 지배라는 현실은 '힘'에 대한 새로운 인식을 가져왔다. 재일본 조선유학생 잡지인 『학지광』을 중심으로 한 신지식층은 일본이 지닌 힘의 기초로서 '폭력'을 새롭게 인정하기 시작한다. 이는 '새로운 도덕'으로 표상되기도, '강력주의', '강적주의'(强的主義)와 같은 용어로 표현되기도 했다. 구시대의 도덕과는 구분되는 새로운 도덕이 제창되었는데, 이를 기존의 '가도덕'과 대비되는 '진도덕'으로 구분한다. 이때 진도덕이란 생명으로서 자기의 생명을 보호하는 것이었다(이상천, 「새 도덕론」, 『학지광』 5호, 1915.5.4.). 이 세상에는 오직 '강력주의'밖에 없으며 현세문명의 공통된 구호는 약자가 되지 않는 것이라 주장하는 점이나(현상윤, 「강력주의와 조선청년」, 『학지광』 6호, 1915.7.) 기존 도덕의 무용성을 비판하며 강적주의를 절규하는 것 역시 새로운 시대를 알리는 새로운 도덕의 요청이었다(정충원, 「아아 형제여」, 『학지광』 6호, 1915.7.). 이와 같이 『학지광』에 나타나는 윤리관의 변동은 꼭 국제정치적 차원에서의 논의가 진행된 것이라 할 수는 없지만, 훗날 국제정치에 대한 현실주의적 이해의 토대가 되었다는 점에서 중요한 의의를 지닌다. 기존 유교사회의 도덕관으로부터 탈피하여 홉스식의 정치적 사고가 등장하고 있다는 점에서 이 시기 도쿄에서 학생들이 보인 변화의 움직임은 10년 후 서울에서의 움직임을 예비하고 있었는지 모른다.

(2) 민족자결주의와 독립사상

가. 파리평화회의와 민족자결주의

흔히 독립운동을 이야기할 때 이를 식민지 조선과 제국일본 사이의 관계로만 생각하기 쉽지만, 당시 독립운동은 국제정세와 맞물려 돌아갈 수밖에 없었다. 파리평화회의와 민족자결주의에 대한 이해는 당시의 독립사상이 어떻게 형성되고 있는가를 보여 준다.

해외의 독립운동단체들에 의해 발행된 선언서 및 정책 구상에서 보이는 바는, 우선 한국의 독립의 부당성에만 초점을 맞추는 것이 아니라 국제정치적으로 왜 한국의 독립이 필요한지를 강조하는 관점이다. "한국이 서구에서 발칸반도보다 극동정치의 무대에 훨씬 보다 구속력 있는 초석이 되어 왔고, 현재도 그러하며 앞으로도 그럴 것"(김규식, 「파리강화회의에 제출한 각서 초안」, 1919)이라거나 "동아시아에 한국이 있음은 서구에 발칸"이며 "발칸의 정세가 안정되지 않으면 서구의 풍운이 그치지 않듯이 한국의 독립이 회복되지 않으면 동아시아의 평화를 기대할 수 없습니다"라는 주장들이 제기되었다(신아동제사, 「중국정부에 대한 청원운동의 건」, 1921). 이는 시대적 분위기가 독립을 가능케 하리라는 믿음에서 비롯된 것이었다. 1918년 윌슨의 14개조 원칙 제안과 1919년 파리강화회의는 외교적인 차원에서의 독립운동론에 힘을 실어 주었다. 그러나 안창호는 독립전쟁이나 독립승인 요구가 현실적으로 불가능함을 말하며 정신상, 생활상 독립의 강조와 대동단결을 강조하는 소위 '실력양성론'·'준비론'을 주장한다(안창호, 「전쟁종결과 우리의 할 일」, 1918). 하지만 그 역시 외교적 노력을 포기하지는 않았는데, 우리 국민이 독립국민이 될 만한 자격을 가지고 있다는 점과 세계평화에 도움이 될 점을 선전하여, 국제연맹을 설득할 수 있다고 주장한다(안창호, 「우리 국민이 결단코 실행해야 할 6대사」, 1919).

물론 민족자결주의와 파리강화회의에 대한 낙관적 견해만 존재했던 것은 아니었다. 『신한민보』의 논설(약산생, 「평화회의에 대한 결과를 예언」, 1918.12.26.)에서는 그동안 역사상 있었던 평화회의라는 것이 결국 큰 나라들의 노름이었음을 지적하고, 이는 곧 승전한 나라들의 이해에 따라 결정되었음을 말하고 있다. 따라서 이번 평화회의 역시 그 틀을 벗어나지 못할 것으로 예언하고, 미국의 뜻대로만 되지는 않을 것임을 지적하기도 했다. 또 다른 논설에서도 국제연맹회가 1815년 비엔나회의에서처럼 소약국민의 자유행동을 압박하여 국민적 자결주의를 여지없이 말살할는지, 1878년 베를린회의처럼 세계열강이 다 자기네 욕심만 채우며 발칸문제와 비슷한 동양문제는 돌아보지 않을는지, 1907년 헤이그평화회의처럼 세계열강이 각각 자기네 식민정책이나 확장하여 약한 민족을 집어 삼키기로 할지 아직 확실히 단언할 수 없음을 인식하고 있었다(『신한민보』, 「대통령의 십사조목과 우리 독립의 관계」, 1919.6.2.).

이에 대해서 총독부의 기관지 역할을 했던 『매일신보』 역시 논설을 통해 윌슨주의의 한계를 지적하고 있다. "위일손 씨가 제창한 소위 민족자결주의라는 것은 물론 이번의 전쟁에 참가한 각국의 제민족에 한한 것이오 이를 연합국측 또는 중립국 제민족상에 추급할 취지가 아닌 것은 명약관화"한 것이라 주장한다. 미국이 다양한 민족문제와 필리핀의 독립문제를 안고 있어 이 문제를 보편적으로 적용할 수 없다는 이유도 거론된다. 오히려 민족자결주의에 의해 본국과 조선 또는 대만의 관계를 동종동족의 대집단으로 견고히 할 수 있다고까지 이야기한다(『매일신보』, 「민족자결주의의 오해」, 1919.3.6.).

윌슨의 민족자결주의가 식민지 국가들에 의해 과대평가되어 왔던 것은 사실이다.[2] 실제로 윌슨의 14개 조항은 '피통치자의 동의'(consent of governed)를 강조한 것이었을 뿐 직접적으로 '민족자결'(self-determination)에 대한 언급은 없었다. 이는 식민지의 이익을 고려하여 공정하게 처리하라는 것이지, 식민지 백성이 모두 자결할 권리를 가짐을 의미하지 않았다. 이처럼 윌슨의 14개 조항은 국제연맹에 참여하는 국가들간의 정치적 독립과 영토를 상호 보장하는 내용으로 이루어져 있지, 국제연맹이 모든 국가들의 정치적 독립과 영토의 보전을 위한다는 내용으로 해석되기는 어려운 면을 가지고 있었다. 윌슨은 실제 '피통치자의 동의'라는 원칙을 줄곧 고수해 왔고, 후에 민족자결원칙을 이야기할 때도 모든 민족이 자신의 통치체를 가

2. 윌슨주의에 대해서는 Erez Manela, *The Wilsonian Moment: Self-Determination and the International Origins of Anticolonial Nationalism* (Oxford University Press, 2007), pp.3-54.

질 수 있다는 의미가 아니라 피통치자의 동의를 의미하는 한에서였다. 물론 피통치자의 동의 역시 모든 민족에 적용되는 것이 아니라 일부 유럽에, 근대화되고 계몽된 사회에만 적용되는 것은 당연했다.

그렇지만 윌슨의 14개 조항에 대한 희망은 1920년대 당시 식민지 조선의 지식인들에게 포기할 수 없는 희망이기도 했다. 윌슨의 14개조를 소개하는 『신한민보』 사설에서 5조의 내용을 '모든 식민지에 대한 개정은 그 식민지 백성의 원하는 대로 처결할 일'이라고 번역하고 있음을 볼 수 있다(『신한민보』, 「대통령의 십사조목과 우리 독립의 관계」, 1919.6.2.). 원래 5조의 내용은 식민지 백성이 원하는 대로 처리하는 것이 아니라 피통치자의 권리 역시 통치자의 권리와 동일하게 취급되어야 함을 말하고 있었다. 그러나 식민지 조선의 지식인들은 윌슨의 새로운 국제관계에 대한 보편적 원칙의 확립은 당연히 조선에도 적용될 것이라 믿었다. 그리고 이러한 믿음은 3·1 운동을 위시한 일본에 대한 독립운동의 흐름으로 나타났고, 이는 세계사적 흐름의 변화에 동참할 수 있는 좋은 기회로 여겨졌다. 윌슨의 14개 조항에 대해서 객관적인 파악이 부족했던 것이 아니라 이를 기회로 세계사적 흐름을 이용하려 했던 것으로, 윌슨의 14개 조항은 조선인의 눈을 통해 인식, 전유(appropriation)되었던 것이다.[3]

실제로 이상주의적 윌슨의 민족자결주의는 즉각 연합국 측의 반발을 야기해, 윌슨은 이미 이 원칙은 패전국인 독일의 식민지에만 적용한다는 뜻임을 1918년 말 연합국 측에 분명히 알린 바 있었다. 또 3·1운동 직후 미 국무장관은 한국문제는 이번 전쟁과 관련된 문제가 아니고, 따라서 파리강화회의는 한국의 주장을 청취하지 않을 것이라는 점을 분명히 하였으며, 미 국무성은 3·1운동에 대해서도 그것은 일본의 내정문제이므로 간섭하지 않겠다는 태도를 보였다. 그러나 식민지 공간의 지식인들은 윌슨주의라는 희망에 기대를 걸고 정치적 청원운동을 벌였으며 이로서 민족자결이라는 이상을 얻어낼 수 있는 하나의 수단으로서 파악했던 것이었다.

나. 독립선언서의 사상

이러한 상황을 염두에 두고 독립선언서들에서 나타난 발상에 주목해 보자. 우선 한국에서 민족주의에 앞서 문명주의가 존재했다는 미야지마 히로시의 지적은 참고할 만하다. 독립사상에서도 문명주의적 색채가 강하게 나타나고 있으며 이러한 민족주의와 문명주의의 병존이야말로 한국의 독립사상에서 나타난 특징이라는 것이다.[4] 3·1독립선언서에서 역시 이러한 문명주의의 특징이 나타난다.

울분과 원한이 쌓이고 쌓인 이천만 국민을, 힘으로 붙잡아 묶어둔다는 것은 다만 동양의 영원한 평화를

3. Erez Manela (2007), pp.127-132.
4. 미야지마 히로시(宮嶋博史), 「민족주의와 문명주의, 3·1운동에 대한 새로운 인식」, 『미야지마 히로시, 나의 한국사 공부』(너머북스, 2013), 247~249쪽.

보장하는 노릇이 아닐 뿐 아니라, 이것이 동양의 평안함과 위대함을 좌우하는 사억 중국사람들의 일본에 대한 두려움과 샘을 갈수록 짙어지게 하여, 그 결과로 동양전체가 함께 쓰러져 망하는 비운을 초래할 것이 뻔한 터에, 오늘 우리의 한국독립은 한국사람으로 하여금 정당한 삶과 번영을 이루게 하는 동시에, 일본으로 하여금 잘못된 길에 벗어나, 동양을 버티고 나갈 이로서의 무거운 책임을 다하는 것이며, 중국으로 하여금 꿈에도 피하지 못할 불안과 공포로부터 떠나게 하는 것이며, 또 동양의 평화가 중요한 일부가 되는 세계평화와 인류 복지에 꼭 있어야 할 단계가 되는 것이라. 이것이 어찌 구구한 감정상의 문제이겠느냐!(「3·1 독립선언서」, 1919)

위 인용문에서 보이듯 조선의 독립이 감정상의 문제가 아니라는 점이 누차 강조되고 있다. 즉 조선의 독립은 일본을 잘못된 길에서 탈출시키는 것이자, 동양평화와 세계평화, 인류의 행복에 기여하는 일이자, 일본의 행동이 중국에서의 반일을 불러일으킬 것이라는 경고이기도 했다. 일본을 배척하는 것이 아니라 일본의 잘못을 설득하려는 이러한 태도는 당시의 시대적 요청이라는 보편적 담론에 기댄 것이었다. 일본이 조선을 근대문명으로 문명화시키겠다는 것이었다면, 조선 역시 일본을 보편적 문명으로 나아가게끔 하고자 했다는 점에서 이는 상이한 두 문명 사이의 논리의 충돌이기도 했다.

이러한 관점은 다른 독립선언서에서도 공통적으로 나타났다. 무오독립선언서에서는 일본이 조선을 병합한 동기는 동양의 적이요, 수단은 국제법규의 악마이며, 결과는 인류의 적이라 말한다. 대한의 독립은 "천인합응(天人合應)의 순수한 동기로 민족자보(民族自保)의 정당한 권리를 행사함이요, 결코 목전의 이해에 우연한 충동이 아니며, 은원(恩怨)에 얽매인 감정으로 비문명인 보복 수단에 자족함이 아니라"는 점을 강조한다(「무오독립선언서」, 1918). 2·8 독립선언서에서도 민족의사를 무시한 합병의 불법성, 식민통치의 야만성과 불평등성, 경제수탈에 대한 비판으로 시작해 일본의 조선병합이 동양평화의 화근이 될 것을 경고한다. 문화와 정의와 평화를 애호하는 민족으로서 세계평화와 인류문화에 공헌하기 위한 독립의 필요성이 강조된다(「2·8독립선언서」, 1919). 대한독립청원서에서는 유학적 관점에서 하늘이 각자 제 나라를 다스릴 능력을 부여하였음을 주장한다. 이처럼 민족의 자유와 자주독립은 민족자결주의라는 외래이념뿐 아니라 하늘과 땅과 만물의 자연질서, 한국민의 역사상의 자주적 삶, 독자의 '풍조' '풍속'에서 도출되기도 했다(「대한독립청원서」, 1919). 러시아 거주 한인들이 발표한 조선독립선언서는 자유, 평등, 동포주의와 민족자결주의의 불변의 정의를 개조된 세계의 기초로 파악한다. '인도의 죄악이며 공적인' 일본군국주의와 '세계의 평화, 세계적 민주주의의 대이상의 확립, 정의 및 민족의 자유스런 문명적 발전'이 대비된다(「조선독립선언서」, 1919).

한일병합 후 식민지 조선에서의 정치적 논의의 중심은 일본의 침략에 대한 도덕적 문제제기였다. 조선 독립의 필요성을 강조한, 여러 선언서에서 나타난 일본의 병합에 대한 부당성을 강조하는 글들은 이러한 도덕과 도리를 강조하는 것이었다. 근대 한국인의 국제관념은 '힘'의 논리보다 '도리'에 대한 신념에 의해 지탱되었다. '오륜'과 '도리'를 핵심으로 삼는 유교도덕은 정치적 상황에 따라 존재형태를 바꿔 가면서 여전히 정치를 규율하였고 정치적 에토스의 중핵을 이루었다.[5] 그러나 이는 일본의 부당성만을 강조하는 것이 아니라, 이것이 동양평화와 어떻게 연결되는지 주장하고 있다는 점에서 그리고 세계 대세가 힘의 시대에서 도의의 시대로 전환하고 있다고 파악하는 점에서 국제정치적 인식을 드러낸다. 일본의 조선에 대한 병합은 극동의 평화, 더 나아가서는 세계의 평화와 불가분의 관계에 있는 것으로, 지리적, 전략적인 중요성에서 조선의 독립이 필수적임을 강조하고 있는 것이다. 이는 '조선문제'를 쟁점화함으로써 '지역'으로서의 의미를 부활시키려 의도이자, 자주독립을 정당화할 '보편적' 근거로서 세계정세에 의탁하려는 약자의 불가피한 선택이기도 했다.

이처럼 '정의' '평화' '문명'의 언어들은 보편적/세계사적 사상을 내장함과 동시에 제국-식민지 공간의 특수성을 함축한, 달리 말하면 세계사적 요구와 민족사적 요구를 함축하는 동시에 정치적 의미와 도덕적 의미를 공유한 언어였다. '정의인도' '자유평화'에 의탁한 민족자결 주장이 도의적 원리에 입각해 있다면, '동양평화' '세계평화'에 의탁한 민족자결 주장은 지정학적 원리에 기초했다. 자주독립 - 동양평화 - 세계평화의 구도는 자주독립 상실 → 동양평화 파괴 → 세계평화 위협이라는 연쇄논리를 동반했다. 제국-식민지체제 성립 이후 일본제국이 지구적 세력균형을 추구하면서 지역적 세력균형 구도는 붕괴되었고 중국을 위협하는 파상형 지역팽창이 전개되었다. 일본의 '동양평화'는 세력권의 파상적 확장을 통해 자국에게 유리한 질서를 형성하는 것이었다. 이에 대응하여 나타난 정립형 동양평화 구상은 합병(주권소멸)으로 좌절된 상황에서 독립운동선언서에 나타난 바와 같이 민족자결 → 동양평화 → 세계평화의 연쇄논리를 내장하게 된다. 일본제국의 파상형 동양평화가 실제의 차원에서 조선 → 만주 → 화북의 수평적 연쇄파상을 보였다면, 식민지 한국인의 파상형 동양평화는 상상의 차원에서 조선 → 동양 → 세계의 수직적 연쇄파상을 보였던 것이다.[6]

(3) 워싱턴 체제와 평화

가. 세계평화와 국제협조

일본의 자유주의 지식인이었던 요시노 사쿠조(吉野作造)는 제1차 세계대전을 전후해서 국제관계를 지배하는 사상의 흐름이 점차 제국주의에서 국제협조주의로, 그리고 전체주의에서 민주주의로 바뀌고 있다고 보았다. 제1차 세계대전 후 살벌한 국제경쟁이 보다 격화될 가능성을 완전히 배제하지는 않았지만, 그는 19세기 100년간의 역사적 조류의 당연한 귀결로서, 또한 대전의 종결이 도덕적으로 전개되고 있는 현실을 볼 때 국제민주주의를 외교관계의 바탕으로

5. 장인성, 『근대한국의 국제관념에 나타난 도덕과 권력』(서울대학교출판부, 2006), 99쪽.
6. 장인성(2009), 457-458쪽.

하는 신국면이 열릴 것으로 확신하고 있었다.[7] 즉, 그가 파악하기에 국제관계의 원리는 개별주의에서 협동주의로, 제국주의에서 국제민주주의로 전환하고 있었고 또한 '도의'적 원칙주의를 중시하는 방향으로 전개되고 있었다.

당시 1차 세계대전의 종결과 윌슨주의의 제창은 식민지 지식인들에게도 하나의 희망이었음은 분명하다. 1910년대의 내셔널한 차원의 현실주의적 인식이 다소 약화되고, 이전까지의 과거는 병적 상태였으며 비인도부정의한 실험이었으나, 앞으로는 '강약공존주의'(强弱共存主義), '병건상보주의'(病健相保主義)의 시대가 오리라는 희망이 표출되었다. 즉, 앞으로의 세계는 필연적으로 유일한 '도의체계' 하에 귀착할 것이오, 따라서 각 민족의 안녕 행복은 이 도의체계를 각각 실천 체현함에 있다는 것이었다(「세계를 알라」, 『개벽』 1호, 1920.6.25.).

바야흐로 '개조와 개벽의 시대'였다. 실력양성론자들의 민족개조, 사회주의자들의 사회개조의 목소리 역시 세계개조의 목소리와 함께 분출되었다. 정신과 내면을 바꾸어야 한다는 '내적 개조'와 물질이나 제도를 바꿔야 한다는 '외적 개조'의 입장 차이가 있었으나 공히 개조의 시기에 대한 평가만은 동일했다. "과거 여러 가지 모순이며 여러 가지 불합리 불공평 불철저 부적당한 기계"를 수선하여 원만한 활동을 얻는 것, "모두가 불공평이었고 모두가 불이상(不理想)"이었던 "과거 사회의 병적 상태", "과거 세계의 비인도 부정의한 실험"을 변혁하는 시기였던 것이다(앞의 글).

또한 국제연맹에 대한 희망적 기대 역시 대단했다. "전후에 대한 인도정의의 최대한 옹호자는 국제연맹이라 할지니 국제적 인도정의의 의미에서 국제연맹은 실로 인세(人世)에 가장 권위가 있는 사실로 나타난 것"이라고 말하고, "국제연맹은 필경 독일과 같은 강국이 비인도적 군국주의로 세계의 평화, 인류의 행복을 저주하는 자에 대하여 재차 그 과거를 조반(繰返)치 아니하도록 이상(理想)한" 것으로 평가하고 있다. 연합국은 정의인도로서 협동의 힘을 발휘하여 국제연맹을 통해 인도정의가 광의적이고 철저하게 실행할 수 있으리라 믿었던 것이다(「인도정의 발전사로 관한 금일이후의 문제」, 『개벽』 4호, 1920.9.25.). 즉, 1차 세계대전은 비인도적 군국주의에 대항한 정의인도의 승리였으며, 국제연맹은 이러한 인도정의의 희망이었다. 쟁투의 세계에서 부조의 세계로' 라는 기사 제목은 크로포트킨의 상호부조론을 떠올리게 하는 동시에 이러한 낙관적인 희망을 단적으로 보여 주고 있다고 할 수 있다(「쟁투의 세계로부터 부조의 세계에」, 『개벽』 32호, 1923.2.1.). 영일동맹의 성질이 세력균형에 있으며 국제연맹이 설립되어 세력균형주의는 타파되고 오직 정의에 의하여 가입국 전부가 중재재판을 호상 체결함에 영일동맹이 이제 의미를 잃었음을 말하거나(『동아일보』, 「일영동맹의 갱신문제」, 1920.5.28.), 외교 역시 도덕의 문제로, 일본이나 독일처럼 간계와 음모로서가 아니라 신의적 외교의 중요성을 강조하는 글도 보인다(『신한민보』, 「신의적 외교」, 1921.1.13.). 국민주의의 전성기인 19세기와 국제주의의 발달기인 20세기를 비교하며, 세계적 통일의 전당 안에서만 진정

7. 吉野作造, 『吉野作造全集』 권1(岩波書店, 1995), 15-16쪽.

한 평화와 자유가 있을 것이라 예측하는 글도 시대적 변화의 흐름을 엿볼 수 있게 한다(『동아일보』, 「세계의 통일적 건설의 노력」, 1928.9.13.).

즉 이 시대의 인류의 국제생활에 대한 상호부조의 관념의 발달은 새로운 국제생활의 원칙을 필요로 하였다. 동시에 교통무역의 근세적 발달로 인하여 국가와 국가와의 상호연락이 전에 비하여 밀접하게 된 국제생활의 환경이 신국제주의의 발전을 조장하기도 하였다. 이러한 이상주의적 흐름은 민족주의의 틀을 넘어선 새로운 시대적 변화를 적극적으로 수용하는 모습으로 나타났다. 김억의 국제공통어에 대한 희망 역시 그러했다. 그는 국제공통어란 세계 모든 민족이 모국어 다음으로 사용할 수 있는 제2의 언어를 의미하고, 현존하는 언어가 아닌 세계 모든 언어의 어원과 통할 수 있는 새로운 언어로서 창조된 것으로 받아들였다. 그리고 에스페란토어에 희망을 걸고 있다. 여기서 국제공통어는 단순히 언어의 문제만이 아니라, 인류의 상호이해를 위해 필요함을 강조하고 있음을 주목할 필요가 있다(김억, 「국제공통어에 대하여」, 『개벽』 22호, 1922.4.1.).

이돈화 역시 국가를 초월하고 민족을 포용한 세계동포주의로서 '인류상대주의'를 제창하고 있다. 1차 대전의 반동으로 정의인도의 소리가 일시 세계의 소약자의 복음으로 전해져 오는 시기에 '국가절대주의'의 시대에서 각 국가를 초월하며 각 민족을 포용하면서 세계동포주의 사해주의인 '인류상대주의'의 시대로 전환이 이야기된다(이돈화, 「인류상대주의와 조선인」, 『개벽』 25호, 1922.7.10.). 이돈화는 민족주의를 '이기주의의 대결정(大結晶)'으로 인식하며 민족주의의 폐단을 설명하고 있다. 이에 반해 인류주의는 이타적 사상의 결정이다. 물론 이것을 실행함에 있어 그 효과를 긍정하기 어려우며 이것이 철저히 실행되기까지 시간이 필요함을 설명하며, 인습적 민족주의와 몰아적 인류주의 양자를 모두 배척한다. 그리고 결론으로 이 둘을 보완한 범인간적 민족주의를 주창하는데, 이 역시 이러한 이상주의적 흐름들의 결과로서 이상주의와 현실주의의 결합의 양상을 보여 준다고 하겠다(이돈화, 「범인간적 민족주의」, 『개벽』 31호, 1923.1.1.).

칸트의 영구평화론을 소개하는 글에서도 지금의 상황이 이민족, 이(異)국민에 대해서는 적대시 노예시하고 무슨 사단만 있으면 상호 전쟁을 일으켜 세계의 평화를 교란하는 상태에 머물러 있음을 인정하지만 "구주대전의 종국과 함께 세계의 민중은 각자의 총 생활표를 개조창조(刱造)하여 정의인도의 큰 기치 하에 집중코자하는 오늘날" "영원평화의 서광은 하늘 일방에 빛나기를 시작하였도다"는 말로 마무리 짓고 있다(새봄, 「칸트의 『영원평화론』을 독(讀)함」, 『개벽』 4호, 1920.9.25.).

이처럼 조선의 지식인들은 세계개조의 흐름에 희망을 품었다. 실제 당시의 세계의 대세는 파리강화회의, 국제연맹, 워싱턴체제 등 국제질서를 새롭게 규율한 제도들의 형성을 통해 국제협조 분위기를 조성해 나가는 중이었다. 이 같은 세계평화와 국제협조의 대세는 지구적, 지역적 구도에 영향을 미쳤으며, 식민지 지식인들에게도 자기변혁적 개조와 세계시민적 연대의

의식을 창출시켰던 것이다.

나. 워싱턴 체제와 권력정치

그러나 식민지 조선에서 이러한 세계적 대세의 변화를 단순히 낙관적인 희망으로서 받아들이지만은 않았다. 파리 평화조약이 조인되었지만 세계평화는 아직 요원하다고 보았는데, 그 이유는 국제정치에서는 조약이 폐기되는 일이 일상적이며, 제국주의와 민주주의 간의 싸움이 끝나지도 않았으며, 국제연맹이 제 역할을 하지 못하는 상황에서 영구평화의 보전은 불가능하다고 생각했기 때문이다(『신한민보』, 「세계평화에 대하여」, 1919.7.8.). 다른 논설에서도 현금의 평화조약이니 연맹회의니 하는 말들은 체면좋은 문구에 불구하고, 실제 현실은 유색인종과 백석(白晳)인종 간의, 또는 백석인종 상호간의 알력의 다툼으로, 현시대는 '반항의 시대', '회복의 시대'임을 주장한다. 오히려 소위 평화를 주장하는 자들이 암암리에 야심을 나타내어 도리어 평화를 교란하는 경향이 있어 세계는 더욱 불안감에 포위되고 인류는 더욱 복잡한 생활에 들어가게 되었음을 주장한다(『조선일보』, 「세계평화는 허식의 문구」, 1921.6.28.). 현대는 강자의 세상으로서 폭력가의 천하일 뿐, 인종의 평등, 세계의 평화는 폭력가의 사기를 엄폐하는 위증일 뿐이라는 것이다(『조선일보』, 「일미문제와 일본의 굴욕」, 1924.6.13.).

1920년대 들어 워싱턴회의와 중국문제가 관련되어 동아시아 정국이 다시 한 번 요동을 치게 된다. 『동아일보』 사설에서는 영미의 협치를 통해 일본을 고립시켜야 하며, 영국은 일본과의 특수 이권과 우월한 지위를 버리고 문호개방을 확대하는 자세를 취할 것을 요구했으며(『동아일보』, 「태평양 회의와 영미의 협치」, 1921.8.23.) 또 다른 사설에서도 중국의 독립보전이 극동평화에 필수적이며, 중국의 문호개방과 영일동맹의 폐기를 주장하는 미국의 입장을 옹호하고 있다(『동아일보』, 「중국의 독립문제」, 1921.11.10.). 그러나 워싱턴회의 결과 체결된 4국 협약에서 미국이 태도를 돌변하여 영일동맹에 합세하여 일본 편에 서게 되자 이를 강력하게 비판하고 있다(『신한민보』, 「4국협약과 세계대세」, 1921.12.29.).

1919년 가을 미국에서 열린 국제연맹 1차 회의, 1920년 여름의 미 하원의원단의 한국방문, 1921년 말의 워싱턴 회의(태평양 회의)가 있었던 시기 국내에서는 평화나 도덕의 강조를 통한 권력 논의의 흐름이 있어 왔다. 그러나 그때마다 미국을 비롯한 열강 등은 냉담한 반응을 보였고, 1919년 전후 크게 유행한 '정의 인도의 원칙에 입각한 세계개조론'은 후퇴, 다시 사회진화론적 세계관이 대두하였다. 조선의 지식인들은 1차 대전 종전을 전후한 시기, 정의 인도의 원칙에 의거하여 세계개조가 이루어지리라 기대하고 민족자결운동을 전개하였으나, 그러한 타력에 의존하는 민족자결운동은 열강들의 냉담한 반응 속에 성과를 거둘 수 없었던 것이다.

이에 신채호는 내정독립론, 자치론, 참정권론, 외교론, 준비론 모두를 부정하고 민중에 의한 폭력혁명을 유일한 투쟁방법으로 보고 행동방침을 제시한다. 그는 혁명은 파괴로부터 출발하는 것이며, 건설하기 위해서는 우선 파괴해야만 한다고 주장한다. 즉 '고유적 조선의', '자유적 조선 민중의', '민중적 경제의', '민중적 사회의', '민중적 문화의' 조선을 건설하기 위하여, '이족 통치의', '약탈제도의', '사회적 불평균의', '노예적 문화사상의' 현상을 타파해야 한다는 것이다(신채호, 「조선혁명선언서」, 1923). 『신민』에 실린 글에서도 인간은 이성의 본체이지만 성능의 대부분은 쟁투동물로, 국가의 발달과 민족의 진보 역시 쟁투로써 된 것이며 시대가 변천할수록 문명이 진보할수록 쟁투의 범위가 확대되고 격렬해졌다는 인식이 보인다. 즉, 인류는 계급적, 국제적, 민족적으로 영원히 쟁투할 것이므로, 세계적 평화, 전 인류의 평화는 없다고 단언하는 데, 여기서도 힘에 대한 강조를 엿볼 수 있다(김태수, 「전쟁의 영원성」, 『신민』 3호, 1925.7.10.).

이러한 힘에 대한 강조는 현대 문명을 '힘의 문명'이라고 파악하는 데서 두드러지게 나타난다. "부전조약을 체결하는 것도 힘의 충돌을 방지하기 위한 것이고, 군선건조를 계획하는 것도 힘의 균형을 유지하기 위한 것일 뿐이다. 이는 미국, 영국, 프랑스 어느 나라나 역시 마찬가지이다. 따라서 약자가 아무리 세계의 평화를 절규하며 인류의 평등을 주장하더라도 그것이 현실화되지는 않으며, 세계의 평화를 실현하기 위해서는 우월한 자가 되어야만 하는 것이다. 이것이 력(力)의 문명의 원칙"(『조선일보』. 「힘의 문명」, 1928.11.28.)이라고 설명하고 있다.

이는 제국주의의 힘을 깨뜨리기 위한 평화의 강조라는 흐름들이 일련의 실패를 겪고 국제사회로의 편입을 요구했던 식민지의 목소리들이 더 이상 힘을 얻기 실패한 결과였다.[8] 오직 평화를, 정의인도를, 문화를 이야기하는 것만으로는 국제적 현실의 일면만을 파악하는 것이라는 인식은 뼈저린 반성의 결과였다. 김양수가 쓴 「세력균형주의와 국제협조주의」 역시 현실주의와 이상주의를 동시에 시야에 넣고 설명하는, 20년대 국제정치적 인식이 얼마나 철저했는지를 잘 보여주는 글이다.[9] 그는 "재래의 국가관념에 대한 견해의 상이로 일은 국가만능설을 주장하여 국제적으로는 필연히 세력균형주의에 그 결론이 이르렀고, 또 하나는 국가제한설을 주장하여 국제적 협조주의에 도달하는 사상의 범주와 또 이러한 경향을" 낳았다고 말하며, 국가생활의 현상에는 구심력과 원심력의 양 법칙이 작용함과 같이 정반대의 세력이 서로 대항한다고 설명한다. 이처럼 국제관계에서 '세력균형주의의 원심력'과 '국제협조주의의 구심력'이 모두 존재함을 인정하고, 둘 다 국제생활의 안정에 그 이상이 있을 뿐 차이가 없음을 말한다(김양수, 「세력균형주의와 국제협조주의」, 『개벽』 46호, 1924.4.1.).

윌슨주의나 국제협조주의에 대한 희망은 20년대 후반으로 들어서면서 더 확실히 깨져나가는 모습을 보인다. 미국 역시 어디까지나 자국의 이해관계에 의해 움직이는 열강 중 하나에 지나지 않는다는 논조의 언설들이 자주 등장하기도 한다. '정의인도의 깃발'을 보기 전에 먼저 그 복선을 밝히자며, 세계 개조 10주년을 맞아 평화의 서광이 과연 임조되어 나올지 의문을

8. Erez Manela (2007), p.224.
9. 김양수에 대해서는 하영선, 『역사 속의 젊은 그들』(을유문화사, 2011) 5강 참조.

표시하거나(『조선일보』, 「세계평화는 언제 될 것인가」, 1929.1.29.) 국제연맹을 창설하고 스스로 탈퇴한 미국의 오만한 태도를 비판하고 영국 제국주의와 경쟁하며 세계패권을 쥐고자 중국, 남미, 아프리카 등으로 진출하는 미국의 제국주의적 세계정책을 설명한다(배성룡, 「영미 제국주의와 세계패권 정책의 대립」, 『조선지광』, 1930년 10월).

1920년대는 국외의 평화사조에 흐름에 편승해 민족자결의 원칙에 기대려는 시도, 즉 바깥 국제사회에 정당성을 호소하려는 시도가 빈번히 나타나고 있다. 그러나 이러한 세계사적 흐름이 식민지 조선에 적용될 수 없는 것임을 깨닫게 되자, 이러한 평화와 도덕에 의존하는 방식은 더 이상 설득력을 갖지 못했다. 그리고 이 때 힘에 대한 강조가 등장한다. 즉, 일본의 지배하에서 식민지 지배의 정당성에 대한 문제제기가 더 이상 먹히지 않을 때, 더 이상 도덕이라는 이름보다는 날것으로서의 힘에 대한 강조가 두드러지게 나타났다.

다. 동양평화

앞에서 보았듯 '발칸' 표상은 정치적 상황이 만들어내는 '선언'의 파토스를 넘어 동아시아의 구조(토포스) 속에서 존재증명을 모색하려는 의지를 내포했다. 소국병존과 열강의 존재방식에서 평화의 조건을 모색하는 정치적 사유는 한국의 자주독립에 대한 상상력에도 원용되었다. 세력균형의 요건으로서 조선의 독립이 상정되고, 동아시아의 평화의 가능성이 전개되었다. "발칸의 정세가 안정되지 않으면 서구의 풍운이 그치지 않듯이 한국의 독립이 회복되지 않으면 동아시아의 평화를 기대할 수 없다"(신아동제사, 「중국정부에 대한 청원운동의 건」, 1921)라는 발언이나 신채호가 조선을 동양의 발칸으로 비유하면서 러시아의 동진을 막기 위해 일본의 세력팽창을 허용하는 것은 오히려 일본의 야심만 키워 동양의 평화를 더 어지럽힐 것이며 따라서 극동의 평화를 위해서 조선의 독립의 중요성을 강조하고 있는 것이 그 예이다(신채호, 「조선독립과 동양평화」, 1921).

이는 일본이 주장하는 동양평화론에 대한 직접적인 비판으로 나타난다. 당시 총독부 기관지였던 『매일신보』에서 실린 일선융화론은 일본의 조선병합의 필연성에 대해서 이야기하고 있다. 이는 식민적 관념이나, 민족의 우열, 종족의 구별의 차원이 아니라, 공동으로 문명의 덕택을 받아 동양의 평원을 유지하고 서세동점을 방지하기 위한 것으로, 이는 일본과 조선이 역사적으로나 문화적으로나 하나에서 나왔고, 일시동인 아래 하나의 형제임을 강조하는 것이었다(『매일신보』, 「일선융화론」, 1915.2.18.).

그러나 박은식은 "진정한 동양평화란 으레 공존주의의 기초에 입각하여 확고하게 공의(公義)로써 건립되며, 결코 일국의 욕망이나 한때의 세력으로 함부로 남의 나라를 병탄해서 성립되지 아니한다"고 비판한다. 결국 한일병합은 동양평화를 위해 불행일 뿐이며 동양평화를 파괴하고, 이는 조선의 원한을 초래함과 동시에 동아시아 국가들의 의구심을 증폭시키고 있다고 경고한다(박은식, 「통고일본서」, 1920). 「동양평화의 요체」라는 글에서도 일본의 동양평화론의 허구성을 말하면서 그것은 동양평화라기보다 일본의 대륙발전이라는 미명하에 진행된 것이었다고 지적한다. 이 글은 '내부적 동양평화'와 '외부적 동양평화'로 나누면서 "전자는 동양 삼개 지방의 상호간 또는 각 지방 내의 평화를 의미함이요, 후자는 동양외 국민이 감히 동양을 침범치 못함"으로, 후자를 이루기 위해서는 국제연맹과 같은 평화기관을 통하여 혹은 세계에 팽창한 인도적 정신으로 인하여 가히 기할 수 있지만 오직 확실한 방법은 스스로 튼튼한 실력을 양성하여 정의를 행함에 있음을 강조하고 있다(『동아일보』, 「동양평화의 요체」, 1920.6.25.). 또 다른 논설 역시 일본의 동양평화론이 천시(天時), 지리(地利), 인화(人和)를 무시한 침탈론에 불과함을 주장한다. 본래 동양은 역사적으로 형성된 자연적인 경계를 지키며 번영해 왔으나 일본의 동양평화론은 이 경계를 깨뜨리려고 함을 지적하고, 조선이라는 자연경계를 생존조건으로 하는 조선인은 이에 분투하지 않을 수 없으며 중국인 또한 마찬가지니 일본은 지리와 인화에 순응하여 진정한 동양평화를 구출해야 한다고 주장하고 있다(『동아일보』, 「일본인의 동양평화」, 1925.5.17.).

이러한 주장은 중국 인민들에게 직접 호소하는 방식을 취하기도 했다. 재연변 한인 대표들이 중국인사에게 보낸 경고에서 지리적 인접성, 임진왜란 때 명(明)의 원조 등을 언급하면서 한중관계의 긴밀성을 강조하는데, 이를 통해 한중 양국이 동맹해서 일본의 중국 침략에 대응할 것을 주장하고 있는 것이다(「연변 한인 대표의 대중국 경고서」, 1920). 또한 중국동포에게 고하는 글에서도 역시 한국의 평화가 중국 및 아시아의 평화와 직결된다는 사실을 강조함으로써, 중국이 한국의 독립운동을 지원해야 하는 당위성을 역설하기도 했다(「중화동포에게 읍고하는 글」, 1921). 아세아 피압박 제국민의 연대의 필요성이 제기되기도 했으며, 제국일본이 주도하는 아세아민족대회는 해답이 될 수 없다고 비판하는 글도 보인다(『조선일보』, 「아세아민족대회」, 1926.1.19.).

그러나 글로벌 차원에서의 민주주의, 자유주의에 대한 기대도, 동양평화를 위한 조선의 독립의 필요성에 대한 강조나 한중 연대의 가능성도 시간이 갈수록 그 힘을 잃어 갔다. 세계사적 흐름은 조선의 지식인이 희망했던 대로 도의의 시대로 흘러가지는 않았다. 또한 동아시아에서 일본의 힘이 강해지면 강해질수록 동양평화를 위한 대항세력으로서 조선의 독립가능성을 이야기하는 것 또한 불가능한 논의로 치부될 수밖에 없었다. 이 속에서 식민지 조선의 지식인들의 도덕과 평화, 권력에 대한 사유도 일정부분 변해 갔다. 시간이 갈수록 정의와 인도의 시대라는 흐름에 대해서 조심스러운 접근이 더 많이 나타나고 있는 것 역시 이 때문이다. 도덕이나 평화는 말로서 이루어질 수 있는 성질의 것이 아니라는 점을 인식하기까지는 그리 오랜 시간이 필요치 않았던 것이다. 이러한 흐름은 1930년대 일본의 제국주의가 현실적으로 대동아공영권이라는 체제 속에서 공고화해지는 과정으로 넘어가게 되면서 한 번의 변곡점을 맞는다.

3. 제국일본의 팽창과 대동아건설

(1) 세계와 제국, 민족과 국민

가. 세계와 민족

1920년대 말부터 30년대 초의 세계적인 경제공황은 민중들의 생활조건을 악화시켰고, 전세계적으로도 식민지 인민들의 불만을 자아냈다. 이로서 사회주의 운동이 심화되었으며, 혁명적 노동,농민 운동이 빈발했다. 일본 역시 세계 경제공황의 타격으로 인한 반동으로 정치세력의 보수화가 진행되었으며, 경제적 위기를 타개하기 위한 외부로의 진출이 도모되어 만주사변으로 이어졌다. 이 과정에서 식민지 내부에서도 수탈정책의 사상적, 학문적 기반을 제공하는 일제 관학이 발달되었고, 그 일환으로 관학이 주체가 되어 정책적으로 식민주의적 조선연구가 강화되었다. 이는 상호 계급적 기반을 달리하는 사회세력의 세계관과 계급관의 대립을 낳았으며, 민족적 현실에 어떻게 대처하고 조선의 발전방향을 어떻게 설정할 것인가를 둘러싼 민족관, 국가관의 대립을 발생시켰다.[10]

1932년 『동아일보』에 실린 「생존경쟁과 민족」이라는 사설은 이러한 시대적 변환을 잘 나타낸다. 생물계의 주요 현상이 상호부조가 아닌 상호경쟁임을 주장하면서 경쟁의 주체로서 조선민족이 설정된다. 작금의 민족경쟁의 시대에 "조선민족은 문화적으로 경제적으로 도덕적으로 현대에 처할 만한 의식과 노력이 있는가"를 묻는 장면에서 경쟁세계에서 민족에 대한 각성이 요구됨을 볼 수 있다(『동아일보』, 「생존경쟁과 민족」, 1932.9.8.). 세계 속에서 조선 민족의 나아갈 길을 찾으려는 노력은 이광수에게서도 발견된다. 그는 민족이라는 말을 꺼리는 '얼치기 맑시스트' 무리를 비판하며 민족이야말로 '영원의 실재'라고 위치 짓고, 인텔리겐챠 층의 결성, 농민노동자의 계몽과 생산향상, 협동조합운동이라는 3가지를 민족운동의 실천적 방법으로 제시한다(이광수, 「조선민족운동의 삼 기초사업」, 『동광』 30호, 1932.1.25.). 이는 민족이 아닌 계급을 중심에 둔 사회주의 계열의 운동론에 대한 비판이었다. 이 시기의 민족개량주의 대 사회주의의 대립구도를 엿볼 수 있는 대목이다.

민족에 대한 논의는 안재홍의 글에서 가장 잘 나타난다. 당시의 지식인을 친일파, 타협적 민족주의, 비타협적 민족주의, 사회주의로 나눠 본다면, 안재홍은 비타협적 민족주의의 입장에 서있는 인물이었다. 그는 민족이란 자연적 테두리 안에 형성된 생활집단이며 민족주의는 이들의 본능적 동포의식으로, 자신을 한 단위로 국제사회에 생활영역을 갖고자 하는 의지라고 설명한다. 그는 한 민족 안에 이해를 달리하는 계급이 생긴다고 해도 민족 안에서 조화를 이룰 것이라고 말하며(안재홍, 「조선인의 처지에서」, 『조선일보』, 1932.3.2.), 후진사회의 민족주의

10. 방기중, 『한국근현대사상사 연구』(역사비평사, 1992), 85-96쪽.

란 낙후된 처지에서 생존투쟁의 역량을 길러내는 데 반드시 지나가야 할 계단이므로, 그러한 과정을 치르기도 전에 공식론적 국제주의에만 빠져서는 안 된다고 주장한다(안재홍, 「국민주의와 민족주의」, 1932.2.18.). 이처럼 안재홍은 계급 간의 이해 역시 민족 안에서 조화를 이룰 것이며, 민족주의적 세련과정 없이 국제주의는 불가하다고 말한다.

그러나 안재홍은 여기에서 멈추는 것이 아니라 한 발 더 나아간다. 지금 세계는 하나의 국가로 통일되는 세계일가를 갈망하는 한편 세계 속의 한 민족으로서 순화하려는 모순적 상황, 즉 '국제적 민족주의' 혹은 '민족적 국제주의'를 형성하는 상황에 있음을 지적하면서 그러한 모순의 통일, 회통이 현실에 더 적실하다는 논지가 그것이다. 조선에서 출발하여 세계를 돌아 다시 조선에, 무위평범(無爲平凡)한 금일에서 세계일가를 이루는 미래까지 나아갔다가 다시 금일에 돌아와 재출발할 것이 주장되는 이유다(안재홍, 「세계로부터 조선에, 미래를 지나 금일에」, 『조선일보』, 1935.6.6.~7.). 이처럼 그는 민족주의자이면서 동시에 세계를 안으려는 시도를 한다. "민족으로 세계에, 세계로 민족에, 교호(交互)되고 조합되는 민족적 국제주의 혹은 국제적 민족주의"가 안재홍의 민족주의의 특징이었다.

이처럼 급변하는 국제정세 속에서 국제적 혜안이 사라진 것을 통탄하는 글도 볼 수 있다. 문일평은 이전시기까지 내려져 오던 '국제안(國際眼)을 가진 인물들이 '잘못된 존화주의와 격렬한 파쟁적 알력'으로 인해 조선시대에 사라지게 되었음을 서술하며, 국제안을 가진 인물이 등장해야 함을 강조한다(문일평, 「조선인과 국제안」).

나. 제국과 민족

만주에 대한 일본의 침탈이 가시화되면서 중일분쟁과 만주문제가 논의의 눈에 들어오게 되었다. 『신한민보』 사설에서는 만주국의 독립을 승인한 일본의 속내가 제국주의와 다를 바 없으며 중국 난징정부의 승인 또한 민중의 뜻이 아니라 단지 장제스의 승인으로 이루어졌음을 지적한다. 그리고 만주의 역사적 배경을 볼 때 어느 한 나라의 소유물이 될 가능성은 적고 머지않아 일어날 전쟁에서 일본이 지면 제국열강의 완충지로서 중립국으로 독립할 가능성이 있다고 전망하면서 조선도 이에 대비해야 한다고 촉구하고 있다(『신한민보』, 「만주국의 장래」, 1933.8.17.). 김경재는 일본이 아시아 먼로주의를 제창하게 된 경위와 이해관계를 설명하면서 그 행동방식이 미국의 먼로주의와 유사하다고 주장하지만, 아시아의 경우 열강들이 일본에 앞서 이미 많은 이해관계를 중국에 갖고 있다는 점, 중일 간의 상호협력이 어렵다는 점에서 문제가 있다고 비판한다. 만주사변과 국제연맹 탈퇴로 이어지는 일본의 정책이 중국에서 이해관계를 갖는 서양 국가들과의 마찰로 이어질 것을 경고한다(김경재, 「대아세아주의 비판」, 『삼천리』 제6권 5호, 1934.5.1.). 국제정치는 국내정치의 연장이며, 국제정치의 두 형태인 외교와 수단 모두 국가이익을 위한 수단이라는 데 본질적인 차이가 없다고 말하며, 무장외교,

철외교(鐵外交)를 주장한 김명식의 주장도 보인다(김명식, 「외교와 전쟁」, 『삼천리』 7권 1호, 1935.1.1.).

해외 한인단체 중의 하나인 뉴욕의 한국조직동맹은 일본의 제국주의 침략이 남북 양쪽을 겨냥하고 있음을 지적하면서 특히 조선과 만주를 비롯한 북진의 위협과 침략방식을 설명하고, 일본의 군국주의적 팽창이 저지되지 않는 한 극동의 평화는 보전되기 어렵다는 점을 강조했다(한국조직동맹, 「일본의 만주침략에 대한 한국의 성명서」, 1931). 임시정부 대통령이었던 이승만 역시 국제연맹 사무총장에게 보낸 서한을 통해 중일분쟁과 얽혀 있는 만주지역의 문제는 한국문제의 해결을 우선적으로 필요로 하며, 일본의 제국주의적 팽창을 막기 위해서는 한국의 독립이 선결조건임을 지적하고 있다(이승만, 「한국인들의 청원서, 1933). 이처럼 만주를 둘러싼 정국의 불안은 일본의 군국주의적 팽창의 위험성과 함께 한국의 독립의 필요성이 다시 한번 강조되는 기회를 마련해 주었다.

다. 내선일체와 국민

이 시기 세계나 지역 문제보다 더 많이 다루어질 수밖에 없었던 문제는 제국-식민지 문제였다. 1930년대 후반에 들어서면서 황민화정책과 내선일체라는 내지연장식의 동화정책이 실시되면서 다른 논의들은 공식적인 담론장에서 축소될 수밖에 없었다.

미나미 총독은 만주사변을 계기로 내선융화의 정신이 내선일체로 바뀌었음을 달하며, 조선인의 황국신민화 정책을 본격적으로 진행했다. 1940년 2월부터 시행된 이른바 창씨개명제는 이러한 사법상의 내선일체를 구현하기 위한 것이었다. 이는 일본식의 씨의 설정을 강제하는 것이 아니라 조선인들의 요망에 응해 기회를 열어준 것이라고 주장되었다(미나미 총독, 「사법상의 내선일체 구현」, 1940).

당시 내선일체는 두 가지 유형으로 제시되고 있었다. 내선일체를 위해 한국어를 전폐할 것을 주장하기도 했던 현영섭은 이를 '협화적 내선일체'와 '철저일체론'으로 구분하고 있다. 전자는 '내선(內鮮)은 양 민족인 까닭에 황도를 생활 원리로 하여, 즉 이체동심(異體同心)으로 단결악수'하는 내선일체론으로, 반도 지식계급의 대부분, 동아협동체론자, 동아연맹론자의 대부분이 이러한 내선일체를 주장한다고 한다. 이와 반대로 후자는 미나미 총독이 주장하는 '내선의 궁극의 자태는 악수가 아니라 혈(血), 형(形), 신혼(身魂)이 하나가 되는' 내선일체론이다. 물론 현명섭은 다른 몸의 한 마음이라는 '우정적', '악수형'의 내선에 반대하고 '철저일체론'을 주장한다(현영섭, 「내선일체와 조선인의 개성문제」, 『삼천리』 12권 3호, 1940.3.1.)

이에 대해 김한경은 내선일체의 유형을 '민족동화론'과 '민족협동론'으로 나누고 있다. 전자는 '조선인의 언어, 풍속, 습관을 일체 내지인과 같은 모양으로 동화해야 한다는 견해'이고, 후자는 '조선인의 언어, 풍속, 습관을 그대로 인정하고, 조선 민족의 특유한 성능을 온전히 발휘하여 그 최고 지도 원리로서의 국체 정신의 보급, 침투를 꾀하자는 견해'다(김한경, 「공동운명에의 결합과 그 환원론」, 『삼천리』 12권 3호, 1940.3.1.). 그러나 그 명칭이 어떠하든지 간에 내선일체의 양상 속에서 민족은 궁극적으로는 사라져버려야 하는, 사라질 수밖에 없는 구도였다. 민족협동론 쪽에 가까운 김한경조차도 "지금에 있어서는 협동도 좋고 동화도 좋다. 아니 그보다도 협동은 동화로 발전해 가는 도정으로 보아도 좋다"며 궁극적으로는 동화론으로의 과정으로서 협동론을 제시하였다.

그러나 동화론을 주장하는 논자들의 전향을 단순히 일신을 위한 사상의 포기로만 보기에는 무리가 있다. 히로마쓰 와타루는 일본에서의 대규모 전향을 분석하면서 혹독한 조건하에서 굳은 사상적 결의로 혁명 운동에 몸을 던진 투사들이 단시일 내에 대량으로 전향했다는 사실은 단순히 '인간의 나약함' 때문이었다는 식으로는 제대로 설명될 수 없다고 말한다. 즉 여기에는 '좌파'적인 논리와 심리에 기초한 자기 합리화가 개입되었다는 것으로 제삼자가 보기에는 자기기만으로 보일수도 있지만, 당사자들로서는 '논리적인' 전향이라는 것이다.[11] 그렇다면 일정 정도 식민지 조선의 지식인에게도 이러한 과정이 있었던 것은 아닐까 생각해 볼 수 있을 것이다. 그들에게도 전향은 자신의 이익의 관점을 넘어 논리적인 과정이었다. 이를 소위 전향한 사람의 자기방어 논리로 받아들일 수도 있겠지만, 그보다는 그들이 논리를 펼쳐가면서 제국의 체제 속에서 무엇을 이루어내려고 했는지를 살펴보는 것이 훨씬 더 생산적인 논의로 이어질 것이다.

이는 인정식이 단순한 신념상의 변화와 참된 의미의 전향을 구별하는 데서도 드러난다. 그에게 참된 의미의 전향이란 일체의 기회주의와 정치상의 무관심과 대비되는 것이었다. 그는 '일본 제국에 반항하는 XX적 수단에 의해서가 아니라 끝까지 제국의 국책에 협동하여 제국신민으로서의 임무 충실히 다함에 의해서만' 조선 민족의 이익이 획득되며, 그것이 조선 민족의 행복을 포함한 동아의 번영을 위한 유일한 노선이라고 파악했다(인정식, 「아등의 정치적 노선에 관해서 동지 제군에게 보내는 공개장」, 『삼천리』 10권 11호, 1938.11.1.). 이처럼 인정식은 단순히 전향을 강제에 의한 굴복이 아닌 자각이었음을 강조한다. 탄압이 아닌, 제국 신민으로서의 자각이 강조되고, 이와 함께 제국-신민이 되는 결단을 요청하고 있다.

그 속에서 일본은 도의적 세계사 창조라는 대사명 아래 정의의 진군을 하고 있으며, 이를 위해 일억 국민의 동심일체적 단결인 내선일체의 완성이 절대적으로 필요하다는 주장까지 제기된다(김두정, 「흥아적 대사명으로 본 '내선일체'」, 『삼천리』 12권 3호, 1940.3.1.). 김두정은 일본의 사회주의자들의 전향을 평가하면서, 이들이 맑스레닌주의의 이론적 실천적 모순과 소련의 포악한 정치를 분석한 결과 이것을 청산하고 일본정신의 진가와 황국의 흥아적 사명을 자각했고, 이것이야말로 진실로 세계의 지도적 국민으로서 사상적 근저로 할 만한 위대한 정신이며 사임을 깨닫게 되었다고 서술한다. 조선의 이천만 동포 역시 이처럼 위대한 세계사 창

11. 히로마쓰 와타루, 김항 역, 『근대초극론: 일본 근대 사상사에 대한 시각』(민음사, 2003), 121-122쪽.

조의 임무를 분담하지 않으면 안 된다고 주장하는데, "반도 황국민이 스스로 세계적 문명국민으로서의 역량과 소질을 배양하여 나아가는 과정에서 제반 현안도 점차 해결될 것이며, 권리를 주장하기 전에 모든 의무를 충실히 이행하여 나아가는 과정에서 삼천리에 와거(臥居)하던 이천만 황민은 전 세계를 활무대로 할 수 있는 조건을 획득"할 수 있다는 논리로 자신의 주장을 뒷받침했다(같은 글).

그런데 이때의 내선일체는 제국이 제시하는 논리를 그대로 따라가기만 하는 것이 아닌, 그들이 바라는 당위로서 현실을 재규정하고, 현실을 끌어오기 위한 것이기도 했다. 그런 점에서 식민지 지식인들이 동아협동체론이나 대동아공영권론이 제기하는 이념형을 한층 더 강조하는 이유를 발견할 수 있을지도 모른다. 이는 이념적 논리가 현실에서 적용되지 않고 있는 점을 비판하는 것에서도 드러난다. 예컨대 윤치호는 일시동인이 천황폐하의 어성지(御聖旨)에 의해 보장되어 있음에도, 조선을 식민지시하는 것은 형법상의 불경죄의 문제라 반박하기도 한다(윤치호, 「내선일체에 대한 소신」, 『동양지광』 1939년 4월호). 이처럼 이념형으로서의 내선일체론을 강조함으로써, 그들은 이념이 현실을 규제하도록 작동하기를 바랐는지도 모른다.

(2) 신질서와 전쟁, 평화

가. 제2차 세계전쟁과 대동아전쟁

중일전쟁 이후로는 글로벌, 리저널, 내셔널 차원에서 컨텍스트가 변화하는 것을 확연히 볼 수 있다. 당시 글로벌 차원에서 일본 제국은 '근대의 초극'이라는 표어가 보여 주고 있듯이 '서구에 의한' 근대를 극복하기 위한 담론을 제출하고 있었다. 이는 새로운 보편사적 세계를 구성하고자 하는 문제였다. 즉, 기존의 서구적 근대를 어떻게 극복할 것인가가 교토학파 등의 '세계사의 철학'이라는 문제제기로 이어졌다. 이는 근대라는 시간의 문제뿐만이 아니라 지역이라는 공간의 문제가 결합된 문제제기였다. 서구적 근대가 한계에 다다랐다고 생각했던 그들은 자신의 목소리를 내라는 시대적 요청을 받고 있다고 자임했다. 미키 기요시가 말하듯이 "시간적으로는 자본주의문제의 해결, 공간적으로는 동아의 통일의 실현, 그것이 금차의 사변의 있어야 할 세계사적 의의"[12]인 시대를 살고 있었던 것이다. 이처럼 영미 서구 제국에 의해 주어진 질서를 넘어서야 한다는 논의는 제국 대 제국이라는 논의 속에서 전개되었다. 고노에 후미마로가 주장한 영미 본위의 평화주의를 배격한다는 것을 넘어 이제는 영미 제국이라는 구제국에 맞서 신질서를 창출할 수 있다는 자신감이 표출되었다.

이러한 자신감은 전쟁에 대한 인식의 변화로 이어지게 된다. 이제 전쟁이 '상태'(常態)이며, 평화가 '변태'(變態)된 시대로, 국제적 전시상태가 지속된다고 인식되었다(김명식, 「전쟁과 평

12. 三木清, 『三木清全集』 17권(岩波書店, 1968), 510쪽.

화」, 『삼천리』 10권 8호, 1938.8.1.). 전쟁의 파괴성을 인정하면서도 전쟁으로 인해 신질서가 창출되는 의의 역시 강조되기도 했다(『동아일보』, 「전쟁의 역사」, 1939.9.8.). 미국이 먼로주의를 표방하며 중국문제에 개입하는 것을 양두구육(羊頭狗肉)책이라 비판하며, 동양의 일은 동양의 손으로 처리할 수 있는 진정한 동양먼로주의가 확립되기 위해서는 일본이 간섭을 배제할 실력을 가져야 한다고 주장하는 것 역시 자신감의 발로였다(『조선일보』, 「동양몬로주의」, 1940.7.12.). 장덕수는 전쟁 승리에 필요한 산업 총동원을 위해 산업보국의 정신과 조직을 강조한다. 산업의 국가적 사명을 깨닫고 모든 자원이 원활하게 고급될 수 있는 조직화가 필요하며, 평시에도 산업의 사회적 책임성과 도덕성을 황운부익(皇運扶翼)과 총동원의 기초로 하여 신동아질서 건설에 기여해야 한다는 것이다(장덕수, 「전시와 산업보국」, 『삼천리』 11권 4호, 1939.4.1.).

국민총력조선연맹이 내놓은 글에서도 '무력전뿐만 아니라 정치전, 경제전, 사상전을 포함한 총력전의 시대'가 도래했음을 알리는데, 이번 전쟁은 다시 전란이 일어나지 않도록 '한 번 노하면 천하를 안정케 하며', '불의를 타파하여 우리의 정의에 귀복(歸服)케 하며', 무할양, 무배상으로 '각국 각각이 그 처(處)를 득하여 만민 각기 뜻을 따르도록 하는' 일본 중심의 일개 생명체인 황도세계를 건설하고자 함이었다. 이는 팔굉일우(八紘一宇)의 현현으로, 이러한 세계에서는 침략도 식민지도, 우월도 착취도 없고, 근본부터 두 번 다시 전쟁도 일어나지 않는다고 주장되었다. 따라서 이번 총력전쟁은 '구세계의 종언전'이며 '새로운 인류세계의 창조전'이었다(국민총력조선연맹, 「총력전과 국방국가와 조선」, 『삼천리』 13권 3호, 1941.3.1.).

일본이 발표한 「기본국책요강」에서는 "세계는 바야흐로 역사적 일대 전기에 제회하고 몇 개의 국가군의 생성발전을 기조로 하는 새로운 정치, 경제, 문화의 창성을 보고 있으며 황국 또한 유사 이래의 대시련에 직면"하고 있음이 강조되었다(「기본국책요강」, 1940). 이런 상황에서 조선 역시 근대를 넘어서려고 하는 제국일본의 일원으로서, 주변적 위치로서 세계사적 임무에 동참해야 할 역할을 부여받았다고 여겨졌다. 이러한 일련의 상황을 신갑범은 '세계사의 동양적 전회'라 명했다. 세계 최대의 침략범인인 앵글로색슨 민족의 문화는 이미 이 정신에 의해서 최종적 심판을 받고 있으며, 일체의 인류문화의 요람지였던 아시아에는 흥아의식(興亞意識)이 충만해 오고 있다는 것이다. 따라서 이 전회는 '학대받던 아시아'에서 '자유 발전을 할 수 있는 아시아'로, 또 '편국화(偏局化)된 세계'에서 '협화적 공존공영의 세계'로 전화 발전해 가야 할 세계문화의 새로운 출발을 상징하는 것이었다(신갑범, 「세계사의 동양적 전회」, 『동양지광』 1940년 1월호).

이는 그동안의 서구적 의미에서의 '자본적', '제국적', '정복적'인 질서를 넘어선 신질서여야 했다. 이 때 동아의 신질서는 지배질서가 아닌 '제민족 공존공영에 인한 협동질서이며 지도질서'였며 따라서 그 정치, 경제, 문화형태도 자본적, 제국주의적, 정복적이 아닌, 제민족 사회의 자주적 이익이 존중되고 개성 전통, 문화가 또한 존중되는 것이어야 했다(차재정, 「동아신질서와 혁신」, 『삼천리』 11권 1호, 1939.1.1.). 서인식 역시 프랑스가 독일에 패배한 원인을 세계사의 운명에 대한 이념의 유무에서 찾고 이것이 민주주의 제국의 정신적 지도자 전반에 결여되어 있음을 지적하고 있다. 현대의 세계구조를 개조할 이념의 탄생이 요망된다고 보면서, 독일과 이태리의 전체주의보다는 오히려 일본의 동양문화에 그 가능성을 기대하고 있다(서인식, 「세계문화의 신구조: 무너져 가는 낡은 구라파」, 『조선일보』, 1940.7.26.).

지역적 차원에서도 중일전쟁은 식민지 조선에 새로운 전환기를 가져 왔다. 인정식은 일본이 내건 동아 재편성이란 목표는 경제적으로는 블록경제 확립, 정치적으로는 동아협동체 결성, 문화적으로는 동아민족 공통의 문화 확보를 내용으로 하는 것으로 파악하면서, 이때 조선인으로서도 민족적 운명에 앞서 동아협동체의 완성을 염두에 두어야 하며 이를 위한 유일한 정치적 노선은 내선일체에 있다고 주장했다(인정식, 「동아의 재편성과 조선인」, 『삼천리』 11권 1호, 1939.1.1.). 김명식 역시 신동아협동체의 건설을 '신운명의 제일보를 개척'하는 일로 파악한다. 일본은 중국에 대한 영토적 야심이 없고 신지나 건설을 도와 동아협동체를 이룰 것이므로, 이 신건설을 위한 의식 확립을 최우선으로 삼아 조선민중이 앞장설 것을 주장했다. 또한 건설의식의 확립 필요성을 언급하면서 삼민주의와 파시즘을 비판하는데, 그에게 건설의식의 핵심은 정치적으로는 민주주의, 경제적으로는 집단주의, 사회적으로는 휴머니즘을 집결한 이상주의라는 새로운 형태를 가져야 했다(김명식, 「건설의식과 대륙진출」, 『삼천리』 11권 1호, 1939.11.1.).

동시에 중일전쟁은 식민지 조선을 기존의 소비시장, 자원의 조달지에서 제국의 병참기지로서 전시 공업화 국가경제를 담당하는 일원으로서의 변화시켰다. 이러한 대륙병참기지로서의 아이덴티티 부여와 지위 향상에 대해서는 윤치호 역시 지적하고 있다. 그는 조선이 내지인과 동등한 자격으로 동양을 건설하는 지도자가 될 수 있는가라는 질문에 자답하면서, 병참기지로서의 지위를 점하는 '지리적 중요성'이 그것을 가능케 한다는 논리를 전개했다(윤치호, 「내선일체에 대한 소신」, 『동양지광』 1939년 4월호). 이는 만주라는 새로운 침략지의 탄생과 함께 일본이 동아시아를 향해 새롭게 제국적 팽창을 펼쳐 나가는 데 있어 조선이 제2의 제국신민이 될 수 있다는 자화상과 제국적 심상을 드러낸 것이었다.

이러한 동아시아 내 질서 재편성에 대한 욕망은 당시의 일만지(日滿支)의 협화적 제국의 건설이라는 동아시아 공존공영을 위한 새로운 민족협화적 언설로도 표현된다. 제2차 고노에 성명에서 발표되었듯이, 이 신질서 건설은 "일만지 삼국이 서로 제휴하고 정치, 경제, 문화 등 각반에 걸쳐 호조연환(互助連環)의 관계를 수립하는 것을 근간으로 하고, 동아에 있어서의 국제주의의 확립, 공동방공의 달성, 신문화의 창조, 경제결합의 실현을 기(期)"하여 "동아를 안정시키고 세계의 진운(進運)에 기여하는"(「동아신질서 정부성명」, 1938) 것이었다. 물론 조선은 어디까지나 제국의 일원이었을 뿐, 중국과 같이 협화적 대상으로서의 민족은 아니었다. 미키 키요시 역시 일만지일체와 내선일체는 그 일체성의 의미가 다름을 지적한 바 있었다. 그러나 조선의 지식인들은 제국의 2등 신민으로서 자기를 위치 지으며 제국의 심상을 그대로 받아 안는다.

이돈화가 일지사변은 단지 일본과 중국의 관계가 아니라, 동아 신질서의 건설과 대이상을 실현하기 위한 것으로, 다시 말해 '팔굉일우의 황도정신'의 발동으로써 만방(萬邦)을 '각득기소'(各得其所)케 하여 '일노이안천하'(一怒而安天下)하는 대이상의 실현으로 파악한 것 또한 이러한 심상의 발로였다(이돈화, 「성전과 종교의 사명」, 『매일신보』, 1941.8.30.~9.2.) 그들에게 중일전쟁은 밖으로는 서구제국을 토벌하고, 안으로는 동아의 신질서를 확립하는 계기로 포장되었다. 그리고 그 속에서 각 국민국가는 부정되어야만 하는 것으로 간주되었다. 자유주의적, 개인주의적, 민주주의적인 근대 이후의 구미적 역사사상을 지양하는데, 1민족, 1국가, 1지도자와 같은 사고방식은 부자연스러운 사상으로 치부될 수밖에 없었다. 이미 시대는 도의 · 협화를 요구하며, 만방이 정치적으로나 경제적으로나 문화적으로나 서로 협화해서 영원하고 확고한 세계평화를 수립하도록 사명이 부과되었기 때문이다(신갑범, 「세계사의 동양적 전회」, 『동양지광』 1940년 1월호). '동화' '협화' '공영' '직분'의 질서원리가 작동하고 '각득기소'(各得其所), '팔굉일우'(八紘一宇)가 실현되는 '황도세계'(皇道世界)는 '패도'에 대항하는 '왕도'의 세계였고, 동아시아 '민족'을 일본형 자연질서로 포섭한 새로운 도의적 공간이었다.

이후 대동아전쟁이 진행되면서 인류해방을 위한 성전(聖戰)에 참여할 것을 학도지원병에게 촉구하며, 그것이 조선인으로서는 신라 고구려의 무용(武勇)을 찾아내 '잃어버린 마음의 고향'을 발견하는 일이라고 설명하거나(최남선, 「나가자! 청년학도야」, 『매일신보』, 1943.11.20.) 인도나 세계평화를 내세워 일본의 침략행위를 비난하는 영국과 미국을 비판하고, 영미의 인종적 침략의 역사를 역설하며 이에 종지부를 찍는 사명을 대동아전쟁의 의의로 부각시키는(백낙준, 「영원히 광망 뻗도록」, 『매일신보』, 1943.12.6.) 이들에게서 내면화된 '제국적 주체성'의 양상이 발견된다.[13]

나. 민족독립

물론 해외에서의 독립운동은 지속되었다. 만주사변 이후 일본의 대륙침략이 확산되어 감에 따라 임시정부는 국문의원 포고문을 발표하는데, 조선의 모든 개인, 단체들이 단합하여 일본에 저항함으로써 중국의 대일 항전을 돕고, 나아가 죽음으로 독립을 되찾을 것을 주장했다(이동녕 등, 「임시정부 국무의원 포고문」, 1938). 중일전쟁이 오히려 중국 측과 연대하여 조선의 독립을 쟁취할 기회로 포착된 것이다. 중국 국민당과 연대하여 조선의용대를 운영했던 조선민족전선연맹 역시 '동아신질서'라는 구호의 기만성을 폭로하고 이것이 다 일본 군벌주의자들의

13. 정종현은 '제국적 주체'는 식민지의 주변부성에서 비롯한 동요와 분열의 의식을 포함하며, 이와 함께 의사-제국주체로서 식민자에 대한 모방의식을 봉합한 상태를 표현하는 말로 사용한다. 정종현, 『동양론과 식민지 조선문학: 제국적 주체를 향한 욕망과 분열』(창비, 2011), 29쪽.

구두선(口頭禪)에 지나지 않는다고 비판하며, 중국과 한국 민족이 연합하여 파쇼 강도 일본의 '동아신질서'를 물리쳐 일본제국주의를 타도할 것을 요청했다(조선민족전선연맹, 「일본 파쇼 강도의 '동아신질서'에 반대하는 선언」, 1939).

김구는 미국이 일본의 대륙침략에 대해 적극적인 제재 등으로 대처하지 않을 경우 도리어 일본해군이 미국을 공격할 것이라며 태평양전쟁 발발을 전망하면서 영국과 프랑스를 도와주듯 중국을 도와 일본의 침략전쟁을 적극 저지해 줄 것을 호소했다(김구, 「중국의 영용한 항전을 위하여 미국 친우들에게 호소한다」, 1940). 그는 또한 조선에는 독립을 위한 항전합력과 건국을 위한 왕도문화를, 중국에는 항전협력과 독립지원을, 세계에는 일제침략의 타파와 중국의 항전 및 한국의 독립에 대한 지원을, 일본국민에게는 침략전쟁 반성과 왕도문화 복귀를 요구하기도 했다(김구, 「한국독립과 동아평화」, 1940).

태평양전쟁이 실제로 발발하면서 이러한 희망은 커져 갔다. 임시정부가 1942년에 발표한 「국내외 동포에게 고하는 글」에서도 파시스트 진영의 실패와 민주 진영의 승리는 당연하며 전민족의 정치적 신임과 촉망을 곧바로 임시정부에 집중할 것을 주문했다(한국 임시정부 선전위원회, 「국내외 동포에게 고하는 글」, 1942). 국제사회에 한국의 독립, 임시정부의 승인, 한국의 27번째 참전국으로의 인정 등을 요구하는 노력들이 전개되었고(대한민국임시정부, 「3·1절 23주년 기념대회 선언문」, 1942), 한국독립당, 조선민족혁명당 등 중국에서 활동하던 혁명단체연합을 주체로 발표된 「재중국 자유한인대회 선언」에서도 한국민족이 전후에 독립국가 생활의 권리와 능력, 면모를 회복해야 함을 설명하면서, 중·소·영·미 등이 대서양헌장의 민족자결원칙을 한국에 적용하여 독립운동을 원조해야 할 것을 주장했다(「재중국 자유한인대회 선언」, 1943).

그러나 카이로 선언에서 보이듯 조선의 통치문제에 국제적인 여론은 호의적이지 않았다. 미국이 카이로 선언 중 한국독립에 관한 약속을 '적당한 시기'로 표현한 것에 반대하며 조소앙은 한국의 독립능력, 독립운동의 지속, 대서양 약장, 원동(遠東) 평화 네 가지를 원용하며 반박했다(조소앙, 「전후 문제 중 한국에 관한 풍설을 반박함」, 『신한민보』, 1943 7.1.). 『신한민보』의 사설에서도 카이로 선언 중 '당연한 순서'라는 어구의 해석을 '적당한 시기'로 하여, 일본의 무조건 항복과 한국의 독립 사이에 '어떠한 명사', 즉 '신탁통치'가 개재하기를 원치 않겠다는 뜻을 밝히고, 한국의 독립이 동양평화, 나아가 세계평화의 필수조건임을 재확인했다(『신한민보』, 「카이로 선언과 한국문제」, 1943.12.9.).

만주사변 이후, 특히 중일전쟁 이후 글로벌 차원의 제국 대 제국의 대립 구도 속에서 식민지 조선의 지식인들의 운위할 수 있는 공간은 그다지 넓지 못했다. 지역적 차원에서도 일본의 제국이 확대되어 감에 따라 지역적 안정과 평화는 제국의 일원적 구도 속으로 흡수되어 갔다. 식민지 외부에서 독립을 주장했던 이들은 도덕과 정의라는 당위성에 기대어 조선의 독립 가능성을 타진할 수밖에 없었고, 식민지 내부에서는 제국의 심상을 내면화한 이들이 등장해 이를 통해 제국의 신질서 안에서의 제2신민이 되거나, 새로운 도의적 공간을 이상향으로 삼으며 숨어버렸다.

한쪽에서는 '협화' '공영' '직분'의 질서원리가 작동하는 제국의 신질서 '대동아공영권'은 '패도'에 대항하는 '왕도'의 세계라 주장되었고, 다른 한쪽에서는 이를 '파쇼' '강도' '금수'라 칭하며 진정한 '왕도'로 복귀하라고 요청했다. 이 속에서 정의와 도덕은 제국 안팎으로 분리될 수밖에 없었다. 그러나 공통적으로 정의는 추상적 관념이 아니라 힘, 권력의 관점에서 재규정되었다. 힘을 가질 수 없었던 식민지 지식인들은 제국 밖에서 힘을 다시 얻을 때를 기다리거나, 제국 안에서 새로운 힘에 순응하는 길을 선택할 수밖에 없었다. 그러나 제국 내에서 신민-되기는 단순히 권력에 굴복한 것만은 아닌 질서와 주체에 대한 식민지 지식인 나름의 대응책이기도 했다. 이 도덕=권력의 일상화된 공간은 제국 질서가 끝날 때까지 기다리지 않으면 안 되었다.

Abstract

Selected Documents Relating to Modern Koreans' Ideas and Perceptions of International Relations

Edited by Jang In-Sung, Kim Taejin, and Lee Kyungmi

Since the modern era, Koreans have lived under the influence of East Asia's international politics or world politics in terms of not just political activities but every sphere of activity. In a country like Korea, whose history has been determined far too greatly by outside forces, one should not be surprised that diplomatic history is taken very seriously. Therefore, it is inevitable that an understanding of the foreign policies of and international relations among the great powers surrounding the Korean peninsula must be achieved in order to explain Korea's history. It is, however, not sufficient to have knowledge of others. If we lack awareness of our conceptions or behavior patterns to shape our foreign policy, such understanding or others' foreign policies and international relations will be conditional. Therefore, if we want to gain a deep understanding of Korea's experience in the international sphere, efforts should be made to grasp Koreans' underlying conceptions or thoughts of international relations; in addition, historical facts ought to be paid attention and discussed. Even though attempts, using the diplomatic approach, have been made to reveal Korea's international relations and foreign policy, they have not been able to account for the role played by the mindset of Koreans in shaping Korea's foreign policy and Koreans' views on international relations.

In addition, the mindset of Koreans in the modern era is not just relevant to past experience, but also shapes the present political conception of international relations. Therefore, the kinds of views that Koreans had on international society in the modern era when the sovereign system and the modern diplomatic system were introduced should be explained. This book, Selected Documents Relating to Modern Koreans' Idea and Perceptions of International Relations, aims to classify materials on Korean officials and intellectuals' views on international politics in the modern era according to the period and the subject. This book is divided into two volumes: The first one covers the time period between the 1860's-1910's and the second one covers the time period between the 1910's-1940's. The former focuses on how Koreans in the so-called

'Hanmal' period perceived international society in terms of Korea's relation with the great powers, and the latter deals with how Koreans during the Japanese occupation perceived international relations and Korea-Japan relations. This book aims at providing a textbook for students to understand how Koreans' conceptions were constructed and also provides material for researchers to analyze the conceptions or political thought of Koreans in the modern era.

찾아보기

ㄱ

ㄴ

ㄷ

발간사

'한국학'에 대한 관심과 요구가 국내외에서 높아지고 있다. 한국학을 전공으로 하는 학과도 생겨나고 한국학 연구자들의 국제학술대회도 종종 접하게 된다. 한국사회가 짧은 시기에 보여준 역동적인 변화에 대한 학문적 관심이 나라 안팎으로 증대된 결과일 것이다. 한국의 역사와 문화, 사회적 경험이 점점 더 많은 연구자들의 관심대상으로 되고 있다는 사실은 매우 반가운 일이다.

한국학이란 고정된 분과학문 체계 내의 한 부분영역이 아니라 다양한 분과학문들이 함께 참여하는 학제적 연구의 성격을 지닌다. 한국학은 과거의 전통에 깊은 관심을 갖지만 현재의 문제들에도 주목하며 미래의 전망을 모색하는 작업도 포함한다. 인문학적 논의와 사회과학적 관심은 물론이고 자연과학적 문제의식과 예술적 시각이 함께 어우러지는 곳이다. 당연히 한국학은 국내의 연구자들이 자신의 특수성만을 부각시키는 폐쇄적인 장이 아니라 전 세계의 학자들이 자유롭게 참여하는 지적 토론의 공간이다. 한국을 대상으로 한 다양한 연구를 지원하며 진지한 논의와 지적 실험을 뒷받침하는 것이야말로 한국학의 가장 중요한 역할이라 할 것이다.

이런 의미에서 한국학은 한국의 문화와 역사적 경험을 전 인류의 문화유산과 역사적 경험의 한 부분으로 바라보는 전 지구적 시각을 요구받고 있다. 한국학은 한국사회의 경험을 연구하되, 그것을 21세기 세계사적 과제들과 더불어 사고함으로써 새로운 문명적 대안을 모색하는 전 지구적 논의에 적극적으로 동참하는 작업이 되어야 한다. 이런 종합적이고 개방적인 연구의 집적을 통해서만 한국의 특수성만을 절대화하는 오류에서 벗어나면서 동시에 서구의 눈으로 한국을 대상화, 타자화하는 오리엔탈리즘적 지역학의 한계도 극복할 수 있는 길이 열릴 것이다.

한국의 학문 발전에 큰 책임을 지고 있는 서울대학교는 한국학의 바람직한 발전을 위해 적극적인 역할을 하고자 한다. 이를 위해 별도의 연구기금을 마련하여 '한국학 장기기초연구 지원사업'을 추진하고 이 사업의 결과물들을 모아 연구총서, 자료총서, 모노그래프를 출간하기로 했다. 서울대학교 교수진의 연구역량과 진지한 문제의식들이 결집됨으로써 한국학의 연구수준이 더욱 높아지고 내용이 보다 풍부해질 것을 믿고 있다. 이 연구사업이 해를 거듭할수록 한국사회에 대한 이해가 깊어짐은 물론이고 한국의 경험을 통해 세계 학계의 시각과 논의도 더욱 풍성해질 것을 기대해 마지않는다.

2003년 8월
서울대학교 규장각한국학연구원 한국학연구사업위원회

엮은이 소개

장인성

서울대학교 외교학과를 졸업하고 동 대학원에서 석사과정을 마쳤다. 도쿄대학 총합문화연구과 국제관계론 전공에서 유학적 사유의 관점에서 근대를 포착하는 근대 동아시아 지식인들의 정치사상에 관심을 갖고 연구했으며, 요코이 쇼난과 김윤식의 국제정치사상을 중심으로 한 개항기 한일 정치사상 비교 연구로 학술박사 학위를 받았다. 현재 서울대학교 정치외교학부 교수이며, 주요 연구분야는 동아시아 국제사회론, 일본사상사, 동아시아 국제정치사상, 동아시아 개념사 등이다. 주요 저서로는 『장소의 국지정치사상』(서울대학교출판부, 2002), 『근대한국의 국제관념에 나타난 도덕과 권력』(서울대학교출판부, 2006), 『메이지 유신』(살림, 2007) 『서유견문: 한국 보수주의의 기원에 관한 성찰』(아카넷, 2017), 『동아시아 국제사회와 동아시아 상상』(서울대학교출판문화원, 2017) 등이 있다.

김태진

서울대학교 외교학과 대학원에서 『근대 동아시아의 신체정치: 일본의 바디폴리틱(Body Politic) 구성과 동아시아』로 박사학위를 받았다. 이화여자대학교 정치외교학과 박사후연구원, 서울대학교 일본연구소 HK연구교수 등을 거쳐, 현재 도쿄대학교 총합문화연구과 객원연구원으로 있다. 주요논문으로 「근대 일본에서의 홉스의 번역과 변용: 인공 신체로서의 리바이어던은 어떻게 괴물이 되었는가」(『국제정치학논총』 2017.6), 「근대 일본과 중국의 'society' 번역: 전통적 개념 속에서의 '사회적인 것'의 상상」(『개념과 소통』 2017.6), 「국가라는 신체에서 전통과 근대는 어떻게 만나는가: 가이에다 노부요시의 인체 그림을 중심으로」(『일본비평』 2018.8) 등이 있다.

이경미

서울대학교 외교학과 대학원 석사과정을 졸업하고 동대학원 박사과정을 수료했다. 현재 제국식민지기 조선의 민족담론을 주제로 박사논문을 집필 중에 있다. 논문으로 「1920년대 민세 안재홍의 민족론과 그 추이」(『동양정치사상사』 2010.9), 역서로 『좌담회로 읽는 『국민문학』』(소명출판, 2010), 『총력전하의 앎과 제도』(소명출판, 2014), 『감정·기억·전쟁』(소명출판, 2014)이 있다.

서울대학교 규장각한국학연구원 한국학자료총서

1 古代國語 語彙表記 漢字의 字別 用例 研究 | 송기중
2 한국철학자료집: 불교편1 – 삼국과 통일신라의 불교사상 | 허남진 외 편역
3 한국철학자료집: 불교편2 – 고려시대의 불교사상 | 심재룡 외 편역
5 서울대학교 중앙도서관 고문헌자료실 소장『경제문고』해제집 | 권태억 외
6 한글본 이언 연구 | 민현식
7상 원문 교주 구운몽 | 원작 김만중, 교주 김병국
7하 현대역 구운몽 | 원작 김만중, 옮김 김병국
8 해방 이후 한국기업의 진화 I: 1976 ~ 2005년간의 통계의 구축과 기초분석 | 이근 외
9 해방 이후 한국기업의 진화 II: 1956 ~ 1977년간의 통계의 구축과 기초분석 | 이근 외
10 서울대학교박물관소장 식민지시기 유리건판 | 이문웅 · 강정원 · 선일 편
11 풍자 우화 그리고 계몽담론 | 권영민
12 한국근현대문학의 프랑스문학수용 | 이건우 외
13 한국 근대도면의 원점: 서울대학교 규장각한국학연구원 소장 근대 측량도와 건축도 1861~1910 | 전봉희 · 이규철 · 서영희
14-1 유원총보역주 1 | 허성도 · 김창환 · 강성위 역주
14-2 유원총보역주 2 | 허성도 · 김창환 · 강성위 역주
14-4 유원총보역주 4 | 이영주 · 허성도 · 김창환 역주
14-5 유원총보역주 5 | 이영주 · 김창환 · 이남종 역주
15 식민권력과 근대지식: 경성제국대학 연구 | 정근식 · 정진성 · 박명규 · 정준영 · 조정우 · 김미정
16-1 근대한국 국제정치관 자료집: 제1권 개항 · 대한제국기 | 장인성 · 김현철 · 김종학 엮음
16-2 근대한국 국제정치관 자료집: 제2권 제국–식민지기 | 장인성 · 김태진 · 이경미 엮음
17 1980년대 조선–청 국경회담 관련 자료 선역 | 김형종 편역
18 한국 근대문학의 러시아 문학 수용 | 권영민 · 박종소 · 오원교 · 이지연
20 韓國 書誌學의 先鞭: 마에마 교사쿠의 작업을 중심으로 | 한재영 · 이현희 · 가와사키 케이고
21 사도세자의 죽음과 그 후의 기억:『현고기(玄皐記)』번역(飜譯)과 주해(註解) | 김용흠 · 원재린 · 김정신 · 정두영 · 최성환 역주
22 손와만록: 조선후기 향리 출신 선비 김경천의 인생이야기 | 김경천 지음 이대형 · 이미라 · 박상석 역주
23 충역의 시비를 정하다:『정변록(定辨錄)』역주 | 김용흠 · 원재린 · 김정신 · 정두영 역주
24 금오헌록 역주 | 김영석 역주
26 교점역해 정원고사 | 김태웅 이강욱 감수 · 해설 진현 하명준 교열 · 해제 조미은 외 표점 · 번역

서울대학교 규장각한국학연구원 한국학연구총서

1 지방문학사 : 연구의 방향과 과제 | 조동일
2 한국 근대과학 형성과정 자료 | 문만용 · 김영식
3 목석의 울음 : 손창섭 문학의 정신분석 | 조두영
4 통일한국의 농업 | 김완배 외
5 현대 한국사회의 철학적 문제 : 사회운영원리 | 백종현
6 한국유교의 과제 | 금장태
7 韓國 古代 · 中世初期 土地制度史 : 古朝鮮~新羅·渤海 | 이경식
8 『무과총요』 연구 | 나영일
9 북한 주요 산업지역의 토지이용 변화와 개방지역에 관한 연구 | 황만익 · 이기석
10 재벌체제와 다국적기업 : 경제개발의 두 가지 유형 | 이승훈
11 붉은악마와 월드컵 | 이순형
12 『조선왕조실록』 보존을 위한 기초 조사연구(1) | 송기중 · 신병주 · 박지선 · 이인성
13 한국 근대의 사회복지 | 안상훈 · 조성은 · 길현종
14 한국어 체언의 음변화 연구 | 이상억
15 조선 중기 무예서 연구 | 나영일 · 노영구 · 양정호 · 최복규
16 1950년대 사회주의 건설기의 북한 보건의료 | 황상익
17 후발 산업화와 국가의 동학 : 탈관료화와 강성국가의 공동화 | 하용출
18 조선 후기의 기술도 : 서양 과학의 도입과 미술의 변화 | 정형민 · 김영식
19 韓國 中世 土地制度史 : 朝鮮前期 | 이경식
20 남북 언어의 문법 표준화 | 권재일
21 50권본 『화엄경』 연구 | 이승재
22 한 · 중 소화의 비교 | 서대석
23 고려전기의 전시과 | 이경식
24 개항기 전후 경상도의 육상교통 | 허우긍 · 도도로키 히로시
25 한국어의 주제와 통사 분석 : 주제 개념의 새로운 전개 | 임홍빈
26 한국적 패션 디자인의 제다움 찾기 : 전통미와 현대적 활용을 중심으로 | 김민자
27 한국 근대문학교육사 연구 | 우한용
28 『조선왕조실록』의 여진족 족명과 인명 | 김주원
29 중앙아시아 고려말의 문법 | 권재일
30 삼국통일전쟁사 | 노태돈
31 한국의 사회운동과 진보정당 | 임현진
32 한국 행락문화의 변천과정 | 황기원
33 노래의 상상계 : '수사'와 존재생태 기호학 | 신범순
34 한국의 언어 민속지 : 전라남북도 편 | 왕한석
35 주시경의 언어이론과 표기법 | 송철의
36 일제강점기의 철도 수송 | 허우긍
37 인권으로 읽는 동아시아 : 한국과 일본의 인권 개선조건 | 정진성 · 공석기 · 그정우
38 정조와 정조시대 | 김인걸 외

39 문화의 정치와 지역사회의 권력구조: 안동과 안동김씨 | 김광억
40 한국어 명사구의 의미론: 한정성/특정성, 총칭성, 복수성 | 전영철
41 한국의 건강 불평등 | 김창엽 · 김명희 · 이태진 · 손정인
42-1 한국어의 재구조화 1 | 임홍빈
42-2 한국어의 재구조화 2 | 임홍빈

서울대학교 규장각한국학연구원 한국학연구총서

1 지방문학사: 연구의 방향과 과제 | 조동일
2 한국 근대과학 형성과정 자료 | 문만용 · 김영식
3 목석의 울음: 손창섭 문학의 정신분석 | 조두영
4 통일한국의 농업 | 김완배 외
5 현대 한국사회의 철학적 문제: 사회운영원리 | 백종현
6 한국유교의 과제 | 금장태
7 韓國 古代 · 中世初期 土地制度史: 古朝鮮~新羅·渤海 | 이경식
8 『무과총요』 연구 | 나영일
9 북한 주요 산업지역의 토지이용 변화와 개방지역에 관한 연구 | 황만익 · 이기석
10 재벌체제와 다국적기업: 경제개발의 두 가지 유형 | 이승훈
11 붉은악마와 월드컵 | 이순형
12 『조선왕조실록』 보존을 위한 기초 조사연구 (1) | 송기중 · 신병주 · 박지선 · 이인성
13 한국 근대의 사회복지 | 안상훈 · 조성은 · 길현종
14 한국어 체언의 음변화 연구 | 이상억
15 조선 중기 무예서 연구 | 나영일 · 노영구 · 양정호 · 최복규
16 1950년대 사회주의 건설기의 북한 보건의료 | 황상익
17 후발 산업화와 국가의 동학: 탈관료화와 강성국가의 공동화 | 하용출
18 조선 후기의 기술도: 서양 과학의 도입과 미술의 변화 | 정형민 · 김영식
19 韓國 中世 土地制度史: 朝鮮前期 | 이경식
20 남북 언어의 문법 표준화 | 권재일
21 50권본 『화엄경』 연구 | 이승재
22 한 · 중 소화의 비교 | 서대석
23 고려전기의 전시과 | 이경식
24 개항기 전후 경상도의 육상교통 | 허우긍 · 도도로키 히로시
25 한국어의 주제와 통사 분석: 주제 개념의 새로운 전개 | 임홍빈
26 한국적 패션 디자인의 제다움 찾기: 전통미와 현대적 활용을 중심으로 | 김민자
27 한국 근대문학교육사 연구 | 우한용
28 『조선왕조실록』의 여진족 족명과 인명 | 김주원
29 중앙아시아 고려말의 문법 | 권재일
30 삼국통일전쟁사 | 노태돈
31 한국의 사회운동과 진보정당 | 임현진
32 한국 행락문화의 변천과정 | 황기원
33 노래의 상상계: '수사'와 존재생태 기호학 | 신범순
34 한국의 언어 민속지: 전라남북도 편 | 왕한석
35 주시경의 언어이론과 표기법 | 송철의
36 일제강점기의 철도 수송 | 허우긍
37 인권으로 읽는 동아시아: 한국과 일본의 인권 개선조건 | 정진성 · 공석기 · 그정우
38 정조와 정조시대 | 김인걸 외

서울대학교 규장각한국학연구원 한국학모노그래프

1 예빈도에 보인 고구려 : 당 이현묘 예빈도의 조우관을 쓴 사절에 대하여 | 노태돈
2 현대 한국유교와 전통 | 금장태
3 살인의 진화심리학 : 조선 후기의 가족 살해와 배우자 살해 | 최재천 · 한영우 · 김호 · 황희선 · 홍승효 · 장대익
4 무협소설의 문화적 의미 | 전형준
5 정조시대의 무예 | 나영일
6 벼락도끼와 돌도끼 : 고고자료에 대한 전통적 인식 연구 | 이선복
7 한국 옛 경관 속의 생태지혜 | 이도원
8 식민권력과 통계 : 조선총독부의 통계체계와 센서스 | 박명규 · 서호철
9 한국의 천연염료 : 전통염료와 천연염색기술 | 김재필 · 이정진
10 북한의 의학교육 | 박재형 · 김옥주 · 황상익
11 국문 글쓰기의 재탄생 | 권영민
12 사할린 귀환자 | 이순형
13 조선시대의 간척지 개발 : 국토 확장과정과 이용의 문제 | 박영한 · 오상학
14 3칸×3칸 : 한국 건축의 유형학적 접근 | 전봉희 · 이강민
15 위성영상을 이용한 북한지역의 해안습지연구 : 평안남도를 사례로 | 유근배
16 한국 구비문학에 수용된 재담 연구 | 서대석
17 한국 자본자유화와 금융자유화의 근년변화 : OECD 가입 및 IMF 사태 이후의 실상, 평가 및 대응 | 이천표
18 구어 한국어의 의향법 실현방법 | 권재일
19 조선시대 복식에 나타난 적색계 색명의 의미 | 남윤자 · 김순영 · 박성실
20 우리나라 인체기생충 및 의용절지동물의 동물상과 개요 | 채종일
21 경제개방이 우리나라 노동시장에 미친 효과 | 김대일
22 한국 고소설에 나타난 오이디푸스 콤플렉스 : 〈심청전〉·〈콩쥐팥쥐전〉 | 류인균
23 남북한 경제의 이질성 : 경제통합에 관한 함의 | 이지순
24 한국에서 마르크스주의 경제학의 도입과 전개과정 | 김수행
25 한국 장수인의 개체적 특성과 사회환경적 요인 : 호남지방 장수벨트를 중심으로 | 박상철 · 이미숙 · 이정재 · 한경혜
26 전통마을 경관요소들의 생태적 의미 | 이도원
27 한국의 중산층 | 홍두승
28 한국 여성의 건강증진행위 | 윤순녕 · 김숙영 · 이지윤
29 心과 性 : 茶山의 『孟子』 해석 | 금장태
30 20세기 초기 국어의 문법 | 권재일
31 한국의 고령노동 : 경제활동과 고용구조의 장기적 변화 | 이철희
32 웃음으로 눈물 닦기 : 한국 언어문화의 한 특질 | 김대행
33 한국의 좌파 경제학자들 | 김수행 · 김공회
34 온돌과 한국인의 수면 생활 : 침상 기후를 중심으로 | 최정화 · 김문숙
35 한국 고대의 온돌 : 북옥저, 고구려, 발해 | 송기호
36 한국 시민단체의 내부의사결정과정에 관한 연구 | 김준기
37 한국문화를 쓴다 : 강용흘의 『초당』과 이미륵의 『압록강은 흐른다』 비교연구 | 최윤영
38 정약용 사상 속의 과학기술 : 유가 전통, 실용성, 과학기술 | 김영식

39 仁과 禮 : 다산의 『논어』 해석 | 금장태
40 서양인의 한국 종교 연구 | 김종서
41 韓國詩話에 보이는 杜詩 | 이영주
42 한국의 소득불평등과 빈곤 : 소득분배 악화와 사회보장정책의 과제 | 구인회
43 한국인 치매환자의 행동 및 심리 증상의 횡문화적 특성 | 조맹제 · 김진영
44 한국 사회복지 네트워크의 구성과 효과성 : 지역종합사회복지관의 네트워크 구성과 조직 효과성을 중심으로 | 김준기
45 근대한국의 국제관념에 나타난 도덕과 권력 | 장인성
46 한국의 의료체제 : 제도와 지배구조 | 송호근
47 몽골제국과 고려 : 쿠빌라이 정권의 탄생과 고려의 정치적 위상 | 김호동
48 한국무협소설의 작가와 작품 | 전형준
49 한국 근대소설에 나타난 오이디푸스 콤플렉스의 이해 : 이광수, 김동인, 염상섭, 이상을 중심으로 | 류인균
50 한국의 하구역 : 하구둑 건설 이후의 지형변화 | 유근배 · 김성환 · 신영호
51 한국의 신용평가제도 | 이인호
52 전통 마을숲의 생태계 서비스 | 이도원 · 고인수 · 박찬열
53 두 개의 예외적인 복제체제 비교 연구 : 한국 복지국가 모형의 탐색 | 김태성
54 박정희 체제의 성립과 전개 및 몰락 : 국제적국내적 계급관계의 관점 | 김수행 · 박승호
55 한국 서해안의 해안사구 : 지형학적 관점을 중심으로 | 유근배 · 류호상
56 『기우제등록』과 기후의례 : 기우제, 기청제, 기설제 | 최종성
57 한국어 술어의 사건 구조와 논항 구조 | 남승호
58 舊韓末의 韓獨 外交文書 '德案' 硏究 | 권오현
59 현대 한국어의 공시 형태론 : 경주지역어를 실례로 | 최명옥
60 서양문화를 쓴다 : 강용흘의 〈동양 서양에 가다〉와 이미륵의 〈압록강에서 이자르강까지〉 | 최윤영
61 시장발전과 경제개발 | 이승훈
62 고려국가와 집단의식 | 노명호
63 근현대 한국미술과 '동양' 개념 | 정형민
65 현대 한국복지국가의 제도적 전환 | 안상훈
66 순응과 저항을 넘어서 : 이승만과 박정희의 대미정책 | 신욱희
67 생태서식처로서 한국 서해안 해안사구 | 유근배 · 신영호 · 김대현 · 김성환
69 한국 정신보건서비스의 전개 과정: 사회서비스의 관점에서 | 강상경
70 일제의 한국 식민지화와 문명화(1904~1919) | 권태억
71 이즈미 세이이치와 군속인류학 : 뉴기니 조사를 중심으로 | 전경수
72 조선후기 공론정치의 새로운 전개 : 18, 19세기 향회, 민회를 중심으로 | 김인걸